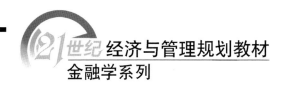

21世纪经济与管理规划教材
金融学系列

# 金融市场学（第二版）

## FINANCIAL MARKETS

谢百三／主编

北京大学出版社
PEKING UNIVERSITY PRESS

## 图书在版编目(CIP)数据

金融市场学/谢百三主编. —2版. —北京:北京大学出版社,2009.11
(21世纪经济与管理规划教材·金融学系列)
ISBN 978-7-301-14520-3

Ⅰ. 金…  Ⅱ. 谢…  Ⅲ. 金融市场-经济理论-高等学校-教材  Ⅳ. F830.9

中国版本图书馆CIP数据核字(2009)第005973号

书　　　名:**金融市场学**(第2版)
著作责任者:谢百三　主编
责 任 编 辑:徐　冰　张慧卉
标 准 书 号:ISBN 978-7-301-14520-3/F·2049
出 版 发 行:北京大学出版社
地　　　址:北京市海淀区成府路205号　100871
网　　　址:http://www.pup.cn
电　　　话:邮购部 62752015　发行部 62750672　编辑部 62752926
　　　　　　出版部 62754962
电 子 邮 箱:em@pup.pku.edu.cn
印 　刷　者:三河市北燕印装有限公司
经 　销　者:新华书店
　　　　　　730毫米×980毫米　16开本　31.25印张　555千字
　　　　　　2003年1月第1版
　　　　　　2009年11月第2版　2021年8月第14次印刷
印　　　数:40501—41500册
定　　　价:46.00元

未经许可,不得以任何方式复制或抄袭本书之部分或全部内容。
**版权所有,侵权必究**
举报电话:010-62752024　电子邮箱:fd@pup.pku.edu.cn

# 第二版前言

《金融市场学》第一版自2003年出版以来，受到了广大读者和同行的大力支持与欢迎，被许多省市高校及大中专院校老师选为教材，已多次重印，发行达数万册。笔者感到十分欣慰，在此谨向广大读者及同行的厚爱表示由衷的感谢！

第一版出版至今已经七个年头了，随着2006年国际金融危机的到来，世界金融环境发生了巨大变化，而中国金融市场则日渐趋于成熟、理性，成为世界金融界瞩目的一大焦点。在这样的形势下，教材中的一些数据已经过时，对本书的修订势在必行。在修订中，为保持教学的连续性、一致性，基本保留了第一版的章节结构。在内容上，除更新了大部分的数据之外，还在总结以往教学经验的基础上，吸收了中外金融市场理论与实践发展的一些最新成果，变动较大的有基金等章节，以图更好地反映这一学科的最新发展水平，适应当前需要。

这些年中，我除了在复旦大学上课外，还受经济学家厉以宁、林毅夫等邀请，先后为北京大学光华管理学院、北京大学中国经济研究中心以及北京师范大学、北京外国语大学、浙江大学等很多高校的本科学生、研究生及企业家讲学，亲身感悟到我国有越来越多的处于各阶层的人士在对金融市场及金融投资投以高度的关注及热情。所到之处，经常是座无虚席。从这里我更加增强了对发展中国金融市场及金融产业的信心，增强了对中国处于又一个"盛世"、还将继续高速发展的信心。同学们，企业家朋友们，我们赶上了一个极好的时代，还有很多很多机会等待着我们，努力吧！

谢百三
2009年10月

21世纪经济与管理规划教材

金融学系列

# 修订前言

  本书出版后受到广泛欢迎。近日受出版社委托,在重印前进行了认真修订,对大多数数据、经济指标进行了更新,在内容上也作了补充。由于各地索书甚急,我们挑灯夜战修改完成,如有不当,请批评斧正。

  在修订中,我的学生赵明勋、王香双、陆梅婷、王巍、沈艳等做了不少工作,在此深表感谢。2004年2月2日,发表了《国务院关于推进资本市场改革开放和稳定发展若干意见》。这意味着中国金融市场尤其是资本市场的建设又开创了一个崭新局面,万众喜悦,全国学习金融市场学将会出现新的热潮。我相信经过这次修订,本教材会更加受全国广大师生及企业家的欢迎。

复旦大学财务金融系教授<br>
金融证券方向博士生导师<br>
谢百三于上海<br>
2004年3月8日

Financial Markets

# 前　言

　　笔者在复旦大学任教期间,最受欢迎的两门课就是"中国当代经济政策及其理论"(见北京大学出版社出版的《中国当代经济政策及其理论》一书)和"金融市场学"。尤其是进入新世纪后,由于市场的快速发展,每次开金融市场学这门课,学校总是找来最大的多媒体大教室,而且必须以第一时间用电脑去选课,否则就有可能选不上。学生必须提早1—2个小时去占位,偌大的教室总是座无虚席。

　　细想下来,并非是笔者的讲课有什么特别之处,实在是这门课研究、教授的内容全是当今经济热点,较受学生和企业家们的重视。

　　金融的重要性体现于,无论你今后从事银行、保险、证券、期货、外贸等金融贸易工作,还是从事工、农、商、学、兵工作;无论是做国企干部、当民营企业家,还是在外资企业任职,都必须懂得金融。如果你通晓金融,没有钱也能渐渐致富,甚至可能成为极成功的巨富人士,反之,如果你仅懂其他专业,不懂金融,则仍可能一贫如洗。本书就是本着这种对金融与金融市场学高度重视的态度来编写的。

　　如果说金融是现代经济的枢纽和命脉的话,那么,金融市场学则是研究金融市场运行机制及其各主体行为规律的科学。随着金融在现代经济中的重要地位日益凸显,国内外许多高等院校的管理学院、经济学院、财务金融系、会计系、财政系、投资学系、国际贸易系、银行保险系、企业管理系,MBA和EMBA硕士研究生班、博士生班,以及总经济师、总会计师、总工程师等企业家培训班都为学员开设了金融市场学课程。本书可以作为上述院系和各种课程班教学活动的教材。

本课程的教学目的是要求学生通过学习,熟练地掌握金融市场学的基本理论、基本知识、基本方法,并能将所学知识用于分析解决金融市场中遇到的问题,培养学生的现代金融意识,为学生毕业后迅速融入金融市场,熟练地进行投资理财运作,或从事与其他金融业有关的实际工作打下扎实的基础。

本教材编写者多为复旦大学、清华大学、北京大学的专家学者,他们受北京大学出版社委托,群策群力,研究、参阅了很多金融学、投资学与金融市场学的教材,以及前沿的中外专著,去粗取精,精心编写,努力为读者提供一本高含金量的教材。

在本书的编写中,我们力求做到以下几点:

一、实事求是、虚心认真地学习与研究本领域经典教材的体系、结构和原理,博采众长,力求全面准确地阐述金融市场的规律及各种基本理论,使学生的理论功底能打得较扎实,以培养他们适应金融市场瞬息万变的能力。本书将教学效果置于一切问题的首位,一切从教学实际出发、从如何有利于学生学习出发来组织编写。

二、本书力求反映当今世界金融市场理论的最新成果和金融市场实践的最新进展,对各类衍生品种的金融创新尽可能予以详细介绍,使学生在学到扎实理论基础的同时,对国际金融市场日新月异的变化有初步了解。此外,在债券市场、股票市场、外汇市场、黄金市场等章节中,均对美国、欧洲、日本等发达国家(地区)市场进行比较研究,使教材具有前瞻性。

三、中国是21世纪经济发展最快的大国,实际上已经成为世界经济的又一个火车头,而中国金融市场又在整个经济的振兴与腾飞中处于最重要、最敏感的地位。因此,本书在强调基本理论的同时,还特别注意介绍中国金融市场的理论发展与实践情况,如国债市场、股票市场、外汇市场、黄金市场等章节均特别介绍了中国的情况。尤其是"国债市场"、"可转换公司债券"等内容,在其他教材中往往一带而过,而由于我国实行积极的财政政策及证券市场大起大落的巨幅波动性这样的现实,这些内容可能对中国学生十分重要,故本书予以重点介绍。无数事实证明,经济理论、金融理论是致用之学,一定要与中国实践相结合,否则将毫无意义。

在本教材使用中,应特别注意以下几点:

一、学生在学习本课程的同时,应重温宏观经济学、财政学、货币银行学等课程,上述课程与本课程关系密切、相互融通。未学过上述课程的学生,只要联系实际,认真学习和理解,也一定能学好这门课程。

二、对本课程的基本理论要理解透彻,有些概念、原理、公式应予以强化、熟记。无论金融市场如何千变万化,基本理论都是掌握本课程的基石。

三、我们再一次强调,要坚持理论联系实际,尤其是联系中国实际的原则。

在教学中，要多寻找案例，让学生到金融市场中去调查研究，培养学生联系实际、独立思考的能力。

四、对于本课程的教学，应该抓住重点；除了基本理论必须讲透外，还应该结合实际，可以重点选择同业拆借市场、国债市场、股票市场、外汇市场与金融衍生工具市场等章节，不要平均分配时间。培养学生有较高的金融意识也是本课程的重要目标之一。相当多的内容可以仅作一般介绍，让学生自学，引导他们在以后的工作中边实践、边领会、边理解。

五、本教材有一个特点是，某些内容有少量重复，如"期货交易与期货市场"分别在国债市场、股票市场、外汇市场、黄金市场等章中作了专门介绍，又在"金融衍生工具市场"中进行了完整介绍。

这样做的原因是：第一，金融市场学本应该用两个学期来讲授与学习，但目前国内相当部分院校只用了一学期来教学。这样，教师学员可以根据学校安排课时的长短，二者选一地进行讲授与学习。第二，金融市场学涵盖的内容很多，包含了金融学、货币银行学、证券投资学等多门学科的知识。有关各个市场的理论与实践的内容也极为丰富，差别较大。我们在编写过程中很难割舍，尽可能地对每个分市场都作了深入详细的研究与论述，这样也可供读者研究参考使用。

六、应该指出的是，本书主要是面对文科师生的，但数学基础好的理科师生，读了也一定受益匪浅。

我国著名经济学家、经济学泰斗、哈佛大学博士陈岱孙教授生前曾在清华大学经济管理学院成立典礼时讲过：

"（理工科）大学办经济管理学院是有优势的，我们要利用优势，同时要避免覆辙。优势在哪里？在于我们有工科大学所具有的数理运算课程作为学习基础的辅助学科，在这个基础上，学习经济管理是很好的。……但要防止覆辙。什么是覆辙呢？这就是利用数学和理工科知识来分析经济问题也存在理论脱离实际的问题。……在我们过去高等院校研究机构中，经济学的探讨研究恰恰犯了理论脱离实际的毛病。我们尽在概念上兜圈子，从概念到概念，不切实际地进行所谓理论研究，这就是'前车之辙'。我们现在用比较准确定量的数学表达式进行经济分析，仍然有可能脱离实际。最近我们看到有些文章，它虽不是从概念到概念，而是从公式到公式，从数字到数字的空对空表达。这不过是从概念游戏变为公式或数字游戏，同样也是理论脱离实际。这就是'后车之戒'。我认为这是我们具有上述优势的院系所应特别注意的问题。"[①]

---

① 《陈岱孙文集》，北京大学出版社1990年版，第903页。原载《清华经济管理学院研究》创刊号，1985年4月。

陈岱荪先生的话，我们应永远铭记在心，即我们一定要重视现代数学，同时又要理论联系实际。数学是论证经济学、金融学的工具。故本书第十五章"金融市场的现代数学模型分析方法"，我们选择了最主要的几个数学模型进行深入透彻的介绍，供有高等数学基础的高年级学生参考使用。该章由焦巍巍编写，并由范龙振教授逐字逐句审阅。

参加本教材编写的有来自复旦大学、清华大学、北京大学的专家学者：谢百三、卢华、龙云、徐岚、杨艳、刘翎、俞超、黄靓、冷嬿嬿、邵颖婕、王香双、陆梅婷、王彬、李娜、张长起、焦巍巍、梅欢、王秋祥、史燕芸、朱含悦、陈霆、倪勇、范龙振、张立勇。全书由谢百三构思主编，谢百三、卢华、龙云统稿，谢百三总纂定稿。博士生卢华、硕士生王香双冒着暑期酷热，为本书编辑做了很多具体工作。

北京大学出版社社长彭松建教授亲自支持这一选题。符丹先生、李敬然同志为此书的编辑挑灯夜战，付出了很多辛劳。本书编写中，我们学习、参考、借鉴了大量金融学、金融市场学、财政学等专业参考书和研究资料，这些参考书目、研究资料均附于本书最后。在此，我们对上述专家学者及各方给予我们帮助的人士表示深深的敬意和诚挚的感谢。

本教材有何不足之处，敬请批评指正。我坚信它一定会逐渐成为一本受全国广大师生与企业家欢迎的教材。

复旦大学管理学院教授、博士生导师
谢百三于上海
2002年12月1日

# 目 录

**第一章　金融市场概论** …………………………………… (1)
　第一节　金融市场要素构成 ……………………………… (2)
　第二节　金融市场的形成和发展 ………………………… (7)
　第三节　金融市场功能 …………………………………… (17)
　第四节　金融市场分类 …………………………………… (20)

**第二章　金融市场主体** …………………………………… (25)
　第一节　个人与家庭 ……………………………………… (26)
　第二节　企业 ……………………………………………… (27)
　第三节　政府 ……………………………………………… (28)
　第四节　存款性金融机构 ………………………………… (30)
　第五节　非存款性金融机构 ……………………………… (36)

**第三章　金融市场媒体** …………………………………… (41)
　第一节　金融市场经纪人 ………………………………… (42)
　第二节　投资银行、证券公司、商人银行 ……………… (46)
　第三节　证券交易所 ……………………………………… (50)
　第四节　信托投资公司、基金公司等其他
　　　　　金融市场媒体 …………………………………… (54)

**第四章　同业拆借市场** …………………………………… (57)
　第一节　同业拆借市场形成、特点与功能 ……………… (58)
　第二节　同业拆借市场分类、参与者与
　　　　　支付工具 ………………………………………… (62)
　第三节　同业拆借市场运作程序 ………………………… (64)
　第四节　同业拆借利率及利息的计算 …………………… (66)

第五节 同业拆借市场管理 …………………………………………… (69)
  第六节 美国、日本、新加坡同业拆借市场 ………………………… (71)
  第七节 中国同业拆借市场 …………………………………………… (74)

第五章 票据市场 ……………………………………………………………… (77)
  第一节 票据概论 ……………………………………………………… (78)
  第二节 商业票据市场 ………………………………………………… (82)
  第三节 银行承兑汇票市场 …………………………………………… (87)
  第四节 大额可转让存单市场 ………………………………………… (92)
  第五节 中期票据 ……………………………………………………… (96)

第六章 债券市场 ……………………………………………………………… (99)
  第一节 债券概论 ……………………………………………………… (100)
  第二节 债券市场的形成与功能 ……………………………………… (105)
  第三节 债券发行市场 ………………………………………………… (106)
  第四节 债券流通市场 ………………………………………………… (108)
  第五节 可转换公司债券市场 ………………………………………… (110)

第七章 国债市场 ……………………………………………………………… (135)
  第一节 国债与国债市场概论 ………………………………………… (136)
  第二节 国债发行市场 ………………………………………………… (139)
  第三节 国债流通市场 ………………………………………………… (143)
  第四节 美国、英国、日本国债市场 ………………………………… (153)
  第五节 中国国债市场 ………………………………………………… (172)

第八章 股票市场 ……………………………………………………………… (181)
  第一节 股票与股票市场概论 ………………………………………… (182)
  第二节 股票发行市场 ………………………………………………… (187)
  第三节 股票流通市场 ………………………………………………… (193)
  第四节 股票价格指数 ………………………………………………… (201)
  第五节 股票转让价格与市场效率 …………………………………… (204)
  第六节 股票市场基本分析 …………………………………………… (206)
  第七节 股票指数期货交易市场 ……………………………………… (213)
  第八节 美国、英国、德国、日本股票市场 ………………………… (224)
  第九节 韩国、中国香港、中国台湾、新加坡股票市场 …………… (243)
  第十节 中国内地股票市场 …………………………………………… (258)

## 第九章　外汇市场 ……………………………………………………(267)

- 第一节　外汇与汇率 ……………………………………………(268)
- 第二节　外汇市场概述 …………………………………………(274)
- 第三节　外汇市场交易方式 ……………………………………(279)
- 第四节　外汇市场管制 …………………………………………(286)
- 第五节　中国外汇管理体制 ……………………………………(290)
- 第六节　英国、美国、日本的外汇市场 ………………………(299)
- 第七节　中国个人外汇实盘交易——"外汇宝" ……………(304)

## 第十章　基金市场 ………………………………………………(309)

- 第一节　基金概论 ………………………………………………(310)
- 第二节　基金发行市场 …………………………………………(315)
- 第三节　基金的上市及投资运作 ………………………………(319)
- 第四节　美国、英国、日本的基金市场 ………………………(323)
- 第五节　中国的基金市场 ………………………………………(326)

## 第十一章　黄金市场 ……………………………………………(329)

- 第一节　黄金市场概述 …………………………………………(330)
- 第二节　黄金流通市场 …………………………………………(333)
- 第三节　黄金市场交易方式 ……………………………………(336)
- 第四节　英国、瑞士、美国、新加坡、中国香港等国（地区）的黄金市场 …………………………………(344)
- 第五节　中国内地黄金市场 ……………………………………(348)

## 第十二章　抵押与证券化市场 …………………………………(351)

- 第一节　初级抵押市场 …………………………………………(352)
- 第二节　抵押证券化市场 ………………………………………(356)
- 第三节　资产证券化市场 ………………………………………(360)
- 第四节　美国、英国、法国和中国香港地区住宅抵押证券化市场 …………………………………………(365)
- 第五节　中国资产证券化市场的发展 …………………………(372)

## 第十三章　金融衍生工具市场 …………………………………(375)

- 第一节　金融期货市场 …………………………………………(376)
- 第二节　金融期权市场 …………………………………………(381)
- 第三节　金融互换市场 …………………………………………(386)
- 第四节　金融远期市场 …………………………………………(388)

## 第十四章 金融市场投资运作中的技术分析 (391)
    第一节 技术分析概述 (392)
    第二节 技术分析的理论和方法 (394)

## 第十五章 金融市场的现代数学模型分析方法 (405)
    第一节 无风险证券的估价 (406)
    第二节 金融风险的基本分析工具 (407)
    第三节 资产组合理论 (410)
    第四节 证券组合理论 (413)
    第五节 资本资产定价模型 (420)
    第六节 因素模型 (427)
    第七节 套利定价理论 (430)

## 第十六章 金融市场监管 (435)
    第一节 金融市场监管的理论依据与现实意义 (436)
    第二节 金融市场监管概论 (441)
    第三节 国外金融市场监管 (447)
    第四节 中国金融市场监管 (450)

## 第十七章 世界金融市场发展的回顾与展望 (457)
    第一节 二战后世界金融市场的空前发展 (458)
    第二节 当今世界金融市场格局与未来展望 (470)
    第三节 世界金融市场发展对中国的启示 (477)

## 参考文献 (482)

世纪经济与管理规划教材

金融学系列

# 第一章

# 金融市场概论

第一节　金融市场要素构成
第二节　金融市场的形成和发展
第三节　金融市场功能
第四节　金融市场分类

Financial Markets

## 第一节　金融市场要素构成

### 一、金融市场的定义

所谓金融,即指货币资金的融通,是货币流通、信用活动及与之相关的经济行为的总称。金融包括货币的发行与回笼、银行的存款与贷款、有价证券的发行与流通、外汇及金银的买卖、保险与信托、国内国际的货币支付与结算等。金融的最基本特征和作用就是采用还本付息的方式聚集资金和分配资金,调集城乡居民、企事业单位与政府之间的资金余缺。金融是现代经济的核心。经济决定金融,经济的发展水平决定金融的发展水平;但金融又会反作用于经济,其发展速度与信贷结构又影响着经济的发展速度和结构。

而金融市场,就是指金融商品的交易场所。

对此应当从以下三方面理解。第一,金融市场的交易对象是同质的金融商品,即货币资金等。第二,金融市场的参与者是资金的供给者和需求者。前者拥有闲置的盈余资金,后者则面临资金不足。交易双方的关系不再是单纯的买卖关系,而是建立在信用基础上的、一定时期内的资金使用权的有偿转让。第三,金融市场不受固定场所、固定时间的限制。随着现代通信技术的发展和计算机网络的普及,越来越多的金融交易借助于无形市场,在瞬间便可以完成。故可以这样说,金融市场是办理各种票据、有价证券和外汇买卖以及同业之间进行货币借贷的场所。

进一步来看,金融市场不仅仅指金融商品的交易场所,还涵盖了一切由于金融交易而产生的关系。其中最主要的是金融商品的供求关系,以及金融交易的运行机制——价格机制,表现为金融产品的价格和资金借贷的利率。在金融市场上,利率就是资金的价格。在这种特殊价格信号的引导下,资金自动、迅速、合理地流向高效率的部门,从而优化资源配置,推动经济持续快速发展。

### 二、金融市场要素构成

尽管各国各地金融市场的组成形式和发达程度各不相同,但都是由四大基本要素构成的,即金融市场主体、金融市场客体、金融市场媒体和金融市价格。

（一）金融市场主体

金融市场主体是指金融市场的交易者。

在金融市场上，市场主体具有决定性意义。首先，交易主体数量的多少决定了金融市场的规模大小和发达程度。众多交易者的参与，可以有效防止金融市场的垄断，促进竞争，保持市场的繁荣和稳定。其次，金融市场主体间的竞争造就了品种繁多的金融产品，导致金融市场业务的不断创新，促进金融部门效率的提高，更好地满足投资者和筹资者的需要，成为连接国民经济各部门的纽带。最后，金融市场主体的多少与交易的频繁程度影响着金融市场的深度、广度与弹性。

根据宏观国民经济部门来划分，金融市场主体又可分为个人与家庭、企业、政府、金融机构和中央银行五大类。

1. 个人与家庭

个人与家庭是一切经济（尤其是金融）活动的基石。个人和家庭主要以资金供给者的身份参与金融市场交易。

2. 企业

企业在金融市场上既是买方，又是卖方。为了维系简单再生产与扩大生产规模，增加固定资产，或防止流动资金的周转不畅，企业需要及时补充资金，从而成为金融市场的资金需求者。企业可通过向银行借款，发行债券、股票等多种方式来筹集资金。此外，企业的资金收入和资金支出在时间上往往并不对称，有时会游离出一部分闲置资金。故会以资金供给者身份，将这部分资金暂时让渡给金融市场上的资金需求者，获得收益。此外，企业经常是金融衍生品市场中套期保值的主要力量。

3. 政府

中央政府和各级地方政府通常是金融市场上的资金需求者。为了弥补财政赤字，进行宏观经济调控，履行公共经济职能等，政府部门往往通过发行各种国债、举借外债等形式来募集资金，为发展本国或本地区经济服务。有时，政府部门也会成为金融市场暂时的资金供给者，例如税款集中收进却尚未形成支出时。政府也会在国际金融市场上成为资金的需求者与供给者，例如，中国曾在美国、日本的债券市场上发行债券，筹集外资，也曾多次购买美国市场的国债。而一些石油输出国则往往是国际金融市场上的资金供给者。

4. 金融机构

金融机构是金融市场的主要参与者，金融机构又分为银行性金融机构和非银行性金融机构两种。

银行性金融机构是指以吸收存款的方式获得资金，以发放贷款或投资证券等方式获得收益的金融机构,主要包括商业银行、信用合作社,以及西方一些国家中专门吸收储蓄存款作为资金来源的储蓄机构。非银行性金融机构则是指以发行证券或契约方式筹集资金的金融机构,包括投资银行(证券公司)、保险公司、财务公司、信托投资公司等银行体系以外的金融机构。各类金融机构通过各种方式,一方面向社会吸收闲散资金,另一方面又向需要资金的部门、单位和个人提供资金,在金融市场上扮演着资金需求者和资金供给者的双重角色。

5. 中央银行

中央银行在金融市场上的地位极为重要与特殊。中央银行既是金融市场中的主体交易者,又是金融市场的监管者。

作为交易者,中央银行作为银行的银行,虽然不直接向企业或个人提供资金,但它通过再贴现业务向其他金融机构发放贴现贷款,并在商业银行发生挤兑危机时承担最后贷款人角色,成为金融市场的资金提供者。此外,中央银行通过公开市场业务,在金融市场上买卖证券,调节货币供给量,执行货币政策,成为金融市场的资金供给者,也可以成为金融市场的资金需求者。应该指出的是,中央银行的公开市场操作业务是不以盈利为目的的,但会迅速地影响到金融市场上资金供求双方的行为及金融工具的价格。有些国家的中央银行还受政府委托,代理政府对国债还本付息,接受外国中央银行委托,在金融市场上参与金融市场活动和买卖证券等。

作为监管者,中央银行代表政府对金融机构的行为进行监督和管理,防范金融风险,确保金融市场的平稳运行。

(二) 金融市场客体

金融市场客体是指金融市场的交易对象(交易标的物),也就是通常所说的金融工具。

金融工具又称为信用工具,是一种表示债权债务关系的凭证,是具有法律效力的契约,一般由资金需求者向资金供给者出具,并注名金额、利率以及偿还条件等。

金融工具的数量和质量是决定金融市场效率和活力的关键因素。首先,从数量上看,金融市场主体之间的交易必须借助于以货币表示的各种金融工具来实现,否则,资金的融通就无法进行。因此,市场上金融工具的种类、数量越多,就越能为不同偏好的投资人和筹资人提供选择机会,满足他们的不同需求,从而充分发挥金融市场的资金融通功能,对活跃经济、优化资金配置起到积极促进作用。其次,从质量上看,一种理想的金融工具必须既满足资金供给者的需要,又满足资金需求者的需要,同时还必须符合中央银行金融监管的要求。金融工具对于购买者即投资人而言,就是金融资产。因此,衡量一种金融资产质量高低的标准,就是衡量一种金融工具质量高低的标准,通常从流动性、收益性和风险性三方面考虑。流动性是指一种金融资产变现的时间长短、成本高低和便利程度。收益性是指因持有某种金融资产所能够获得的货币收益。风险性是指由于某些不确定因素导致的金融资产价值损失的可能性。每一种金融工具,都是流动性、收益性和风险性三者的有机统一。同时,这三者又是相互矛盾、不可兼得的。流动性较高的金融工具,一般收益较低,如银行存款、国债等。收益较高的金融工具,一般风险程度也较高,如美国的"垃圾债券"。

金融工具种类繁多,为了加深理解,需要对其进行分类。

(1)按权利的标的物,可分为票据和证券。票据着重体现的是持有者对货币的索取权,如汇票、本票、支票;证券则着重表明投资的事实,体现投资者的权利,如股票和债券。

(2)按索取权的性质,可分为股权证券(股票)和债权证券(债券)。股票代表对发行者的所有权,投资者以股东身份出现,索取的是股息和红利。股票可以在股票交易市场转让,但是不可赎回。债券代表对发行者的债权,投资者以债权人的身份出现,索取的是本金和利息。债券可以在债券交易市场转让,到期归还本金和利息。

(3)按发行者的身份,债券又可进一步分为政府债券、公司债券和金融债券。

(4)按发行期长短,可分为短期金融工具(1年以内)、中期金融工具(1年以上,10年以下)、长期金融工具(10年以上)和永久性金融工具(如股票)。但应指出的是,这里的短期金融工具在1年之内,已成为金融界约定俗成的标准;但中、长期金融工具之间的界限划分,则往往是相对变化的。例如,中国相当长时间内将3年(含3年)以上的银行存贷款定位为长期存贷款(有时还实行保值措施),1—3年称为中期。而后来我国发行了长达20年到30年的国债后,3—5年期的国债都只能划入中期国债的范畴了。

(5)按发行者的资信状况,证券又可划分为若干级别。例如,美国穆迪投资服务公司划定的债券级别由高到低依次为:Aaa,Aa,A;Baa,Ba,B;Caa,Ca,C。美国标准-普尔公司划定的级别为:AAA,AA,A;BBB,BB,B;CCC,CC,C;DDD,DD,D。

此外,还可以根据金融工具流动性的高低、交易费用的大小、抵押品的有无以及市场竞争条件的优劣等作多种划分。但最常见的划分还是根据金融工具的品种划分为票据、股票和债券。

(三)金融市场媒体

金融市场媒体是指在金融市场上充当交易媒介,从事交易或促使交易完成的机构和个人。其作用在于促进金融市场上的资金融通,在资金供给者和资金需求者之间架起桥梁,满足不同投资者和筹资者的需要。

金融市场媒体与金融市场主体相比，既有相同点，又有不同点。相同点在于，金融市场媒体和金融市场主体都是金融市场的主要参与者，金融交易的发生都离不开他们，二者在金融市场上的作用有时候是相同的。但金融市场媒体与金融市场主体又有重要区别。首先，就参与市场的目的而言，金融市场媒体参与市场是为了以市场中介为业获取佣金，其本身并非最终意义上的资金供给者或需求者。其次，金融市场媒体往往是以投机者而非投资者身份从事交易的，故在选择金融产品时，对其流动性、风险性和收益性三者组合的偏好往往与金融市场主体不同。本书中，我们重点介绍金融市场主体与客体的个性和区别。

金融市场媒体可分为金融机构媒体和金融市场商人两类。金融机构媒体又称组织媒体，包括商业银行、投资银行、证券公司、财务公司、保险公司、信托公司等各类银行和非银行金融机构。金融市场商人则又包括经纪人和自营商两类。经纪人是金融市场上为投资人和筹资人介绍交易的中间商，他们自身并不参与金融商品的交易，只是通过促成资金供给者和需求者之间的交易来赚取佣金。自营商则全面参与金融商品的交易，通过赚取买卖差价获利。

（四）金融市场价格

金融市场价格也是金融市场的最基本构成要素之一。金融市场的价格通常表现为各种金融产品的价格，有时也可以通过利率来反映。金融市场的价格同投资者利益关系密切，极受关注与重视。

一种金融产品的流动性、收益性和风险性特点决定了其自身的内在价值，从而奠定了这种金融资产的价格基础。此外，金融产品的价格还受供给、需求、其他金融资产价格以及交易者心理预期等众多外在因素的影响。可见，金融市场的价格形成十分复杂，几乎每时每刻都在发生波动。

价格机制在金融市场中发挥着极为关键的作用，是金融市场高效运行的基础。在一个有效的金融市场上，金融资产的价格能及时、准确、全面地体现该资产的价值，反映各种公开信息，引导资金自动流向高效率的部门，从而优化整个经济体系中的资源配置。

金融市场四要素之间关系密切，相辅相成。其中金融市场主体与金融市场客体是构成金融市场的最基本要素，是金融市场形成的基础。金融市场媒体和金融市场价格则是伴随金融市场交易而生的，也是金融市场不可缺少的要素，对促进金融市场的繁荣和发展具有重要意义。

## 第二节 金融市场的形成和发展

### 一、世界金融市场的形成

金融市场是市场经济发展的产物,它是在特定的历史条件下,遵循一定的经济规律而形成的。在商品生产和商品交换的长期发展过程中,货币逐渐担当起一般等价物的功能,从而使最初的以物易物的交易发展成为商品货币经济。应该指出,金融市场的形成必须以金融市场的主体、金融市场的客体和实际的交易活动为要素。金融市场的发展较早,后来随着社会化大生产的发展,金融交易主体的需求日益强烈,加上信用制度不断完善,融资方式和融资工具越来越多样化,这些融资方式和融资工具的频繁运用和流通,使得商品货币经济进一步发展为发达的信用经济。随着信用在经济活动中的广泛介入,以银行业为主导的各种金融机构组织自然发展起来,使得更大规模的金融市场逐渐形成。

虽然迄今为止,金融市场产生的确切年代尚无定论,但一般认为,有形的、有组织的金融市场最早形成于17世纪的欧洲大陆。

(一) 生产需求和贸易需求产生了以银行为核心的金融体系

现代金融市场的基本结构,始于以银行为核心的金融体系的建立和发展。而以银行为核心的金融体系是基于生产需求和贸易需求产生的,同实物经济的发展紧密联系。

一方面,在市场经济发展初期,由于社会分工不发达,生产力水平低下,社会生产所需的资本除了自身积累外,还必须通过借贷资本来筹集,而私人借贷往往在数量和期限上与资金需求都难以匹配。由此,对灵活的资金融通功能的需求产生了对机构借贷业务的需求。另一方面,国际贸易需求产生了对票据和汇兑业务的需求。早在古罗马时期,商人资本、货币资本和高利贷资本就已经活跃起来,地中海沿岸出现了国际贸易活动,票据则首先在意大利出现。为了提高票据的公信度,需要由有信誉的机构开出票据;进入中世纪,欧洲的城市手工业不断发展,商业日益繁荣,为满足国际贸易的需求,货币兑换业务应运而生。随着借贷业务、票据业务和汇兑业务规模的不断扩大,经营单一业务的机构逐渐演变为经营多种金融业务的银行,其业务主要集中于与实物经济发展紧密联系的资金借贷、国际结算、货币汇兑和票据贴现等领域。

1397年成立的梅迪西银行和1407年成立于意大利热那亚的圣乔治银行,标志着新式银行产生,金融业从此发生了根本性的变化。最早实行资本主义国家之一的英国,1694年成立了英格兰银行,其成立标志着银行信用制度的确立,也意味着以银行为中介的借贷资金市场的形成。1850年,威尼斯银行诞生,随后意大利米兰、荷兰阿姆斯特丹、德国汉堡等城市相继设立了自己的银行。银行作为金融市场的主体和中介,对金融市场的形成起到了巨大的推动作用。

但是,由于银行初创时期风险承担能力较弱,银行倒闭并引发金融危机的情况时有发生。为使金融活动的巨大风险分散化、短期化,于是股票与债券这两种仍是现代金融市场基本要素的有价证券应运而生。

(二)股份公司的产生和信用制度的发展促使证券市场迅速形成

股份公司的产生和信用制度的发展,促使证券市场迅速形成。股份公司是一种用发行股票(有时也发行债券)的方式向社会公众直接募集资金的新型企业组织形式。随着市场经济的发展,生产规模日渐扩大,企业家们自身的资本积累已经无法胜任对巨额资金的需求,而他们又因担心财务风险过大而不愿过多借债,于是产生了合伙经营的组织,随后又由单纯合伙的组织演变成为股份公司。17世纪上半叶,欧洲各国先后出现了业务经营较为稳定的股份公司。1602年,荷兰成立了东印度股份公司,随后英、法等国也先后建立了类似的股份公司。股份公司的建立、公司股票和债券的发行,为证券市场的形成提供了现实的基础,并提出了客观的要求。

证券市场的形成也离不开信用制度的发展。当货币资本与产业资本相分离,货币资本独立出来时,股票和债券等信用工具得以充分运用。信用工具一般具有流通变现的要求,而证券市场为有价证券的流通转让创造了条件。所以,随着信用制度的发展,证券市场的产生成为必然。

16世纪初,西欧出现了证券交易活动。比利时的安特卫普和法国的里昂被认为是证券交易活动出现最早的地区。16世纪末17世纪初,股份公司作为企业组织的新形式开始在荷兰、英国出现。1611年,荷兰成立了世界上第一个有形的、有组织的证券交易所——阿姆斯特丹证券交易所,标志着现代金融市场的形成。

英国证券市场的起源可追溯到16世纪,但由于股份制的发展一度受到抑制,其证券市场的正式形成较晚。16世纪,英国的俄罗斯公司和东印度公司的股票已开始交易,并出现了股票经纪人。17世纪末,英国已有大量证券经纪人,伦敦柴思胡同的"乔纳森咖啡馆"就是由于有众多经纪人在阴雨天气集中于此交易而出名。1720年,英国发生了"南海事件",该公司的内幕交易使众多投资者倾家荡产,造成社会动荡。这件事使英国政府在随后的一百年里不允许建立股份公司,证券交易对象局限于国债和少数特权股票,致使英国证券交易业的发展滞缓,直到1773年,在针线街和甜蜜巷拐角的一座建筑物里,英国第一个证券交易所才成立,并于1802年获得英国政府的正式批准。

德国证券市场也可上溯到16世纪。早在1585年,法兰克福证券交易所就已成立,但当时并未经营证券业务。从 1790 年起,该交易所开始经营部分债券。工业革命以后,以铁路发展为动力的各种产业相继兴起,柏林成为德国证券市场的中心。在同英国的竞争中,德国大力推行股份制,私人企业纷纷改组为股份公司,股票市场随之发展壮大。与其他国家证券市场不同的是,德国的股票基本是通过银行认购的。

18 世纪末独立战争时期,美国证券市场开始形成。政府为了给战争融资,发行并交易巨额国债。为此,东北各州纷纷成立了证券交易所,各种股票也进入交易所交易。在纽约,众多的证券交易人由于没有固定场地进行交易,就经常在华尔街附近的一棵梧桐树下买卖证券,后来,证券经纪人通过签订《梧桐树协议》,自发形成市场并确定交易规则。1817 年,证券经纪人将此地命名为"纽约证券交易会",1863 年正式改名为"纽约证券交易所"。战争结束后,美国工业革命开始,当时出现了大型股份公司。证券市场上公司股票逐渐取代政府国债的地位,证券交易额大幅增长。随着股份公司在美国经济中统治地位的确立,证券集资成为美国公司资本来源的主要方式。随着证券交易和发行规模日益扩大,证券市场形成并快速发展。

日本的证券市场形成于明治维新时期。1875 年,日本制定了证券交易条例;1894 年,日本制定了证券条例法并自此进行有序的证券交易。由于日本经济中的重要产业都被财阀所控制,因此在日本证券市场形成初期,各种证券都成为财阀抽取利润的工具,其证券市场具有封闭和排他的特点。

(三)信用形式的多样化促进各类金融市场的形成

信用制度的发展促进了金融市场的形成与发展,而信用形式的多样化又促进了各类金融市场的形成。资本主义社会之前,信用的基本形式是高利贷信用。进入资本主义社会,出现了商业信用和资本信用。商业信用是企业之间购销货物时延期付款或预支货款的行为,是基于商品而提供的信用。资本信用是基于货币而提供的信用,主要包括银行信用和证券信用,并首先表现在银行信用上。银行信用是将筹集的社会资金提供给职能资本家充当企业资本的行为,即在投资者和筹资者之间充当中介人,属于间接资本信用。13 世纪到 19 世纪,欧美各国相继成立了银行。随着信用制度的发展,证券信用即筹资者直接面对社会公众筹集资金的信用形式出现了,股票和债券是两种主要的证券信用工具。17 世纪到 19 世纪,荷、英、美、法等国先后建立的证券交易所更有力地促进了信用制度的成熟及金融市场的深入发展。

伴随着资本主义经济的迅速发展,信用形式的广度和深度都得到了发展。信用形式由单一的商业信用发展为银行信用、证券信用和消费信用等多种信用形式并存,信用形式的范畴也从国内信用逐步拓展为国际信用,由此产生了许多新的金融工具,如汇票、外汇存单、国际票据等;信用形式在深度上的发展使原有金融工具不断细化,如股票除普通股外,还有优先股、后配股、无表决权股、转换股等。信用制度在广度和深度上的发展使金融工具多样化,金融市场上新的金融工具不断涌现,并且股票、债券和票据的种类不断增多,进一步促进了各类金融市场的形成,丰富了金融市场的功能。

## 二、世界金融市场的发展

世界金融市场的形成迄今已有近四百年历史。在这近四百年的时间里,随着世界政治经济格局的变化和各国经济实力的相对改变,世界金融市场的重点发生了多次转移;同时,各国金融市场都在不断发展和完善,尤其是最近的半个多世纪以来,随着科学技术的进步,各种新的金融工具层出不穷,交易手段日益发达,出现了前所未有的繁荣景象,金融市场在经济发展中的地位日益凸显。

17世纪初,素有"海上马车夫"之称的荷兰实力强大,其发达的经济贸易和便利的交通促成了荷兰阿姆斯特丹证券交易所的成立,成为各国商人买卖有价证券的中心。该证券交易所的成立,标志着现代金融市场的初步形成。此后,依据世界金融市场重点的转移,世界金融市场的发展可分为以下几个阶段:

第一阶段,17世纪英国崛起到第一次世界大战之前,英国曾是世界上头号资本主义强国,它拥有了大量股份公司及成熟的公债制度,并依托强大的经济实力和完备的金融体系,取代了荷兰在金融中的重要地位。当时,英国是西方发达国家中金融市场发展最快、影响最大的国家。

1694年,英国成立了英格兰银行,标志着银行信用制度的确立,也意味着以银行为中介的借贷资金市场的形成。前已叙及,英国的证券交易可以追溯到1600年英国设立的东印度股份公司及其股票交易。而当时,英国政府发行的短期公债实际上是证券交易所的主要交易对象。18世纪,英国完成工业革命,成为世界上最大的工业强国,其自由贸易政策有力地扶持了本国市场经济的发展,促进了证券交易,1773年成立的伦敦证交所取代阿姆斯特丹证交所,成为当时世界最大的证券交易所。1816年,英国首先实行了金本位制,英镑成为最广泛使用的货币,各国商人逐渐通过伦敦进行国际债权债务清算,汇票成为国内外融资的主要工具。后来,英国又发展了汇票贴现制度和贴现行,英格兰银行已经对贴现行发挥最后贷款人的作用。现代货币市场结构在当时已逐步完善。19世纪的英国形成了国际性的货币市场和资本市场,伦敦成为国际贸易与国际金融中心。

第二阶段,两次世界大战使各国经济实力和金融发展发生变化,英国的实力被严重削弱而美国和瑞士迅速崛起,形成纽约、苏黎世与伦敦三大国际金融市场鼎立的局面。

两次世界大战对整个世界经济造成了严重破坏,资本主义国家的力量对比及世界经济格局随之发生了很大变化。英国是两次世界大战中的严重受损者,国内经济遭到严重破坏,不但资金匮乏问题在战后突现,也使伦敦的国际金融业务向受战争影响较小的美国纽约和瑞士苏黎世市场分流。美国是战争的获益者,国际性资金借贷和资金筹集活动在战争中大规模向纽约市场转移,使之成为最大的国际资本流动市场。随着以美元为中心的布雷顿森林体系的建立,美元成为主要的国际储备货币和结算货币,美国成为世界经济霸主和最大的资金供应国,纽约的金融市场迅速崛起,成为世界的金融中心。苏黎世国际金融中心地位的提高同样受惠于未受到战争的破坏性影响。瑞士中立的立场和独特的地理位置,使其保持了安宁的市场环境和货币的自由兑换,自由外汇交易活跃,逐渐形成了黄金市场,从而使苏黎世金融市场得以快速发展,成为世界的金融中心。所以,经过战争外力的调整,形成了纽约、苏黎世和伦敦三个金融市场并驾齐驱的局面。

第三阶段,严格的金融管制与欧洲战后经济恢复的需要,促使国际金融市场扩散,兴起欧洲货币市场,形成纽约、伦敦和东京这个国际金融市场的"金三角"。

欧洲货币市场,又称"离岸金融市场",最早于1957年出现在伦敦。1956年,英国为苏伊士运河而入侵埃及,致使国际收支严重恶化,导致1957年英镑发生贬值危机。英格兰银行为保卫英镑,大幅度提高利率,并加强外汇管制以阻止英镑外流。伦敦的商业银行为了摆脱业务困境,开始系统地吸收美元存款,然后贷给客户以牟利。于是,一个在美国境外的美元资金借贷市场就形成了。20世纪50年代起,由于国际收支长期逆差,黄金储备不断流失,美元信用动摇,美国政府采取了管制措施防止美元外流;而有些西欧国家为防止美元流入过多而采取了限制性措施。时值战后欧洲经济的恢复阶段,为逃避这些限制而获取利润,西欧国家的银行纷纷把资金转移到国外,欧洲美元、亚洲美元、欧洲其他货币等市场相继成立并迅速发展起来,这标志着资金借贷交易走向国际化,传统的金融市场中心迅速扩散到法兰克福、布鲁塞尔、米兰等地。尤其值得一提的是,日本东京凭借其地处纽约、伦敦之间的区位优势,在全球24小时不间断交易中发挥重要作用,从而形成了纽约、伦敦和东京三个新的国际金融市场的"金三角"。

第四阶段,新兴金融市场的崛起与发展阶段。

二战后,许多独立解放的发展中国家为了摆脱贫穷状况,纷纷进行金融改革,实行金融自由化政策以扶持本国(地区)的金融市场。20世纪70年代后,发展中国家经济崛起,其金融业对国际金融市场产生越来越大的影响。80年代,墨西哥等发展中国家发生了债务危机,但这并未影响国际投资,也未阻止这些国家(地区)的金融发展步伐。这一阶段以亚洲的新加坡、马来西亚、泰国、菲律宾和拉丁美洲的墨西哥、阿根廷、巴西等国为典型代表的新兴国际金融市场崛起。亚洲四小龙的经济腾飞,在很大程度上得益于金融市场的迅速发展。新兴金融市场的崛起与内外环境均有关:一方面,全球性的金融监管放松、技术革新、金融创新和筹资证券化浪潮,造就了有利的外部环境;另一方面,新兴市场开放初期的投资回报率较高,吸引了众多金融投资者。但是,高收益往往伴随着高风险,新兴市场金融体系的不健全、国内经济结构的不合理,使该市场在金融管制放开与国际游资套利的背景下显得十分脆弱,1997年亚洲金融危机直至2002年的阿根廷金融危机,无不与此有关。目前,新兴金融市场的风险防范正成为金融实务界与学术界关注的焦点。

综上所述,在第一次世界大战之前,虽然世界各国金融市场的发展是不平衡的,但从整体看,大部分处在一个较缓慢的、较低级别的发展阶段。伦敦依托着英国雄厚的经济实力,成为西方资本主义国家中最大的金融市场,左右着几乎整个资本主义国家乃至世界的经济脉搏。第一次世界大战起,这种局面发生了根本转折。世界金融市场在这一时期遇到了严峻考验,由于经济危机,金融风暴频频爆发。1914年,因第一次世界大战爆发导致股票交易所关闭事件;1920年伦敦和纽约股票市场崩盘;1929年纽约股票市场大崩溃(股票交易量及市值跌掉80%—90%)等。这些金融大事件促进了各国对金融市场的研究及严格法制的颁布。在此期间,英国在世界经济中的霸主地位渐渐被没有直接受到世界大战破坏、工业尤其是军事工业得到大力发展、经济旺盛向上的美国所取代。

第二次世界大战后,严格的金融管制及欧洲经济的恢复需求又产生了欧洲货币市场,形成了纽约、伦敦和东京国际金融市场的"金三角"。此后,发展中国家的金融市场逐渐形成,新老世界性金融中心如纽约、伦敦、东京、巴黎、法兰克福、中国香港、苏黎世、新加坡等更加活跃,占世界人口22%的中国的金融市场也在经济改革对外开放中逐步形成并有了初步发展。金融全球化、一体化趋势更加明显,世界金融市场出现了崭新局面。

## 三、中国金融市场的形成和发展

中国最早的金融机构都是官办的,其主要职能是发行和储藏货币,因为只有政府才有发行货币的权力。"金融"一词虽然到近代才由日本传入,但中国早在西周时期就出现了金融活动,官办的铸币机构和钱库,铸造和储藏铜币,以适应发行和流通货币所需。而且据《史记》记载,春秋战国时的晋国就有"假贷居贿"(《史记》卷75《孟尝君传》),这是一种还本付息的高利贷行为,受到社会的广泛批评。西汉王莽篡政后,货币政策具有随意性,8年中4次任意改变币制,加剧社会矛盾,尽管他的改革是混乱与逆历史潮流的,而且其推行的赊贷政策也未能成功,但至少说明中国古代已有人开始通过货币信用等方式来改变、调节经济重新分配社会财产了。以上这些货币、信用及有关金融活动起源很早。

到了隋唐时期,由于市场经济的进一步发展,汇兑、商业信用等相当规模的金融活动应运而生,除南朝寺院的质库这类官办银库外,还出现了不少民间的银铺和当铺,专门从事货币流通的调节业务。长安的"西市"就是中国早期的金融市场。到了南宋,金银交引铺、金银铺、炒户核兑便铺十分兴旺,吴自牧《梦梁录·铺席》中指出光临安就有"百余家"。官巷南街是南宋临安的"金融一条街"。

中国到明清时代时,以农为主的自然经济虽然仍占统治地位,但商品的生产和交换已经越来越发达,随着商业和商人资本的发展,货币数量的增加和货币使用范围的广泛,各种金融组织也应运而生。清中叶呈现出加速发展的态势,其中最主要的是从事抵押放款业务的"典当业",全国约有2万家当铺,多为徽商和晋商。典当业在封建社会中起着调剂民间金融的作用,它的发展从一个侧面反映了封建社会商品的经济的发展。另外,还有以经营货币兑换为主,兼营存放款业务的"钱庄"、"账号"、"粟号"等,尤以山西、直隶、陕西、山东等省为多,从一开始为各地工商业者提供融资逐渐成为清政府的重要资金来源。总之,即使没有外国资本的进入,中国的金融业仍然会按照自己原有的轨迹发展壮大的,并在中国市场经济中发挥越来越重要的作用。

1840年,鸦片战争爆发,外国金融资本与中国旧有金融机构开始结合在一起,并在中国社会经济中占有一定的优势,中国的金融市场逐渐向近代形式过渡。1891年,外商中一些专门从事证券买卖的经纪人组成了"上海股份公所",主要经营中国和远东各地的外商公司股票、债券和南洋各地的橡皮股票。而我国第一家中资的新式银行,是于1897年5月27日成立的中国通商银行。

第一次世界大战期间和稍后几年,是中国金融业顺利发展和奠定基础的黄金时期,这期间银行信用显著扩大,金融业普遍活跃,金融市场不论从量上或质上都有新的开拓。同业拆借市场和内汇市场继续发展。标金市场和大条银市场十分活跃。金业交易所的正式组织始自1920年,即1920年设立的上海证券物品交易所和1921年成立的上海金业交易所。证券市场开始引起人们关注。1917年,由孙中山提倡、根据《证券交易法》申请,并与虞洽卿联名向北洋政府农商部呈请设立了我国历史上第一个中国人自己办的证券交易所——上海证券交易所。1920年"上海股票商业公会"改组为"上海华商证券交易所",并于1921年5月20日正式开业,股票市场走上正规道路,上海证券物品交易所年收益近100%,一时交易所被认为是"摇钱树",仅上海争设的交易所就已多达130

家,但随之而来的1921年的信用风潮,使大批交易所纷纷倒闭。另外票据贴现市场的拓展,外汇交易兴盛,使当时中国的金融市场初具规模。

1921年的信用风潮使90%的证券交易所倒闭,使当时中国的金融市场遭到了严重打击。抗战期间,敌伪支持证交所恢复营业,使证券交易出现第二次高潮,但连绵不断的战事和动荡的政局使得金融市场终究零落萧条。日本战败后,国民党政府为了吸引游资,一度力促证券交易的恢复。但当时占据统治地位的金融体系主要服务于国民党政府的政治经济利益,加之持续不断的恶性通货膨胀,使得证券交易濒临崩溃,变得无法收拾,这种状况一直持续到中华人民共和国成立。

1948年12月1日,中国人民银行在河北省石家庄市成立,开始发行人民币,为进一步开创新中国的金融事业,在全国建立统一的新中国国家银行奠定了基础。中国人民银行的成立,标志着新中国的金融业的建立,很好地适应了当时战争发展的需要和建立新中国的需要。1949年2月,中国人民银行由石家庄迁入北平。中华人民共和国成立后,中国人民银行作为国家银行,根据"边接管,边建行"的方针,结合各地的不同情况,接收国民党旧政府留下来的官僚资本银行,取消在华外商银行的特权,整顿和改造旧中国的私营银行和钱庄,迅速建立人民银行各级分支机构,包括农村信用社。至此,新中国初创时期的金融组织机构体系初步形成,对促进对工农业生产的恢复和发展,为实现国家财经状况根本好转,制止通货膨胀,发挥了十分重要的作用。但从20世纪50年代末到70年代末,中国长期实行高度集中统一的计划经济机制,否认市场经济与价值规律,排斥市场的调节作用。物资统一分配,产品统购包销,财政统收统支,银行信贷资金按计划供应。在这种体制下,金融业得不到发展,银行作用范围极其狭小,"大一统"的金融体系形成,机构单一,信用集中,政企不分,对外封闭的特点十分突出。在此情况下,当然根本不可能也不需要通过金融市场进行融资活动。

1978年以后,中国进入改革与发展的新时期。随着以城市为重点的经济改革的全面展开,市场经济体系逐步形成、发展,加之促进经济横向联系,金融市场作为市场经济的重要组成部分,得到迅速发展。

专业银行的商业票据承兑贴现业务在积极探索和开展。试验早在1980年上半年便开始起步。同年2月,上海杨浦区和黄浦区两个区的银行办事处合作试办了第一笔同城商业承兑汇票的贴现。1984年12月人民银行下发了《商业汇票承兑、贴现暂行办法》,决定从1985年4月起在全国开展这项业务,并于1986年正式开办了对专业银行贴进票据的再贴现业务,标志着票据市场的初步形成,中国人民银行推动一批金融机构集中、金融业务发达、辐射力强的中心城市如上海、重庆、天津、大连、青岛、南京、武汉、成都等城市加快票据市场的建设和发展。统计显示,上述城市商业汇集业务量占全国业务总量的比量,1996年为35%,1997年为34%,1998年为36%。中国区域性的票据市场初步形成。中国同业拆借市场的发展是从1984年起步的,全国相继建立起五十多个区域性资金市场,1986年中国人民银行下发《关于推进金融机构同业拆借有关问题的通知》进一步推进金融机构之间的同业拆借以调剂余缺,逐步形成全国范围的资金拆借市场,明确规定各金融机构都有资金头寸拆出拆入的权力。1992年中国的股票和房地产逐渐升温,出现了乱拆借现象,1993年6月开始,中国人民银行严厉整顿和规范同业拆借市场秩序,清理"乱拆借",拆借市场恢复了正常秩序。1996年1月,中国人民银行建立了全国统一的金融机构间同业拆借市场,同年6月放开了对同业拆借利率的管制,初步形成了统一规范的同业拆借市场格局。

1981年1月28日,中国国务院公布《中华人民共和国国库券条例》。财政部开始发行国库券,中国国债市场重新"跃出水面"。1982年开始,中国金融机构又分别在香港、新加坡、法兰克福等地发行港元、美元、马克债券,筹集外资,从而结束了中国开始于20世纪50年代末的长达二十余年的"无债时代"。1988年,国债开始有了二级市场,国债流通市场正式启动,到了1991年实际上有四分之三的国债是通过承购包销方式发行的。1996年,中国国债市场的发展基本实现了"发行市场化、品种多样化、券面无纸化、交易电脑化"的目标。到2001年底,累计国债发行总额达2.88万亿元(当年发行4 183亿元),国债市场不仅成为弥补财政赤字的重要手段,而且成为筹集经济建设资金的重要渠道。

1984年7月,北京天桥百货股份有限公司率先成立,首次向社会公开发行股票300万元,成为新中国在国家工商部门注册的首批股份公司之一。1986年9月,上海工商银行信托投资公司静安证券业务部开办了股票柜台买卖业务,以挂牌方式,公开委托买卖股票。1986年9月26日,"上海飞乐音响公司"和"上海延中实业公司"通过静安证券部上市,开创了新中国股票二级市场交易的历史。

1990年12月1日和1990年12月19日深圳证券交易所和上海证券交易所先后成立。由于政府的直接推动,中国股票市场在随后的时间里得到了迅速的发展。截止到2003年12月,中国股票市场上上市公司已达到1 200余家,股票的总市值已达4.5万亿元人民币,约相当于GDP的50%,开户投资人次突破7 000万。

1980年10月中国开办外汇调剂业务,逐步建立起外汇调剂市场,大体经历了三个阶段:开创阶段(1980年10月—1986年2月)、形成阶段(1986年2月—1988年2月)、发展阶段(1988年2月—1993年12月),1992年,上海的外汇调剂中心正式接纳了日本东京银行、美国花旗银行、法国东方汇理银行等外资银行参与交易,标志着我国的外汇调剂市场开始与国际接轨。1994年,中国外汇管理体制进行了重大改革,实现汇率并轨,实行以外汇供求为基础的有管理的浮动汇率制。同时在原有的外汇调剂市场的基础上建立了全国统一的银行间外汇市场。到2008年12月,中国的外汇储备已达到1.9万亿美元,成为世界第一大外汇储备国。

## 四、近年来世界金融市场发展的新特点

综上所述,无论是世界发达国家、还是发展中新兴国家,无论是海外、还是中国,金融市场的发展都有一些新特点。

20世纪70—80年代以来,信息处理和电子通信领域的科技进步、资本国际间流动限制的取消和宽松、国内资本市场放松监管、经营业务混业化、不受监管的离岸市场的发展,促使不同货币流动的衍生产品的迅猛增长以及在这些市场中未取得世界性交易的份额而进行的更大的竞争等,这使自由化、全球化成为世界金融市场发展的大趋势。在此潮流下,新兴市场也纷纷建立和发展本国的金融市场,金融创新层出不穷,金融改革浪潮不断涌动。

### (一)金融全球化成为重要趋势

金融全球化是近年来金融市场发展的一个重要趋势,指国际金融市场正向一个密切联系的整体市场发展。在世界各地任何一个主要市场上,都可以进行相同品种的金融交易;同时,世界上任何一个局部市场的波动也都有可能马上传递到全球的其他市场。金融全球化主要表现为交易市场的国际化和交易者的国际化。随着世界三大国际金融中心由二战后的纽约、苏黎世和伦敦转变为纽约、伦敦和东京,以及发展中国家(地区)新兴金融市场的兴起,金融市场逐渐形成在全球范围内24小时连续运转的体系;跨国公司、国际性组织在金融全球化中发挥着重要作用。

金融全球化的前提是金融自由化。金融自由化是指70年代以来,在西方发达国家出现的逐步放松甚至取消某些金融管制的过程,主要表现为取消对跨国金融活动的限制,放松或解除外汇管制,允许金融机构适当实行混业经营,放宽或取消对银行利率的管制,鼓励、支持金融创新等。

### (二)金融创新层出不穷

20世纪80年代起,国际金融市场的发展迎来一次金融创新的浪潮。金融创新的产生,一方面有金融工具自身追求高效率、降低交易成本的因素;另一方面也是出于规避各种金融管制的需要。金融创新主要表现为金融产品的创新。

金融产品的创新可以分为基础金融产品的创新和金融衍生产品的创新。基础金融产品的创新中,一类是与活期存款竞争的创新,如可转让提款通知书、

证券回购协议、货币市场互助基金等,大多流动性强而不受活期存款利息支付的限制,可获得市场利率,因而将收益性和流动性结合起来;另一类是与储蓄和定期存款竞争的创新,如可转让大额存单、货币市场存款单、长期回购协议等,以证券化方式增强金融中介发行的金融工具的流动性,并规避了法律的限制,逐渐打破了原有的金融管制。金融衍生产品的创新包括互换、期货、期权等,最初以规避市场风险为目的,但它很快吸引了投资者和投机者的双重注意,其中表外创新业务更是受到了银行业的推波助澜。金融衍生产品创新的作用是双重的,它为投资者提供了一种风险防范手段,同时也由于其膨胀缺乏有效控制,使金融活动日益与实体经济相分离,成为金融市场波动的重要原因。

在当今的世界经济格局中,美、日、欧等发达国家和地区始终占据着优势地位,因此它们不仅在金融交易量中占据着世界金融市场的绝大多数份额,而且还实际上主导了世界金融市场规则的制定。金融市场发展的这些新特点,对全球经济活动的影响广泛而深远。其积极作用表现在:金融全球化和金融创新使得金融市场上金融产品的流动性不断增强,私人资本成为主角,投资者的投资种类增加,选择范围扩大,筹资者的筹资方式多样化,同时整个金融市场活力提高。其不利影响表现在:全球的金融一体化、金融创新和新兴金融市场的建立也使整个世界金融体系的风险程度加大,金融动荡或危机因素也以前所未有的速度传播,金融监管难度增加,一国宏观经济政策尤其是货币政策的实施效果有时受到严重影响。因而,发展和完善国(地区)内市场体制与法制,提高金融市场公信力,将成为各国(地区)监管机构的重要目标。

## 第三节 金融市场功能

在发达的市场经济中,金融市场的存在除了为经济主体融资提供了极大的便利外,还具有其他很多功能。概括起来,主要有结算与支付功能、资金聚敛功能、资源配置功能、风险分散功能、经济调节功能和信息反映功能六种。

### 一、结算与支付功能

结算和支付手段促进了商品交换和国际贸易的发展。金融市场结算和支付功能既包括国内经济实体之间的,又包括国际经济实体之间的,这一功能主要由商业银行来承担。没有这种结算和支付,就没有现代的经济生活,就没有国际贸易,那种情景是难以想象的。

## 二、资金聚敛功能

金融市场的资金聚敛功能,是指金融市场能够将众多分散的小额资金汇聚起来,成为供社会再生产使用的大资金集合。

首先,在一国经济中,各部门之间和部门内部的资金收入和资金支出在时间上往往是不一致的。一些部门、一些单位在一定时间内可能存在暂时不用的闲置资金,而另外的一些部门和单位则可能存在较大的资金缺口。金融市场通过金融工具,把储蓄者或资金盈余者的货币资金转移给筹资者或资金短缺者使用,为两者提供了沟通的渠道,使社会投资得以顺利完成,使社会资源得到充分利用。

其次,实际中各单位的闲置资金往往比较零散,数量通常较小,难以满足大规模投资的需要。金融市场的存在,能够积沙成塔,汇水成河,从而将众多小额资金集合为大额资金,满足大规模的生产投资和政府部门的大规模公共支出的需求。

何以金融市场能够具有这样的聚敛功能呢?第一,这是由金融工具的特点决定的。一般来说,以金融工具表示的金融资产要比实物资产具有更强的流动性和更高的收益性。股票、债券等金融工具将大额投资分割为小额投资,并且可以自由流通,从而吸引大量短期的、小额的、零散的资金不断"凝聚"、"接力",形成巨额的、长期的、集中的资金。因此,它对于投资者和筹资者来说,都具有极大的吸引力。第二,这是由金融市场上金融工具的多样化决定的。尽管储蓄者和投资者通常并非同一主体,但发达的金融市场可以提供品种繁多的金融工具供双方选择,满足交易者的各种偏好和需求,激发人们的投资热情,从而加速资金的流通和聚集。

## 三、资源配置功能

金融市场的存在,为资金供给者和资金需求者创造了接触的机会,为双方开辟了广阔的投融资途径,同时有利于双方降低各自的交易成本。而市场上的闲置资金数量往往是短缺的,为了实现自身经济利益的最大化,投资者和筹资者双方都要审时度势,在竞争中作出抉择。前者要将资金投向最有利可图的部门和项目,后者则要在实现融资目标的前提下选择成本相对低的融资渠道。于是,市场上的资金自然流向经济效益高、发展潜力大的部门和企业以及价廉物美的金融工具上,没有效益或效益不佳的部门与投资项目以及价高风险大的金融工具就很难获得足够的资金,这是一个优胜劣汰的竞争过程。金融市场竞争的结果,是使有限的社会资金朝着使用效率最高的地方流动,真正实现了资源的优化配置。

## 四、风险分散功能

在激烈的市场博弈中,时刻伴随着风险。尤其是在为谋求未来经济收益的投资过程中,各种政治风险、市场风险、自然风险时时存在。风险的发生不仅会使投资者遭受经济损失,严重的还可能倾家荡产。由于未来总是不确定的,人们无法消除风险,而只能分散风险。金融市场的存在,使投资者可以通过资产组合来分散投资的风险。同时,金融工具的应用使得大额投资分散为小额零散资金,从而将较大的投资风险分由大量投资者共同承担,既使投资者的利益得到保证,同时又便于筹资者融资目标的实现。

另外,金融市场还提供管理风险的手段。金融机构通过远期合约、期货合约、期权合约和互换合约等可以为客户提供各种套利、投机和套期保值的方式,以管理客户可能面临的利率风险、汇率风险、股价风险和商品价格风险。

## 五、经济调节功能

金融市场对于宏观经济具有重要的调节作用。一方面,金融市场通过其资源配置功能,对微观经济部门效率的提高起到积极促进作用,进而有效提高整个宏观经济的运行质量;另一方面,金融市场是政府实施宏观经济政策的重要手段和渠道之一。中央银行通过金融市场,运用存款准备金率、再贴现率和公开市场操作三大货币政策工具,向金融市场注入货币或抽回货币来调节货币供给量,对经济起到刺激或平抑作用。此外,财政政策的实施也和金融市场紧密相关,政府通过国债的发行和运用,对宏观经济进行引导和调节。

## 六、信息反映功能

金融市场产生于高度发达的市场经济,连接着一国经济的各个部门和环节,是整个市场体系的枢纽。

首先,从宏观经济角度来看,金融市场向来被视为经济发展的"晴雨表"。经济繁荣的预兆首先表现为金融市场的异常活跃,而经济的衰退又总是以金融市场的崩溃为信号。金融市场与国民经济的关系十分密切,总是能为国民经济的景气与否提供准确及时的信息。

其次,从微观角度看,金融市场上的各种证券,其价格波动的背后总是隐藏着相关的信息。一般而言，经济效益比较良好、行业前景乐观且运作平稳的单位所发行的证券，长期来看其价格稳中有升；相反，如果某种证券的价格相对于市场上其他品种一路下跌，则多半是因为该企业出现了运行危机。投资者可以根据金融市场上的证券价格信息，据此为由，分析判断出相关企业、行业的运行状况和发展情景，作出合理选择。

最后，金融市场是中央银行进行公开市场业务操作的地方，对国家货币供应量的变化反映最快；能灵敏地觉察到宏观经济中的种种变化，感受国家货币政策、财政政策等变化。因此，金融市场上的信息往往最能反映整个宏观经济的发展态势。

## 第四节　金融市场分类

在金融市场上，各种金融交易的对象、方式、条件、期限等都各不相同。为了更加充分地了解金融市场，需要对之加以分类。金融市场的分类方法较多，按不同的标准可以有不同的分类。

### 一、按交易的标的物划分

以金融交易的标的物，即金融资产的形式为依据，金融市场可以划分为货币市场、资本市场、外汇市场、黄金市场、保险市场等。

货币市场是指以期限在一年以内的金融资产为交易标的物的短期金融市场。该市场的主要功能是保持金融资产的流动性，以便随时转换成货币。它满足了短期资金供应者与拆借者双方的需求。现在，货币市场一般指国库券（短期国债）、商业票据、银行承兑汇票、大额可转让定期存单、回购协议、联邦资金等短期信用工具买卖的市场。细分下去，其中最重要的是拆借市场和票据市场。本书将专门予以介绍。

资本市场是指期限在一年以上的金融资产交易市场，又可分为银行中长期存贷款市场和有价证券市场。但由于证券市场最为重要，加之长期融资证券化已成大趋势，故现在一般可将资本市场视同于或侧重于证券市场（本书将着重介绍证券市场）。

外汇市场是指专门买卖外汇的场所，从事各种外币或以外币计价的票据以及有价证券的交易。

黄金市场是指专门集中进行黄金等贵金属买卖的交易中心或场所。尽管随着时代的发展，黄金的非货币化趋势越来越明显，但是黄金作为国际储备工具之一,在国际结算中仍然占有重要地位,黄金市场依旧被视为金融市场的组成部分。

保险市场是指以因意外灾害事故造成的财产和人身损失的补偿为交易标的,以保险单和年金单的发行和转让为交易对象,是一种特殊形式的金融市场。

## 二、按交割方式划分

按照金融交易中交割的方式和时间为依据,金融市场可以划分为现货市场和衍生品市场。衍生品市场又主要可以分为:期货市场和期权市场。

在现货市场上,买卖双方必须在成交后的若干个交易日(通常是三天)以内办理交割,钱货两清。现货市场是相对于期货市场而言的。

在期货市场上,交易达成后并不立即进行交割,而是在合同合约规定的一定时间以后才履行交割。交割时,不论市场价格变化如何,都必须按照成交时的约定价格进行。

期权市场是进行各种期权交易的市场。期权又称选择权,是指买卖双方按成交协议签订合同合约,允许期权购买者在支付一定数量的期权价格(又称期权费用、保险费)后,有权在特定的时间内按照约定价格买进或卖出一定数量的证券。期权到期日之前,期权的购买者可以根据市场情况的变化,选择行使期权或放弃实施期权,但期权费用不可收回。

被交易的期货合约、期权合约均是由原生性金融商品和基础性金融工具创造出来的新型金融工具。衍生金融工具的交易一方面有套期保值、防范风险的作用,一方面又往往是一种风险很大的投机对象,对此应引起警惕。

## 三、按交易中介划分

按金融交易中中介商的作用为依据,金融市场可以划分为直接金融市场和间接金融市场。

直接金融市场是指资金供给者直接向资金需求者进行融资的市场。直接融资既包括企业向企业、企业向个人的直接资金融通,又包括企业通过发行债券和股票方式进行的融资。要注意的是,即使是企业的直接融资,一般也由金融机构代理。

间接金融市场是指以银行等信用中介为媒介,来进行资金融通的市场,如存放款市场。在间接金融市场上,资金所有者将资金贷放给银行等信用中介,再由信用中介转贷给资金需求者。不论这笔资金最后归谁使用,资金所有者的债权都只是针对信用中介机构而言的,对资金的最终使用者不具任何权利要求。

值得注意的是，直接金融市场和间接金融市场的差别并不在于是否有中介机构介入，而在于中介机构介入的作用和特征。在直接金融市场上，也有中介机构的介入，但这些机构并不是资金的中介，而是多数充当信息中介和服务中介。

### 四、按交易期限划分

按偿还期的长短，市场可分为经营短期金融工具的货币市场（money market）和经营长期金融资产的资本市场（capital market）。

短期资金市场是进行短期资金融通的场所，一般融资期限在一年以内，如短期存单、票据、货币头寸和国库券等。其资金主要用于短期周转，解决市场主体的临时性、短期性资金需求。这类金融工具偿还期限短、流动性较高、风险较小，通常在流通领域起到货币的作用，故而短期资金市场也称作货币市场。

长期资金市场是进行长期资金融通的场所，一般融资期限在一年以上，长的可达数十年，如股票、债券和长期资金借贷等。长期资金大都参与社会再生产过程，主要为了满足企业固定资产投资的需要和政府对长期资本的需求。这类金融资产的偿还期限长、流动性较低，因而风险较大，但可以给持有者带来定期收入，故而又称资本市场。

### 五、按交易程序划分

按照证券交易的程序，金融市场可以分为发行市场和流通市场。

发行市场又称为一级市场（primary market），以投资银行、经纪人和证券商为经营者，承担政府和公司、企业新发行证券的承购和分销业务，是证券或票据等金融工具最初发行的市场。

流通市场又称为二级市场（secondary market），主要由证券商和经纪人经营已上市的证券，是金融工具流通和转让的市场。金融资产的持有者需要资金时，可在二级市场出售其持有的金融资产，将其变现。想要进行投资却并未进入一级市场的，可以在二级市场购买金融资产。

### 六、按交易场地划分

按有无固定的交易场地，金融市场可分为有形市场和无形市场。有形市场是指具有固定交易场所的市场，一般指证券交易所、期货交易所等固定的交易场地。而无形市场则是指在证券交易所外进行金融资产交易的总称,本身没有固定的交易场所,市场的概念在这里仅仅体现出"交易"的含义。无形市场上的交易一般通过现代通信工具在各金融机构、证券商和投资者之间进行。它是一个无形的网络,金融资产可以在其中迅速转移。在当代社会,大部分的金融交易均在无形市场上完成。

## 七、按成交和定价方式划分

按成交和定价方式,金融市场可分为公开市场、议价市场、第三市场和第四市场。

在公开市场上,金融资产的交易价格由众多市场主体以公开竞价拍卖的方式形成,并且只卖给出价最高的买主。这类市场一般是有组织、有固定场所的有形市场。

在议价市场上,金融资产的交易通过私下直接谈判成交,并没有固定的场所,相对分散。在发达的市场经济国家,一些中小企业未上市的股票和大部分债券都采用这种方式交易。由于这类交易一般都在公开市场之外进行,因此又称场外交易。

第三市场是指在场外市场从事已在证券交易所挂牌的证券交易。相对于交易所交易来说,第三市场的交易限制更少、成本更低。

第四市场是指作为机构投资者的买卖双方为降低交易成本,避开经纪人直接联系成交的市场。一般通过电脑通信网络,将交易者连接起来,通过网络报价寻找买方和卖方,最后直接成交。

## 八、按交易机制划分

按交易机制划分,市场可分为拍卖市场和场外交易市场。在拍卖市场上,买卖双方通过公开竞争叫价的方式来确定金融工具的成交价格,一般来说,出价最高的购买者和出价最低的出售者将在交易中取胜。在场外交易中,金融工具的买卖双方要通过证券公司进行交易,证券公司对所经营的证券公布其买卖价,金融工具的卖者只能按照证券公司公布的买入价出售其拥有的证券,其买者亦只能按照公布的卖出价购买该种证券,证券公司一旦报价,就必须以此价格买卖,如有风险,由公司自行承担。因此,在拍卖市场中,市场的组织者,如股票交易所和商品交易所起的只是中介人的作用;而在场外交易市场中,证券公司是交易的直接参与者。

场外交易也称作柜台交易(over-the-counter),是因为这种交易最早是在银行的柜台上进行的。也有把柜台交易称作"店头交易"的,"店头"是柜台的日文译法,意思完全相同。而它之所以称作"场外",是把交易所看做正式交易场所,交易所以外的交易便成了"场外"交易了。

### 九、按金融市场作用的范围划分

按交易的融资地域和交易双方的地理距离,金融市场可划分为地方金融市场、区域性金融市场、全国金融市场和国际金融市场。

地方金融市场与区域性金融市场主要指一国之内的金融交易场所。活动较为集中、频繁,约定俗成的、自然形成的或由政府事先制定的地方市场与区域市场。

全国金融市场是指金融交易的作用范围仅限于一国之内的市场,它除了包括全国性的以本币计值的金融资产交易市场之外,实际上还包括一国范围内的地方性金融市场。国际金融市场是指各种国际金融交易活动的场所,大多数都没有固定的交易地点,属于无形市场。国际金融市场的交易由众多经营国际货币金融业务的机构组成,这些机构通过现代化的通信方式,进行各种跨越国境的金融交易。离岸金融市场也是国际金融市场的一部分。离岸金融市场又称"境外金融市场",指非居民之间从事国际金融业务的场所。它可以不受市场所在国法规管辖,并可享受税收优惠,资金出入境自由。离岸金融市场也是一种无形市场。这一市场的存在,缩小了国际金融市场之间时空上的距离,大大推动了国际金融业的发展,但也可能对有关国造成一些负面影响。

# 第二章

# 金融市场主体

第一节　个人与家庭
第二节　企业
第三节　政府
第四节　存款性金融机构
第五节　非存款性金融机构

金融市场的主体就是指金融市场的交易者。这些交易者在市场上从事着投资、融资、套期保值、套利、调控和监管等活动。它们是金融市场上资金的提供者和需求者，或是两种身份兼而有之。一般来说，金融市场的主体主要包括个人与家庭、企业、政府、存款性金融机构、非存款性金融机构和中央银行。在开放的金融市场上，还应包括国外投资者。

一般而言，金融市场的发达程度可以通过市场上主体的多少来衡量。这是因为金融市场主体的多少决定了市场的深度、广度和弹性。深度是指金融工具（商品）最初开价与最后成交价之间差额的大小；如果差额很小，就有深度。广度是指交易活动是否"一边倒"（如单边下跌式或单边上涨式），系统性风险大小如何；如果交易者较多，观点不一，就不会一边倒，就可称之为系统性风险较小，市场就有广度。弹性是指证券价格发生较剧烈波动后能否迅速复原，如能迅速复原，市场就有弹性。

一个发达、成熟的金融市场如果交易主体较多，市场的组织与管理又合理、恰当，就会具备深度、广度与弹性，而这又会吸引更多的交易主体参与其中。

## 第一节　个人与家庭

个人与家庭是金融市场上资金的主要供给者。凯恩斯在西方经济学理论中指出，人们持有货币主要有三个动机：交易动机、防范动机和投机动机。当持有货币的机会成本较大时，人们就会向金融市场投资以使货币能保值、增值。因此，个人和家庭会在市场上买卖各种有价证券，以便在满足了日常流动性需求的同时又能获得一定的投资回报。个人与家庭有时也是资金的需求者，比如通过贷款购买耐用消费品和住房。但一般他们对于资金的需求较小，而且融资时会受到诸多的限制，所以并不占主要地位。个人与家庭还是更多地以资金供给者的角色参与到金融市场中去。

个人与家庭的投资目的很多，有的是为了购买大宗消费品如住房、汽车等；有的是为了子女的教育及医疗保障或是将来自己养老；有的是为了在金融市场上投机赚取超额利润。家庭是构成社会的基础细胞，不同的家庭就会有不同的投资目的。而投资目的的多样性必然造成对投资品种的多种需求。正是由于个人与家庭投资的多元化才使金融市场具有了广泛的参与性和聚集长期资金的功能，使金融市场的作用得到更为充分的发挥。

个人与家庭的资金主要来自家庭储蓄。家庭储蓄占家庭可支配收入的百分比称为家庭或个人储蓄率。美国20世纪70年代的储蓄率为6%—7%,20世纪80年代接近5%。而日本则比美国高出一倍左右,达10%。至2009年初,中国城乡居民储蓄存款余额已超过20万亿元,这笔巨大的银行存款将成为未来中国金融市场投资的主要资金来源。

# 第二节 企 业

企业作为独立经营的法人实体,是以利润最大化为其经营目标的。因此,企业必然按照这个目标调配资源,以求获得最大的收益。在金融市场上,企业既是资金的需求者,又是资金的供给者。企业对资金的需求与供给,是通过筹资与投资活动实现的。

## 一、企业的筹资活动

企业是金融市场上最主要的资金需求者之一。很少有企业完全利用自有资金进行经营活动,因此,企业总是想方设法从金融市场上筹集资本来满足运营的需要。这从客观上有效地推动了整个金融市场的发展。

(一)企业筹资的目的

企业筹资的目的可分为短期目的和长期目的。从短期来看,企业可通过资本市场的筹资来改善企业内部的财务结构。企业在生产资金不足的情况下通过市场筹措短期资金保证生产的顺利进行。适当的负债经营能提高企业的财务杠杆,由于因负债产生的财务费用可以在税前列支,抵扣应税收入,从而减少所得税额,增加企业盈利;同时负债经营还能扩大企业经营规模,通过规模经济效应降低成本。所以,企业都乐于通过中短期债务类融资进行生产经营活动。

从长期来看,企业为了扩大再生产或有了新的投资方向后,为了弥补资金缺口,就会在金融市场上筹措长期资金,用于自身的发展。并且,企业筹措的长期权益性资本不仅能为企业未来的发展提供资金,还有着改善企业的股本结构和法人治理结构的功能,这有利于企业经营机制的健康、规范发展。

(二)企业筹资的方式

企业可供选择的融资方式多种多样。它既可以选择股票筹资,也可以选择债务筹资;它既可以选择在国内筹资,也可以选择在国外筹资。多样化的筹资方式可以增加企业在筹资选择方面的灵活性。企业在进行筹资决策时,一般根据自身的实际情况,从筹资成本的高低、风险的大小、筹资的方便程度、企业财务结构的需要等几个方面进行综合评估,选择最符合企业发展战略的筹资方案。

## 二、企业的投资活动

企业也是金融市场上资金的供给者之一。企业对于资金的供给主要是通过投资活动来实现的。工商企业在金融市场上进行投资活动的目的主要有两个:

一是可以使闲置的资金得到充分利用。企业的经营活动一般都有周期性。随着生产淡季的到来,企业会出现一定量的闲置资金。为了减少持有闲置资金的机会成本,企业就会参与到货币市场中去。企业一般会选择短期的、流通性强、风险较小的金融工具进行投资活动,成为短期资金的供给者。

二是企业可以通过股票投资来实现对目标企业的参股和控股的目的。出于这种投资目的的投资一般是长期性投资,相对比较稳定。通常一家企业在购买另一家企业的股票后不会在短期内马上将其转手,而是长期持有。

# 第三节 政　　府

政府也是金融市场的重要参与者,它具有资金需求者和供给者的双重身份。

## 一、政府对资金的需求

在金融市场上,各国的中央或地方政府一般都是资金的需求者,政府的固定收入来自于税收,但由于过高的税收会妨碍经济的发展,且税收关系整个国家经济运行,不可随意调整。于是一般而言,仅靠税收,政府无法应付日常的财政支出,有时甚至会出现巨额的财政赤字。政府应付赤字的方法有两种,一是发行更多的货币,二是通过融资来弥补赤字。发行更多的货币会引发通货膨胀,危及经济活动的稳定,造成社会动荡。所以政府往往会选择在金融市场上筹集资金来弥补赤字。此外,自20世纪30年代罗斯福新政与凯恩斯主义问世以来,各国政府都把财政政策视为影响投资、消费和就业水平的最重要政策,尤其是国债发行、管理与交易,它与货币政策一起构成了一国政府最重要的经济政策。

政府在金融市场上筹措资金最主要的手段就是发行政府债券。中央政府发行的是国债,包括国库券和公债券;地方政府发行的是地方政府债券,如上海政府曾发行过的浦东建设债券。国债是由中央政府承诺还本付息,且由国家税收作为担保,信誉等级在所有的金融工具中是最高的,被誉为"金边债券"(英国一度发行的国债印有金边,故称之为金边债券,但由于国债的信誉良好,故通常人们一般把政治、经济稳定的国家发行的国债也称之为金边债券)。在中国,中华人民共和国财政部代表中央政府,作为中国国债的发行者。一国政府不但可以在国内通过发行债券进行融资,还可以在海外市场发行债券融资,中国政府就曾在美国扬基债券市场发行过债券。

政府发行债券筹集资金,一般会有以下几个用途:

第一,进行公共品的投资。公共品指的是由社会公共部门提供的劳务或产品,不具竞争性和排他性,如公路、桥梁。由于公共品的特殊性,它的提供者不可能是个人或企业,这是因为个人和企业都是民间经济实体,它们具有独立的经济利益。一方面公共品的提供往往花费巨大,另一方面公共品的特性决定了其他消费者不付费也可享受,以上两方面的原因使个人或企业用投资形式弥补费用支出不具可行性,所以只能由政府来提供公共品。

第二,进行政府购买,拉动经济发展。政府购买是指政府对最终商品和劳务的消费,它包括政府各个部门购买的各类物品,也包括对政府雇员的薪金支付。政府购买除了满足政府日常运行需要外,由于乘数效应的存在,还能拉动整个国民经济的发展。所谓乘数效应就是指在国民经济的单个部门有一个较小的支出变化,就会影响到各个经济部门的支出变化,其变化总和远远高于原先的变化。比如政府增加支出1亿元用于公务员的薪金,公务员拿到薪金之后会把这1亿元的一部分用于购买商品和服务。于是,商店和服务部门的收入增加,它们也会用一部分增加的收入用于再投资、股利分配或是员工薪金的发放。如此循环往复,整个社会产生的总体经济效益远远高于原先的1亿元。这也是近年来中国政府为公务员频频加薪,以求拉动内需,刺激经济发展的理论依据。

第三,维护金融市场的稳定。当一个国家出现货币供给过剩、通货膨胀、货币贬值的情况时,为了维护金融市场的稳定,政府可能会通过发行债券来回收部分流通货币,调节市场上货币的供求关系,保持金融市场的稳定。其原理类似于公开市场操作。

## 二、政府对资金的供给

在国际金融市场上,政府有时还是资金的供给者,政府参与国际资金供给的目的主要有两个:

第一,为过剩的资金寻找投资途径。在经济循环中,政府在一些阶段往往会出现资金过剩的情况。比如一些石油输出国政府,在石油涨价的年份收入远大于支出,这些政府就必须寻找一条资金增值的途径来降低持有闲置资金的机会成本。这些政府就会在金融市场上运用各类金融工具来进行投资。

第二,出于政治原因。某些发达国家的政府力求在国际事务上发挥更大的影响力,或是出于对别国的援助,就会为该国政府提供贷款。与一些国家在国际金融市场上供给资金相反,另一些国家则是长期在国际金融市场上借入资金,导致负债比率过高,影响经济的稳定运行。2001年阿根廷货币大幅贬值,最终经济崩溃就与过量的负债不无关系。中国政府一直力求保持一个良好的负债比率,因此能在1997年至1998年的亚洲金融危机中保持人民币汇率稳定,经济持续增长。

一国政府有时在本国金融市场上也会成为资金的供给者,其原因有扶持特定产业、给予一些企业贷款和参与公开市场操作、购回国债、增加货币供给量等。

### 三、政府的双重身份

在一国金融市场上,政府除了是交易的主体之外,还是重要的市场监管者和调节者。形象地说,在金融市场上,政府既是运动员又是裁判员。

政府对金融市场的监管是有其必要性的。由于金融市场在其运行过程中有盲目性和不稳定性,往往会导致市场的失灵。其最突出的表现有两点:一是存在系统性风险,可能发生系统危机或崩溃,严重时会引发金融危机,使整个国民经济陷于瘫痪;二是由于信息不对称,知情较少的一方利益往往会受到侵害。为保持金融市场的平稳运行和提供一个公平的交易环境,就要有一个外部力量对金融市场进行人为的调节和干预,这个任务理所当然地会由政府来承担。

政府对金融市场的监管还有一些其他作用,如保证和促进金融体系的效率、优化金融资源配置、防止和打击非法金融活动等。由于金融市场直接关系到一个国家的经济运行,各国政府都十分重视对金融市场的监管。

## 第四节 存款性金融机构

存款性金融机构,指把存款或从其他融资渠道筹集来的资金,用于对各种经济实体放贷,以及投资于证券以获得收益的金融机构。存款性金融机构的收入来自于两个方面:贷款和证券投资收入,手续费收入。而从各渠道吸收的存款构成了它的负债。它们是金融市场上套期保值和套利的重要主体,同时也是金融市场的重要中介。

在美国,存款性金融机构包括商业银行、信用合作社、储蓄与贷款协会和储蓄银行;而在中国,存款性金融机构仅包括商业银行和信用合作社。

## 一、商业银行

根据传统的理解,商业银行是经营短期存放款业务,以盈利为目标的金融机构。但随着金融市场的发展,当今的商业银行已不仅仅局限于这单一的业务,而是早已涉及金融的各个领域,被誉为"金融百货公司"。它在整个金融体系中发挥着重要作用。

(一)商业银行的资金筹措

商业银行的运作需要大量的资金,充足的资金是商业银行经营活动的基础。商业银行筹措资金主要有三种方式:资本金、吸收存款、借入资金。

1. 资本金

银行资本金是银行投资者实际投入银行,用于经营活动的各种资金、财产和实物的总和。商业银行的资本金是银行设立开展业务活动的基础性资金,也是银行承担经营风险、保障存款人利益、维持银行信誉的重要保证。银行资本金越多,所承担的业务量也越大,由此推动的资产和负债规模也就越大。银行的资本金主要有三个特点,一是银行资本,是银行所有者对银行净资产的所有权,所有者可据此参与银行的管理,享受相应的权益;二是银行资本金是银行业务活动的基础性资金,在法律允许的范围内银行可自由支配使用;三是资本金与银行共存,在银行经营期间无须偿还。

在商业银行存在和发展的相当长的时间内,各国金融监管当局都按照各自所适宜的标准来规范该国银行的资本构成和资本数量。然而随着全球经济一体化趋势的加强,国际上出现了统一标准,即1987年生成的《巴塞尔协议》。协议中规定的资本充足率标准,已成为世界各国检验银行资本适宜度的统一标准,协议把商业银行的资本分为"核心资本"和"附属资本"。核心资本包括银行股本和公开储备;附属资本包括未公开储备、重估储备、法定准备金和普通坏账准备金、混合资本工具和次级长期债务工具。协议还规定核心资本占银行资本总额的比重不少于50%;资本充实率即银行资本占其风险加权资产的比率不少于8%。

中国人民银行已于1992年加入《巴塞尔协议》,按照协议的规定对中国商业银行的资本构成和资本数量进行监管和规范。

2. 吸收存款

根据《巴塞尔协议》,银行的资本金一般略高于风险资产的8%,在银行的所有资金来源中占的比例很小。商业银行的绝大部分资金来源于负债,而其中最主要的渠道就是吸收存款,一般可占所有资金来源的 60%—70%。商业银行吸收的存款一般可分为交易存款和非交易存款。

(1) 交易存款,也称支票存款,是指用于交易支付的存款。包括一切可以签发支票的银行存款账户:不计息的支票账户(活期存款账户)、计息的可转让提款通知单账户和货币市场存款账户。交易存款通常是银行融资成本最低的资金来源,存款者之所以放弃一些利息而在银行开出支票存款账户,是因为这种存款具有很好的流动性,几乎等同于现金,极大地方便了人们的交易。反过来,对银行而言,在以极低的成本获得这些资金后,也必须保留较多的资金以应付支票账户存款者随时的提款要求。

(2) 非交易存款指不用于交易用途的存款。非交易存款曾经是银行资金最主要的来源。相对于交易存款,银行可以更自如地运用这些资金。但与之相对应地,银行必须为此付出较高的融资成本,即存款利率。非交易存款可分为储蓄存款和定期存款。

储蓄存款是最普通的非交易存款,是指个人或非营利单位以积蓄钱财为目的,凭存折或存单提取的一种存款。截至 2007 年 11 月,中国居民储蓄存款余额超过 16 万亿元,约占中国金融机构各项存款的 45%。储蓄存款由存款人随时自由存取,但不能签发支票,不能透支。

定期存款也称为存单,是一种由存户预先约定期限的存款。它有固定的期限,其利率高于储蓄存款,但流动性低。在存款人急需资金、定期存款尚未到期时,一般可凭定期存款凭证按一定的贴现率向银行贴现。

定期存款还分为小额和大额两种,在美国,两者是以 10 万美元为界限的,小额定期存款主要吸收居民存款,而大额定期存款主要吸收工商企业和机构的资金,大额定期存单可以转让。

3. 借入资金

商业银行的借入资金是指商业银行的各种借入款,主要包括向中央银行借款、银行的同业借款、金融市场借款等。商业银行可根据自身对资金的需求和市场资金供需情况决定借入与否,因此借入资金通常被认为是主动负债。

(1) 向中央银行借款。中央银行是银行的银行,执行着最后贷款人的职能,它的责任就是保持金融市场的稳定。因此,商业银行在自身资金周转困难时,可向中央银行借款。向中央银行借款的途径有两条:再贴现和再贷款。所谓再贴现就是指商业银行把贴现买入的尚未到期的商业票据出售给中央银行;而再贷款指商业银行开出本票或借据,以信用方式或以其他非流动性资产作为抵押,直接从中央银行取得贷款。中央银行对再贷款控制较严,商业银行只能把再贷款资金用于补充准备金的不足和进行资产的调整,而不能用于放贷或投资。

（2）银行同业借款。银行在资金不足时，可向其他银行借款，称同业借款。同业借款主要包括同业拆借、转贴现和转抵押。同业拆借指商业银行与其他金融机构之间相互进行的资金融通。同业拆借款只能用于弥补商业银行在中央银行准备金账户上的准备金头寸不足，而拆出的资金则是商业银行的超额准备金。同业拆借款的期限一般较短。

转贴现指银行将已贴现但尚未到期的票据交由其他银行给予贴现，以取得相应资金；转抵押指银行将自己客户的抵押品再次抵押给其他银行以取得资金。转贴现和转抵押虽然都能取得资金，但是涉及的手续和信用关系复杂，受各类法规约束较大，而且会损害银行的信誉度，因此各商业银行对转贴现和转抵押的运用都十分慎重。

（3）金融市场借款。商业银行借款的另一个途径是在金融市场借款，主要的形式有国外借款、发行金融债券、证券回购等。

国外借款是指商业银行在国际货币市场上向国外金融机构借款。目前世界上规模最大、最有影响的是欧洲货币市场。商业银行国外借款主要在这个市场交易。由于美元是国际通用的结算货币，所以欧洲美元就成为欧洲货币市场的主要货币。欧洲美元是指那些欧洲金融机构以美元表示的银行存款账户。这就是著名的欧洲美元市场。

金融债券是银行等金融机构为筹措资金而发行的一种债务凭证，通过发行金融债券，银行可筹措大量的资金。与企业发行的公司债券相比，金融债券有三个优势，一是发行条件宽松，发行额度可达资本金的 20—30 倍；二是一般采取私募发行，即使数额达不到发行额度也不会影响发行；三是金融债券一般社会信誉较高，容易被公众接受。

证券回购是指商业银行通过出售证券取得资金的同时，约定在将来的某一时间按约定的价格购回，证券回购实际上就是商业银行以证券作为担保在金融市场上的短期借款。

（二）商业银行的投资

商业银行的投资主要是进行贷款投资和证券投资。

1. 贷款投资

贷款投资是商业银行以货币资金的形式向客户发放的贷款，以求获得贷款利息作为投资收益的一种投资行为。商业银行主要的利润来源就是贷款和存款的利息差额，贷款一般可占银行总资产的 50% 以上。

商业银行贷款的种类繁多，按不同的标准可划分为若干种类。

（1）按贷款期限可分为短期贷款、中期贷款和长期贷款。短期贷款是指期限在一年以内的贷款，这种贷款反映了最初商业贷款的理论，即贷款应是短期的。现在虽然商业银行发放了许多较长期的贷款,但短期的流动资金贷款仍占很大比重。

中期贷款的期限在一年以上,十年以下。这种贷款一般在贷款期内分期偿还。

长期贷款的期限超过十年。商业银行一般会要求不动产抵押。

短期贷款属于周转性贷款,流动性强,但利息收入较少;而中长期贷款属于投资性贷款,流动性差,风险大,但利息收入较多。

(2)按贷款的方式可分为信用贷款、担保贷款、抵押贷款和票据贴现。信用贷款指商业银行完全凭借款人信用而发放的贷款,借款人无须提供任何抵押或担保。这种贷款风险性很大,所以银行一般只对少量资信可靠、资金雄厚的客户提供信用贷款。

担保贷款是指除借款人信用担保外,还须第三者作担保的贷款,如果到时借款人不能还款,担保人应承担偿还的责任。

抵押贷款指由客户提供动产或不动产作为抵押而发放的贷款。若借款人不能如期偿还,银行有权变卖抵押品来补偿贷款。

票据贴现是一种特殊的贷款,是指银行买入未到期的票据,从而获取利息收入的一种信贷业务。表面上这是一种票据的购买,实际上这是银行资金的贷出,待票据到期时,银行就能收回本金和利息,并获得一定的利息收益。

(3)按贷款的偿还方式,可分为一次性偿还贷款和分期偿还贷款。一次性偿还贷款指客户在到期日一次性还清本息。分期偿还贷款指客户按约定的期限分批偿还本金和利息。分期偿还贷款一般数额较大,采取分期偿还的方式能减轻客户的还款压力,但客户一般会被要求付出较高的利息。

(4)按贷款的用途,可分为工商业贷款、不动产贷款、消费贷款等。工商业贷款是商业银行为工商企业购买设备、扩大生产经营而发放的贷款,商业银行常把这种贷款看做是优先项目,一般占银行贷款总额的三分之一左右。

不动产贷款指银行向客户发放的用于房屋建造、土地开发的贷款,这类贷款通常都以所建房屋或所开发土地作为抵押,风险较小,但是贷款期限较长,流动性差。

消费贷款指银行向个人提供用于购买消费品的贷款,消费者贷款一般用于置业(如房屋)、置产(如汽车)和信用卡透支三种。这种贷款需要依靠客户的经济收入作为还贷来源,一般贷款规模较小,且需要抵押或担保。

2. 证券投资

商业银行进行证券投资的主要目的是取得利润、分散风险、保持资产的流动性。与其他金融机构相比,银行从事证券投资更多是出于保持资产流动性的考虑,因此银行投资的证券一般都是信誉高、易转让的证券,这些证券可立即变现,在第一线资金不足时以应急需。政府债券信誉极佳,风险几乎为零,商业银行乐于投资。特别是短期国库券,更因为其出众的流动性备受商业银行的青睐。其次是政府中长期债券,由于它们在二级市场上交易便捷,因此也是商业银行主要的投资对象。一些国家还允许商业银行投资股票,这就牵涉到了一个理论界争论颇多的问题:银证合业问题,也称混业经营问题,本书将会在以后的章节中予以讨论。

（三）商业银行的业务

商业银行的融资和投资构成了商业银行的主要业务。融资活动增加了商业银行的负债,所以我们把吸收存款、外部借款称为商业银行的负债业务。同样,由于投资活动增加了银行的资产,我们把发放贷款和证券投资称为商业银行的资产业务。

除了资产业务和负债业务,商业银行还经营着一些中间业务。所谓中间业务就是指银行无须动用自身的资金,而代理客户承办收付或其他委托事项,从中收取手续费的业务。中间业务主要包括汇兑业务、信用业务、信托业务、代理业务、咨询业务、租赁业务等。

## 二、其他存款性金融机构

在美国,除商业银行外,存款性金融机构还包括储蓄与贷款协会、储蓄银行和信用合作社。它们被统称为储蓄机构,是存款机构的特殊类型。传统上美国不允许储蓄机构吸纳来自支票存款账户的资金。它们主要利用家庭储蓄获得资金。从 20 世纪 80 年代起,储蓄机构被允许开立支票存款账户,虽然有不同的名称,但几乎等同于支票账户。早期的法规对储蓄机构投资的限制颇多,但现在这些限制已在逐步被取消,因此储蓄机构均可以同商业银行进行有效的竞争。

1. 信用合作社

信用合作社是某些具有共同利益的人们组织建立起来的互助性质的会员机构。它是个人的合作与自助协会,不以盈利为目的。信用合作社采取会员制,而不是股份制。其主要资金来源是会员的存款,有时也来自于非会员。信用合作社资金的运用是对会员提供借款服务,也有部分资金用于证券投资、同业拆借和转存款等。

2. 储蓄与贷款协会(简称 S&L)

储蓄与贷款协会和信用合作社相似,主要向个人和家庭提供金融服务,但是与信用合作社最大的不同在于储蓄贷款协会重视长期贷款而非短期贷款。特别是在美国,储蓄与贷款协会是家庭购买住房的一个重要融资渠道。

许多储蓄与贷款协会是互助型的组织,因此它们没有股东,协会归存款人所有。然而,大量的该类协会正在向股份制转变,股东所有的储蓄与贷款协会能够发行股票增加协会资产。这种所有制形式的迅速发展,使长期资本显得尤为重要。在美国,股东所有的协会规模大大超过了互助型协会。

20世纪70年代中后期,美国的通货膨胀率和市场利率持续攀升,储贷协会的借款和贷款利率呈现严重的倒挂现象。为挽救储贷协会,美国在20世纪80年代初放宽对储贷协会的限制,允许其在房地产、证券、保险等领域与商业银行展开业务竞争。许多储贷协会开始将业务转向高收益、高风险的消费贷款、商用不动产贷款和商业贷款。当宏观经济状况开始恶化时就会蒙受巨大的损失。到了20世纪80年代末,许多储贷协会出现资不抵债的现象,引发了挤兑危机,储贷协会总亏损额达5 000亿美元。这就是著名的储贷协会危机。

3. 储蓄银行

储蓄银行在19世纪初期始于苏格兰,大约一百五十年前在美国出现,以满足小储蓄者的融资需求。像储蓄与贷款协会一样,这些机构在住宅抵押市场上起着积极的作用。但是它们的投资更多样化,能够购买公司债券和普通股,发放消费者贷款,投资于商业抵押,所以储蓄银行投资组合在应付资金风险方面要远远强于储蓄与贷款协会。

1982年美国国会投票通过,储蓄与贷款协会可转变为联邦注册的储蓄银行,储蓄银行也可转变为储蓄与贷款协会。1989年美国国会允许合格的储蓄与贷款协会成为商业银行,并且由于S&L危机,大量的储蓄与贷款协会转变为储蓄银行和商业银行。因此三者的区别变得相当模糊了。

## 第五节 非存款性金融机构

非存款性金融机构涵盖的范围较大,且各国都有所不同,在此仅介绍四种主要的非存款性金融机构:保险公司、投资银行、投资基金和养老基金。

### 一、保险公司

保险公司是在投保人发生某种意外时进行支付的一种金融中介。

保险公司有两种基本类型:人寿保险公司和财产意外保险公司。两者最大的区别是决定投保人或受益人是否被赔付及应被赔付金额的难易程度。相对人寿保险公司而言,财产意外保险公司因为不可测事件的随机性,更难确定理赔的时间和金额。例如,在突如其来的美国"9·11"恐怖主义袭击事件中,保险公司共需赔付900亿美元,这对于这些保险公司的经营者来说不啻为一个灾难性的打击。

两种保险公司的差异对它们各自的投资战略的决定起着关键的作用,国际上的保险公司大都两种业务兼而有之。

1. 人寿保险公司的投资

人寿保险公司保障的基本事件是死亡,除了死亡外公司还为其客户提供了防范因残废或退休带来的收益损失风险的服务。

人寿保险公司的大量资金会投资于长期证券。由于人寿保险公司的现金流的相对可预测性,因此它们倾向于资金的长期化。法律和传统经营观念都要求人寿保险公司奉行谨慎原则,保证在索赔到期时有足够的资金来满足投保人或受益人全部合法的索赔权。所以在投资活动中,人寿保险公司一般选择中长期、小风险的投资品种。它们会用大量的资金购买政府公债和信誉卓著的大公司债券。人寿保险公司一般会长期持有这些证券而不是迅速卖出,这种投资方法减少了各个经营年度收入的波动。但是近年来,有些人寿保险公司打破了这个常规,成为活跃的证券交易者。美国一些大的人寿保险公司更为强调投资业绩而不是投资的长期性。它们建立了自己的交易所,以便更及时地监督投资的业绩,在市场机会向好时它们会频繁地参与短期交易。由于这种投资策略的高收益性往往伴随着高风险,公司一般利用金融期货和其他套期保值工具。

2. 财产意外保险公司的投资

财产意外保险公司对意外事件如火灾、偷窃、自然灾害或其他不可预测事件造成的人身或财产的损害提供保障。除它们的传统保险领域,如汽车保险、家庭财产保险等以外,很多财产意外保险公司还提供了健康与医疗保险领域的保险。

相对而言,财产意外保险公司更需要注重投资证券品种的流动性和高收益性,以应付各种不期而至的不可预测事件。所以它们会更倾向于在金融市场上进行短期操作,并且力求把投资风险保持在可控范围之内。

## 二、投资银行

从广义上来讲,投资银行是资本市场上从事证券发行、买卖及相关业务的一种金融机构。投资银行的兴起和壮大是20世纪金融业的重大发展之一。投资银行是在商业银行的基础上发展起来的,是现代金融市场的产物。投资银行是金融市场的重要交易者和中介机构,它既服务于金融市场的传统业务,如证券承销业务,又积极参与一些新兴领域。随着金融市场的发展,投资银行所涉及的业务领域更是不断扩大,无论在一级市场还是在二级市场都发挥着重要作用。有关投资银行的投融资行为的内容详见第三章第二节。

## 三、投资基金

投资基金指的是投资于证券市场的基金,是一种大众化的证券投资机构。它通过发行基金证券来募集社会投资者的资金,再将所募资金投资于多样化的证券组合。由于各国历史习惯的不同,对投资基金也有不同的称谓。在美国,人们通常把它称作"共同基金"或"投资公司";在英国和中国香港,一般称作"单位信托基金";而在中国内地则称之为"证券投资基金"。

基金在各国非常盛行。截至2007年第四季度末,全球共同基金的资产总额已经达到26.2万亿美元,同比增长20.1%。股票基金资产占全球共同基金资产的大部分。在2007年第四季度末,全球共同基金资产中的48%为股票基金。债券基金和货币市场基金分别占总资产的16%和19%,而平衡/混合基金资产占10%(见图2-1)。按地区划分,截至2007年第四季度末,全球资产的51%在美洲,34%在欧洲,14%在非洲和亚太地区。

图2-1 全球共同基金资产按基金类别的统计图

中国基金业在2007年迎来了前所未有的大发展。截至2007年12月底,中国基金资产净值规模达人民币32 754.03亿元,较2006年底的8 564.6亿元增加282%,而基金投资者户数已增加到1.1亿户,几乎涉及中国四分之一的家庭。

## 四、养老基金

在美国金融市场上,非存款性金融机构还包括养老基金。养老基金是一种类似于人寿保险公司的专门金融组织,它是为支付养老金而设立的。养老基金允许人们存入他们一部分的当前收入以补偿他们退休后收入的损失,通常养老基金由雇员和雇主共同出资。

养老基金是长期投资项目。由于每个雇员薪金的固定比例通常被存入基金,所以基金的现金流入是相当准确的。同时,因为退休金支付数额和时间在基金与其会员之间的合同中已预先规定,所以现金的流出也不难预测。因此,养老基金倾向于购买普通股、长期债券和房地产,并长期持有这些资产。此外,在美国,养老基金从投资中赚取的利息收入和资本利得是免税的。

虽然税收的优惠政策和可预测的现金流有利于养老基金从事长期的风险稍高的投资,但是该行业所有的业务都受到严密的监管。《雇员退休收入保障法》要求全美私营养老计划必须有充足的资金。所谓充足的资金就是指持有的资产加上投资收益必须足以弥补承诺的全部退休金。《雇员退休收入保障法》也要求养老金以"谨慎"的方式进行投资,通常"谨慎"方式指资金必须高度分散地投资于高等级的普通股、公司债券和政府债券上。

尽管现行的管制强调养老基金投资的保守性,但是一些为雇员支付养老金的雇主对私营养老基金施以强大的压力,要求它们进行更激进一些的投资活动,因为这样这些雇主就能减少他们的养老金支出,而雇员可以获得同样数额的退休金。为了抑制这种趋势,1985年美国财务会计准则委员会要求养老基金完全公开它们的融资状况,养老基金所受的监管变得更为严格了。

在中国,于1993年建立的社会保障基金在性质和用途上非常类似于养老基金。我国的社保基金主要包括两个部分:由地方政府管理的各地社会保险基金和中央政府管理的全国社会保障基金。2001年12月,财政部、劳动和社会保障部颁布了《全国社会保障基金投资管理暂行办法》,对社会保障基金的投资作出了明确限制。办法规定银行存款和国债投资的比例不得低于50%,其中银行存款的比例不得低于10%,企业债、金融债投资的比例不得高于10%,证券投资基金和股票投资的比例不得高于40%。随着中国社会保障体系的不断完善和金融市场的不断发展,社会保障基金无论在社会生活,还是在金融市场中都将发挥越来越大的作用。

# 第三章

# 金融市场媒体

第一节　金融市场经纪人
第二节　投资银行、证券公司、商人银行
第三节　证券交易所
第四节　信托投资公司、基金公司等
　　　　其他金融市场媒体

金融市场媒体是指那些在金融市场上充当交易媒介，从事交易或促使交易完成的组织、机构或个人。金融市场的媒体多种多样，在金融市场中扮演着非常重要的角色，是金融市场得以顺利发展的保障。

# 第一节 金融市场经纪人

## 一、经纪人概述

经纪人又称"中间人"，它是作为中介撮合两个相关的市场主体并收取佣金的商人或商号。中国古代唐朝以前，经纪人已经出现，唐朝时经纪人称为"牙郎"，遍及各行业；明朝时经纪人已分为政府指定的"官牙"及政府批准认可的"私牙"。清代出现了"牙商"、"牙行"。到了近代，经纪人行业进一步发展，南方称为"掮客"，北方称为"跑合"。在国外发达的市场经济国家，经纪人行业更为成熟，逐步形成了一套较为完善的经纪人制度。在当代，随着全球金融业的发展和创新的不断出现，金融市场的业务也变得越来越复杂，对经纪人的要求也越来越高。现在，经纪人已经成为市场经济运行过程中不可或缺的中间环节，它们为满足市场需要从事着多种多样的中介业务，在金融市场中扮演着重要的角色。

根据经纪人所从事的业务，它们主要可被分为四类：货币经纪人、证券经纪人、证券承销人、外汇经纪人。

## 二、货币经纪人

### （一）货币经纪人概述

顾名思义，货币经纪人就是指在货币市场上充当交易双方中介收取佣金的中间商人。货币经纪人是从汇票经纪人逐步演变而来的。第一次世界大战以前伦敦就出现了作为汇票经纪人的贴现公司。它可以被看做是货币经纪人的雏形。在两次大战之间，由于市场不断萎缩，英国中央政府不断通过发行国库券为其筹得战争所需要的资金，于是贴现公司迅速成为国库券经纪人。二战结束后的开始几年中，经纪人还只能从事国库券经纪。直到1950年以后，随着战后重建工作的需要，这些经纪人被允许从事地方政府的证券经纪，但它们只能将地方政府债券出售给商人银行和外国银行。而后随着社会经济活动的需要以及货币市场的进一步开放,这些经纪人开始涉足货币市场的众多业务,成为真正意义上的货币经纪人。目前,货币市场的交易工具主要有货币头寸、各种票据和短期国库券。所以,根据经纪人所服务的对象不同,货币经纪人又可以细分为三种:货币中间商、票据经纪人、短期证券经纪人。

(二) 货币经纪人的功能

货币经纪人的主要业务是为客户的货币交易提供中介服务。货币交易一般有以下几个流程:首先有交易意向的金融机构向货币经纪公司提出要求,经纪公司随即通过电子通信系统将信息发往其分布在全世界各金融中心和新兴市场的分支机构,然后,再根据各地分支机构反馈的报价进行综合筛选,向客户报出最佳价格。

由于货币经纪公司拥有完备的电子通信系统和分支机构网络,它在金融市场上具有得天独厚的优势。通过货币经纪人,金融机构与国际金融市场形成了统一的整体,有利于金融机构根据市场的动态来调整经营策略和资产结构,并进行风险管理。

货币经纪人的存在使资金的运作更加安全。由于货币经纪人在交易完成之前不能透露客户的姓名,因此,金融市场的参与者会更愿意报价,这样不但促进了交易量的增长,而且防止了市场的剧烈波动。

当然,随着金融市场的日益完善,货币经纪人的功能又有了一些变化。以前,货币经纪人只要从事中介活动完成交易就可以了。但现在,货币经纪人越来越强调信息服务。货币经纪人不再仅仅是一个价格提供者,而是要帮客户发现可能的交易机会。因此,除了要撮合双方的交易之外,成功的货币经纪人还要随时随地关注客户的需求,传递对客户有用的信息。

货币经纪人获利的途径有两条:一是收取佣金,二是赚取价差。因此有的货币经纪人兼有了经纪人和自营商的性质。

## 三、证券经纪人

(一) 证券经纪人概述

从狭义范围来看,证券经纪人就是为客户证券交易提供中介服务,并收取佣金的中间商人。证券经纪人既可以是自然经纪人(自由经纪人),也可以是法人经纪人。法人经纪人一般由银行、证券公司、信托公司等具有合法经营地位的证券经营机构承担证券经纪人角色,称为证券经纪商。

(二) 证券经纪人类型

证券经纪人主要有以下几种类型:

（1）佣金经纪人。佣金经纪人指接受客户的委托后，专门代理客户买卖有价证券，并从中收取佣金的证券经纪人。

（2）次经纪人。次经纪人指专门接受佣金经纪人的委托买卖证券的证券经纪人。也可被称为交易厅经纪人。

（3）专业经纪人（专家经纪人）。专业经纪人是佣金经纪人的经纪人。他们接受佣金经纪人的委托，专门买卖交易所某一柜台的一种或几种证券。

（4）零股经纪人。零股经纪人指专门办理不满1个交易单位的零股交易的经纪人。1个交易单位一般为100股，所以零股交易是指1股至99股之间的证券交易。

（5）债券经纪人。债券经纪人指在债券交易厅中代理客户买卖债券，并从中收取佣金的经纪人。

（6）证券自营商（证券买卖商）。证券自营商（证券买卖商）既可以为自己买卖证券以获取利润，也实际上代理客户买卖证券收取佣金。证券自营商（证券买卖商）必须严格区分自营买卖与代理买卖，且须向客户说明。而且一定要先完成客户的委托代理业务，然后再为自己买卖证券。在发达的市场经济国家，此项规定极为严格。

## 四、证券承销人

### （一）证券承销人概述

证券承销人是指依照规定有权包销或代销有价证券的证券经营机构或商号。有时也被称为证券承销商，属于证券一级市场上的发行人与投资者之间的媒介。证券承销人大多为投资银行和一些大的证券公司。其作用是受发行人的委托，寻找潜在的投资公众，并且通过一系列广泛有效的公关活动，将这些潜在的投资人引导成为真正的投资者，从而使发行人募集到所需要的资金。

在美国和欧洲，证券承销人多为投资银行。在日本，公司债券和股票的承销由证券公司垄断经营。在中国，证券承销人主要是一些大的证券公司及一些商业银行。

### （二）证券承销

证券承销是证券承销人代理证券发行人发行证券的行为。证券承销人首先从发行者手中以一定的价格买进证券，然后通过自己的销售网络再把它销售给广大投资者。通过证券承销人，把发行者和投资者很好地结合起来。发行人在此过程中实现了筹集资金的目的，投资者也实现了获得投资项目的目的。当然，证券承销人通过收取一定的佣金和获得价差也获得了收益。

证券承销分为三个阶段：

（1）发行准备阶段：证券承销人对发行人的经营状况进行仔细的研究分析，然后提出证券发行的方案，包括证券发行的品种、时间、数量、金额等。

（2）签订协议阶段：证券承销人在承销业务时同发行人签订承销协议，详细规定承销活动中的各项条件。

（3）证券发行阶段。

## 五、外汇经纪人

（一）外汇经纪人概述

外汇经纪人是指在外汇市场上为了促成买卖双方的外汇交易成交的中介人。外汇经纪人既可以是个人，也可以是中介机构，如外汇经纪人公司和外汇经纪行等。

外汇经纪人出现于19世纪60年代，刚开始时只是票据经纪人在伦敦交易所专门从事外汇交易经纪。到了19世纪末，银行尤其是商人银行业务趋于复杂，并开始在国内外的票据市场和黄金市场之间进行广泛的套利活动。一战期间，由于外汇经纪市场被关闭，外汇经纪人的生存如履薄冰。重新开放之后，清算银行也被准许进入市场。由于市场完全不受管制，舞弊现象经常发生。20世纪30年代中期，英格兰银行为加强监督，专门成立了外汇管理委员会和伦敦外汇经纪人协会。外汇市场在二战期间再次被关闭，1951年重新开放。如今，外汇经纪人(包括个人和中介组织)已遍布世界各个外汇市场。

（二）外汇经纪人的功能

由于外汇市场的汇率波动相当频繁，所以初级报价者(包括一些大型银行、大型投资交易商与大型企业)通过各种不同方式进行交易。最常见的方法是以电话直接联络另一位报价者，或通过电报或联网的电子交易系统与其他报价者进行交易。但是有时直接交易仍会存在一些困难，这时就可以通过外汇经纪人进行。通过经纪人进行交易，报价能够以匿名方式报给市场。如果主要报价者提供的价格即是经纪人手中的最佳价格，那么经纪人就会提出报价。当一项交易完成后，经纪人就会通知交易双方，然后交易双方就可以各自签发单据给对方。但外汇经纪人并不是交易当事人。简而言之，外汇经纪人的作用就是撮合外汇买卖双方，并通过提供这种中介服务来收取佣金，从而获利。

英国伦敦的外汇交易十分活跃，交易量很大，外汇经纪人也最多。美国的外汇市场不如欧洲其他国家的外汇市场发达，但外汇经纪人也很活跃。

## 第二节 投资银行、证券公司、商人银行

### 一、投资银行、证券公司、商人银行概念辨析

其实,从业务分类的角度来看,投资银行、证券公司和商人银行所从事的业务类型基本上都是相同的。它们之所以有不同的称呼,主要是因为各国的历史习惯不一样。例如:美国及欧洲一些国家称之为投资银行,英国则称之为商人银行,中国和日本称之为证券公司。但是,虽然称呼不同,它们所从事的业务基本上都有相同的几个特点:第一,它们的业务属于金融服务业,区别于一般的咨询、中介服务业;第二,它们主要服务于资本市场,区别于传统的商业银行;第三,它们所从事的是智力密集型活动,区别于其他专业性金融服务机构。因此,为了分析的方便,也为了不造成理解的混乱,我们在本节中将投资银行、证券公司、商人银行并称为投资银行进行介绍。

### 二、投资银行简述

投资银行是指专门对工商企业办理投资和长期信贷业务的银行。它是资本市场上的主要金融中介。从狭义上来说,投资银行所从事的业务是指投资银行作为证券承销商在证券发行市场上的承销业务和作为证券经纪商在证券市场上的经纪业务。从广义上来说,投资银行的业务还涉及公司并购、项目融资、资产管理、投资咨询、创业资本融资等。因此,投资银行是与商业银行相对而言的一个概念,是现代金融业为了适应现代经济发展形成的一个新兴行业。

### 三、投资银行发展之路

投资银行在西方已有了百年的发展历史。随着它的不断发展壮大,它的业务也从一开始的证券承销和证券经纪业务,发展到现在的涉及资本市场的所有业务。

投资银行萌芽于欧洲,其雏形可以追溯到15世纪欧洲的商人银行。一些欧洲商人开始为他们自己和其他商人的短期债务进行融资,他们一般是通过承兑贸易商的汇票进行资金融通。由于这些金融业务都是由商人提供的,因而这类银行就被称为商人银行。而现代意义上的投资银行产生于欧美,主要是由

18、19 世纪众多销售政府债券和贴现企业票据的金融机构演变而来的。

1929 年以前,投资银行主要从事证券承销业务。但是随着资本主义经济快速增长,融资规模的不断扩大,投资银行业也随之高速发展。然而,证券市场过度的投机活动给金融业带来了巨大的风险。于是,1929—1933 年,欧美爆发了金融危机。这直接导致了大批投资银行的倒闭,证券业极度萎靡。人们这才意识到要把投资银行和商业银行业务分开,进行分业管理。1933 年 3 月 9 日,美国国会通过了 1933 年银行法,即《格拉斯-斯蒂格尔法》。将银行业与证券业完全分离,这标志着现代投资银行和商业银行的诞生。

从 20 世纪 30 年代初到 70 年代末,是美国金融业实行严格的分业经营阶段。在此三十年间,金融业历经了许多调整,投资银行又一次迅速发展。20 世纪 70 年代以来,抵押债券、一揽子金融管理服务、杠杆收购、期货、期权、互换、资产证券化等金融衍生工具不断创新。这种创新直接扩大了投资银行的业务,增加了公司兼并、资产管理、投资咨询等的业务。

20 世纪 80 年代初到 90 年代初期,美国金融业开始逐步融合。大型金融机构积极推动混业经营,认为混业经营既能分散风险,增强金融竞争实力,提高市场效率,也能给消费者带来实惠。技术革命和金融市场全球一体化也促进和推动了这种金融混业趋势。1999 年 11 月 12 日,美国《金融现代化法》(又称"GLB 法")正式生效,从而开辟了美国金融业银行、证券和保险"混业经营"的新时代。目前,混业经营已成为全球金融业发展的趋势。

## 四、投资银行的类型

当前世界的投资银行主要有四种类型:

(1) 独立的专业性投资银行。这种形式的投资银行在全世界范围内最为广泛。如美国的高盛、摩根·斯坦利公司,日本的野村证券、大和证券,英国的华宝公司、宝源公司等均属于此种类型,并且它们都有各自擅长的专业方向。

(2) 商业银行拥有的投资银行(商人银行)。这种形式的投资银行主要是商业银行对现存的投资银行通过兼并、收购、参股或建立自己的附属公司等形式从事商人银行及投资银行业务。这种形式的投资银行在英、德等国非常典型。

(3) 全能性银行直接经营投资银行业务。这种类型的投资银行主要在欧洲大陆,它们在从事投资银行业务的同时也从事一般的商业银行业务。

(4) 一些大型跨国公司兴办的财务公司。

### 五、投资银行的业务

经过最近一百年的发展,现代投资银行已经突破了证券发行与承销、证券交易经纪、证券私募发行等传统业务框架,企业并购、项目融资、风险投资、公司理财、投资咨询、资产及基金管理、资产证券化、金融创新等都已成为投资银行的业务组成。其中证券承销是投资银行传统的核心业务,公司并购是其另一核心业务。

(1) 证券承销。证券承销是投资银行最本源、最基础的传统核心业务活动。投资银行承销的职权范围很广,包括本国中央政府、地方政府、政府机构发行的债券、企业发行的股票和债券、外国政府和公司在本国和世界发行的证券、国际金融机构发行的证券等。投资银行在承销过程中一般根据双方签订的协议包销或分销发行人的有价证券。选择承销方式时,则要按照承销金额及风险大小来权衡。一般承销方式有四种:

第一种:包销。包销是指证券公司或承销商将发行人发售的证券按照协议全部购入或者在承销期结束时将售后剩余证券全部自行购入的承销方式。包销一般又分为全额包销和余额包销两种。这就意味着主承销商同意按照与发行人商定的价格购买其发行的全部有价证券,然后承销商再把这些证券卖给它的客户。在包销的过程中,发行人并不承担风险,它把风险都转嫁到了投资银行的身上。

第二种:投标承购。对于信用度较高、颇受广大投资者欢迎的证券,通常采用这种承销方式。当然,这并不是投资银行自愿选择的,而是众多投资银行相互竞争的结果。在此过程中,投资银行处于被动竞争的地位。最后由中标银行承销此证券。

第三种:代销。采用这种方式承销证券时,投资银行并不承担风险。它只是接受证券发行人的委托,代理其销售证券。双方在签订协议时,确定一个代销期限。倘若在此期限内,投资银行并没有把所有代销的证券销售出去,那它则将所剩余的证券再返回给证券发行人,即由发行人自己承担发行风险。这种代销方式主要适用于那些公认的信用等级较低、承销风险大的证券。

第四种:赞助推销。这种承销方式主要用于发行公司增资扩股。它的主要对象是现有股东。发行公司一般都委托投资银行来办理对现有股东发行新股的工作。这时证券发行的风险已被转嫁给了投资银行。

(2) 证券经纪。它是投资银行的传统业务。投资银行在二级市场中扮演着做市商、经纪商和交易商三重角色。作为做市商,在证券承销结束之后,投资银行有义务为该证券创造一个流动性较强的二级市场,并维持市场价格的稳定。作为经纪商,投资银行又代表买方或卖方,按照客户提出的价格代理进行交易。作为交易商,投资银行则有自营买卖证券的需要。

(3) 公司兼并与收购。投资银行在企业进行兼并与收购的活动中主要扮演顾问的角色。例如,为企业提供各种战略方案、帮助寻找兼并与收购的对象、进行资产评估、设计并购结构、确定兼并的价格。另外,它也可以参与收购工作的谈判、参与公司改组和资产结构重组等活动。

(4) 项目融资。由于投资银行与当地的各类股东和各个公共部门都有长期良好的关系,所以有条件成为项目融资中的中介人。一般它有能力对一个特定的经济单位或项目策划安排一揽子融资手段。从这点我们可以清楚地看到,投资银行在项目融资中起着非常关键的作用,它把项目融资中的各方(包括政府机关、金融机构、投资者与项目发起人)联系在一起,并组织有关的专业人士(包括律师、会计师、工程师等)一起进行项目可行性研究,然后通过各种方式,如发行债券、基金、股票等形式,组织项目投资所需的资金融通。

(5) 公司理财。公司理财实际上是投资银行作为客户的金融顾问或经营管理顾问而提供咨询、策划或操作的一种投资咨询业务。一般它分为两类:第一类是根据不同客户(公司、个人、或政府)的要求,对某个行业、某种市场、某种产品或证券进行深入的研究与分析,提供较为全面的、长期的决策分析资料;第二类则是在企业经营遇到困难或宏观经济发生变化时,帮助企业出谋划策,提出应变措施,提供各种适合该企业的可行性报告。

(6) 基金管理。在现在的投资项目中,基金是一种重要的投资工具。基金管理是由基金发起人组织,吸收大量投资者的零散资金,聘请有专门知识和投资经验的专家进行投资并取得收益。最普遍的情况是,投资银行作为基金的发起人发起和建立基金。有时投资银行还可作为基金管理者管理基金。当然,投资银行也可以作为基金的承销人。归纳而言,投资银行在基金管理中可以扮演三种角色:发起人、管理者、承销人。

(7) 金融创新。创新对一个企业来说是不可或缺的,对投资银行也不例外。根据不同的金融创新工具(期货类、期权类、掉期类),有相应的使用这些衍生工具的策略。如套利保值和改进有价证券的投资管理等。通过这些金融创新工具的设立与交易,投资银行就进一步拓展了投资银行的业务空间和资本收益,使得现在投资银行的业务范围大大扩大了。金融创新的另一个直接影响就是打破了商业银行和投资银行之间的明显界限和传统的市场划分。这种影响具有十分重要的意义。它使得人们对分业经营和混业经营再度受到关注。在一定程度上,金融创新又加剧了金融市场的竞争。

(8) 风险投资。风险投资又称创业资本投资。创业资本是指对新兴公司在创业期和拓展期所融通的资金。大家都知道,企业创业具有极大的风险,当然也不排除它的高收益。由于存在着高风险，所以一般来说普通投资者往往都不愿投资这类新兴企业，但恰恰这类公司又最需要资金的支持。那么谁来填补这个投资空白呢？所以投资银行就进入这个领域——风险投资。投资银行涉足风险投资会有不同的方式，例如，作为中介机构为这类公司融资或者进行直接投资，成为其股东。目前最为普遍的是投资银行设立"风险基金"向这些公司提供资本进行创业。很多网络公司创业初期的资本就是从投资银行的风险基金而来。投资银行在选择投资项目时的要求也比较高，它主要关注那些成长性较好的公司。

**六、中国的投资银行**

中国的投资银行业务最初是由商业银行来完成的，所以当时并不存在真正意义上的投资银行，而且当时投资银行的业务相当少。直到中国证券业不断发展直至兴起，才在客观上产生了投资银行存在的必要。所以原有商业银行的证券业务逐渐被分离出来，各地区先后成立了一大批证券公司，形成了以证券公司为主的证券市场中介机构体系。当中国的证券业日益发展壮大后，又产生了一大批业务范围较为宽泛的信托投资公司、金融投资公司、资产管理公司、财务咨询公司等。

2004年，中国证监会推出以净资本为核心的风险控制指标管理办法，并对证券公司实行分类监管、扶优汰劣的监管思路；根据中国证监会2007年6月发布实施的《证券公司分类监管工作指引（试行）》，按证券公司风险管理能力评价计分的高低，证券公司将被分为A、B、C、D、E等5大类及11个级别，我国证券业迎来持续健康发展的新阶段。

## 第三节 证券交易所

**一、证券交易所的定义与功能**

证券交易所是专门的、有组织的市场，又称场内交易市场，是指在一定的场所、一定的时间、按一定的规则，集中买卖已发行证券而形成的市场。与证券公司等证券经营机构所不同的是，证券交易所本身并不持有证券，也不进行证券的买卖业务，当然更不能决定证券交易的价格，它只是为证券交易提供一个公开、公平、公正的交易场所，同时也履行对证券交易的监管职能。证券交易所的形成必须具备两个条件：足够的交易主体（买卖双方）及足够的交易客体（有价证券)。

证券交易所作为一个证券买卖的场所,它具有以下的功能:

(一) 提供证券交易场所

在这个集中的交易市场中,证券买卖的双方可以随时把其所持有的证券流通变现。这一点也保证了证券市场的连续性,即实现了买卖立即实现、买价与卖价之间的差距不大等连续性市场的职能。

(二) 形成价格与公告价格

由于证券买卖是公开、集中进行的,即采用双边竞价的方式来达成交易,所以它的价格是比较公平和合理的。证券交易所及时向社会公告此价格,这样对交易双方都较公平,同时这也为各种相关经济活动提供了重要的依据。

(三) 促进投资与筹资

随着交易所的规模不断扩大,上市的股票不断增多,各类证券的不断流通,成交的数量也随之增加,这样有利于将社会上闲置的资金吸引到股票市场上来,为企业的筹资提供了更好的条件,有利于企业的进一步发展。

(四) 引导投资的合理流向

证券交易所每天都会详细地公布当日行情和各家上市公司的信息,以此反映证券发行公司及其所在行业的获利能力与发展前景。证券价格的变化,会引导社会资金的流向。投资者会根据各类信息与价格浮动选择自己的投资方向,保证社会资金向最需要和最有利的方向流动。

## 二、证券交易所的组织形式

按国际上通行的分类方法,证券交易所可分为会员制证券交易所和公司制证券交易所两种。

(一) 会员制证券交易所

会员制证券交易所是以会员协会形式成立,由会员自愿出资共同组成的,它是不以营利为目的的法人团体。交易所会员主要由证券商组成。只有出资的会员以及享有特许权的经纪人,才能参与股票交易中的股票买卖与交割。目前大多数国家的证券交易所采用会员制,中国也不例外。会员制证券交易所由会员自治、自律、自我管理、互相约束。这点与公司制交易所明显不同。

会员制证券交易所又可分为法人型和非法人型。法人型证券交易所是不以营利为目的的社团法人,其主要的会员有证券商和证券经纪人。而非法人型证券交易所是自愿结合的非法人团体。它的章程中有明确的会员入会、惩戒、开除等条款,会员一旦入会必须遵守,会员的权利与义务也是由该组织赋予的。

会员制证券交易所有众多的优点。第一,会员制交易所的佣金和上市费用较低。这样有利于吸引更多的交易者进场。第二,会员制交易所在交易上所发生的一切损失,均由买卖双方自己负责。故会员往往严于律己,互相监督,防止违法行为的发生。第三,在会员制交易所会员只能进场交易,不能进行场外交易,在一定程度上杜绝了幕后操作,限制了垄断交易与价格操纵。

当然,会员制证券交易所也有其自身的缺点。其中最大的缺点在于风险较大。由于买卖双方自己承担投资与融资中的一切损失,所以交易中存在着很大的风险。这就要求理性投资以及合理融资。另外,会员制证券交易所还存在着与政府的经济政策配合较差的问题。最后,由于该交易所是由会员共同经营,会员又都可以参与证券买卖,而该种交易所的会员理事中普通投资者(个人与企业等)的代表很少,甚至没有,会员们存在着一起做出一些不利于投资者的规定的可能。

(二)公司制证券交易所

公司制证券交易所是指以营利为目的,提供交易场所和服务人员,以便利证券商的交易与交割的证券交易所。它是由各类出资人共同投资入股建立起来的公司法人。瑞士的日内瓦证券交易所现在采用的就是公司制证券交易所。由于公司制证券交易所对证券交易负有担保责任,所以必须设立赔偿基金。其最高权力机关是股东大会,最高决策机构是董事会。董事会与监事会均由股东大会选举产生。但是证券商及其股东不得担任证券交易所的董事、监事、经理。总经理对董事会负责,负责证券交易所的日常事务。

应该指出,公司制证券交易所也有一些缺点。首先,它收取的费用比会员制证券交易所要高。这也是由其以营利为目的的性质决定的。在一定程度上,较高的费用会降低交易主体进入的热情。其次,若证券交易所经营不力,则会导致破产的命运。一旦破产将严重影响社会金融形势的稳定,从而波及整个社会的稳定。但是,从利弊两个方面客观地分析,公司制证券交易所的利远大于弊。

公司制证券交易所的优点主要有:① 经营公司制交易所的人员不能参与证券买卖,从而在一定程度上可以保证交易的公平。有利于在社会上确立"诚信"度,吸引更多交易者参与。② 公司制交易所可以向社会公众发行股票,不必拘泥于会员。这就使得交易所的所有权与交易权分开,非股东也可以获得在交易所交易的资格,而在会员制交易所中,只有会员才被允许直接交易。③ 公司制交易所是以满足股东利益最大化为目的经济实体,在利益的驱动下会多方设法地搞好服务、降低成本(佣金等费用)、不断进行设备更新与金融证券产品创新,加强竞争力,争夺世界各国客户。④ 公司制交易所与政府的经济政策容易配合,便于国家进行统一管理。

由于公司制交易所优点远多于会员制交易所,近十多年中,世界一些著名的证券交易所纷纷进行了改制。1993年瑞典斯德哥尔摩交易所由于伦敦证交所的激烈竞争,本国企业中仅4成在其中上市,因而实行公司制改制,结果交易费用与会员进入费用分别下降66%和75%,10年中交易市值增加5倍。

随后,欧洲一些主要证券交易所纷纷改制,如赫尔辛基证券交易所(1995年)、哥本哈根证交所(1996年)、阿姆斯特丹证交所(1997年)、维也纳证交所(1998年)纷纷完成改制。世界各地证交所出现了改制热潮。

### 三、证券交易所的监管模式

对证券交易所的管理直接涉及正常有序的市场交易关系的确立,无论是会员制还是公司制的证券交易所,都要受到证券交易主管机关和证券交易自律组织的双重管理。从国际上来看,证券交易所一般有三种监管模式:

(1) 结合型监管模式。这种监管模式既重视政府对证券交易所的监管,也充分发挥证券交易所的自律管理功能,美国、日本、加拿大、韩国等国家主要采取这种模式。由于这种模式以美国为代表,故又称为"美国体制"。根据美国《证券交易法》的规定,美国联邦政府成立了统一管理全国证券活动的最高管理机构——证券交易管理委员会(SEC)。该委员会下设联邦证券交易所,它作为一个半管理和半经营的机构,执行证券交易管理委员会的部分职能,主要管理全国的证券交易所。美国政府在加强国家对证券交易所行政监管的同时,也为各种自律组织,如证券商同业公会等保留了相当大的自治权。

(2) 自律型监管模式。这种监管模式特别强调证券交易所的自我管理、自我约束。该模式以英国为代表,此外还有英联邦的一些国家。英国早期的证券业自律管理体系是由"证券商协会"、"收购与合并问题专门小组"以及"证券业理事会"三个机构组成。其中,证券商协会由证券交易所内的自营商和经纪商组成,主要管理伦敦和其他证券交易所内的业务。它所制定的《证券交易所管理条例和规则》是各种证券交易活动的主要依据。收购与合并问题专门小组是一个非立法机构,由参加"伦敦工作小组"的9个专门协会发起组成。它所制定的《伦敦市场收购与合并准则》也不是立法文件,但该专门小组所从事的有关公司、企业收购与合并问题的管理,对上市公司的股权收购行为十分重要,而且受到证券交易所、贸易部、英格兰银行以及专业机构的支持。证券业理事会是1978年由英格兰银行提议成立的新自律型组织,由10人以上专业协会的代表组成。它虽然是一种非官方组织,但却在修改及执行若干重要的证券交易规则中起到极其重要的作用。英国的这三个自律机构是与政府监管机构相互独立的,但在查处证券交易违法活动方面却与政府密切配合,相互协作,从而形成了一种政府指导下的自律型监管模式。

（3）行政型监管模式。该模式的最大特点是强调政府权力对证券交易所的外部管理。目前，欧洲大陆的多数国家采取这种管理模式，故又称为"欧陆模式"。法国是这一管理模式的重要代表之一。法国政府对证券交易所的管理主要通过证券交易所管理委员会来进行。该管理委员会成立于1967年，是法国政府的一个公共机构，接受财政部长的监督，由其任命管理委员会的成员，但财政部长一般不干预管理委员会的业务决策。该管理委员会的主要职责是：提出修改各种有关证券规章制度的议案；负责监督证券市场的营业活动；审查证券交易所的不公正行为；决定证券交易所的交易程序，决定报价和撤销，核定佣金的标准和比例；确保上市公司及时公布有关信息并审核其准确性。

有关其他国家及我国证券交易所的介绍详见第八章。

## 第四节  信托投资公司、基金公司等其他金融市场媒体

在前面的三节中，本书已重点介绍了金融市场比较重要的媒体。除此以外，还有很多金融机构在金融市场上发挥着媒体的作用。

### 一、信托投资公司

信托投资公司是以营利为目的的，并以委托人身份经营信托业务的金融机构。它是依照法律程序设立的经营信托业务的金融机构。

中国信托业只有短短二十多年的历程，但中国实行信托制度却已有近一个世纪的历史。1979年7月筹备成立的中国国际信托投资公司是全国第一家信托投资机构。中国的信托投资机构大体上有两种类型：第一类是直属国务院和地方政府，如中国国际信托投资公司、光大信托投资公司等隶属于国务院。第二类是各经济主体和部门设立的专业信托投资公司，如挂靠国家民族事务委员会的民族信托投资公司、国家体育运动总局的科材信托投资公司、国家旅游局的中国旅游信托投资公司和国家电力总公司的中国电力信托投资公司等。

与国际上许多从事单一信托业务的信托投资公司不同，中国的信托业务主要包括信托业务、委托业务、代理业务、兼营业务、外汇业务等。不少信托投资公司不仅获得了通过国内外各种渠道的融资权，还相继获得了进出口贸易、房地产开发、租赁等多项投资经营权，并可以向企业、政府提供贷款。于是，从字面上来看只是从事信托、委托业务的信托投资公司变成了"金融百货公司"。这样做的后果是给金融市场带来了不必要的风险。于是，从1999年开始，国家对

信托投资公司进行了整顿和清理。2001年,全国人大常委会审议通过了《中华人民共和国信托法》,明确了信托公司的主营业务是信托业务。这为中国信托公司的发展指明了方向。2002年6月5日,中国人民银行又发布了修订后的《信托投资公司管理办法》,使其与《信托法》的有关内容表述一致。此举进一步加强了对信托投资公司的监督管理,规范了信托投资公司的经营行为,促进了信托业的健康发展。

## 二、基金公司

基金在中国发展的历史较短,所以人们对于基金交易的认识并不深刻。基金交易是指以基金证券为对象进行的流通转让活动。基金分为封闭式基金和开放式基金。详细内容请参见第十章。

基金公司就是负责这些基金具体投资操作和日常管理的公司。基金公司通常由证券公司、信托投资公司发起成立,具有独立的法人地位。由于基金公司是发起设立的,所以监督管理部门就要设定一定的要求与指标来规范它的发展。

世纪经济与管理规划教材
金融学系列

第四章

# 同业拆借市场

第一节　同业拆借市场形成、特点与功能
第二节　同业拆借市场分类、参与者与支付工具
第三节　同业拆借市场运作程序
第四节　同业拆借利率及利息的计算
第五节　同业拆借市场管理
第六节　美国、日本、新加坡同业拆借市场
第七节　中国同业拆借市场

同业拆借市场是银行及其他金融机构之间相互进行短期资金拆借交易的场所,是一个进行短期、临时性资金融通的市场。由于同业拆借业务具有期限短、流通性高、利率敏感性强及交易方便等特点,同业拆借市场已成为国际和国内金融市场中非常活跃、交易量很大的一个市场,也成为商业银行、非银行金融机构及中央银行非常重视的市场。据中国人民银行统计,2007 年,中国银行间同业拆借市场总交易量达 106 465.68 亿元,较 2006 年总交易量 21 503.10 亿元大幅上涨 395.12%。

# 第一节 同业拆借市场形成、特点与功能

## 一、货币头寸的概念

要了解同业拆借市场,首先必须要弄清楚该市场交易的主要客体——货币头寸。

货币头寸又称为货币头衬,即款项式资金额度。"头衬"是旧中国通常使用的金融用语,指收支相抵后的差额。商业、金融业营业结束后,几乎天天都要"轧头衬",往往出现收大于支或收不抵支的"多(少)头衬"。货币头寸又称现金头寸,是同业拆借市场的重要交易工具。

在存款准备金制度下,商业银行吸收的存款必须按一定的比例向中央银行缴存存款准备金。①

法定存款准备金通常以一定时间的存款余额为计算对象,如美国是以两周期间日平均数进行计算,计算期从星期二开始到两周后的星期一结束,旧的计算期一过,存款余额即变化,这使法定存款准备金的计算难以十分准确。此外商业银行所持有的实际存款准备金因清算与日常收付也时常变化,这些均使实际存款准备金超过或不足法定准备。这样,超过部分(多头寸)必须借出以增加利息收入,不足准备(少头寸)的银行则必须拆入资金以弥补法定准备的差额,否则如被中央银行查处将征收罚金。这就使货币头寸成为同业拆借市场的交易工具。而后来,货币头寸则发展成为各种机构解决临时性、季节性短期资金余缺的交易对象。

---

① 法定准备金只能以缴存在中央银行的存款和商业银行的库存现金两部分构成,均不能带来任何利息。故准备金既不能少头寸,也不能多头寸。

货币头寸具有"即时可用"的特性。在高利率时期,各金融机构都愿意多进行货币头寸交易,避开支票清算机制。这使得同业拆借市场的规模迅速发展。

## 二、同业拆借市场的概念

同业拆借是指具有法人资格的金融机构及经法人授权的非法人金融机构、分支机构之间进行短期资金融通的行为,目的在于调剂头寸和临时性资金余缺。拆借是拆放的对称,它们是从不同的角度对拆款活动的描述。拆借是金融机构之间为了平衡其业务活动中资金来源与运用而发生的一种短期资金借贷行为。当资金不足时,从资金多余的银行临时借入款项时,称为拆入;而资金多余的银行向资金不足的银行贷出款项时,则称为拆出。此过程是拆款的过程,习惯上,从资金借入的角度考虑,把此种融资形式称为拆借。因而同业拆借市场是金融机构在经营过程中,由于存款和放款的汇出和汇入形成资金暂时不足或多余时,以多余补不足、调节准备金、求得资金平衡的有效方式。而这种金融机构之间进行资金拆借活动所形成的市场就被称为同业拆借市场,简称拆借市场。

从狭义上讲,同业拆借市场是金融机构间进行临时性"资金头寸"调剂的市场,期限非常之短,多为"隔夜融通"或"隔日融通",即今天借入,明天偿还。

从广义上讲,同业拆借市场是指金融机构之间进行短期资金融通的市场,其所进行的资金融通已不仅仅限于弥补或调剂资金头寸,也不仅仅限于一日或几日的临时性资金调剂,当今已发展成为各金融机构特别是各商业银行弥补资金流动性不足和充分有效运用资金、减少资金闲置的市场,成为商业银行协调流动性与盈利性关系的有效市场机制。

## 三、同业拆借市场的形成

同业拆借市场最早出现于美国,其形成的根本原因在于法定存款准备金制度的实施。1921年美国纽约货币市场上,首先开始了联邦储备银行会员之间的准备金头寸拆借。其后,逐步形成了以联邦基金拆借为内容的同业拆借市场。英国伦敦的同业拆借市场则是在银行间票据交换过程的基础上形成的。

20世纪30年代第一次资本主义经济危机之后,西方各国大都强化了中央银行的作用,相继引入法定准备金制度,作为控制信用规模的手段。随之同业拆借市场也广泛发展起来,经历了几十年的运行与发展之后,如今西方各国的同业拆借市场较之当初,无论在作用上还是在开放程度和融资规模方面都发生了深刻的变化。过去,同业拆借只是拆入方银行作为弥补准备金头寸不足的一种手段,而现在,同业拆借已成为银行实施有效资产负债管理的重要工具。20世纪80年代以后,外国银行在美国的分支机构和代理机构也参与了该市场的交易活动。市场参与者队伍的扩大,使得市场融资规模也大大加强了。

总的来说,同业拆借市场之所以会形成,其原因可以归纳为两点。第一,同业拆借的客观经济基础促进了同业拆借市场的形成。由于市场经济条件下所形成的资金供给与资金需求以及金融机构的资金来源与资金运用,都具有不同的期限,因此金融机构既有长期性资金融通的要求,也有短期性资金融通的要求,这就促成了同业拆借的形成;第二,金融机构追求的经营目标是安全性、流动性与盈利性相统一,对这一目标的追求也成了同业拆借市场形成和发展的内在动力。

## 四、同业拆借市场的特点

相对于其他市场而言,同业拆借市场上具有如下特点:

(1) 融通资金的期限比较短,一般是1天、2天或1个星期,最短为几个小时或隔夜,是为了解决头寸临时不足或头寸临时多余所进行的资金融通。然而,发展到今天,拆借市场已成为各金融机构弥补短期资金不足和进行短期资金运用的市场,成为解决或平衡资金流动性和盈利性矛盾的市场,从而临时调剂性市场也就变成短期融资市场。

(2) 同业拆借基本上是信用拆借,信用要求高。拆借活动有严格的市场准入条件,一般在金融机构或指定某类金融机构之间进行,而非金融机构包括工商企业、政府部门及个人或非指定的金融机构,不能进入拆借市场。在某些特定的时期,有些国家的政府也会对进入此市场的金融机构进行一定的资金限制。如:只允许商业银行进入,进行长期融资的金融机构不能进入;只允许存款性金融机构进入,不允许证券、信托、保险机构进入等。

(3) 交易手段比较先进,交易手续比较简便,成交的时间也较短。同业拆借市场的交易主要是采取电话协商的方式进行,是一种无形的市场;达成协议后,就可以通过各自在中央银行的存款账户自动划账清算;或者向资金交易中心提出供求和进行报价,由资金交易中心进行撮合成交,并进行资金交割划账。

(4) 利率由供求双方议定,可以随行就市。同业拆借市场上的利率可由双方协商,讨价还价,最后议价成交。因此,同业拆借市场上的利率是一种市场利率,或者说是市场化程度最高的利率,能够充分灵敏地反映市场资金供求的状况及变化。

应注意的是,拆借利率应低于中央银行的再贴现率,否则,银行不仅会拒绝向客户办理贴现,而且会争相向中央银行申请再贴现贷款,从而引起混乱。但拆借利率有时也可能低于市场利率(主要在货币头寸供过于求时)。

## 五、同业拆借市场的功能

(1) 同业拆借市场的存在加强了金融机构资产的流动性,保障了金融机构运营的安全性。由于同业拆借市场的存在,金融机构可以比较方便地获得短期的资金融通来弥补资金缺口,从而满足其流动性的需要。同时,同业拆借的存在又使金融机构不需要通过低价出售资产来维持流动性,这在一定程度上又保障了金融机构的经营安全。因此,金融机构通过同业拆借加强了资产的流动性和运营的安全性,优化了资产和负债的组合。

(2) 同业拆借市场的存在提高了金融机构的盈利水平。通过拆借市场,金融机构一方面可以将暂时盈余的资金头寸及时贷放出去,减少资金的闲置,并借此增加资产的总收益;另一方面,金融机构也不必为维持一定的法定准备金而刻意保持较多的超额储备资金。这使金融机构有能力来更充分、更有效地运用所有资金、增加盈利性资产的比重、提高总资产的盈利水平。此外,同业拆借市场的存在也有利于金融机构灵活调整流动性储备,提高资产组合的平均及总体盈利水平。

(3) 同业拆借市场是中央银行制定和实施货币政策的重要载体。首先,同业拆借市场及其利率可以作为中央银行执行货币政策的重要传导机制。中央银行可以通过调节存款准备金率、提高或减少商业银行缴存准备金的数量,使同业拆借市场银根抽紧或放松,使利率上扬或下降,进而带动其他利率变动,最后使信贷需求、投资需求、消费需求发生变化,从而控制商业银行的信贷能力与规模。其次,同业拆借市场的交易价格即同业拆借市场利率,反映了同业拆借市场资金的供求状况,是中央银行货币政策调控的一个重要指标。中央银行可以结合当前的通货膨胀(或通货紧缩)情况、就业率及经济增长率制定适当的货币政策,从而实现宏观金融调控目标。

(4) 同业拆借市场利率往往被视做作基础利率,对宏观经济发挥着重要的作用。金融体系"头寸"或"银根"的松紧以及整个社会资金供求的状况往往能够在同业拆借市场的交易量及价格上得到反映。因此,同业拆借市场的利率也就成了体现资金供求状况的一个重要指标。同业拆借利率的水平及其变化,可以反映出整个金融市场利率的变动趋势以及资金的供求情况,对宏观经济也起着十分重要的作用。因此,有些国家的中央银行将同业拆借市场利率视为货币政策的中间目标,同业拆借市场上的利率也经常被看成基础利率,各金融机构的存放款利率都在此利率基础上进行确定。在国际货币市场上,比较典型的,有代表性的同业拆借利率有三种,即伦敦银行同业拆借利率(LIBOR)、新加坡银行同业拆借利率和中国香港银行同业拆借利率。伦敦银行同业拆借利率（LIBOR）就被欧洲货币市场、美国金融市场及亚洲美元市场作为基础利率来确定其各种利率水平。

## 第二节 同业拆借市场分类、参与者与支付工具

### 一、同业拆借市场的分类

同业拆借市场是金融市场的重要组成部分，按照方式的不同，拆借市场可作多种分类：

（1）按拆借期限分：① 半天期拆借。② 1 天期拆借。③ 1 天以上的拆借，一般是 2—30 天，也有 3 个月及 3 个月以上的拆借。

（2）按有无担保分：① 无担保物拆借。指不需要提供担保物的拆借，属信用放款，多用于 1 天或几天内的拆借，拆出和收回都通过在中央银行的账户直接转账完成。② 有担保拆借。指必须提供担保物的拆借。有担保拆借多采用回购协议的方式，即拆出方向拆入方交付现金，拆入方以持有的证券作抵押担保，与此同时，双方签订证券回购的协议，约定在未来某一时间以某一价格再进行反向的交易；当拆借期满时，按约定的价格和利率，拆入方交还现金，拆出方交回该担保物。

（3）按组织形式分：① 有形拆借市场。指拆借业务通过专门拆借中介机构来实现。由于拆借经纪公司专门集中经营，使得拆借交易效率较高，且较为公平和安全。② 无形拆借市场。指不通过专营机构，而是拆借双方直接洽谈成交。

（4）另外，根据交易的性质来分，同业拆借可分为头寸拆借和同业借贷。① 头寸拆借。银行在经营过程中常出现短暂的资金时间差和空间差，出现有的银行收大于支（多头寸），有的银行支大于收（少头寸）的情况。多头寸的银行想要借出多余资金生息，少头寸的银行则需要拆入资金补足差额。这样，银行间的头寸拆借就产生了。② 同业借贷。银行等金融机构之间因为临时性或季节性的资金余缺而相互融通调剂，以利业务经营，这就产生了同业借贷。对借入行来说，同业借贷是其扩大资金来源，增加贷款能力以取得更多收益的又一资金来源。对贷出银行来讲，同业借贷是其投放部分闲散资金的手段，可以增强其资产的流动性和收益。同业借贷因其借贷资金额较大，属于金融机构之间的批发业务。

同业借贷与头寸拆借的最大区别在于融通资金用途。同业借贷是调剂临时性、季节性的业务经营资金余缺;头寸拆借则是为了轧平票据交换头寸、补足存款准备金或减少超额准备所进行的短期资金融通。

## 二、同业拆借市场的参与者

由于同业拆借市场是金融机构间进行资金头寸融通的市场,所以,能够进入该市场的一般是金融机构。但各个国家在同业拆借市场的准入条件上会有不同的标准,有时也会根据具体情况对准入标准进行调整。比如:有些国家允许所有金融机构进入同业拆借市场进行短期融资;有些国家则只允许吸收存款并向中央银行交纳存款准备金的金融机构进入同业拆借市场;还有些国家则只允许吸收活期存款、向中央银行交纳存款准备金的商业银行进入同业拆借市场。并且,各个国家在不同时期,也可能根据财政政策和货币政策的要求,对进入同业拆借市场的金融机构范围及条件进行适当的调整。但从总体上分析,同业拆借市场的参与者主要可分为以下几类:

首先是商业银行。显然商业银行(尤其是大的商业银行)必然是主要的资金需求者与供给者。它们的资产和负债的规模比较大,所需缴存的存款准备金较多,所需的资产流动性及支付的准备金也较多。为了及时弥补资金头寸或流动性不足,需要通过同业拆借市场临时拆入资金。此外,由于同业拆借市场期限较短,风险相对较小,许多大的商业银行也愿意把短期闲置的资金投放在该市场,借以保持资产的流动性与盈利性。更重要的原因是,同业拆借市场上交易额大,一般又不要求抵押或担保,信誉极为重要,大的商业银行实力雄厚,信誉高,也容易获得资金融通。

此外,一些实力相对较弱的地方中小银行、非银行金融机构、证券公司、互助储蓄银行、储蓄贷款银行以及境外银行在境内的分支机构等也把同业拆借市场作为短期资金运用的经常性场所,努力通过这一市场的安全运作,提高资产质量,增加利息收入,降低经营风险。它们虽然有时也进行资金拆入的业务,但更多的时候它们担任了拆出者(资金供给者)的角色。这与它们实力小,经营上谨慎小心是有很大关系的,因为它们往往保持较多的超额存款准备金,资金头寸也比较宽裕。

同业拆借市场的交易既可以通过市场中介人,也可以直接交易。同业拆借市场的中介人大体上分为两类:一类是专门从事拆借市场中介业务的专业性中介机构,如日本的短资公司;另一类是非专门从事拆借市场中介业务的兼营机构。这些中介机构在有的国家成为融资公司,有的成为拆借经纪商或经营商。兼营的拆借中介机构多由大的商业银行承担。

### 三、同业拆借市场的支付工具

一般说来,同业拆借市场中可以使用以下几种支付工具:

(1) 本票。即由出票人自己签发,约定自己在指定日期无条件支付一定金额给收款人或持票人的凭证。它是同业拆借市场最常用的支付工具之一。本票结算方式是:由资金短缺银行开出本票,凭本票向资金盈余银行拆借。盈余银行接到本票后,将中央银行的资金支付凭证交换给资金拆入行,以抵补其当日所缺头寸。这种由拆出行交换给拆入行的中央银行支付凭证,通称为"今日货币"。

(2) 支票。是同城结算的一种凭证,也是同业拆借市场最通用的支付工具之一。拆入行开出本银行的支票,到次日才能交换抵补所缺头寸,故支票也称为"明日货币"。

(3) 承兑汇票。即经过办理承兑手续的汇票,由借入行按规定要求开具承兑汇票交拆出行,凭票办理拆借款项,到期后拆出行凭票收回款项。

(4) 同业债券。这是拆入单位向拆出单位发行的一种债券,主要是用于拆借期限超过4个月或资金额较大的拆借。同业债券可在金融机构之间相互转让。

(5) 转贴现。是银行同业之间融资的一种方式。在拆借市场上,银行贴现商业票据后,如头寸紧缺,可将贴现票据转与其他银行再贴现,以抵补其短缺头寸。

(6) 资金拆借。是横向资金融通常常使用的一种支付凭证。由拆入方同拆出方商妥后,拆入方出具加盖公章和行长章的"资金拆借借据"寄给资金拆出方,经拆出方核对无误后,将该借据的三、四联加盖印章后寄给拆入方,同时划拨资金(为及时划拨,也可先划资金后补手续)。

## 第三节 同业拆借市场运作程序

一般而言,同业拆借市场的运作程序主要由四个步骤构成:拆借双方表达拆借的意向,双方洽谈成交,资金的划拨,归还贷款。但由于拆借交易方式、期限、地理位置的不同,具体的运作程序也会有所区别。

## 一、直接拆借方式

### 1. 头寸拆借

头寸拆借的主要过程是:首先由拆出银行开出支票交拆入银行存在中央银行,使拆入银行在中央银行的存款准备金增加,补足资金差额。同时,拆入银行开出一张支票,其面额为拆入金额加上利息支付给拆出银行,并写好兑付日期(一般为出票日后的一到两天)。到期时,拆出银行可将支票通过票据交换清算收回本息。

### 2. 同业借贷

同业借贷的主要过程是:由拆入银行填写一份借据,交拆出银行,拆出银行经审核无误后向拆入银行提供贷款,即将其账户上的资金划转给拆入银行账户。到期再逆向划转,其划转金额为拆入金额加上利息。

## 二、间接拆借方式

所谓间接拆借方式,指的是通过中介机构进行的拆借。根据地理区域划分,间接拆借可分为以下两种方式:

### 1. 间接同城同业拆借

通过中介机构的同城(地区)同业拆借,大多以支票作为媒体。当拆借双方协商成交后,拆入银行签发自己付款的支票,支票面额为拆入金额加上拆入期利息(有的国家也常把利息另开一张支票)。拆入行以此支票与拆出行签发的以中央银行为付款人的支票进行交换。支票交换后同城中央银行的分支机构在得到通知后,进行拆入行账户与拆出行账户的内部转账。会计处理方式为,借记卖方账户(即拆出行账户),贷记买方账户(即拆入行账户),转账后,拆入行在央行存款增加,拆出行在央行存款减少。到期日,拆出行把拆入行签发的以拆入行为付款人的支票提交票据交换所进行交换,再以拆入行在央行的存款清算,用反方向的借贷冲账。其主要的交易方式如图4-1所示。

### 2. 间接异城同业拆借

间接异城同业拆借是指处于不同城市或地区的金融机构进行同业拆借,其交易程序与同城的同业拆借程序类似。但有一个明显的区别是:间接异城同业拆借的拆借双方不需交换支票,而只需通过中介机构以电话协商成交,成交后双方通过所在地区的中央银行资金电划系统划拨转账。

间接同业拆借与直接同业拆借最大的不同就是它是通过拆借市场经纪公司(经纪人)或代理银行媒介来进行拆借的。它具体的交易过程大致有以下

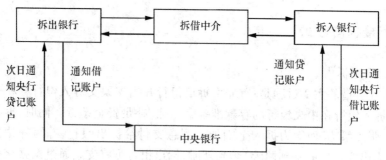

图 4-1　间接同城同业拆借交易流程

几步：

（1）拆出行通知中介人，告诉中介人自己可以拆出资金的数量、利率、期限；同时，拆入行通知拆借中介人自己需要的资金数量、期限、利率。

（2）中介人整理双方的信息后，将适宜的情况分别通知拆借双方。

（3）拆借双方接到中介人反馈的信息后直接与对方进行协商。

（4）拆借双方协商一致，同意拆借成交后，拆出行用自己在中央银行存款账户上的可用资金的一部分划转到拆入行账户上。

（5）当拆借期限到期，拆入行则把自己在中央银行存款账户上的资金划转到拆出行的账户上。

在这个交易过程中，拆借中介人主要通过拆借手续费或拆出、拆入的利差来盈利。

## 第四节　同业拆借利率及利息的计算

### 一、同业拆借利率的确定

同业拆借的交易价格（即利率）因关系人的不同而分为两种情况：一种是由拆借双方当事人协定，而不通过公开市场竞价来确定，这种机制下形成的利率弹性较大，主要取决于拆借双方拆借资金愿望的强烈程度；另一种是拆借双方借助于中介人——经纪商，通过观察公开竞价来进行确定，这种机制下形成的利率弹性较小，主要是由经纪商根据市场中拆借资金的供求状况来决定的，而拆借双方基本上是这一利率水平的接受者。

拆借利率一般要低于再贴现率。因为如果其高于再贴现率，那么一方面拆入方就不再需要从同业中拆入资金，而可以直接向央行申请再贴现贷款，另一方面又会使市场中产生套利机会，因为一部分银行可能无法从央行获得足够的资金支持,从而即使拆借利率高于再贴现率,它们也必须从同业那里拆入资金。于是,那些能从央行获得足够多的再贴现资金的银行就可以通过先从央行融入再贴现资金,再将其拆借给同业来获得利差收益。显然这违背了央行再贴现政策的设计初衷。当然有时在同业拆借市场上也会出现拆借利率高于再贴现率的情况,这是因为两种利率的决定机制不同且相互独立而导致的。再贴现率是根据货币政策而制定的,而拆借利率则主要是取决于同业拆借市场中短期资金的供求状况,如果在某一时期同业拆借市场中短期资金需求很大,则就会导致拆借利率上升并可能高于再贴现率。

如同外汇买卖有两个价格一样,同业拆借也有两个利率:拆入利率和拆出利率。拆入利率表示银行愿意借款的利率,拆出利率表示银行愿意贷款的利率。一家银行的拆入(借款)利率,实际上也就是另一家银行的拆出(贷款)利率。同一家银行的拆入和拆出利率相比较,拆入利率永远小于拆出利率,其差额就是银行的收益。

同业拆借市场广泛使用的利率有三种:伦敦银行同业拆借利率、新加坡银行同业拆借利率和香港银行同业拆借利率。

伦敦银行同业拆借利率是指伦敦欧洲货币市场上各大银行间短期资金拆借所使用的利率。所涉及的币种有美元、德国马克、日元、英镑、法国法郎和瑞士法郎。资金拆借期限有1个月、3个月、6个月和1年不等。现在LIBOR已经成为国际金融市场中大多数浮动利率的基础利率,作为银行从市场上筹集资金进行转贷的融资成本。贷款协议中议定的LIBOR通常是由几家指定的参考银行在规定时间内(一般是伦敦时间上午11:00)报价的平均利率。被最多使用的是3个月和6个月的LIBOR。

伦敦银行同业拆借市场的参加者为英国的商业银行、票据交换银行、海外银行和外国银行等。银行同业拆放无须提供抵押品。每笔拆借金额最低为25万英镑,有时甚至高达几百万英镑。银行同业间拆放的期限为:日拆、1周、3个月、6个月、1年。银行同业间的拆借款,绝大部分是日拆到三月期,3个月以上至1年的仅约占五分之一。伦敦银行同业拆借利率已成为制定国际贷款利率的基础,即在这个利率基础上再加半厘至一厘多的附加利率作为计算的基础。伦敦银行同业拆借利率有两个价:一是贷款利率,另一个是存款利率,二者一般相差0.25%—0.5%。在报纸上见到的报价如果是15%—15.25%,那么前者为存款利率,后者为贷款利率。通常,报出的利率为隔夜(2个工作日)、7天、1个月、3个月、6个月和1年期的,超过1年以上的长期利率,则视对方的资信、信贷的金额和期限等情况另定。

新加坡和香港银行同业拆借利率是在各自货币市场上各大银行间短期资金拆放所用的利率。与伦敦银行同业拆借利率相比,除适用地点不同,报价方法、适用币种及拆借期限均相同。

## 二、利息计算

同业拆借利息计算的基本公式是：$I = P \times R \times A/D$。式中 $I$ 为同业拆借的利息，$P$ 为拆借的金额，$R$ 为拆借的利率，$A$ 为拆借期限的生息天数，$D$ 为 1 年的基础天数。

在同业拆借中，当拆借金额和利率确定后，同业拆借的利息就取决于基础天数和生息天数。基础天数指一年的天数，生息天数就是指借款实际使用的天数。目前国际上对生息天数和基础天数的计算方法有不同的习惯。基础天数有两种计算方法：一种是把 1 年中的 12 个月都当作每个月 30 天，而不管实际的天数，即 1 年固定为 360 天计算；一种是把具体年份的日历天数作为基础天数，平年按 365 天计算，闰年按 366 天计算。同样，生息天数也有两种计算方法：一种是把生息月份的每个月都按 30 天计算；一种是把生息月份的日历天数作为生息天数。把基础天数和生息天数结合起来共有三种方法：

（1）生息天数和基础天数的关系表示为 365/360，即把基础天数固定为 360 天，生息天数按生息月份的日历天数，逢闰年改为 366/360，这种方法称为欧洲货币法（Euro Method）。在国际金融市场上，欧洲货币法的适用范围很广，很多国家的银行都按此方法计算利息。

例如：拆入一币金额为 10 000 000，利率为 10%，期限为 6 月 1 日到 9 月 1 日。首先计算生息天数：

| 6 月 1—30 日 | 30 天 |
| 7 月 1—31 日 | 31 天 |
| 8 月 1—31 日 | 31 天 |
| 生息天数总计 | 92 天 |

则利息为：

$$I = P \times R \times A/D = 10\,000\,000 \times 10\% \times 92/360$$
$$= 255\,555.56$$

（2）生息天数和基础天数的关系为 365/365，即把具体年份的日历天数作为基础天数，把生息月份的日历天数作为生息天数，逢闰年为 366/366，这种方法称为英国法（British Method）。主要用于英镑、爱尔兰镑、科威特第乃尔和比利时法郎等。

对于上述计算，生息天数仍为 92 天，而基础天数则为 365 天，则利息为：

$$I = 10\,000\,000 \times 10\% \times 92/365 = 252\,054.79$$

(3) 生息天数和基础天数的关系表现为 360/360，即把 1 年的基础天数固定为 360 天，把生息月份的每个月都按 30 天计算，这种方法称为大陆法（Continental Method），主要适用于欧洲大陆的许多国家。

| | |
|---|---|
| 6月1—30日 | 30天 |
| 7月1—31日 | 30天（7月31日为死息日） |
| 8月1—31日 | 30天（8月31日为死息日） |
| 生息天数总计 | 90天 |

则利息为：

$$I = 10\,000\,000 \times 10\% \times 90/360 = 250\,000$$

从上述三种方法的比较中可以清楚地看出，三种方法的计算结果是不一样的，其中以欧洲货币法收取的利息最多，大陆法最少。在拆借协议中，一般都要规定以何种计息方法为准。

### 三、中国同业拆借利率的确定

中国同业拆借利率简称 CHIBOR，是我国银行间信用拆借的加权平均利率，它的生成机制如下：以每笔交易的成交量为权重，计算各交易品种的当天成交加权平均利率和当天的各交易品种的加权平均利率。此利率即为 CHIBOR 利率。CHIBOR 利率不是指某一个利率，而是由各品种组成的一组利率，计算公式如下：

$$\text{CHIBOR} = \frac{\sum_{k=1}^{m} V_k R_k}{\sum_{k=1}^{m} V_k}$$

（$V$：拆借量；$R$：利率；$m$：同一品种内的拆借笔数；$k$：同一品种不同笔拆借的序数）

CHIBOR 与 LIBOR 的主要区别是：LIBOR 不是按成交利率计算，而是通过选取有代表性的若干家大银行在一个固定时点上的报价进行平均得到的利率，它包含了拆出利率和拆入利率。

## 第五节　同业拆借市场管理

相对而言，同业拆借市场是市场化程度最高、自我调控能力最强的市场，因此，同业拆借市场一般波动较小、秩序较好，中央银行或金融管理部门对它的干预也相对较少。从世界范围来看，各国对同业拆借市场的管理基本上是放开的，利率也由市场决定。但是，这并不是说各国对同业拆借市场不加任何管理。尤其是在市场的发展初期，为了维护市场的良性发展，这种监督和管理更为重要。一般而言，对同业拆借市场的管理主要包括以下几个方面：

## 一、对市场准入的管理

由于同业拆借市场业务比较特殊，中央银行或金融管理当局一般都会设立比较严格的准入制度来规范同业拆借市场的参与者。

对市场准入的管理又可分为对拆出者的管理、对拆入者的管理以及对中介机构的管理三部分。一般来讲，各国央行或金融管理当局会对市场中介机构设置更为严格的规定。有些国家只允许一些大的、信誉好的商业银行作为代理中介机构从事同业拆借业务，有些国家则专门指定一些资信好的专业拆借经纪服务机构或经纪公司来充当资金拆入与拆出的媒介。

中国人民银行2007年8月实行的《同业拆借管理办法》将15类金融机构纳入同业拆借市场申请人范围。

## 二、对拆借资金数额的管理

许多国家从控制风险、保障金融体系安全的目的出发，对同业拆借的资金拆出、拆入数额作出了一定的限制。比如：美国规定会员银行拆入资金不得超过其股本加上其盈余总额的50%。2007年的《同业拆借管理办法》调整了各类金融机构的同业拆借限额核定标准，共分为5个档次：中资商业银行、城乡信用社、政策性银行为主要负债的8%，外资银行为实收资本（或人民币营运资金）的2倍，财务公司、金融资产管理公司、金融租赁公司、汽车金融公司、保险公司为实收资本的100%，证券公司为净资本的80%，信托公司、保险资产管理公司为净资产的20%。其中，绝大多数金融机构的限额核定标准比以前放宽了。

## 三、对拆借期限的管理

同业拆借市场是为金融机构实现短期资金融通及头寸融通而建立的市场，其目的是为了使金融机构的流动性和盈利性相统一。因此，为了防止将短期资金用于长期目的，以及维护金融体系的安全性与盈利性，许多国家都对同业拆借的期限有所限制，限制金融机构将拆入资金用于长期贷款或投资。目前中国的拆借交易品种主要有以下 11 种:隔夜(1 天)、7 天、14 天、20 天、30 天、60 天、90 天、120 天、6 个月、9 个月和 1 年。并且,《同业拆借管理办法》规定期限管理分 3 档:商业银行、城乡信用社、政策性银行最长拆入 1 年;金融资产管理公司、金融租赁公司、汽车金融公司、保险公司最长拆入 3 个月;财务公司、证券公司、信托公司、保险资产管理公司最长拆入 7 天。拆出资金最长期限按照交易对手方的拆入资金最长期限控制,同业拆借到期后不得展期。

## 四、对拆借市场利率的管理

在一些发达的市场经济国家,利率较为充分地反映了市场上资金的供求关系,利率已经基本上市场化了。然而,在一些市场经济尚不发达的发展中国家,利率仍然受到较大程度的管制,同业拆借市场的利率也会受到政府管理机构一定的干预和限制。一般而言,对拆借市场利率的管理可通过三种途径来实现:第一是规定同业拆借利率的上限;第二是规定同业拆借利率的波动范围;第三是直接规定不同拆借期限的利率水平。

## 五、其他的管理措施

为了加强对同业拆借市场的管理,各国还采取了其他一些措施和手段。比如,有些国家要求拆入资金者提供一定的担保或抵押;有些国家的中央银行通过对基准利率、准备金率或再贴现率进行调节以间接影响同业拆借市场利率。

# 第六节 美国、日本、新加坡同业拆借市场

## 一、美国

美国同业拆借市场又叫"联邦基金市场",金融机构的同业拆借是在联邦基金市场进行的。联邦基金是指商业银行和金融机构向联邦储备银行缴存的存款准备金。当参加联邦储备系统的会员银行存款准备金不足时,按联邦基金利率向拥有超额准备金的会员银行拆借,联邦基金市场是一种日拆市场。当天就可以在联邦储备银行转账抵用或提现,又称"同业隔夜拆款",如需续借,需经借贷双方同意。联邦基金利率是竞争确定的,它也是其他货币市场利率确定的重要参考利率。这个利率在货币政策中也发挥着重要作用,因为联储可以从它巨

大的投资组合中买入和卖出政府证券来影响联邦基金利率的运动。在这个市场中,竞争是很激烈的,并且通常是实行单一的联邦基金利率。不过,信用度低于标准的机构将在联邦基金利率上被收取一个升水或者是完全被排除在外,正如在其他市场中一样,违约风险在这里是很重要的。

最初,美国同业拆借市场的参与者主要限于大银行,20世纪80年代后期,很多中小银行业加入进来,使市场规模不断扩大,出现了专门充当借贷中介的经纪人。经纪人一般通过电话与资金拆出者联系并按成交额的一定比例收取佣金。

拆出机构在寻找资金不足的相应机构时,一般通过三种方式:一是通过电话向交易台提出拆出要求;二是通过银行业关系进行寻找;三是通过专业经纪人来寻找。经纪人与其他同业拆借市场的大量参与者保持着即时的电话联系,以撮合买方与卖方。

与美国的短期国库券和大多数机构贴现票据一样,大多数联邦基金的交易没有正式的书面合约。这种非正式性加速了交易过程并降低了交易费用。在这种类型的协议中,彼此之间的信任和交易经验是重要的影响因素。经纪人可以帮助潜在的资金拆出者评估信用风险并帮助其找到潜在的新对象。与此同时,长期关系是在频繁交易的双方之间建立起来的。事实上,一些联邦基金交易是连续性的合约,是按现行利率(或者是按与现行利率联系的一些公式生成的数字)自动进行更新的联邦基金交易,除非资金拆入者或拆出者决定终止这种交易。

一般而言,联邦基金的拆入者通常是大的货币中心银行,它们所服务的大公司的贷款需求常常超过存款需求。联邦基金的拆出者一般为较小的银行,它们所获得的存款超过它们在当地的贷款需求或者是投资需求。

总之,美国同业拆借市场的主要特点是:金融机构通过中央银行的联邦基金市场拆借,拆借双方直接交易,通过联邦储备局的账户直接划拨。

## 二、日本

日本同业拆借市场出现较早,1903年就已存在了。当时它的参加者仅限于金融机构,如都市银行、地方银行、相互银行、保险公司等,但所占比重较小。另一类是专门的中介机构——短期资金公司。短期资金公司一方面同过去的金融机构贷款或通过向金融机构出售自身的票据来吸引资金;另一方面通过对金融机构的直接短期借贷或买入金融机构的票据来提供资金。日本的同业拆借主要通过这类中介机构进行。短期资金公司虽然基于自身的经营从事这些交易,但实际上在交易中起了联系资金供求双方、促成交易完成的经纪人的作用。此外,短期资金公司还承担着对同业拆借利率进行管理的任务。这要求短期资金公司有较高的声誉和雄厚的资金实力,又有丰富的业务经验,能有效地筹集资金,与中央银行有活期存款业务往来和借款关系。

另外,为了确保拆出资金的安全、维持信用秩序,日本采用担保制度,如以国债、政府短期证券、优良地方债、金融债和优良票据等为担保。在实际操作中,资金拆入者通常是把这些证券寄存在日本银行或证券交易所等单位,取得寄存证书,然后以该寄存证书为担保进行短期资金拆借。从1985年7月起,顺应与金融国际化的潮流,日本的短期资金也开始办理无担保拆借业务。截至2007年12月,日本银行同业拆借市场余额已达16.60万亿日元,占其整个短期金融市场余额(25.73万亿日元)近65%,成为日本短期金融市场最主要的组成部分。

## 三、新加坡

新加坡的银行同业拆借市场是1962年才开始走上规模发展的,当时的外资银行、外汇和股票经纪商为了在清算时取得短期拆入的新加坡元资金,自发组织了现在的银行同业市场。这个市场的主要参与者有商业银行、商人银行、邮政储蓄银行和金融公司,新加坡金融管理局有时为了政策目的也进入银行同业市场。按《银行法》的规定,新加坡商业银行必须在金融管理局开立往来账户,整个账户体系是一个计算机记账系统,每个银行账户上的现金余额不能低于负债总额一定的比例(近年为6%),否则要受处罚。因此每日资金清算时,现金账户资金不足的银行会向资金充裕的银行拆入。其做法是通过电话或配电子屏幕的通话系统向对方报价询价,银行之间可以直接联系也可以借助经纪行交易,一旦成交后则接通设在金融管理局的数码化电子记账系统,有关资金划拨的借记、贷记可立即完成。总的来看,资金清算是统一的,但新加坡的同业拆借在操作上仍是柜台交易系统,并无统一组织。同业拆借市场上活跃的经济行包括8家国际货币经纪商中的6家,大量的银行拆借交易是通过它们联系的,因为经纪行与多家银行保持联系,手头掌握各种报价(利率、数量及期限等),通过支付一定的佣金作为代价,银行往往可以按比直接联系更有利的价格条件成交。

新加坡银行同业拆借交易没有具体的最小成交额限制,一般的成交额为500万新元,最低有100万新元的。期限短的可以是隔夜拆借,长的可达1年,但多数是7天左右,而且新加坡的银行拆放期限有较大的弹性,收贷和还贷都

金融市场学

可以提前,只要提前7天通知对方。有时候银行之间会互存定期存款,期限一般为1个月、3个月和6个月,利率固定,这种定期存款也可以视为同业拆放。

从整体上看,同业拆借市场是一种供求决定价格的自由机制,1975年新加坡金融管理局废除了固定存贷利率体系后,银行同业本币拆借(新元)利率除了随国内资金供求变化自由浮动外,主要受离岸金融市场价格的影响,金融管理局的干预也有作用。但后两者相对为次要因素。新加坡银行同业市场自从进入20世纪80年代后发展较快,平均年增24%,到90年代初期年终末清偿余额达170亿新元,每月交易量超过50亿新元,成为新加坡货币市场最活跃、最主要的部分,其利率水平成为整个货币市场乃至整个国内金融体系的主导性基准利率,其交易变化情况则被视作国内金融市场银根松紧的重要信号指标。

值得一提的是,新加坡银行同业拆借市场除了经营本币新加坡元以外,也进行外汇的拆借。外汇拆借作为离岸性业务与本币同业拆借并行不悖。从市场供求对比看,银行同业拆借的净拆出者多为本地银行和金融公司,净拆入者多为没有本地存款市场的外资银行和从事本币贷款的本地金融机构,因此新加坡的银行同业拆借市场实际上起着一定的沟通境内外资金市场、配合外汇交易的作用,但是从形式上看,本币与外币的同业拆借在新加坡仍是分开的。

### 四、其他国家

除上述不同国家的不同做法与模式外,土耳其与意大利等国的同业拆借市场也很有特色。

意大利采用了屏幕市场网络模式,全国所有的金融机构均可参加,通过屏幕市场,按照统一规则,统一报价进行交易。

土耳其则将同业拆借市场分为银行间的拆借市场和非银行金融机构间的拆借市场两个部分,银行与非银行金融机构间必须在各自的市场进行交易,不准交叉。交易方式也是通过屏幕市场的方式进行交易。

## 第七节 中国同业拆借市场

中国同业拆借市场的产生与发展是与金融经济改革的脚步相伴随的。1981年中国人民银行就首次提出了开展同业拆借业务,但直到1986年实施金融体制改革,打破了集中统一的信贷资金管理体制的限制,同业拆借市场才得以真正启动并逐渐发展起来。从1986年至今,中国拆借市场的发展大致经历了三个阶段：

（1）起步阶段。1986年至1991年为中国同业拆借市场的起步阶段。这一时期拆借市场的规模迅速扩大，交易量成倍增加，但由于缺乏必要的规范措施，拆借市场在不断扩大的同时，也产生了一些问题。如经营资金拆借业务的机构管理混乱、利率居高不下、利率结构严重不合理、拆借期限不断延长，违反了短期融资的原则等。对此，1988年，中国人民银行根据国务院指示，对同业拆借市场的违规行为进行了整顿，对融资机构进行了清理。整顿后，拆借市场交易量保持了不断上升的势头。

（2）高速发展阶段。1992年到1995年为中国同业拆借市场高速发展的阶段。各年的成交量逐年上升，但在1992年下半年到1993年上半年，同业拆借市场又出现了更为严重的违规现象。大量短期资金被用于房地产投资、炒买炒卖股票，用于开发区上新项目，进行固定资产投资，市场机构重复设置，多头对外，变短期资金为长期投资，延长拆借资金期限，提高拆借资金利率。这种混乱状况造成了银行信贷资金大量流失，干扰了宏观金融调控，使国家重点资金需要无法保证，影响了银行的正常运营，扰乱了金融秩序。为扭转这一混乱状况，1993年7月，中国人民银行先后出台了一系列政策措施，对拆借市场全面整顿，大大规范了拆借市场的行为。拆借交易量迅速下降，利率明显回落，期限大大缩短，市场秩序逐渐好转。

（3）完善阶段。1996年至今为中国同业拆借市场的逐步完善阶段。1996年1月3日，中国人民银行正式启动全国统一同业拆借市场，中国的拆借市场进入了一个新的发展阶段。最初建立的统一拆借市场分为两个交易网络，即一级网络和二级网络。人民银行总行利用上海外汇交易中心建立起全国统一的资金拆借屏幕市场。它构成了中国银行间同业拆借的一级网络。一级网络包含了全国15家商业银行总行、全国性金融信托投资公司以及35家融资中心（事业法人）。二级网络由35家融资中心为核心所组成，进入该网络交易的是仅商业银行总行授权的地市级以上的分支机构、当地的信托投资公司、城乡信用社、保险公司、金融租赁公司和财务公司等。1996年3月1日之后，随着全国35个二级网络与一级网络的连通，同业拆借市场成交量明显跃升。至此，中国统一的短期资金拆借市场的框架已基本形成。中国同业拆借市场增强了商业银行潜在的流动性能力，通过同业拆借市场来调剂头寸已成为商业银行的首选方式。至1997年12月，银行间同业拆借市场一级网络成员共96家，其中商业银行总行16家，城市商业银行45家，融资中心35家。

1998年6月，中国人民银行正式决定逐步撤销融资中心。

2002年，人民银行为了加快货币市场的建设，又陆续出台了一系列支持货币市场发展的政策措施。

  2007年8月,中国实行《同业拆借管理办法》,全面调整了同业拆借市场的准入管理、期限管理、限额管理、备案管理、透明度管理、监督管理权限等规定。包括:① 放宽市场准入条件,除银行类金融机构之外,绝大部分非银行金融机构首次获准进入拆借市场。其中,主要包括信托公司、金融资产管理公司、金融租赁公司、汽车金融公司、保险公司、保险资产公司共6类。② 放大机构自主权,适当延长了部分金融机构的最长拆借期限,简化了期限管理档次。根据《管理办法》,在限额管理上,调整放宽了绝大多数金融机构的限额核定标准,总共分为5个档次;而拆借期限针对不同金融机构分为3档,从7天到1年不等。③ 规定了同业拆借市场参与者的信息披露义务、信息披露基本原则、信息披露平台、信息披露责任等。《企业拆借管理办法》还明确了同业拆借中心在公布市场信息和统计数据方面的义务,为加强市场运行的透明度提供了制度保障。

# 第五章

# 票据市场

第一节　票据概论
第二节　商业票据市场
第三节　银行承兑汇票市场
第四节　大额可转让存单市场
第五节　中期票据

票据是一种重要的有价证券,它作为金融市场上通行的结算和信用工具,是货币市场上主要的交易工具之一。而以票据为媒介所产生的票据市场也是货币市场的一个重要组成部分,它成为金融市场参与者进行资金融通的重要场所。依照票据的种类,票据市场主要可分为商业票据市场、大额可转让存单市场以及银行承兑汇票市场。

在介绍这三种形式的票据市场之前,我们先了解一下票据的基本概念。

# 第一节 票 据 概 论

## 一、票据的概念和特征

根据《中华人民共和国票据法》的规定:票据是指出票人依法签发的,约定自己或委托付款人在见票时或指定的日期向收款人或持票人无条件支付一定金额并可以转让的有价证券,包括汇票、本票和支票。

票据作为一种有价证券,具有以下几个明显的特征:

(1)票据是一种完全有价证券。有价证券可分为完全有价证券和不完全有价证券。完全有价证券的证券本身和该证券拥有的权利在任何情况下都不可分离;而不完全有价证券的证券本身和权利可以剥离。票据的权利随票据的设立而设立,随票据的转让而转让。只有在权利行使之后,票据体现的债权债务关系才宣告结束。所以票据是一种典型的完全有价证券。票据的这一特点也是票据贴现市场形成的基础。

(2)票据是一种设权证券。所谓设权证券是指证券权利的发生必须以制成票据为前提。票据所代表的财产权利,即一定金额的给付请求权,完全由票据的制成而产生。换言之,票据的制成并非是用来证明已经存在的权利,而是创立一种新的权利。票据一旦制成,票据关系人的权利义务关系随之确立。

(3)票据是一种无因证券。所谓无因证券是指证券上的权利只由证券上的文义确定,持有人在行使权利时无须负证明责任。票据的持票人只要持有票据,就能享受票据拥有的权利,而不必说明票据取得及票据行为发生的原因。票据债务人也不能以票据所有权发生变化为理由而拒绝履行其因票据行为而负担的付款义务。正是由于这种无因性,票据的流通和转让成为可能。

(4) 票据是一种要式证券。所谓要式证券就是指证券的制成必须遵照法律规定。票据的制成和记载事项必须严格依据法律规定进行,并且票据的签发、转让、承兑、付款、追索等行为的程序和方式也都必须依法进行。如果违反了法律规定,将会导致票据行为的无效或对票据权利产生影响。

(5) 票据是一种文义证券。这是指票据上的所有权利义务关系均以票据上的文字记载为准,不受任何外来因素的干扰。票据在流通过程中,若发现文字内容有错误,也不得用票据以外的证据方法予以变更或补充。这样做是为了保证流通信用和交易安全,保护流通过程中善意持票人的权利。例如,票据上记载的出票日与实际出票日不符时,以票载日期为准。

(6) 票据是一种流通证券。票据权利可以通过一定的方式转让,一般包括背书或交付。票据债权债务关系的转让无须依照民法中有关债权转让的规定进行。这使票据具有了高度的流通性。在西方国家票据制度中特别强调了这一点。英美等国就是以"流通证券"来形容票据的。一般来说,无记名票据通过交付就能转让,而记名票据转让时,则须经过背书。

(7) 票据是一种返还证券。票据权利人实现了自己的权利,收领了票据上的金额之后,应将票据归还给付款人。而在其他债权中,债务人履行债务后,即使债权人不同时交还有关债权证书,也可以用其他的凭证如收据来证明债务的履行。在票据债权中,若债权人不交还票据,债务人可拒付票款。如果付款人是主债务人,付款后票据关系宣告结束;如果付款人是次债务人,付款后可向其前手追索。

在票据的七大特征中,以无因性、流通性、要式性最为重要。

## 二、票据的种类

票据的基本形式有三类:汇票、本票和支票。

1. 汇票

汇票是由出票人签发的,委托付款人在见票时,或者在指定日期无条件支付一定金额给收款人或持票人的一种票据。汇票有三方当事人,即出票人、付款人和收款人。出票人是在票据关系中履行债务的当事人。当其采用票据方式支付所欠金额时,可以签发汇票给其相对人。收款人,也称受款人,是在票据关系中享有债权的人。他是出票人的相对人,在接受汇票时,有权向付款人请求付款。付款人,即受出票人委托,向持票人进行票据金额支付的人。付款人与出票人之间存在一定的资金关系,通常是出票人的开户银行。

按汇票记载权利人方式的不同,可分为记名汇票、不记名汇票和指定式汇票。在汇票上记载收款人名称的为记名汇票;记载特定人或其指定人为权利人的为指定式汇票;没有记载收款人名称或只记"来人"字样的为不记名汇票。按汇票上记载付款期限的长短,可分为即期汇票和远期汇票。前者指见票即付的汇票,后者指必须约定一个出票日之外的日期才能请求付款的汇票。按汇票当事人的不同可分为一般汇票和变式汇票。前者指汇票三方基本当事人分别是不同的人;后者指三个基本当事人中有两个是同一主体充当的,如出票人同时为收款人,出票人同时为付款人等。

汇票还能被分为银行汇票和商业汇票。银行汇票是指汇款人将款项交存当地银行,由银行签发的汇款人持往异地办理转账结算或支取现金的票据。这种票据的基本当事人三方分别是:出票人为收妥汇款人交存款项后签发票据的银行;收款人为向出票银行交存款项的人或汇款人指定的其他人;付款人为出票人委托的其他兑付银行。在银行汇票的票据关系中,汇款人不一定是票据关系的当事人。商业汇票是指银行以外的其他工商企业,事业单位,机关团体签发的汇票。商业汇票又分为银行承兑的商业汇票和工商企业承兑的商业汇票。在中国,银行汇票和商业汇票必须记名。

汇票按签发和支付的地点不同,可分为国内汇票和国际汇票。国内汇票指在一国境内签发和付款的汇票;国际汇票是指汇票的签发和付款一方在国外或都在国外,流通范围涉及两个以上国家的汇票。

2. 本票

所谓本票是指出票人签发的,承诺自己在见票时无条件支付确定的金额给收款人或者持票人的票据。本票具有以下三个特征:一是本票的基本当事人只有两个,即出票人和收款人;二是本票的付款人为出票人自己;三是本票的出票人自己承担无条件付款的责任,故没有承兑制度。

在国际票据分类中,本票的种类与汇票的划分基本相同。以出票人的不同为依据分为银行本票和商业本票;以到期日的不同分为定期付款和见票即付两种。但中国的相关法律制度规定,在中国,本票仅指银行本票,不包括商业本票。本票在中国只能由商业银行签发。这样规定的主要原因是,对于交易性的商业本票而言,它的功能可由汇票代替;而融资性的商业本票需要较严格的宏观监督和信用管理制度,中国市场尚未达到这个要求。中国同时还规定,本票的到期日只有见票即付一种。这在国际上并不多见。

3. 支票

支票是出票人签发的,委托办理支票存款业务的银行或其他金融机构在见票时无条件支付确定金额给收款人或持票人的票据。支票的主要职能是代替

现金作为支付工具。支票主要有以下几个特点:

(1) 支票的付款人只限银行或法定金融机构,一般出票人与付款人之间有资金往来关系存在。

(2) 支票的付款日期只有见票即付一种。

(3) 支票的付款提示期间和票据时效期间都比汇票、本票要短。在中国,支票的付款提示期间为出票日期10天内。

(4) 支票无承兑制度。为保证支付的确定性,许多国家的票据法规定了支票的划线制度、保付制度、转账制度以及对签发空头支票予以制裁的制度。

在中国,支票按照支付方式的不同被分为普通支票、现金支票和转账支票。普通支票不限定支付方式,可以支取现金,也可以转账。用于转账时应当在支票上注明,以示该支票只能转账付款;现金支票指专门用于支取现金的支票。持票人持现金支票向票载付款人提示后,即刻取得现金;转账支票就是专门用于转账的支票,其主要付款程序为:当收款人或持票人向付款人提示转账支票后,付款人不以现金支付,而是以记入对方账户的方式支付票载金额。收款人或持票人再从自己的账户提取现金。这种收付程序的优越之处在于能够避免被别人冒领带来的风险。

## 三、票据行为

票据行为是指以产生票据上载明的债权债务关系为目的的要式行为,包括出票、背书、承兑、保证、付款和追索。在中国,汇票可发生上述全部票据行为,而支票和本票是以出票人或银行及金融机构为付款人的,所以无须承兑。

票据行为又可被分为基本票据行为和附属票据行为。基本票据行为仅指出票,它创设票据及其附带的权利和义务。其他票据行为都是附属票据行为。它们是建立在出票的前提上的。倘若出票行为无效,则即使当事人事后追认也不能使票据行为发生效力。在无效票据上所为的附属票据行为一律无效。

出票又称发票,是指出票人按法定形式签出票据并将它交付收款人的票据行为。出票是一切票据行为的基础,票据的权利义务关系从此产生。

背书是指以转让票据权利或者将一定票据权利授予他人行使为目的,在票据的背面或者粘单上记载有关事项并签章的票据行为。背书是票据权利转让的重要方式。和无记名票据仅以票据交付即可转让不同,记名票据必须经转让人背书后方能转让。但出票人在票据上记载"不得转让"字样的,票据不能转让。

承兑是指票据付款人承诺在票据到期日支付票载金额的行为。承兑是汇票特有的票据行为,主要目的在于明确汇票付款人的票据责任。受出票人委托的付款人在承兑之前,从法律意义上并非汇票债务人。只有经过承兑,表示愿意支付汇票金额,付款人才成为债务人,对持票人负有付款的责任。

保证是指票据债务人以外的任何第三人担保票据债务人履行债务的票据行为。担保票据债务履行的人叫票据保证人,被担保的票据债务人叫被保证人。保证人为票据担保后,票据到期而得不到付款的,持票人有权向保证人请求付款。保证人应当足额支付。

付款是指票据的付款人向持票人支付票载金额,从而消除票据关系的票据行为。票据的付款人仅限于票据上记载的当事人,其他任何人的付款都不具有票据付款行为的性质。只有付款人足额支付后,才能收回票据,消除该票据的债权债务关系。所以付款是票据关系的最后一个环节。

追索是指票据到期不获付款或期前不获承兑,或有其他法定原因出现时,持票人请求背书人、出票人及其他债务人偿还票据金额及有关损失和费用的票据行为。追索权的形式可以是在票据到期之前,也可以在票据到期之后。中国规定追索时必须出示拒绝证书,而在英美等国则没有这种规定。

## 第二节 商业票据市场

广义的商业票据包括以商品为基础的商业汇票、商业抵押票据及一般意义上的无抵押商业票据等。我们这里讲的商业票据是指以大型企业为出票人、到期按票面金额向持票人付现而发行的无抵押担保的承诺凭证。它是一种商业证券。美国的商业票据属本票性质,英国的商业票据则属汇票性质。

由于是无担保借款,投资者全凭对企业的信心进行投资,因而一般情况下,能发行商业票据的公司都是些资金雄厚、运作良好、信誉卓著的大公司。但是也有一些实力较弱的公司希望以发行商业票据的方式筹措资金,它们往往通过争取大公司的支持发行信用支持商业票据,或用高质量的资产抵押发行资产支持商业票据,以吸引投资者。

### 一、商业票据的历史

商业票据最早出现在18世纪的美国,是一种古老的商业信用工具。它是最初随商品和劳动交易一同签发的一种凭证。交易时买方开出凭证,注明交易双方、交易金额、缴款期限等,从而可在未付款的情况下先接受商品或劳务,而卖方持有凭证后,就可在到期日向买方索取账款。随着世界经济的发展,季节性的运行资本需求逐渐增大,20世纪20年代发展较快。商业票据真正作为货币工具开始大量使用是在1960年以后。原先的记名票据由于不便在市场上流通,改成只需签上付款人的单名票据,票面金额也从大小不一演变成为没有零碎金额的标准单位,面值多为10万美元,期限在270天以下。

首家发行商业票据的大消费信贷公司是美国通用汽车公司。20年代初期,汽车业开始在美国发展兴盛,许多大公司为了扩大销售范围抢占市场,纷纷采取了各种优惠政策,允许商品以赊销、分期付款等方式销售。这种政策往往容易导致公司资金周转不灵,再加上公司处于高速发展之际,需要资金,而银行贷款的种种限制无法满足公司的要求,这些大公司就开始发行商业票据,向市场筹集资金。通用汽车公司就自行设立了一个通用汽车承兑公司,专门为公司发行商业票据,从市场上筹集大量资金。此外,其他的高档耐用消费品的进口也使消费者强烈希望得到短期季节性贷款,商业票据的优点得到显示,从而迅速发展起来。20世纪60年代,商业票据发展很快,主要是由于美国经济持续快速发展,美联储为防止通货膨胀实行了较紧的货币政策,银行贷款成本上升,于是相当多的企业转向商业票据市场融资。此外,银行为了满足企业的资金需求,也发行了商业票据。为此,仅1969年一年就发行了110多亿美元的商业票据。自此,商业票据开始与商品、劳务分离,成为一种建立在信用基础上的单纯的债权债务关系。到20世纪70年代,集中于伦敦的欧洲商业票据市场也开始形成。现在,不仅商业银行,各大公司、保险公司、银行信托部门、地方政府、养老基金等也购买风险低、期限短、收益高的商业票据。而银行则对滚动式发行商业票据的促进很大,人们大多愿意购买有银行信用支持的商业票据,商业票据市场在全球范围内不断扩大。

## 二、商业票据的优点

商业票据之所以能够得到迅速发展,主要是源自于其不同于其他融资工具的一些特点。无论对发行者还是投资者而言,商业票据都是一种理想的金融工具。

对于发行者来说,用商业票据融资主要有以下几个优点:

(1)成本较低。由于商业票据一般由大型企业发行,有些大型企业的信用要比中小型银行更好,因而发行者可以获得成本较低的资金,再加上从市场直接融资,省去了银行从中赚取的一笔利润,因此一般来说,商业票据的融资成本要低于银行的短期贷款成本。

（2）具有灵活性。根据发行机构与经销商的协议，在约定的一段时间内，发行机构可以根据自身资金的需要情况，不定期、不限次数地发行商业票据。

（3）提高发行公司的声誉。由于商业票据的发行者多为信用卓著的大型企业，票据在市场上就像一种信用的标志，公司发行票据的行动本身也是对公司信用和形象的免费宣传，有助于提高公司声誉。

对于投资者来说，选择商业票据既可以获得高于银行利息的收益，又具有比定期存款更好的流动性。虽然面临的风险要稍大一些，但在通常情况下，风险的绝对值还是很小的，因而商业票据不失为一种受欢迎的投资工具。

### 三、商业票据市场的要素

#### （一）发行者

商业票据的发行者包括金融公司、非金融公司及银行控股公司。近年来，商业银行通过提供信贷额度支持、代理发行商业票据等促进了商业票据的发行，使这一市场得到长足发展。真正能在市场上通过发行大量商业票据筹集大笔资金的公司主要都是实力雄厚，并且经过评级公司评级为主要公司的大企业。非金融性公司发行的商业票据较金融公司少，所筹得的资金主要解决企业的短期资金需求如发放应付工资、奖金及缴纳税收等。

#### （二）投资者

商业票据的主要投资者是中央银行、大商业银行、非金融公司、保险公司、政府部门、基金组织和投资公司等。由于面值较大，通常个人很少参与购买，但近年来个人投资已蔚然成风，个人可以从交易商、发行者那里购买商业票据，也可以购买投资商业票据的基金份额。

历史上，商业银行是商业票据的主要购买者，但它们自己持有的商业票据却很少，它们主要是为信托部门或顾客代理购买票据。自20世纪50年代初期以来，由于商业票据风险较低、期限较短、收益较高，许多公司也开始购买商业票据、代保管商业票据以及提供商业票据发行的信用额度支持。尽管如此，商业银行始终是商业票据市场最主要的卖者与买者。

#### （三）发行及销售

商业票据的发行渠道通常有两种：一是直接销售，即由发行者直接发售给最终购买者。金融公司的大部分票据都是直接销售的，这种方式降低了发行成本，在经济上是合算的。二是经销商销售，就是商业票据的发行要通过中介，由经销商负责发售。经销商收取一定的佣金后，要先分析、考察和评估发行者的信用情况,以帮助确定商业票据的价格并负责寻找买家,它先以某一价格从发行者处购得商业票据,然后再以较高的价格卖给其他商业票据的投资者,从中赚取一笔利润。

虽然商业票据市场是一个巨大的融资工具市场,但它的二级市场却并不活跃,交易量很小。这主要是因为:第一,大多数商业票据的期限都非常短,直接销售的商业票据的平均偿还期通常为20—40天,经销商销售的商业票据的平均偿还期通常为30—45天,最长一般都不超过270天。第二,典型的投资者都是计划一直拥有票据到期。如果经济形势发生了变化,投资者可以把商业票据卖给经销商,在直接发售的条件下,发行者可以再回购它。第三,商业票据是高度异质性的票据,不同经济单位发行的商业票据在期限、面额、利率等方面各不相同,交易中仍然存在诸多不便。

(四)发行成本

商业票据的发行成本包括利息成本和非利息成本两部分。

利息成本即为按规定利率所支付的利息。非利息成本主要是发行和销售过程中的一些费用,一般有4项主要费用:承销费,通常为0.125%—0.25%;签证费,票据一般由权威中介机构予以签证,证明所载事项的正确性;保证费,通常按商业票据保证金的年利率1%计,支付给为票据发行提供信用保证的金融机构;评级费,商业票据上市要经过评级,期间也要缴纳一定的费用。

(五)信用评级

商业票据具有一定的风险是由于投资人可能面临票据发行人到期无法偿还借款的局面,因而货币市场对发行公司的信用等级有很严格的要求,只有信用等级达到一定程度的公司才有资格在市场上发行商业票据。

美国对商业票据评级的机构主要有三家,分别是穆迪、标准普尔和惠誉。发行商业票据至少需获得一个评级,大部分都是获得两个。美国证券交易委员会认可两种合格的商业票据:一级票据和二级票据。等级低的票据在发行成本和融资成本上都相对较高,货币市场基金对其投资也会受到限制。

对企业的信用评级包括两方面的内容:一是对企业经营状况主要是财务状况的分析,看它在偿债期间的现金流量是否符合偿债的要求;二是对企业管理阶层的管理水平的稳定性作出判断。表5-1和5-2分别是标准普尔信用评级系统和穆迪信用评级系统对各种债务的基本评价。

金融市场学

表 5-1　标准普尔信用评级标准

| 信用等级 | 说　明 |
| --- | --- |
| AAA | 最高质量,能力非常强 |
| AA | 高质量,能力很强 |
| A | 能力强 |
| BBB | 能力充足 |
| BB | 低投机性 |
| B | 投机性 |
| CCC—CC | 高投机性 |
| C | 有收益但未曾付息 |
| DDD—D | 不履行债务 |

表 5-2　穆迪信用评级标准

| 信用等级 | 说　明 |
| --- | --- |
| Aaa | 最佳质量 |
| Aa | 用所有标准衡量的高质量 |
| A | 较高的中间等级 |
| Baa | 中间等级 |
| Ba | 有投机成分 |
| B | 一般缺乏合于要求的投资特点 |
| Caa | 劣等,可能不履行债务 |
| Ca | 高度投机性,经常不履行债务 |
| C | 最低等级,非常低劣的前景 |

从以上两表可以看出,虽然两家公司使用的评级符号略有不同,但对信用等级的描述是基本一致的,对同一种债券评级,结果往往也是相同的。上面两个表中,前四级的证券被称为"投资级"证券,在市场上尤为重要,因为许多金融机构为降低风险限定所持有的证券必须为投资级的证券。一般来说,信用等级较差的证券投资风险较大,因而投资人也会要求更高的收益率以弥补所承担的风险。

## 四、商业票据的收益(利率)

商业票据是低于面值出售,到期得到面值的折扣工具。它的收益计算是以 360 天为基础的。

影响商业票据收益的主要因素有:

(1)发行机构的信用。不同公司的商业票据的收益往往不同,由穆迪或标准普尔公司对各公司的信用评级,各公司发行的商业票据的利率水平基本取决于它们的信用等级。由最大的金融公司直接发售的评级利率相对于不那么著名的公司发行的票据利率要低些。因为著名大公司的信用更有保证,风险要相对小些。投资者宁可买安全性好、利率低些的商业票据,也不愿买信誉差、利率高的商业票据。

(2)同期借贷利率。优惠利率是商业银行向它最好的企业顾客收取的贷款利率,商业票据利率与优惠利率之间有着重要的联系。由于大公司始终可以在发行商业票据筹资和向银行借款筹资之间进行选择,因此,在大公司追求低成本资金动机的作用下,两种利率将会经常保持相当接近的水平上。当然,商业票据同短期国库券与其他利率之间亦有紧密的联系。

(3)当时货币市场的情况。商业票据的收益一般高于短期国库券收益,原因有三。第一,与国家信用比,商业票据的风险毕竟高于短期国库券的风险。第二,投资于短期国库券的可享受免征州和地方政府收入税的待遇,只在联邦一级纳税,而商业票据的收益要向中央和地方的各级政府纳税,这就需要商业票据提供更高的利率以抵补这种税收的差别。第三,商业票据没有确定的二级市场,而短期国库券有优越的二级市场,因此,商业票据比短期国库券的流动性差一些。并且,商业票据的利率比大额存单的利率稍高,这也是由于大额存单有更好的流动性所致。

## 第三节 银行承兑汇票市场

银行承兑汇票是由出票人开立的一种远期汇票,以银行为付款人,在未来某一约定的日期,支付给持票人一定数量的金额。当银行允诺负责支付并在汇票上盖上"承兑"字样后,这种汇票就成了承兑汇票。由于银行承担最后的付款责任,实际上是银行将其信用出借给企业,以便于其进行交易,因而要收取一定的手续费。这里,银行是第一责任人,而出票人则只负第二责任。

银行承兑汇票市场就是以银行承兑汇票为交易对象,通过发行、承兑、贴现与再贴现进行融资的市场,是以银行信用为基础的市场。

### 一、银行承兑汇票的产生

银行承兑汇票是为了方便商业上的交易活动而产生的一种信用工具,尤其在对外贸易中使用较多。交易之初,进口商和出口商对对方的信用都缺乏了解,双方又没有可以确保信用的凭证,进口商担心货款支付后收不到货物,出口商又担心货物离岸后拿不到货款,这样彼此不信任的情况下,交易就很难再进行下去了。银行承兑汇票的出现解决了这一问题。因为汇票所代表的是银行信用,这要比企业信用更令人信赖,一旦企业出现问题,货款仍由银行担保支付。

一般的,交易双方谈判结束达成协议后,进口商首先从本国的银行开立信用证,证明自己的资金实力,作为向外国出口商的保证。出口商银行收到信用证后就通知出口商可以发货了,然后出口商可持发货单据等到本国的指定银行兑取现金,提取货款。出口商银行垫付货款拿到信用证后,就可凭信用证开出汇票,要求进口商银行支付货款。汇票可以是即期的也可以是远期的。即期的汇票要求开证行(进口商银行)见票即付,远期的汇票由开证行签署"承兑"字样,填上到期日并盖章为凭。这样,银行承兑汇票就产生了。

## 二、银行承兑汇票市场的构成

银行承兑汇票市场主要由初级市场和二级市场构成。初级市场又相当于发行市场,主要涉及出票和承兑;二级市场又相当于流通市场,主要涉及汇票的贴现与再贴现。

(一) 初级市场

银行承兑汇票在国际和国内贸易中都有运用,但总的来说,为国际贸易创造的银行承兑汇票占绝大部分。国际贸易承兑主要包括三个部分:为本国出口商融资的承兑、为本国进口商融资的承兑及为其他国家之间的贸易或外国国内的货物仓储融资的第三国承兑。最常见的汇票期限有30天、60天和90天几种,也有180天和270天的。

开出的汇票既是一种信用凭证又是一种支付命令。出票人有权利命令付款人无条件支付一定数量的金额给持票人,这是出票人的信用支付,出票人将对汇票负全责。如果出票人想要免除自己对汇票的责任,可在汇票上注明"对出票人无追索权"字样,但是汇票的信用程度也会大大降低,一般不太有人愿意购买,汇票也就失去了它的流动性和投资价值。

银行汇票的承兑大致有以下几种:

(1) 国际进出口贸易的银行汇票承兑。

(2) 国内货物运输的银行汇票承兑。

(3) 国内仓储货物的银行汇票承兑。

(4) 出口备货融资的银行汇票承兑。

(二) 二级市场

银行承兑汇票也是一种可转让的金融工具,银行既可以自己持有当作投资,也可以在二级市场上出售。银行出售汇票主要有两个途径:一是银行利用自己的渠道直接销售给投资者,二是利用市场交易商销售给投资者。因此,银行承兑汇票二级市场的参与者主要有三个:开出承兑汇票的承兑银行、市场交易商及投资者。在美国,最大的投资者是联邦储备银行系统的联邦储备公开市场委员会,既为自己购买汇票,调节银根,又代表外国客户买卖票据。

银行将承兑汇票销售给投资者后,投资者也可以贴现的方式将汇票转让给银行。汇票贴现是指持票人为了取得现款,将未到期的已承兑汇票,以支付自贴现日起至票据到期日止的利息为条件,向银行所作的票据转让。银行扣减贴息,支付给持票人现款,称之为贴现。贴现的条件主要有两个:一是银行的信用好,二是必须提供在途货物或一笔信用证交易来证明汇票的自行偿还性。

通常商业银行通过贴现方式买入自己承兑的汇票后,可持有汇票至到期日,也可以通过交易商把汇票再贴现出去。再贴现是商业银行和其他金融机构将其持有的未到期汇票,向中央银行所作的票据转让行为,它是中央银行对商业银行及其他金融机构的一种融资方式,是中央银行的授信业务。在西方国家,这也是中央银行调节货币供应量的重要手段。央行可以根据不同时期的情况,制定不同的货币政策,设置不同的再贴现率,调节融资成本,抑制或刺激货币需求,从而施行紧的或松的货币政策。

(三) 银行承兑汇票的综合利率与价格

银行承兑汇票的综合利率指的是银行承兑汇票的贴现利息率与承兑费用率之和。一般而言,商业银行把综合利率作为银行承兑汇票的价格,在承兑贴现时从票面金额中一次性扣除收取。例如:若市场贴现率为6%(年率),银行承兑手续费率为1%,则银行向客户报出的综合利率为年利率7%。

值得注意的是,综合利率并不等于实际利率。实际利率与综合利率的换算公式为:

$$实际利率 = r \div [1-(t/360)/r] \times 100\%$$

其中:$r$ 为综合利率,$t$ 为汇票期限天数

在美国,如果外国银行要向美国银行申请承兑贴现汇票,首先会要求承兑银行报出综合利率,然后再将综合利率折算成实际利率,并将实际利率与伦敦同业拆借利率进行比较。如实际利率低于伦敦同业拆借利率,则外国银行可通过做银行承兑汇票业务获得资金,再将获得的资金用于同业拆借获得利差。

## 三、银行承兑汇票的成本、风险和收益

使用银行承兑汇票是有成本的,这个成本包括三个部分:第一是交付给承兑银行的手续费,一般为总金额的1.5%,假如借款人的资本实力和信用情况较差,银行会相应的增加手续费;第二是承兑银行收取的承兑费;第三是向银行贴

现后支付的贴现息，这由当时的市场利率水平决定。传统的银行贷款，除了必须支付一定的利息外，借款人还必须在银行保持超过其正常周转资金余额的补偿性最低存款额，这部分存款没有利息，构成企业的非利息成本。因此，要求银行承兑汇票的企业实际上是向银行借了一笔贷款，而这笔"贷款"的成本相对要低于使用传统银行贷款的成本。

由于有银行信用和承兑汇票的开票人双方保证，同时又要求融资的商品担保，银行承兑汇票的信用风险很低，因而违约风险较小，但是仍会有利率风险。

在承兑汇票的二级市场上，由于承兑汇票的票面金额是由融资的商品数量为基础的，而它的偿还期经常以商品交货的时间为基础，加之承兑汇票的购买者数量较少，银行承兑汇票的市场要求收益率要高于短期国债等更低风险更高流动性的金融工具。

## 四、银行承兑汇票的价值

与其他货币市场金融工具相比，银行承兑汇票某些方面的特点非常吸引借款人、银行和投资人，因而也颇受人们关注和欢迎。

从借款人的角度看，首先上文提到使用银行承兑汇票的成本要低于使用传统的银行贷款。其次，对于一些没有足够规模和信誉不能发行商业票据的小企业而言，银行承兑汇票在相当程度上解决了资金困难，即便对于少数能发行商业票据的企业，其发行费用和手续费加上利息成本，总的筹资成本也高于使用银行承兑汇票。

从银行的角度看，提供这类服务既可以收取手续费，又不用提供任何自己的资金，从而增加了银行的经济效益。并且，由于银行承兑汇票拥有较大的二级市场而且在市场上很容易变现，从而可以提供单靠传统的银行贷款无法实现的多样化投资组合。再者，银行运用其承兑汇票可以增加其信用能力，一般各国银行法都规定了银行对单个客户提供信用的最高额度，通过使用银行承兑汇票，银行对单个客户的信用额度可在原有的基础上增加10%。

从投资者的角度看，银行承兑汇票也符合其收益性、安全性和流动性的需求。汇票的投资收益率要高于短期国库券，与货币市场的其他信用工具如商业票据等的收益不相上下。票据的承兑银行对票据的持有者负有不可撤销的第一手责任，票据的出票人又对持有者承担第二手责任，这相当于有两家机构将对票据的兑现负责。因此，投资于银行承兑汇票的安全性非常高。此外，质量好的银行承兑汇票的投资者也较多，在公开市场上随时可以出售，因而流动性也很强。

## 五、中国银行承兑汇票的签发与兑付

在中国,银行承兑汇票整个签发与兑付的运作过程大体如下:

(1) 签订交易合同。交易双方经过协商,签订商品交易合同,并在合同中注明采用银行承兑汇票进行结算。作为销货方,如果对方的商业信用不佳或者对对方的信用状况不甚了解或信心不足,使用银行承兑汇票较为稳妥。

(2) 签发汇票。付款方按照双方签订的合同的规定,签发银行承兑汇票。银行承兑汇票一式四联,第一联为卡片,由承兑银行支付票款时作付出传票;第二联由收款人开户行向承兑银行收取票款时作联行往来账付出传票;第三联为解讫通知联,由收款人开户银行收取票款时随报单寄给承兑行,承兑行作付出传票附件;第四联为存根联,由签发单位编制有关凭证。

(3) 汇票承兑。付款单位出纳员在填制完银行承兑汇票后,应将汇票的有关内容与交易合同进行核对,核对无误后填制"银行承兑协议",并在"承兑申请人"处盖单位公章。银行承兑协议一式三联,其内容主要是汇票的基本内容,汇票经银行承兑后承兑申请人应遵守的基本条款等。

经过审查符合条件的,银行按有关审批权限报经批准后,与付款单位签署"银行承兑协议",在"银行承兑协议"上"承兑银行"处盖章,并将"银行承兑协议"第一联留存银行信贷部门,其余退给付款单位。

(4) 支付手续费。按照"银行承兑协议"的规定,付款单位办理承兑手续须向承兑银行支付手续费,由开户银行从付款单位存款户中扣收。按照现行规定,银行承兑手续费按银行承兑汇票的票面金额的千分之一计收,每笔手续费不足10元的,按10元计收。

(5) 寄交银行承兑汇票。付款单位按照交易合同规定,向供货方购货,将经过银行承兑后的汇票第二联、第三联寄交收款单位,以便收款单位到期收款或背书转让。付款单位寄交汇票后,编制转账凭证。出纳员在寄交汇票时,应同时登记"应付票据备查簿",逐项登记发出票据的种类(银行承兑汇票)、交易合同号、票据编号、签发日期、到期日期、收款单位及汇票金额等内容。

(6) 交存票款。按照银行承兑协议的规定,承兑申请人即付款人应于汇票到期前将票款足额地交存其开户银行(即承兑银行),以便承兑银行于汇票到期日将款项划拨给收款单位或贴现银行。付款单位财务部门应经常检查专类保管的银行承兑协议和"应付票据备查簿"及时将应付票款足额交存银行。

(7) 委托银行收款。汇票到期日,收款单位应填制一式两联进账单,并在银行承兑汇票第二联、第三联背面加盖预留银行的印鉴,将汇票和进账单一并送交其开户银行,委托开户银行收款。开户银行按照规定对银行承兑汇票进行

金融市场学

审查,审查无误后将第一联进账单加盖"转讫"章交收款单位作为收款通知,按规定办理汇票收款业务。同时在"应收票据备查簿"上登记承兑的日期和金额情况,并在注销栏内予以注销。

如果交易双方商定由收款单位签发银行承兑汇票,那么其基本步骤为:首先,由收款单位签发银行承兑汇票一至四联,然后第四联留存备查,将第一联、第二联、第三联寄交付款单位,再由付款单位向银行申请承兑,其他步骤与付款单位签发汇票的步骤相同。

## 第四节 大额可转让存单市场

存单可分为可转让和不可转让两种,不可转让存单相当于定额定期储蓄存款,到期才能由原存款人支取,如果提前支取,要交纳罚金。在中国,如提前支取定期存款,利率立即降到活期存款利率。可转让的存单则可以在到期日之前拿到货币市场上出售。

大额可转让存单,是银行和储蓄机构给存款人按一定期限和约定利率计息,到期前可以流通转让和证券化的存款凭证。

### 一、大额可转让存单的产生

大额可转让存单是由于20世纪60年代金融环境变革而产生的。当时美国货币市场利率上升,而银行利率受联邦储备委员会Q条款的限制,低于市场利率。这就迫使一些原银行储蓄者(大公司及城乡居民)为增加闲置资金的利息收益,不得不将资金投资于风险较低,又具有较好收益的货币市场工具,如国库券等,形成了所谓的存款非中介化现象,时称"脱媒"。这样银行存款急剧下降,对商业银行资金来源形成了很大的威胁。

为了阻止银行存款外流,一些商业银行设计了新的类似于货币市场工具的存单,以避开Q条款的限制,并借此开辟新的资金来源。1960年,美国花旗银行首先推出了大额可转让存单,该存单的推出获得了一些大型证券经销商的支持,使得大额可转让存单的二级市场得以逐渐形成,也使急需资金的存单持有人能够方便地在市场上出售存单以获得资金,这增强了大额可转让存单的流动性。引入大额存单后,投资者可以通过购买存单获得市场利率。并且,实际的利率水平还可通过双方协商决定。大额可转让存单的产生大大拓宽了银行在货币市场上筹集资金的渠道,增强了其融资能力。有了大额存单,银行可以靠买入货币以应付意外的贷款需求,而不是靠拒绝贷款或靠出售流动资产来实现。这样，在数月之内，大额可转让存单就发展成为美国货币市场上的重要交易工具，交易金额也在20世纪60年代急剧上升到200亿美元，并于1981年超过了1 000亿美元。

## 二、大额可转让存单的种类

按照不同的发行者，大额可转让存单一般分为4种，它们具有不同的利率、风险和流动性。

国内存单(domestic CDs)是4种存单中历史最悠久，也是最重要的一种。它是由美国银行在国内发行的，发行面额在10万美元以上，二级市场最低交易单位为100万美元。国内存单的期限比较灵活，往往根据投资者的要求安排，一般为30天到12个月。

欧洲美元存单(Eurodollar CDs)是由美国银行的外国和离岸分支机构在国外发行的，最早出现于1966年。它们的面额以美元计，到期期限从1个月到12个月，并且多为固定利率。历史上，这些存单中的大多数是在欧洲美元市场中心伦敦发行的，因此得了个"欧洲"(Euro)之名。1982年以来，日本银行逐渐成为该类存单的主要发行者，而美国银行过去曾是欧洲美元存单的主要发行者。

扬基存单(Yankee CDs)是由外国银行分支机构在美国发行的可转让存单，它们中的大多数是由著名的国际银行在纽约的分支机构来发行的，扬基存单的期限一般较短，大多在3个月以内，由于国内投资者不太了解外国银行，扬基存单支付的利息要高于国内银行存单，但由于扬基存单在准备金上可以获得豁免，这使得发行扬基存单的成本同发行国内存单的成本不相上下甚至更低。

储蓄机构存单(thrift CDS)是由大的储蓄与存款协会发行的，大多以10万美元的面额发行，以便能使用联邦存款保险。有时候，不同机构的10万美元储蓄机构存单会捆绑成一个大额存单，其优势在于每个大额存单都能得到充分的保险。

## 三、大额可转让存单的特点

大额可转让存单的发行人通常是资力雄厚、信誉卓著的大银行。虽然也有一些小银行发行存单，但其发行量远远小于大银行。

存单虽然是银行定期存款的一种，但与定期存款相比又具有以下几点不同：

(1) 定期存款记名、不可流通转让；而大额可转让存单则是不记名的、可以流通转让的。

(2) 定期存款金额不固定；而大额可转让存单金额较大，在美国最少为10万美元，在二级市场交易单位为100万美元，在香港最小面额为10万港元。

(3) 定期存款利率固定；大额可转让存单利率既有固定的，也有浮动的，且一般来说比同期限的定期存款利率高。

(4) 定期存款可以提前支取，支取时要损失一部分贴现的利息；大额可转让存单不能提前支取，但是可以在二级市场流通转让。

大额可转让存单也不同于商业票据及债券等金融工具：

(1) 商业票据等不属于存款，不需交纳准备金，也不受存款保险法的保护，而存款则需交纳一定数额的准备金。

(2) 存单的发行人是银行，而商业票据和债券的发行人主要是企业，在信誉方面等级不同，因而利率也有所不同。

## 四、大额可转让存单市场

据统计，美国大约有90%的大额存单是由大银行发售的，其次是中小银行，不少中小银行还以大银行为发行代理人，借其信誉以扩大销路。大银行存单中大约有2/3售给了个人、合伙人和公司，其中又以销售给企业为主。但是小银行的大额存单大部分都销售给了个人。

存单的投资者绝大多数是大企业，对于企业而言，在确保其资金安全性和流动性的前提下，追求资金效用的最大化即其目标。因而投资于大额可转让存单成了利用闲置资金的一个好出路，企业可以将存单的到期日与自己的定期支出日(如交税、发工资日等)联系起来，用存单的本息支付定期的支出，假如有临时的资金需求，也可将存单在二级市场上出售。金融机构也是存单的积极投资者。银行可以购买其他银行发行的存单，但不能购买自己发行的存单，而且多数银行购买存单不是为了自己持有，而是银行信托部为其受托基金做的投资。此外，政府机构、外国政府及个人也是存单的投资者。

在美国，大额可转让存单有非常活跃的二级市场。20世纪80年代时，每天的存单交易量达10亿美元，这个金额虽然比不上短期国债，但在绝对值上也算相当大了。存单的发行及二级市场的形成，对商业银行的经营管理思想产生了巨大的作用，使其看到除了减少放款和卖出证券以外的调节流动性的方法，即增加负债的扩大和稳定业务，这使银行在资产负债管理上有了更加灵活的手段。

购买了大额可转让存单后可将其在二级市场上出售,转让的方式主要由存单记名与否决定。不记名存单在市场上转让时,交付给新的购买者就可以,无须背书,绝大多数存单转让是这样的。记名存单转让时需背书,通常在交易完成时,要在存单背面写上原存单持有人和新的存单持有人的姓名。

## 五、大额可转让存单的风险和收益

对投资者而言,大额可转让存单有两种风险,即信用风险和市场风险。信用风险指发行存单的银行在存单期满时无法偿付本息的风险。在美国,虽然联储要求一般的会员商业银行必须在联邦存款保险公司投保,但由于每户存款的最高保险金额只有 10 万美元,对于大额的可转让存单,信用风险依然存在,不同银行的大额存单的风险程度也不同,因为银行的信誉是不同的,一般来说,声誉卓著的大银行发行的大额存单收益率要低于普通银行发行的存单收益率。由于投资者不熟悉外国银行,所以一般扬基银行的存单利率要高于其他国内银行。

市场风险指的是存单持有者急需资金时,存单不能在二级市场上立即出售变现或不能以较合理的价格出售,尽管可转让存单的二级市场非常发达,但其发达程度仍然比不上国债市场,因此也有一定的风险。

大额存单的计息是以 360 天为一年来计算的。存单的收益率取决于 3 个因素:发行银行的信用、大额存单的到期日及存单的供求情况。另外,收益和风险也是息息相关的。大额存单的利率一般要高于类似偿还期的国库券利率,就是因为存单的风险大于国库券,二级市场对其需求较少,并且存单的持有者还须交纳较高的税额(存单在各级均纳税,而国库券在州和地方一级政府不纳税)。

在前述的四种存单中,欧洲存单利率高于美国国内存单 0.2%—0.3%;扬基存单与欧洲美元存单利率差不多。即扬基存单利率略低于欧洲存单利率。而储蓄存单利率由于较少流通,利率比上述三中存单高一些。

在 20 世纪 60 年代,可转让大额存单一般都以固定利率的方式发行,存单上注明利率及到期支付日。一般兼注重收益性与流动性的投资者喜欢购买短期可转让存单,而更注重收益者喜欢购买期限较长的存单。

但随着 20 世纪 60 年代市场利率波动巨大,急剧上升,可转让存单期限缩短,大多为 3 个月,到 1974 年后缩短为 2 个月。

# 第五节 中期票据

## 一、中期票据的概述

中期票据是指期限通常在 5—10 年之间的票据。公司发行中期票据,通常会透过承办经理安排一种灵活的发行机制,透过单一发行计划,多次发行期限可以不同的票据,这样更能切合公司的融资需求。在欧洲货币(Euro currency)市场发行的中期票据,称为欧洲中期票据(EMTNs)。

## 二、中期票据的起源和发展

中期票据是一种经监管当局一次注册批准后、在注册期限内连续发行的公募形式的债务证券,它的最大特点在于发行人和投资者可以自由协商确定有关发行条款(如利率、期限以及是否同其他资产价格或者指数挂钩等)。中期票据的历史要比公司债券短得多——从其出现迄今,也就就三十余年历史。但是,无论是在发达国家,还是在新兴经济体中,中期票据的地位已经不亚于公司债券。

从 20 世纪 80 年代开始,中期票据市场迅速发展,并在 90 年代初达到顶峰。在美国投资级别的公司债务证券余额中,中期票据的比重从 1983 年的 18% 直线上升到 1990 年的 42%。20 世纪 90 年代迄今,美国中期票据在投资级别公司债务证券余额中的份额一直稳定在 15%—25% 之间,在全部公司债务证券余额(包括垃圾债)中的份额稳定在 10%—20% 之间。随着中期票据市场的发展,目前美国公司债务市场已经形成了商业票据、中期票据和公司债券三足鼎立的态势。2004 年,商业票据、中期票据和公司债券(包括资产支持证券和外国在美发行的债券)的余额分别为 14 026 亿、6 394 亿和 70 061 亿美元。

欧洲的中期票据市场起步较晚,最早的中期票据出现于 1986 年,但发展速度毫不逊色。欧洲的中期票据余额在 1990 年尚不足 100 亿美元,到 1993 年即达到 680 亿美元。

在新兴经济体中,中期票据也已经成为公司债务市场的重要组成部分。比如,2004 年,在马来西亚公司债务市场中,中期票据的比重已经高达 26%。

中期票据之所以能够在短短的三十余年里就迅速崛起,其根源就在于它拥有公司债券所没有的优点——灵活性。

## 三、中期票据的本质特征

中期票据与公司债券最本质的区别在于其灵活性，这体现在以下几个方面：

第一，发行规模灵活。无论是否采取货架注册规则，公司债券通常都是一次性、大规模的足额发行。与之相比，中期票据通常采取的是多次、小额的发行，具体发行时间和每次发行的规模依据市场情况而定。换言之，公司债券的发行是离散的，而中期票据的发行是连续的。

第二，发行条款（如期限、定价及是否包含衍生品合约等）灵活。为了适应大规模的一次性发行，公司债券的契约条款是标准化的，简单而且明了。例如，无论采取何种发行招标方式，公司债券的期限和价格都是整体性的，同一批发行的公司债券在期限和价格上基本没有差异。公司债券条款中即使包含衍生品合约，也是极其简单的，如可转换债券、可赎回债券。中期票据则不然，不仅同一次注册下的中期票据可以有不同的期限和定价，而且中期票据的本金和/或利息支付可以盯住其他金融资产、非金融资产的价格或者价格指数。

第三，发行方式灵活。为保证顺利发行，公司债券一般都是由投资银行进行承销。中期票据的发行方式则呈现多样化的特点。早期主要是靠投资银行尽力推销（best-efforts），或者发行人自行销售。目前，有些中期票据的发行也开始采取承销方式，但与公司债券最大的不同在于所谓的"反向调查"（reverse inquiry）方式，即投资银行先去征求潜在的投资人对发行价格、期限等条款的意见，然后再依据这些潜在投资人的意见发行相应的中期票据。与重视筹资人的传统金融活动不同，这种以投资人需求而非筹资人需求作为起点的发行方式代表了一种新的金融服务理念，它是中期票据市场在20世纪90年代中、后期高速发展的关键之处。

## 四、中国中期票据的发展

在中国，中期票据是指期限通常在3—10年之间的票据。公司发行中期票据，通常会通过承办经理安排一种灵活的发行机制，通过单一发行计划，多次发行期限不同的票据，这样更能切合公司的融资需求。其具有以下六大特征：① 期限3—10年；② 发行方式更加灵活；③ 约定投资者保护机制；④ 投资者可逆向询价；⑤ 提高企业直接融资比例；⑥ 发行主体均为大型央企。

2008年4月15日,中国银行间市场交易商协会颁布了《银行间债券市场非金融企业债务融资工具注册规范》及《银行间债券市场中期票据业务指引》等七项自律规则;4月20日,中国人民银行下发2008年1号令,《银行间债券市场非金融企业债务融资工具管理办法》于当日起执行。

两天后,中国核工业集团公司、中国交通建设股份公司、中国电信股份有限公司、中国中化集团公司、中粮集团有限公司等7家企业发行首批392亿元中期票据正式亮相银行间市场,其注册额度共1190亿元。中期票据上市后得到了市场的一致热捧,大部分品种在登陆二级市场当天随即出现10个基点左右的高水平溢价。

# 第六章

# 债券市场

第一节 债券概论
第二节 债券市场的形成与功能
第三节 债券发行市场
第四节 债券流通市场
第五节 可转换公司债券市场

债券市场是证券市场乃至整个金融市场最重要的市场之一。近年来在美国、欧洲、日本与中国等国,债券市场中可转换公司债券市场均迅速崛起,颇受重视,故本章专辟一节详细论述。此外,对各国经济影响最大的是国债市场,其交易份额最大,发行权重最大。本章对一般债券市场作一简述后,在第七章中将详细论述国债市场。

# 第一节 债券概论

## 一、债券的定义与特性

债券是债务人依照法律手续发行的,向债权人承诺的按约定的利率和日期支付利息、偿还本金,从而明确债权债务关系的有价证券。

债券是一种债权债务凭证。主要包含以下基本要素:

(1)债券的名称。票面上应注明债券的名称,债券的名称一般会包含发行主体、发行用途、债券种类等信息。

(2)债券的面值。债券在票面上都会注明基本发行单位金额,称之为面值。

(3)债券的偿还期限。到期还本付息是债券与股票的重要区别之一,不同债券的偿还期限相差很大,短的仅几个月,而长的达数十年。

(4)债券的利率。债券的利率就是债券利息与债券面值的比率,它主要受通胀率、银行利率、偿还期限、发行者资信、资本市场上资金供求关系等因素影响。债券的利率决定发行者的融资成本,利率一旦决定,一般在债券到期前保持不变,但也有少数债券的利率在发行时约定可以浮动。

(5)债券的价格。债券的价格是指债券在资本市场上交易的价格。确定债券价格最主要的因素是市场利率,两者的变动方向相反。市场利率上扬,债券的价格就会下降,反之亦然。

作为一种有价证券,债券有着和其他有价证券共同的特性,即流通性、风险性和收益性。除此之外,债券还有一些特有的性质。

(1)筹资者可以灵活使用资金。债券反映投资筹资双方的债权债务关系,因此投资者仅仅是债权人,无权参与被投资公司的日常经营决策,所以筹资者可以灵活使用资金。

（2）偿还方式多样。债券发行者可根据事先的协议采取多种多样的方法进行还本，可以到期一次性付清，也可以分期偿还，可转化债券还可以以发行公司股票的方式对投资者进行收益补偿，以免去债务。公司可根据自身财务状况灵活选择（但偿还方式如确定为可以根据形势变化而变化的，应在债券发行前约定，并在券面上加以注明）。

（3）债券还是一种非常重要的宏观调控工具。中央银行凭借买进或卖出债券来调节市场货币供求关系，以达到预期的经济目标。这就是通常所说的中央银行的公开市场业务操作。

## 二、债券的分类

债券的种类繁多，按不同的标准可分为不同的类别。

（一）按发行主体可分为政府债券、公司债券和金融债券

政府债券是指各级政府或由政府提供信用担保的单位发行的债券，是政府承担还款责任的信用凭证。政府是国家权力机构的代表，有海关关税及国内税收作为重要收入来源及事实上的担保，且一旦面临偿债压力，可用增发新国债等方式予以消除。所以在通常情况下政府发行的债券是较为安全可靠的。政府债券又可细分为中央政府债券、地方政府债券和政府保证债券。中央政府债券又称为国债，是由国家财政部直接发行的，国债的信誉在所有有价证券中是最高的，被誉为"金边债券"。通过国债筹集资金的目的是用于弥补国家预算赤字，建设大中型工程项目等。地方政府债券是由地方政府发行的，所筹资金和还本付息一般计入地方财政预算。地方政府发行债券的目的是发展区域经济建设。政府保证债券是由政府所属机构发行的，并由政府作担保的债券。这种债券筹措的资金通常有特定的用途。

公司债券也称企业债券，是由公司发行的，一般是筹措中长期资金的债务凭证。公司债券是企业的资本构成之一，企业的资本构成包括长期债务、普通股和优先股股票。公司债券的还本付息依赖于公司经营业绩，从理论上讲，它的违约风险比政府债券和金融债券要大一些（即其风险性大于国债小于股票）。所以公司债券的利率通常较国债高一些。公司债券是公司对外举债的主要方式之一。一般情况下，债券的利息支出可以在税前列支，少缴所得税。此外，发行债券不会影响所有者对公司的控制权，即企业债权持有人不参与经营管理，不危及企业的管理决策权，只是按票面利率获得固定的利息收入。但是，当债券到期时，公司的偿债压力较大。

金融债券是指由银行或其他金融机构发行的债权债务凭证。金融机构大多信誉较好,资金雄厚,被允许发行额往往较大,可以是资本金或准备金的20—30倍。金融债券的信誉虽然较政府债券低,但仍高于绝大多数的公司债券。由于金融机构社会资信仍然较好,易为公众接受,因此总体来讲,安全性、收益性、流动性均较好,深受欢迎。

(二)按偿还期限可分为短期债券、中期债券、长期债券

短期债券是指偿还期限在1年以内的债券,属于货币市场的金融工具。而偿还期限在1年以上者则为中长期债券。

中期债券和长期债券之间并没有统一的划分标准。有的国家以3—5年为界,有的国家则以10年为界,例如,中国曾将期限为3年以上的银行存款及国债划分为长期存款、长期国债,允许予以保值。而在美国超过10年的就称为长期债券。有时国债与企业债券的期限可长达100年之久。中长期债券是资本市场上的重要金融工具。

(三)按信用方式可分为信用债券、抵押债券、担保债券

信用债券仅依靠发行者的信誉担保,没有任何的实物抵押品。信用债券的发行受相当严格的限制,对发行者质量的要求非常高。政府债券就是一种以政府信用作担保发行的信用债券。一些信誉卓著的大公司有时也能发行信用债券。

抵押债券是以实物资产等作抵押或担保而发行的债券。可用于抵押的资产包括动产、不动产与信誉较好的证券等。

担保债券是由发行者之外的其他法人实体提供担保而发行的债券。当发行者无力偿还时,担保者必须为发行者归还本息。

(四)按筹集资金的方式可分为公募债券和私募债券

公募债券是以非特定的社会公众投资者为发行对象的债券。如国债的发行一般采取公募方式。

私募债券仅以与发行者有特定关系的投资群体作为发行对象。

(五)按筹资的目的可分为购买财产债券、合并债券、改组债券和资金调剂债券

购买财产债券,顾名思义就是为筹集购置财产的资金而发行的债券,然后以所购财产作为这种债券的担保。

合并债券是指为筹集收回各种旧债券的资金而发行的债券。目的是为了简化债券种类,节省利息支出。

改组债券是为了挽救公司危机,减轻公司利息负担,在征得债权人同意的前提下,以低利率债券换回高利率债券而发行的债券。

资金调剂债券是为了筹集归还各项已到期借款资金而发行的债券,目的是为了调剂资金。

(六) 按发行区域不同可分为国内债券和国际债券

国内债券是本国政府或本国法人在本国市场发行,并在本国债券市场流通的债券。

国际债券是由国际机构、外国政府或外国法人发行的债券。国际债券又可分为外国债券和欧洲债券。所谓外国债券,是指在某国债券市场上,由外国债券发行人发行的,以市场所在国货币为面值的债券,如 20 世纪 80 年代中国在日本发行的日元债券,90 年代中国在美国发行的美元债券。而欧洲债券是指在欧洲等国债券市场上由外国借款人发行的以市场所在国以外的货币为面值的债券,如德国在英国发行的以美元为面额的债券。欧洲债券一般采用的面值货币有美元、日元、欧元等。

(七) 按债券的利息支付方法可分为附息债券、贴现债券、累进计息债券、浮动利率债券、分红公司债券等

附息债券是指在券面上附有息票的债券,息票是收取利息的凭据。这类债券每年应计的利息额等于该债券面值和利率的乘积。它是定息债券的一种,定息债券还包括无息票定息债券。

贴现债券又称贴水债券。这种债券的出售价格低于债券面值。贴现债券到期之前不支付利息,到期按债券面值支付金额,而面值和债券买入价格之间的差额即为投资者的利息收入。

累进计息债券是指随着债券发行后的时间推移,债券利率按既定累进利率的档次累进的债券。一般发行后的时间越长,适用的利率就越高,这种债券会使投资者延长持有时间。但在发行前应予以事先约定。

浮动利率债券的利率不固定,而是随着市场利率的变化而变化。无论对于投资者还是筹资者来说,浮动利率债券都能避免利率风险。

分红公司债券是一种在公司有超额盈利时,债券持有人可以参加分红的债券。这种债券的利率通常较低,分红与否全看公司的经营情况。

参加公司债券是指在公司付息后仍有盈余的情况下,持券人可以同股东一起,共同分配盈余的债券。

免税债券即政府不向持券人征税的债券。

收益债券是一种利息随公司收益而定的债券。这种债券一般较为少见,通常只在公司重新整顿时才发行。

附新股认购权债券是一种把新股认购权利和债权结合起来的债券。只有取得这种债券,才能同时取得公司增发新股的认购权。这种债券同可转换债券

也不相同,可转换债券经转换后旧债券不复存在;附新股认购权债券在投资者行使新股认购权后,债券本身依然存在,因而它是一种双重权利。

(八)按本金偿还方式可分为设偿债基金债券、分期偿还债券、通知偿还债券、延期偿还债券和可转换债券

一次性还本是债券最主要的偿还方式,发行人在债券到期后一次性付清本息。但一次性还本易造成偿债高峰,公司的偿债压力大,故可设立偿债基金。偿债基金是指企业按债券持有人要求定期将发行额一定比例的资金提取出来存入信托公司,并由信托公司进行投资理财,所获盈利作为基金积累。偿债基金的设立实质上是对债权人的一种保护。

分期偿还债券是在债券发行以后每隔一段时期偿还一批。发行分期偿还债券可以减轻发行者集中偿还的负担,也有利于降低筹资成本。

通知偿还债券,即发行人有权在到期日前,随时通知持券人提前进行偿还,此类债券一般附有一个期前兑回条款,相当于一个赎回期权,使公司在市场利率下调等情况下执行,以减少利息损失,但此种公司债券的利率一般略高。一般发行人可在市场利率下降时进行偿付,以减少利率风险。

延期偿还债券是指债券期满后又延期偿付的债券。通常在发行时就明确设有一个可能延期偿付之条款,此外,除特别条款外,有时债权人和债务人都有权要求延期付款。因此可能有两种情况出现:发行人要求并推迟原定偿还日期,此时通常要付出较高代价,即往往利率略高一些;另一种是投资者要求延长兑付日期,如市场利率下调,债券利率相对偏高时,这等于给了投资者一个选择权,因而发行时利率可略低些,以作为期权价值的补偿。这些权益都应该在债券发行前约定,甚至公告于世。

永久债券是指一种由国家发行的不规定还本日期,仅按期支付利息的公债。这种公债通常在财政较为宽裕时,逐步兑回冲销。这里的"无期"实际上指归还时间不确定,有时很长。

可转换债券是一种特殊的债券。按预先约定,该债券可转换为其他债券或公司股票。由于它较适合目前中国的资本市场情况,有较大发展空间,故在后边的有关章节中我们将详细分析介绍它。

## 三、债券的信用评级

在前边"商业票据"一节中,本书已谈及各种商业票据是有严格的信用评级的,同样,对企业发行不同的债券也是有严格的信用评级的。由于债券的投资存在违约风险,各种不同的债券信用程度是不同的,有必要建立一个债券信用

评级体系,由专门的信用评级机构对债券的质量、信用和风险进行公正客观的评定等级活动,为债券投资者或潜在投资者提供指导。债券的等级揭示了债券的风险,对投资者而言,信用等级可用于迅速判断债券的风险程度,从而降低投资风险,节约信息成本,有利于正确投资;对企业而言,信用等级与筹资成本和筹资效果密切相关,信用等级高则企业可以较低的利率发行债券,降低融资成本,节约发行费用。此外,债券的信用评级对于市场中介机构与监管机构进行风险控制也有重要意义。

前已述及,投资界公认的最具权威性的信用评级体系有穆迪信用等级和标准普尔信用等级。

表6-1是中国的证券信用评级标准。

表6-1 中国证券信用评级标准

| 级别分类 | 级别分等 | 级别 | 级别含义 ||
| --- | --- | --- | --- | --- |
| | | | 偿付能力 | 投资风险 |
| 投资类 | 一等 | AAA | 极高 | 无 |
| | | AA | 很高 | 基本无 |
| | | A | 较高 | 较低 |
| 投机类 | 二等 | BBB | 尚可,但应变力差,可能延期兑付 | 有一定的风险 |
| | | BB | 脆弱 | 较大 |
| | | B | 低 | 大 |
| | 三等 | CCC | 很低 | 很大 |
| | | CC | 极低 | 最大 |
| | | C | 将破产,无 | 绝对有 |

一般来说,信用等级较低的债券就必须以较高的利率发行,以提高融资成本的代价来吸引人们投资。

## 第二节 债券市场的形成与功能

债券市场是一种直接融资的市场,即不通过银行等金融机构的信用中介,资金的需求者与资金的供给者直接进行借贷的市场。

(一)债券市场的形成

一方面,政府在执行财政政策中需要通过债券市场筹集长期的、稳定的资金,以进行基础建设和扩大再生产,企业也需要募集长期资金扩大生产。另一方面,社会公众也希望将其货币收入或长期储蓄,转化为长期性的投资,实现货币的保值增值。这样,债券市场就应运而生了。通过债券市场进行融资,使资金借贷或供求双方的地位发生了变化,即政府、企业、金融机构作为债券的发行人,个人作为债券的认购人或投资人,这两者之间是一种买卖关系。公平、平等、公开的商业关系,是一种具有法律保证的契约关系,这有利于整个市场的健康发展。

（二）债券市场的功能

（1）它已成为政府、企业、金融机构及公共团体筹集稳定资金的重要渠道。这些发行主体筹集资金主要有两种方式：通过银行存贷款的间接融资渠道和通过市场的直接融资。而后者相对于前者来说,在筹资数额、期限、利率等方面受到的限制较少。

（2）它为投资者提供了一种新的具有流动性与盈利性的金融商品或金融资产。债券作为一种长期性投资,可以获得较多的利息收益,同时,在债券到期之前,投资者也可以将持有的债券转让出售以变现。

（3）它为中央银行间接调节市场利率和货币供应量提供了市场机制。中央银行主要是通过买卖政府债券,即公开市场业务操作来调节金融体系的银根,调节市场利率和货币供应量。

（4）它为政府干预经济、实现宏观经济目标提供了重要的机制。通过向社会发行政府债券,可以弥补财政赤字,进行大量基础性投资筹集资金。20 世纪 30 年代美国实行罗斯福新政并取得较好成效以后,引起西方发达国家关注和仿效;尤其是凯恩斯主义的出现,各国纷纷实行赤字财政政策,发行大量政府债券,大搞水利、基础工程等建设,对经济走出萧条、重新振兴起了很大的作用。中国近年来通过发行大量国债来实施积极财政政策,成效甚好。

## 第三节　债券发行市场

### 一、债券发行简介

世界各国对公开发行债券都进行了限制,规定必须达到一定的条件方可发行。

公开发行债券必须根据法律法规的规定,按既定的发行程序进行。

## 二、我国债券发行流程

目前我国国内市场上的债券类型主要有：国债、金融债券、企业债券、企业短期融资债、证券公司债券、资产支持债券、国际开发机构人民币债券等。下面以我国企业债券为例，简单地介绍一下债券发行流程。

根据2006年新修订的《中华人民共和国证券法》和2008年1月4日国家发改委发布《国家发展改革委关于推进企业债券市场发展、简化发行核准程序有关事项的通知》（以下简称《通知》）的规定，企业公开发行企业债券应符合七个条件：第一，股份有限公司的净资产不低于人民币3 000万元，有限责任公司和其他类型企业的净资产不低于人民币6 000万元。第二，累计债券余额不超过企业净资产（不包括少数股东权益）的40%。第三，最近三年可分配利润（净利润）足以支付企业债券一年的利息。第四，筹集资金的投向符合国家产业政策和行业发展方向，所需相关手续齐全。用于固定资产投资项目的，应符合固定资产投资项目资本金制度的要求，原则上累计发行额不得超过该项目总投资的60%；用于收购产权（股权）的，比照该比例执行；用于调整债务结构的，不受该比例限制，但企业应提供银行同意以债还贷的证明；用于补充营运资金的，不超过发债总额的20%。第五，债券的利率由企业根据市场情况确定，但不得超过国务院限定的利率水平。第六，已发行的企业债券或者其他债务未处于违约或者延迟支付本息的状态。第七，最近三年没有重大违法违规行为。

根据规定，发行企业债券需要经过向有关主管部门进行额度申请和发行申请两个过程。额度申请的主管部门为国家发展改革委员会（简称"国家发改委"）；发行申报的主管部门主要为国家发改委，国家发改委核准通过并经中国人民银行和中国证监会会签后，由国家发改委下达发行批复文件。其中，中国人民银行主要是核准利率，中国证监会对证券公司类承销商进行资格认定和发行与兑付的风险评估。

2008年1月4日，国家发改委发布《通知》指出，为进一步推动企业债券市场化发展，扩大企业债券发行规模，经国务院同意，对企业债券发行核准程序进行改革，将"先核定规模、后核准发行"两个环节，简化为"直接核准发行"一个环节。我国境内注册登记的具有法人资格的企业申请发行企业债券，应按有关规定编制公开发行企业（公司）债券申请材料，报国家发改委核准。国家发改委自受理申请之日起3个月内（发行人及主承销商根据反馈意见补充和修改申报材料的时间除外）作出核准或者不予核准的决定，不予核准的，应说明理由。通知还要求，要完善企业债券市场化约束机制，企业可发行无担保信用债券、资产抵押债券、第三方担保债券。除此之外,通知还拓宽了债券募集资金的运用范围,除原有的固定资产投资项目外,也可用于并购、调整债务结构及补充流动资金。

在我国资本市场发展的过程中,我国的企业债券先后分为两种形式:企业债和公司债。2007年8月14日证监会发布《公司债发行试点办法》,这标志着我国公司债券发行工作的正式启动。

企业债和公司债的主要区别在于:企业债是由发改委负责审批,实行审批制,发行主体多为国资性企业,尤以央企为多;公司债是由证监会负责审批,发行主体为上市公司,在交易所市场发行。

## 第四节 债券流通市场

### 一、场内交易市场

债券的场内交易是指债券在证券交易所上市并进行集中的交易。能在交易所上市交易的债券一般都信用较好,因为交易所在接受发行主体的债券上市申请时都要对债券的上市资格进行审查,要求其符合一定的审查标准。证券交易所在审查债券以及债券发行主体的上市申请时,一般考虑以下几个方面:① 债券的发行规模。这主要是考虑到上市债券的市场安全性,如果债券规模较小,价格易于波动,也较易受大户的操纵。譬如,上海证券交易所和深圳证券交易所都规定债券的实际发行额不低于500万元人民币。② 发行主体的经营质量。这主要是从发行主体的经营效益和稳定性方面作出规定来提高上市债券的安全性。各国交易所对发券主体的净资产、收益状况、盈利能力等作出了较高的规定。③ 债券持有者的分散程度。证券交易所对在其中上市的债券要求持有者比较分散,以确保债券较高的流通性。④ 其他基准。如前3年没有虚假记载等,上海证券交易所和深圳证券交易所还要求上市债券信用评级不低于A级。

债券在证券交易所上市一般在交易所内进行集中交易,其交易方式可分为现货交易、期货交易、期权交易和回购交易。企业债券的交易方式与国债等债券的交易方式并无大的不同,本书将在"国债市场"一章中进行详细论述。以我国为例,截至2008年2月,沪市债券品种202只,可分为债券现货和回购两大类,具体情况如表6-2所示。

表 6-2  沪市债券品种概况(截至 2008 年 2 月 22 日)

| 债券类别 | 债券数量(只) |
| --- | --- |
| 债券现货 | 148 |
| 国债 | 62 |
| 金融债、企业债现货 | 69 |
| 可转债 | 12 |
| 公司债现货 | 5 |
| 债券回购 | 45 |
| 买断式国债回购 | 33 |
| 新质押式国债回购 | 9 |
| 企业债回购 | 3 |

资料来源:上证所网站。

## 二、场外交易市场

未在场内的债券一般通过证券公司作为转让中介进行交易,因此称作场外交易,由于一般在证券公司的柜台上进行,也称作柜台交易。场外交易市场的发达程度很大程度上与该国债券上市标准的严格程度相关,场外交易的债券有一些是因为不符合上市标准、信用级别比较低,但另外也有一部分是因为不愿意公开过多的信息或者不愿意其债券持有者变动过于频繁。

在债券的柜台交易市场,证券商一般是自营商,他们用自有资金向客户购买债券,在按一定的差价将债券转让给其他客户或自营商,从差价中获利。

此外,场外交易市场还包括银行间交易市场。银行间债券交易是指以商业银行等金融机构为主的机构投资者之间以询价方式进行的债券交易行为。2007 年,银行间市场同业拆借成交 10.65 万亿元,债券回购成交 44.79 万亿元,债券现券成交 15.60 万亿元,累计成交 71.04 万亿元。图 6-1 呈现了近年来银行间市场成交量变化情况。2005 年 12 月,中国人民银行发表的《公司债券进入银行间债券市场交易流通的有关事项公告》,允许符合条件的企业债在银行间债券市场发行流通,并明确允许商业银行投资企业债券。这将进一步推动中国债券市场的统一以及企业债的发展。

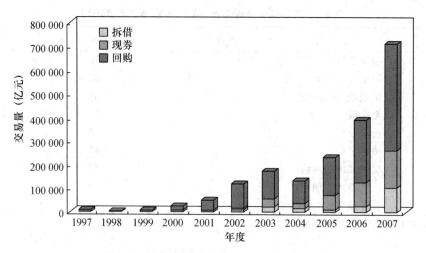

图 6-1　近年来银行间市场成交量变化情况

资料来源：全国银行间同业拆借中心。

## 第五节　可转换公司债券市场

### 一、可转换公司债券概论

（一）可转换公司债券的定义

所谓可转换公司债券，是指发行人按法定程序发行的，赋予债券投资者在发行后的特定时间内，按自身的意愿选择是否按照约定的条件将债券转换为股票的权利的一种公司债券。又称为"可转换债券"或"可转债"。

（二）可转换公司债券的要素和基本特征

1. 可转换公司债券的要素

可转换公司债券一般包括如下要素，这些要素的确定对可转换公司债券的成功发行与转换起着举足轻重的作用，而它们的不同组合又赋予了可转换公司债券极大的灵活性。

（1）基准股票及币种。基准股票是可转换公司债券投资者可以转换的股票，一般是发行公司的普通股，也可以是其他公司的普通股。币种与可转换公司债券的发行地市场有关。

（2）面值。面值是可转换公司债券的票面价值，即可转换公司债券投资者将其持有到期可以获得的本金。目前，中国发行的可转换公司债券的面值为

100元。

（3）票面利率。票面利率是可转换公司债券投资者可以获得的利息率，一般半年或一年付息一次。可转换公司债券的票面利率通常低于普通债券的利率，主要由当时市场利率水平、公司债券信用等级等诸多因素组合决定。一般情况下，市场利率越高、公司信用评级越低，票面利率相对越高。

（4）期限。可转换公司债券的期限包括债券期限和转换期。债券期限是可转换公司债券从发行到期满还本付息的期间，而转换期是可转换公司债券转换为股份的起始日至截止日的期间，通常前者包含后者。中国发行的可转换公司债券的期限为3—5年，而海外成熟市场一般为7—15年。

（5）转股价格。转股价格是可转换公司债券投资者将其转换为股票时，为每只股票支付的价格。与此相应的常用概念是转股比率，指在转换时每单位可转换公司债券可换成的股票数量，即债券面值与转股价格之比。为了防止购买人在买入可转换公司债券后立即转股，转股价格往往高于发行时基准股票的市价，转股价格超过股票市价的部分称为转股溢价。上市公司的转股溢价往往大于零，反映了可转换公司债券中股票期权的价值。

（6）转股价格调整。转股价格的确定一般不随基准股票的市价波动而改变，但当公司股本结构变化对股价有重大影响或股价连续低于转股价格一定水平时，应该承诺作相应调整，以保护可转换公司债券投资者的利益。转股价格调整分为除权调整和特别向下调整两种。前者是指公司股本结构变动，即增发股票、配股送股、股票分拆合并或发放股利时，对转股价格作相应调整；后者是指在股价持续表现不佳时，将转股价格向下修正为原转股价格的70%—80%，使之与当前股价相匹配以实现转股。

（7）赎回。赎回是指发行公司在赎回条款生效时，按事先约定的价格购回未转股的可转换公司债券。赎回条款是赋予发行公司的一种买入期权，可保护发行公司和原有股东的利益。

赎回条款主要包括：① 赎回保护期，即从发行日至首次赎回起始日的期间，该期间越长，越有利于投资者；② 赎回期，即赎回保护期后的可执行赎回条款的期间，可分为定时赎回和不定时赎回两种，前者是在约定时间内执行赎回，后者则视股票市价决定何时执行赎回；③ 赎回价格，赎回价格往往是事先确定的，一般略高于可转换公司债券面值；④ 赎回条件，决定发行公司在何时可执行赎回权，是最主要的赎回条款。按不同的赎回条件，赎回又分为硬赎回与软赎回，硬赎回通常是公司在约定的赎回期内按事先约定的价格买回未实现转股的可转换公司债券，其主要目的是为了降低利息支付或减轻偿付压力，而软赎回是基准股票的股价持续在某一较高价位时，公司按照事先约定的价格赎回未实现转股的可转换公司债券，主要目的是为了加速转股或防止股权稀释。

（8）回售。回售是指在一定时期内股价持续低于转股价格（即转股无望）时，可转换公司债券的投资者可要求发行公司以面额加计利息补偿金的价格收回可转换公司债券。这是一种保护投资者的卖出期权，降低其投资风险。

与赎回条款类似，回售条款主要包括：① 回售条件，即可转换公司债券投资者可以执行回售的条件，回售可以分为无条件回售和有条件回售。无条件回售是指公司对回售不作特别限制；有条件回售是指基准股票的价格在一段时间内连续低于转股价格并达一定幅度时，投资者可以按事先约定的价格执行回售。② 回售时间，即可执行回售条款的时间。按有无回售条件可以分为固定回售时间和不固定回售时间两种。前者通常针对无条件回售，多设定在可转换公司债券存续期间的 1/2 至 2/3 处。后者则针对有条件回售，指股价满足回售条件的时间。③ 回售价格，即投资者将可转换公司债券出售给发行公司的价格，包括本金和利息补偿金，其中补偿金以略高于票面利率而低于市场利率的利率来确定。

（9）强制性转股。强制性转股是指发行公司约定在一定条件下，要求投资人将可转换公司债券转换为公司股票。这样可以保证可转换公司债券到期完全转股，发行公司无须还本付息。但是由于转股通常在同一时间进行，可能会对基准股票价格产生较大冲击。

（10）其他。其他要素主要指发行规模、偿付方式、资信评级、还款保障、违约责任等。

2. 可转换公司债券的基本特征

可转换公司债券的以上要素中，前六项是必备要素，其他则是可选要素。这些要素的不同组合，赋予可转换公司债券极大的灵活性，能满足不同公司融资的特殊要求。而在形式繁多的可转换公司债券中，前六项必备要素构成了它们的基本特征。

（1）债券性。可转换公司债券首先是一种固定收益证券，具有确定的债券期限和票面利率。如果在转换期内未转为股票，可转换公司债券投资者可享受稳定的利息收入和还本保证，在公司破产时享有优先于股票持有者的剩余资产所有权；但是，债券投资者不是公司的所有者，不能获得股利，也不能参与企业决策。

（2）股票性。如果投资者在转换期内，将可转换公司债券以某一价格转换成股票，或者发行公司按照发行约定强制性转股时，投资者则拥有了该公司的股份。投资者因此成为普通股股东，享有对收入与资产的分配权、对公司董事会的选举权、对公司经营管理的监督权和优先认股权。

（3）期权性。连接可转换公司债券的债券性和股票性的环节是其期权性，它为投资者提供了可以转股的权利。在基准股票的价格上涨时，投资者可以行使转换权,将可转换公司债券转为股票,通过资本利得获取收益或获得所有权;也可以在股票价格下跌时,通过持有债券而获得固定收益。这种权利实际上是一种股票买入期权,投资者既可获得股价上涨的好处,又可保证得到债券利息的收入。因此,可转换公司债券是股票期权的衍生,相当于一份利率较低的普通企业债券,加上一份具有以转股价格购买公司股票的买入期权。

由可转换公司债券的要素和基本特征可见,可转换公司债券是一种特殊的公司债券,兼具债券性、股票性和期权性。它在牛市中可与股价挂钩,在熊市中可稳收利息,是一种攻守兼备的金融产品。

(三) 可转换公司债券的分类

按可转换公司债券发行的地点与币种分类,可分为两大类:境内可转换公司债券和境外可转换公司债券,其中前者又称国内可转换公司债券,后者通常包括国外可转换公司债券和欧洲可转换公司债券两种。

国内可转换公司债券在本国发行,以本币标价,遵从当地监管制度,并且通常主要针对本地投资者。国外可转换公司债券是指借款人在另一国家当地市场以当地货币标价发行的可转换公司债券。欧洲可转换公司债券是由国际辛迪加在多个境外国家发行,并以欧洲货币标价的可转换公司债券。目前国际上最为通用的欧洲可转换公司债券又分为三种:① 欧洲美元可转换公司债券,即以美元标价的欧洲可转换公司债券。债券以面值 1 000 美元发售,到期以面值偿还。债券到期前,投资者可按发行时就确定的转股价格,将其转为发债人的股票,通常为溢价发行。② 瑞士法郎可转换公司债券,即以瑞士法郎标价的可转换公司债券,面值为 50 000 瑞士法郎,期限一般为 5—7 年。③ 欧洲可转换公司债券,即同时在一个以上的国家发行,以欧洲货币或美元、日元等定值的可转换公司债券,分为记名和不记名两种。大多数欧洲可转换公司债券免征利息所得税,并且期限较长,一般为 7—10 年。

此外,可转换公司债券混合金融产品的特性,决定了其品种的多样性。可转换公司债券必备要素与可选要素的不同组合,债券性、股票性、期权性的不同侧重,均可形成不同的债券结构。目前世界上比较常见的可转换公司债券有:零息可转换公司债券、可交换债券、高息票或高溢价可转换公司债券、溢价回售可转换公司债券、滚动回售可转换公司债券等。可转换公司债券的多个品种可以适应不同市场主体的需求,大大丰富了市场上的可交易品种,增强了市场的活力与繁荣程度。

(四) 可转换公司债券的意义

可转换公司债券不仅有利于发行公司融资和投资者投资,也丰富和完善了金融市场。与债券、股票相比,可转换公司债券拥有一些独特的融资优势;它优良的风险收益特征,决定了它在全球动荡的资本市场中,正日益受到投资者的重视;它的出现完善了资本市场品种结构,增加了金融市场的广度和深度。

(1)从发行公司角度看,可转换公司债券融资具有如下优点:第一,融资方式灵活。可转换公司债券若干要素的组合,可满足不同的宏观经济条件和公司的特定需求。例如,当利率较高、公司预期利率会下降时,公司可通过订立赎回条款,以赎回旧券然后再行融资;当股市不利于股权融资,而公司又希望最终获得股权以改善财务结构,则可发行可转换公司债券并订立强制转股条款。第二,降低融资成本。一方面,由于可转换公司债券中含有股票期权,投资者愿意为获得有利的股价上涨而付出代价,因此公司可以用较低的利率发行;另一方面,在转股之前,可转换公司债券的利息可作为财务费用在税前列支,具有避税功能,从而降低了融资成本。第三,延期股权融资。一般公司通过可转换公司债券融资的最终目的是增加资本,获取长期稳定的资本供给。在二级市场和公司状况不佳时,股权融资成本较高、融资规模受限,而可转换公司债券提供了一个很好的权益之计。第四,缓解股权稀释。大量发行股票会直接稀释公司的每股业绩,可能导致每股价格的大跌。而可转换公司债券的转换期较长,公司可以调节转股速度,避免股本迅速扩张对利润的摊薄。

(2)从投资者角度看,可转换公司债券是一种安全且有利的投资工具,具有优良的风险收益特性。在市场股价高于转股价格时,投资者可通过转股来分享公司盈利或在转股后卖出以获取资本利得;在股价走低时,投资者作为债权人可稳收利息而不必担心资金的安全性。

在二级市场上,可转换公司债券的价格波动特征表现为:在强势市场中,可转换公司债券价格随基准股票的价格同步上扬;在弱势市场中,其价格在面值附近有一定的刚性。可见,可转换公司债券既能分享股价上涨的收益,又能规避股价下跌的风险,具有良好的风险收益特性。以夏普比(Sharpe Ratio)即单位风险溢酬来衡量,可转换公司债券优于政府债券和股票(见表6-3)。

表6-3　股票、国债和可转换公司债券的风险收益比较[①]

| 参　数 | 股　票 | 国　债 | 可转换公司债券 |
| --- | --- | --- | --- |
| 收益率 | 13.95% | 6.79% | 9.27% |
| 风险(波动率) | 18.08% | 5.07% | 7.48% |
| 夏普率 | 0.48 | 0.31 | 0.54 |

资料来源:转引自《可转换公司债券实务》,百家出版社,2002年。

---

[①] 本表衡量收益风险时,选用的股票、国债和可转换公司债券指数分别是具有代表性的数据流公司(Datastream)的全球股票指数、JP摩根全球政府债券指数和华宝迪伦(Warburg Dillon)全球可转换公司债券指数;"收益"是指年收益率,"风险"是指日波动率。夏普率是投资组合的超额收益与波动率的比率,衡量的是该投资组合承担单位风险所获得的收益;夏普率越高,该投资组合越优良。

(3) 从资本市场角度看,可转换公司债券的出现完善了资本市场品种结构,吸引了更多的市场参与者,增加了金融市场的广度和深度,对金融市场的发展与活跃起到积极作用。

(五) 可转换公司债券的形成与发展

1843 年,美国纽约伊瑞铁道公司发行了世界上第一张可转换公司债券。可转换公司债券最初的产生是为了解决可能出现的公司业绩良好与债券收益较低之间的矛盾。为了解决这一矛盾,发行公司在发行债券的时候就附加了一个转换条款,使债券持有人可以在发行后的一定期限内自由选择到期赎回债券或者按规定的转股价格将债券转换为公司普通股,这样就吸引了较多的投资者,可转换公司债券因此应运而生了。

但随后的一百多年中,可转换公司债券在快速发展的证券市场中未受到应有的重视。可转换公司债券的投资者还局限于一个小范围中,只有一些分散在全世界的可转换公司债券投资基金和对冲基金才关注可转换公司债券。

然而,近年来全球范围内的可转换公司债券市场日趋成熟与繁荣。特别是在最近 5 年内,随着 1997 年亚洲金融危机一度袭击全球、2000 年新经济网络股泡沫破灭、2001 年美国"9·11"恐怖主义袭击事件发生,外部宏观经济环境越来越难以预料;随着 2001 年至 2002 年美国安然公司、世界通信公司、安达信公司等一系列企业欺诈案的发生,以及中国银广厦股票假账案、中科创系列股票操纵案的浮出,证券市场和公司内部的风险日益凸显。这些事件致使美国及世界股市在几周内狂跌 20% 以上,中国股市在两年内曾跌去 40%。股市的巨大风险反而令可转换公司债券的优势凸显出来了。此外,各国利率的下调,使可转换公司债券的融资成本大幅下降。因此,全球可转换公司债券市场的总市值和发行金额不断创出新的纪录。近年来,美国投资银行承销可转换公司债券的增长速度已超过了股票首发的增长速度。2003 年年底,全球可转换公司债券市场的总市值已经达 5 200 亿美元,比上年新发行 1 456 亿美元。2004 年 1 月到 3 月,全球可转债新发行 175 亿美元。世界各国证券市场正日益关注这种安全系数较高的金融产品(见图 6-2)。

(六) 可转换公司债券的创新品种——分离交易的可转换公司债券

2006 年 5 月,中国证监会颁布实施了《上市公司证券发行管理办法》,对上市公司发行可转换公司债券等证券作出了明确规定,并首次提出分离交易的可转换公司债券概念,受到市场的热切关注。很快,2006 年 11 月,马鞍山钢铁股份有限公司成功发行了 55 亿元分离交易的可转债,意味着分离交易可转债这一债市新品种的问世。

分离交易可转债是债券和股票的混合融资品种,它与普通可转债的本质区别在于债券与期权可分离交易,在结构、存续期限、行权方法等方面与普通转债

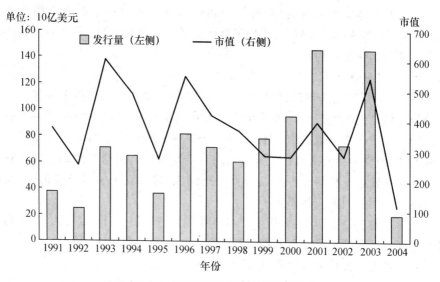

**图 6-2　全球可转换公司债券的年发行额**

截止日期：2004 年 3 月 10 日

资料来源：*Standard & Poor's Global Fixed Income Research*，Thomson Financial.

也有一定的差异。分离交易可转债具有权证存续期比普通转债的期权有效期短、行权需要再缴款、一旦确定行权价后不可以再修正等特征。分离交易可转债不设重设和赎回条款，有利于发挥发行公司通过业绩增长来促成转股的正面作用，避免普通可转债发行人可能以不断向下修正转股价或强制赎回方式促成转股而带给投资人的损害。普通转债的认股权一般是与债券同步到期的，但分离交易可转债"认股权证的存续期间不超过公司债券的期限，自发行结束之日起不少于六个月"。上市公司改变公告募集资金用途的，可分离转债持有人与普通转债持有人同样拥有一次回售的权利，从而保护了投资人的利益。

分离交易可转债的优点有：对上市公司来说，债券和期权分离交易的结果是扩大了期权的市场溢价，从而加大了对公司债券的债性补偿，可以降低其票面利率，节约上市公司财务费用。对投资者来说，第一，投资者可以获得还本付息，对公司的经营能力提出了较高要求。第二，当认股权证行权价格低于正股价格，投资者可通过转股或转让权证在二级市场上套利，而无须担心发行人在股价升高时强制赎回；而当认股权证行权价格高于正股价格时，投资者可选择放弃行权。第三，可以满足不一样风险偏好的投资者的需求。追求高风险偏好的投资者可以通过二级市场交易购入权证，债券部分则可以满足低风险偏好的固定收益投资者的需求。

（七）可转换债券与可交换债券的异同

可交换公司债券（exchangeable bonds）是成熟市场存在已久的固定收益类

证券品种,它赋予债券投资人在一定期限内有权按照事先约定的条件将债券转换成发行人所持有的其他公司的股票。

可交换债券与可转换公司债券相比,相同之处在于,其要素与可转换债券类似,也包括票面利率、期限、换股价格和换股比率、换股期等;对投资者来说,与持有标的上市公司的可转换债券相同,投资价值与上市公司业绩相关,且在约定期限内可以以约定的价格交换为标的股票。

不同之处一是发债主体和偿债主体不同,前者是上市公司的股东,后者是上市公司本身。二是所换股份的来源不同,前者是发行人持有的其他公司的股份,后者是发行人本身未来发行的新股。三是可转换债券转股会使发行人的总股本扩大,摊薄每股收益;可转换公司债券换股不会导致标的公司的总股本发生变化,也无摊薄收益的影响。

## 二、可转换公司债券的发行市场

与其他金融市场一样,可转换公司债券市场可分为发行市场和流通市场。发行市场,又称一级市场,是公司发行可转换公司债券给投资者的市场。通常,公司在符合一定的发行条件后,经过一定的发行程序,进行适当的发行设计,吸引足够多的投资者,才能成功地发行可转换公司债券,实现筹资目的。

(一)可转换公司债券的发行条件

为了保护投资者利益及保证债券发行后的正常交易,可转换公司债券的发行必须满足一定的条件,这些条件通常包括:

(1)法人治理结构健全的要求。

(2)盈利能力可持续性的要求。为了保证公司发行可转换公司债券后具有足够的盈利能力以按期支付债券本金和利息,证券市场的监管部门通常规定拟发行可转换公司债券的公司必须有良好的盈利能力。例如,中国《上市公司证券发行管理办法》规定,发行可转换公司债券的上市公司的盈利能力应具有可持续性,需要符合包括"最近3个会计年度连续盈利,扣除非经常性损益后的净利润与扣除前的净利润相比,以低者作为计算依据"等相关盈利要求的条件。

(3)财务状况良好的要求。中国《上市公司证券发行管理办法》规定,拟发行可转换公司债券的公司的财务状况应当良好,需要符合"最近3年及1期财务报表未被注册会计师出具保留意见、否定意见或无法表示意见的审计报告"等相关条件,包括对净资产、净资产收益率、现金流量等方面的要求。

(4)条款设计的要求。包括债券期限的要求、转股条件的要求、票面利率的要求。

(5)其他要求,如募集资金运用方向的要求,例如,中国规定"募集资金用途应当符合国家产业政策和有关环境保护、土地管理等法律和行政法规的规定"。

(二) 可转换公司债券的发行程序

可转换公司债券的发行程序与一般债券基本相同,都必须经过公司股东大会决议通过、聘请承销商及中介机构准备申请文件、向证券监管部门提出申请、待批准或核准后由承销商正式发行等几个步骤。由于发行债券币种和各国法律制度的不同,各个国家(地区)的发行程序稍有不同。

1. 境内可转换公司债券的发行程序

(1) 美国可转换公司债券的发行程序。美国的可转换公司债券是公募发行的。由于美国证券法律及证券管理机构的严格规定与限制,在美国发行可转换公司债券的手续相对复杂,其主要程序包括:发行公司股东大会决定公募发行,并指定协调人、审计师、律师等有关机构;向评级机构提出评级申请,取得债券的信用评级;向美国证券委员会递交发行申请书;协调人组织承销团;美国证券委员会进行有关审查,并确定发行条件;发行人与承销团签订承销协议;美国证券委员会确认申请生效;正式发行。

(2) 中国可转换公司债券的发行程序。中国上市公司发行可转换公司债券实行核准制,必须依照《上市公司证券发行管理办法》的规定报经证监会核准。

发行公司申请发行可转换公司债券,有如下步骤:① 董事会就下列事项作出决议,并提请股东大会批准:证券发行的方案,本次募集资金使用的可行性报告,前次募集资金使用的报告,以及其他必须明确的事项。② 股东大会就发行可转换公司债券作出特别决议,决议通常包括票面利率、发行规模、转股价格的确定及调整、转股期、还本付息方式、赎回条款及回售条款等条款设计事项。③ 上市公司申请公开发行证券,应当由保荐人保荐,并向中国证监会申报。④ 发行人及为发行人发行证券提供服务的有关中介机构应按照中国证监会的有关规定制定申请文件。⑤ 中国证监会收到申请文件,决定受理申请并初审文件后,由发行审核委员会审核,中国证监会作出核准或不予核准的决定。⑥ 自中国证监会核准发行之日起,上市公司应在6个月内发行证券;超过6个月未发行的,核准文件失效,需重新经中国证监会核准后方可发行。⑦ 证券发行未获核准的上市公司,自中国证监会作出不予核准的决定之日起6个月后,可再次提出证券发行的申请。⑧ 上市公司发行证券,应当由证券公司承销。

与美国相比,中国发行可转换公司债券的一个独特之处在于,在正式发行前不必取得信用评级,而美国对此要求较严,必须取得信用评级。

2. 境外可转换公司债券的发行程序

我们以外国公司在美国发行可转换公司债券和欧洲可转换公司债券的发

行为例,来说明境外可转换公司债券的发行程序。

(1) 外国可转换公司债券的发行程序。外国公司在美国公募发行可转换公司债券时,除了完成境内可转换公司债券公司的必要发行程序,还有一些特殊规定。外国公司必须按照1933年美国证券法的规定,向美国证券委员会办理申报注册手续,并在完成注册和信用评级之后,发行公司必须根据美国1939年"信托约款法"规定的约款发行。同时,发行公司必须向美国证券委员会提供详细的公司财务资料,必须按照美国公认会计师准则(GAAP)编写财务资料或对照说明书。

(2) 欧洲可转换公司债券的发行程序。欧洲美元可转换公司债券市场是在美国境外发行的以美元作为计价货币的主要市场,发行主体包括主权国家、政府机构以及国际组织等。由于涉及两个国家的不同货币和不同法律制度,欧洲美元可转换公司债券的发行程序要比境内可转换公司债券的发行更复杂。

欧洲美元可转换公司债券的发行一般需要3个月的时间,主要包括如下程序:发行公司股东大会通过发行决策并初步设定发行条款;选定国内协调人和国际协调人,制订和提供发行所需的文件;由发行人、协调人和法律顾问等研讨发行协议和说明书;在本国证券管理机构进行审批或登记;协调人联系国际承销团;拟定正式发行条款,签订承销合同,印制发行说明书;承销团作全球推介;正式发行。

(三) 可转换公司债券的发行设计

公司发行可转换公司债券的当前目的是筹资,最终目的是转股。最终的成功转股意味着获得了长期稳定的资本供给,降低了财务杠杆和财务风险。为了实现当前筹资和将来转股的目的,发行可转换公司债券的公司必须巧妙把握发行时机并合理设计发行条款。

1. 发行时机的选择

从资本市场的情况看,公司在股市走低时发行可转换公司债券是较佳的选择。首先,股市走低时,可转换公司债券容易吸引投资者。股市低迷时,投资者普遍认为股市风险很大,想规避股票的风险,同时又想为富余资金寻找投资途径。此时,理性投资者的资金从股市转向债市。而可转换公司债券,既有债券性质的保底收益,又因拥有转股期权而可以分享股票上涨的收益,从而吸引了大批规避股市风险而又不愿放弃股市上涨机会的投资者。其次,股市走低时,转股价格也相应较低,意味着未来转股的成功率较大。但值得注意的是,较低的转股价格意味着转股溢价低,筹集的资金少,而且一旦股市回升后大量的转股会迅速稀释股权并压低股价;同时,由于股市低迷时往往也是货币银根紧缩、市场利率较高之时,这意味着可转换公司债券的票面利率也必须较高。因此,投资者应仔细权衡各种发行时机的利弊,具体分析宏观经济环境和公司特定状况,以选择最佳的发行时机。

**2. 转股价格的确定**

转股价格是可转换公司债券的核心条款,是实现转股的关键要素。它对可转换公司债券的市场价格和投资人的收益有重大影响。转股价格主要决定于发行期限、票面利率和股票现价等因素,主要有直接定价、时价定价和分阶段定价三种定价方法。直接定价是在可转换公司债券条款中约定价格,一般要求发行公司对股市走势有较准确的把握;时价定价是以一段时间内的股价平均值为基数,上浮一定比率作为转股价格,它相对合理但不能反映未来股价的走势;分阶段定价一般用于期限较长的可转换公司债券,以促进尽快转股,因而价格往往按期递增或按量递增。例如,中国可转换公司债券的转股价格采用了时价定价法,上市公司的转股价格是以该公司股票发行前1个月的平均价格为基准,上浮一定幅度作为转股价格。此外,转股价格通常还随公司股本结构变化作相应调整,以免损害投资者利益。

在实际操作中,通常由公司董事会制定转股价格等其他条款,由股东大会决议通过,最后与承销商协调后,确定最终的转股定价。设计转股价格时,通常应联合考虑股票市场走势与公司发展前景,并给予价格一定的灵活性。

**3. 票面利率的决定**

可转换公司债券的票面利率决定于市场资金供求状况和公司资信水平,是影响公司筹资成本和吸引投资者的重要因素。在实际操作中,一般以同期市场利率为参照,以略低于同等条件的普通公司债券的利率为其票面利率。

**4. 发行规模的确定**

发行规模对可转换公司债券的价值影响较小,但会影响到发行公司未来的盈利水平,因此其间接作用不容忽视。发行规模越大,发行公司获得的资金越多,就越可能获得高利润,从而公司股票和可转换公司债券升值的可能也越大;发行规模越小,转股所增加的股本对未来业绩的稀释作用越小,可转换公司债券的价值越高。所以,发行公司应权衡利弊,争取达到最优发行规模。

**5. 债券期限及转换期的选择**

可转换公司债券的期限和转换期应视资本市场情况和公司资金的使用周期决定。与普通债券相同,资本市场利率走低,公司对资金的使用年限越短,债券期限短则较为有利;反之亦然。可转换公司债券的特殊之处在于,债券期限越长,转股期权的价值越大,公司可制定较高的转股价格。转换期的起止可以影响转股价格和转股对股票市价的影响,推迟转换期可延缓股权的稀释。

**6. 其他条款的设定**

可转换公司债券其他条款的设定也会影响其价值和对投资者的吸引力,进而影响其发行。例如,回售条款实际上给予投资者一个卖出期权,会增加债券的吸引力,使投资者乐于接受一个较低的票面利率;而赎回条款则相反,它给予发行公司一个买入期权,公司必须以较高的利率为补偿才能吸引到投资者。

由以上分析可见,发行可转换公司债券的公司在把握发行时机并设计发行条款时,通常必须考虑资本市场状况和公司特定情况,综合多种因素才能作出最佳设计,以实现当前的顺利筹资和将来的成功转股。

## 三、可转换公司债券的流通市场

可转换公司债券的流通市场,又称二级市场,是已经发行的可转换公司债券进行交易的场所。在这里,投资者转让或购买已发行可转换公司债券,从而保证了可转换公司债券作为一项资产的流动性。流通市场可分为场内交易场所和场外交易场所,前者通常指证券交易所,而后者一般指以证券公司为中介的柜台市场。

(一) 可转换公司债券的交易和转股

可转换公司债券的交易规则和转股规则的不同,会影响其流动性和价格的波动性,并对该债券与基准股票的价格关系产生复杂的影响。

1. 可转换公司债券的交易规则

可转换公司债券的交易规则兼有股票交易和债券交易的特点,但并不完全相同。

(1) 交易场所。从全球范围内看,可转换公司债券既可以在集中交易市场(通常指证券交易所)交易,也可以在柜台市场交易。可转换公司债券在集中交易市场交易,通常需要有较大的发行规模、较高的市场接受度和一定的成交量,否则市场的流动性难以为继,债券价格也容易被操纵;而柜台市场交易对可转换公司债券的要求较低,由于有证券公司作中介,发行规模和成交量较小的可转换公司债券也可在此流动。

(2) 涨跌幅限制。由于可转换公司债券的价格波动不像股票那么大,因此一般不设涨跌幅限制。

(3) T+0 回转交易。可转换公司债券的交易在不同国家、不同市场中有 T+0 和 T+1 的交收制度。T+0 的交收制度是指当日买入的可当日卖出,可以反复做当日短线交易;T+1 交收制度,则指当日买进的债券次日才可卖出。

(4) 最小流通量限制。最小流通量限制是指可转换公司债券的流通量低于某一值时,必须停止交易。这主要是为了保护发行公司的利益,以免少量流通可转换公司债券被他人收购,到转股期时集中转股对股价造成巨大冲击或恶意收购公司。

(5) 交易费用。可转换公司债券的交易费用一般低于股票,与债券的交易费用相同。

2. 可转换公司债券的转股规则

在转股期内,可转换公司债券持有人可将其转成基准股票。具体做法是,持有人向证券经营机构申报转换的基准股票数量,该数量即可转换公司债券面值与当时转股价格的比值。中国可转换公司债券的转股规则是 T+1,即当日申报转股,第二个交易日办理交割后股票方可流通。这个时间差将会在两方面影响投资者行为:一方面,创造套利机会,尤其是市场股价连续高于转股价格而可转换公司债券的价格又较低的时候。投资者可通过购买可转换公司债券并转股,次日即可获得股票,这比直接购买股票支付的价格和交易成本都低,获得了有利的套利空间。另一方面,抑制投资者的转股行为,尤其是在股价波动较大的时候。当市场股价高于转股价格时,存在套利机会,但是风险规避型投资者倾向于通过卖出可转换公司债券的方式套现而非转股,因为申请转股必须承担股票锁定时间内股价波动的风险。

(二)可转换公司债券的投资者

直至20世纪70年代,可转换公司债券的市场还很狭小,投资者局限于少数全球可转换公司债券基金和对冲基金的管理人。随着该市场规模的不断扩大、各类投资基金和对冲基金的发展,以及追求高风险低收益的投资者的增加,可转换公司债券的投资者有了很大的变化。

目前,全球可转换公司债券市场上的投资者包括机构投资者和非机构投资者。机构投资者主要是各类投资基金,在这个市场中发挥着举足轻重的作用。

1. 机构投资者

(1)对冲基金。对冲基金是全球可转换公司债券市场上最主要的投资者,它们通过这项金融产品进行套利而获得了丰厚回报。正如对转股规则的分析所提到的那样,可转换公司债券的特殊性质使其在交易过程中容易产生无风险套利机会,大型机构投资者如对冲基金,往往能抓住基准股票价格和可转换公司债券价格瞬间的价差来实现套利。近年来,全球约有120个对冲基金的一千多亿美元投资于可转换公司债券,其中欧洲和美国的可转换公司债券市场70%的资金均来源于对冲基金。对冲基金也获得了丰厚回报,对冲基金在可转换公司债券上的投资回报率常超过20%。

(2)可转换公司债券基金。随着可转换公司债券日益得到市场的认同,越来越多的投资银行和基金管理公司开始设立以可转换公司债券为主要投资对象的基金。富达(又译作"忠诚")基金管理公司、J.P.摩根投资银行、瑞银华宝投资银行等世界级的大金融机构均设立了可转换公司债券基金,以兼顾收益与风险为宗旨来吸引广大投资者。其中,专为富有的个人和机构管理可转换证券的卡拉莫斯基金连续多年得到高额投资回报率。

以美国为例,可转债基金的资产规模从 2003 年年底的 320 亿美元左右迅速增加到 2004 年 8 月的 420 亿美元。截至 2004 年 8 月 19 日,美国共有可转债基金 81 只,资产净值总额约为 420 亿美元,占美国可转债市值规模的比重约为 12%。晨星公司的相关统计数据显示,可转债基金最近 10 年年平均收益率为 9.29%,接近同期美国国内股票基金 9.46% 的收益率水平,表明可转债基金在长期的业绩表现并不逊于股票基金;而最近 5 年和 3 年的平均收益(约为 5%)均要高出同期美国国内股票基金 4 个百分点以上,这正是美国股市较为低迷时期,体现了可转债基金在弱市中较强的抗跌性;而 2003 年美国股市逐步由熊市向牛市转变,可转债基金年收益率高达 25.31%,表明其在牛市中与股市基本同步上涨的特性。

(3) 债券组合投资基金。全球有不少债券组合投资基金投资于可转换公司债券,一方面期望通过可能的转股收益获得更高的回报,另一方面投资可转换公司债券本身可分散风险。由于通过纯粹的债券获得高收益十分困难,这些债券组合投资基金的管理人往往愿意接受稍低于普通债券的利率,投资于可转换公司债券,以换取与股票相联系的公司成长收益。根据投资学原理,在投资组合中加入相关度弱的资产可分散风险,而可转换公司债券的价格走势与股票的相关度强于与其他债券的相关度(见表 6-4)。因此对债券组合基金的管理人来说,在其债券组合中加入可转换公司债券可以分散风险。

表 6-4  1957—1992 年美国可转换公司债券的价格与其他金融资产的相关性[1]

| 金融资产 | 与可转换公司债券的相关系数 |
| --- | --- |
| 大盘股 | 0.90 |
| 小盘股 | 0.86 |
| 长期国债 | 0.44 |
| 中期国债 | 0.37 |
| 短期国债 | −0.07 |
| 长期公司债券 | 0.47 |
| 抵押证券 | 0.40 |
| 房地产 | 0.14 |

资料来源:S. L. 伦玛,M. W. 瑞普,《1957—1992 年的可转换公司债券》,伊博森管理咨询公司。

(4) 成长型股票基金。一些成长型股票基金管理人也将部分资金投资于

---

[1] 相关系数是衡量两事物之间相似程度的一个指标。相关系数为 1,表示两者完全相同;相关系数为 0,表示两者无关;相关系数为 −1,表示两者完全相反。在这里,两项金融资产价格的相关系数越大,表明其价格走势越相同。

可转换公司债券。成长型公司普遍规模不大,发行的股票数量也不多,大量买入可能会造成股价剧烈波动,因此成长型股票基金管理人往往买入可转换公司债券,以实现逐步转股。更重要的是,由于2000年以来全球股市持续严重低迷,尤其是以成长型股票为主的全球二板市场的跌幅高达对应主板市场的两倍多,成长型股票基金的管理人越来越意识到风险,因此转而寻求既能获得股票增值,又能在股市低迷时获得一定收益的证券,而可转换公司债券成为其调整投资策略的最佳选择。

2. 非机构投资者

(1)互换市场投资者。互换市场投资者是在日本出现的一类特殊投资者。日本历来是可转换公司债券的第二大发行国,但亚洲金融危机后,国际资本出逃致使可转换公司债券价格严重下跌。这时日本涌现出一批投资者,专门寻找投资信用被低估从而价格较低的可转换公司债券,将其拆成债券和股票期权两部分进行互换交易。互换双方通常被称为信用投资者和权益投资者。信用投资者买入被低估的可转换公司债券,将股票期权卖给权益投资者,赋予对方到转股期时从其手中购买可转换公司债券的权利。如果到转股期内,基准股票的市场价高于可转换公司债券的转股价,权益投资者将执行期权,从信用投资者手中买债券,再到市场上转股;否则,期权将不被执行,信用投资者在债券到期时从公司获得本息。可转换公司债券被低估的价值在信用投资者和权益投资者之间分配,从而不同投资偏好的投资者均可获利。

(2)普通个人投资者。除了互换市场投资者之外,绝大多数的个人投资者都自己持有可转换公司债券,保留转股的权利,在股价低迷时享受固定利息收入,在股价高涨时享受资本利得。各国可转换公司债券市场上,个人投资者的数量很多但投资金额很少,基本不对可转换公司债券市场产生影响。

(三)可转换公司债券的投资价值分析

1. 可转换公司债券的价值与定价

(1)最小价值原理。可转换公司债券兼有债券和股票的性质,因此我们可从这两个途径来考察其价值。未转股时,可转换公司债券可以被视作普通公司债券,其价值即各期现金流量的贴现值之和,通常被称作可转换公司债券的直接价值或投资价值。一旦转股,可转换公司债券的价值就等于它可以转换成的股票的价值,被称作转换价值或平价。

$$转换价值 = 基准股票市价 \times 转换比率$$

进入转股期后,投资者总是可以在这两个价值中选择较高的一个作为可转换公司债券的债券底价,即债券底价 = max{直接价值,转换价值}。一般情况下,可转换公司债券的价格不应低于债券底价,否则就有套利机会。这就是最小价值原理。

但是,由于无法事先获知基准股票未来的市价,因此使用最小价值原理无法直接为可转换公司债券定价。我们必须从其他角度考虑其定价问题。

(2)定价原理。可转换公司债券是一种混合型金融工具,其收益与一份普通公司债券与一份股票期权构成的投资组合的收益相同。由无套利定理(又称"一价定理")可知,可转换公司债券的价值应该等于债券部分价值与期权部分价值之和。设可转换公司债券的价值为 $CB$,债券部分的价值为 $B$,期权部分的价值为 $C$,则有 $CB = B + C$。其中债券部分价值可通过折现现金流量法计算得出,期权部分价值的计算较为复杂。

目前,可转换公司债券有两种类型的理论定价模型。一类模型基于布莱克—舒尔斯期权定价公式,计算出期权价值,再加上债券价值。如果可转换公司债券的转股只能在某一天进行,即该期权属于欧式期权,在找出基准股票的相应参数后,使用金融计算器即可计算出期权价值,由此得到可转换公司债券价格的近似解析解。如果转股可以在一段时间内进行,即该期权属于美式期权,这时使用布莱克—舒尔斯公式定价会有一定的偏差。另一类模型是数值方法,试图将影响可转换公司债券价值的因素都考虑进去,即所谓的多因素模型。其中比较常见的方法有二叉树法、有限差分法、蒙特卡罗模拟等。这些方法能够处理可转换公司债券价格依赖于股价、无风险利率、市场利率等状态变量的历史路径的复杂情形,但计算量很大。

(3)现实中可转换公司债券的定价。美国、日本、欧洲等成熟的资本市场在为可转换公司债券定价时,都采用了二叉树模型定价方法。二叉树模型不仅能够评价出可转换公司债券的直接价值和转股期权的价值,并且对回售、赎回等特殊条款,都能在其树型结构上加以调整,从而使评价结果更加精确。该模型的主要缺点是计算量极大,从业人员一般使用相关计算软件——可转换公司债券评价及分析系统(CBPA)来进行大量的数据计算。此外,在不同的可转换公司债券的定价实践中,所运用的方法也各有侧重。

2. 影响可转换公司债券价格的主要因素

可转换公司债券的市场价格以其理论价值为基础,而理论价值主要取决于发行条款的规定;同时,可转换公司债券发行后的市场价格又受到诸多其他因素的影响。综合起来,影响因素主要有以下几方面:

(1)利率因素。发行时,可转换公司债券的价格主要决定于票面利率。在其他条件相同时,票面利率越高,债券价格越高。发行后,债券价格主要受到市场利率的影响。市场利率上升,可转换公司债券的直接价值下降,价格随之下降;反之亦然。

(2)公司信用。表现在两方面:首先,可转换公司债券发行后,公司的资信评级上升,债券的直接价值上升,价格也上升。其次,公司的诚信度对债券价格也有影响。公司对所募集资金的使用是否符合原定方向、是否能保证对债权人还本付息等,都将影响公司在投资者中的形象,进而影响流通市场中交易的供求关系,最终影响其价格。

(3) 股价走势。由于可转换公司债券的可转换性,当基准股票价格上升时,人们预期可通过转股获得收益,因此债券价格上升,此时可转换公司债券的股票性质的显露大于期权性质;当公司股票下跌时,由于可转换公司债券有直接价值的下限,债券价格的下跌并不明显。

(4) 股价的波动性。如果公司股票价格波动程度大,则债券持有人可拥有更多的转股机会,其期权价值较高,投资价值越大,因而其价格也会越高。

(5) 赎回条款和回售条款。赎回条款在设计时已基本限制了投资者潜在报酬率的幅度,即限定了其期权价值,因而有赎回条款的可转换公司债券价格较低,硬赎回条款的债券价格比软赎回的更低。而回售条款则相反,其设计保证了投资者的最低收益,所以有回售条款的债券价格较高。

### 3. 投资可转换公司债券的利弊分析

对投资者而言,投资可转换公司债券主要有如下有利之处:① 兼顾安全性和收益性,债券利息收益有保障,同时又可享受股价上升的好处。② 可转换公司债券的市场表现优于普通债券,如果考虑风险因素,以夏普比衡量,其表现还优于股票。③ 可以作为收购兼并的筹码。可转换公司债券为持有人提供了间接购买股票的手段,从而可以一种隐蔽的方法逐渐加大对公司的控制权。④ 规避一些政策限制。可转换公司债券一般仍被归为债券,因此对股票投资比例有限制的机构,如债券组合投资基金,可通过投资可转换公司债券来扩展其投资组合范围,间接扩大投资股票的比例以获得资本增值的机会。

投资可转换公司债券也有一些不利之处,主要包括:① 内部回报率较低。可转换公司债券的票面利率通常低于普通债券的利率,这是获得转股权利的代价。② 赎回条款的限制。赎回条款往往限制了可转换公司债券投资者的最高回报。③ 信用风险较高。可转换公司债券通常由信用等级较低的公司发行,公司破产的可能性较大;当公司陷入经营困境而破产清算时,可转换公司债券的索赔权一般落后于其他有资产抵押的债权,可转换公司债券的投资人将承受较大的信用风险。例如,美国在过去30年中,发行可转换公司债券的公司违约率为1.47%,发行普通公司债券的违约率仅为1.06%;破产清算中,可转换公司债券投资者获得补偿的比例只有29%,而普通公司债券投资者获得补偿的比例是43%。④ 兼并收购的风险。公司的兼并收购一般只涉及股票而不涉及可转换公司债券,因此兼并收购中可转换公司债券投资人的利益往往得不到保证。如果发行公司被收购,自发出收购要约开始,该公司的股票停牌,可转换公司债券暂时失去转股权;如果兼并收购成功,股票不再上市流通,则可转换公司债券永久地失去了期权价值。如果发行公司作为收购方,以其资产和未来收益能力作为抵押,筹集部分资金进行杠杆收购时,可转换公司债券的投资风险也很大。

4. 可转换公司债券的投资策略

对投资者而言,可转换公司债券的投资策略主要包括投资时机选择、投资对象选择、发行条款推断、套利机会把握等几方面。

(1) 投资时机的选择。一般来说,与股票投资的时机相似,在市场比较低迷的时候可转换公司债券更有机会。投资者应选择以下有利时机:① 新的经济增长周期启动时。一国经济经过长时间紧缩后,宏观经济处于复苏阶段,投资、消费、出口开始增长,物价回升,是投资可转换公司债券的大好时机。② 市场利率下调时。可转换公司债券与市场利率负相关,市场利率下降,则可转换公司债券的价值会增长。③ 行业景气度回升时。行业对公司业绩的影响往往很大,行业景气则公司业绩良好,意味着可获得转股收益的可能性变大,因此可转换公司债券的价值也会上升。

(2) 投资对象的选择。选择可转换公司债券的关键因素是未来股价的走势。但它与选择股票的风险偏好不同。一般而言,可转换公司债券的投资对象更适合风险程度大、成长性高的上市公司,而投资收入稳定、成长性一般的公司并没有优势。

(3) 发行条款的推断。公司经营者与投资者之间存在信息不对称,投资者处于信息劣势,往往无法了解公司的真实发展前景,但是可通过对发行条件的推断来了解。如果公司对资金投向的未来效益有信心、财务结构合理、现金流比较稳定或充足,往往在条款设计时对转股条件的规定较为苛刻,如转股时间较长、转股价格较高、回售条款较苛刻、赎回条款较优惠等。因此,投资者可以从发行条款中推断发行公司是否有信心,然后进行"条款选择",选择有利者进行投资。

(4) 套利机会的把握。可转换公司债券的投资者可以在股价高涨时,通过转股获得收益;此外,在不完全市场中,投资者还可通过可转换公司债券理论价值与实际价格之间的差异来进行套利。当实际价格低于理论价值较多时,投资者可买入可转换公司债券,买入后既可持有,也可进行转股以实现套利收益。

## 四、美国、欧洲、日本、韩国、中国香港和中国台湾可转换公司债券市场

(一) 海外可转换公司债券市场概况

20世纪90年代以来,可转换公司债券在全球市场上发展迅速,从而形成了标题中所列的地区分布格局。历史上,大多数的可转换公司债券都在日本、美

国、法国和英国的国内市场发行。20世纪80年代早期,美国和日本的蓝筹股公司在欧洲市场发行了大量可转换公司债券;80年代末期,一些英国大公司也开始在欧洲市场发行。直到90年代以前,欧洲和亚洲在全球可转换公司债券中的市场份额都非常小。实际上,日本多年来一直是世界上最大的可转换公司债券市场,该地位一直保持到1999年。2000年起,随着美国和欧洲在发行可转换公司债券方面的赶超,美国的总市值跃居第一,而欧洲的总市值也逐渐赶上了日本。

2003年年底,全球可转债市场的资本规模约为6 100亿美元,其中北美3 250亿美元,欧洲1 770亿美元,日本770亿美元,除日本以外的亚洲各国合计为310亿美元[1]。我国可转债市场近几年来得到了快速的发展,2000—2004年间,可转债累计筹资额达464.53亿元人民币。

美国、欧洲、日本、亚洲其他新兴国家(地区)是国际可转换公司债券的主要发行地区,其总市值和总发行额均占到全球的95%以上。2003年末,全球可转换公司债券市场发行总额约为1 456亿。其中美国约为790亿美元,日本约为101亿美元,欧洲约为394亿美元,亚洲约为245亿美元(见图6-3)。

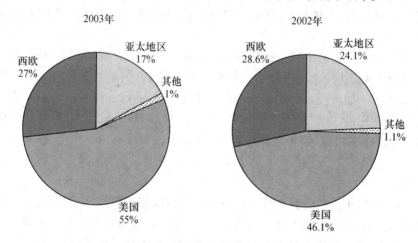

图6-3 全球可转换公司债券总发行额的地区分布

资料来源:Thomson Financial; Standard & Poor's Global Fixed Income Research.

从2000年年末的债券信用评级看,欧洲可转换公司债券的信用最好,90%的债券属于投资级或在投资级别以上。美国330个可转换公司债券中,仅有20%属于投资级别;日本66%的可转换公司债券在投资级别以下;而亚洲市场更是只有15%属于投资级别,其310亿美元的总市值中充斥着垃圾债券。

---

[1] 资料来源:www.convertbond.com。

从风险和收益特性来看,四个主要发行地区的可转换公司债券投资回报率都高于对应的债券回报,略低于股票回报;考虑到风险因素,可转换公司债券都优于对应的债券和股票。在各主要市场之间,由于市场状况有差异,美国市场和欧洲市场优于日本和日本以外的亚洲市场(见表6-5)。

表6-5 四个主要发行地区的可转换公司债券风险和收益特性[1]

| 地 区 | 参 数 | 债 券 | 股 票 | 可转换公司债券 |
|---|---|---|---|---|
| 美国 | 收益 | 6.55% | 8.69% | 14.28% |
| | 风险 | 4.29% | 13.25% | 8.62% |
| | 夏普率 | 0.30 | 0.26 | 1.05 |
| 欧洲 | 收益 | 9.23% | 19.05% | 16.34% |
| | 风险 | 4.41% | 15.15% | 9.69% |
| | 夏普率 | 0.92 | 0.92 | 1.15 |
| 日本 | 收益 | 5.33% | -3.52% | 4.92% |
| | 风险 | 4.34% | 18.01% | 6.13% |
| 亚洲(不包括日本) | 收益 | 6.55% | -12.39% | -2.06% |
| | 风险 | 4.29% | 21.94% | 9.69% |

(二)美国、欧洲、日本、韩国、中国香港、中国台湾可转换公司债券市场

1. 美国可转换公司债券市场

发行债券是美国企业融资的主要方式,其融资的灵活性、市场容量以及交易的活跃程度远超过股票市场。近年来,可转换公司债券的市场发展迅速,并发展出了以可转换公司债券为主的可转换证券一族,通常包括可转换公司债券[2]、零息票可转换公司债券、强制可转换公司债券和可转换优先股。

(1)美国可转换公司债券的发行规模。美国是可转换公司债券的诞生地,但在诞生后的一百多年中发展缓慢。20世纪70年代美国发生恶性通货膨胀后,可转换公司债券的价值逐渐被投资者所认识,并开始迅速发展。1999年开始,可转换公司债券发行额的增长速度超过股票首次公开发行(表6-6)。汤姆森金融数据公司的统计显示,2001年美国公司通过发行可转换证券(其中可转换公司债券是主体)筹集的资金已达1050亿美元,而同期通过发行新股筹集的资金约为1400亿美元,可见其融资数量已达股权融资数量的75%。

---

[1] 本表的说明、注释和来源均同表6-3。
[2] 美国"可转换公司债券"的概念较窄,通常仅指付息的、有转股选择权的普通可转换公司债券。

表 6-6　美国可转换公司债券发行额与股票首次公开发行额比较

单位:亿美元

| 年　份 | 可转换公司<br>债券发行额 | 股票首次<br>公开发行额 | 可转债占股票<br>首发的比重 |
| --- | --- | --- | --- |
| 1998 | 60 | 440 | 13.6% |
| 1999 | 160 | 670 | 23.9% |
| 2000 | 170 | 760 | 22.4% |

资料来源:2001 年美国证券业年鉴。

美国的大投资银行不仅在股票发行业务中名列前茅,而且在可转换证券方面的承销业务也日益扩张。不少投资银行 2001 年的可转换证券承销量已超过 2000 年的承销量,并已与股票首次公开发行的规模相当。

(2) 美国可转换公司债券的其他状况。美国证券市场的可转换证券中,可转换公司债券占据了主体地位。以 2002 年 11 月可转换证券的构成看,可转换公司债券、零息票可转换公司债券、强制可转换公司证券、可转换优先股分别占 55.0%、16.5%、8.6%、19.9%。

在上市交易的可转换公司债券中,发行规模和流通市值在 1.5 亿—5 亿美元之间的最多;77% 的可转换公司债券票面利率在 3%—7% 之间,近 98% 的债券的基准股票波动率在 30% 以上。美国可转换公司债券的发行公司以成长型中小企业居多,其信用评级较低。在标准普尔的资信评级系统列示的公司中,93.2% 的可转换公司债券属于 BBB 及以下级别,比普通公司债券略差。事实上,美国在过去 30 年中,发行可转换公司债券的公司违约率为 1.47%,发行普通公司债券的违约率仅为 1.06%。

2. 欧洲可转换公司债券市场

无论从发行量、市场深度,还是从专业水平方面衡量,欧洲市场都是世界上可转换公司债券最重要的市场之一。近年来,欧洲可转换公司债券市场发展迅速,总发行额从 1996 年的近 100 亿欧元迅速增长至 1998 年的 270 亿欧元,2000 年欧洲可转换公司债券市场以 330 亿欧元的发行额跃居世界第二位。在全球股市不景气的 2001 年,欧洲也发行了约 160 亿欧元(折合约 127.7 亿美元)的可转换公司债券。2002 年、2003 年和 2004 年欧洲可转换债券市场的发行量分别达到 172 亿美元、394 亿美元和 800 亿美元。可转换公司债券在欧洲市场快速发展一方面得益于通信行业的发展,另一方面是因为大量的公司兼并收购行为需要筹集大量的资金。

欧洲可转换公司债券市场有如下特点:① 发行手续简便,出入市场自由。欧洲市场以伦敦为中心,其管理也遵循英国法律。但它不属于任何一个单一国家,因此国外发行者不需向证券监管机构登记注册,发行手续简单;对新券发行也基本不存在有关限制性的法规与标准。② 欧洲市场上的发行公司大多是业绩稳定的投资级公司,因而可转换公司债券的信用度较高。

欧洲可转换公司债券市场近年来的发展呈现出以下特征:① 可交换债券发展迅速。可交换债券是一种以其他公司的股票作为基准股票的可交换公司债券,即承担了发行公司的信用风险和另一家公司的经营风险。由于其不会稀释发行公司的股权,可交换公司债券在兼并收购中被广泛使用。2001年欧洲市场发行了160亿欧元的可转换公司债券,其中可交换债券占到75%。② 市场结构发生变化。瑞士原来是可转换公司债券的主要交易市场,但随着该市场投资者兴趣转向对冲基金及新兴市场的股票投资基金,瑞士市场已逐渐衰落,而德国、法国、意大利市场迅速崛起。

### 3. 日本可转换公司债券市场

1949年,日本正式发行了3家公司的可转换公司债券。此后,由于日本不断完善可转换公司债券的发行和交易制度,该市场的发展十分迅速。直到1999年,日本的可转换公司债券总市值和发行额已连续多年位居世界第一。在日本交易所上市的各类债券中,可转换公司债券的数量一般在75%以上。2000年,由于美国和欧洲市场的迅速发展,日本失去了其霸主地位。其主要原因在于,日本经济泡沫破裂,股市长期走熊,银行金融风险大,使可转换公司债券也日渐失去吸引力,国际投资者逐渐退出。

尤其值得一提的是,可转换公司债券的互换市场在金融危机中的日本产生。1997年亚洲金融危机发生,波及日本,使不少可转换公司债券的价格低于面值的40%。有一批投资者意识到可转换公司债券价格被低估,买入可转换公司债券,将转股权利卖出以从中获利。

### 4. 中国香港、韩国、中国台湾的可转换公司债券市场

除日本外的亚洲市场是世界四大可转换公司债券市场之一。亚洲市场的发展也很迅速,其可转换公司债券发行额从1990年的3亿美元快速扩张到2002年的78亿美元。2000年,亚洲地区企业的融资中,首次公开发行占50%,可转换公司债券发行占20%;而2001年首次公开发行的比例降为23%,而可转换公司债券的比例上升至63%。亚洲市场主要包括如下分市场:

(1) 中国香港的可转换公司债券市场。香港市场是一个较为开放的国际市场,除香港本地、中国内地、中国台湾以外,还有大批来自韩国、东南亚及注册在维京群岛、开曼群岛等地的公司,在香港发行可转换公司债券。香港上市发行可换股债券较常用的做法是以港元或美元为面值,人民币债券算是一项新的金融产品。在人民币升值的大环境下,未来可能会有更多公司选择以该种方式发行可换股债券融资。香港的可转换公司债券市场的发展令人拭目以待。

(2) 韩国的可转换公司债券市场。韩国可转换公司债券市场的发展比较平稳。韩国市场的特点在于,可转换公司债券的数量在公司债券总体中所占比

例很小,不超过 5%;但其交易额所占比例非常大,一般超过 95%。亚洲金融危机过后,韩国又发生了"大宇危机"等事件,使韩国股市波动剧烈。为了在收益与风险之间寻得平衡,投资者将眼光投向可转换公司债券,使可转债的交易额在原来较高的基础上又有所上升,在全部公司债券交易额中的比重从 1996 年的 95.0% 上升到 2000 年的 98.6%。

(3) 中国台湾的可转换公司债券。台湾地区于 1980 年发行了第一支可转换公司债券"远纺一",在当时不健全的金融体制下,该债券的价格连续涨停,超出面值三成以上。随着台湾金融结构的调整,可转换公司债券与其他证券一样,逐渐回归价值,但其市场接受度大减,成交量萎缩。可转换公司债券的集中交易市场十分冷清,但自 2000 年台湾地区放松管制,规定可转换公司债券可以在柜台买卖中心交易后,该市场迅速崛起。

## 五、中国内地可转换公司债券市场

20 世纪 90 年代初,中国开始探索可转换公司债券,迄今已有十余年的历史。中国的可转换公司债券市场具有中国特色,其发展是一个从摸索尝试到逐渐成熟规范的过程。它与股票市场同步成长,但其发展速度比后者慢得多。在这十多年中虽然经历过失败的教训,但整体上看中国的可转换公司债券市场已经初步形成。

中国可转换公司债券的发展可大致分为四个阶段:

1. 探索阶段(1991—1996 年)

1991 年 8 月,琼能源发行了 3 000 万的可转换公司债券,这是中国第一只可转换公司债券。1992 年,成都工益、深宝安 A 在国内发行了可转换公司债券;随后,中纺机 B、深南玻 B、镇海炼化在国外和我国香港地区发行了可转换公司债券。

国内可转换公司债券中,琼能源与成都工益均由非上市公司发行,其目的均是发行新股。前者有 30% 的可转换公司债券转股成功,后者则转股完全成功,转股后的公司股票先后在深圳证交所和上海证交所上市。宝安转债是中国第一只上市公司发行的可转换公司债券。1992 年,深宝安以较低的票面利率筹集了大量资金,发行成功;但转股价格与其他条款设计不利,1995 年年底到期时,股票市价远低于转股价,转股失败。国外及香港地区发行的可转换公司债券中,中纺机转债的绝大部分于 1996 年 12 月被执行回售条款;南玻转债的 70% 实现转股,剩余的 30% 于 1998 年 8 月被回售给南玻公司。

在这个阶段,中国没有相应的法律来规范可转换公司债券的发行,其发展还处于初步探索阶段。

2. 试点阶段(1997—2000年)

1997年3月,原中国证券委员会颁布了《可转换公司债券管理暂行办法》,同意选择有条件的公司(主要是重点国有企业)进行可转换公司债券试点,并对其发行、承销及相关条件作出明确规定。

1998—1999年,中国先后发行了南宁化工、吴江丝绸和茂名炼化三只非上市重点国有企业的可转换公司债券,并先后上市交易,标志着中国可转换公司债券的发行开始规范化操作。这三只可转换公司债券均设了到期强制转换条款,实质上是一种未来的股权融资。南化转债执行了赎回条款并将剩余部分全部转股;丝绸转债也绝大部分顺利转股;但茂名炼化的股票至今没有上市,使茂炼转债的前途未卜。

2000年,中国发行了虹桥机场和鞍钢新轧两只上市公司的可转换公司债券,这标志着中国资本市场向成熟迈进了一步。目前,机场转债正在进行转股;鞍钢转债由于发行时是股市由熊市向牛市过渡的阶段,转股价定得过低,致使它在约半年的时间内就完成了转股。鞍钢转债转股过快,使公司未达到延期融资的目的,也丧失了以更高价招募资金的机会。

这一阶段,中国还在境外发行了庆铃汽车和华能国际两支可转换公司债券。其中庆铃汽车于1997年发行,没有设立回售条款而是附加了强制性转股条款,至2001年6月只有少数债券转股,由于转股价与股票市价背离,被强制转股;同一年华能国际分两次在境外共计发行了2.3亿美元的可转换债券,由于华能国际的股票价格未能达到对投资者有利的转股水平,回售申请的债券面值达2.09亿美元,占总发行额的91%。华能国际因此付出2.85亿美元。

综观这一阶段发行的可转换公司债券,最主要的问题是转换价格的制定有问题,这几只可转换公司债券的发行从不同方面为中国以后可转换公司债券的发行与设计积累了宝贵经验。

3. 规范发展阶段(2001—2005年)

2001年4月28日,中国证监会出台了《上市公司发行可转换公司债券实施办法》,标志着中国可转换公司债券市场日趋规范。截至2002年11月底,中国共发行了江苏阳光、深圳万科、南京水运、吴江丝绸、燕京啤酒五只可转换公司债券。2003年,中国发行的可转债达16只,筹资规模达185.5亿元,比1992—2002年发行的总和还要多70%。此外,2003年,可转债筹资额首次超过了增发新股(114.59亿)和配股(67.83亿)。标志着中国可转换公司债券市场将进入一个全新的发展时期。2004年,中国发行的可转债12只,筹资规模达209.03亿元。

### 4. 快速发展、品种创新阶段（2006年至今）

2006年5月，中国证监会颁布实施了《上市公司证券发行管理办法》，对上市公司发行可转换公司债券等证券作出了明确规定，并首次提出分离交易的可转换公司债券概念，受到市场的热切关注。自2006年下半年起，中国的股票市场迎来了前所未有的繁荣时期，二级市场交投活跃，一级市场也频频发行。中国的可转债市场进入了快速发展、品种创新阶段。分离交易可转债也应运而生。

中国的可转换公司债券市场尚处于起步阶段后的快速发展阶段。自1991年的第一只可转债发行至2007年12月底，我国已有58家公司发行可转债，沪深两市可转债的市值规模约为353.21亿元。然而与沪深两市1 600多家上市公司及两市32.7万亿元的总市值相比，可转债的市场仍是相当小的。

从投资方来看，在2004年4月我国成立了第一只专门投资于可转债市场的开放式基金——兴业基金。目前有包括基金、保险、券商、QFII等在内的诸多机构投资可转债。

中国可转债的成交较不活跃。截至2008年1月，中国共有16只可转债在沪深交易所交易，交易量于2003年达到峰值663.39亿元，2007年全年成交量下降至260.29亿元。而2007年，中国股票市场全年累计成交46.06万亿元。即使考虑市场容量大小的影响，以2007年为例，可转债年交易量占其市值的比例（0.737）仍然远远小于股票年交易量占其流通市值的比例（5.38），见表6-7。

表6-7　我国可转债成交量统计（1999—2008.07）　　　　单位：亿元人民币

| 年份 | 1999 | 2000 | 2001 | 2002 | 2003 | 2004 | 2005 | 2006 | 2007 | 2008.07 |
| --- | --- | --- | --- | --- | --- | --- | --- | --- | --- | --- |
| 上市可转债 | 21.41 | 52.43 | 11.6 | 42.82 | 445.31 | 338.55 | 321.68 | 169.03 | 211.83 | 176.5 |
| 深市可转债 | 44.73 | 125.07 | 45.68 | 50.88 | 218.08 | 298.72 | 191.78 | 105.47 | 197.40 | 96.53 |
| 小计 | 66.14 | 177.5 | 57.28 | 93.7 | 663.39 | 637.27 | 513.46 | 274.5 | 409.23 | 273.03 |

资料来源：上证交易所、深证交易所。

与境外成熟的资本市场相比，我国的可转债市场仅仅是起步阶段，市场容量非常小，市场份额非常低，其投融资功能还未得到充分发挥。可转债对于上市公司和投资者都具投资价值。对于上市公司是一个融资成本相对较低的融资渠道；对投资者是一个低成本的投资工具。加快发展债券市场的要求显得更为紧迫。

世纪经济与管理规划教材
金融学系列

# 第七章

# 国债市场

第一节　国债与国债市场概论
第二节　国债发行市场
第三节　国债流通市场
第四节　美国、英国、日本国债市场
第五节　中国国债市场

Financial Markets

# 第一节　国债与国债市场概论

## 一、国债与国债市场的定义

国债,亦称为国家公债或国库券①,即政府作为借款人向其社会成员以一定利息承诺而进行的融资。

国债作为一种在资本市场中既可汇集大量长期资本,又可灵活地筹措中短期资金的重要信用工具,具有安全性、收益稳定性、市场广泛性、高度流通性等优势。国债既是政府筹资的重要手段,也是政府实现宏观经济调控的重要工具。对投资者而言,国债的高收益性和高流动性又使国债成为理想的投资对象和理财工具。

国债市场,是指以国债为交易对象而形成的市场。它既包括作为债务人的国债发行者(由中央政府代表中央财政)与作为债权人的认购投资者之间的交易关系,也包括国债流通转让时二手债券持有者之间的交易关系。也就是说,国债市场是发行市场与流通市场的统一体。

## 二、国债的特征

国债具有安全性、收益性、流动性特征:

(1) 安全性。国债的安全性是指国债投资者到期能收回本息的可能程度。这种可能性也反映了国债的信誉,又称债信。国债是由国家承担偿还义务的,其安全性是其他债券无法比拟的。在各种债券中,国债的信誉是最高的,故也被认为是相对较安全的。在许多西方国家,国债一直被认定为是低风险甚至认为是无风险投资。应该指出的是,这里的安全性仅指"投资者到期能收回本息的可能程度"。在实际生活中,投资国债也是有风险的,如竞投者或购买者对宏观经济走势、通胀形势预期较低,使国债利率(收益率)竞价较低,则一旦较高通

---

① 在美国等发达国家,将 1 年之内的政府短期债券称为国库券。1 年以上的政府中长期债券则称为公债。而在中国则无此严格划分,既可称为国债,亦可称为国库券。如 1992 年 3 月经国务院批发的《中华人民共和国国库券条例》就未在名称上作出区别。

胀发生、市场利率回升时，国债价格就会在二级市场下跌，甚至跌破面值，造成投资者损失。对于发债的政府部门而言也有这类预期风险，比如发债时通胀率较高、国债利率也定得较高，一旦发生通缩，在二级市场国债价格就会大幅走高，明显地出现严重失误与浪费。不过，相对于股票和企业债券等来说，投资国债的风险仍是较小的。

（2）收益性。国债的收益性是指国债到期能收回的本息之和大于原国债投资的特征。在中国，相当长时间里，国债利率是比照同期银行储蓄利率高出 1—2 个百分点来确定的，国债的收益率明显高于同期银行储蓄存款利率，特别是自 1999 年 10 月中国对银行储蓄存款利息征收利息所得税以来，国债票面利息收入仍然采取免税制度，国债收益率相对于同期银行储蓄存款利率进一步提高。

（3）流动性。国债的流动性是指国债在想买或想卖时，买卖在多大程度上能成交。自 1981 年恢复国债发行以来，中国国债市场化进程顺利，特别是国债二级市场的建立，使得国债的现货交易与回购交易十分活跃，国债的流动性得到进一步加强。

### 三、国债与国债市场的功能与作用

（1）弥补赤字的财政功能。在国债市场上，发行国债筹集的资金用以弥补财政赤字，这是世界各国的通常做法。20 世纪 30 年代，凯恩斯主义盛行，罗斯福施行新政，主张为了反对通货紧缩与经济萧条，追求物价平稳时的充分就业，提出功能财政的思想，即在上述情况下财政预算可以是盈余，也可以是赤字（多数情况下是赤字），而弥补财政赤字的最好办法就是发行国债。在现代社会中，国家发行国债，除了用于弥补赤字外，有时也是为了调节宏观经济的需要，但不能否认，弥补财政赤字仍然是国债的基本功能。用发行国债的办法弥补赤字较之向银行透支的办法更有利于达到供求平衡，因为国债属于信用形式，是对社会资金和国民收入的一种临时再分配，在正常情况下不会增加需求总量。

（2）投资功能。在国债市场上将发行国债筹集到的资金投资于生产建设，实际上是政府集中性借贷和有计划地组织闲置资源进行投资。国债的投资功能与银行信用的投资功能之间的区别在于，银行贷款更多地考虑投资项目的微观效益和偿还能力，而国家财政投资则侧重于宏观经济效益和社会效益，这对控制投资规模、调节投资结构、促进产业结构合理化有重要意义。

（3）金融功能。国债与国债市场有调节资金供求和货币流通量的作用。在完善的市场机制下，中央银行可通过国债的回购与反回购，以及调整国债的利率和贴现率，达到调节社会资金供求和货币流通量的作用。通常是，增加国债发行和提高国债贴现率,可以减少流通中的货币量和资金供应量,反之则可以增加流通中的货币量和资金供应量。

此外,国债作为一种信用流通工具,有激发投资意识的作用。相当多的投资者都是从安全、高效的国债市场入手开始了解与熟悉证券市场,进而对整个证券市场产生较强的投资理念与投资意识。

### 四、国债的分类

国债可以按不同标准进行多种方式分类。

(1)按债券形式来看,中国现阶段的国债可分为凭证式国债、记账式国债和储蓄国债三种。

2006年底的国债存量中,凭证式国债7 445亿元,记账式国债2.86万亿元,储蓄国债400亿元。

凭证式国债是一种国家储蓄债,可记名、挂失,以"凭证式国债收款凭证"记录债权,不能上市流通,从购买之日起计息。在持有期内,持券人如遇特殊情况需要提取现金,可以到购买网点提前兑取。提前兑取时,除偿还本金外,利息按实际持有天数及相应的利率档次计算,经办机构按兑付本金的一定比率收取手续费。

记账式国债以记账形式记录债权,通过证券交易所的交易系统发行和交易,可以记名、挂失。投资者进行记账式证券买卖,必须在证券交易所设立账户。由于记账式国债的发行和交易均无纸化,所以效率高、成本低、交易安全。

储蓄国债是财政部于2006年7月1日推出的新品种,在中国境内发行,通过试点商业银行向个人投资者销售的、以电子方式记录债权的、不可流通人民币债券。储蓄国债的发行对象是个人投资者。企事业单位、行政机关和社会团体等机构投资者不得购买。它通过投资者在试点商业银行开设的人民币结算账户进行资金清算,可以办理提前兑取、质押贷款、非交易过户等。

此外,我国在建国初期发行的国债都是以实物形式体现,即为国库券,又称实物国债和无记名债券,以实物债券的形式记录债权,以实物券面(券面上印有发行年度、券面金额等内容)的形式记录债权,是我国发行历史最长的一种国债。如需进行交易,可以直接到国债经营机构按其柜台挂牌价格买卖,也可以利用证券账户委托证券经营机构在证券交易所场内买卖。因其以实物券形式发行相对成本较高,且不易保管,不能挂失,现已淘汰。

(2)按票面利率可分为固定利率国债和浮动利率国债。

固定利率国债的票面利率在发行时确定,在国债的整个存续期内保持不变,一般高于相同期限的银行存款利率1个百分点左右,如2001年记账式(三期)国债(010103)的年利率为 3.27%,高于银行一年期储蓄存款利率 1.02 个百分点。

浮动利率国债的票面利率随市场利率的变化而浮动,付息利率为付息期起息日当日相同期限市场利率加固定利差确定。如 2000 年记账式(四期)国债(010004)与银行一年期储蓄存款利率的固定利差为 0.62%,该国债第一年的付息利率为 2.87%。

(3)按付息方式可分为:零息国债和附息国债。

零息国债在存续期内不支付利息,到期一次还本付息。我国在 1996 年以前发行的国债均属此类。零息国债主要分为两类:① 附有票面利率,到期一次还本付息;② 低于面值发行,到期以面值偿还。

附息国债的利息一般按年支付,到期还本并支付最后一期利息。我国于 1996 年 6 月 14 日首次发行了 10 年期附息国债(000696)。

除此之外,按发行场所的不同,可分为内债和外债,前者在国内发行,后者在国外发行;按偿还期限的不同,可分为短期国债、中期国债和长期国债;按国债募集方法的不同,可分为强制国债和自愿国债,前者采取政府强制发行,分配认购,后者采取自愿认购;按其是否可以上市流通,可以分为上市国债和不上市国债。

## 第二节 国债发行市场

根据国债交易的层次或阶段,可分为国债发行市场和国债流通市场,即国债一级市场和二级市场。一级市场是承担国债发行的市场,其功能是发行国债,使中央财政与地方财政通过该市场筹集资金,并为投资者提供投资与收益的机会。国债的二级市场是买卖转让已发行国债的场所,即使国债持有者和新的投资者有重新变现、重新投资的选择机会,化短期闲置资金为长期投资资金;同时又是中央银行运用回购与反回购工具吞吐国债与货币实行宏观财政政策与货币政策的场所。因此,国债的发行市场与流通市场关系密切,相互依存,互为前提条件与保证条件。

### 一、国债的发行方式

国债的发行方式大致分为以下几种:

(1)公募法。这是由国家财政部门或委托其他部门向社会直接公开募集国债的方式。这种方式的优点是发行面比较广泛,可以普遍吸取社会上的资金;缺点是发行所需时间一般较长。发达国家采用公募法发行国债时,常采用投标招标的方式进行。

(2) 公卖法。也称销售发行法,是指政府将债券委托给证券市场代为销售。这种方式类似于公募法,但区别在于:公募发行的条件下,债券的价格采用投标招标方式决定后,通常就不改变了,直至发行工作完全完成;而在公卖法的发行条件下,债券的价格由证券市场的资金供求决定并且不断波动。公卖法的优点是政府可以根据需要随时到证券市场上推销债券、募集资金,并且通过债券的买卖调节资金供求和货币流通。

(3) 包销法。这是根据一定的发行条件,经过协商,先由金融机构将政府一次发行的国债全部承购,然后再向社会销售的方式。若不能把全部国债销售出去,其差额部分由金融机构承担,目前发达国家国债的发行大都采用这种方式。它的优点是手续简便,发行时间也大大缩短,有利于政府迅速筹集大量资金。

(4) 摊派法。这是一种强制性的发行方式,由政府根据情况向企业单位等分配购买国债的任务指标,必须保证完成。这种办法对保证完成国债发行任务有一定意义;但如处理不慎会带来国债信誉下降、长期发行困难的不良效果。

## 二、国债的发行规模

从理论上来讲,国内生产总值规模(如经济发展战略与效益、产业结构等)、国家财政支出的需求压力和偿还能力(如未来财政预测和已发行的国债债务总额等)、居民收入和储蓄水平、国家货币流通情况以及国债的收益率高低等都是制约国债发行规模的重要因素。目前国际上通用的衡量国债规模的指标主要有:

(1) 国债负担率,指当年国债余额占年度 GDP 的比率。它是考察国债的相对规模最重要的指标,揭示了一国国债负担的情况,也反映了国债规模增长与 GDP 增长的相互关系。欧洲货币联盟签订的《马斯特里赫特条约》规定这一指标不高于 60%。在发达国家中,国债负担率往往高达 40%—50%。中国在 2007 年的这一指标约为 21.3%。

(2) 国债借债率,指当年国债发行额与年度 GDP 的比率。这个指标反映了当年 GDP 对当年国债增量的利用程度。20 世纪 90 年代以来,美国的国债借债率基本上在 20% 左右,但由于其短期国债占国债发行总额的 3/4 以上,且短期国债一般在当年偿还,因此该比率在合理范围。2007 年,中国这一指标约为 9.38%。

(3) 国债依存度,指当年国债发行额与财政支出的比率,表明财政对国债的依赖程度。它是任何一个国家考核国债规模是否适当的一个重要指标。由于国债多是中央财政借用和偿还的,因此,一般是以年度国债发行额与中央财政总支出相比。20世纪90年代发达国家的国债依存度一般在10%—30%。

(4) 国债偿债率,指年度国债还本付息额与当年财政收入的比率,这是衡量国家财政本身偿债能力的一个指标。国债的有偿性决定了国债规模必然要受到财政状况的制约,因此,应该把国债规模控制在于财政收入适当的水平上。国际上公认的安全线是8%—10%。

(5) 国债限额的动态指标。这一指标从动态的角度来理解国债的限额,即国债增长率与国民生产增长率之比,反映了国债规模增长与国民生产总值增长的相互关系。

(6) 衡量外债负担与限度的指标。主要有三个:① 外债偿债率,指年度债务本息偿还额与当年贸易和非贸易外汇收入之比率,国际标准为20%。② 外债负债率指标一,指外债余额与当年国民生产总值的比率,国际标准为25%。③ 外债负债率指标二,指外债余额与当年贸易与非贸易外汇收入之比率,国际标准为100%。

所以从以上六大指标来看,要科学合理地确定国债发行规模,至少应考虑以下几个因素:① 国家财政资金周转的需要;② 注意国债发行规模的最高客观界限;③ 具体考虑和测量国民经济的应债能力;④ 国家财政的偿债能力;⑤ 国债资金的使用效果;⑥ 外债负担与国民生产总值以及贸易、非贸易外汇收入的比率等。

## 三、国债发行的期限结构

一般国债期限的设计要考虑到:① 政府筹资用资的需要。② 要有利于还本付息在年度间的均匀分布。③ 要有利于降低利息支出成本。④ 要有利于促进经济的稳定发展。⑤ 要考虑市场投资者对国债的需求。

政府发行1年期之内的短期国债,主要是满足政府短期资金周转的需要。而政府需要弥补长期收支差额及执行积极的扩张性财政政策(如罗斯福新政时那样),就会发行大量中长期国债。此外,当一国处于高通胀及名义高利率阶段,政府往往会发行一些中短期国债,以免在通缩、利率回落时造成损失;但相反,在通缩与利率处于历史低位时,就会较多地发行一些中长期国债,以降低中长期筹资成本。如果预期竞标形成的利率将低于将来的实际利率,担心市场上国债价格跌至面值以下,影响国债信誉并会危及国债市场的健康发展时,政府应多发行中短期国债或发行由固定利率保底的浮动利率国债。

## 四、国债利率的确定

国债的发行利率是政府因举债所支付的利息额与借入本金额同期限之积的比率,一般以年利率来表示。

按单利计算,其公式为:

$$国债年利率 = \frac{到期应付利息额}{本金 \times 期限} \times 100\%$$

例如,2006年中国发行的10年期国债,到期应付利息总额为118.3元;本金额为100元,期限为10年,其利率为[118.3/(100×10)]×100% = 11.83%。

国债利率的高低与发行主体及投资者的利益密切相关,事关政府筹资成本的高低及承购者、投资者的购买欲望,十分重要。国债利率的确定应参照市场上的通货膨胀率、市场资金供求关系及借贷利率、债期长短、政府信用程度等诸因素:

(1)市场如果处于高通胀时期,国债的利率也应水涨船高,一般不能低于年通胀率,但此时宜发行短期及1—2年期的国债;如果市场处于低通胀甚至通货紧缩时期,国债的利率也应较低(可以与年通胀率持平,或略高一些),但此时可以发行期限稍长一些的国债。

(2)市场供求状况与金融市场借贷利率对国债利率的影响最大。如果一国商业银行的货币头寸充足、存贷差较大、资金供过于求、金融市场利率较低,国债利率也可以相应较低(可稍高于金融市场利率),反之,则可以同步上升。国债利率与金融市场利率应呈同方向变动。

(3)国债期限的长短对国债利率影响较大。中长期国债的利率在考虑到今后可能发生的通胀等社会因素时,在确定时应偏高一些。在存在通胀预期时,甚至可以采用浮动利率制或实行保值政策。而短期国债利率就可定得低一些。

(4)政府的信用程度。如果国家处于和平时期,国泰民安,经济繁荣,政府信用程度良好,国债利率可较低一些。如果国家处于战争时期,政治、经济局势动荡,政府信用程度不良,国债利率就必须定得高一些。

(5)国债的计息方式及利息支付方式。单利率、复利率和贴现利率以及到期一次付息和分期付息等国债计息方式和利息支付方式对政府财政的筹资成本与投资者实际收益影响很大。如果一般人们均喜好分期付息方式,利率就可定得稍低一些。

在具体确定利率的方式上,无论是短期还是中长期国债,其利率的高低,一般应通过以下几种方式来决定:

（1）竞价方式。多为一些大的投资者（如商业银行、保险公司、证券公司等），由投资者报出认购国债的数量与价格（利率），每个投资者可数次报价，并根据不同价格决定认购数量。这些大的投资者认购的部分占绝大多数。应指出的是，竞价时，一般不应由官方设定价格（利率）的上限和下限；对竞价形势不能把握的，在万不得已的情况下，只能设一个下限。

（2）非竞价方式。多为个人、家庭及小投资者，他们可以以大投资者已经竞出的平均价格进行购买，通常占认购国债数量的较小部分。

（3）由财政部事先决定新发行国债的利率或价格。如中国2001年以前，在银行柜台发行的凭证式国债就是这一种。这种利率确定方式的缺点是：如利率过高，会形成排队抢购现象，并造成国家多付利息的损失；如利率过低，则会卖不出去，只能部分发行。显然，这种方式带有传统计划经济的色彩，正在逐步淡出之中。

## 五、国债的偿还方式

国债到期就要还本付息。各国偿还国债的常见方法有：

（1）买销法。即国家直接从市场上按市价买回国债而销去债务的方法。当国债允许在市场流通的情况下采取这种方法，可以起到调节金融市场货币供应量的作用。

（2）抽签法。抽签法有两类：一类是定期抽签法，另一类是一次性抽签法。所谓定期抽签法，是国家根据某种国债的偿还年限及比例规定，按国债券的号码定期分次抽签以确定每年偿还一部分国债的方法。所谓一次性抽签法，是在国债第一次偿还之前，把归还期内所有的国债按债券号码一次抽签以确定每年偿还一部分国债的方法。

（3）一次性偿还法。即国家定期发行的国债，在债券到期后一次性还本付息的方法。

（4）调换偿还法。国家通过发行新债券替换到期旧债券以偿还国债的方法。既可以用发新债券的收入来收回旧券，也可以采取新旧债券直接调换的方式收回旧债券。采取后一种方式时，应注意给予愿意调换者适当的利率优惠与期限优惠（如可以提前一个月到期，并实行调换）。

# 第三节　国债流通市场

前已述及，国债的流通市场（亦称二级市场）与发行市场一样，十分重要。

它使投资者在购买了国债后可以随时变现、交易,也可以用国债作抵押进行回购与反回购交易,有利于机构用活资金。此外,国债的流通市场还是中央银行运用国债吞吐货币、执行货币政策的场所。可以说,没有一个发达、健康的国债流通市场,就不会有一个发达、成熟的国债发行市场。

## 一、国债的现货市场

所谓国债的现货市场即国债的现货交易、转让市场。在国债现货交易中,交易双方在成交后即时进行清算交割各自的国债券和价款;国债的所有权也随之转移。但在实际交易中,国债交易从成交到交割清算会有一个较短的时滞,主要分三种情况:① 即时交割;② 次日交割;③ 即日交割,即成交后限几天内完成交割。国债的现货交易市场是国债发行市场的延伸;同时又是国债二级市场中的国债回购市场和国债期货市场的基础,即后者只是它的衍生市场。

(一)国债现货市场的结构

从世界各国的情况来归纳,国债现货转让市场主要有两种类型:一种是场外交易即柜台交易;另一种是在证券交易所交易。中国的情况较特殊,由于银证分业,因此还有一个交易额巨大的银行间国债交易市场。

(1)场外交易,也叫柜台交易。即证券交易所之外的交易。在一些西方发达国家,大部分公司债券是在场外交易的,而所有的政府债券也都可以在场外交易。在美国,国债现货交易市场实际上就是一个庞大的场外市场,柜台交易遍及各地,数量众多的政府债券的自营商不断递交投标书和对特定的流通的国债券进行报价。国债经纪人和交易商进行着频繁、大量的委托及自营交易,价格则主要通过报纸和网络公布。美国几大证券交易所都设有债券厅,专门办理国债与其他债券交易,如纽约股票交易所也确实进行过一些国库券的交易,但规模比场外交易小得多。

此外,在很多国家,国债与债券的场外交易多以证券公司为中介进行。往往是证券公司先买入国债,然后再以稍高于买入价的价格卖出债券,从中赚取差价。

(2)证券交易所内的国债交易。证券交易所具有高度的组织性及严格的上市、交易规则。各类证券进入证券交易所挂牌公开交易或上市交易,必须首先经过证券上市管理部门的审核、批准。除了国债及部分著名企业的债券外,其他债券是很难获准在证券交易所上市交易的。

国债在证券交易所进行现货交易,是采用公开竞价的方式进行的。交易时,要遵循"价格优先"与"时间优先"的原则,价格最高的买家与价格最低的卖家,总是可以优先成交。在价格相同的情况下,则按照"先来先成交",即"时间优先"顺序成交。

中国国债的现货交易主要集中在证券交易所市场与银行间国债市场的场内交易,交易量大且十分活跃。2007年,国债场内日成交量达到上百亿元,甚至上千亿元,而同期银行柜台市场国债全年累计成交仅为47.05亿元。这与美国的情况恰好相反。

(二)国债现货市场中的价值发现

在国债现货市场上,投资者在进行买卖前,希望知道市场上的国债价格是过高还是过低,因此必须算出国债的本身价值。

1. 国债的现值

国债在不同的阶段中,有一定的价值存在,简而言之是国债未来现金收入的现值。依货币的时间价值观念,在短期内收到或支付的现金比在长期内收到或支出的现金有较高的价值,因此不能将每期现金的流入或支出视为等值而加总。

$$国债现值 = \frac{利息1}{(1+利率)} + \frac{利息2}{(1+利率)^2} + \cdots + \frac{利息n+票面值}{(1+利率)^n}$$

($n$指距到期日的时间长短)

如果国债票面价值为1 000元,3年期,市场利率为10%,每年应得利息为60元(我国国债到目前为止都是到期本息一起偿还,而不是每年付息,因此在持有期间没有现金收入,如果期限在3年期以上将享受保值贴补)。另外如国债利率低于银行利率,还可能享受贴息,这些都列入到期兑付的现金收入。

$$现值 = \frac{60}{1+10\%} + \frac{60}{(1+10\%)^2} + \frac{60+1\,000}{(1+10\%)^3} = 900.52$$

2. 国债的收益率

国债收益率是国债交易中的重要指标,是投资者最关心的指标。息票利率是名义利率,国债收益率是实际利率,投资者在进行国债的买卖时,都精心计算收益率,争取获得最大收益率。

下面介绍几种国债收益率的计算方法。

(1)息票利率。息票利率是票面上所列的利率,国债发行时,此利率已固定不能更改,投资人从息票利率可看出国债利息的固定收入金额。

$$息票收入 = 国债券面值 \times 息票利率$$

(2)当前收益率。当前收益率又叫直接收益率,指每年利息收入占购买价格的比率。息票利率是理论上的当前收益率,当国债市场价发生变动时,息票收益保持不变,但当前收益率则有变动。

$$当前收益率 = \frac{年利息}{购买价格}$$

(3)到期收益率。到期收益率是一个很重要的指标,它可将未来所有现金净收入加总后,予以折算再求出债券现值,也就是债券的价格。

$$到期收益率 = \frac{(面值 - 现值) \times 距到期日年期 + 息票金额}{(现值 + 面值)/2}$$

(4) 持有期间年收益率。是指国债购买日起到中途卖出为止的债券持有期间的收益率。

$$持有期间年收益率 = \frac{(卖出价格 - 购买价格)/持有月份数}{购买价格} \times 12 个月$$

3. 国债价格与收益率

(1) 国债价格与收益率成反比。如果投资者预计市场利率即将下降,他就可以期待国库券的价格会上扬,这时他可以购买国债,待日后国债价格上涨之后,出售所持有的债券,赚取利润。反之,投资者如预测市场利率将上升,他可以抛售所持有的国债,以期国债价格下跌后买回所抛售的国债赚取差价利润。

(2) 无论息票利率与到期收益率的差别有多大,国债到期日越远,其价格变动越大。一般而言,投资者喜欢买卖长期国债,因为价格波动大就有利可图,但风险加大。

(3) 如果某种国债的到期收益率增减变动一样,则因到期收益率减少而导致的资本利得会大于因到期收益率增加而导致的资本损失;也就是说,在市场利率持续下跌期间,购买国债所能赚取的利润,比市场利率持续上涨期间卖空国债所能赚取的利润要多。

## 二、国债的回购市场

1. 国债回购交易的含义

所谓国债回购交易,是指卖出一种国债券时,附加一定的条件,于一定期间后,以预定的价格或收益率,由最初出售者再将该种国库券购回的交易方式。也可以做一个与上述程序相反的交易,即反回购交易(或称逆回购交易)。国债回购交易是国债二级市场上派生金融工具的一种。

按照交易时国债的所有权是否转移,国债回购又可分为质押式回购和买断式回购。质押式回购是一种以国债为抵押品拆借资金的信用行为,是证券市场的一种重要的融资方式。而买断式回购与质押式回购的区别在于,初始交易时国债持有人是将国债"卖"给国债购买方,而不是质押冻结,国债所有权随交易的发生而转移。该国债在协议期内可以由国债购买方自由支配,只要保证在协议期满能够有相等数量的同种国债卖给国债持有人即可。

2. 国债回购的期限品种

回购交易按期限不同可以分为隔日回购和定期回购。隔日回购(亦称"隔夜回购")是指最初出售者在卖出债券次日即将该债券购回;定期回购是指最初出售者在卖出债券至少两天之后再将同一债券买回的交易。国外市场中最长的回购协议不超过1年。现阶段,中国新式质押式国债回购分为1天、2天、3天、4天、7天、14天、28天、91天、182天共9个回购品种,全国银行间质押式国债回购分为7天、14天、21天、1个月、2个月、3个月、4个月共7个回购品种;上海证券交易所已推出的买断式国债回购有7天、28天和91天,全国银行间买断式国债回购的回购期限由交易双方确定,但不得超过91天。

3. 国债回购率

衡量回购期间收益率大小的指标是回购率,回购率的计算公式是:

年回购率 = (1 - 卖出价/买进价) × (360/从卖出到买回的天数)

回购率的大小是投资者通过回购进行融资对比的依据。卖出回购合同的融资者可以将回购率与通过回购渠道筹得资金的投资收益率对比,以便衡量该笔资金的融资效果,合理的结果应当是资金投资收益率不低于回购率;从买进回购合同的反回购者考虑,应当使回购率不低于手中资金投资于其他方面的机会成本。

例如,债券经纪商甲将一面值100万元的国债券以998 733元的价格卖给投资商乙,并约定于7日后以100万元的价格买回该券。在此,经纪商甲做了一次售出回购,投资商乙做了一次反回购,回购率 = (1 - 998 733/1 000 000) × (360/7) = 6.516%。

4. 国债回购交易市场的意义

国债回购交易市场丰富了投资者的投资选择,活跃了国债交易,提高了债券的流动性与变现性。

国债回购交易作为一种融资与融券相结合的交易方式,将资本市场与货币资金市场相连接,扩大了承销国债的能力,增大了国债一级市场的容量,有助于国债的顺利发行以及国债运行机制的市场化改革。

国债回购交易市场为券商融资提供了一个良好的渠道,在一定程度上,也利于证券市场内在运行机制的完善。

国债回购交易市场有利于商业银行调剂头寸余缺,保障资产负债的正常运营。

国债回购交易业务是中央银行进行公开市场业务的基本方式,为国家实行宏观调控、防止通胀、治理通缩、实行货币政策,甚至为宏观金融体制的改革发挥重要作用。

国债回购交易可以为国债期货交易的远期定价提供依据。这是由于回购价格也是一种远期价格形式,回购率即表示了现货价格与远期价格之差与资本金的比率,是一种能够反映市场资金供求状况的一种浮动利率。

最后,由于国债是一种"金边债券",国债的回购交易市场风险极小,安全系数很高。

5. 国债回购交易市场的前景

由于国债的信誉极高,回购又十分方便、安全、高效,所以这一市场虽时间不长,但发展迅速,颇受欢迎。美国的回购协议市场出现于 1969 年;中国的回购市场初创于 1993 年 12 月,开设以来发展很快,成交量不断上升。

## 三、国债的期货市场

（一）国债期货的含义

国债期货是利率期货中的一个重要品种,也是国债流通市场上的重要交易方式,它是 20 世纪 70 年代在金融国际化与自由化的浪潮冲击下,为避免利率波动风险而产生的。所谓国债期货交易,是指通过有组织的交易场所按预先确定的买卖价格,而于未来特定时间内进行券款交割的国债派生交易方式。

同其他期货交易一样,国债期货交易具有三大基本功能：一是套期保值、规避市场风险的职能,即在利率发生变化从而导致国债价格产生波动的情况下,可将现货和期货市场的损益加以抵消;二是未来价格发现的职能,即国债期货市场能提供各种国债商品的价格信息,反映不同国债的供求情况;三是在法律许可的范围内投机获利。

（二）国债期货交易的特点

国债期货交易具有以下特点：

（1）国债期货交易的对象是标准化的国债期货合约。

（2）国债期货交易必须在指定的交易所内依照严格的规则,在公平竞争的基础上进行,不允许场外交易,更不允许私下对冲。

（3）国债期货交易实行保证金制度,具有以小搏大的杠杆作用。

（4）国债期货交易多采用对冲平仓的方式解除原合约的履行义务,最后实物交割的比例较小。

（5）国债期货交易价格和市场利率密切相关,国债期货属金融期货中利率期货的一种。

（三）国债期货交易制度

（1）保证金制度。保证金制度是期货交易中最基本的风险管理工具。适当的保证金要求,既可以给予入市者一定的灵活性,又不至于使期货交易无限制地扩大,从而为合约的如期履行奠定基础,保护交易所及广大投资者的利益。

（2）涨跌停板制度。涨跌停板制度也是期货交易中风险管理的基本手段之一,即规定当日价格的最大涨跌幅度,如果超过这一幅度,即行停牌,以降低市场风险。涨跌停板的幅度不宜过大也不宜过小,过大了起不到降低市场风险的作用。如果过小了,即使在没有重大利空利好因素影响的情况下,期市价格也屡屡触及停板价,则一方面减少当日的交易量,不利于市场活跃和保障交易所及经纪单位的必要经济收入;另一方面又不利于期市套期保值及价格发现功能的实现,不便于投资者在各地市场间或不同品种之间进行套利操作。

(3) 最高持仓量的限制与大户报告制度。之所以要设立最高持仓量制度,主要是因为国债期货具有高风险性,如果没有持仓量的适当限制,只能是助长投机,不但影响到期实物交割的顺利进行,使套期保值者的目标难以实现,还可能危及整个市场的交易秩序。而且由于一些机构利用大量持仓来操纵价格,而使期价失去其应有的参考意义,阻碍市场公开、公正竞争原则的贯彻,损害大多数投资者的利益。

所谓"大户报告制度",就是指有些投资者出于资产管理的需要而拥有大量证券,为了套期保值而需要增加持仓量,甚至可能超过所规定的警戒线时,为维护市场整体利益考虑,交易所一般要求会员必须将这种情况呈报,说明其债券拥有量、资产结构及其他相关经营情况。交易所在进行严格检查、确认和衡量后,确系套期保值才给予允许。

(4) 逐笔盯市每日无负债结算制度。在每个交易日结束后,结算公司即计算出结算价,以此核算会员每笔交易的盈亏,并调整其保证金账户,当保证金低于维持保证金水平时,即通知追缴保证金,若会员追加保证金未能及时追缴,交易所则有权对其合约进行强行平仓,以此减少期货交易的风险、维护清算交割的正常进行。

(5) 风险管理及风险处理制度。交易所一般都采取建立风险基金制度来进行风险管理。风险处理制度即万一会员破产或不能履行合约时,结算所所采取的措施依次为:立即将该会员账户上的一切合约平仓、转让或套现;若采取上述措施后,该会员在结算所得账户上出现亏损,则动用其开仓押金及结算保证金抵补;若开仓押金不足,则动用其存在结算所的交易保证金;若交易保证金不足,则动用结算所的资金;必要时结算所可要求其全体结算会员追缴保证金等。

(四) 国债期货市场的特征

(1) 流通性强。在国债现券与回购市场,国债表现出很强的流动性,交易成本低,且相当多的国家减免了证券交易税;在国债期货市场中,国债的流动性更强。在这个市场中,投资者可以通过现券与期货市场套做,可以在同一品种国债异地现券市场与期货市场之间套利交易,也可以对同一品种不同期限的国债期货套利,甚至可以对国债现券与期货市场的套期保值等,使国债的流动性得到最充分的发挥。

(2) 成交量大。由于国债期货市场实行带有杠杆效应、放大几十倍的保证金制度,因此其成交量会大大放大,往往可以是国债现券与回购市场的几十倍,乃至上百倍。

（3）具有一定的风险性。通常来讲，期货市场的出现使得现货市场有了套期保值、规避风险的功能，加之国债的发行者是国家，因此国债的违约风险极小，因此这应是一件好事。但在一些新兴的国债市场上，国债期货市场仍具有一定的风险性，原因是：① 在新兴市场经济国家中，通胀与通缩交替发生、大起大落，这使得国债期货价格波动较大；② 新兴市场中，投资者往往风险意识较小，期货知识缺乏，尤其是一些投资者又多来自产权不清晰的国有企业，其领导者金融知识缺乏，长官意志严重，盲目地进行投资，易导致重大亏损与风险；③ 在新兴市场中，整个市场处于初创与完善之中，因此，政策不稳定及多变，也形成了较大的系统性风险。

### 四、国债现货、回购、期货市场的运作

1. 国债内在价格的发现

尽管国债内在价格（现值）或未来某时的价格可以通过公式计算出来，但是国债价格实际上一直受到各种因素的影响，如通胀（通缩）率、银行利率及市场利率、外汇价格波动、国债供求关系及人们心理因素等。因此，几千万人（机构）参加的巨大市场，充分的流通交易形成的市场价格，实际上常常较接近它的内在真实价格，个人与机构可以据此进行判断，以便充分利用资金，安排生产与业务。

2. 套期保值，锁定资金成本与资金到期收益，化解风险

套期保值又分买期保值与卖期保值。

所谓买期保值，就是指投资者卖出国债现券，融得现金时，为担心国债现券大涨，融资成本太高，又在国债期货市场上买入相同期限、相应数额的国债标准合约。这样，投资者就可以在反换资金时，以预定的价格买回自己原先持有的国债，将融资成本锁定在预定目标之内。

所谓卖期保值，就是指投资者卖出国债期货合约，锁定借贷成本，防止在利率上升时向银行及其他金融机构贷款的成本也会随之上升。假定某机构向银行借一笔资金，准备一年后归还，但他预计一年后因种种因素，市场利率将会上升，到时向市场融资归还贷款的成本会上升，造成重大损失。为避免这种情况，机构可在市场上抛出一年后交割的国债期货，抛售数额和借款数额相当，如果利率上升造成国债价格下跌，到时国债期货上的获利部分可以抵消因利率上浮而造成的损失，达到固定借贷成本的目的。

套期保值并不能百分之百地避免风险和锁定成本，但只要对现货和期货差价进行充分的研究和利用，掌握差价变化趋势和规律，套期保值就能进一步增加风险规避功能。

3. 国债现货运作中的持债结构调查

国债发行的数量、现货结构、利率等会因经济形势变化而变化,同时市场供求关系也会影响国债的品种的收益率变化。因此,可以利用国债调剂方式调整自己的持债结构。它的主要做法是,卖出自己所持有国债,买进与自己卖出的债券性质几乎相同但收益较高、收益机会也较大的国债,就可以利用利率的变动或不同到期国债收益的不同套利。

4. 国债期货(或与现货)之间的套利交易

所谓国债期货的套利交易,是指投资者利用国债期货的不同交收日期、不同交易市场和不同交易品种间的价格差异来获取利润的一种交易方式。当投资者预感到两种国债期货合约间现有的价差将会发生明显变化时,在卖出(或买进)一种合约的同时,买进(或卖出)同等数量的另一关联合约,等到两种合约间的价差变化朝着投资者预期的方向发展时,在将手中的两种合约同时平仓,从中获取利润。对于套利交易而言,两种合约本身的价格并不重要,重要的是合约间的价差关系;市场的发展并不重要,重要的是合约价差是扩大还是缩小。这是套利交易与头寸交易的根本区别。

国债期货的套利交易主要有跨期套利、跨市套利、跨品种套利和组合套利等几种形式。

(1) 跨期套利。跨期套利是利用同一市场同一国债但不同交收日期合约间的价差变化来获取利润的。投资者如果认为两合约间的价差会扩大,则买进远期合约,同时卖出近期合约;如果认为价差会缩小,则买进近期合约,同时卖出远期合约。这是最常用的一种套利交易方式。

投资者进行跨期套利,一般总有一个合约盈利,而另一个合约亏损,盈大于亏就达到了获利的目的。与头寸交易相比较,跨期套利的盈利要小一些,但发生亏损时的损失也小,有时完全没有风险。这一特点尤其适合于有一定数量现券为支撑的机构投资者进行数量较大的市场操作。

下面以上海证券交易所国债期货交易实例来说明。

1994年11月24日,F92512价格为125.34元,F92503价格为127.98元,价差仅为2.64元,两者交收日期相距91天,换算成年收益率仅为8.32%,低于市场利率水平,可以判断差价将会扩大,于是卖出F92512合约100口,买进F92503品种100口,果然,市场在11月25日即有反应,F92512价格跌到124.66元,F92503价格涨到127.65元,价差在2天内扩大了0.35元,于是买进F92512平仓100口,同时卖出F92503平仓100口,前者盈利13 600元,后者亏损6 600元,相抵盈利7 000元。

(2) 跨市套利。跨市套利是利用同一国债品种不同交易市场的价差变化来获取利润的。如果甲市场的价格明显低于乙市场,则买进甲市场的合约,同时卖出乙市场的同一品种的合约,等到甲、乙两个市场的价格趋于接近时再同时进行平仓。

如1994—1995年中国国债期货交易的场所有上海证券交易所、深圳证券交易所、武汉证券交易中心、北京商品交易所、广东商品期货联合交易所、四川商品期货交易所等多家。不同的交易规则、交收制度,以及不同投资群体的投资意识等诸多因素,导致了同一国债同一交收日期的期货合约在不同交易市场中的价格差异,有的价差已达到1—1.5元,少数情况下可相差3—5元,这就为跨市套利提供了机会。跨市套利要求投资者随时注意到各个市场的价格变化并快速果断地做出反应。现代化的通信手段,许多证券公司营业部同时开设多个市场国债期货交易业务以及国债期货较之商品期货在异地实物交收方面的有利条件,均为跨市套利提供了可能。

跨市套利除了在不同交易所之间操作外,也可以在同一交易所的国债现货市场及期货之间操作。利用现货期货之间的价格差异套利。

(3)跨品种套利。跨品种套利是利用两种不同但有关联的国债期货合约间的价差变化来获取利润,这里的关联可以理解为不同的国债品种但同一的交收日期,或理解为具有某种共性如保值贴补等。由于不同的国债品种,其发行利率、发行数量、兑付日期、保值与否等方面存在较大的差异,它们之间的价差系通常难以确定,因而在国债期货交易中,跨品种套利较少得以运用。

5. 以国债回购交易、现券交易配合做国债期货交易

实际上国债回购交易、现券交易与国债期货交易是可以套做的。基本做法很多,如:以现金买国债现券;用国债现券作抵押做回购交易,融进资金;做国债期货交易。

6. 商业银行运用国债市场调剂头寸的运作

商业银行在资金运营过程中可能发生资产小于负债而出现资金存差,也可能发生资产大于负债而出现资金贷差,无论哪种情况,都需要轧平存贷差,使存差资金有效运用,贷差缺口得到弥补,以便维护银行资产负债运营的平衡。这种需要也可以通过国债市场上的回购交易来满足,即存差银行可以通过国债隔日反回购使富余资金得到有效利用,同时又能够保证其资产具备一定的流通性和安全性;而贷差银行则可以通过隔日国债售出回购的形式融通资金,使存贷资金保持平衡,又能在回购期满时赎回国债,解决既想长期持有又能中途变现的矛盾。因此,国债回购与反回购交易,不但调剂了资金头寸余缺,也避免了目前只能通过信用拆借而极易发生呆账损失、进而影响银行资金正常运营的问题,是国债市场对商业银行的一个重要作用。

国债市场通过二级市场的交易将商业银行与中央银行的资金调节关系连接起来,成为两者灵活而有效的桥梁。一是中央银行通过吞吐国债的公开市

业务操作来影响和调整商业银行准备金,进而影响其信贷能力,即中央银行在二级市场上低卖高买,以少量的价差损失换取货币吞吐目标的实现;二是商业银行通过国债再贴现、再抵押等手段从中央银行取得再贷款,以保证其信贷能力,这比单纯的信用再放款要安全得多,因为国债的流动性、安全性、通兑性、发行条件的确实性等,非任何有价证券或票据所能比拟,是一种最具灵活性、同质性的中间运作工具。

商业银行要想通过参与国债市场达到上述目标,前提应积极参加一级市场的发行,持有一定量的国债,将其作为储备资产和未来调剂头寸余缺进行资产管理的筹码。只有保持一定的库存,才能在二级市场上具有报价能力,实现与中央银行的国债再抵押、再贷款。同时,发行体确定国债发行对象时不应再将商业银行视为只是分销、零售的中介组织角色,也应视其资产负债运营和自有资金情况而使其成为持有者,这不但是商业银行转变职能的内在需要,也是扩大我国国债市场容量,保证国债顺利发行,促使国债市场发展的客观要求。

## 第四节 美国、英国、日本国债市场

### 一、美国国债市场

(一)美国国债发行市场

1. 美国国债发行规模

美国自1776年首次发行国债以来的两百多年,国债规模迅速扩大,到2006年,其国债余额已达4.32万亿美元之多。

20世纪是美国国债市场规模扩大最快的时期。

第一次世界大战期间,国债规模达到第一个高峰,战后又有所减少。1929年大危机开始后,美国政府加强了对经济的干预和调节,开始采取赤字财政政策刺激经济复苏,大量发行国债。第二次世界大战使国债规模扩张更快,在二战中,美国全部战费的57%是依靠举债获取的。到1945年,美国联邦政府总债务达到2587亿美元,是当年国内生产总值(GDP)的122%,创历史最高水平。第二次世界大战以后,在国债规模每年增加的同时,国债增长幅度却低于通货膨胀率和GDP的增长速度。因此20世纪40年代末期到70年代中期,实际债务水平占GDP的比重呈下降趋势,1974年该比例仅有34%。

但从20世纪70年代中期尤其是80年代以后,国债的增长不仅表现在了绝对规模上,而且相对规模(占GDP的比重)也开始稳步上升。表7-1列示了1980—2008年5月美国国债的发行量、余额及其对GDP的相对规模。

表 7-1　20 世纪 80 年代以后美国国债规模　　　　　　　单位:亿美元

| 年份 | 当年发行量总计 | 国债余额 | 国债借债率 国债当年发行量/GDP | 国债负担率 国债余额/GDP |
|---|---|---|---|---|
| 1980 | 5 921 | 6 164 | 21.2% | 22.1% |
| 1982 | 8 401 | 8 244 | 25.8% | 25.3% |
| 1984 | 10 853 | 12 474 | 27.6% | 31.7% |
| 1986 | 12 479 | 16 190 | 28.0% | 36.3% |
| 1988 | 11 831 | 18 213 | 23.2% | 35.7% |
| 1990 | 15 306 | 21 958 | 26.4% | 37.8% |
| 1992 | 19 905 | 27 541 | 31.4% | 43.5% |
| 1994 | 21 116 | 31 260 | 29.9% | 44.2% |
| 1995 | 23 313 | 33 072 | 31.5% | 44.7% |
| 1996 | 24 847 | 34 447 | 31.8% | 44.1% |
| 1997 | 21 685 | 34 417 | 26.1% | 41.4% |
| 1998 | 19 690 | 33 405 | 22.5% | 38.2% |
| 1999 | 20 278 | 32 660 | 21.9% | 35.2% |
| 2000 | 20 378 | 29 519 | 20.8% | 30.1% |
| 2001 | 27 432 | 29 675 | 27.1% | 29.3% |
| 2002 | 32 405 | 32 049 | 31.0% | 30.6% |
| 2003 | 42 485 | 35 749 | 38.8% | 32.6% |
| 2004 | 46 897 | 39 436 | 40.1% | 33.7% |
| 2005 | 43 625 | 41 659 | 35.1% | 33.5% |
| 2006 | 44 215 | 43 229 | 33.6% | 32.8% |
| 2007 | 44 946 | 45 167 | 32.6% | 32.7% |
| 2008.05 | 21 275 | 46 655 | N/A | N/A |

截止日期:2008 年 5 月。

资料来源:http://www.sifma.org,www.bea.gov,美国财政部。

　　从 20 世纪 80 年代初到 90 年代中期,美国国债的发行量和存量都有大幅度的增长,其主要原因是美国政府采取扩大政府开支与减税并举的财政政策,以致出现了庞大的财政赤字,到 1996 年,国债的发行量和余额都达到 20 世纪的最高峰,分别达到了 24 847 亿美元和 34 447 亿美元。1997 年以后,国债市场呈现出收缩趋势,联邦政府不仅削减国债发行额度,而且主动回购部分公众持有的未到期债券,这种收缩趋势的主要动力是连续三年政府财政预算出现盈余。按照当时的克林顿政府的打算,以后的财政盈余将主要用于减少国债,甚至计划到 2013 年,要将公众持有的国债(即可交易国债)的数量降为零。在 2001 年"9·11"恐怖主义袭击事件发生以后,为抑制当时一度出现的经济衰退的趋势,联邦政府暂缓了收缩国债的计划,继续以国债的扩张来促进经济的发展。

　　从美国的国债发展历史来看,其规模扩张最主要的目的是两个,即筹措军费和刺激经济增长。从美国政府支出的构成来看,在 20 世纪 60 年代,军费支出(为应付美国与前苏联军备竞赛)占了主要部分;20世纪70年代以后,为了保证经济的稳定增长,社会福利支出占了主要部分,加之冷战结束,军费支出退居二位。可以肯定的是,以发行国债为后盾的赤字财政政策对于刺激美国经济的增长、促进经济复苏起了重大作用。21世纪以来,美国在阿富汗、伊拉克的军事行动的庞大开支也促进了美国国债规模的扩张。

2. 美国国债结构

美国国债有两种基本类型:贴现债券(discount securities)和息票债券(coupon securities)。贴现国债,是指以对面值打折的方式发行,不支付息票,到期按面值支付;息票国债,是指以平价或较小的折价或溢价发行,按期支付息票(美国的惯例是每半年支付1次),到期支付本金。

表7-2列示了1980—2008年美国发行的国债种类结构。

表7-2 美国贴息国债(短期)和息票国债(中长期)的发行规模

| 年 份 | 总 计发行量(亿美元) | 贴息债券 | | 息票债券 | |
|---|---|---|---|---|---|
| | | 发行量(亿美元) | 占全部发行量的比例(%) | 发行量(亿美元) | 占全部发行量的比例(%) |
| 1980 | 5 921 | 4 784 | 80.8% | 1 138 | 19.2% |
| 1982 | 8 401 | 6 620 | 78.8% | 1 781 | 21.2% |
| 1984 | 10 853 | 8 030 | 74.0% | 2 823 | 26.0% |
| 1986 | 12 479 | 9 165 | 73.4% | 3 314 | 26.6% |
| 1988 | 11 831 | 8 881 | 75.1% | 2 950 | 24.9% |
| 1990 | 15 306 | 11 326 | 74.0% | 3 980 | 26.0% |
| 1992 | 19 905 | 14 848 | 74.6% | 5 057 | 25.4% |
| 1994 | 21 116 | 16 351 | 77.4% | 4 765 | 22.6% |
| 1995 | 23 313 | 18 208 | 78.1% | 5 105 | 21.9% |
| 1996 | 24 847 | 18 723 | 75.4% | 6 124 | 24.6% |
| 1997 | 21 685 | 16 285 | 75.1% | 5 400 | 24.9% |
| 1998 | 19 690 | 15 306 | 77.7% | 4 384 | 22.3% |
| 1999 | 20 278 | 16 632 | 82.0% | 3 646 | 18.0% |
| 2000 | 20 378 | 17 254 | 84.7% | 3 124 | 15.3% |
| 2001 | 27 432 | 23 625 | 86.1% | 3 807 | 13.9% |
| 2002 | 38 121 | 32 405 | 85% | 5 716 | 15% |
| 2003 | 42 485 | 35 035 | 82.5% | 9 419 | 17.5% |
| 2004 | 46 897 | 38 364 | 81.8% | 8 533 | 18.2% |
| 2005 | 43 625 | 36 163 | 82.9% | 7 462 | 17.1% |
| 2006 | 44 215 | 36 327 | 82.2% | 7 888 | 17.8% |
| 2007 | 44 946 | 37 423 | 83.3% | 7 523 | 16.7% |
| 2008.05 | 21 275 | 18 232 | 85.7% | 3 043 | 14.3% |

截止日期:2008年5月。
资料来源:http://www.sifma.org/,美国财政部。

到 2003 年,美国财政部发行的所有 1 年和 1 年以下的国债都是以贴现方式发行的,称为国库券(treasury bills)。国库券的发行一般是为了弥补财政赤字,偿还到期债务,增加可支配资金。国库券的面额一般是 10 000 美元,根据到期期限不同,国库券可分为三种类型,即 91 天期国库券、182 天期国库券和 1 年期国库券。国库券都是定期发行的,91 天和 182 天到期的国库券,每周发行一次,1 年期的国库券每 4 周发行一次。

到期期限超过一年的国债,都是以息票方式发行的。原始期限在 2 年至 10 年间的称为财政票据(treasury notes)或中期国债,原始期限在 10 年以上的称为财政债券(treasury bonds)或长期国债。财政票据和财政债券经常被统称为财政债券。息票国债也是定期发行的,根据到期期限分为:2 年期国债、3 年期国债、5 年期国债、10 年期国债和 30 年期国债。目前,中长期国债都是采用登记形式,购买者需要在美国财政部登记,然后美国财政部按时给他们汇寄利息,本金到期时再寄还本金。如果已经登记过的债券在二级市场上交易以后,新的债券持有者需要在美国财政部重新登记。而且,长期国债在发售时常附有约定的赎回条件,美国财政部有权在债券到期前 5—10 年内硬性赎回。

表 7-3 列示了 2008 年 9 月 2 日美国可流通国债的利率结构和收益率情况。

表 7-3  2008 年 9 月 2 日美国国债利率和收益率

| 国库券(T-bills) | | | | |
|---|---|---|---|---|
| | 息票率 | 到期日 | 贴现率/收益率 | 贴现率/收益率变化 |
| 3 个月 | 0.000 | 12/04/2008 | 1.67 / 1.70 | 0 / −0.000 |
| 6 个月 | 0.000 | 03/05/2009 | 1.9 / 1.95 | −0.024 / −0.025 |
| 12 个月 | 0.000 | 08/27/2009 | 2.04 / 2.10 | 0 / −0.000 |
| 中长期国债(T-Notes/Bonds) | | | | |
| | 息票率 | 到期日 | 现价/收益率 | 现价/收益率变化 |
| 2 年 | 2.375 | 08/31/2010 | 100-06+ / 2.27 | −0-01 / 0.016 |
| 5 年 | 4.625 | 08/31/2011 | 106-00+ / 2.52 | −0-01½ / 0.014 |
| 10 年 | 3.125 | 08/31/2013 | 100-20 / 2.99 | −0-01 / 0.007 |
| 30 年 | 4.000 | 08/15/2018 | 102-05½ / 3.74 | −0-01 / 0.004 |

注:贴现率/收益率变化、现价/收益率变化是指 2008 年 9 月 2 日美国国债的数据与前一交易日的同比变化数据。

资料来源:www.bloomberg.com,2008 年 9 月 2 日。

图7-1描绘了2008年9月2日美国国债利率的收益率曲线(利率期限结构),由图中所见,是常见的向右上方倾斜的曲线。

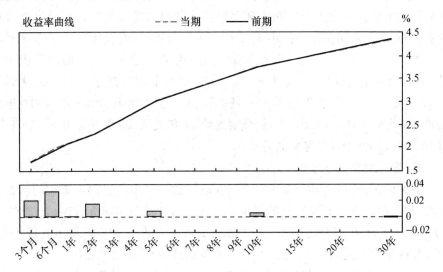

图7-1　2008年9月2日美国国债的收益率曲线

资料来源:www.bloomberg.com,2008年9月2日。

另外,美国政府还发行其他不可转让的债券,包括储蓄债券、投资债券和特别发行债券等。

储蓄债券又称储蓄公债,是美国财政部发行的一种小面额的长期债券,一般只卖给个人以及有选择性地卖给某些机构。储蓄公债的期限大多为10年或20年,安全性高,收益率较高,一般用于吸收公众持有的流动储蓄金。储蓄公债的持有人在持有债券2至6个月后,即可要求政府还本,由各地银行代为兑现。但是,一旦投资人在债券期满前要求政府兑还本金,就必须承受利息方面的损失,持有债券的时间越长,利息损失越小。储蓄公债又分为E类储蓄公债和H类储蓄公债。E类储蓄公债为贴现债券,H类储蓄公债为息票债券。

投资债券是美国财政部发行的一种不能转让、也不能要求政府于期满前兑还本金的债券,主要用于吸引公共机构投资者。已发行的投资债券有A种投资债券和B种投资债券。A种投资债券可以兑换现金,B种投资债券则不能兑换现金,但可换成5年期的可转让债券。

特别发行债券是由美国财政部直接对几个信托基金账户发行的债券。这种债券不能转让,但当持券人需用现金时,可以要求政府兑还本金。

从1997年1月开始,美国财政部开始发行通货膨胀指数化债券(treasury inflation-protected securities,TIPS)。这种国债的本金数额,按两个半月前政府正式公布的消费物价指数不断进行调整,半年支付1次的利息额则跟随本金变动。这样,本金及其利息收入的实际购买力就不受到通货膨胀的侵蚀。但是,由于可能发生通货紧缩,调整后的本金可能低于面值,美国财政部对此以通胀调整后的本金和面值两者中取较高者的价格赎回。通胀指数化债券每季发行一次,分别在1月、4月、7月、10月发行。到目前为止,通胀指数化债券的期限有5年、10年和30年三种。截至2005年底,由美国财政部发行的通胀指数化国债在美国的流通数额约为3 000亿美元,而在全球的流通数额更是达到了8 000亿美元。通胀指数化国债市场的流动性也在增强,2006年、2007年和2008年(截至5月)日平均交易量分别达到77亿美元、80亿美元和98亿美元,而10年前(1998年)仅有9亿美元。①

3. 美国国债发行方式

美国的国债发行,是由美国财政部在联邦储备体系的协助下进行的。在宣布发行日,财政部宣布要发行国债品种、数量、拍卖日期和结算日期,自1983年4月18日开始,国库券的拍卖投标是以万分之一为基点,以贴现率方式提出;息票国债的拍卖方式则以1美元的1/32为基点,以收益率方式提出。

近年来,美国所有的可转让国债都是采用拍卖方式发行的,并且都是采用收益率拍卖方式,财政部根据在拍卖过程中决定的票面利率来发行已公布的全部国债数额。财政部不设定投标的最大收益率和最低收益率,也不任意增加或减少已经公布的发行规模。而在一些国家,为了防止招标中的联手和共谋控制市场的行为,将招标价格控制在一定范围内,发行人会确定招标的最低价格(如意大利和墨西哥)和保留在投标后减少发行数量的权利(如法国)。

美国国债的拍卖投标分竞争性投标和非竞争性投标。竞争性投标人需在拍卖日向联邦储备银行报告投标价格和要求数量,而非竞争性投标者在进行投标时,只要报出他们愿购买的数量而不用报出投标价格。在开标时,拍卖人首先满足所有的非竞争性投标,然后再根据约定的拍卖方式满足竞争性投标,所有中标的竞争性投标者支付价格的加权平均数就是非竞争性投标者支付的价格。

一般地,在美国财政部公布发行新的国债和国债实际发行之间可能会有1周左右的时间。在此期间,财政部允许对即将发行的债券进行交易(招标前交易)。这样做的目的是有利于价格发现,减少拍卖过程中的不确定性。潜在的竞争性投标者可以从招标前交易中得到有效的价格信息,从而决定参与投标的价格;而非竞争性投标者也可以从招标前交易中估计拍卖的平均价格,从而决定是否进行非竞争性投标。

---

① 数据来源于 http://www.sifma.org/。

美国国债收益率拍卖方式主要有两种。

第一种是多价格拍卖(multiple-price auction),也被称作歧视性价格拍卖(discriminatory price auction)。目前,除了 2 年期、5 年期中期债券和通货膨胀指数化债券外,其他的可转让国债都是通过多价格拍卖发行的。在多价格拍卖中,财政部首先满足所有非竞争性投标者的投标,再按照收益率(在国库券拍卖中是贴现率)从低到高的顺序对所有竞争性投标者进行排序,并分别以各自报告的投标价格卖给他们所愿购买的国债数量,直到卖完所有的已公布发行的国债。而非竞争性投标者支付的价格是所有中标的竞争性投标者支付价格的加权平均数。

第二种是单一价格拍卖(uniform-price auction)。自 1992 年 9 月开始,美国财政部对每月发行的 2 年和 5 年期中期债券进行单一价格拍卖,而通货膨胀指数化债券的单一价格拍卖则是从 1997 年 1 月开始。在单一价格拍卖中,所有的投标者都是按照收益率进行投标的,并且票面利率也由拍卖决定。财政部按照收益率从低到高的顺序对所有投标者进行排序,并分别卖给他们愿购买的国债数量,直到卖完所有的已公布发行的国债。与多价格拍卖不同,所有中标的竞争性投标者都按照最后中标者的收益率报价(中标者中的最高收益率报价)支付购买价格,即每位中标者支付的价格是相同的,并且是所有中标者中最低的报价。

从 1993 年 4 月开始,美国财政部对 52 周期国库券的拍卖实行了电子化投标。该电子化投标系统名为财政部自动化拍卖处理系统(TAAPS),它允许投标者在其办公地点通过电脑终端向联邦储备银行提交电子化标书。TAAPS 处理所有的电子化标书后通知所有的中标者,然后通过与之独立的商业银行转账系统完成国债的电子化发行。电子化投标提高了投标和拍卖处理的效率和准确性,使得更多的人能够参与国债券拍卖,并且有利于监督拍卖规则。目前,通过 TAAPS 进行的拍卖已占到拍卖总额的 90% 以上。财政部在努力向所有投标者提供电子化手段的同时,仍然接受书面的投标书,以保证有更多的投标者参与国债券拍卖。

在国债券拍卖过程中,美国联邦储备银行充当美国财政部的财务代理人,所有参加财政部举行的国债拍卖的投标者都可直接向美联储提交投标书,或者直接向财政部提交,或者间接通过交易商递交。财政部允许所有在证券交易委员会(SEC)注册的交易商和所有接受美联储监管的金融机构为它们自己的账户和其客户的账户提交投标书。只要投标者同美联储有支付协议,那么投标者不一定要在美联储有存款账户。

为方便非竞争性投标者投标,美国财政部特别设立了 Treasury Direct 转账系统。通过该系统,投标者可以直接从财政部得到国债券,而不用通过交易商或金融机构的中介服务。

(二)美国国债流通市场

1. 美国国债现货交易市场

美国国债二级市场是世界上流动性最好的金融市场。表 7-4 列示了 1980—2007 年 1 月至 4 月美国国债的日平均交易量。

表 7-4　美国国债日平均交易量　　　　　　　　　单位:亿美元

| 年　份 | 与经纪商的交易 | 与其他人的交易 | 总　　计 |
|---|---|---|---|
| 1980 | 114 | 69 | 183 |
| 1982 | 174 | 148 | 322 |
| 1984 | 285 | 243 | 528 |
| 1986 | 533 | 423 | 956 |
| 1988 | 630 | 392 | 1 022 |
| 1990 | 687 | 425 | 1 112 |
| 1992 | 957 | 564 | 1 521 |
| 1994 | 1 161 | 752 | 1 913 |
| 1995 | 1 127 | 805 | 1 932 |
| 1996 | 1 173 | 864 | 2 037 |
| 1997 | 1 209 | 912 | 2 121 |
| 1998 | 1 265 | 1 001 | 2 266 |
| 1999 | 1 013 | 853 | 1 866 |
| 2000 | 986 | 1 080 | 2 066 |
| 2001 | 1 388 | 1 591 | 2 979 |
| 2002 | 1 708 | 1 956 | 3 664 |
| 2003 | 2 020 | 2 566 | 4 386 |
| 2004 | N/A | N/A | N/A |
| 2005 | N/A | N/A | N/A |
| 2006 | 2 965 | 7 880 | 10 845 |
| 2007(1月至4月) | 2 999 | 8 587 | 11 586 |

截止日期:2007 年 5 月。
资料来源:纽约联邦储备银行。

美国国债的二级市场是场外交易市场,交易在一级自营商、非一级自营商、金融机构、非金融机构和个人之间进行,但其参与者主要是机构交易商。在美国,虽然个人可直接向联邦储备银行购买新发行的国债,但绝大部分国债由被称为政府的"认可"或"一级"证券经营商所购买,这些证券经营商组成了二级市场的主体。

许多交易商,特别是一级自营商在债券市场上通过买卖及在国债市场建立短期头寸而做市,使得顾客之间的交易能顺利进行。交易商做市时低价买进、高价卖出,并据此获得买卖价差。除了直接与顾客交易,一级自营商经常相互交易,交易大部分是通过六家交易商间经纪人进行的。这些经纪人向交易商提供能显示最佳买价、卖价的电子屏幕,交易商通过经纪人而完成交易。在二级市场交易价格方面,息票债券用美元报价,其报价是扣除了自然增长利息的"净价"。当交易发生时,购买者必须向出售者支付净价和自然增长的利息,后者等于息票数量乘以持有息票的时间。息票债券的价值经常用到期收益或收益率来表示,而不是用价格来表示。财政债券的收益率是未来的息票和兑付本金的贴现值等于现行的债券价格时的利率。实际上,这一收益率表示在半年复利时投资者持有债券到期将获得的收益率。

国库券与息票债券不同,它以年折扣率报价,以一年为 360 天计,国库券面值与市场价的差额占面值的百分比再乘以 360、除以距到期的天数就得年折扣率。这种以折扣率代替实际收益率来衡量国库券的收益并不是非常精确合理。首先,它是以面值为基础计算的,而非以实际投资金额计算的;其次,以 360 代替 365 天计算并不是非常精确。但是,实际交易中交易上仍然用折扣率进行报价。

美国现在已基本实现无券记账系统代替实物券。目前,美国国债有两种债券保管方式,一种是所有权和法定权益电子化记录在美国联邦储备银行和储蓄机构的系列账簿上,另一种是投资者通过财政部的直管系统直接开立一个记账债券账户,该账户上的债券一般是最初发行时购买的,且持有到期。通过全国记账系统,储蓄机构能电子化地完成他们之间以及与客户之间债券买卖的清算交割。大多数交易都是建立在券款对付基础上的,即债券电子化地存入买入机构账户的同时,相应的款项就存入卖出债券机构在联邦储备系统的账户上,储蓄机构随后调整客户的记录来反映其交易情况。

2. 美国国债回购市场

在美国的回购市场中,抵押品包括国债、联邦机构证券、抵押担保证券或其他货币市场工具等,然而国债一直是其中最重要的回购证券,这要归功于美国国债的低风险、高流动性和范围广阔的参与者。据统计,2008 年第一季度,美国国债回购市场的一级交易商平均日交易量已经达到 70 554 亿美元[1],是美联储实现货币政策的重要工具,也是套期保值、套利的主要工具。国债回购交易市场,已经成为美国国债市场的重要组成部分。

根据国债回购协议中规定的购回期限,美国国债的回购交易有"隔夜回购"和"期限回购"。市场中没有统一的回购利率,不同交易的利率差异取决于回购

---

[1] 数据来源于 www.sifma.org。

期限、国债流动性、国债的易得性和交割条件等,但其总体水平是由联邦基金利率决定的。一般来说,回购利率要低于联邦基金利率,因为回购有国债作为担保,而联邦基金则是无证券担保的借款。

国债回购市场中的主要参与者有证券经销商(投资银行和货币中心银行)、储蓄和商业银行、货币市场基金、银行信托部门、市政当局和公司等。储蓄和商业银行一般是国债的卖出者(即资金的借入者),货币市场基金、银行信托部门、市政当局和公司等一般是国债的买入者(即资金的提供者)。证券经销商是回购-逆回购市场中最大的参与者。经销商不仅利用回购市场作为其存货融资的主要手段,还可以通过进行对冲交易(即做相同期限的回购和逆回购)获得利差。

美联储是国债回购市场中主要的官方参与者,它通过回购交易购买或卖出抵押品(主要是国债)来实施货币政策。通过买入国债(即贷出资金)美联储可以向金融市场中注入货币,给短期利率造成下降的压力,这被称为系统回购;通过卖出国债美联储可以从市场中回笼资金,给短期利率造成上升的压力,这被称为对冲出售。

3. 美国国债期货市场

美国的国债期货交易产生于20世纪70年代。70年代,受石油危机的冲击,美国经济出现动荡不安,通货膨胀与失业矛盾导致美国政府政策的不断变化,市场利率出现频繁波动。

为回避利率市场风险,国债期货应运而生,国债持有者可以在国债期货市场持有与现货市场数量相等但买卖方向相反的期货,以期货市场的盈亏抵消现货市场的盈亏,从而实现降低利率风险的目的。1976年1月,芝加哥商品交易所首次推出了91天短期国债期货,而后又有长期国债期货上市。国债期货上市后,交易十分活跃,交易规模也呈几何级数增加。表7-5列示了90年代中期以来的国债期货发展状况。

美国的国债期货市场取得重大成功主要有以下原因:第一,国债信用好,安全性强;第二,流动性好;第三,国库券的利率与货币市场上其他债券凭证的利率有着高度的相关性,可以用它来套期保值。

美国的国债期货均在三个交易所内进行,这三个国债期货的专门交易场所是:芝加哥商品交易所(国库券期货合约)、芝加哥贸易局(息票国债期货合约)、芝加哥期权交易所(国债期货期权合约)。

国债期货合同可以根据其对应的证券期限分为短期国债期货、中期国债期货和长期国债期货。短期国债期货合约对应的债券是面值为100万美元、期限为13星期(3个月)的国库券,即卖者同意在结算日向买者交付一张面值为100万美元、距到期日还有13个星期的国库券,所交付的国库券可以是新发行的,

表7-5 美国国债期货市场年平均交易量　　　　单位:万亿美元

| 年份 | 长期国债期货（10年以上） | 10年期国债期货 | 5年期国债期货 | 2年期国债期货 |
|---|---|---|---|---|
| 1990 | 75.50 | 6.05 | 2.53 | 0.11 |
| 1991 | 67.89 | 6.34 | 3.39 | 0.29 |
| 1992 | 70.00 | 11.22 | 6.44 | 0.45 |
| 1993 | 79.43 | 16.60 | 8.12 | 0.53 |
| 1994 | 99.96 | 24.08 | 12.46 | 0.94 |
| 1995 | 86.38 | 22.45 | 12.64 | 0.74 |
| 1996 | 84.73 | 21.94 | 11.46 | 0.64 |
| 1997 | 99.83 | 23.96 | 13.49 | 1.02 |
| 1998 | 112.22 | 32.48 | 18.06 | 1.35 |
| 1999 | 90.04 | 34.05 | 16.98 | 1.05 |
| 2000 | 62.75 | 46.70 | 23.33 | 1.48 |
| 2001 | 58.58 | 57.59 | 31.12 | 2.39 |
| 2002 | 56.08 | 95.79 | 50.51 | 3.20 |
| 2003 | 63.52 | 146.75 | 73.75 | 4.42 |
| 2004 | 72.95 | 196.12 | 105.47 | 9.45 |
| 2005 | 86.93 | 215.12 | 121.91 | 21.21 |
| 2006 | 93.75 | 255.57 | 124.87 | 37.97 |

截止日期:2006年12月31日。
资料来源:芝加哥期货交易所。

也可以是已发行的。长期国债期货合约对应的债券是一种虚构的20年期的息票利率为6%(2000年2月之前,长期国债期货标准合约利率为8%)、面值为10万美元的债券,其在结算日交割的对象是一定的长期国债(在期货合约最初交易日之前,芝加哥期货交易所会公布卖方可以交付的特定种类的长期国债,卖方可以在其中选择)。中期国债期货模仿长期国债期货合约,其对应的证券是一种虚构的10年期、利率6%(2000年2月之前,中期国债期货标准合约利率为8%)、面值为10万美元的中期国债,可交割的债券是到期日距离交割日的第一天不低于6.5年但不高于10年的国债券。可以看出,美国的国债期货交易有一个显著的特点,即期货合约并不指定特定的一种国债,而是许多国债中的任意一种都可以用来交割,卖方具有挑选何种国债进行交割的权利。

表7-6是2007年12月芝加哥期货交易所公布的当月可用于长期国债期货交易的部分债券及其相应的转换系数。

**表 7-6　2007 年 12 月美国两年期短期国债期货合约的转换系数**

| 息票率 | 发行日 | 到期日 | 发行量（亿美元） | 6% 转换系数 | | | | | | |
|---|---|---|---|---|---|---|---|---|---|---|
| | | | | 2007 年 12 月 | 2008 年 3 月 | 2008 年 6 月 | 2008 年 9 月 | 2008 年 12 月 | 2009 年 3 月 | 2009 年 6 月 |
| 3⅛ | 11-30-07 | 11-30-09 | 200 | 0.9486 | — | — | — | — | — | — |
| 3¼ | 12-31-07 | 12-31-09 | 220 | 0.9489 | 0.9549 | — | — | — | — | — |
| 3½ | 11-15-04 | 11-15-09 | 150 | 0.9553 | — | — | — | — | — | — |
| 3⅝ | 10-31-07 | 10-31-09 | 200 | 0.9593 | — | — | — | — | — | — |
| 3⅞ | 05-16-05 | 05-15-10 | 150 | — | — | 0.9620 | — | — | — | — |
| 4 | 10-01-07 | 09-30-09 | 180 | 0.9672 | — | — | — | — | — | — |
| 4¼ | 10-17-05 | 10-15-10 | 130 | — | — | — | — | 0.9700 | — | — |
| 4⅜ | 12-15-05 | 12-15-10 | 130 | — | — | — | — | 0.9698 | 0.9733 | — |
| 4½ | 05-15-07 | 05-15-10 | 140 | — | — | 0.9732 | — | — | — | — |
| 4¾ | 02-15-07 | 02-15-10 | 160 | — | 0.9776 | — | — | — | — | — |

数据日期:2007 年 12 月 26 日。
资料来源:芝加哥期货交易所。

## 二、英国国债市场

### (一) 英国国债发行市场

关于国债"金边债券"(gilt-edged stock)的美誉就是起源于英国,因为英国国债开始发行时,其国债券票面带有金黄边,"金边债券"另一方面也代表了国债在英国金融市场上的最高信誉和最低风险。

英国政府所发行的国债主要分为市场性国债和非市场性国债。

**市场性国债**可分为国库券和金边债券。国库券的期限低于1年,通常为90天,流动性与变现性极高。国库券为无记名的贴现债券,由英格兰银行负责招标发行,面额为5 000、1万、2.5万、10万、25万和100万英镑。金边债券从期限来看,分为短期债券(5年以下),中期债券(5至15年)、长期债券(15年以上)和无期限国债。英国的有期国债虽然有一定的到期日,但在期满之前政府有权随时偿还。无期限国债没有到期期限,持有者只能领取利息,政府有在提前3个月公告后赎回的权利。

另外,英国国债市场上还有几类比较特别的国债,如可转期国债,其到期期限很短,但持有者有权在未来数年内将其转换成特定数量的期限较长的国债;指数化国债,其利息支付和最后的本金支付都和消费价格指数相联系;浮动利率债券,根据短期市场利率随时调整债券利息。

英国的非市场性国债种类众多,据统计一百多种,远超过其他国家发行的国债类型。这些国债的购买受额度限制并不允许转让,但为了确保兑换现金而允许中途解约,英国政府还给予这些国债一定的利率保证,免征利息税,以吸引公众的购买。非市场性国债几乎都是储蓄国债,其主要目的是为大众提供储蓄手段,筹集国债资金。

英国国债的发行一般采取拍卖方式,是和美国类似的由竞争性投标人和非竞争性投标人共同参与的价格招标方式。通常,英格兰银行在拍卖前一周公布拍卖发行的详细说明书,内容包括债券的票面利率、期限以及出售债券的最低价格。投资者和市场经纪人可以提出等于或高于最低投标价格的买入价,国债数量按投标价格从高到低分配给投标人,投标人取得国债的实际价格统一为中标的最低价格。可见,英国国债的发行实际上是随行就市的,但是由于规定了最低价格,其市场化程度稍逊于美国。

另外,英国国债还有随卖(taps sale)和分档(taplets)两种发行方式。随卖方式一般是国债在价格招标中未能全部发行出去的情况下采用的,英格兰银行可以根据市场需求状况和其他条件的变化,随时在市场上将这部分剩余国债以同样的条件重新发行,随卖方式发行的国债和以前发行的同品种国债可以相互替代。分档方式和随卖方式相似,不同的是,随卖方式出售的是招标中未被预购或分配的部分,而分档方式出售的则是原先发行的国债数量之外重新增加的部分。

表 7-7 列示了 2008 年 9 月 2 日英国可流通国债的利率结构和收益率情况;图 7-2 描述了 2008 年 9 月 2 日英国国债收益率曲线(利率的期限结构)。

表 7-7  2008 年 9 月 2 日英国国债价格和收益率

| 期　限 | 息票率(%) | 到期日 | 价　格 | 收益率(%) |
|---|---|---|---|---|
| 6 个月 | 4.000 | 03/07/2009 | 99.57 | 4.87 |
| 1 年 | 5.750 | 12/07/2009 | 101.39 | 4.59 |
| 2 年 | 4.750 | 06/07/2010 | 100.49 | 4.46 |
| 3 年 | 4.250 | 03/07/2011 | 99.58 | 4.43 |
| 4 年 | 5.000 | 03/07/2012 | 101.95 | 4.40 |
| 5 年 | 5.000 | 09/07/2014 | 103.08 | 4.41 |
| 7 年 | 4.750 | 09/07/2015 | 101.7 | 4.47 |
| 8 年 | 4.000 | 09/07/2016 | 97.03 | 4.44 |
| 10 年 | 5.000 | 03/07/2018 | 103.87 | 4.49 |
| 15 年 | 5.000 | 03/07/2025 | 103.67 | 4.68 |
| 20 年 | 4.250 | 12/07/2027 | 94.9 | 4.65 |
| 30 年 | 4.750 | 12/07/2038 | 105.64 | 4.41 |

资料来源:www.bloomberg.com,2008 年 9 月 2 日。

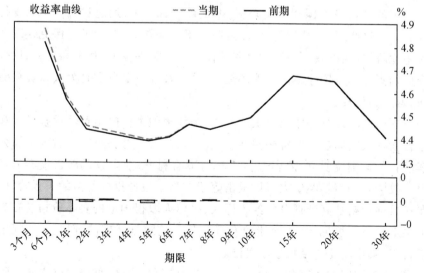

图 7-2  2008 年 9 月 2 日英国国债收益率曲线

资料来源:www.bloomberg.com,2008 年 9 月 2 日。

### (二) 英国国债流通市场

英国对国债买卖没有限制,但交易都在交易所进行,特别是市场性国债完全集中在交易所交易。因此,英国实际上不存在场外交易。

在英国的国债流通市场上主要以机构投资者为主,企业和个人进行的买卖较少。国债的买卖完全经过经纪商并由交易商办理,但交易商不同顾客开展直接交易,而是利用自己的账户同其他交易商买卖自己承担的特定品牌的国债。经纪商是在接受订单后同交易商进行交易,不能利用自己的账户进行买卖。另外,经纪商有向顾客提供适应市场行情变化的各类情报作用。在英国,交易商和经纪商不能互相兼职。

1994年1月,英格兰银行启用金边债券回购充当规范的公开市场操作工具。在1996年以前,英格兰银行中央国债办公室(CGO)直接交易的对象仅局限于国债做市商,并且对国内外的国债投资者实行不同的税收待遇,所有国债交易也必须在英国国内清算,抑制了国债市场的发展。1996年,英格兰银行宣布开放国债回购市场,改变了以上做法。此措施吸引了更多的国外投资者,提高了国债市场流动性,可以降低政府筹资成本,并加强对国内市场的短期货币控制,提高货币政策的有效性。1997年11月英格兰银行中央国债办公室推出新的国债清算系统CGOLL,首次允许做市商对国债进行分拆(STRIP,即将国债的本金与息票部分拆开分别出售),这一新的清算系统也为国债回购市场提供了更多的便利,进一步促进了英国国债市场的发展。

英国国债期货市场——伦敦国际金融期货交易所于1982年成立,成立之初就是着眼于提供国际金融市场中心应具备的各种金融工具与功能,因此在该交易所上市的品种不仅限于本国国债期货,还包括美、日、德、意等国的国债期货。在1987年之前,英国国债期货是伦敦国际金融期货交易所最活跃的期货,但是从1988年开始,英国政府减少国债发行,并且从国债市场中回购国债,从而降低了其二级市场的流动性,致使其国债期货市场也冷淡下来了。

## 三、日本国债市场

### (一) 日本国债发行市场

1. 日本国债发行规模

1947年,日本通过《财政法》,原则上禁止了发行赤字国债,在1965年之前,日本政府没有发行过赤字国债,仅发行过数量有限的交付国债、短期政府债券和特别减税国债。1965年,由于经济的萧条,日本政府在战后首次发行了长期性的建设国债。20世纪70年代以后,日本进入低速增长时期,日本政府为促进经济增长,实行扩张性的财政政策,扩大财政支出,大量发行赤字国债,使国债市场得以迅速发展,并一度超过美国,曾经成为最大的国债市场。表 7-8 列示了 1975 年日本进入"赤字国债时代"后选择年度的国债余额状况。

表 7-8　20 世纪 70 年代以后日本普通国债规模　　单位:10 亿日元

| 年　份 | 发行量 | 余　额 | 借债率<br>发行量/GDP | 负担率<br>余额/GDP |
|---|---|---|---|---|
| 1970 | 388 | 3 039 | 0.3% | 2.0% |
| 1975 | 5 786 | 1 508 | 63.9% | 10.2% |
| 1980 | 14 559 | 70 510 | 6.1% | 29.4% |
| 1985 | 22 998 | 134 431 | 7.9% | 46.2% |
| 1990 | 39 032 | 166 338 | 8.7% | 36.9% |
| 1995 | 68 431 | 225 185 | 13.6% | 44.9% |
| 1996 | 70 638 | 244 658 | 13.7% | 47.5% |
| 1997 | 71 084 | 257 988 | 13.7% | 49.6% |
| 1998 | 95 843 | 295 249 | 18.6% | 57.4% |
| 1999 | 99 807 | 331 669 | 19.4% | 64.6% |
| 2000 | 105 392 | 367 555 | 20.5% | 71.3% |
| 2001 | 144 493 | 436 195 | 28.8% | 86.8% |
| 2002 | 147 298 | 496 064 | 29.6% | 99% |
| 2003 | 141 422 | 539 816 | 28.8% | 110.1% |
| 2004 | 162 340 | 606 035 | 32.6% | 121.6% |
| 2005 | 169 505 | 663 774 | 33.8% | 132.4% |
| 2006 | 162 855 | 676 291 | 32.1% | 133.2% |

截止日期:2006 年 12 月底。
资料来源:IMF,日本财政部。

按日本政府的设想,发行国债可以促进经济走出萧条,但是,从后来的实际发展趋势来看,并没有按预期的方向发展下去,相反的,国债日益成为日本政府的负担。

从 20 世纪 70 年代后期开始,日本政府就开始主张降低财政对国债的依存度,以期"重建财政"。在泡沫经济期间(1987—1991 年),日本财政对国债的依存度有所下降,但随即由于泡沫经济的破灭,经济陷入萧条,日本国债又开始大幅增长。为了促进经济发展,1992 年宫泽喜一内阁首次实施 10 万亿日元规模的刺激经济对策,其后,积极的财政政策为历届内阁纷纷效仿,到 2001 年底为止日本已经实施了 10 次刺激经济对策,总额达 130 万亿日元。为了支持经济对策,日本政府大量发行国债,如表 7-8 所示,2006 年末,日本发行在外的普通国债占 GDP 比例已经达到 133.2%，而同期在美国该比例仅为 32.8%。

2. 日本国债结构

日本国债一般发行用途明确，譬如，"建设国债"是为公共事业、基础设施的建设筹措资金而发行的；"赤字国债"是为了弥补财政年度的收入不足而发行的；"借换国债"是为筹措已发行国债的偿还资金而发行的。

近年来，日本的国债根据期限结构也可以分为长期国债（10 年以上，其中 20 年期国债被称为超长期国债）、中期国债（2—5 年）、短期国债（6 个月），偿还期为 5 年的中期国债和短期国债以贴现方式发行，其他的国债以息票方式发行。

短期国债采用公募投标方式发行，发行日为每周一、三、五。债券面额有 100 万日元、500 万日元、1 000 万日元、5 000 万日元、1 亿日元和 5 亿日元 6 种。目前日本发行的短期国债分为三种：为弥补一般账户资金不足而发行的大藏省证券，为弥补粮食管理特别账户资金不足而发行的粮食证券，为弥补外汇资金特别账户资金不足而发行的外汇资金证券。

中期国债的发行日期不定，随时可以发行，大多采用公募投标的方式发行。此外，也有少量采用固定利率直接发行的方式和资金运用部承购的方式发行。债券面额、付息方式与长期国债相同。但这种债券不在证券交易所上市买卖，而是通过一些金融中介机构进行柜台交易。5 年期贴现国债原则上隔月（奇数月）发行，以折价发行的方式代替支付利息。债券面额有 5 万日元、10 万日元、50 万日元、100 万日元、300 万日元、1 000 万日元、1 亿日元 7 种。贴现国债不在证券交易所上市，可通过金融中介机构进行柜台交易。

长期国债每月发行，面额有 5 万日元、10 万日元、100 万日元、1 000 万日元、1 亿日元、10 亿日元 6 种。每半年付息一次，利息收入享受小额储蓄免税和特别小额储蓄免税的优惠待遇。长期国债可以在证券交易所上市交易。而超长期国债不能以公募方式发行。

表 7-9 列示了 2008 年 9 月 2 日日本可流通国债的利率结构和收益率情况，图 7-3 描述了 2008 年 9 月 2 日日本可流通国债的收益率曲线。

3. 日本国债发行方式

日本国债按期以及市场的消化方式或认购机构的不同，可分为银团认购、公募招标、资金运用部认购、邮政储蓄金融自由化对策资金认购和邮局窗口销售等几大类。目前，15 年期、10 年期的长期国债和 5 年期的贴现国债采用承购团承销的方式发行，20 年期的长期国债、中期息票国债和短期国债采用拍卖方式发行。

表 7-9  2008 年 9 月 2 日日本国债利率和收益率

| 期　限 | 息票率(%) | 到期日 | 价　格 | 收益率(%) |
|---|---|---|---|---|
| 3 个月 | 0.000 | 12/01/2008 | 99.86 | 0.59 |
| 6 个月 | 0.000 | 02/10/2009 | 99.75 | 0.58 |
| 1 年 | 1.000 | 06/15/2009 | 100.31 | 0.60 |
| 2 年 | 0.700 | 09/15/2010 | 99.94 | 0.73 |
| 3 年 | 1.200 | 06/20/2011 | 101.04 | 0.82 |
| 4 年 | 1.300 | 06/20/2012 | 101.39 | 0.92 |
| 5 年 | 1.000 | 06/20/2013 | 99.95 | 1.01 |
| 6 年 | 1.600 | 06/20/2014 | 103.08 | 1.04 |
| 7 年 | 1.500 | 09/20/2015 | 103.06 | 1.03 |
| 8 年 | 1.900 | 06/20/2016 | 105.84 | 1.08 |
| 9 年 | 1.800 | 06/20/2017 | 104.02 | 1.29 |
| 10 年 | 1.500 | 09/20/2018 | 100.28 | 1.47 |
| 15 年 | 1.800 | 06/20/2023 | 99.32 | 1.86 |
| 20 年 | 2.100 | 06/20/2028 | 100.14 | 2.09 |
| 30 年 | 2.500 | 03/20/2038 | 103.7 | 2.29 |

资料来源：www.bloomberg.com，2008 年 9 月 2 日。

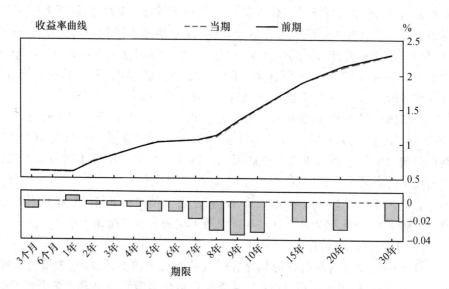

图 7-3  2008 年 9 月 2 日日本可流通国债的收益率曲线

资料来源：www.bloomberg.com，2008 年 9 月 2 日。

（二）日本国债流通市场

1. 日本国债现货市场

日本国债的二级市场是在 20 世纪 70 年代中期以后，国债发行量迅速扩大、国债发行市场化、利率管制取消的情况下发展起来的。日本国债交易现货市场可分为柜台交易市场、交易所市场和大额交易市场。柜台交易市场属零售市场,交易所市场属标准化市场,大额交易市场则是大机构之间的直接洽谈成交的交易形式。

近年来,日本的国债交易以场外交易为主,且以面额为 1 000 万日元以上的大额交易为主。但是为保护小额投资者,面额 100 万日元以上未满 1 000 万日元的国债限于证券交易所集中市场竞价交易,超过 1 亿日元的柜台交易必须向证券交易所报告,方可将债券交易充分公开。为了力求在柜台交易市场形成公平价格和保障投资家的利益,日本证券业协会会公布柜台交易的行情价格。目前发表的行情价格有三种,分别是指标行情、标准行情和贴现国债行情。指标行情以买卖数量能准确反映总的市场动向的债券为对象,其所表示的是票面达 1 亿日元的巨额交易行情,指标行情除休息日和半休息时间之外,每天都公布。标准行情表示小额买卖为基准的中等价格行市,标准行情每周星期四公布一次。贴现国债行情的行情每周星期四公布一次。

2. 日本国债回购市场

回购市场在日本称为"现先市场",交易对象不仅有国债还包括其他债券,政府长期债券是最主要的交易对象,近几年用短期国库券作抵押也越来越普遍。日本大藏省为规范化回购市场,发出"关于附条件债券买卖的管理"的通告,就回购业务方法做了基础性的要求。

在日本,国债作为抵押品,贷方是不能出售的,因此日本的国债回购市场的主要目的是平衡国债的投资组合。由于日本政府将回购交易视作出售债券而征收证券交易税,回购方和返售方在卖出时均需纳税,大大提高了交易成本,降低了投资者的收益。而且,日本的回购市场是分为三种形式,即债券的销售和回购、债券的无担保出借和以现金担保的出借,这三种形式的回购是分离的,而且在税收待遇上也是不同的。日本的国债回购市场不如美国国债回购市场活跃,其回购市场被认为交易成本较高、流动性较差。

3. 日本国债期货市场

日本的国债期货市场是在 20 世纪 80 年代中期开始发展起来。1980 年以后,随着国债余额的不断增加和利率自由化的进一步发展,对债券价格变动作套期保值变得越来越有必要,为此,1985 年 10 月,日本开设了以长期国债为对象的债券期货交易市场,随后,在 1988 年 7 月开设了以超长期国债为对象的期货交易,1989 年 12 月开设了以美国国债为对象的期货交易。但是,日本的债券期货交易并不是以实际的日本国债和美国国债作为买卖对象,而是东京证券交易所为了使买卖顺利进行而设定的标准货为对象的交易。当时这三种标准货是:长期国债的票面利率为 6%,到期期限为 10 年;超长期国债的票面利率为

6%,到期期限为20年;美国国债的票面利率为8%。使用标准化方式,使期货交易对象不会随时间的消逝剩余时间不断缩短最终消失,而且维持了利息和偿还期限的不变,使交易方式简单明了。

## 第五节 中国国债市场

### 一、中国国债市场概论

1949年中华人民共和国成立后,发行国债分为两个时期:20世纪50年代至60年代为第一个时期,20世纪80年代至今为第二个时期。

20世纪50年代中国共发行了6次国债。当时生产力水平十分落后,国民经济基础非常薄弱。为了筹建国民经济建设资金,从1954年起连续5年发行了"国家经济建设公债",为国民经济的恢复和建设起了积极的作用。

1958年,受到传统的"左"的思想影响,中央政府决定停止发行国家经济建设公债,并于1968年偿付了全部内外债的本息,此后经历了十多年"既无内债、又无外债"的时期。

1981年中国重新恢复国债发行,从此国债发行进入了一个新的阶段,尤其是1994年全国人大通过的《预算法》,决定中国财政部门与中央银行职能分离,中央银行执行独立的货币政策,不再通过发行货币的方式向财政透支,财政预算赤字将由财政部门自行解决,从此,发行国债成为中国弥补财政赤字的重要途径。1994年中国发行国债总额首次超过1 000亿元,1995年规模达到1 500亿,截至2006年12月底累计发债总额达到6.14万亿元。这20年来,中国连续发行国债,使债发行市场从无到有,从行政推销到市场竞价发行,从不可转让到上市流通,经历了巨大的变化,一步步地走向市场化,逐步实现了国债期限多样化、品种多样化,总之,中国的国债市场有了空前的发展。

### 二、中国国债发行市场

(一)中国国债发行市场的建立与发展

中国国债发行市场始于1988年,这一年财政部首次通过商业银行和邮政储蓄柜台销售了一定数量的国债,至此改变了单一行政分配的发债方式。1991年第一次实现了通过承购包销发行国债,从而彻底改变了通过行政分配认购发行国债的办法。1996年起公开拍卖方式被广泛采用。

1993年在国债发展史上具有重要意义的一件事是初步建立国债一级自营

商制度。建立国债一级自营商制度是为了进一步发展国债一级市场和二级市场，改善国债市场的中介人结构。1993年财政部和中国证券监督管理委员会制订了《中华人民共和国国债一级自营商管理办法》和《国债一级自营商资格审查与确认实施办法（试行）》。根据这一规定共审批了19家证券中介机构和银行作为第一批国债一级自营商。截至2001年10月全国已有693家金融机构和22家财务公司成为国债一级自营商。

（二）中国国债发行市场的特点

中国国债发行市场有以下几个特点：

（1）国债利率一般高于银行利率。20世纪80年代初期，国债主要是向国营企业发行，较之对个人发行的国债，其利率较低。20世纪80年代中期以来，国债票面利率通常比银行同期存款利率稍高1—2个百分点。自从开征20%的银行存款利息税以来，这种差距更为明显了。但2002年在银行间及证券交易所发行的国债竞价中，已出现了国债利率低于同期银行存款利率的状况。

（2）国债发行以面向个人为主。这主要是因为，中国发行国债初期的目的是为了用于国家经济建设，当时把个人购买国债看做是支持国家经济建设的爱国行动，因此在政策上把个人作为购买国债的主要对象来看。二是由于中国城乡居民存款已高达16万亿元（2007年），所以个人确实是储蓄的主体，是筹集资金的主要来源。三是由于机构投资者还未发展起来，国债发行只能面对个人。2003年中国个人持有比例达到60%以上，但是随着中国国债市场的发展，可以预见，机构投资者比例将逐步扩大。

（3）国债需求量大，发行比较顺利。在20世纪80年代和90年代的初期，国债的发行还大都采取行政摊派的方法。1996年，这一局面发生了变化，通过证券市场发行了10年期上市的无纸化债券，几天时间就被抢购一空。1998年以来几乎每期凭证式国债一上市就被抢购一空，出现了明显的供不应求的局面。于是财政部规定各发行点按月配额发行，可似乎这样还是解决不了供不应求的局面。同时，记账式各期国债在银行间国债市场和交易所市场也平稳发行，绝大多也被超额认购。

（4）发行期限长短兼有。相当长时间内，中国国债主要是对个人发行，分销环节多，一般采用实物券的方式，缴款环节多，所以发行期较长。因此1991年以前中国国债的发行期一般都是3年、5年以上。1994—1995年中国出现了较高的通胀，通胀率高达15%—20%，此时，财政部为防止利率风险，发行了一些半年、1年之内的短期国库券。但此后短期国债逐渐减少，大量发行长期国债，此后，20—30年期的超长期国债也开始发展起来。

（5）发行方式以承购包销和柜台销售为主。1991年进行国债承购包销的试点以后，逐渐采用由中介机构承购包销国债，再由中介机构从上海证券交易所和深圳证券交易所及有关机构柜台和银行的网点以及邮政储蓄的柜台向个人投资者销售国债。原来通过行政办法分销的那部分也由各地财政部门组织当地的证券中介机构、邮政储蓄和银行柜台向个人销售。

（三）中国国债发行规模仍在安全区内

从1981年重新发行国债开始，到2007年12月，中国已经成功发行国债200余期，发行总额达8.33万亿元（详见表7-10）。2007年发行的国债中，记账式国债（不包括特别国债）6 347.20亿元，特别国债15 502.28亿元，凭证式国债1 600亿元，储蓄国债（电子式）33.96亿元。随着中国国债发行规模越来越大，人们开始对此表示关注与不安，因此有必要对这个问题作一番研究与探讨。

表7-10 中国近二十年来国债发行情况　　　　　　　　单位：亿元

| 年份 | 当年发行量 | 累计发行量 | 当年还本付息额 | 当年余额 |
| --- | --- | --- | --- | --- |
| 1986 | 60.61 | 299.72 | 7.98 | 293.07 |
| 1987 | 62.51 | 362.79 | 23.18 | 391.53 |
| 1988 | 63.07 | 454.96 | 28.44 | 558.64 |
| 1989 | 92.17 | 511.03 | 19.3 | 769.33 |
| 1990 | 56.07 | 604.49 | 113.42 | 890.34 |
| 1991 | 93.46 | 803.79 | 156.69 | 1 059.99 |
| 1992 | 199.3 | 1 199.43 | 342.42 | 1 282.72 |
| 1993 | 395.64 | 1 514.21 | 224.3 | 1 540.74 |
| 1994 | 314.78 | 2 542.78 | 364.96 | 2 284.40 |
| 1995 | 1 028.57 | 4 053.64 | 784.06 | 3 300.30 |
| 1996 | 1 510.86 | 5 901.41 | 1 266.29 | 4 361.43 |
| 1997 | 1 847.77 | 8 313.44 | 1 820.4 | 5 508.93 |
| 1998 | 2 412.03 | 11 542.21 | 2 245.79 | 7 765.70 |
| 1999 | 3 228.77 | 15 244.34 | 1 792.33 | 10 542.00 |
| 2000 | 3 702.13 | 19 397.93 | 1 552.21 | 13 674.00 |
| 2001 | 4 153.59 | 23 881.46 | 1 923.42 | 15 618.00 |
| 2002 | 4 483.53 | 29 541.46 | 2 467.71 | 19 084.29 |
| 2003 | 5 660 | 35 570.7 | 2 876.58 | 22 491.11 |
| 2004 | 6 029.24 | 42 296.98 | 3 542.42 | 25 824.69 |
| 2005 | 6 726.28 | 49 219.85 | 3 878.51 | 31 848.59 |
| 2006 | 8 883.30 | 58 103.15 | N/A | 34 380.24 |
| 2007 | 23 483.44 | 81 586.59 | 6 848.56 | 53 365.53 |

资料来源：《中国统计年鉴》，中国国债协会，国家统计局。

从表7-10看，中国国债市场在重新恢复以后扩张相当迅速，但是，对于中国国债是否在安全线内的讨论，不能只从规模和发展速度讨论。从世界范围来看，国债市场发展较为成功的各国的国债规模也情况各异，这是因为各个国家的经济发展水平、经济结构、法制制度和债务管理机制相差很大，它的债务偿还能力和债务对国民经济的影响也可能很不一样。通常金融市场越发达，经济越发达，对国债规模的承受能力越大。譬如美国政府债券市场是世界上最发达的政府债券市场,其国债余额不仅绝对量很大,相对量(占 GDP 比重)也很高,一直保持在 30%—40%,但美国政府债券发行并未受到影响,这是因为美国政府债券是证券市场中流动性最好的金融商品,受到大多数证券中介机构的青睐及各国投资者的重视。因此建立起了高效率低成本的政府债券发行市场和流通市场,是近年来市场经济发达国家非常注重的,中国政府也正按照这一目标努力完善国债的发行与流通市场。

另外,也可以从中国社会资金的应债能力即储蓄投资来分析这个问题。储蓄是中国国债的基本筹资来源,它包括国内储蓄和国外储蓄。银行存款、股票和各种债券都是将储蓄转化为投资的形式。一个国家筹集资金最大的限度是这个国家的储蓄总额,见表 7-11。

表 7-11 中国的应债能力表

| 年 份 | 借债率<br>发行量/<br>GDP | 负担率<br>余额/<br>GDP | 依存度<br>发行量/<br>财政支出 | 偿债率<br>还本付息额/<br>财政收入 | 国债限额的<br>动态指标<br>国债的增长率/<br>GDP 的增长率 | 储蓄率<br>城乡居民存款<br>余额/GDP |
|---|---|---|---|---|---|---|
| 1996 | 2.6% | 6.1% | 23.3% | 17.1% | 188.3% | 54.1% |
| 1997 | 3.1% | 7.0% | 26.1% | 21.0% | 240.2% | 58.6% |
| 1998 | 3.8% | 9.2% | 29.9% | 22.7% | 595.9% | 63.3% |
| 1999 | 4.1% | 11.8% | 28.1% | 15.7% | 572.1% | 66.5% |
| 2000 | 4.2% | 13.8% | 26.1% | 11.6% | 279.3% | 64.8% |
| 2001 | 4.1% | 14.2% | 23.7% | 11.7% | 135.1% | 67.3% |
| 2002 | 4.7% | 15.9% | 25.7% | 13.1% | 227.9% | 72.2% |
| 2003 | 4.4% | 16.6% | 24.5% | 13.2% | 138.7% | 76.3% |
| 2004 | 4.2% | 16.2% | 23.6% | 13.1% | 83.7% | 78.9% |
| 2005 | 3.8% | 15.8% | 20.4% | 12.3% | 84.4% | 77.0% |
| 2006 | 4.2% | 16.8% | 22.1% | N/A | 122.6% | 77.2% |
| 2007 | 9.5% | 21.6% | 47.2% | 13.34% | 325.7% | 75.5% |

资料来源:《中国统计年鉴》,国家统计局网站,中国人民银行网站,中国财政部网站。

一般西方国家的储蓄率较低,如日本为 16.6%,法国为 12.7%,英国为 11%,美国为 4.5%。中国的储蓄率是世界上最高的国家之一,保持在 50% 以上,远远高于发达国家以及大多数发展中国家。到 2007 年底,中国的居民储蓄余额已经达到 17.6 万亿元,企业存款余额 14.5 万亿,流通中现金(M0)为 3.03 万亿元,货币(M1)为 15.25 万亿元;而到 2007 年底,中国国债余额为 5.3 万亿元。因此,中国国债的可动员资金潜力是非常大的。

自 1981 年恢复发行国债以来,我国一直采取逐年审批年度发行额的方式管理国债。2006 年,我国正式告别由立法机关批准政府当年国债发行额的管理方式,而进入国际通行的国债余额管理方式。2006 年 3 月 14 日十届全国人大四次会议表决通过《关于 2005 年国民经济和社会发展计划执行情况与 2006 年国民经济和社会发展计划的决议》,批准 2006 年中央财政国债余额为 35 568 亿元。也就是说,只要 2006 年年末国债余额不超过 35 568 亿元,2006 年发行多少国债、期限品种如何安排、何时发行,都由财政部自行灵活决定。

2007 年财政政策中与市场直接相关的亮点是"特别国债"的发行。2007 年,财政部发行记账式国债 21 849.5 亿元,同比增加 234.43%,其中主要为特别国债发行 15 502.3 亿元。特别国债发行的主要目的是购买外汇储备,缓解央行对冲外汇占款的压力,从而抑制货币流动性。十届全国人大常委会第二十八次会议批准了财政部发行 15 500 亿元特别国债,并相应将 2007 年末国债余额限额由年初预算的 37 865.53 亿元调整为 53 365.53 亿元。15 500 亿元特别国债共分 8 期发行完成,其中 13 500 亿元定向向农行发行,并最终被央行所购买;另外 2 000 亿元面向社会公开发行。2007 年 9 月,财政部发行特别国债购买外汇储备而注资的中国投资有限公司在北京宣告成立。

特别国债的发行不仅有利于抑制货币流动性,也为央行公开市场操作提供了一个良好的品种,为财政政策和货币政策更好地协调配合创造了条件。2007 年央行已开始尝试以特别国债为质押进行正回购操作回收市场流动性。截至当年 11 月末,央行进行的特别国债回购交易量接近 4 000 亿元。

如果排除特别国债巨额发行量的影响,2007 年我国借债率约为 2.30%,国债负担率约为 16.08%。

截至 2006 年 12 月,中国对外负债的情况如下表 7-12 所示。

表 7-12 中国外债的应债能力表　　　　　　　　　　单位:亿美元

| 年度 | 外债余额 | 外汇收入（贸易与非贸易收入） | GDP | 外债偿债率（年度债务本息偿还额/外汇收入） | 外债负债率（外债余额/当年 GDP） | 外债债务率（外债余额/外汇收入） |
|---|---|---|---|---|---|---|
| 2001 | 1 848 | 2 994 | 13 195.54 | 7.5 | 14.00% | 61.72% |
| 2002 | 1 863 | 3 654 | 14 331.61 | 7.89% | 13.00% | 50.99% |
| 2003 | 2 068 | 4 850 | 16 266.43 | 6.85% | 12.71% | 42.64% |
| 2004 | 2 474 | 6 558 | 19 204.18 | 3.19% | 12.88% | 37.72% |
| 2005 | 2 810 | 8 369 | 22 136.71 | 3.07% | 12.69% | 33.58% |
| 2006 | 3 229 | 10 616 | 26 507.23 | 2.1% | 12.18% | 30.42% |

数据来源:国家外汇管理局,国家统计局。

据国家外汇管理局初步测算,2006 年中国外债偿债率为 2.1%,负债率为 12.18%,债务率为 30.42%。这表明,上述三大外债的警戒指标均低于国际标准安全线。

根据以上指标综合判断,中国的国债发行规模仍在安全的范围之内。

## 三、中国国债流通市场

### (一) 中国国债流通市场概况

同发行市场一样,中国国债流通市场的建立也是几番风风雨雨。在1981年及后来的一段时间内,中国国债不允许转让买卖,但由于其流通性的内在本质要求,使得出现了许多"票贩子",黑市交易比较猖狂。为制止黑市交易,维护国债信誉,中国于1985年允许在一定范围内开展国债的贴现业务(又于1988年7月23日暂停),于1988年开始建立公开的国债二级流通市场。国债二级流通市场的试点由最初的7个城市发展到60个,几经发展,形成了两个证券交易所(深圳、上海)为中心以及众多的银行证券机构柜台为面的点面结合的全国性交易国债的格局。

国债上市流通后,起初交易情况并不理想,交易规模过小。虽然在上海证券交易所成立之初,国债的交易量曾在1990年及1991年间占据了市场的绝对份额,成为市场的主角,但自1992年股市大规模扩容后,债市便受冷落。1994年后,由于国债期货交易、国债回购交易以及国债交易专场同时发展等三项举措的出台,而使国债流通市场一反冷清低迷的局面,异军突起,火爆非凡。上海证交所在1994年一季度共成交国债160多亿元,在1994年最末1个月,已连续3周成交超过2 000亿元,使债市再现风采,在中国证券史上写下了重要一页。1994年全国国债成交额达到2万亿元,相当于1993年的200倍。进入1995年后,国债交易市场在前一年屡创新高的基础上,交易量也屡屡增加。1995年2月,国债现货、期货和回购三项交易分别成交49.16亿元、5 271万口和21.77亿元。1996年,国债市场继续火爆,1996年5月16日现货交易达到33.7亿元。1996—2000年由于股市长时间走牛,国债市场又有些偏冷。但2001年起,这一市场又开始红火起来,规模也日益变大,这主要是由于国家对国债市场持扶持态度,比如,现货交易与回购交易一律不收印花税。

针对在国债市场发展中托管结算设施建设的滞后问题,1996年底中国财政部和中国人民银行联合组建了中央国债登记结算公司,专门负责国债登记托管业务。

值得一提的是,中国人民银行从1998年开始,加大了以国债为工具的公开市场操作力度,并通过建立一级交易商制度和每周定期操作一次,使得公开市场业务成为最常使用的货币政策手段。可以说,这种间接性操作手段的使用为国债市场发展创造了良好的市场环境。

中国的国债市场又分为两个分离的市场——银行间国债市场和证券交易所国债市场,这是由于1997年6月,在中国金融业实行分业经营和分业监管之后,当时随着商业银行撤离证券交易所,银行间国债市场随之建立,于是形成了这两个相互分离的国债市场。

银行间国债市场的主要成员是商业银行,其成员还有众多农村与城市信用合作社;近两年中陆续有保险公司、证券公司和基金管理公司等加入。由于商业银行在社会金融资产总量中占绝对主导地位,它们吸纳国债的能力较强,因此银行间国债市场是国债发行的主要场所。银行间债券市场交易采用机构间互相询价的方式,清算实行全额结算。由于商业银行投资大都采取"买入国债后长期持有"战略,持有期间的资金头寸主要是通过国债回购来调整,加之做市商等制度尚未有效健全,因此在该市场上国债一度流动性不够强。

证券交易所国债市场是利用上海证券交易所、深圳证券交易所等股票交易系统进行国债交易的场所。这一市场与股票市场联系紧密,国债价格受股市变化影响较大。其国债交易采取集中撮合形式,实行净价交易。目前该市场金融机构成员主要是证券公司、保险公司、基金管理公司,由于这些机构总体资金实力不及商业银行,因此近两年在该市场发行的国债数量不大。国债在交易所市场上交易快捷方便,加以部分投资者较注重获取交易价差,致使国债在该市场上的交易较为活跃。投机气氛相对银行间国债市场来说要更为浓厚。以 2005年数据为例,交易所国债回报率高于银行间国债,并且指数波动性也高于银行间市场,如图 7-4 所示。

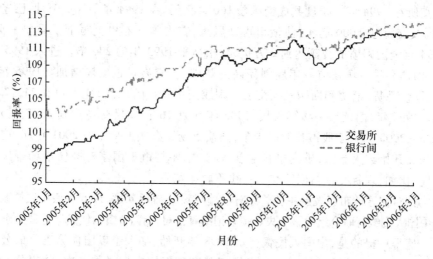

图 7-4　交易所国债回报率高于银行间国债,并且日波动性也高于银行间市场
资料来源:中国债券信息网。

财政部、央行、证监会等政府主管部门及中央国债公司、上交所、国债协会等相关市场机构都积极致力于国债市场的发展,改革和创新举措层出不穷。2007 年上半年有关政府部门对银行间市场的做市商制度进行了改革,降低了做

市商的准入门槛,提高了对做市商的支持力度,这有利于提高银行间国债市场的流动性;6月上交所新老国债质押式回购成功完成"交接",新国债质押式回购更加规范、安全;7月上交所推出"固定收益证券综合电子平台",引入"一级交易商"做市机制,这有利于推进银行间市场和交易所市场统一互联的进程;8月国债二级市场全面实行了贴现国债的净价交易制度,这有利于短期国债的定期滚动发行,促进了国债余额管理制度的实施;此外,2007年1、3、7、10年期全部四个关键期限记账式国债均实现商业银行柜台交易,进一步丰富了普通国债投资者的投资渠道和投资品种。

2007年,二级市场国债现券共成交21 674.53亿元(按面值统计),较2006年明显增长8 351.66亿元。其中银行间市场20 503.19亿元,上交所市场1 166.08亿元,深交所市场5.26亿元。

(二) 中国国债回购市场

中国的回购市场初始于1993年12月,发展很快,成交量不断上升。上证所自1993年推出国债质押式回购业务。2003年老回购最活跃时,日交易量达到600亿,回购规模达到2 200亿。十几年来,国债回购直接促进了债券市场的活跃,解决了国债融资问题。但是,2003年以来,由于国债现券持续下跌以及部分券商违规操作,国债回购风险集中爆发。而后,上证所和中国结算等相关各方采取了措施,强化回购业务的监督和管理,于2006年5月8日推出新国债质押式回购制度。

新老回购的最大区别是新回购按证券账户进行交易和标准券核算,并实现了对质押券的转移占有。新回购制度重点在质押券转移占有、标准券折算率管理,债券余额查询等方面进行了完善,并对交易进行余额前端控制,以保护投资者利益。截至2007年4月底,新国债质押式回购累计成交11 315亿元,未到期余额约270亿元,日均成交量维持在60亿元。

2007年6月8日老国债质押式回购与新回购并轨运行。这意味着老国债质押式回购已完成了历史使命,退出了资本市场舞台。2007年,国债质押式回购共成交169 832.04亿元(按面值统计),较2006年大幅增长54 199.02亿元。

(三) 中国国债期货市场

中国的国债期货最早是1992年12月由上海证券交易所推出的。上海证交所根据市场上流通的国库券特点、情况设计推出了12个品种国债期货合约。由于当时金融市场,尤其是国债市场尚不发达,金融秩序较乱、投资者期货投资意识较淡薄等问题,最初并不被人们普遍接受,交易也不活跃,仅成交了19个合约,其功能与作用没有得到应有的发挥。随着中国国债市场和整个金融经济环境的发展与改善,上海证交所对国债期货交易的运作机制、合约设计等进行了较大修改,于1993年10月25日向社会大范围开放,自此,国债期货市场便稳步发展起来。进入 1994 年后,在银行居民储蓄保值贴补率不断上升等题材的影响下,行情不断上扬,交易量剧增,1994 年共成交 19 053.83 亿元,已成为国债市场的重头戏。

1995 年 2 月 23 日至 5 月,上海证券交易所发生了震惊中外的国债期货"327 违规事件"等几起重大的风险事件,并最终导致监管部门于当年 5 月 17 日宣布国债期货市场暂停交易,后来一直未能重新开放。纵观国债期货在中国的发展与暂停,可以得出几个教训:其一,利率非市场化和信息非公开化会造成市场投机过度,国债期货发展缺乏基础并扭曲了前进的方向;其二,当时国债现货市场不发达在很大程度上又制约了期货市场的发展。市场规模过小、分割严重、波动很大表明国债的金边债券的性质还没有充分体现,因此开展期货交易的基础不牢靠,而缺乏有效的监督和管理是失败的直接原因。

可是,从长远来看,国债期货市场不仅有恢复的可能,而且前景十分可观。首先,中国十分重视国债及国债市场的作用。中国积极的财政政策对战胜亚洲金融危机及治理通货紧缩作用很大。中国也从美国、日本大力发展国债市场的经验中认识到,这是一项强国富民的政策,故要学习发达国家的经验并坚持下去。而要长时间地发展一个健康的国债市场,没有一个健康、完善、庞大的国债期货市场是不可能的,在尚无条件开设国债期权交易市场时期尤其是如此。其次,利率的市场化将促进资本市场的发展。中国人民银行宣布中国利率市场的放开将采用"先放开外币利率,后放开人民币利率;先放开贷款利率,后放开存款利率"的整体规划原则。同年 9 月中国成功地实现了外币利率市场化,向利率市场化迈出了关键的一步。最后,2004 年的国债市场已经不同以往了,市场总量颇具规模,金融市场环境也有了较大的改善,这就为发展国债期货提供了客观现实基础。以后,随着经济的发展,国债发行在数量上会进一步扩大,发行品种进一步完善,债券期限短到三个月、半年,长到 10 年、20 年、30 年、100 年,甚至永久性的,这将为国债期货市场的恢复建立一个良好的基础。

# 第八章

# 股票市场

第一节　股票与股票市场概论
第二节　股票发行市场
第三节　股票流通市场
第四节　股票价格指数
第五节　股票转让价格与市场效率
第六节　股票市场基本分析
第七节　股票指数期货交易市场
第八节　美国、英国、德国、日本股票市场
第九节　韩国、中国香港、中国台湾、新加坡股票市场
第十节　中国内地股票市场

# 第一节 股票与股票市场概论

## 一、股票的概念和特点

股票是投资者向股份有限公司投资入股提供资金的权益合同凭证,是投资者借以取得股息红利收益的一种有价证券。股份有限公司发行股票进行融资,所筹集到的资金称为股本。公司的股本按相等金额划分成若干单位,称为股份,然后以股票的形式为各股东所有。股票可以作为流通交易的对象进行买卖或抵押,是金融市场上主要的长期信用工具之一。

股票是一种有价证券,它主要具有以下几个基本特征:

(1)权利性和责任性。股票所有者作为公司的股东,享有对公司的剩余索取权和剩余控制权。所谓剩余索取权,就是对公司净利润的要求权。此时,股东的权益在利润和资产分配上表现为索取公司对债务还本付息后的剩余收益。在经营状况良好时,公司有义务向股东分配股息和红利。但在公司破产的情况下,股东一般将一无所得,但股东应以当初投资入股的这部分资金对公司的债务相应比例进行清偿,即仅仅负有限责任,即使公司资产不足以清偿全部债务时,股东个人财产也不受追究。而剩余控制权是指对公司经营决策的参与权。股东有权投票决定公司的重大经营决策,诸如选择经理、企业并购、大型项目投资等。每一份股票拥有的权利相等,拥有越多的公司股票意味着拥有越多的公司控制权。实际上,只有股东持有的股票达到一定数量,才能真正影响公司的经营决策。总之,股东拥有剩余索取权与剩余控制权,而这两者构成了公司的所有权。

(2)不可返还性。投资股票后,持有者就不能向公司要求退还股本。因为股票反映的不是债权债务关系,而是所有权关系。但投资者可以在金融市场上出售股票,抽回资金。但这仅仅是投资者之间的股权转让,对公司而言只是股东的改变,并不减少公司的资本。

(3)流通性。在资本市场的各种金融工具之间,股票的流通性是较强的。在金融市场里,股票可以随时转让,换取现金;也可以进行抵押融资。这种高度的流通性使投资出现了集中风险分散化,长期投资短期化,吸引了大量闲散资金介入,故它是股票市场繁荣发展的重要基础。

（4）收益性。人们投资股票的根本目的是为了获利。股票投资者的投资收益来自两个方面：一是公司派发的股息和红利；二是在公司业绩上升、二级市场股价上扬后获得的差价。

（5）风险性。股票投资的相对高收益也带来了相对高风险。由于经营管理不善，投资者往往不能获得预期的回报或者造成资本金的损失。也会因系统性风险等，使二级市场的投机者因股市波动而造成投资失误。

## 二、股票分类

### （一）普通股和优先股

最基本的分类是，按股东权益的不同可分为普通股和优先股。

1. 普通股

普通股是指不对股东加以特别限制，享有平等权利，并随着公司经营业绩的优劣而取得相应收益的股票。普通股股票是公司发行的最基本、最重要的股票种类。股份有限公司在开办之初都是通过发行普通股来筹集资金的。普通股也是风险最大的股票，其股利分配的多少不固定；随着公司经营业绩波动，每股普通股的净资产也会变动。此外，普通股股东只有在满足了债权人偿付要求及优先股股东的收益权后，才能获得对公司盈利和剩余资产的索取权。

普通股股东享有的权利有：

（1）公司盈余分配权。经董事会作出决定后，普通股股东有权在优先股股利分配之后从公司的净利润中分取红利。

（2）经营决策投票权。普通股股东是公司的所有者。他们理应对公司经营决策拥有最终控制权。

（3）优先认股权。公司在增发新股时会给予普通股股东优先认股权。从理论上讲，在增发新股时公司的总市值不变，而股份数量增多，普通股股价会下跌。这实质上就是"稀释"了普通股股东持有股票的市值。为了保证公司所有者的利益不受损害，公司一般会以一个较低的价格让普通股股东优先认购新增发的股票，以此来弥补市场上股价下跌带来的损失。股东若不愿意购进新股，也可以以一定的价格转让优先认股权。

（4）剩余资产分配权。股份有限公司破产后，在公司资产满足了债权人的清偿权以及优先股股东剩余财产分配权后，普通股股东有权参与公司剩余资产的分配。

2. 优先股

优先股是指在盈余分配上或剩余财产分配上的权利优先于普通股的股份。优先股领取股息优先，且股息率一般事先确定，不随公司经营情况波动。优先股还在公司剩余资产分配时先于普通股,但必须排在债权人之后。不过这种优先权的取得是要付出一定代价的。通常情况下,优先股的表决权会被加以限制甚至被剥夺,对公司经营决策不起实际作用;优先股的股利固定,当公司经营情况良好时股利不会因此而提高;并且优先股一般没有优先认股权。

公司为了吸引资金,在发行优先股时往往有一定的附加优惠条件。根据优惠条件的不同,优先股也能分为不同的种类:

(1) 参与优先股和非参与优先股。参与优先股的股东在公司对优先股股东按预先承诺的标准支付股息后,若还有剩余利润,可以与普通股股东一起参与对剩余利润的分配。非参与优先股则没有这个权利。显而易见,参与优先股不仅在公司经营情况良好时能像普通股一样分得高额股息,而且在公司经营状况不佳时能有保底的固定收入,因而较具吸引力。

(2) 累积优先股和非累积优先股。累积优先股的优惠条件是:如果公司当年没有盈利或者盈利较少,不能按规定支付优先股股息,那么公司可以将未付股息累积起来,在以后经营状况转好时一并补足。而非累积优先股股东只能在一个营业年度盈利之内分配。倘若公司无力支付,则不予累积计息。累积优先股在实践中被较为广泛的发行,而非累积优先股则比较少见。

(3) 可转换优先股和不可转换优先股。可转换优先股可按发行公司规定在将来一定时期将优先股转换为其他证券,实际中大多是转换为普通股。不可转换优先股则不具备这种权利。可转换优先股的吸引力在于:一方面,如果普通股的市场表现良好,股价上扬,优先股股东就可把手中的优先股转换为普通股后在市场上抛售,从中赚取差价;另一方面,如果公司分配的普通股股利较高,优先股股东把优先股转换成普通股也能获得更高的收益。

(4) 可赎回优先股和不可赎回优先股。可赎回优先股股东可要求公司在规定时间内以一定的价格收回所发行的优先股。不可赎回优先股则是永久性的。公司赎回可赎回优先股的预定价格一般略高于股票面值。

(二) 蓝筹股、成长股、收入股和投机股

按股票收益水平和风险特征,把股票分为蓝筹股、成长股、收入股和投机股。

蓝筹股是历史较长、信誉卓著、资金实力雄厚的大公司发行的股票。这种公司一般在行业中占据龙头地位,具有稳定的长期盈利能力。所以蓝筹股的市场价格稳定并且仍然看涨,能定期发放不菲的股息,是市场上的热门股票。

成长股是由一些正处于高速发展阶段的公司发行的股票。虽然这种公司需要大量的留存资金来满足发展的需要,股息发放较少,但是它们的股票极具成长潜力。投资者坚信它的市场价格能随着公司的发展壮大不断提高。

收入股当前能发放较高的股利。发行收入股的企业一般处于成熟阶段,无需新的投资项目,且具有较好的盈利能力。收入股留存较少,大量的利润被用作股利的分配。因其收益稳定且无需专业投资知识,较受妇女、老人的欢迎,被称为"老弱妇孺"股票。

投机股是由一些盈利情况极不稳定且未来收入难以确定的公司发行的。这些股票价格波动大、变化快,适合于偏好高风险的投资者。

### (三) 中国股票分类

中国的股票市场建立时间较短,尚处于新兴市场发展初级阶段。除了也有同发达国家股市同样的股票分类(如上述情况)外,中国独特的国情使得中国的股票还有一些较为特殊的分类方法。一般而言,中国上市公司中的股票又可被分为国家股、法人股、个人股和人民币特种股。

国家股又称国有股,是国家作为企业的所有者持有的股票。国家股大多是原国有企业改制为股份有限公司时,原企业中的国有资产折股而成的。中国各家上市公司的国有股比例不一,但相当多一部分处于第一大股东地位。

法人股是股份有限公司创立时,以本企业的自有资金折股而成的。与国有股一样,目前法人股也暂时不能上市流通。在实际操作过程中,市场上存在着法人股的场外交易。由于法人股的场外交易偷逃税金,运作极不规范,因此是不允许的。

个人股也称社会公众股或 A 股,是真正在证券交易所挂牌交易的股票。个人股是社会公众以私有财产投入公司所持有的股份。

人民币特种股,也称 B 股。B 股以人民币为面值,但用美元或港币交易结算。B 股可以上市流通,是中国证券市场为实现对外开放、进一步吸引外资的试点。2001 年 2 月以前 B 股市场只向境外及我国港、澳、台投资者开放,2 月以后中国对境内居民开放 B 股市场,持有外汇的普通中国公民从此也可以参与 B 股交易。

### (四) 其他分类方法

股票还有一些其他的分类方法,比如记名股票和不记名股票、有面额股票和无面额股票等。

顾名思义,股票按有无记载股东姓名,被分为记名股票和不记名股票。记名股票是早期资本市场的产物。它在转让时必须采取背书方式记录受让人姓名,并且要到公司股东名册上记录。记名股票由于转让手续烦琐,所以很少发行。目前市场上流通的均为不记名股票。

按股票上是否标有面额可分为有面额股票和无面额股票。无面额股票在大多数国家被禁止,仅在美国比较流行。

## 三、股票市场的概念与结构

所谓股票市场就是股票的发行市场和股票的流通(交易)市场。

股票的发行市场是通过发行新的股票筹集资本的市场,它一方面为资本的需求者提供筹资渠道,另一方面为资本的供应者创造了投资机会。由于发行是股市一切活动的起点,所以又称发行市场为"一级市场"。

股票的流通市场是已发行的股票进行买卖交易的市场,又称为"二级市场"。流通市场一方面为股票持有者提供随时变现的机会,另一方面又为新的投资者提供投资机会。与发行市场的一次性行为不同,在流通市场上股票可以不断地进行交易。

如果按市场的组织形式划分,股票市场又可分为场内交易市场和场外交易市场;按交易的地理及空间范围,也可分为地方性市场、区域性市场、全国性市场及国际性市场。在中国,根据币种及参加者的限制,股票市场还可分为A股股票市场和B股股票市场。这些分类只是从不同的角度看股票市场结构,但作为股票市场的主体结构,主要还是股票的发行市场和股票的流通市场。

## 四、股票市场的功能

股票市场对国民经济的发展影响巨大,主要是因为其具备以下几个主要的功能:

(1)筹集资金。筹集资金是股票市场的首要功能。企业通过在股票市场上发行股票,把分散在社会上的闲置资金集中起来,形成巨额的、可供长期使用的资本,用于支持社会化大生产和大规模经营,开辟了直接融资的途径。直接融资对企业有以下好处:第一,所筹资金具有高度稳定性和长期性。股东一旦入股,就不能要求退股。在企业经营状况不佳时,企业可以减少分红或不分红,从而不增加企业的负担。第二,筹资成本低,而且可以连续筹资。第三,面对众多的个人投资者和机构投资者,发行人可以筹集到巨额资金。

(2)转换企业经营机制。股票市场除了提供筹资的功能外,还具有促进公司转换经营机制的功能。首先,企业要成为上市公司,就必须先改制为股份有限公司,适当分离企业的所有权和经营权,使公司的体制得到规范。其次,由于上市公司的资本来自众多股东,公司必须履行信息披露义务,这就使企业时时处在各方面的监督和影响之中。这些监督和制约促使上市公司必须改善和健全内部运作机制。

(3)优化资源配置。投资者通过及时披露的各种信息,选择成长性好、盈利潜力大的股票进行投资,抛弃业绩滑坡、收益差的股票,这就使资金逐渐流向效益好、发展前景好的企业,推动其股价逐步上扬,为该公司利用股票市场进行资本扩张、吸引优秀人才、开发高新技术产品、扩大再生产等提供了良好的运作环境。而产权含糊不清、业绩差、前景黯淡的企业股价下滑,难以继续筹集资金,以致逐渐衰落。利用市场的力量,促使资金向最佳投资场所配置、集中。

(4) 分散风险。股票市场不仅提供了融资渠道,还提供了分散风险的途径。从资金需求者来看,通过发行股票筹集了资金,同时将其经营风险部分地转移和分散给投资者,实现了风险的社会化。从投资者角度看,可以根据个人承担风险的程度,通过买卖多种股票和建立投资组合来转移和分散风险。投资者在资金多余时,可以购买股票进行投资,把消费资金转化为生产资金;在资金短缺时,可以把股票卖掉变成现金以解决即期支付之需。股票市场的高变现性、股票的高流动性,使几十年、几百年的实业投资风险分散,缩短为几个月、几天的风险,使长期风险短期化、集中风险分散化,这就使人们敢于把一定的闲置资金投入股票市场,从而使闲散资金转化为生产资金,既可以使社会最大限度地利用了分散的闲置资金,又可促进个人财富的保值增值。

## 第二节 股票发行市场

### 一、股票发行制度

由于企业发行股票进行筹资对社会资金流动、固定资产投资规模、资源配置以及股票流通市场行情等都有一定影响,而且,股票的公开发行和认购涉及成千上万投资者的利益,为保障投资者的利益,促进股票市场健康发展,各国政府都授权某一部门对申请发行股票的公司进行审核评估,对发行股票进行审批。

1. 股票发行的注册制和核准制

注册制是指发行人在准备发行证券时,必须将依法公开的各种资料完全、准确地向证券主管机关呈报并申请注册。证券主管机关仅对申报文件的全面性、真实性、准确性和及时性作形式审查。如果申报文件没有包含任何不真实的信息且证券主管机关对申报文件没有异议,则经过一定的法定期限,申请自动生效。在注册制下,发行人的发行权无须由国家授予。

核准制是指发行人在发行股票时,不仅要充分公开企业的真实状况,而且还必须符合有关法律和证券管理机关规定的必备条件,证券主管机关有权否决不符合规定条件的股票发行申请。证券主管机关除了进行注册制所要求的形式审查外,还对发行人的营业性质、发行人财力、素质及发展前景、发行数量与价格等条件进行实质审核,并由此做出发行人是否符合发行实质条件的价值判断。在核准制下,发行人的发行权由审核机构以法定方式授予。

发达国家的证券市场通常都采用注册制,如美国。而证券市场历史不长、各种条件和制度不完善、不规范的新兴市场,则多数不得不采用核准制。

2. 股票的发行条件

由于各个国家所实行的发行制度(注册制和核准制)不同,因此,这两种制度下的股票发行的条件也有所不同。

(1)实行注册制市场的发行条件。注册制下,证券管理部门的权力仅仅是保证发行人提供的资料没有任何虚假成分。如果发行人提供的注册材料是完整而准确的,则证券管理部门应该准予注册。因此,只要能够提供全面、准确、真实的资料,即使是一些风险较大、质量较低的公司也具备发行资格。

如实行注册制的美国,它的证券发行管理机构为证券交易委员会(Securities and Exchange Commission,SEC)。《1933 年证券法》对股票发行做了详细规定。该法要求发行人应当向 SEC 提交注册说明书(registration statement),提供发行人业务的性质、证券的主要条款或特点、与证券有关的投资风险的性质和管理层的背景资料等。同时,必须提交经独立的注册会计机构核实的财务报表。注册说明书包括两个部分:一是招股说明书(prospectus),专门向社会公众公开发布。二是补充信息,一般不必公开发布,但如果需要,可以从 SEC 那里得到。同时,《1933 年证券法》还规定,将对那些提供不准确或有重大遗漏的发行人给予罚款或监禁等处罚。

提交注册说明书后,须经过证券交易委员会公司融资部的审查才能够发行股票。需要指出的是,证券交易委员会的认可并不表明证券具备了投资价值或者定价合适,也不表明信息披露准确,它仅仅表示从证券交易委员会的角度来看,适当的信息已经得到披露。

1982 年,证券交易委员会通过了 415 规则,允许某些发行人提交单份注册文件,声明它们打算在未来两年内一次或多次发行一定数量的证券。这个规则通常被称为"上架注册规则"(shelf registration rule)。这个规则实质上就是证券交易委员会提前批准了证券的销售,使发行人不必因为在等待注册说明书审查通过时,而错失了有利的融资时机。

(2)实行核准制市场的发行条件。核准制下,发行人除了要公开有关发行股票的真实情况以外,还要符合本国公司法和证券法中规定的一些实质性的条件。这些条件包括是否为股份有限公司、股东人数是否超过最低限额、财务状况是否良好、资本结构是否健全、在最近 3 年内是否有违法违纪的行为等。可以看出,核准制在信息公开的基础上还增加了一些条件,从而把那些低质量、高风险的公司排除在外,减少了投资者的风险,有利于证券市场的稳定。

中国从 2000 年起实行核准制,后面中国的股票市场一节有详细介绍。

## 二、股票发行方式

按发行对象划分,可分为公开发行与非公开发行;按是否有中介机构(证券承销商)协助,可分为直接发行与间接发行(或叫委托发行);按不同的发行目的,股票发行还可以分为有偿增资发行、无偿增资发行和并行增资发行。

1. 公开发行与非公开发行

公开发行又称公募,是指事先不确定特定的发行对象,而是向社会广大投资者公开销售股票。由于公开发行涉及众多的投资者,其社会影响很大。为了保证投资者的合法权益,政府对股票的公开发行控制很严,要求发行公司必须提供经过证券主管部门审核的股票发行说明书以及经过注册会计师和审计师核实的财务资料。公开发行的股票由于其销售对象是非特定公众,因此股票持有人数众多,股权分散程度高,具有较高的流动性,因而易于被广大投资者接受。同时,公开发行也提高了发行者的知名度,使其能够在较短的时间内筹集到大量资金,因而也有利于发行者。不足之处在于其承销和推销很大程度上依靠承销商的协助,需要付给他们可观的手续费,这样使其发行成本较高。

非公开发行又叫私募,是指发行公司只对特定的发行对象推销股票。如有些筹资企业在内部向职工个人发行证券,或向其他熟悉的单位(如金融机构或与发行人有密切往来关系的企业等)发行证券。非公开发行方式主要在以下几种情况下采用:① 以发起方式设立公司。当采取发起方式设立公司时,是由发起人全额出资认股,不必公开发行。② 内部配股。即股份公司按照股票面值向原有股东分配该公司的新股认购权。③ 私人配股。即股份公司将新股票分售给除股东以外的本公司职工、往来客户等与公司有特殊关系的第三者。非公开发行的特点是发行手续比较简单,有确定的投资者,这样节约了发行的时间和费用。但是由于非公开发行的股票通常不能在市场上转让出售,因此降低了股票的流动性。

2. 直接发行和间接发行

直接发行是指发行人不通过证券承销机构而自己发行证券的一种方式。发行人自己直接发行股票,大多数是非公开发行,如采用发起设立方式筹集资金。采取直接发行的方式可以使发行公司直接控制发行过程,程序比较简单,同时不经过中介机构,节省了发行的费用。但是它也存在着不足之处:社会影响小,不利于提高公司的知名度;筹集时间较长,当发行量较大时,很难迅速获得所需资本;当实际认购额达不到预定的资金额时,剩余部分必须由发行公司的主要发起人或董事承担，风险很大。因此，只有非公开发行的股票或因公开发行有困难的股票，或者是实力雄厚、有把握实现巨额私募从而节省发行费用的大股份公司股票，才考虑采取直接发行方式。

间接发行，又称委托发行，是指发行人不直接参与证券的发行过程，而是委托证券承销机构出售股票的一种方式。一般而言，证券承销机构主要是投资银行、证券公司、信托公司等。间接发行对于发行人来说，虽然要支付一定的发行费用，但是有利于提高发行人的知名度，筹资时间较短，风险也较小。因此，一般情况下，证券发行大都采用间接发行的方式。

股票间接发行的方式主要有全额包销、余额包销和代销。关于这三种方式的介绍详见第三章第二节。

3. 有偿增资发行、无偿增资发行与并行增资发行

有偿增资发行是指认购者必须支付现款才能获得新发股票。这种方式通常用于对原有股东的配股、对第三者配股以及发行新股时公开认购。采用这种方式能够直接增加股份公司的资本金。

无偿增资发行是指认购者不必缴付现款就可以取得新发的股票。一般是股份公司通过将公司盈余结余、公积金和资产重估增益转为法定资本，发行与之对应的新股票，分配给公司原有的股东，原有股东无需缴纳认购股金款。这其实是一种增加内部股东累积，而不增加新股东，不公开发行新股票的发行方式，只在股票派息分红、股票分割和法定公积金或盈余转作资本配股时采用。

并行增资发行是有偿增资发行和无偿增资发行的结合。即投资者在购买新股的时候，只需以现金支付一部分的价款，其余部分由转账的公积金或者红利抵充。

## 三、股票发行价格

1. 发行价格的种类

股票的价值表现形式有很多种，最常见的是股票面额和发行价格。股票面额是印在股票票面上的金额，表示每股所代表的资本额；股票发行价格则是公司在发行股票时向投资者收取的价格。按照票面额和发行价格的关系，股票的发行价格一般有以下几种：

（1）平价发行。平价发行即以股票面额为发行价格，也称为"面额发行"。由于股票上市后的交易价格通常要高于面额，平价发行能够使投资者得到交易价格高于发行价格时所产生的额外收益，因此，大多数投资者都乐于接受。平价发行的方式较为简单易行，但缺点是发行人筹集资金量较少。平价发行在证券市场不发达的国家和地区较为普遍。

（2）溢价发行。溢价发行是指发行人按高于面额的价格发行股票,因此可以使公司用较少的股份筹集到较多的资金,降低了筹资成本。溢价发行又可分为时价发行和中间价发行。

时价发行也称为市价发行,是指以同种或同类股票在流通市场上的价格（即时价）为基础来确定股票的发行价格。如果公司为首次公开发行股票,通常会以同类公司股票在流通市场上的价格作为参照来确定自己的发行价格;而当公司在增发新股时,会按已发行股票在流通市场上的价格水平来确定增发新股的发行价格。中间价发行,即指以市价和面值的中间值作为发行价格。通常是在以股东配股形式发行股票时采用,这样不会改变原来的股份构成,而且可以把差价收益的一部分归原股东所有,一部分归公司所有用于扩大经营。通常实行中间价格发行股票,必须经股东大会的特别决议通过。

（3）折价发行。即按照股票面额打一定的折扣作为发行价格。其折扣的大小由发行公司和证券承销商双方决定,主要取决于发行公司的业绩。如果发行公司的业绩很好,则其折扣较低;如果发行公司是新设公司,业绩一般,公众也不了解,则折扣就较高,以便于推销。采用折价发行的国家不多,中国目前不允许折价发行。

2. 发行价格的确定

股票发行价格的确定由于关系发行人与投资者的利益,同时也会影响股票上市后的表现,所以是股票发行计划中最重要的内容。如果发行价过低,将难以满足发行人的筹资需求;如果发行价过高,又增大了投资者的风险。所以发行公司及承销商必须对公司的资产和盈利状况、一级市场的供求关系、二级市场的股价水平、宏观经济因素等进行综合考虑,然后确定合理的发行价格。

股票发行定价最常用的方式有累积订单方式、固定价格方式以及累积订单和固定价格相结合的方式。累积订单方式的一般做法分为两个阶段:第一,根据新股的投资价值、股票发行时的大盘走势、流通盘大小、公司所处行业股票的市场表现等因素确定一个价格区间。第二,主承销商协同上市公司的管理层进行路演,向投资者介绍和推荐该股票,并向投资者征集在各个价位上的需求量,通过对投资者认购订单的统计,承销商和发行人对最初的发行价格进行修正,最后确定新股的发行价格。这种方式在美国较为普遍。固定价格方式是承销商与发行人在发行前商定一个价格,然后根据此价格进行公开发售。采用这种方式的国家和地区有英国、日本、中国香港等。而累积订单和固定价格相结合的方式主要用于国际筹资,一般是在进行国际推荐的同时,在主要发行地进行公开募集,投资者的认购价格为推荐价格区间的上限,待国际推荐结束、最终价格确定之后,再将多余的认购款退还给投资者。此种做法在我国香港地区使用较多。

在我国,根据法律规定,首次公开发行股票,应当通过向特定机构投资者询价的方式确定股票的发行价格。发行人以及主承销商应当在刊登首次公开发行股票招股意向书和发行公告后向询价对象进行推介和询价,并通过互联网向公众投资者进行推介。询价分为初步询价和累计投标询价。发行人及其主承销商应当通过初步询价确定发行价格区间,在发行价格区间内通过累计投标询价确定发行价格。

上市公司增发新股的,根据《上市公司证券发行管理办法》,其发行方式、发行价格等与证券发行相关的事项应当由股东大会作出决议。

## 四、股票发行程序

股票的发行须严格遵循法律规定的程序,任何未经法定程序发行的股票都不具有法律效力。不同的国家、不同的证券市场,其股票发行的程序也不同。一般而言,可以分为以下几个阶段:

1. 发行前的准备工作

股票发行前的准备工作主要是明确发行目的,制订具体的发行计划。

确定发行目的是指确定募集来的资金是用于更新设备还是扩充生产线,用于增加产量还是开发生产新产品等问题。同时,公司应该在股票发行前对发行目的进行可行性预测分析,如对生产成本、产品的市场供求情况、利润水平等进行分析与评估,防止盲目筹集资金造成资金使用效率的下降。

具体的发行计划主要指:根据投资者的需要、股市行情等具体情况,选择合理的发行方式,确定募集股票的总额、发行股票的种类、每股面额、发行价格、发行期限、筹资用途等。

计划确定以后,公司应当根据有关部门的规定,着手编制股票发行申请书和招股章程。如果企业不是首次公开发行新股,而是增发股票,则还需要征求董事会的意见。增发股票的数额如果是在股东大会授予董事会的权限之内,只需要召开董事会讨论发行计划,对新股发行的有关事项作出决议即可。但若股票发行量超过原定董事会发行权限的范围,必须先召开股东大会,作出相关决议,授予董事会增发股票的权限,然后再由董事会具体执行。

2. 发行的申请阶段

公司发行股票需要经过证券管理机构的批准。因此,发行人应向管理机构提交发行申请书,内容包括:企业名称和地址、法人代表、经营范围;发行的范围、种类、数量、金额、筹资用途;股息红利分配方式等。除了递交申请书之外,还要提供已联系好的股票推销机构的名称及地点、开户银行的名称及地点、注册会计师证明等资料。如果是增发新股,除了提供上述的文件外,还应当提供股东大会通过的增发新股的决议。

3. 发行的销售实施阶段

发行公司在获得证券管理机构的批准之后,如果采用间接发行方式,就可以和证券发行的中介机构签订委托推销协议。具体内容包括推销募集方法、发行价格、推销股数、委托手续费等。

发行公司与承销商商定好具体发售事宜后,应通过广告或书面通知的形式向社会公众公布招股说明书。投资者在认购书上填写认购股额、金额、交款方式、住址等。有时为了保证认购者按时缴纳股金,还要预交一定比例的保证金。

投资者在认购以后,在规定的日期缴纳股金,领取股票,同样,发行者在认购后的规定日内交付所卖的股票,才能收受股金款。这个过程称为股票的交割。

股票交割后一定时期公司董事会应向证券管理部门登记股票的发行情况和结果。

## 第三节 股票流通市场

### 一、股票流通市场的结构

股票的交易市场主要由场内交易市场(证券交易所市场)和场外交易市场(也称柜台交易市场)构成。此外,还有第三市场和第四市场。

1. 场内交易市场

场内交易市场是指通过证券交易所进行股票买卖流通的组织方式。与证券公司等金融机构不同,证券交易所本身并不从事证券买卖业务,只是为证券交易提供场所和各项服务,并履行对证券交易的监管功能。具体而言:

(1)证券交易所向市场提供买卖证券的交易席位和有关交易设施。在美国,交易席位可分为四种类型:佣金经纪人,即经纪公司在交易所场内的代理人;特种会员,兼经纪人和自营商,他们的功能是完成佣金经纪人无法立即完成客户的委托,寻机适时执行(也称为经纪人的经纪人),并通过自营等方式,维持市场交易的连续性;场内经纪人,在场内自由行动,协助佣金经纪人处理积压指令;场内交易者,仅为自己寻机投资获利。

(2)证券交易所制定有关场内交易的各项规则,如上市、交易、清算、交割、过户等各项规则。证券交易所内设有固定场地、备有各种服务设施(电脑、行情板、电视屏幕、电话、电传等)、配备了必要的管理人员与服务人员(如"红马甲"

等),集中进行公开、公正、公平的股票、债券和其他证券买卖交易。

上市对于上市公司极为重要,但上市必须是质量好、操作规范、严格按国家有关财务、会计制度进行财务管理的优质公司。各个国家制定的股票上市标准虽然有所不同,但一般而言,都会包括以下几个内容:① 资本额。各个交易所对上市公司的资本额都设有最低标准。② 公司的经营情况。一般都要求公司从事主营业务的时间在一定的期限以上,同时应该保持连续盈利,具有分红派息的能力。③ 股权的分布情况。股权分布不合理的话,就会出现垄断和操纵市场的行为,因此,证券交易所一般都会对股权结构提出要求。④ 证券交易所的其他规定,如企业最近一年的有形资产净值与有形资产总额的比率应该达到一定的百分比、资本利润率(税后利润与实收资本额的比例)在前几年应达到一定水平、实际发行的普通股总面值应在一定的数额以上等。

交易所根据公司的申请进行严格审查,经审查通过,方允许其上市;同时,对上市公司进行定期复核,一旦其多次亏损或资不抵债、弄虚作假或严重违规,可令其带上"特别处理"(ST)牌子以警示投资者或令其暂停上市、予以摘牌等。

上市公司上市后多采用双边拍卖法(公开竞价法),电脑根据价格优先、时间优先的原则进行撮合、竞价。买卖成交后,即进行交割过户。交割多发生在成交后若干天,各国证交所规定不同,有 $T+0$、$T+1$、$T+2$、$T+3$……多种。中国早年采取了"$T+0$"方式,后为了抑制过度投机而采用了"$T+1$"方式。对于记名股票,还要办理过户手续。但目前大多数国家、大多数股票均采用电脑撮合、无纸化交易,过户和交割同时完成。

(3) 证券交易所应做到有法必依、执法必严,坚决执行各项规则,对于违纪现象做出相应处理。如宣布严重违规者在若干年内为"市场禁入者",甚至可以协助司法机构对证券诈骗案主犯进行法律制裁。

(4) 搜集、编制、公布有关证券交易资料,定期召开交易所会员大会汇报工作。关于股票二级市场的交易情况较为重要,本章还有详细阐述。

2. 场外交易市场

场外交易,是相对于证券交易所的场内交易而言的,凡在证券交易所之外的交易活动均可划入场外交易范畴。又分为柜台交易市场或店头交易市场、第三市场、第四市场。在场外交易市场中的证券商兼具证券自营商和代理商的双重身份。作为自营商,它把自己持有的证券卖给顾客或者买进顾客的证券,赚取买卖价差;作为代理商,它以客户代理人的身份向别的自营商买进卖出证券,从中收取一定比例的佣金。

最初的有价证券买卖,由于证券交易所尚未建立或完善,因此大多是在银行进行,投资人买进或卖出证券都直接在银行柜台上进行交易,随着银行业和证券业的分离,这种交易转由证券公司承担,在证券公司的柜台前交易,所以称为柜台交易(over the counter,OTC)。随着通信技术的发展,目前许多场外交易不直接在证券公司的柜台前进行,而是由客户和证券公司通过电话和电传进行业务交易,也称为电话交易市场。

随着证券交易所的产生和发展,证券市场上的交易方式有了一定程度的改进,但是场外交易市场还能够继续存在与发展,主要有以下原因:① 证券交易所可以容纳的上市证券十分有限,使得很大一部分证券只能在证券交易所之外的场合进行交易。② 由于申请上市的手续比较复杂,而场外交易市场不必经过烦琐的上市程序,也不要填写委托书等,所以有的发行公司即使符合上市条件,也不愿申请上市,而只在场外进行交易。③ 随着科技的发展,场外交易市场的交易方式、交易程序和交易设备都有了很大的改进,提高了交易的效率。

场外交易比证券交易所上市的条件宽、门槛低、管制较松、灵活方便。很多小型的创业性高新技术公司等都进入场外交易。但这些特点也使该市场存在着组织不严密、信息不均衡对称、价格大起大落等缺点。美国为此于1937年建立了全国证券交易商协会(National Association of Securities Dealers,NASD)的组织,在证券交易委员会的监管下管理场外交易市场。1971年该组织开通了电子报价系统——全国证券交易商协会自动报价系统,这就是有名的纳斯达克市场。该市场系统发展极快,成交量已超过纽约证交所,成为第一大市场。但是纳斯达克市场只能提供部分柜台交易市场的股票价格,其他的柜台交易市场证券价格需要通过NASD的柜台交易市场的价格简报(称为"粉红单")等渠道获得。

3. 第三市场

严格说,第三市场也是场外交易市场的一部分,指已在正式的证券交易所内上市却在证券交易所之外进行交易的证券买卖市场。第三市场的参与者主要为各类投资机构,如养老基金会、互助基金、保险公司、投资公司等。

第三市场的出现是因为证券交易所不允许随意降低佣金,这样当每笔股票成交数额很大时,经纪人收取的佣金就会很高,加大了股票的交易成本。

第三市场的存在不仅丰富了股票市场的形式,加强了证券业的竞争,而且还满足了不同投资者的需求,使投资者的交易成本降低,减少了投资的总费用。

第三市场最早出现在美国的20世纪60年代,一度大受欢迎。但1975年美国取消固定佣金制,佣金立即下浮,大宗交易还可以有更大幅度下浮,成交速度加快,第三市场的吸引力才有所下降。

4. 第四市场

第四市场是指投资者和金融资产持有人(大多为大机构及个人大户)绕开

通常的证券经纪人,彼此之间利用电脑网络直接进行大宗的股票交易。这种形式的市场最早出现在美国。

第四市场充分利用了先进的电脑技术,把分散在各个地区的交易行情通过一个全国性或地区性的证券交易自动报价系统集中起来,使客户能够及时、迅速地进行交易。同时,第四市场绕开了证券经纪人,基本上是双方直接交易,所以不需要中介人费用,即使通过第三方安排,佣金也较为便宜。而且,第四市场进行的都是大宗的买卖交易,如果在证券交易所交易必然会对股价造成一定的冲击。

## 二、股票流通市场交易方式

在证券交易所产生到现在的几百年的发展过程中,股票的交易方式也在不断地变化和创新。现在,股票流通市场上的买卖交易方式很多,大致可以分成以下几类:

1. 现货交易

现货交易亦称现金现货交易。它是指股票的买卖双方,在谈妥一笔交易后,马上办理交割手续的交易方式,即卖出者交出股票,买入者付款,当场交割,钱货两清。它是证券交易中最古老的交易方式。

最初证券交易都是采用这种方式进行。后来由于交易数量的增加等多方面的原因使得当场交割有一定困难。因此,在以后的实际交易过程中采取了一些变通的做法,即成交之后允许有一个较短的交割期限,以便大额交易者备款交割。在不同的国家,证券交易所规定的交割期也各有不同。美国纽约证券交易所采用的是例行交割方式,上海证券交易所采用的是次日交割的方式。

现货交易反映了购入者有进行较长期投资的意愿,希望能在未来的时间内,从证券上取得较稳定的利息或分红等收益,而不是为了获取证券买卖差价的利润而进行的投机。

2. 期货交易

期货交易是指交易双方股票成交后签订契约,按约定价格在约定的交割日里进行交割清算的一种交易方式。在期货交易中买卖双方签订合同,并就买卖股票的数量、成交的价格及交割期达成协议。买卖双方签订合约后不用付款也不用交付证券,只有到了规定的交割日买方才交付货款,卖方才交出证券。结算时是按照买卖契约签订时的股票价格计算的,而不是按照交割时的价格计算。

期货交易根据合同清算方式的不同又可分为两种。第一种是期货交割交易,指在合同到期时,买方须交付现款,卖方则须交出现货即合同规定的股票;

第二种是差价结算交易,在合同到期时,双方都可以做相反方向的买卖,并准备冲抵清算,以收取差价而告终。这两种交易方法统称为清算交易。

投资者进行期货交易,一般都是想通过股票买卖价格差异来谋取盈利,带有投机的目的。买方与卖方都是以预期价格的变动为基础或买或卖,买方期望到期股票价格上升,到期以高价卖出,谋取价差利润;卖方期望股票价格下跌,以便到期以较低的价格买进,冲销原卖出的期货合同,并赚取价差利润。

20世纪70年代,出现了有组织的金融(股票)期货市场,买卖对象是一种标准化的契约,其交易品种、数量、期限都按统一标准,以便于买卖。但在中国,股指期货交易已经经过长期的研究开发和测试,目前正处于等待合适时机推出的阶段。

3. 信用交易

信用交易实际上是期货交易中的一种,又叫垫头交易,是指投资者在进行股票买卖时,向经纪人交付一定数量的现款或股票作为保证金,其余不足的部分由经纪人垫付进行交易的方式。信用交易分为融资买进(买空)和融券卖出(卖空)两种。由于经纪人的垫款通常是从银行以可赎回资金的利率贷款得来,所以投资者借款的总成本是银行利率加上服务费。所有用保证金信贷购买的股票都必须由经纪人保管,因为该股票被用来作为贷款的抵押。

利用保证金信用交易,投资者要交一定数量的现款或股票作为保证金,证券管理机关会对用保证金购买的股票数量进行限制,通常用保证金与买卖股票的总值的比率(保证金率)来表示,各国大多定在30%以上。保证金又分为起始保证金和最低维持保证金。起始保证金是指交易前缴纳的保证金。最低维持保证金是指交易后缴纳的,为弥补因证券价格发生变化造成亏损而追加的保证金。此外,信用交易,投资者与经纪商之间的抵押借贷关系一般定为6个月,不可以无限推迟下去。

由于信用交易的风险较大,而且过多的信用交易会造成市场的虚假需求,造成泡沫经济,加上中国证券市场上的投资者和证券商都还不成熟,因此中国目前严禁信用交易。

4. 期权交易

股票的期权交易也称为选择权交易。是指投资者与特定的交易商签订合同,投资者有权在特定的时期内按协议的价格买进或卖出一定数量的股票,而不管此时的股票价格如何变动。期权交易的合同中要规定期权的有效期、股票的种类和数量、股票的价格(协定价格)、期权的价格(购买期权的费用)、期权合同的种类(买进期权和卖出期权)。

股票的期权交易分为买进期权和卖出期权两种。

买进期权,又叫看涨期权,就是在期权的有效期内,期权的买方有按规定的价格和数量买进股票的权利。投资者购买这种买进期权,是因为其认为股票价格看涨,将来可以获利。当股票价格高于协议价格和期权费之和(不考虑佣金等其他费用)时,买方选择执行期权,以协议价格和数量买入股票,在现货市场按市价卖出,从中赚取利润。当股价低于协议价格时,买方选择不执行期权,此时买方的损失只有期权费用和佣金等其他费用。

卖出期权,又叫看跌期权,就是在期权的有效期内,期权的买方有按规定的价格和数量卖出股票的权利。投资者购买这种卖出期权,是因为他认为股票价格看跌,将来可以获利。当股票价格低于协议价格时,买方选择执行期权,以协议价格和数量,卖出股票,在现货市场按市价买进,从中赚取利润。当股价高于协议价格时,买方选择不执行期权,此时买方的损失只有期权费用和佣金等其他费用。

期权交易的方式有两个好处:一是风险较小,买方的损失是已知的和固定的。二是只需缴纳少量的期权费就可以做大额交易,而且利润比现货交易高。

5. 其他

除了以上介绍的几种主要的交易方式,还有其他一些交易方式,如股票指数期货交易(以股票价格指数为标的物进行期货交易)、股票指数期货期权交易(允许买方在一定时期内按协定价格向卖方购买或出售特定的股票指数期货合约,本书将另行阐述)等。

## 三、股票交易程序

股票交易的基本程序包括开户、委托买卖、成交、清算交割和过户五个阶段。

1. 开户

普通的客户是不能直接进入证券交易所买卖股票的,必须委托证券商或经纪人代理买卖。因此,要想买卖股票,首先要寻找一家信誉可靠,同时又能提供优良服务的证券公司作为经纪人。

选择好证券商后,就要办理开户手续,开户包括开设证券账户和资金账户。证券账户是证券机构为投资者设立的用于记录投资者所持有的证券种类、名称、数量等情况的一种账户。投资者在开设证券账户的同时,即可以委托证券登记机构为其管理证券资料,办理登记、结算和交割业务。在中国,投资者要买卖上海或深圳证券交易所上市的证券,应当分别开设上海或深圳的证券账户。

投资者开设证券账户后,不能直接进入证券交易所买卖证券,而是要通过证券交易所的会员(证券商)才能进行交易。证券商设有很多证券营业部,所以投资者必须到证券营业部开户,委托其代理买卖,这种开户形式称为开设资金账户,投资者进行股票买卖的现金收付都通过这一账户办理。现金账户一般不能透支,账上必须有足够的金额才能买入股票。

2. 委托买卖

投资者向证券商下达的买卖证券的指令称为委托。投资者在委托证券商买卖证券时,应填写买卖委托书,说明证券的名称、数量、买还是卖、委托的种类、委托的有效期等,同时提供交易密码或证券账户卡等证件。

按照投资者委托价格方式的不同,委托的种类可以分为市价委托、限价委托、止损委托等。市价委托是指投资者委托证券商按照执行指令时的市场价格买进或卖出证券。这种方式下投资者不规定价格,而证券商应该争取以最有利于投资者的价格成交。限价委托是指投资者自行规定一个价格,证券商以这个所限定的价格或更有利的价格进行交易。一般来说,投资者下达的限价指令都有时间限制,超过一定的时间,指令自动作废。止损委托是指证券商在某种证券下跌(或上涨)到一定的价格时,为投资者卖出(或买入)该种证券。这是一种保护性的指令,可以保护投资者减少损失。

按照投资者委托的形式划分,可以分为当面委托、电话委托、传真委托等。当面委托是指投资者亲自到证券商的营业部当面填写委托书。电话委托即委托人以电话形式委托证券商,确定具体的委托内容,由证券商受理股票的买卖交易。电话委托必须在证券商具备录音电话的条件下,才可办理。委托人以电话委托买卖成交后应补交签章,如有错误原因不是由证券商造成的,证券商不负责任。

近年来,通过国际互联网进行证券委托交易的方式在国内迅猛发展。证券网上交易具有低成本、高效率、便捷性及覆盖范围广等优点。

3. 成交

证券商在接受客户委托后,应立即通知其在证券交易所的经纪人去执行委托。由于要买进或卖出同种证券的客户都不止一家,因此在交易所中须采用双边拍卖的方式来成交,即在买方和卖方之间均需竞价,竞价遵循"价格优先"和"时间优先"的原则。价格优先的原则为:较高价格买进申报优先于较低价格买进申报,较低价格卖出申报优先于较高价格卖出申报。时间优先的原则为:买卖方向、价格相同的,先申报者优先于后申报者。先后顺序按交易主机接受申报的时间确定。

证券交易一般采用电脑集合竞价和连续竞价两种方式。集合竞价是指对一段时间内接受的买卖申报一次性集中撮合的竞价方式。连续竞价是指对买卖申报逐笔连续撮合的竞价方式。以中国证券市场为例,集合竞价时,成交价格的确定原则为:① 在有效价格范围内选取成交量最大的价位;② 高于成交价格的买进申报与低于成交价格的卖出申报全部成交;③ 与成交价格相同的买方或卖方至少有一方全部成交。两个以上价位符合上述条件的,上海证券交易所规定使未成交量最小的申报价格为成交价格,若仍有两个以上申报价格符合条件,其中间价为成交价格,深圳交易所取距前收盘价最近的价位为成交价。集合竞价的所有交易以同一价格成交,集合竞价的所有交易以同一价格成交。集合竞价未成交的买卖申报,自动进入连续竞价。连续竞价时,成交价格的确定原则为:① 最高买入申报与最低卖出申报价格相同,以该价格为成交价;② 买入申报价格高于即时揭示的最低卖出申报价格时,以即时揭示的最低卖出申报价格为成交价;③ 卖出申报价格低于即时揭示的最高买入申报价格时,以即时揭示的最高买入申报价格为成交价。买卖申报经交易主机撮合成交后,交易即告成立。

4. 清算交割

清算是采用差额交收办法,即将证券商买卖证券的金额和数量分别予以抵消,再通过证券交易所交割净额证券与价款。证券交易所的清算业务按"净额交收"的原则办理,即每一证券商在一个清算期(每一开市日为一清算期)中,对买卖价款的清算,只计其应收、应付价款相抵后的净余额;对买卖股票的清算,其同一股票应收、应付数额相抵后,只计净余额。

交割是指股票买卖成交后,买主支付现金得到股票,卖主交出股票换回现金。由于买卖双方并不直接交割,所以证券交割实际上由投资者与证券商之间的交割及接受委托的证券商之间的交割两部分构成。

根据成交和交割时间的长短,交割可以分为以下几种方式:当日交割、次日交割、第二日交割、例行交割、例行递延交割等。当日交割指买卖双方以成交后的当日就办理完交割事宜。第二日交割即自成交的次日起算,在第二个营业日正午前办理完成交割事宜。如逢休假日,则顺延一天。这种交割方式很少被采用。例行交割即自成交日起算,在第五个营业日内办完交割事宜。这是标准的交割方式。一般的,如果买卖双方在成交时未说明交割方式,即一律视为例行交割方式。例行递延交割指买卖双方约定在例行交割后选择某日作为交割时间的交割。

5. 过户

完成交割手续后,投资者应立即办理过户手续,即在他所持股票的发行公司的股东名册上登记他的姓名、持股数量等。只有办完过户手续,投资者才享有股东的权利。

股票的过户一般都是由专门的机构统一办理。如在中国,随着中国证券登记结算体系的改革,上海股票的过户由中国证券登记结算有限公司上海分公司办理,深圳股票的过户由中国证券登记结算有限责任公司深圳分公司办理。

## 四、股票交易费用

股票交易的费用可分为:委托交易的保证金、证券商的佣金、清算交割准备金和场内交易费、场内设施使用费等。

1. 保证金

保证金是指投资者委托证券商进行买卖股票时,必须向证券商交付一定的保证金。如美国的联邦储备委员会要求投资者必须提供交易额的50%作为保证金。在中国,要求投资者将买入股票所需的全部价款和卖出的全部股票全额交付给证券商。

2. 证券商的佣金

证券商的佣金是证券商代理委托买卖成交后的经营收入,或者说手续费收入。即投资者委托买卖成交后,按实际成交金额数的一定比例向承办委托的证券商交纳的费用。中国2002年开始实行向买卖双方收取3‰以下的浮动佣金制。受托买卖未成时,证券商不得向委托者收取佣金。

3. 清算交割准备金

证券商在参与交易之前,应向交易所一次缴纳清算交割准备金。缴纳交割准备金的目的在于保证清算交割能正常顺利地进行,保证清算的连续性、及时性和安全性。

4. 场内交易费和场内设施使用费

场内交易费是准许进入证券交易所进行场内交易活动的证券商按一定时间、一定收费标准交纳给证券交易所的费用。场内交易费包括年费和经手费。年费是证券商按年付给证券交易所的费用。经手费是证券商在证券交易所的场内交易成交后,按实际成交金额(以市价计算)的一定比例向证券交易所交纳的交易经手费。

证券商在交易所内交易,使用交易所的场内设施也应缴纳设施使用费。

## 第四节 股票价格指数

### 一、股票价格指数的定义和作用

股票价格指数是用来表示多种股票平均价格水平及其变动并且衡量股市行情的指标。用这种指标来衡量整个市场总的价格水平,可以比较正确地反映股票市场的行情变化和股票市场的发展趋势,从而有利于投资者进行投资选择。同时,股票市场的变化趋势往往能从一个侧面反映国家整体宏观经济运行情况及发展趋势,为政府管理部门提供信息。

股票价格指数按编制方法通常可以分为两大类:平均股价指数和综合股价指数。平均股价指数是股价的简单平均或加权平均,反映股市价格总水平的高低。比较有名的是道·琼斯指数和日经指数。综合股价指数是采用综合加权平均数编制的,反映不同时期的股价变动情况的相对指标。具体的做法是选定一个基日,以基日股价总水平作为基准,用即日股价总水平与基日股价总水平相对比,反映即日股价总水平相对于基日股价总水平而言的高低和变动程度。

## 二、股价指数的计算方式

编制股价指数时要考虑以下四点:① 样本股票必须具有典型性、普通性,为此,选择样本时应综合考虑其行业分布、市场影响力、股票等级、适当数量等因素。② 计算方法应具有高度的适应性,能对不断变化的股市行情作出相应的调整或修正,使股票指数或平均数有较好的敏感性。③ 计算依据的口径必须统一,一般均以交易所的收盘价为计算依据,但随着计算频率的增加,有的以每小时价格甚至更短的时间价格计算。④ 基期应有较好的均衡性和代表性。基期只有定的合适才具有可比性,才能使股价指数如实反映股市的变动情况。

股价指数的计算方法有以下几种:

1. 简单算术平均法

简单算术平均法是计算出样本股票报告期价格的算术平均值,得到该时期的价格水平,然后将各个时期的价格水平相比求出股票指数。计算公式为:

$$股价平均数 = \frac{1}{n}\sum_{i=1}^{n} P_{mi}$$

式中:$P_{mi}$——第 $m$ 报告期第 $i$ 种股票的价格

$n$——组成股票指数的股票种类数

例如:从股票市场上选择 4 个股票组成股价指数,在报告期每股价格分别为 15、20、25、30 元,则股价的平均数为:

$$股价平均数 = \frac{15+20+25+30}{4} = 22.5$$

股价平均数只是报告期的股票价格平均数,将各个时期的价格水平相对比可以得到简单算术平均数的股价指数,计算公式为:

$$股票价格指数\ I = \frac{1}{n}\sum_{i=1}^{n} \frac{P_{mi}}{P_{0i}}$$

式中:$P_{mi}$——第 $m$ 报告期第 $i$ 种股票的价格

$P_{0i}$——基期第 $i$ 种股票的价格

$n$——组成股票指数的股票种类数

如上例中,若基期的价格分别为 5、10、20、40,则可得:

$$I = \frac{1}{4}\left(\frac{15}{5} + \frac{20}{10} + \frac{25}{20} + \frac{30}{40}\right) = 1.75$$

计算结果表明,报告期的股价是基期股价的 1.75 倍,即股价上涨了 75%。

由于这种方法未考虑到各种采样股票的发行量和交易量是不相同的,而这对整个股市股价的影响会不一样,因此,计算出来的指数也不够准确。为使股票指数计算精确,还需要加入权数,这个权数可以是交易量,也可以是发行量。

2. 加权算术平均法

加权平均法按照样本股票在市场上的不同地位给予其不同的权数,对股市影响大的股票给的权数较大,影响小的股票的权数小。将各样本股票的价格与其权数相乘后求和,就是加权平均后的股票价格指数。这里的权数,可以是股票的成交量、发行量或者其他可以反映股票地位的数字。

加权平均法的计算公式为:

$$P = \frac{\sum_{i=1}^{n} W_i P_i}{\sum_{i=1}^{n} W_i}$$

式中:$P$——股票的平均价格

$W_i$——第 $i$ 种股票的权数

$P_i$——第 $i$ 种股票的价格

若基期平均价格为 $P_0$,则加权平均价格指数 $I$ 为:

$$I = (P/P_0) \times 100$$

例如,选择两个样本股票 A 和 B,具体数据如表 8-1 所示。

表 8-1 两个样本股票信息

| 股票种类 | 基期价格 | 报告期价格 | 发行量 |
| --- | --- | --- | --- |
| A | 25 | 30 | 200 |
| B | 100 | 90 | 50 |

按发行量加权平均来看:

$$基期平均价格\ P_0 = \frac{25 \times 200 + 100 \times 50}{200 + 50} = 40$$

$$报告期平均价格\ P = \frac{30 \times 200 + 90 \times 50}{200 + 50} = 42$$

这个例子中,样本股票的发行量并没有发生改变,如果在基期和报告期内股票的发行量发生变化,则会使权数发生变化,采用不同时期的发行量作为权数,会得出不同的股价指数。

如果以基期发行量作为权数,则

$$I = \frac{\sum PQ_0}{\sum Q_0} \Big/ \frac{\sum P_0 Q_0}{\sum Q_0}$$

如果以报告期发行量作为权数,则

$$I = \frac{\sum PQ_1}{\sum Q_1} \bigg/ \frac{\sum P_0 Q_1}{\sum Q_1}$$

3. 调整算术平均法

股票市场上,上市公司经常会有增资和股票分割的行为,使股票的数量增加,股票的价格通常也会降低。如果用简单算术平均法计算股票价格指标,股价指数会发生很大变化,但却不能真实反映股票价格水平的变动情况。为了解决这一问题,需要对简单算术平均数的指数作必要的调整,一般使用除数修正法。

除数修正法就是将原来分母调整为一个新的分母。具体做法是:用增资或拆股后各种股票的价格总和除以增资或拆股前一天的平均价格作为新的分母。

$$新分母 = \frac{增资或拆股后各种股票价格总和}{增资或拆股前一天的价格平均数}$$

例如:市场上有四个样本股票 A、B、C、D,报告期每股价格分别为 15、20、25、30 元,则股价的平均数为:

$$股价平均数 = \frac{15 + 20 + 25 + 30}{4} = 22.5$$

如果 B 股票发生了一股变两股的拆分行为,则股价下降为 10 元,按简单算术平均法计算平均价格变为:(15 + 10 + 25 + 30)/4 = 20,这种股价指数的变化并不是股市的真实情况。如果采用除数修正法,则新分母为:(15 + 10 + 25 + 30)/22.5 = 3.56,平均价格变为(15 + 10 + 25 + 30)/3.56 = 22.5,不受拆股的影响。

特别指出的是,目前世界上比较著名的股票价格指数有美国道·琼斯股票价格指数、美国标准普尔股票价格指数、纽约证券交易所股票价格指数、伦敦《金融时报》股票价格指数、日本日经股票指数、香港恒生指数等。中国的股票市场分别有上证综合股票指数和 180 指数以及深证综合指数与深圳成分指数。

# 第五节　股票转让价格与市场效率

## 一、股票转让价格形成

1. 股票转让价格公式

股票价格就是股票在市场上买卖的价格,又称股票市价或股票行市。

由于投资者购买股票是为了通过股票获得收益,即希望得到股息收入或者是买入价与卖出价之间的差价利润,因此投资者就会根据预期的股息收益与银

行利息率的比较来决定股票的买卖。这样,股票的转让价格主要取决于预期股息收益和市场利率。用公式可表示为:

$$股票转让价格 = 预期股息 / 银行利息率$$

这个公式表明:股票的转让价格与预期股息收益成正比,而与市场利率成反比。在预期股息收益一定的情况下,市场利率较高,意味着把本金存入银行会有更高收益,如果要获得与银行利率相同的收益水平,由于股息收益一定,所以只能降低股票价格。反之亦然。当预期股息率高于当前的银行利息率时,人们就会购买股票,使股票的需求增加,造成股价的上涨,反之,就会推动股价的下跌。

2. 影响股票转让价格的诸因素

股票转让价格公式只是一种纯理论的推算。在现实生活中股票的转让价格受多种因素的影响,如股票市场供求关系变化。当市场大量抛售股票时,股票价格就会急剧下跌,而当人们抢购股票时,又会推动股价急剧上涨。而造成股票供求关系变化的因素又有很多,如国家的政治局势是否稳定;宏观经济形势、市场利率、汇率、税率、经济周期、通胀率与通缩率的变化;同时也与上市公司的盈利状况、企业自身法人治理结构的完善与否、行业因素等有关;此外,还与投资群体的心理偏好等密切相关。最后,股票价格还与违规违法事件,如是否存在着会计欺诈、庄家操纵股价以及打击和揭露查处此类事件的行动等有关。上述这些因素均会造成股价的大幅波动。

## 二、股票价格与市场效率

市场效率问题主要讨论股票价格对各种影响股票价格的信息的反应能力和反应速度的问题。如果股票的价格能够完全和迅速地反映出所有可获得的有关信息,则该市场就是有效率的。

美国芝加哥大学的法马(Fama)教授在市场效率问题方面做了大量的研究,他根据市场对信息做出反应和吸收能力的不同,把资本市场分为效率程度不等的三种形式,即弱式有效市场、半强式有效市场、强式有效市场。

1. 弱式有效市场

弱式有效市场中,股票价格充分反映了全部能从市场交易数据中得到的信息,如过去的股价、交易量等。这样,投资者不能通过分析股价变动的历史资料来判断未来股价变动趋势。因此,在弱式有效市场上,技术分析变得毫无用处,因为技术分析流派认为根据股票价格历史走势可以推测股价的未来走势。

弱式有效市场表现为股票价格的随机游走(random walk),即股票价格的变化是相互独立的,每次价格的上升或下降与前一次的价格变化毫无联系,对下一次价格变化也毫无影响,股票价格的变化是随机的。

对弱式有效市场的检验主要侧重于对股票价格时间序列的相关性研究上，如自相关性检验、操作试验、过滤法则和相对程度检验等。

2. 半强式有效市场

在半强式有效市场上，与公司前景有关的全部公开的已知信息已经在股价中反映出来了。除了过去的股价信息外，这些已知信息还包括公司生产经营的基本数据、管理质量、资产负债表组成、利润预测、股息变动、影响股价的各种政治经济消息等。在这种市场中，投资者通过对公司的财务报表等各种公开发表的信息进行分析均不能获取超额利润，因此基本分析将失去作用。

对半强式有效市场的检验，主要侧重于研究股票价格对各种最新公布的消息（如股息政策变动、利润预测）的反应速度。

3. 强式有效市场

在强式有效市场上，股价反映了全部与公司有关的信息，甚至包括那些只有内幕人员知道的信息，投资者不可能找到一种好的方法得到超额利润。

显然，这是很极端的。如果某些投资者拥有内幕消息，他是有可能利用这一消息获取超额利润的。因此，强有效市场只是一种理论假设，在实际运作中，这种市场是无法达到的。

## 第六节  股票市场基本分析

在金融市场，尤其是股票市场的投资中，可用做分析工具的有几大类，如基本分析、技术分析与现代数学模型分析。由于技术分析与现代数学模型分析比较独特，本书第十四章、第十五章另有较详细介绍。本节仅介绍基本分析。

### 一、基本分析的定义

1. 基本分析的定义

所谓基本分析是指从宏观政治、经济形势、政策导向以及上市公司本身的内在情况、上市公司所处的行业状况等主要基本因素对股票以及股票市场总趋势进行分析，衡量股票的内在价值及股票市场的发展态势，从而决定对股票以及股票市场的投资策略的分析方法。

2. 基本分析与技术分析的关系

相当多的投资者习惯于同时运用基本分析与技术分析对股市及股票进行分析。故在此我们对二者关系进行阐述。

所谓技术分析是指通过图表或市场走势技术指标的记录来分析股票与股

票市场的过去和现在的变动，从而推测股票及股票市场未来价格的变动趋势。但是，技术分析只是研究股票的供需状况和股票市场行情表上的变化，而对影响股票供需情况的各种基本因素并不进行分析。显然，技术分析更偏重于股票价格的分析，其目的在于预测股票价格及股票市场涨跌的趋势。

基本分析的优点主要是通过判断股票以及其在股票市场发展趋势中的内在的投资价值，能够比较全面地把握股票价格及股票市场的基本走势，但预测的时间跨度相对较长。

技术分析的优点是考虑问题比较直观，同时由于运用统计学和逻辑学的方法使分析更为客观。利用技术分析进行股票买卖见效快，获得收益的周期也短。缺点是考虑问题的范围相对较窄，对市场根本性的趋势往往较难进行判断，经常会出现"走势陷阱"，影响分析的准确性。

基本分析和技术分析是从不同的角度对同一股票的分析。由于其侧重点的不同，适用的范围也不同。

基本分析与技术分析均十分重要，完全不懂技术分析的投资者是难以获得成功的。但是，两者相比，基本分析更为重要，这两种方法的重要性权重可以用7∶3来估计。一些战略成功者，基本分析大多都运用得非常好。而仅仅注重技术分析，不注重基本分析的投资者则容易产生重大失误。因为技术分析中很多指标是滞后的。因此，以基本分析为主，技术分析为辅，就较为理想了。

## 二、基本分析的内容

在通常情况下，基本分析主要是通过对国际政治经济发展趋势、国内政治经济形势与货币财政政策、个别行业前景、上市公司业绩与利润增长等种种状况来进行分析。

要进行基本分析就必须掌握影响股市的各种信息，这些信息既包括宏观方面的信息，如国际政治经济环境信息、国内政治经济发展趋势、现阶段国家所采取的货币政策、财政政策、现阶段的货币发行量、利率与汇率走势、通货膨胀情况以及证监会的有关政策、国债的发行、股市扩容速度和压力、股市历史遗留问题的解决情况、股市周边国家地区金融市场的情况等；此外，也包括微观方面的信息，如国家的产业政策、行业政策导向、原材料价格的变动、资金流向、公司的竞争力和发展前景、盈利能力、财务状况、公司的管理效能、分红派息方案等。这些信息种类繁多，它们对股价的影响力也不一致：宏观方面的信息影响面广，将影响到整个股市的走势；微观方面的信息影响层次较小，但是直接，其时效性较强，将对个股产生较大影响。

## 三、政治形势是基本分析的重中之重

政治是经济的集中表现,对政治形势的分析是基本分析中的重中之重。

政治上任何重大的变化都会引起经济上的变化动荡,自然也将迅速波及股市。政治因素中最主要的是政权更替、战争爆发、政策变动以及国际政治的重大变化等。

政权的转移、政府的更迭,将影响社会的安定及人心的稳定,它是影响股价的重要因素。如美国股市,曾就因总统肯尼迪的遇刺而大幅下跌,甚至连正常的总统换届,如支持高科技产业的克林顿总统即将卸任,也使美国以高科技、风险创业为主的纳斯达克股市从5000点在两年的时间中跌到1200余点(当然也有一些其他原因,但总统换届肯定是最重要的原因之一)。

战争会使军工、石油、钢铁、重工业以及医疗等工业需求增加,与此相关的股票价格就可能上涨;但如果战争中断了原材料或产品的运输,影响了购买力或原料的供应,相应的股票价格就会下跌。更可怕的是,战争还会影响社会安定,造成一国投资环境的恶化,进而造成贸易逆差,投资减少,货币贬值,股市大跌。

在新兴市场中,股市行情与政治的相关性尤其强,甚至政府主要官员任何有关股市的言行,都可能导致股市行情突变。

政治因素对股价变动影响极大,但有些政治事件的发生是可以预见的,这样就可以在股市波动中赚取利润。

## 四、宏观经济形势是基本分析的基石

通常情况下,在成熟的市场经济国家里,宏观经济形势的好坏与股市的关系十分密切。股市是宏观经济的晴雨表。例如美国1929—1933年的经济大危机,通货紧缩日益严重,各家企业产品均严重供过于求,结果出现大量的裁员、失业;而工人失业则又导致了消费市场购买力的极度萎缩,造成企业的歇业、倒闭、破产。1929年,受美国大危机冲击最大的是金融市场。美国倒闭破产的银行在1929年多达659家,到1931年更是多达2294家,整个金融市场,包括股市一片混乱。与此同时,美国私人投资也由1929年的160亿美元减至1933年的3.4亿美元,工业生产1933年比1929年下降50%;国民收入由1929年的878亿美元下降到1933年的402亿美元,下降了54.22%。股市中的上市公司由于业绩下降,根本分不出红利,股民们大批加入抛股兑现的行列,股市狂跌,出现了长达4年之久的股灾;它又反过来加剧了整个经济危机的破坏性。

同样是美国,由于克林顿政府执行了刺激经济增长的各项政策,美国经济在克林顿执政8年中连续增长,GDP每年以3%—4%的速度增长。与此同时,美国的股市无论是纽约的道·琼斯工业指数,还是以高科技为代表的纳斯达克指数也都连涨8年:道·琼斯工业指数从1991年4月17日的3 000点开始一直上涨,1999年12月28日达到11 500点;而纳斯达克指数则从1998年的2 000多点一度上涨到2000年2月的5 300点——直到克林顿卸任为止。在经济持续近十年的高速增长中,美国的传统工业稳定发展,而以网络、电子商务、基因工程、高新技术材料为主的高科技产业则一度得到长足发展,出现了十多年来难得的繁荣局面。在这种情况下,上市公司送红利、红股也较多,股民热情很高,加上美国股市又是开放型的,其他国家的很多资金又兑换成美元购买美国股票和国债,并且一度使美元保持强势地位,从而进一步形成美国股票市场多年的大牛市。

宏观经济除总体GDP增长外,还可由多种经济指标共同组成,其中影响较大的是:

(1)通货膨胀与通货紧缩的影响。通货膨胀对股价的影响主要有两个方面:一是通货膨胀会影响经济景气。具体表现为物价水平上涨,库存产品可按较高的价格出售。这样,企业的名义利润增加,并能减轻企业偿还债务的负担。因此,物价上升对这些企业的股价产生有利影响。但对于需大量依赖原材料的企业来说,原材料价格上升或进口原材料价格因通胀而大幅上涨,则会对企业股价产生不利影响。二是通货膨胀导致投资者产生保值心理,会选择购买股票,股价自然上升,因为在通货膨胀时期,存银行是保本保息不保值,买股票是不保本、不保息,但是保值。当然,当通货膨胀到一定的程度,将会迫使利息的上涨,反而导致股票的下跌。

通货紧缩在一般情况下,往往伴随着经济增长率持续下降(相对下跌与绝对下跌)、货币供应量持续下降、物价持续下降,因此,通货紧缩在西方国家是与经济大萧条同时发生的。此时,会引起上市公司业绩普遍下滑,经营状况恶化,亏损破产企业大增,股价也会大幅下跌。

但21世纪初,中国发生的"通货紧缩"是非典型的单纯的物价下跌,情况很不相同,当时GDP还以7%—8%的速度在增长;由于投资渠道较少,资金大量涌入股市,股市有时反而不会下跌。因此,一定要具体情况具体分析。

(2)利率因素。利率与股价之间的关系非常密切。利率调低,企业生产成本减少,资金借贷更为容易,则企业的盈利相对就会增加,股价也必然随之上涨;反之利率提高,信用紧缩,资金筹措困难,企业负担加重,股价就会下跌。

另一个方面,当利率上升时,投资者用于评估股票价值所用的贴现率就会上升,未来可能取得的收益未变,由此计算出来的股票内在价值就会下降,股票的市场价格也会跟着下跌。反之,利率下降时,投资者购买股票的机会成本下降,对贴现率的要求也可低些,使得股价上升。当利率跌得很低时,居民存款意识下降,会纷纷投资入股,形成一种股市的牛市状态。

(3) 汇率与国际收支因素。汇率变动对一国经济的影响是多方面的。一般说,本币升值有利于进口而不利于出口;相反的,本币的贬值有利于出口而不利于进口。但是从另一个方面考虑,汇率也会影响通货膨胀率,如果本币贬值,进口商品的成本就会提高,也就间接地提高了本国商品的价格和通货膨胀率。因此,人们通常会权衡汇率调整对未来经济发展和外贸收支平衡的利弊,如果人们对前景看好,股价就会上升;反之,股价就会下跌。

此外,在一个完全开放的市场环境中,资金可以在外汇市场和证券市场上相互流动。如果预期本币会贬值,人们就会进入外汇市场,将本币换成外币,资金就从证券市场进入外汇市场,对股票的需求就会减少,引起股价的下跌。而预期本币将升值,资金就会从外汇市场流入证券市场,推动股价上涨。

另外,当国际收支发生顺差时,外汇储备增加,本币投放增加,刺激了本国的经济增长,会促使股价上升;但当国际收支出现巨额逆差时,会导致本国货币贬值,影响人们的预期,股票价格一般将下跌。

(4) 税率因素。国家的税收政策法规也会严重影响投资者买卖股票的决策。税种和税率的变化有益于部分企业的利润分配时,股价就会上升;反之则会下跌。因此,一般在税率调整时期都会有股价的波动。

此外,如果决定对股市征资本利得税,这会引起股市的大幅度下跌。如果将进出股市两边征税改成只征抛股获利后的税,免征买股投资时的税,则会引起股市大幅上涨。

## 五、行业因素与上市公司自身因素影响重大

1. 行业因素

行业因素较大程度上影响了某一行业股票价格的变化。这些因素包括行业生命周期、行业景气变动、法令措施、淡旺季等。

行业的生命周期可以分为开创期、扩张期、停滞期和衰退期。在行业开创期,新产品被研制但尚未大批量生产。这时,公司的垄断利润较高,但风险也很大,股价变动很频繁。在行业扩张期,各项技术已经成熟,经营管理日益规范化,产品的市场也基本形成并不断扩大,公司利润稳定上升,这段时期投资是最安全的。而在行业停滞和衰退期,产品呈现饱和,市场出现停滞和萎缩,行业的整体表现从缓慢增长、停滞、渐趋衰退。这段期间,公司股价相当平稳,并渐趋下跌,是投资者见好就收的好时候。

政府颁布的法令措施,也会影响股票价格的变动。例如:政府要重点发展某行业,就会在税收、信贷、进出口等方面进行鼓励,给予优惠,使企业盈利能力

上升,从而使该行业的股价上涨。又如政府对于想抑制发展的行业就会提高税率、增加税种、限制进出口、取消奖励措施、缩减贷款规模等给这些行业发展设置障碍,这会促使相关的上市公司股价下跌。

2. 上市公司自身因素

上市公司经营状况及发展前景的好坏与股价成正比。公司经营状况好,股价就会上涨;反之,公司的经营状况不良,股价就会下跌。另外,公司股票的分割、公司的股利政策等也会影响股票的价格。公司本身的因素一般只影响到本公司的股价变动。

(1) 上市公司的盈利情况:公司的声誉及其盈利状况同股票的价格成正比关系。公司的盈利是分配股利的基础,也就是股票投资者获取投资收益的直接来源。公司盈利状况良好,利润多,意味着每股收益提高,投资者就会倾向于购买该公司的股票。

(2) 股息、红利因素:如果公司宣布分发红利,将会引起股价的上升,而若公司不发红利,股价将会下跌。而在公司以现金方式分红派息或以红股方式派息以后,也会造成股价的波动。

(3) 增资配股:新股发行后,上市公司的股本数增加,从而使每股股票的净值下降,从而导致股价下跌。但是,对于一些业绩优良、财务状况良好、发展前景好的上市公司而言,增资后股价不仅不会下降,反而会上涨。因为上市公司增资后,会增强公司的经营能力和盈利能力,从而使股东的投资收益增加。

以上对上市公司的股票价值作了定性方面的分析。下面将做定量分析。

企业定期公布的财务报表如资产负债表、损益表、现金流量表等给投资者提供很多信息。通过对财务数据的分析可以反映企业内在的投资价值。具体分析主要有以下几个方面:

(1) 盈利能力。投资者购买股票的目的是为了取得红利和赚取买卖差价,而公司的经营成果和获利能力直接影响了这两个方面。常用的反映盈利能力的指标主要有:

资产收益率 = (净利润/平均总资产) × 100%

销售毛利率 = [(销售收入 − 销售成本)/销售收入] × 100%

销售净利率 = (净利润/销售净额) × 100%

投资收益率(ROI) = [净利润/(长期投资 + 股东权益)] × 100%

股东权益收益率(ROE) = (净利润/股东权益) × 100%

一般而言,这些指标都能很好地反映公司的盈利能力,这些数据越大,盈利能力越好。

(2) 短期偿债能力。反映短期偿债能力的指标有:

流动比率 = (流动资产/流动负债) × 100%

现金比率＝[（现金及银行存款＋短期有价证券）/流动负债]×100%
速动比率＝[（现金及银行存款＋短期有价证券
　　　　　＋应收款）/流动负债]×100%

这几个比率的数字越大，说明企业的短期偿债能力越强。

（3）长期偿债能力。反映长期偿债能力的指标有：

负债比率＝（负债总额／资产总额）×100%

这个比率越大，意味着公司的负债额越大，股东权益保障越低。

股东权益对负债的比率＝（股东权益/负债总额）×100%

这个比例越大，说明负债数额越小，股东权益保障越高。

（4）每股收益分析。每股收益是投资者较为关心的一个因素。具体的衡量指标有：

市盈率＝每股市价/每股盈余

它反映了投资者对每1元利润所愿意支付的代价。市盈率越高，说明公司未来的成长潜力越大。

每股盈余＝（净利－优先股股息）/发行在外的加权平均普通股股数

每股盈余反映普通股的获利水平，指标越高，股东的投资效益越好。

股利支付率＝每股股利/每股盈余×100%

其中，每股股利＝股利总额/总股本，支付率越高，股民短期获利越多。

## 六、心理因素也是基本分析的重要内容

心理因素是指投资者心理状况对股票价格的影响。主要表现为：

1. 从众心理

在证券市场上，绝大部分股民都认为多数人的决定是合理的，于是就在自己毫不了解市场行情及股票情况的状况下，盲目跟风，追涨杀跌，这就是股市中的从众心理。从众心理对股价主要起着放大的作用。例如，在牛市阶段，有些股民看见别人购进股票，就轻易地认为股票行情一定看好，唯恐落后而无利可图，在对市场前景毫无把握的情况下就急忙购进，从而导致股票价格的上涨。而由于一部分人已经通过买入股票而获得盈利，越来越多的股民也开始买进股票，推动股价的进一步上涨。随着炒股发财效应的逐渐扩大，入市的股民就越来越多，最后连一些平常对股市和金融都漠不关心的市民都入市了，从而将股价推向一个不合理的高度，形成了一个短期牛市。

2. 投资偏好

投资偏好是指股民在投资的股票种类上，总是倾向于某一类或某几种股票，特别是倾向于自己喜欢或经常做的股票。例如有些股民希望取得稳定的股

息收入,于是倾向于投资稳定的股票,而喜欢冒险的投资者会选择投资在价格波动比较大的股票上,这样的投资偏好将导致稳定股票的价格更加稳定,价格波动大的股票价格更加不稳定。

3. 预期心理

预期心理是指股民对未来股价走势以及各种影响股价因素变化的心理预期。预期心理有一种倾向,即行情好时更加乐观,行情跌时更加悲观。具体表现在:在股市低迷时,股价已跌至相当低的水平,大部分都跌至每股净资产以内,但绝大多数股民都无动于衷,持谨慎观望态度,致使股价进一步下跌。而一旦行情翻转,股民在预期心理的作用下,却愿以较高的价格竞相买入股票,果然促使股价一路上扬。相反,在股价的顶部区域,股民都不愿出售,等待股价的进一步上涨,而当股价开始下跌时,又认为股价的下跌空间很大,便纷纷加入抛售队伍。

4. 陷阱心理

除了以上正常的心理反应外,人为投机行为对人们的心理也会产生很大的影响。例如,某些庄家利用多个账户及资金优势,进行不转移所有权的对敲坐庄,形成技术走势上的"多头陷阱"或"空头陷阱",同时散布谣言,引诱中小投资者高位介入或低位斩仓,得以牟取暴利。此类非法炒作,形成的"陷阱心理"也会对股价造成剧烈波动。

## 第七节 股票指数期货交易市场

### 一、股票指数期货市场的产生与发展

1. 设计股票指数期货市场的必要性

与其他各种期货的产生一样,股票指数期货也是人们为了规避风险而产生的。

股票市场是一个高收益、高风险的市场。股票市场的价格风险分为两类,一类是系统性风险,另一类是非系统性风险。非系统性风险是指个别股票、部分股票风险。如2002年美国安然公司与世界通信公司做假账丑闻暴露,这两家公司的股价分别从每股90美元和62美元狂泄到每股几十美分和3美元左右。系统性风险是指受宏观经济运行、股票供求或重大事件等因素的影响,股票市场出现总体波动尤其是股指暴跌的风险。它作用时间长、涉及面广,难以通过分散投资的方法加以规避。面对此类风险,几乎所有股票都在劫难逃。此外,个别风险与系统风险也会互相转化。安然、世通假账丑闻暴露后,当时作为

世界五大会计师事务所之一的安达信会计师事务所协助他们弄虚作假,进行欺诈的行为也败露。这些个股的股价首先出现暴跌,这就是个别风险。但造假案接二连三,甚至有评估机构认为,美国7 000多家上市公司中可能1/3有问题。这使人们对整个股市的信任感轰然倒塌,不管什么股,人们都大量抛售。这样,道·琼斯指数从1万余点大幅下挫,跌至7 500多点,为1998年10月以来的最低点,总市值缩水2.4万亿美元,相当于GDP的四分之一多,连续下跌的幅度超过了1940年以来任何一年。由此可见,个别风险与系统风险也是可以相互转化的。

美国2001年发生"9·11"恐怖主义袭击事件后,道·琼斯工业指数从9月11日的9 605.51点跌至9月21日的8 235.81点,10天之内狂泄1 400点。这就是系统性风险,在这样的系统性风险下,就需要一种能够有效地规避风险,实现资产保值的金融工具及其运作的市场。于是股票指数期货及市场便应运而生。它的出现不仅给现有的股票投资者,也为潜在的股票投资者提供了转移风险的有效工具,而且也为期货投机者带来了投机的机会,因而迅速得到了不同投资者的青睐。

2. 股票指数期货市场的产生和发展

早在1982年2月24日,美国堪萨斯市期货交易所推出了第一份被称为价值线综合平均指数的股票指数期货合约。这种期货合约是买卖双方在市场上根据股票指数的涨跌按照事先约定的买卖时间和价格进行交易的。它的推出为股票持有人提供了套期保值的新方法,因此很受欢迎。之后,其他类型的股票指数期货合约也相继进入了期货市场。同年4月21日,美国芝加哥商人交易所推出了标准普尔500种股票指数的期货合约。这种指数代表了在纽约证券交易所、美国证券交易所和场外交易买卖的500种普通成分股的加权平均指数。同年5月6日,美国纽约期货交易所推出了综合股票指数合约。芝加哥期货交易所也于1984年7月23日推出了主要市场指数合约。一个新兴的金融衍生品市场出现了。

股票指数期货合约市场在美国推出之后,日益受到各国金融界的重视,并迅速在世界各国蔓延发展。1983年,澳大利亚悉尼期货交易所根据澳大利亚证券交易所普通股票指数制定了自己的股票指数期货合约——悉尼股票指数。1984年2月,英国伦敦也推出名为"金融时报证券交易所100种股票指数"。作为亚洲主要金融中心的香港,也于1986年5月正式推出了股票指数期货的交易。1986年9月,新加坡也开办了"国际货币交易所日本日经225股票指数"期货合约交易。股票指数期货合约产生后取得了很大成功,到1984年,标准普尔500种股票指数期货合约就成为世界上第二大金融期货合约。

自此,投资者逐渐改变了只挑选某个股票或某组股票的传统方式,衍生出了许多其他的投资方式。比如,复合式指数基金(synthetic index fund),即投资者可以通过同时买进股票指数期货及国债的方式,达到买进成分指数股票投资组合同样的效果;运用指数套利(return enhancement)套取几乎没有风险的利润。在股票指数期货刚推出的几年中,市场效率还较低,常常出现现货与期货价格之间基差较大的现象,这就为那些交易技术较高的专业投资者提供了机会,他们可以通过同时交易股票和股票期货来套利。股票指数期货市场得到了长足的发展。

当然,股票指数期货市场也是有争议的。1987年10月9日,美国华尔街股市单日暴跌近25%,引发了全球股市重挫的金融风暴,也就是令人谈虎色变的"黑色星期五"。在分析原因时,股票指数期货交易也一度被认为是重要原因之一,并使得股票指数期货市场的发展进入了停滞期。

进入20世纪90年代之后,针对股票指数期货市场的争议逐渐消失,投资者的投资行为也更趋于理性化,发达国家和部分发展中国家也相继推出了股票指数期货交易市场。

中国1993年3月10日,海南证券交易报价中心在全国首次推出股票指数期货交易,可交易品种包括深圳综合指数和深圳综合A股指数各4个到期月份的期货合约。但是由于当时的股票市场刚刚起步,规模太小,运作也有许多不规范之处,所以深综指期货交易只维持了半年即被中止。

自2006年以来,中国的A股市场迎来了一轮波澜壮阔的牛市。在股市大幅上扬的行情下,具有做空机制的股指期货就具有套期保值的意义。中国的股指期货已经过长期的研究和测试,但是截至本书再版时,其何时推出仍然没有明确的时间表。

## 二、股票指数期货及股票指数期货市场的定义和特征

1. 股票指数期货及股票指数期货市场的定义

股票指数期货就是以股票市场的股票价格指数为买卖对象的期货,是一种以股票价格指数作为标的物的金融期货合约。该金融期货合约的交易市场就是股票指数期货市场。

2. 股票指数期货及股指期货市场的特点与优势

股票指数期货市场实际上是期货市场与股票市场的共同产物,它既具备了期货市场的特点,又包含了股票市场的特色。因而与一般的股票交易市场相比,股票指数期货市场有着重要的优势:

（1）可以进行卖空交易。要进行卖空交易，必须先从他人手中借到一定数量的股票。在国外，并非所有的投资者都能方便地完成卖空交易。例如，在英国，只有证券做市商才有可能借到英国股票。而要进行指数期货交易的卖空操作就容易得多。实际上有半数以上的指数期货交易中都包含有卖空的交易头寸。股票指数期货的出现使得想参与股票市场的投资者既达到了目的而又不必拥有真正的股票，在获利的同时又省去了挑选股票所需要冒的风险。

（2）交易成本低。相对现货交易，指数期货交易的成本是相当低的，在国外只有股票交易成本的十分之一左右。指数期货交易的成本包括：交易佣金、买卖价差、用于支付保证金的机会成本和可能的税项。在美国，一笔期货交易（包括建仓及平仓的整个交易过程）所收取的费用只有 30 美元左右。

（3）杠杆比率高。股票指数期货的买卖是以保证金方式进行的。例如在英国，一个初始保证金只有 5 000 英镑的期货交易账户，它可以进行的金融时报 100 种指数期货的交易量可达 140 000 英镑，杠杆比率为 28∶1，有些国家的杠杆比率甚至可以达到 40∶1。也就是说，投资者可以以小本获大利。当然，这种以小本获大利的买卖也存在着潜在的危险，一旦交易者的预测与市场走势相反，其亏损就有可能很快超过了最初的保证金。

（4）市场的流动性高。有研究表明，在流动性方面，指数期货市场要明显高于股票现货市场。如在 1991 年，金融时报 100 种指数期货交易量就已达到 850 亿英镑。

（5）实行现金交割方式。与实物期货不同的是，股票指数期货合约在交易时，只是把股票指数按点数换算成现金进行交易，合约到期时也只是以股票市场的收市指数作为结算的标准，合约持有人只需交付或收取按购买合约时的股票指数的点数与到期的实际指数的点数计算的点数差折合成的现金数，即可完成交收手续，不必转移实物，而且绝大多数股票指数期货合约的持有者在合约期满以前就以对冲方式结束了手中的合约，真正到期交收的合约只占整个股票指数期货合约的 1%—2%，避免了股票市场在交割期出现"挤市"的现象。

### 三、世界上主要的股票指数期货市场及其交易规则

目前，全球有 37 个国家（地区）的证券市场开设了百余种股指期货交易，其中以美洲、欧洲和亚洲地区居多。

1. 世界主要的股票指数期货市场

表 8-2 是世界主要股票指数期货市场情况表。

**表 8-2　世界主要股票指数期货市场情况表**

| 股票指数期货 | 每份价格 | 交易地点 | 交易时间 | 每日限价 | 最低价格变动 | 保证金存款 | 交收形式 |
|---|---|---|---|---|---|---|---|
| 标准普尔500种股票（S&P 500，Standard & Poor's 500 Stock Index） | 用250美元乘以S&P 500种股票价格指数 | 芝加哥商品交易所（CME） | 8:30—15:15（美中部时间） | 在交易刚开盘期间，最大价格波动额不得高于或低于上一交易日结算价5个指数点 | 0.05点=12.5美元 | 每份合约5 000美元 | 按最终结算价格以现金交割，最终结算价由合约月份第三个星期五的S&P股票价格指数构成股票市场开盘价所决定 |
| 价值线指数（Value Line Stock Index） | 用500美元乘以价值线算术平均指数 | 堪萨斯市期货交易所（KCBT） | 8:30—15:15（美中部时间） | 向交易所垂询以获取每月信息 | 0.05点=25美元 | 每份合约6 500美元 | 根据合约月份最后交易日收盘时实际价值线指数算术平均值进行计算 |
| 纽约股票交易所指数（NYSE Composite Stock Index） | 用500美元乘以NYSE综合指数 | 纽约股票交易所（NYSE） | 9:30—16:15（美东部时间） | 无 | 0.05点=25美元 | 每份合约5 000美元 | 合约到期时以现金结算；最终结算价格根据所有NYSE综合指数构成股票的到期合约月份第三个星期五的开盘价格经特别计算求出 |
| 道·琼斯30种工业股票指数（Dow Jones Industrial Average Index） | 用10美元乘以指数 | 芝加哥期货交易所（CBOT） | 7:20—15:15（美中部时间） | * | * | * | 现金交收 |
| 主要市场指数（MMI，Major Market Index） | 用250美元乘以MMI指数 | 芝加哥期货交易所（CBOT） | 8:15—15:15（美中部时间） | 不高于上一交易日80个指数点，不低于上一交易日50个指数点 | 0.05点=12.50美元 | 每份合约2 500美元 | 根据MMI期货收盘价格采取逐日市按最后交易日的MMI收盘价以现金结算 |
| 标准普尔500种股票指数场外交易 | 用500美元乘以普尔场外交易 | 场外 | 8:15—15:15（美中部时间） | 上下浮动不超过5个指数点，每点500美元 | 利用安装在康涅狄格州特姆尔巴大楼的自动报价系统每合约5 000美元 | 现金交收 | |

（续表）

| 股票指数期货 | 每份价格 | 交易地点 | 交易时间 | 每日限额 | 最低价格变动 | 保证金存款 | 交收形式 |
|---|---|---|---|---|---|---|---|
| 恒生指数（Hang Seng Index） | 用50港元乘以恒生指数 | 香港期货交易所（HKFE） | 10:00—12:30,14:30—15:30（每星期三交易半天） | 上下浮动100个指数点，即每月波动价上下浮动50—5 000港元 | 1点=50港元 | 每份合约15 000港元 | 现金交收，在交割月前未对冲者必须结算须交付或收取市价与期货协定价值数之间差额 |
| 金融时报指数（FTSE, Financial Times Stock Exchange 100 Index） | 用250英镑乘以金融时报指数 | 伦敦国际金融期货交易所（LIFFE） | 9:05—16:05（当地时间） | 上下浮动不超过5个指数点，每点25英镑 | 0.05点=12.50英镑 | 每份合约2 500英镑 | 现金交收 |
| 纳斯达克100指数 | 用100美元乘以纳斯达克指数 | 芝加哥商品交易所（CME） | 8:30—15:15（当地时间） | * | 0.05点=5美元 | * | 现金交收 |
| 澳大利亚"全部普通股"价格指数（AOSP, All Ordinaries Share Price Index） | 用100澳大利亚元乘以"全部普通股"指数 | 悉尼期货交易所（SFE） | 9:30—12:30,14:30—16:00（当地时间） | 上下浮动不超过5个指数点 | 0.1点=10澳元 | 每份合约1 000澳大利亚元 | 现金交收 |
| 日经指数（Nikkei Stock Average） | 1 000日元乘以日经指数 | 新加坡国际货币交易所（SIMEX）/芝加哥商品交易所（CME）/大阪证券交易所（OSE） | 8:00—14:15（当地时间） | 无 | 5点=5 000日元 | 每份合约10 000日元 | 现金结算 |
| 多伦多300种股票指数（TSE 300 Stock Index） | 10加拿大元乘以股票指数 | 多伦多期货交易所（TFE） | 9:20—16:10（当地时间） | 无 | 1点=10加元 | 每份合约1 000加元 | 现金交收 |
| 罗素2000股票指数（Russell 2000 Index） | 500美元乘以股票指数 | 纽约商品交易所（NYFE） | 9:30—16:15（美东部时间） | 无 | 0.05点=25美元 | * | 现金交收 |
| 迷你价值线股票指数（Mini Value Line Stock Index） | 100美元乘以股票指数 | 堪萨斯市期货交易所（KCBT） | 8:30—15:15（美中部时间） | 无 | 0.05点=25美元 | * | 现金交收 |

注：① 交易月份：主要市场指数为最初3个连续月份及紧接着的3个以3月、6月、9月、12月循环的月份；恒生指数为2月、3月、6月、9月、12月，自星期一到星期五交收；澳大利亚"全部普通股"价格指数为3月、6月、9月及12月，最大期限为1年半；其他股票指数期货都为3月、6月、9月及12月。

② "*"表示原资料不详。

③ 图8-1、8-2和8-3是一些股票指数期货的走势图（时间为2007年5月16日）。

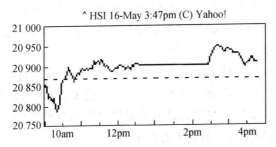

图 8-1　恒生指数（2007 年 5 月 16 日）

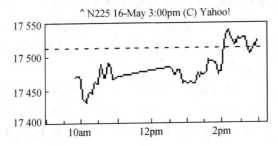

图 8-2　日经指数（2007 年 5 月 16 日）

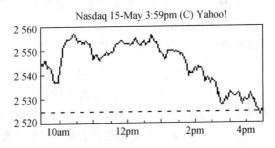

图 8-3　纳斯达克指数（2007 年 5 月 15 日）

2. 股票指数期货的交易规则

以股票指数为基础交易物的期货合同称为股票指数期货。由于它的标的物的独特性质，决定了其独特的交易规则，这些交易规则事实上也包括了股指期货合约的内容：

（1）交易单位。在股指期货交易中，合约报价采用指数点，其价格是以一定的货币金额与标的指数的乘积来表示。例如，在芝加哥期货交易所（CBOT）上市的主要市场指数期货合约规定，交易单位为 250 美元与主要市场指数的乘积。因而若期货市场报出主要市场指数为 410 点，则表示一张合约的价值为 102 500 美元。而若主要市场指数上涨了 20 点，则表示一张合约的价值增加了 5 000 美元。

（2）最小变动价位。股票指数期货的最小变动价位(即一个刻度)通常也以一定的指数点来表示。如 S&P 500 指数期货的最小变动价位是 0.05 个指数点。由于每个指数点的价值为 500 美元,因此,就每个合约而言,其最小变动价位是 25 美元,它表示交易中价格每变动一次的最低金额为每合约 25 美元。

（3）每日价格波动限制。自 1987 年 10 月股灾以后,绝大多数交易所均对其上市的股票指数期货合约根据具体情况规定了每日价格波动限制,但各交易所在限制幅度、限制方式上的规定有所不同。

（4）保证金制度。设定股票指数期货交易的保证金是为了维护期货交易制度的安全,防止期货交易者因期货市场价格波动不能履行支付义务而给期货经纪商或结算公司造成损失。从国际市场情况看,股票指数期货的初始保证金大约为合约价值的 10%。进行套期保值和套利的初始保证金较低,经纪公司所收的保证金比一般标准高。

（5）结算方式。以现金结算是股票指数期货交易不同于其他期货交易的一个重大特色。在现金结算方式下,每一个未平仓合约将于到期日得到自动的冲销。也就是说,交易者比较成交及结算时合约价值的大小,来计算盈亏,进行现金交收。股指期货结算时,一般以最后交易日的分时平均价(如每 5 分钟报价的平均值),或最后交易日次一日现货市场指数的开盘价为最后结算价格,从而减少股价人为操纵与巨幅震荡的可能性。

- CBOT 主要市场指数期货合约交易规则:

| | |
|---|---|
| 交易单位 | 250 × 主要市场指数点 |
| 最小变动价位 | 0.05 个指数点(每张合约 12.50 美元) |
| 每日价格波动限制 | 不高于前一交易日结算价格 80 个指数点,不低于前一交易日结算价格 50 个指数点 |
| 合约月份 | 最初三个连续月份及紧接着的三个以 3 月、6 月、9 月、12 月循环的月份 |
| 交易时间 | 上午 8:15 至下午 3:15(芝加哥时间) |
| 最后交易日 | 交割月份的第三个星期五 |
| 交割方式 | 根据主要市场指数期货收盘价实行逐日结算,并于最后交易日根据主要市场指数的收盘价实现现金结算 |

## 四、股票指数期货市场的运作

与其他各种期货市场一样,股票指数期货市场的交易按其目的可以分为三类:套期保值、投机、套利。需要特别指出的是,不管是进行套期保值或是套利交易,都必须要遵循价值相等原则。也就是说,在进行套期保值时,卖出(买入)的股指期货合约值要与手中所持有或将要持有的股票现货值相等;而在进行套利交易时,买入和卖出的期货合约值要相等。否则,所进行的交易就变成了投机交易,而不再是套期保值或套利交易了。

(一) 股票指数期货的套期保值交易

对于股票的现有投资者,需要承担手中股票价值贬值的风险,而对于股票的潜在投资者又需要冒股指上涨而造成的变相损失的风险。然而,通过同时在股票的现货市场与股票指数的期货市场进行反方向的操作,就可以抵消可能出现的风险,这就是股票指数期货的套期保值的原理。具体地说,就是股票持有者或将要卖出者,如果要避免或减少股价下跌所造成的损失,应在期货市场上作空头,即卖出指数期货,一旦股价如预期那样下跌,空头所获利润可以用于弥补在现货市场所持的股票市值缩水而引起的损失;对于想要购买股票的投资者,应在期货市场上作多头,即买入指数期货,若股价指数如预期般上涨,则多头所获利润就可以用于弥补未来买入股票时因股价上涨而多支付的资金。相应的,套期保值可分为卖出(空头)套期保值和买入(多头)套期保值。

1. 空头套期保值

例如:美国某股票持有人现持有总市值为500万美元的股票。该投资者认为美国经济不景气,股市前景看淡,于是他在芝加哥商品交易所作空。假设当日的标准普尔500种股票指数为1 000点,由于他手中持有的股票现值为500万美元,而一张期货合约的价值为500美元×1 000点=50(万美元),所以相应的,他就售出10份3月期的标准普尔500种股票指数期货合约(500万美元÷50万美元=10),这样10张期货合约的价值就正好等于其所持的股票市值。假定,如他所料,3个月后,标准普尔500种股票指数下跌了20%,跌至800点。则该股票持有人在股票现货市场上也损失了20%,股票市值由500万美元缩水至400万美元,损失100万美元。但同时,在期货市场上,股票指数也相应下跌。于是,他在800点处平仓,买回10张期货合约,盈利200点,每张合约获利200点×500美元=10(万美元),10张合约一共可以获利100万美元,正好弥补了他在现货市场上的损失。

在进行空头套期保值的操作中,也可能出现股票市场的实际走势与预测相反的情形。也就是说,股价不跌反升,这样在期货市场进行平仓时,就可能使买回股票指数合约的成本大于卖出时的收益,发生损失,但是这种损失会因为现货市场上股票的升值而得到弥补。

2. 多头套期保值

例如:香港某股票投资人计划投入1 000万港元购买股票,但是暂时资金还无法到位,经过分析,他认为在未来一个月中,股市会猛升,等到筹集到资金再入市,将会多支付许多资金。为了避免这种损失,他可以购入恒指期货合约,即做多。假设,该投资者入市时的期货指数为10 000点,同上例的计算方法可知,他购入20份1个月期的恒指期货合约[1 000万÷(50×10 000点)=20]。1个月后,情况如他所料,股市大涨了20%,恒生指数上升到12 000点。这样,由于1个月前资金没有到位而错过了在低位买进的机会,使得现在要多付出200万港元(1 000万×20%=200万),相当于损失了200万港元。然而,由于他在期货市场上购买了股票指数期货合约,在恒生指数为12 000点处平仓后,获利2 000点,每张合约获利50×2 000点=10(万港元),20张合约一共可以获利200万港元,正好补偿了他由于未及时介入现货市场而损失的部分。

与空头套期保值交易一样,在进行多头套期保值的操作中,也可能出现与预测相反的情况。但不论预测准确与否,由于套期保值是同时在现货与期货市场进行反方向的操作,总可以达到"堤内损失堤外补"的作用,从而达到保值的目的。

(二)股票指数期货的投机交易

利用股票指数期货进行投机交易的操作与目的都很简单,就是对未来的股票行情进行预测投机,如果认为股市将走牛市,大盘看涨,则买入股指期货合约,做多;如果认为股市将步入熊市,大盘看跌,则卖出股指期货合约,做空。

例如,美国一投资者预测美国股市行情近期内会上扬,于是便立即买入10份标准普尔500种股票指数期货合约,当时的指数点为1 000,10份合约的价格即为10×1 000点×500美元=500万美元。不久,股票行情果然向上飙升,该投资者在1 100点处平仓,卖出10份合约,售价为10×1 100点×500美元=550万美元,获利50万美元。做空操作同理,在此不再举例说明。

其实,在股票指数期货市场上,投机者是不可缺少的。因为,如果没有投机者或投机者很少,那么套期保值者想要转移的风险就无人承担了,当套期保值者担心手中所持有的股票价格上涨可能带来损失而需要买进期货时,就会没有或只有很少的卖者,而当需要卖出期货时,又会发现很难找到买家,套期保值的目的便难以实现。同样,如果不存在套期保值者买进、卖出合约,那投机者也就没有了投机的对象,也就不会产生投机者了。

所以,套期保值者和投机者之间是相辅相成的关系,缺一不可。正是由于投机者愿意承担套期保值者希望转移的风险,市场上的风险转移才能随时随刻地进行,市场才能保持流动性。

(三)股票指数期货的套利交易

在进行套利交易时,交易者买进自认为是"低价的"合约,同时又卖出自认为是"高价的"合约,交易者关注的只是合约之间的相互价格关系,然后在适当的时候再同时平仓,以赚取价差。一般有两种形式:跨期套利和跨市套利。

1. 跨期套利

跨期套利是指对同一种期货、两个不同到期日的合约进行一买一卖的交易,买入相对价低的合约,卖出相对价高的合约,从差价中获利。进行跨期套利交易时,最关键的是要判断不同到期日的期货合约的基差走势,以确定这种走势是有扩大的趋势还是缩小的趋势抑或是基本稳定的趋势。对于这三种趋势要采取不同的操作策略。例如:在香港恒生指数期货市场上产生了表 8-3 三种可能的趋势。

表 8-3　跨期套利举例

|   | 到期日 | 6 月 | 9 月 | 基　差 | 趋　势 |
| --- | --- | --- | --- | --- | --- |
| 1 | 4 月 7 日 | 10 000 | 11 000 | +1 000 | 扩大 |
|   | 4 月 9 日 | 11 000 | 13 000 | +2 000 |  |
| 2 | 4 月 7 日 | 10 000 | 11 000 | +1 000 | 缩小 |
|   | 4 月 9 日 | 11 000 | 11 500 | + 500 |  |
| 3 | 4 月 7 日 | 10 000 | 11 000 | +1 000 | 不变 |
|   | 4 月 9 日 | 11 000 | 12 000 | +1 000 |  |

在第一种基差扩大的情况下,应该卖出近期合约,买入远期合约。也就是在 4 月 7 日卖出 6 月份到期的合约,买入 9 月份到期的合约,然后在 4 月 9 日平仓,做相反的交易。交易者每套利一份合约可以获利:(2 000 − 1 000)×50 港元 = 50 000 港元。

在第二种基差缩小的情况下,应该买入近期合约,卖出远期合约。即在 4 月 7 日买进 6 月份到期的合约,买入 9 月份到期的合约,到 4 月 9 日平仓,进行反方向的操作。交易者每套利一份合约可以从中获利:(1 000 − 500)×50 港元 = 25 000 港元。

在第三种情况下,不要进行任何操作。因为一旦操作,无论做哪个方向的交易,都不会获利,反而还要赔掉交易费用。

进行跨期套利是有风险的,因为要准确地判断不同到期日的期货合约的基差变化趋势是比较困难的,而且恰当的平仓时机也是很难把握的,所以,套利者应该事先确定自己的盈亏区间,然后再谨慎入市。

2. 跨市套利

跨市套利是指当一种期货合约同时在两个不同市场中交易时,在两个市场进行一买一卖的交易,在价低的市场买入,在价高的市场卖出,以赚取差价。进行跨市套利的前提是在两个期货市场中有相同到期日的同一种期货合约在同时进行交易,一旦这种期货合约的价格在两市发生一定程度的偏差,就可以通过"高抛低吸"来赚取差价。只要时机选得准确,交易顺利,相对于跨期套利,跨市套利是没有风险的。

例如日经股票指数期货合约就同时在日本大阪期货交易所和新加坡国际金融交易所中交易。这就为跨市交易提供了前提,只要这两个市场的价格变化不同步,就有机会进行跨市套利。

# 第八节 美国、英国、德国、日本股票市场

## 一、美国股票市场

### (一)美国股票市场的发展

美国股票市场的形成晚于债券市场(主要是国债市场)。随着工业革命的进行,美国工业迅速发展,股份公司尤其是铁路股份公司急剧增加,并且开始在纽约证券交易所(NYSE)上市,改变了最初证券市场上仅有公债发行和流通的状况。到19世纪末20世纪初,除了公益事业部门,美国其他的各产业部门也都出现了巨大的股份公司,并且日益在美国经济中占据了统治地位。由此,股票发行和交易规模日益扩大,股票市场迅速发展,证券集资成为美国公司资本来源的主要方式。到2002年,在美国上市的美国及世界各国公司已经达到7 000余家。

经过两百多年的发展,美国的股票市场已经成为世界上最大的股票市场,其在国内及全球经济中的地位也不断上升。1999年,美国股市总市值占GDP的比重已经超过了150%(这一数值在1988年是50%),而其占全球股市市值的比重也从1988年的29%上升到53%。美国证券市场实际上已经成为一个国际性的证券市场,到2002年7月,约有80多个国家的2 400种证券(主要是股票)在美国挂牌上市交易。世界各国的投资机构与个人也大量购买美国的国债和股票。因此,从经济上、心理上,美国股市对世界股市及世界经济的发展影响都是非常巨大的,在美国的股市下跌时,世界各国股市往往也随之下跌,从而引起世界多数国家的熊市。

从图8-4可以看到,美国的股市在20世纪90年代得到了极为迅速的发展。在这之前,美国股市曾经有两次快速增长时期,第一次是1923年10月到1929年9月,第二次是从1942年4月到1966年1月,这两个时期道·琼斯指数分别上涨了343%和969%,年平均上涨分别为25%和10%。20世纪90年代在美国宏观经济基础改善的背景下发展起来的大牛市是距今最近的一次股市飞速增长时期,据统计分析,在这10年中,股票市场的平均年报酬率为13%左右。在20世纪80年代,道·琼斯指数才1 000多点,当时占19%的美国家庭持有股票。到了90年代末,持有股票的家庭上升到48.2%。股票已占美国家庭资产的25%。

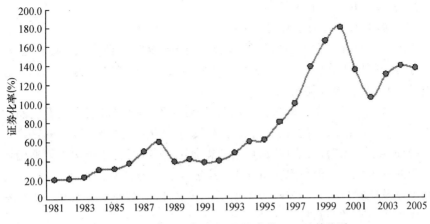

图 8-4　美国股市证券化率（股票市值/GDP）的比重

资料来源：IMF 网站。

但是从 2000 年开始，美国股市开始出现巨大波动。首先纳斯达克指数开始一路下跌，到 2000 年年底，纳斯达克指数从 5 000 多点先跌破 2 000 点，到 2002 年曾跌到 1 200 多点。道·琼斯股票指数也从 11 000 点跌到 2002 年 7 月的 7 500 —8 000 余点，市值跌掉了 30%。美国居民约有 20 000 亿美元的财富大幅度缩水。华尔街股市在一年中的崩落，一度使美国家庭丧失了整整 4 兆美元的账面财富，占美国 GDP 的 40% 以上。

2007 年七八月间，当美国次贷危机全面爆发、一些房屋抵押贷款公司纷纷倒闭的时候，美国股市出现连续下跌。道·琼斯指数从历史最高点 14 000 点，一下子跌到 12 500 点，并引发全球范围内的金融市场动荡。此后，随着美国、英国、法国许多国家纷纷向金融市场注资，以及美联储连续降息，金融市场逐渐稳定下来。于是，人们似乎觉得风波已经过去。

然而，2008 年 1 月，受次贷危机影响的美国花旗集团公布的财报显示，去年第四季度净亏损 98.3 亿美元，令投资者感到次贷危机的影响还在扩大，导致美国股市暴跌 2% 以上。美林又宣布去年第四季度净亏损 98 亿美元，道·琼斯指数随之再跌 300 多点。

美国股市的震荡立即传导到全球金融市场。欧洲、亚洲、拉美等股市全线惨跌，全球市场几乎没有地方幸免。其中包括与沪深 A 股联系最密切的香港股市。沪深股市受此拖累，连续两天暴跌。

种种迹象表明，次贷危机对美国经济的冲击并未消失，市场担忧日益加剧。随着次贷危机的加重，对于美国经济是否会陷入衰退危机的争论也越来越多。

### (二) 美国股票发行市场

**1. 美国股票发行的注册制**

美国是实行证券发行注册制的代表。美国《1933年证券法》规定,公司发行证券时必须向主管机关(当时为联邦贸易委员会,从1934年起为联邦证券交易委员会)办理证券注册登记手续。

美国对证券发行实行双重注册制度,即证券发行公司既要在证券交易委员会进行注册,又要在证券交易所注册。在发行注册未被批准以前,不得将申请发行的证券上市出售。发行注册申请获得批准的条件是:注册文件能够确保公众得到的有关发行人的信息的充分性,并确保被注册证券的性质、发行人的资本结构以及证券持有人的权利关系被正确理解,以及对公众利益和保护投资者等方面给予应有的注意等。

根据《1933年证券法》,发行人的股票注册申报书由发行说明书和公司财务统计报表两部分组成,其中必须载明有关股票发行本身以及与股票发行有关的一切信息,包括公司营业的开始日期和过去5年的财务资料与逐年的审计报告;公司的财产情况以及经注册会计师审计的各种财务报表;公司董事会的组成情况及公司董事、主要职员的资历、报酬情况;公司控股股东的基本情况;公司过去的法律诉讼情况;公司普通股股价、股利等情况;有关专家,包括注册会计师、工程师、资产评估师等就其所核实部分的书面同意书或评价报告等。

**2. 美国股票的种类和发行方式**

和其他的股票市场一样,在美国的股票市场上,股票主要分为普通股和优先股。普通股是股票市场上的主角。在美国,优先股发行往往是出于以下的目的:一是为了吸引一部分较为保守的投资者,因为优先股往往提供较为稳定的股息率;二是一些大公司通过发行优先股兼并其他公司,如,美国国际电报电话公司曾经在20世纪70年代发行过6种优先股,借此扩大业务,合并其他公司。

美国股票市场上发行股票有两种方式:直接销售(即私募发行)和公开发行。

在直接销售这种发行方式下,公司不是将证券向投资大众进行普遍销售,而是在机构投资者(如保险公司、投资公司或养老基金)中进行分配,有少部分也直接向特定的个人投资者销售。在发行过程中,投资银行、发行公司和潜在投资者共同设计证券并为其定价。直接销售不仅可以节省承销费用和推销费用,降低发行成本,而且可以节省时间和费用。发行人只需要向潜在投资者提供私募备忘录来提供信息,而不需要像在公开发行时需要的招股说明书。私募备忘录中仅仅包括证券交易委员会认为重要(必要)的信息,其认为不重要的信息(这些信息在招股说明书中可能被认为是重要的)不需要包括在内。但是,直接销售也有其不足之处。在美国,私募发行的股票不可以在获取后两年内再次出售,因此,在这段时间内这种股票就没有流动性。投资者为了弥补这一流动性风险就会提高发行人的成本。1990年,证券交易委员会的144A条例允许大机构(指那些持有股票价值10亿美元以上的机构)间可以自行交易私募发行的股票而不需在证券交易委员会注册,这实际上取消了两年持有期的限制。私募发行时由于股票集中于数量较少的机构投资者,股权分散程度低,一般流动性要差一些。

公开发行是指以非特定公众为销售对象的发行,美国股票大都采取这种方式发行。在进行公开发行时,上市公司需要向证券交易委员会登记并接受审查。审查期限在20天内,如果发行公司在20天内没有接到证券交易委员会的修改通知,登记报告自动生效,发行公司就可以上市发行股票。

3. 美国股票的发行程序

在一般情况下,如果公司决定启动上市程序,首先要咨询专业的投资银行,请他们对市场进行分析。双方达成共识后,投资银行联合相关中介机构,比如律师事务所、会计师行,从商业角度包装公司,并依照法律准备招股文件(主要是招股说明书)将其装入市场乐于接受的模型中去,这个过程往往会持续1—2个月。同时,在这段时间内,还要征得信息产业部或者其他行业主管部门以及证监会的许可,而这个过程往往会使上市准备时间有所延长。

一切准备就绪后,公司把审定的招股说明书以及其他相关文件交给美国证监会,证监会会针对其中有可能引起争议和疑问的部分向公司核实,如此反复几个来回后,招股说明书中披露的信息达到程序要求,证监委就会同意公司持最后定稿的招股说明书路演,这个程序一般会在6—8周内完成。

路演时,第一次交给基金经理们的是没有招股价的招股说明书(red herring prospectus),以便基金对公司有深入了解;然后,承销的投资银行依据基金的反映确定最终发股数和价格,并将这些内容加入到招股说明书中,待SEC宣布包括最终的招股说明书在内的招股文件生效后,公司就可以正式公开发售股票,并根据其与证券交易所的协议,让股票挂牌上市交易。

4. 美国股票的上市要求

一个公司股票在美国公开上市必须符合一定的上市要求。

(1)纽约证券交易所上市要求:① 公司最近一年的税前盈利不少于250万美元;② 社会公众手中拥有该公司的股票不少于110万股;③ 公司至少有2000名投资者,每个投资者拥有100股以上的股票;④ 普通股的发行额按市场价格计算不少于4000万美元;⑤ 公司的有形资产净值不少于4000万美元。

作为世界性的证券交易场所,纽约证交所也接受外国公司挂牌上市,上市条件较美国国内公司更为严格,主要有:① 由社会公众持有的股票数目不少于250万股;② 持有100股以上的股东人数不少于5000名;③ 公司的股票市值不少于1亿美元；④ 公司必须在最近3个财政年度里连续盈利，且在最后一年不少于250万美元、前两年每年不少于200万美元或在最后一年不少于450万美元，3年累计不少于650万美元；⑤ 公司的有形资产净值不少于1亿美元；⑥ 对公司的管理和操作方面的多项要求；⑦ 其他有关因素，如公司所属行业的相对稳定性，公司在该行业中的地位，公司产品的市场情况，公司的前景，公众对公司股票的兴趣等。

除了符合以上的标准，要求上市的公司还必须通过纽约证券交易所的资格审查，公司必须提供某些文件和信息以便交易所对该公司的上市要求进行初步的审查。这些文件和信息包括：公司执照、公司章程、近5年的年度报告和最近一次公开发售的有关文件等，可能还需要包括一些涉及公司股票所有权、雇员和未决诉讼等的细节。

（2）NASDAQ市场的上市要求。历史上，NASDAQ市场对欲上市的公司的要求比纽约证券交易所低。2001年面对市场环境的变化，NASDAQ全面提升上市公司标准，以确保上市公司的质量，保护投资者利益。

首先，全面调整可量化的财务指标，注重公司盈利能力。

将上市标准中对净资产的要求改为对权益资本要求。NASDAQ规定，新上市公司从2001年6月29日开始，一律采用权益资本标准，有特殊情况的可给予90天的宽限期。而6月29日之前上市的公司须在2002年11月1日前达到新标准。这种变化可以提高上市公司的内在质地，剔除少数股东权益，这样也便利投资者通过财务报表评估上市公司。首发上市标准1和2（即市值800万美元以上和1800万美元以上公司）由净资产600万美元和1800万美元，调整为权益资本1500万美元和3000万美元。而持续上市标准1（即市值500万美元以上公司）由净资产400万美元改为1000万美元。

调整持续上市公司的最低股价标准和市场资本总额或总资产与总收入标准。将持续上市标准2（市值1500万美元以上公司）的最低股价由5美元调整为3美元，而持续上市标准1不变。同时，持续上市公司标准2的市场资本总额要达到5000万美元，或者总资产与总收入均达到5000万美元。

对于靠市场资本额标准首发上市的公司，实行上市等待期。NASDAQ规定，对于靠市场资本额标准首发上市或已在其他交易所上市的公司，在正式上市前，必须连续90天内满足最低报价和市场资本总额标准。这一新要求的目的是让此类公司证明其有能力保持目前的市场资本额和最低报价。

要求税前收入中扣除临时性和非经常性项目，增强信息披露的可靠性。对于三种市值公司的首发上市，分别要达到税前收入100万美元、营业记录2年或总资产与总收入均为7500万美元，避免公司业绩虚置。

其次，强化上市公司治理结构要求，实现规范化经营。

公司治理结构是确保公司规范经营、形成核心竞争力的关键。因此 NAS-DAQ 继 1997 年提出公司治理要求后,今年的改革进一步提出细化的要求。

细化对董事会的独立性要求。规定外部独立董事数量不低于 40%,并对独立董事进行了更明确的界定,包括:近三年从未受聘于公司或子公司;未从公司或子公司获取超过 6 万美元的补偿;没有直系亲属目前或近三年受雇于公司或子公司;近三年不是公司合作伙伴、控股股东及其他高管人员,也未从公司领取超过 5% 或价值 20 万美元的收入提成;未受聘于公司高管人员所任职的其他公司。

细化对审计委员会的合约要求。上市公司须用书面合约形式明确界定:审计委员会的职责及完成职能的方式;外部审计师的责任和义务;审计委员会有责任确保外部审计师的独立性。

细化对审计委员会的结构和成员要求。除非特殊情况,审计委员会至少由 3 人组成,并全部由独立董事充当。这些董事要能理解基本的财务报表,包括资产负债表、收入报表和现金流量表。其中至少一名董事拥有财会从业经验或职业会计师资格。

(三) 美国股票流通市场

美国股票流通市场包括集中交易市场和分散交易市场,前者主要指股票交易所内的交易,后者则包括场外市场、第三市场和第四市场。

1. 美国股票的交易所交易市场(场内交易)

美国的股票交易起初是在一些咖啡馆和拍卖行进行,没有集中的证券交易所。1792 年 5 月 17 日,24 名经纪商聚集在一颗大梧桐树下进行股票等有价证券的交易,并共同达成"梧桐树协议",约定以后每天到这儿来交易,这就是证券交易所的雏形。美国的证券交易所曾先后有过 100 多家,在 1929 年还有 30 家。随着经济情况、交易状况和联邦法令的变化,众多交易所或停止或合并。目前,依据联邦法律注册的证券交易所共有 13 家,其中最大的是纽约证券交易所和美国证券交易所,这两个交易所是全国性的证券交易所,另外还有 5 大地区性的交易所:中西部交易所、太平洋交易所、费城交易所、波士顿交易所和辛辛那提交易所。地区性交易所中有两种类型的股票:一是不具备在全国性证券交易所上市资格的股票;另一种是也在纽约获美国证券交易所上市的股票,称为"双重上市股票"。

纽约证券交易所是世界上最重要最大的股票交易所之一,在这里我们将以纽约证券交易所为例介绍美国股票的交易所交易。纽约证券交易所的前身是纽约股票交易会,成立于 1817 年,后几经挫折和起伏,在 1863 年交易会改名为纽约证券交易所,1903 年移入华尔街 11 号的现址。

纽约证券交易所是会员制的非法人团体,由正式会员和准会员组成。正式会员全部由个人组成,是投资银行或经营证券业务的金融公司选派的代表该单位参加场内交易的人员,该单位的其他个人不能代表单位行使场内交易活动的权利。正式会员所属的证券公司的有投票权的股东经交易所董事会批准,可以成为准会员,但准会员不能进入交易所参加交易。根据正式会员在股票交易中的不同作用,可以分为:① 佣金经纪人(commission broker)。他们是投资银行、证券公司的代表,或者独立经营,专门代理客户买卖股票,自己不承担任何风险,收入来自客户支付的佣金。② 独立经纪人(independent ploor broker)。这种经纪人主要是在交易所交易繁忙时接受其他会员的委托从事交易,从佣金经纪人或非正式会员成员处取得佣金。③ 专家经纪人(specialist)。专家经纪人有双重的作用,首先,专家经纪人协助其他经纪人经营业务,完成客户的限价委托,常常被称为"经纪人的经纪人";其次,专家经纪人有维持证券市场供求平衡和价格稳定的责任,他们的行为被称为"主持市面",因此又被称为"做市商"。

专家经纪人只负责特定的股票交易,一种股票只有一个专家经纪人,而某些资金雄厚的专家经纪人可能在纽约证券交易所中同时经营着几种股票,专家经纪人的作用有:① 决定专营股票的每日开盘价。② 保持证券交易的连续性。如果买卖双方的报价差异较大,供需发生暂时不一致时,做市商需要用自有资金以稍高的买价或稍低的卖价买卖负责的股票,维持交易的顺利进行。③ 在市场缺乏买盘或卖盘时,专家经纪人往往需要用以较高的价格买入或者以较低的价格卖出它所负责的几种股票,以保证价格的连续性。④ 抑制股价大幅波动。在出现供求严重不平衡时,专家经纪人有责任通过自营买卖股票来维持市场的稳定,防止暴涨暴跌。通过专家经纪人,纽约证券交易所将指令驱动制和报价驱动制成功的结合起来,形成以投资者通过各自的经纪人报价竞价为主,以专家经纪人充当做市商维持交易为辅的特有的交易制度。

在纽约证券交易所内的交易可以分为四种:现款交易、例行交易、发行日交易和期权交易。成交日起第五天交割的例行交易是股票交易中最具有代表性的交割方式,如果没有特别说明,股票交易都采取这种交割方式。在例行交易中,由于实行买卖保证金制度,这就允许投资者进行卖空和买空的交易。

另外,由于近四十年来美国证券市场上的投资主体由传统的小投资者向大的机构投资者转移,使得大宗交易迅速发展起来。机构投资者在股市上大量买卖一种股票被称为大宗交易(block trades),大量买卖多种股票被称为一揽子交易或程序交易(program trades),这些活动促进了市场的流动和统一。

2. 美国股票的场外交易市场——NASDAQ 市场

美国的全国证券自营商协会在证券交易委员会的监管下负责管理场外交易市场上的自营商。

目前美国的场外交易市场规模很大,除了在证券交易所上市的股票,其他股票都在柜台交易。在 NASDAQ 系统发展起来之前,场外交易通过粉红小册(记录了由全国报价局从全国的做市商那儿得到的前一天收市的买入价和卖出价)和OTC行情公告榜(类似于电子化的粉红小册)来提供报价和交易。1971年,美国证监会允许全国证券自营商协会的成员通过电子网络进行证券交易,并实行做市商制度,一个全国范围内的报价系统——NASDAQ系统从此成立,并且取得迅速的发展,于1994年一举超越纽约证券交易所成为全球最具规模的证券市场。因此,我们对美国的场外市场的介绍主要是 NASDAQ 市场。

NASDAQ 系统全称是"美国证券交易商协会及其自动报价系统"。在纳斯达克市场创建初期,主要是容纳一些在创业初期且风险极高的小型企业,20世纪90年代,纳斯达克市场开始引人注目,其中一些如微软等公司开始崭露头角。到1999年,纳斯达克市场的挂牌公司约5 000家,其中约480家来自美国以外,全年交易额高达104 666亿美元,而同期纽约证券交易所的交易额为89 452亿美元,伦敦证券交易所的交易额为33 993亿美元,东京证券交易所的交易额为16 756亿美元。纳斯达克市场实际上已经成为全球股市的龙头老大,对全球股市有着举足轻重的影响。

NASDAQ 系统区别于传统的交易所交易的主要特点是竞争性的做市商制度和先进的技术。竞争性的做市商制度有别于纽约证券交易所的一个股票由单一的专家经纪人负责的制度,而是由几家相互竞争的交易商来主持某一个股票的交易。和交易所交易的专家经纪人一样,负责某一股票的做市商有责任维持交易的连续性和保持正常的价格波动,但是,这个责任不是由单一的做市商来完成的,NASDAQ 系统还规定每只股票至少要有四家做市商做市。事实上,在纳斯达克市场中每只股票平均有11个做市商,各个做市商不断地对同一股票报出买卖价格,通过竞争来限制任何做市商的垄断能力。先进的技术是指纳斯达克系统利用现代信息技术建立了电子交易系统,是一个全球性的无形交易系统。纳斯达克的所有市场参与者都能平等的得到市场交易信息,而不用受单一交易场所的限制。此外,纳斯达克市场的运作成本较低,交易费用大幅度下降,也促进了股票市场的流动性。

纳斯达克市场的管理来自于两方面:纳斯达克自身的内部管理机构和全美证券自营商协会。纳斯达克内部管理机构主要是股票巡视部和交易巡视部,前者对股票发行公司的信息披露负责,确保上市公司披露信息的及时性和真实性;后者主要负责交易报告等事宜,它的职责是实时检查过高价位和错误的交易报告、在线监督和处理"锁定"与"交叉"市场等。全美证券自营商协会负责监督证券交易过程,而且它还与纳斯达克市场的交易商约定公开所有限制指令,公布最优的交易商报价,透露最优客户的限制指令规模。

3. 美国股票的第三市场和第四市场

美国在20世纪70年代以前规定,纽约证券交易所的会员对在交易所上市的证券交易都必须在交易所内进行,并且实行固定佣金制,这影响了交易者的大量交易的规模经济效益。而非会员则不受此限制,可以在场外进行纽约证券交易所上市的证券交易,而且支付的佣金相对交易所中的交易要低。1972年,纽约证券交易所允许对30万美元以上的交易指令实行协议佣金制,这样,第三市场迅速发展起来。

在第三市场中交易的股票主要包括许多已经在证券交易所上市的股票,还有是在证券交易所享有交易权但尚未上市的股票。第三市场的交易具有店头交易的特征,其交易价格原则上以交易所最后成交价格为准。

第四市场是指投资者之间直接进行股票交易的市场。目前,第四市场正在迅速发展之中。

### (四)美国股票市场存在的问题与前景

美国的股票市场与美国的实体经济有非常紧密的正相关关系。美国股票市场已经经历了两百多年的历史,比较成熟与完善,但是,从各方面考察,美国股市还存在着严重的问题。

(1)过多的实行股权激励机制,埋下了部分企业虚报业绩的祸根。美国相当多的上市公司(如微软等大公司)在管理层及中下层骨干中实行股票期权激励机制,这对员工的主观能动性及积极性的调动是极有帮助的,也是美国股市的一大特点。但由于企业上下都渴望股价上涨,以便到期行权,故而埋下了部分企业虚报业绩、进行欺诈的祸根。

(2)强势美元政策导致了"泡沫经济"的产生,使股市大起大落。美国一直实行美元的强势货币政策,一方面实体经济较坚实,另一方面利率较高,这在多年形成了一个"良性循环",世界各国投资者都乐意将本币兑换成美元,再用美元去购买美国的股票和债券,从而导致了美国股市和债市的上涨。而美国股市的这种上涨明显的有资金推动型的作用,因此,泡沫经济成分也很严重。尤其是纳斯达克市场,有的股票市盈率甚至炒到过几千倍。过高的股价在泡沫经济破灭时迅速下跌,从1999年年末到2002年两年的时间,纳斯达克指数从5 000余点跌到1 200点,给投资者造成了重大的损失。

美国的实体经济总的来说是好的,基础较坚实,但也存在着商品供过于求,通货紧缩的阴影。此外,其员工工资是中国工人的8倍,人力成本很高。因此,美国的实体经济是有隐患的,这些问题都会在股票市场中反映出来,给美国股市的发展留下了阴影。

## 二、英国股票市场

### (一)英国股票市场的形成与发展

英国的证券市场形成于17世纪末,在当时,股份制公司在英国迅速发展,规模日益扩大,这些公司的股票受到了人们的广泛欢迎。最初,股票的交易在伦敦城内各个咖啡馆内进行。然而,1720年的南海公司事件引起了一场全面的信任危机,股市全面崩溃。为保护公众免遭再次伤害,英国议会在以后长达一个世纪的时间内都对股票采取限制和禁止的态度,股票市场基本没有发展。直到1825年以后,股份制公司的设立不再受到限制,英国的股票市场开始恢复发展。19世纪中叶,随着大量铁路股票的出现,英国的股票市场空前活跃起来,伦敦市场实际上成了国际证券市场的中心,这种局面一直维持到20世纪初期。

两次世界大战之后,英国的证券市场一度萎缩,而同时期美国的经济实力迅速增长,很快超过了英国。但是,随着战后英国经济的恢复,外国对英国的股票投资和英国对北美和西欧的股票投资都有了长足的发展,伦敦股票市场的国际性也随之逐步增强。

虽然英国证券市场在国际中处于比较重要的地位,但其传统的证券市场是比较保守的,直至20世纪80年代,英国采取了一系列的措施改革证券市场,试图使英国证券市场能更适应时代潮流,更具有竞争力。伦敦证券交易所更是在1986年做出了被称为"大震"(Big Bang)的重大改革,使英国的证券市场发生了根本性的变化,巩固了其在世界证券市场中的地位。

图8-5列示了英国从20世纪80年代以来的股票市场的发展。

图8-5 英国股市证券化率(股票市值/GDP)的比重

数据来源:IMF网站。

(二)英国股票发行市场

1. 英国股票的种类和发行方式

在英国的股票市场发行的股票主要分为普通股和优先股。

英国公司发行股票,主要有以下几种方式:

(1)向社会大众普遍发行。这是英国公司发行股票最常用的办法。大体来说,这种方法可分为两种形式:① 公开发行。公开发行指发行公司在报纸上刊登发行广告,宣布该公司愿以某一价格发行若干数量的股票。投资者在对其公开说明书加以审查和分析,认为满意后即可在申购停止期前申请认购。在很多情形下,股票发行通常由证券商包销。② 公开让售。当某个企业转变为大众公司时,通常由其原有的重要股东在报纸上刊登广告,宣布愿以一定价格公开让售其股票。在实际中,由发行商等证券中介人全部予以承购,然后再按同一方式转售给投资大众。从发行公司的角度来看,公开发行主要意在筹措新资金,公开让售则主要意在谋求股权的分散。不过在公开让售股权时,发行公司也可以同时发行若干新股票给发行商,以便转售,从而达到筹措新资本的目的。就发行费用而言,已上市公司进行公开售让其费用与公开发行方式大致相近,但如果公开发行的数量很小,其费用有时可高达发行收入的13%以上。

(2)私募销售。在英国,股票的私募由经纪商安排向其顾客(多数为团体投资者)或与其有联系的投资者销售股票。私募销售一般在小型公司首次参加股票交易时采用。由于小投资者不易买到这类股票,故证券交易所规定,发行公司应提出其中相当比例交由交易所自营商售予一般投资者。这种发行方式的成本较公开发行以及公开让售要低一些。

(3)引进方式。它是由发行公司向证券交易所提出准许其股票参加交易的请求,经核准后,即可随时上市参加交易。这种方式的目的不在于筹措新资金,而在于便于发行公司以后为筹集新资本而继续发行股票。

(4)招标发行。在这种方式下,发行公司除提出公开说明书外,还要由发行商宣布最低底价,然后邀请特定投资人(多数为团体投资者)以不低于底价的价格参加投标。由于存在竞争关系,其发行价格最接近预期的市场价格,这对发行公司很有利。但这种方法由于是非公开发行,计算标价又比较困难,因此在英国市场上还不流行。

(5)对老股东发行。如果是股票已经上市的公司增发新股,最常用的方法就是给现有股东优先认购新股的权利。在这种方式下,老股东可以用比市价低的价格购入新股,而发行公司只要依照股东名册发出通知即可,不必支付印花税和中介人的费用,因此发行成本较低。由于这种方式对旧股东及发行公司都有利,所以许多股票已上市、经营状况良好的公司大都采用这种方法来筹措新资金。

据统计,英国公司发行股票时,采用对老股东发行新股的次数最多,金额也最大;而利用私人销售及交易所介绍的方式次之;利用公开发行及公开让售发行的次数和筹集资金总额不高,只是每次平均发行的金额较大而已。

## 2. 英国股票发行参与者

英国股票发行市场没有正式的组织，也没有具体的场所。其业务大多经过许多证券商及金融机构的通力合作进行。在英国的股票发行市场上，参与股票发行的机构主要有以下四种。

（1）证券银行。在证券银行中，两次大战以前建立的旧证券银行都与外国资本市场有着紧密联系，他们不仅专门承办"金边债券"的发行，也承办国内外公司债券、股票的发行承销。战后建立的新证券银行主要承办国内证券的发行业务。

（2）信托及金融公司。信托及金融公司属投资性证券发行机构。它们承办信用等级次于"金边证券"的优良证券，在股票发行中发挥着重要的作用。他们大多数也参与证券金融活动，并与特定产业有着特殊关系，发行者的职能涉及多方面，尤其有两项重要任务：一是对发行条件尤其对发行价格提供建议；二是借助承销保证以确保筹集金额。

（3）股票经纪商。股票经纪商分散在全国各个城市，直接服务于投资人。由于英国投资人有向经纪商洽谈的习惯，所以身为大众投资顾问的股票经纪商在英国形成了证券分销机构的一个重要环节。

（4）伦敦证券交易所。伦敦证券交易所在股票发行市场中承担着重要的任务。英国设有专门的证券管理机构，发行公司须将其公开说明书及其他证件交付伦敦证券交易所予以审核，经该所认可后才能在两家以上的伦敦重要报刊上公开刊登（每家至少刊登2天）。股票发行的价格经公司及发行商决定后，还须向该所申请准许其报价，核准后方能参加交易。

## 3. 英国股票上市要求

在这里主要介绍对在伦敦证券交易所上市的股票的要求：① 公司需要有1名伦敦证券交易所会员作为上市推荐人。② 公司必须是公共合法注册的公司，必须符合发行者所在地的法律规定。③ 公司最低注册资本为70万英镑，而且其中至少有25%的股份为社会大众持有。④ 股票可以自由转让。⑤ 公司最近3年内盈利，并且不含有交易所限制的事项。⑥ 要求上市的公司是一个独立的实体，保证有控制力的股东与该公司没有利益上的冲突。一旦发现有控制力的股东占有了公司产权的30%，该公司及其顾问必须及时与证券交易所商讨此事。⑦ 公司一般须有3年的经营记录，虽然在某些情况下可以例外，但必须上交最近3年经独立审计的账目。公司呈报的财务信息一般须按国际会计标准或英美现行会计标准编制，并须按以上标准经独立审计。

此外，公司须按伦敦证交所规范要求编制上市说明书，向潜在投资者介绍公司本身及其证券。

### (三) 英国股票流通市场

在英国股票市场产生的初期,股票的交易是在伦敦城内各个咖啡馆内进行的。1773年,新乔纳森咖啡馆正式改名为证券交易所,成为伦敦证券交易所的前身。1802年,伦敦证券交易所获得英国政府的批准。在伦敦证券交易所成立以后,随着工业革命的发展,英国各地都建立了区域性的证券交易所,高峰时期达到30余家。此后,证券交易从分散走向集中。1973年3月各证券交易所合并,致使英国的股票交易市场趋于一元化,股票交易基本上都是在伦敦证券交易所中进行的。1980年,英国政府为小公司开辟了未挂牌证券市场,但是尚未发展成为有一定规模的柜台交易市场。

1. 挂牌股票市场(伦敦证券交易所内的交易)

英国的挂牌交易市场是最主要的市场,而且完全按照国际标准开展交易。在伦敦证券交易所挂牌上市很不容易,目前在这儿挂牌交易的证券有七千多种。

英国传统的证券交易市场是比较保守的,在1985年之前,伦敦证券交易所的制度虽多次修改,但基本制度仍保持不变。僵化守旧的规章制度使伦敦证券交易所在与世界其他证券交易所的竞争中处于下风,阻碍了其发展。

20世纪80年代,英国政府开始采取一些措施改革证券市场。1986年的"大震"使英国的证券市场成为最国际化的证券市场。这次改革的主要内容是:① 取消固定佣金制,允许交易双方就佣金水平进行协商;② "单一资格"让位于"双重资格",允许证券公司既可以为客户买卖股票,又可以为自己买卖股票,可以同时充当经纪人和交易商;③ 允许本国和外国银行、保险公司和证券公司申请成为交易所会员,允许交易所以外的银行或保险公司购买证券交易所会员100%的股票;④ 实行电脑自动报价系统,实现24小时全球性证券交易。

伦敦证券交易所的会员分为经纪商和自营商,它们有不同的职能。

(1) 自营商。自营商的主要职责是提供报价。在伦敦证券交易所上市的股票数目众多,交易所将这些证券分为二十余类,自营商一般专门经营某类中的若干股票,他们需要在开始前在公告板上公布价格,以后不停地给出上升或下降的价格。他们需要随时以交易主体的身份与代客买卖的经纪商进行交易。在1986年的重大改革之前,自营商不允许与投资大众直接交易,现在则是允许的。

(2) 经纪商。经纪商的职责是执行投资者的委托。投资人买进或卖出股票均需委托经纪商作为中介,大额投资者多直接委托经纪商办理,小额投资者一般通过其往来银行转为委托办理。接受客户委托以后,经纪商即通知其场内代表执行其委托,该代表查明客户需要买卖的股票在交易所中的位置和自营商的报价后即与自营商展开交易。

伦敦证券交易所的交易方式有其一定的特点:① 现款交易。伦敦证券交所规定,凡是英国公司股票一律在成交的第二天结算交割完毕。② 双营业周定期交易。即在每两个营业周后的一定结算日通过客户所开设专户办理结算的交易方法。一般确定在每月月中与月底的某日为共同定期交易结算时间。至于每次定期结算日时间则在上年度 9 月作出决定,结算日连续进行五天。

2. 二板市场

为满足小型、新兴和成长型企业进入公开资本市场的需要,1995 年 6 月,伦敦证券交易所设立了二板市场(alternative investment market,AIM)。二板市场的最主要的特点是上市标准较低。二板市场的公司资本规模通常在 200 万到 2 000 万英镑之间,同时也接受低于 200 万英镑资本的公司。

二板市场附属于伦敦证券交易所,但二板市场有其独立的运作规则和管理机构,交易所主要是提供各种"硬件"设施。在二板市场中,高技术产业(尤其是信息技术产业)的公司占据了其主要的地位。

3. 未挂牌股票市场和第三市场

未挂牌股票市场又称为未上市股票市场,它建立于 1980 年,是为满足那些规模较小、还不成熟、还不可能成为申请完全上市的公司的需要,为这些公司的证券提供一个正式的、合理的市场。这个市场被看做是过渡到证券交易所正式挂牌的台阶,因此被称为第二市场或二层市场。

第三市场在 1986 年设立,主要交易尚未能进入未挂牌股票市场的更年轻的公司,这些公司的股票交易记录更短,相对来说未经考验,第三市场使更广泛的公司能进入有组织的资本市场。在第三市场中,公司是由发起人来管理的,而不是证券交易所管理。

20 世纪 90 年代开始,受欧共体统一各成员国上市要求的影响,伦敦证券市场将未挂牌股票交易市场的交易记录从 3 年减至 2 年,并且降低了招股说明书的最低标准,使第三市场与未挂牌股票交易市场的区别趋于模糊,因此,英国在 1990 年年底就取消了第三市场,其中的大多数公司转入未挂牌股票交易市场。

## 三、德国股票市场

(一)德国股票市场的形成与发展

德国的股份制公司于 16 世纪末 17 世纪初开始出现,股票市场开始形成。在以后的一个多世纪,德国的股票市场从分散、不规则慢慢发展,形成了集中的交易并有了一定的规则,并且出现了法兰克福等比较有名的证券交易所。19 世纪中期以后,随着德国工业的发展,德国经济地位进一步提高,柏林逐步成为西欧经济中心之一,柏林证券交易所也成为欧洲大陆最大的证券交易中心之一。在这个发展过程中,德国政府对证券市场的发展起了很大的作用,它有意推广普及股份公司制度,使股份制公司迅速发展起来,但比较特殊的是,众多股份制公司的资本来源并不是向社会公众募集,而是通过银行认购股票,因此,德国的证券市场与银行有着特殊的关系。

两次世界大战以后,德国的证券市场一度遭到破坏,直到1957年以后,德国经济开始飞速发展,民间储蓄能力不断增强,股票投资开始活跃,股票市场的规模也进一步扩大。由于战后东德和西德分治,柏林的经济金融中心地位有所削弱,法兰克福重新成为德国的国际金融中心和证券交易中心。

(二)德国股票发行市场

1. 股票种类

和其他国家的股票市场一样,德国的股票市场上股票也可以分为普通股和优先股,普通股是最普遍的形式。

在德国股票市场上还流通着一些特殊的股票:① 大众股票。这是在二战以后,在德国政府授意下为政策性股份公司筹集资金而发行的股票,现在已经不再发行。② 全球性股票。为适应经济全球化的需要,大型的股份制公司发行的这种股票不仅可以在德国国内各个交易所上市交易,而且可以在国外主要的金融中心发行与买卖。③ 过渡性股权凭证。这是股份公司在募股初期发行的一种非正式的股权凭证,可以买卖和转让,也称为"暂时募股凭证"。④ 公司内部职工股股票。这是股份制公司对其员工发行的有一定程度的价格优惠的股票,通常在5年内不能转让。

2. 股票发行程序

在挂牌市场上发行股票的程序分为两个阶段:第一阶段,拟发行股票的公司向证券交易所提交发行申请书,随申请书附上公司的注册商标、公司章程、财务报表、经审计的近三年经营业绩、发行股票的有关法律文件、国家有关部门的批准文件以及拟发行股票的样本等。发行申请需在有关证券报刊上公布。交易所要在发行申请发表的三天内对递交的所有文件进行审核,并做出是否同意该公司股票上市的决定。第二阶段,如果股票被批准上市,公司在原刊登发行申请的报刊上发表招股说明书,招股说明书发表三天,该公司的股票就可以在证券交易所上市交易。

对于在半挂牌市场上发行股票,其运作程序要简单些。拟发行股票的公司无需准备招股说明书,只要提供公司经营状况报表和其他的附加资料,获准后就可以发行股票。

在不受管制的未挂牌市场上发行股票,其运行程序由德国各地区根据当地的实际情况而定。

3. 股票上市要求

由于德国的股票市场分为三个层次:挂牌市场、半挂牌市场(受管制的未挂牌市场)和不受管制的未挂牌市场,在这三个市场上发行股票对发行公司的要求是不一样的。在这里主要介绍在挂牌市场上的上市要求,而在其他两个未挂牌市场上发行股票的要求和程序都要相对简单一些。

在挂牌市场上市的公司必须具备以下条件:① 公司需要具有三年以上的营业历史;② 股票发行的最低限额为250万马克;③ 大众投资者持有的股份不低于总股本的1/4。

(三) 德国股票流通市场

1. 挂牌市场

挂牌市场是所有被各证券交易所上市委员会批准上市的股票的市场,可以进一步分为两个市场:单一时价(非连续交易)市场和连续时价市场。

单一时价是针对每个交易期的每一个上市证券设立的。该价格由做市商通过比较买卖指令加以确定,以保证交易能在最大限度上获得成交——故被称"最大交易量原则"。

在每一个交易所,交易所条例同意规模很大的上市公司提出的同时在单一时价市场和连续时价市场交易的要求。在连续时价市场上,执行价格在11:30—13:30期间的交易期确定,最小交易规定为50股普通股。

2. 半挂牌市场(受管制的未挂牌市场)

受管制的未挂牌市场严格来说是一个混合体。它是一个"规范的自由市场"或"半挂牌市场"。受管制的未挂牌市场由未挂牌证券委员会监管,这个机构也负责未挂牌上市的申请。进入这个市场比进入挂牌市场容易得多。但是,只有做市商和银行才被允许进行未挂牌交易。

这个市场的股票可以在证券交易所内进行,但只有做市商和银行才允许进行半挂牌股票的交易。半挂牌市场的交易一般是在特定的价格上成交。

3. 不受管制的未挂牌市场

在非规范未挂牌市场上交易的股票都是没有被批准挂牌或没有被批准进入规范未挂牌市场的股票。这些股票一般不适宜在其他的市场上交易,它由未挂牌证券委员会执行监督。这个市场非常容易进入,银行在任何时候无需特殊的程序即可申请证券上市,所有的交易都由做市商和信贷机构进行。这个市场一般都是柜台交易(OTC),在OTC市场上交易买卖指令执行通过网络进行,交易双方价格的商定无需第三方的介入。

## 四、日本股票市场

(一) 日本股票市场的形成与发展

日本的股票市场是在19世纪后期发展起来的,但初期日本股票市场的投机色彩非常浓郁,这时候股票的发行市场并没有成为长期资本的供应者,交易市场被证券商在少数几种股票上的投机买卖所左右。

二战以后,大量股票通过证券协调停业委员会发行出来,个人投资者迅速发展起来,日本股票市场由战前的财团家族为主转向以民众为主。1948年日本制定了新的《证券交易法》,1949年在全国设立了9家证券交易所,1954年又实行了金融和证券自由化政策,大大刺激和促进了证券市场的发展。

在20世纪70年代之前,日本股票市场的发展对日本的经济影响并不很重大。日本的金融结构和金融政策一直是把重点放在银行存款为主的间接金融市场上的,企业筹集资金首先考虑的是银行贷款,依靠发行股票筹集资金所占份额极少。在这样的金融环境下,日本的股票市场相对于间接金融市场和国债市场来说发展是比较缓慢的。

70年代中期以后,企业开始由传统的向金融机构介入为主的间接融资方式转向从证券市场中进行融资,股票市场的重要性逐步增强。

20世纪80年代以后,由于泡沫经济的影响,日本的股市持续升温,一路攀高,其股票市值一度超过美国,成为世界上最大的股票市场。但是从1989年12月底,日本股市开始大跌,并逐步走低,泡沫经济开始破灭。随后,这次以股票和房地产下跌为兆的泡沫经济破灭带来了整个日本经济的衰退,设备投资减少、科研开发停顿,实体经济衰退。为了稳定股市,刺激经济,日本政府采取了积极的财政政策,但效果并不理想,日本的股市陷入了衰而不死的局面。1996年11月11日,日本政府推出了被称为"大爆炸"的金融改革,给股票市场带来了新的发展。

然而,近几年日本股市并不稳定,2002年2月日经指数下跌到18年以来的最低点9 420.85,在3月回升突破12 000点,后来又下跌;2003年4月跌到最低点7 607.88后又开始回升,到8月21日升到10 362.69点;但是2004年日经225指数又一度跌破8 000点大关,到2005年9月26日又回升到13 159。2005年,日本股市连创新高,其主要是对本众议院选举小泉领导的自民党在选举中取得的压倒性胜利的回应。但是,从长远来看,日本股市还是受整个日本经济状况的影响。因此,对日本股市的长期走势尚需审慎地观察。

(二) 日本股票发行市场

1. 股票种类和发行方式

日本企业发行股票方式可分为以下三种。

(1) 有偿增资。根据日本有关新股发行的规定,有偿增资指投资者以现金或其他财产的实际缴付来承购新发行的股票,发行的价格多按股票的面值计算。这是日本最为流行的通过发行新股进行增资的方式。

有偿增资又可分为下面几种形式:① 对旧股东发行新股认购权。老股东可优先享受新股承购权力,但在一定期限内未提出购买申请,则被视为丧失新股的承购权,发行公司将以公募形式另行补发新股。② 对特定的多数投资者发行新股认购权。这里,特定的多数投资者是指公司职员、从业人员或顾客等与公司联系比较密切的人士。由于这种方式对旧股东的利益影响很大,因此,这种方式必须获得股东大会的特别决议通过方可实施。③ 向不特定的多数公众发行。即所谓的公募发行。这种情况下,发行公司应于完缴日期前两周公告所拟发行新股的种类、数量及发行价格。

(2)无偿增资。所谓无偿增资方式是指股票发行的无偿分配,实际上是对股份进行分割,股票发行数量增加。

无偿增资又可分为以下几种形式:① 股份公司将资本准备金并入股份资本时,将准备金折成股票无偿分发给股东。② 发行股票红利,即把股票作为红利发放给股东。③ 拆分股票,即为了便于流通,将大额股份分成小额股份。④ 公司将发行的债券转化为股票。

(3)有偿与无偿配合筹资。即将公积金转入资本,并同时向老股东发行新股票。

2. 日本股票上市要求

由于日本的股票市场分为证券交易所内交易市场和店头市场,这两个市场对股票上市的要求是不同的,店头市场的上市标准要低一些。

(1)交易所上市要求(以东京证券交易所为例)。东京证券交易所分为一部和二部,按规定,上市公司的股票先在二部市场交易,然后才可能进入一部市场。一部市场上的股票,如果其指标下降而低于一部市场上市标准,就要降到二部市场。

一部市场股票上市要求:① 注册资本在10亿日元以上;② 浮动股东数超过3 000人;③ 上市股票不足6 000万股的公司浮动股票数至少是300万股+25%的股票数,上市股票6 000万股以上的公司浮动股票数至少是1 200万股+10%的股票数;④ 在一个交易所内的交易额在20万股以上;⑤ 最近3年每年股息5日元以上,并且预期不会下降;⑥ 最近5年内无"虚假记载"。

二部市场股票上市要求:① 注册资本不低于5亿日元;② 浮动股东数超过2 000人;③ 上市股票不足2 000万股的公司浮动股票数是25%的股票数以上,上市股票2 000万—6 000万股的公司浮动股票数是100万股+20%的股票数以上;④ 公司成立5年以上,并将继续营业;⑤ 净资产额在15亿日元以上;⑥ 最近3年净利润分别不低于2亿日元、3亿日元和4亿日元;⑦ 最近3年平均每股股息在5日元以上,并且预期不会下降;⑧ 财务报表最近3年内无"虚伪记载"。

(2)店头市场的股票要求。日本的店头市场采取的是股票登记制度。东京证券业协会规定的登记标准为：① 须有东京证券业协会会员的联名推荐；② 发行公司的资本在 5 000 万日元以上；③ 发行公司已经成立 2 年以上，并将继续营业；④ 发行公司必须分配股息；⑤ 发行公司已发行股票的30%以上分布在东京证券业协会管辖的地区。

### （三）日本股票流通市场

**1. 交易所交易（场内交易）**

交易所交易市场是有组织的市场，其买卖的对象是在证券交易所上市的股票，在日本，交易所交易占股票流通市场的绝对优势。这是因为：① 日本主要的企业股票大都在证券交易所上市（包括一部和二部）；② 根据市场集中原则，日本规定大部分证券公司对上市股票的买卖都必须在交易所内执行。

目前日本共有东京、大阪、名古屋、京都、广岛、赴港、新泻和札幌 8 家证券交易所。其中，东京、大阪和名古屋 3 家证券交易所根据上市公司的规模分为一部市场和二部市场。日本大部分上市公司都在东京证券交易所上市，东京证券交易所是日本最大的股票交易所，它的交易额大约占日本股市总交易额的 80%。以下以东京证券交易所为例介绍日本的交易所交易市场。

东京证券交易所分为一部和二部，在一部市场上市的股票无论是公司规模、资本金还是股票的流动性、获利性都要比在二部市场上市的股票要好。日本在 1961 年建立二部市场是为了解决战后非上市股票交易急剧增加的情况，对无组织的店头交易进行控制。二部市场的建立使日本的店头交易量大大减少。

目前，东京证券交易所一部市场中的大部分股票在交易所大厅进行交易，一部剩余的部分股票与所有二部市场股票通过电子交易系统进行交易。在场内进行交易的股票被称为"场内股票"，采用这种方法交易时，各普通会员单位的交易代表集中在证券市场内，根据顾客的委托或自营业务的需要向经纪会员发出交易订单，经纪会员将交易双方的买卖订单加以撮合，然后缔结交易合同。依靠电子系统进行交易的股票被称为"系统股票"，它们的交易在股票系统交易室中进行。普通会员不需要进入市场，只需在自己公司的电脑终端进行买卖报价的发送、买卖结果的收取、查询报价情况和买卖走势等。经纪会员则在股票系统交易室中利用配对终端和管理终端来促成买卖成交。

为了维持市场的稳定、缓和股价防止暴涨暴跌，建立了报价限制制度，即将每天报价的价格幅度以昨日收盘价为基准给予一定范围的限制。

东京证券交易所的交易方式根据交割方式的不同可分为四种：① 普通交易，即在成交后第三个营业日进行交割。绝大部分交易采取这种交割方式，因此在交易时如果没有事先声明，都是指普通交易。② 现金交易，即在成交当日交割，如果双方同意也可推迟到第二个营业日。③ 特别协议交易，即由买卖双方商定一个 15 日内的交割日期。④ 虚股交易,这是对未发行股票的交易方式,即对发行日已经确定的未发行股票按照发行结算的原则而订立的交易。

2. 店头交易

日本传统的店头市场是在各个证券公司的门市部进行的,由证券公司和投资者、证券公司和证券公司之间直接进行交易。1949 年 5 月日本证券交易所重新开放后,店头市场的大部分证券被交易所吸收而上市买卖,但那些未上市的证券仍然存留在店头市场上交易。

日本的店头交易市场实行的是股票的登记制度。依照这个制度,证券业协会负责未上市证券的登记,公告店头市场买卖的价格,以及公开股票发行公司的资料。这种登记制度在一定程度上起着管理未上市证券店头买卖的作用。店头市场上的证券买卖多由证券公司通过电话进行,买卖的时间按照开市的时间而定。证券商每天须将当日买卖股票的价格、交易数量等情况向证券业协会报告,而交易的清算则于第四天进行。

随着计算机技术的发展,日本的店头交易市场也开始利用现代化的电子技术,使买卖处理更为迅速、行情提供更为及时。1984 年 7 月,日本建立了店头市场自动报价系统,以增强市场的透明度。1991 年,日本又建立了类似于美国证券交易商协会自动报价系统(NASDAQ)的日本证券商自动报价系统(JASDAQ),提高了店头市场的效率。

## 第九节 韩国、中国香港、中国台湾、新加坡股票市场

韩国、中国的香港和台湾地区(以下简称香港、台湾)及新加坡一度被经济界称为亚洲"四小龙",它们的股票市场是后起之秀。20 世纪 70 年代以来,这些国家和地区大力实施外向型发展战略,证券市场上掀起了国际化浪潮,为"东亚奇迹"的产生立下了汗马功劳。"四小龙"股票市场的成功经验对后起的发展中国家具有较多的启示。

### 一、韩国股票市场

(一)韩国股票市场的发展

20 世纪上半叶的韩国是日本的殖民地,最早的证券活动为日本人所操纵。二战和朝鲜半岛战争结束后的 1956 年 2 月,韩国证券交易所正式成立,上市的股票只有 12 种。

1962年以后,韩国确立了"出口第一"的方针,资本需求急剧增加。为此,韩国积极推进金融体制改革,促进证券市场的发展,先后公布了《资本市场发展法》、《外国资本引进法》等。1962年4月,韩国证交所被改组成股份公司,1963年5月又被进一步改组成政府所有的公司,其中政府掌握68%的股份,其余32%由25家证券公司所有。到1968年,韩国当局从税收等方面采取优惠政策,促使越来越多的公司上市。1969年韩国还建立了投资基金以满足小额投资者的需要。

1971年6月韩国证交所允许进行保证金交易。为提高效率,韩国的证券市场从1974年3月开始实行电脑化。1975年1月唱名交易制被连续交易制所取代。韩国证交所于1979年7月引进了股票价格显示系统,1983年2月又启用了电脑化的委托传递系统。

从20世纪80年代开始,韩国当局开始逐步采取措施以实现证券市场的国际化和自由化。从1981年到1987年年初,韩国建立了七家面向非居民的投资基金,共吸收3.2亿美元的外资投资到韩国证券市场。1985年11月,韩国宣布外国投资者可以直接持有向国外发行可转换债券的韩国公司的股票。

为进一步完善和推进证券市场的发展,韩国当局修改了商法,新商法从1984年9月开始生效。主要内容是鼓励公司融资,保护投资者利益和完善股份公司制度。修改后的商法允许公司在50%的范围内以股票代替现金发放股利,并对母公司和子公司相互持股进行了限制。该商法还规定,股份公司的实收资本不得少于5000万韩元。1988年,韩国证交所又被改组成会员组织。

1990年5月4日,为了防止股价大起大落,韩国当局建立了股票市场稳定基金,基金规模原为2万亿韩元(28亿美元),后来增加到4万亿韩元。从1992年1月开始,外国投资者可直接投资韩国股票市场。在此之前,外国公司在韩国股票市场上只能进行间接投资,所持股份约占韩国股票市价总额的3%。新规定允许每个外国投资者购买韩国公司3%以内的股票;在同一家境内公司中,外国投资者的持股份额可以达到10%,甚至更多。

在亚洲"四小龙"中,韩国率先抓住机遇,实行出口导向战略,创造了举世瞩目的"汉江奇迹",对此韩国股票市场功不可没。但是在1997年的金融风暴中,韩国金融体系的弊病也显露出来,为此国际货币基金组织坚决要求韩政府尽快进行企业和金融机构改革,以恢复国外投资者的信心。韩国走上了艰难、痛苦而又必需的体制改革和企业重组之路。

在经历了一番强力改革后,韩国企业集团的负债比例大幅缩减,国民经济终于再现活力。外汇储备开始增加,外债得以持续减少。韩国股票的汇价也明显回升,韩元兑美元的汇率从1997年12月底的1美元兑换1695韩元,一路跃升到1999年12月底的1美元兑换1134.5韩元,股市在韩元汇率回升后也不断向上攀升,从金融风暴时的647.11点,大幅回升到1999年年底的1 028.07点。不过2000年以来,韩国综合指数又大幅下挫,而KOSDAQ(韩国店头市场)指数反倒一路飙升。这说明1997年的金融危机重塑了韩国企业和韩国经济,大企业集团受创较大,高科技中小企业却依然生机盎然,成为韩国投资者的新宠。

2004—2005年,韩国股市迅速发展,三星、现代等大型企业在国际上不断加强竞争力,以及在金融风暴后企业在财务和营运上进行很大的改革,其盈利状况得到了一定的改善。汇丰投资管理的资料显示,韩国表现最出色的行业分别为零售、信息科技、钢铁生产和银行。韩国的零售业在2005年步入上升周期,当地零售业在3—5月份的数据同比增长4.9%、3.8%及6.6%。韩国的利率、入息税和地产税均处于低水平,因而将进一步刺激当地消费。

(二)韩国股票发行市场

1. 韩国股票的发行

根据韩国《商法》,公司可发行普通股、优先股和后分股息股(即发起人股或创立人股),其中普通股最为流行。在韩国所有的股票都是有面值的,挂牌股票的名义价值均为5 000韩元,而且大多数股票是记名股票。

新股发行可采取两种形式:要求预订付款的发行和不要求预订付款的发行,其中前一种形式最常用。不要求预订付款的股票发行方式有三种:用公司资本盈余发新股、以股票的形式发放红利、股票拆细。要求预订付款的新股发行方式也有三种:① 对股东授予预订权。因韩国股东十分重视对公司的控制权,这种发行方式最为流行。② 对第三方授予预订权。根据韩国《证券交易法》和《资本市场促进法》的条款、发行公司的组织章程或股东大会的一项特别决议,可以将新股的预订权授予与发行公司有特别关系的第三人,如董事、雇员、业务伙伴、供应商和分配者。③ 公开发行。仅当现有股东对新股不予认购时才会采用这种方式,所以公开发行并不流行。

2. 韩国股票的上市

申请在韩国证交所上市的股票首先必须满足基本的上市条件:① 公司成立3年以上,中间不得暂停营业;② 实收资本至少5 000万韩元,现有股票至少5万股;③ 必须在上市日的前6个月内公开发行新的或原有的股份;④ 必须呈送经审计的财务报表;⑤ 必须跟过户机构订立为其股东办理过户手续的协议,股票票面格式必须符合《证券单据处理条例》的要求。

取得上市资格并在第二部交易6个月以后,符合条件者方可进入第一部交易。在第一部交易的公司必须满足如下条件:① 在过去的三个会计年度中至少有两年派发股息;② 最近一年税后利润实收资本的比率不得低于5%;③ 至少要有40%的股份可自由交易,并由300个以上投资者拥有;④ 在该证交所上市达半年以上。不能满足上述条件的公司只能在第二部交易。

### (三) 韩国股票交易市场

**1. 交易场所**

韩国的股票交易市场分为交易所市场和场外交易市场两部分。

韩国证券交易所(KSE)成立于1956年2月11日,是韩国唯一的证券交易所。1963年,通过《证券交易法》的修改,它变成由政府控制的公共公司。1988年3月,韩国股票交易所被非国有化并变成一家非营利性的会员制组织。韩国股票交易所的会员仅限于证券公司。目前,KSE有31个会员公司,有2家下属单位:韩国证券保管公司和韩国证券计算机公司。

1987年以前,有零星的股票在无组织的柜台市场上交易。1987年4月,柜台市场被改组成不上市的中小公司股票交易的场所。1996年7月韩国券商协会(KSDA)成立了"高斯达克"(KOSDAQ)市场,利用电子报价系统撮合交易。目前这一市场分为非风险事业股和风险事业股。风险事业的上柜条件很低,只在股权分散上有要求,而在资产、盈利性等方面都不作要求。只要有超过100人的小股东通过公开承销持有20%的发行股份,或至少300人的小股东持有20%或50万股发行股份,即可申请上柜。1999年韩国政府先后出台了《搞活"高斯达克"市场的综合方案》、《健全"高斯达克"市场的政策》,为KOSDAQ市场的进一步发展铺平了道路。

**2. 韩国股票市场的交易方式**

韩国证交所的交易方式有两种,一是现货交易,这种交易在合同规定的日期交割;另一种是常规交易,这种交易在第二个营业日交割。目前,股票交易普遍采用常规交易方式。

**3. 韩国股票市场的交易费用**

韩国证券交易所一度实行固定佣金制。进入20世纪90年代以来,韩国顺应佣金制度自由化的潮流实施了佣金制度改革。在1997年至1998年间,韩国的大型经纪商刚开始发展网上交易服务,其佣金由原来的0.5%降至0.1%至0.25%,这大大推动了网上交易的增长。近年来韩国的网上交易佣金水平从4.9‰大幅度下降至1.3‰左右,仅为一般证券交易佣金的1/4,目前韩国证券交易的60%是在网上完成的。

### (四) 韩国股票市场的税收制度

韩国政府对股票投资的资本利得不征税,但对股息收入征税。小股东的股息收入按10%征税,其他股东的股息收入按10%征收预提税。

韩国公司税法规定,外国投资者的股息收入按25%征收预提税,但跟韩国当局订有双重征税协定国家的投资者可以根据协定降低税率。同时,韩国当局还对外国投资者按所得税的7.5%征收附加税。此外,外国投资者还要按资本利得的26.875%或者出售证券总收益的10.75%(按两者的较低者)交纳资本利得税,但跟韩国当局签有双重征税协定国家的投资者可以免税。目前,跟韩国当局签有双重征税协定国家有比利时、加拿大、丹麦、芬兰、法国、德国、日本、马来西亚、荷兰、新加坡、瑞典、瑞士、泰国、英国、美国。

## 二、我国香港地区股票市场

（一）香港股票市场的发展

1891年2月3日,香港股票经纪协会(也称香港股份总会)成立,它是香港历史上第一个证券交易所;1914年2月21日又更名为香港交易所。1921年,香港第二个证券交易所,即香港证券经纪人协会(也称香港股份经济会)成立。

1941年,日本占领香港,致使两个交易所停止交易活动。二战结束后,1947年3月21日,两个证券交易所合并为联合交易所,即香港证券交易所有限公司(香港会)。证券交易逐步恢复,但发展缓慢,直到1962年上市公司仅有65家。

1968年以后,随着经济的不断增长,证券市场的融资功能逐步显现;1969年,香港证券交易所接纳了第一个伦敦海外成员,同年12月17日远东证券交易所成立。此后香港金银证券交易所和九龙证券交易所分别于1971年9月15日和1972年1月5日营业,这就使香港同时拥有了4家证券交易所。政府和中外财团投资的迅速增长,资金需求旺盛,涉足纺织、航运和银行等领域的新股票纷纷上市,交投活跃。1972年证券市场交易额已是1968年的46倍,香港一跃成为东南亚的金融中心,股市交易量仅次于日本东京证券市场,居亚洲第二,占世界股市总值的10%左右。

由于香港证券市场易受国际因素的影响,在市场快速扩容的同时,风险也在不断增大,1973—1974年出现了第一次股价暴跌。为了加强对股市的监管,1986年3月27日,香港证券交易所、远东证券交易所、金银证券交易所和九龙证券交易所同时停止交易,同年4月2日起,香港证券交易所股份有限公司(即联合交易所)开张,并享有在香港建立、经营和维护证券市场的专营权,史称"四会合并"。同年9月22日,香港联合交易所被接纳为国际证券交易所联合会的正式成员。

进入20世纪90年代后,香港证券市场进行了一系列改革。1993年推出自动对盘系统,1994年推出股份卖空制度,1999年推出创业板市场。特别是1997年7月1日香港回归祖国之后,香港股票市场在曲折中发展。亚洲金融危机中,国际投机资本在1998年年末大举入市对港股造成了一定的冲击。在祖国的坚定支持下,香港打了一个漂亮的"保卫战",稳定了香港股市和"联系汇率制",巩固了香港作为国际金融中心的地位。

截至2007年7月31日,股票市场市值2.2万亿美元,在亚洲仅次于日本、中国内地,名列全球第六,其股票市值是本地 GDP 的 9 倍。就香港证券市场的交易金额按来源地而言,美国投资者占 29%,欧洲其他地区占 22%,新加坡投资者占 8%。无论从金融总量还是投资者来源上看,香港都是一个国际化的金融都市。

(二)香港股票发行市场

1. 香港股票的发行

(1)新上市公司的股票发行。首先,公开招股,由申请上市的公司发行本公司股票,上市公司要提交招股章程,由商业银行负责包销。其次,公开发售,由一名交易所会员向公众发售已发行的或该会员已同意认购的股票。公开发售和公开招股的方式很相似,两者都以规定价格向公众发售股票,不同之处是公开招股出售的是公司新发行的股票,而公开发售的则是已发行的股票。两者一直是香港新股上市的主要发行方式。再次,配售,证券交易所会员通过其他会员发售或邀请认购股票。通常情况下只有市值较小的股票,为了节省开支才允许以配售方式发行。最后,招标竞投,发行机构指定一个最低的认购价,由公众投资者出标,所有出标价不得低于最低认购价,投标时间截止后即开票。中标与否视出标价高低而定,出价最高者优先获得股份,依次向下分配,直至发行数量被分配完毕为止。在香港招标是一种新的发行方式。

(2)已上市公司股票的发行。若一个公司已经上市,其日后发行的股票可采用如下方式:① 供股,公司发行新股,以指定的价格供现行股东按其认股权益认购。供股须有招股章程,由商业银行负责包销。② 资金股本化,将公司储备或未分配利润资本化,以股份形式按持股权益免费派送给现行股东,一般常见的送红股就是一种资金股本化。

2. 香港股票的上市

任何公司欲在香港联交所上市,就需遵从《证券条例》、《证券(在证券交易所上市)规则》、《证券交易所合并条例》、《证券(公平权益)条例》、《公司条例》、《香港公司收购及合并守则》、《保障投资人士条例》和《香港单位信托及互惠基金条例》等法规,以及联交所的《证券上市规则》,归纳起来,公司上市要符合下列条件和准则:① 申请上市公司通常须有不少于 3 年的营业记录或在特别情况下,有不少于 2 年的良好业务记录,且同一期间内管理层基本上无变化。② 申请上市股票的流通量,其预计市场值须不少于港元 2 450 万元或其预计的最初市值的 1/4,以此 2 项中较多者为准。③ 申请上市股票的预计市值至少要达到港币 5 000 万元。④ 通常要求每港币 100 万元公开发行新股的股份中最少有 3 名公众股东,且公开发行新股的股份最少要有 100 名公众股东。

此外,香港联合交易所对申请在香港地区上市而在中国内地注册的公司作

出了附加规定,这些规定主要包括:

(1) 保荐人。根据联交所的上市规则,任何新申请上市者必须由一名联交所会员或投资银行等出任保荐人,以负责为新申请人筹备有关上市事宜,将正式上市申请表格及一切有关文件呈交联交所,并就有关申请表格及一切事宜与联交所联络。保荐人于上市后 1 年内仍可继续留用。对于内地公司,联交所规定,继续聘用其保荐人,或者委托其他专业顾问,为期 3 年,以协助内地公司了解和遵守上市规则。

(2) 公众持股量

联交所规定,如果申请在港上市的内地企业已经发行 A 股并且已在上海或深圳上市,其 H 股必须全部由公众持有。所谓"公众",是指内地企业的发起人、董事、监事、行政总裁、控股股东或其关联人士以外的其他人。此外,公众持有的 H 股额不能少于公司已发行股本总数的 10%,公众持有的 H 股和 A 股总数不能少于全部已发行股本的 25%。如果内地企业没有发行任何 A 股,那么公众持有的 H 股总数不能少于全部已发行股本的 25%。

以上规定是为了市场上有足够的 H 股流通,而不至于被少数人操纵或干预股价和交易。

此外,在香港地区以外注册成立的海外公司,要申请其股票在香港上市,除须符合香港公司股票上市一般规则外,其上市股票的公开发售市值不得少于 2 000 万元港币,并须按上市委员会所规定的比例在香港出售其已发行的股份。

通常情况下,从提出申请到正式上市,大约需要 3—6 个月的时间。

(三) 香港股票交易市场

1. 香港联合证券交易所(场内交易)

香港联合证券交易所储存了上市公司的详细资料,用电脑进行股票交易,平均每天可完成 2 万宗股票交易买卖,最高可达 5 万宗。

市场内的买卖单位为一手,每手股数并不一样,视公司自身情况而定;有些公司股票 15 股一手,也有多至 10 000 股一手的,不足一手的股数称为碎股。

进行股票交易时,买卖双方均需缴付以下费用:

(1) 佣金。联合交易所规定,经纪的每种交易要收取不得少于成交金额 0.25% 的佣金,最低收费 25 港元。

(2) 从价印花税。一般称"士担",由政府收取。印花税数目为每宗成交额的 0.3%,以每千元计算,不足 1 000 元的进位作 1 000 元计。

(3) 交易征费。由联交所征收,按每宗成交额收取 0.025%,是联交所的经费来源。

(4) 特别征费。用以偿还外汇基金的贷款而征收的费用,每宗交易按其成交额的 0.03% 征收,由交易所代收。

### 2. 香港交易及结算所有限公司(场内交易)

香港联交所运行了13个年头之后,到1999年特区政府又一次对证券交易所进行了重大改革,计划将香港联交所、期交所和相关的结算公司股份化,合并成立新的控股公司,即新的交易所。2000年3月6日,由香港联交所、期交所和结算公司组合而成的香港交易及结算所有限公司(香港新交所)正式成立。这是香港证券市场的一次重大发展。

### 3. 香港创业板市场(二板市场)

香港创业板成立于1999年11月25日,截至2000年4月31日,在香港创业板上市的股票已有27家,市价总值636.6亿港元。

2000年3月17日推出创业板指数,基数为1 000点。此后创业板一路下滑,近年持续低迷。

### (四)香港股票市场的税收制度

香港普遍的观点认为,股息是从已纳税的利润中支付的,因此不必再纳税。在实际情况中,香港政府也未对投资者从香港得到的股息征税,香港公司支付股息也不用缴纳预提税,对资本利得也不征税。这就大大提高了投资者的证券投资热情。

由于只有从香港产生的收入才需向香港政府交税,香港政府未与其他国家或地区订立双重征税协定。但是,对于被欧盟(不包括英国)征税的收入,香港政府可以提供部分双重征税协议,通过香港进行投资的非居民投资者从外国股票投资中得到的股息收入须缴纳预提税。

## 三、我国台湾地区股票市场

### (一)台湾地区股票市场的形成与发展

二战结束前的台湾,处于日本的殖民统治之下,只有日本人在岛内从事日本股票的交易活动。

20世纪50年代初,台湾国民党当局为了顺利推行土地改革计划,开始发行公债和股票,其中最著名的举措就是1953年的公营公司股份化、民营化。为了补偿因征收地主土地所需支付的地价款,当局将台湾水泥、台湾林业、台湾纸业和台湾矿业4家公营公司改制为股份有限公司,以其3成股票搭配7成实物土地债券补偿给地主充作地价款。共配发股票5.4亿股,实物土地债券12.6亿新台币,这项措施的出台,致使大量股份公司相继成立。市场流通的证券品种不断增加,店头市场交易盛行,证券交易业务和证券经纪人规模扩大。

为了应对日趋活跃而又散乱无序的店头市场交易活动,形成公开的竞价市场,当局于1954年颁布了《台湾省证券管理办法》。可是,以后几年的证券业务发展却是事与愿违,证券商家破产增多,市场交易日渐萎缩,组建集中交易的证券交易的呼声高涨起来。

1960年10月,台湾证券交易所宣布成立,1962年2月9日该交易所正式营业。与此同时关闭店头市场,严禁在集中市场外进行交易。

1968年以后的数年时间里,以《证券交易法》为核心的法律相继出台,使台湾的证券交易与市场管理有了规范的法律依据。

为了活跃市场,1973年颁布了《授信机构办理证券融资融券业务暂行办法》,1974年4月开始由台湾银行、交通银行和台湾土地银行开办融资信用交易,初步建立了正式的信用交易制度。但只对买进者融资,不对卖出者融资。为了健全信用交易制度,1980年4月又成立了一家专业性的证券金融公司——复华证券金融公司,主要从事融资业务和证券集中保管业务。

为了保证金融管理的一致性,1982年10月重新开办店头市场,以此来活跃债券交易市场,扩大了证券市场规模。

为了吸引华侨资本和外国资本进入台湾证券交易市场,1983年又成立了国际证券投资公司。1984年成立了证券投资顾问公司,同一时期证券业提高了部分交易手续费,建立了证券市场发展基金,为证券研究提供资助。至此,台湾地区的证券市场证券运作与证券监督的框架初步形成。

1988年第三次修订《证券交易法》,核心是将证券发行由核准制改为核准兼申报制。

进入20世纪90年代后,台湾证券市场加快了国际化和自由化进程。1991年10月,台湾地区的中钢公司依次以存托凭证方式到美、日、欧及香港地区发行了33.6亿股股票,开始了海外融资活动。在岛内,促进网上作业、简化股票上市上柜程序、推动证券交易手续费自由化等措施相继出台。

1962年开业之初,台湾证交所有18家上市公司,1970年、1980年和1990年上市公司数量分别为42家、102家和199家。进入20世纪90年代后台湾上市公司数量和总市值迅速增加。截止到1999年年底,台湾证交所拥有上市公司462家,市值规模达到1 760亿美元,居亚太地区第六位。

台湾地区是一个典型的外向型经济,而且经济国际化、自由化已达到一个较高的水平,使得台湾股市行情受外部因素影响很大。这些外部因素包括国际经济、金融、油价与重大国际事件等,其中美国经济因素对台股的影响最大。表8-4简单说明了这一情况。

表 8-4　近年国际因素对台股影响情况

| 时间 | 台股波动度 | 事件背景 |
| --- | --- | --- |
| 1997.09.10 | -3 000 | 受东亚金融危机影响,两个月内台股下跌了约3 000点 |
| 2001.09.13 | -224.0 | 受"9·11"事件影响,9月25日,台股跌破3 500点 |
| 2000.04.15 | -507.81 | 美国股市重挫617.78点 |
| 2004.04.30 | -237.72 | 油价升破40美元,全球股市下跌 |
| 2007.07.27 | -404.14 | 欧美股市重挫 |
| 2000.07.30 | -89.0 | 美股重挫 |
| 2007.08.10 | -251.0 | 美国"次级房贷"风暴引发全球股灾 |
| 2007.11.02 | -325.0 | 美国股市重挫 |
| 2007.11.08 | -362 | 美国股市大跌 |

(二) 台湾地区股票发行市场

1. 股票的发行

台湾股票分为普通股、优先股或特别股。

台湾证交所上市的公司分为 20 个产业类别,电子类上市公司是台湾证交所的重点。1998 年 4 月,电子类上市公司成交额占全部上市总成交额的 50.19%,电子类上市公司成交股数占全部上市公司总股数的 33.44%。这说明以高科技为特征的电子类上市公司已成为台湾经济的中流砥柱。

台湾地区股票发行方式有直接销售(也称私人募集)和公开发行两种。

2. 台湾证交所股票的上市

台湾证交所按照各种股票的盈利水平、资本结构等将上市股票分为三类,其具体规定为:

(1) 第一类上市股票必须满足下列各项条件:① 资本:实收资本额不少于新台币4亿元。② 盈利能力:营业收入和税前净收入必须符合下列条件之一:A. 最近两年营业收入和税前净收入跟实收资本的比率均不得低于 10%;B. 营业收入和税前净收入的金额不低于新台币8 000万元,而且最近两年上述比率不得低于 5%;C. 最近两年的某一年满足了 A 条件,而在另一年满足了 B 条件。③ 资本结构:上年资产净值跟总资产的比率不低于三分之一;④ 股份分布:记名股东的数量不少于2 000个,其中持有1 000—50 000股股票的股东人数不得少于1 000个,且其所持股份合计占发行股份总额 20% 或2 000万股以上。

(2) 第二类上市股票必须满足下列各项条件:① 资本,实收资本额不少于 2 亿新台币。② 获利能力,营业收入和税前净收入必须满足下列条件之一:A. 上年营业收入及税前净收入跟实收资本的比率不低于 10%;B. 最近两年营业收入及税前净收入跟实收资本比率的平均值不低于 5%,而上年的获利能力要好于前年或最近两年均不低于5%。③ 股份分布,记名股东数量不少于1 000个,其中持有1 000—50 000股股票的股东数不少于500个,且其持股合计占发行总额的20%或1 000万股以上。

(3) 第三类上市股票必须满足下列各项条件:① 对于高技术企业:A. 按"高风险企业管理条例"第五条的定义被列为"高技术"企业的公司;B. 实收资本额不少于新台币2亿元;C. 产品开发成功且可以上市;D. 其股票将由承销商以余股包销的办法承销。② 对于非高技术企业:A. 实收资本额不少于新台币2亿元;B. 上年有正的营业收入和税前净收入;C. 以上的记名股东数量不少于300个;D. 承销商出具了书面推荐书;E. 董事和监察人持有的股票数量符合主管机关规定的比例;F. 董事、监察人和持有全部股票5%以上的股东必须将其持有的股票按证交所规定的比例委托指定的代理机构保管,并保证在两年内不出售股票。这些托管股票的证明不能转让或抵押,但在两年之后,这些托管股票可以按证交所规定的比例整批取回。

在台湾证交所上市的所有公司都必须跟台湾证交所签订上市协议,该协议需经证券管理委员会批准。证券管理委员会在上市公司公开发行证券后的任何时候都可以要求发行人作出财务和营业报告。

(三) 台湾地区股票交易市场

1. 股票交易场所

台湾股票交易市场分为集中交易市场和店头市场两部分,集中交易市场以台湾证交所为核心。

台湾证券交易所是台湾唯一的证券集中所。它是由45家有关金融信托机构和其他公营、民营事业而成立的股份有限公司组织,属服务性的民营机构。证券商可按规定时间到交易厅进行证券交易,但不得进行场外交易。

在集中交易制度下,一般投资大众不能直接进入证券交易所从事证券买卖,只有经当局主管机关核准的证券商才能进入交易所内买卖证券。证券商包括证券经纪商与证券自营商,台湾证券自营商与经纪商采取分业制度。证券经纪商代客买卖证券,其本身不得买卖证券。证券自营商为从事有价证券自行买卖业务者,且不得代客买卖证券。证券商除金融机构兼营者外,须依法设立公司。目前规定,证券经纪商的最低资本额为新台币15 000万元。

台湾的柜台市场为本土成立的公司提供融资服务,因而在台湾OTC市场上市的公司不仅包括高科技公司,还包括证券、机电、运输、化学类企业。在台湾OTC上市,要求至少具有3年的经营史;最近会计年度的资本净收益率不低于4%,且无累计亏损;或者最近会计年度平均资本净收益率不低于2%,且获利能力较上一年有所提高。上述盈利要求不针对科技类企业。台湾OTC市场上持有股份1 000股至50 000股的记名股东不可少于300人,且所持股份合计占发行总额的10%以上或超过500万股。

2. 股票交易制度

1973年以后,证券交易方式分为普通交易与信用交易。普通交易即当日交易,信用交易则是利用融资券方法,便利投资人随时买卖的交易方式。

融资信用交易方式于1974年4月15日开办,并由当局指定交通银行、台湾银行及土地银行等为授信机构,当时其融资比率规定为购入股票总价款的30%。每一客户最高融资限额为20万元。融资利率由中央银行制定,融资期限最长不得超过1个月,融资股票定为10种。此后,融资条件曾几次调整。在融资信用交易下,购买证券者可获得融资,而出售证券者却无法获得融券。

1980年4月,复华证券金融公司成立,成为台湾第一家专业性融资券证券金融公司。融资最高额最初定为40万元,期限不得超过3个月,融资融券保证金均为50%,以后根据证券市场情况多次调整。至此,完整的信用交易制度业已建立。

(四)台湾股票市场的税收制度

岛内投资者总额在新台币36万元以下的红利和股息收入是免税的。投资者的资本利得每年申报一次,纳入其他收入中按累进税率缴纳所得税。

在台湾居住时间超过183天的外国投资者均按本地投资者对待。如果外国投资者用台湾当局批准的资金投资,则其股息收入只需缴纳20%的预提税。如果外国投资者用新台币投资,其股息收入需缴纳35%的预提税。外国投资者在资本利得方面的待遇跟本地投资者一样。

## 四、新加坡股票市场

(一)新加坡股票市场的形成与发展

早在1819年,英国殖民者在新加坡建埠时,就出现了一些股份有限公司和股票活动。但是直到1910年橡胶业和锡矿业迅速发展时,股票交易才开始成为新加坡经济生活中的一项重要内容。

1929年华尔街股市崩溃以及随之而来的经济危机对新加坡经济产生重大影响。为避免证券经纪人之间无情的竞争,1930年6月,15家经纪商行联合起来,建立了新加坡证券经纪人协会。

1960年马来西亚证券交易所成立,并在新加坡和吉隆坡各设立了一个交易厅。1963年,新加坡加入了马来西亚联邦。1965年8月,新加坡独立建国,但新马两国共同的证交所继续运转,证交所易名为马来西亚和新加坡证交所。

1973年5月,由于马来西亚中止了两国货币的可兑换性,导致了联合证交所的分裂。结果,新加坡证交所有限公司根据"公司法"成立了。原来在联合证券交易所挂牌的证券,又同时在两地交易所挂牌,新增挂牌公司由两地分开经营。1990年开始,新、马两国股市彻底分开。

1973年,新加坡政府颁布了"证券业法",1974年1月颁布实施了"新加坡接管和合并条例",1986年又修改了"证券业法"。

1978年1月1日,伴随着证券清算和电脑服务有限公司的建立,新加坡证交所开始分阶段实行电脑化的证券清算和交易系统。1982年7月1日,交易厅的手工行情板为电子显示板所取代。从1982年12月起,证券交易商可在自己的办公室立即获得证券价格和其他市场信息。

1990年,受世界股市熊市的影响,新加坡股价下跌了22%。为了振兴股市,推动新加坡股市的国际化,1990年年底,新加坡推出了改革股票市场一系列措施:① 允许新加坡经纪公司的外国合伙人将其最大合伙份额从49%增加到70%;② 允许外国所有者或国际会员拥有经纪公司的全部所有权;③ 鼓励更多的区域性合伙组织;④ 建议让日本股票在新加坡上市,以使其在东京证交所闭市后还有90分钟的交易时间;⑤ 把第二交易区升格为第一交易区。上述措施促进了新加坡证券市场的发展,提高了其国际化程度。

在1997年至1998年的东南亚金融风暴中,新加坡政府对股票市场的税收制度进行了一些调整,如暂停印花税的征收、交易佣金下调等,以期达到刺激市场的目的。

总的来说,新加坡股票交易的限制较严,这使其上市股票数目的增速比其他国家慢得多。但自20世纪70年代以来,新加坡股市一直保持稳健发展的势头。在1997—1998年亚洲金融危机中,新加坡所受的冲击最小,这与其严格的管理制度是分不开的。

2006年新加坡股市牛气十足,最后一个交易日,《海峡时报》指数以2 985.83点的历史新高收盘,全年猛涨639点,涨幅高达27.2%。

2007年以来,新加坡股市在震荡中攀升,在调整中前进,总体而言,仍呈牛市态势。在房地产旺市及中国股市牛市的作用下,新加坡股市在前半年的表现可圈可点,2007年10月股市指数创历史新高。而到了后半年,受美国次贷危机影响,新加坡股市出现较大波动,《海峡时报》指数滑落至3 500点以下。

近年来,龙筹股(中资股)在新加坡股市表现亮丽,甚受投资者青睐。截至2007年9月底,在新交所上市的中国企业已达130余家,占新交所国外上市公司总数量的48.2%。中资上市公司总市值727亿新元(约合504.8亿美元),占新交所上市公司总市值的9.1%,占新交所外国上市公司总市值的28.8%。

## (二) 新加坡股票发行市场

### 1. 新股发行

新股发行主要有两种形式:有偿增资发行新股和无偿增资发行新股(送红股),前者是主要的方式。

有偿增资发行新股也就是将增发的新股以低于市价的配股价按比例分卖给现有股东,实质上是中间价发行。新股票也可以分配给股东以外的第三者或公众认购。向社会公众公开募股通常是一家公司为使其股票公开挂牌上市而发行新股时实行的,即增资发行,通常是溢价发行。

发行新股时,首先必须在全体股东大会上获得通过。若系上市公司,则须经股票交易所批准。所追加上市新股票要经过股票交易所审批。

当公司公开募股时,在多数情况下要组成承销商集团,由承销商牵头包销。根据《公司法》规定,股票包销手续费上限为发行总额的10%。

在新加坡,股票发行面向公众。售股计划书刊登在当地主要报纸上。公众通过认购表和支票进行申请。在股票发行供不应求时,采用抽签和投标认购的办法。申请购股时实行预付款制度,并以银行本票形式支付,但禁止多重申请。这样有利于抑制申请者对新发行股票的过分需求。

### 2. 股票上市要求

1975年,新加坡证券交易所将上市证券分为两大部类后,第一部类的证券上市公司除遵守股票交易所委员会的准则外,还要符合下列条件:① 发行股本和实缴资本额不少于500万新元;② 股东人数不少于500人;③《公司法》规定的大股东不得拥有超过全部已发行股本和实缴资本额75%的股本;④ 每年的证券交易总额不少于实缴资本的5%,或每年不少于25万股;⑤ 公司每年对每一股支付不少于5%的红利(股息),或头3年每年每股毛利不少于10%;⑥ 公司必须符合交易所的上市规定和财务事项公开的规定,不符合者归入第二部类。

此外,新加坡原来规定的正式在股票市场上市的公司或企业,必须要有5年以上的业绩纪录,现已改变至3年。从今后发展趋势来看,这方面还可能会再有所放宽,以推动证券市场的进一步发展。

第二交易部类即"交易自动报价系统"(SESDAQ,新加坡股票交易所自动报价市场),设立于1987年,其目的是为那些具有良好发展前景的中小型公司提供筹资场所以支持其扩展业务。在第二交易部类上市的条件如下:① 在新加坡设立一个创业公司;② 无须最低注册资本、设计年限和盈利考核要求;③ 有三年或以上连续、活跃的经营纪录,并不要求一定有盈利,但会计师报告不能有重大保留意见,有效期为6个月;④ 公众持股至少为50万股或发行缴足股本的

15%（以高者为准），有至少 500 个公众股东；⑤ 所持业务在新加坡的公司，须有两名独立董事；业务不在新加坡的控股公司，有两名常驻新加坡的独立董事，一位全职在新加坡的执行董事，并且每季开一次会议。

此外，新加坡证交所规定，外国公司申请上市的股票应该已在其注册国的证交所上市。未在本国上市的股票也可申请在新加坡上市，但必须符合下列条件：① 有 100 股以上股票的股东数不少于 2 000 人；② 公众拥有的股票数量必须超过 200 万股；③ 世界各地的有形资产净值应在 5 000 万新元以上；④ 过去 3 年累计税前收入应在 5 000 万新元以上，或者过去 3 年任何一年税前收入在 2 000 万新元以上。

（三）新加坡股票交易市场（场内交易）

1. 新加坡股票交易所

新加坡股票交易所在证券业务上是自律组织。由"股票交易所委员会"负责管理，该委员会作为"新加坡股票交易所有限公司"的执行机构。

交易所会员是证券经纪人（经纪商和交易商），其组织为证券经纪人协会。所有交易所成员及其代理人都必须向股票交易所呈交银行出具的担保，并预留 200 万新元作为赔偿基金，以便在会员违约时保护公众投资者的利益。有限公司成为会员，其资本必须在 1 000 万新元以上。

每个会员公司须在股票交易所有限公司承购一份股份，个人会员须付入场费 5 000 新元，交易商代表为 4 000 新元，使其都由经批准从事经纪业务的会员管理，这是从事经纪业务的会员必须具备的资格和履历标准。

交易所委员会对经纪人会员加入交易所实行严格控制。股市交易所有关规章制度对会员公司和经纪人的义务有详尽的规定，一旦违反则处以重罚。

2. 交易自动报价系统

1987 年 2 月 18 日，新加坡证券交易自动报价系统（SESDAQ）正式开始交易，它标志着新加坡第二个证券市场的诞生。该系统为成长中的中小型公司提供了较好的融资渠道。新加坡证券交易自动报价系统是一种通过电脑屏幕进行交易的系统，并由一些注册的市场维持者（market maker）负责维持市场。市场维持者必须双向报价，并按这些报价买卖 2 000 股以上的股票。

投资者要交易 SESDAQ 的股票必须通过该系统的参与者进行。这些参与者包括新加坡证交所的会员公司和获准交易该系统证券的合伙人。

1988 年 3 月，SESDAQ 又与美国的"全国证券交易商自动报价系统"完成连线。

SESDAQ 与主板市场都规定持续的上市义务，认可同样的会计标准，有着同样的上市程序，连执行上市程序所需时间也无区别。在 SESDAQ 系统上市股票的企业,如果上市后业务扩展,各方面达到主板的要求,可以申请转为主板上市。现时,SESDAQ 以制造业、服务业和商业类公司为主。与主板市场相比,SESDAQ 市值的增长速度更快,且上市股票价格表现更优。2008 年,在 SESDAQ 上市的公司约为 170 家。

#### (四)新加坡股票市场的税收制度

无论是在新加坡注册的公司,还是外国公司在新加坡设立的分支机构,它们在新加坡境内得到的收入均需交纳 33% 的税收。

只要持有股票达 3 个月以上,资本利得不用纳税,但资本损失也不能用于减免税收。

虽然新加坡政府对公司股息未征收预提税,但 33% 的税率则被认为已经是从源头扣收了。为避免双重征税,新加坡政府已跟澳大利亚、孟加拉国、比利时、加拿大、丹、芬、法、德、印度、印尼、以色列、意大利、日本、韩国、马来西亚、荷兰、新西兰、挪威、中国内地、菲律宾、斯里兰卡、瑞典、瑞士、中国台湾地区、泰国、英国等国家和地区签订了双重税收协议。

## 第十节 中国内地股票市场

### 一、中国股票市场概况

新中国股票市场从 20 世纪 80 年代开始孕育,国有企业的股份制改革是推动中国股票市场发展的重要因素。但真正意义上的股票市场的建立和迅速发展还是近 10 年的事。1990 年 12 月以后,上海、深圳两个证券交易所相继成立,中国的股票市场便风雨兼程,发展迅速,目前已经成为初具规模的新兴市场。

1990 年,深圳、上海两市市价总值仅 30.91 亿元,截止到 2001 年 8 月,两市总市值达 48 054.63 亿元,是 1990 年的 1 554 倍,占中国同期 GDP 的比重超过 50%,其中流通市值 15 937.65 亿元。投资者开户数达 6 528.63 万,为 1999 年 36.69 万户的 178 倍。深圳、上海两市股票成交金额由 1990 年的 17.91 亿元增加到 2000 年的 60 826.7 亿元,增加了 3 300 余倍。

从 2001 年 6 月到 2003 年 1 月,中国 A 股市场由于经历了国有股减持试点,银行准备金率上调等银根收紧的冲击,股价从 2 249 点一度跌到 1 310 点一带。而后又缓慢地向上攀行,到 2004 年 2 月上涨到 1 700 点一带。但这与高速增长的实体经济毫无关系。

2005年年底,A股股票市值还仅为3.1万亿元,2006年急升到了8.9万亿元。2007年7月底突破19万亿元,较年初涨幅127%;2007年年末A、B股市价总值为327 141亿元,比上年末增长265.9%,涨幅名列世界各国前茅,成为全球第一大新兴市场和全球第四大股票市场。

2007年,股票市场总体大幅上扬。股票指数创历史新高后在高位震荡调整。年末上证指数收于5 261.56点,较年初上涨2 545.84点,涨幅为93.74%。股票市场成交量放量增加。全年累计成交460 556.2亿元,为2006年总成交量的5倍。

随着股票市场的发展,股票市场的直接融资功能进一步提升。大盘新股持续发行,交通银行、建设银行、中国远洋、中石油等在国内A股市场上市。2007年,A股新股发行117家,A股新发筹资4 552亿元,合计募集资金达7 438亿元。

H股回归提速,成为2007年以来首发(IPO)最大的特点之一。新股申购冻结资金总量、募集资金总量不断创新纪录。9月17日,中国建设银行回归A股IPO发行90亿股A股,冻结申购资金2.26万亿元,募集资金580.5亿元;短短一周以后,中国神华回归A股IPO网上网下共冻结申购资金逾2.67万亿元,募集665.82亿元;2007年10月,中国石油回归A股IPO网上、网下冻结资金总计约3.3万亿,募资规模达668亿元,创下中国股市IPO冻结资金、募集资金的新高。

从表8-5可以看出中国股票市场近年来的发展。

表8-5　深圳、上海股票市价总值与流通市值(1992—2008.1)　　　　单位:亿元

| 年　份 | 市价总值 | 流通市值 |
| --- | --- | --- |
| 1992 | 1 048.13 | — |
| … | … | … |
| 1994 | 3 690.62 | 964.82 |
| … | … | |
| 2003 | 42 457.71 | 13 178.52 |
| 2004 | 37 055.57 | 11 688.64 |
| 2005 | 32 430.28 | 10 630.52 |
| 2006 | 89 404.23 | 25 003.64 |
| 2007 | 327 140.88 | 66 053.28 |
| 2008年1月15日 | (沪市A股)<br>232 293.67 | (沪市A股)<br>61 291.85 |

资料来源:中国证监会网站、中国证券网。

近年来中国的证券化率(股票市值/GDP)提升较快。按照总市值计算,2005年中国证券化率仅为17.1%,2006年年底为42.7%,至2007年年末,我国证券化率高达132.65%,比上年大幅提高89.96个百分点。股市的经济"晴雨表"作用正在呈现,资本市场在国民经济中的地位越来越重要。从图8-6中可明显看出,中国资本市场的证券化率(总市值)近年来加快。

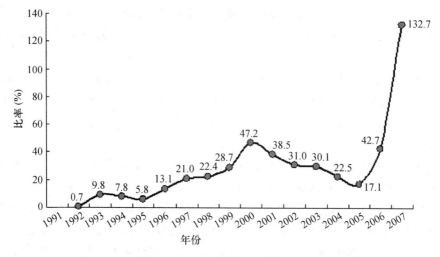

图8-6 中国资本市场的证券化率(总市值)近年来加快

资料来源:WIND资讯。

中国股票市场翻天覆地的变化有多种复杂的因素,如股权分置改革、人民币升值及升值预期、中国经济持续高速发展、上市公司业绩增长等。其中股权分置改革是其中不能忽视的一项重要因素。

2005年,中国资本市场迎来了股权分置改革。所谓股权分置,是指上市公司的一部分股份上市流通,另一部分暂不上市流通。截至2004年年底,我国上市公司总股本为7 149亿股,其中非流通股份4 543亿股,占上市公司总股本的63.55%;国有股份占非流通股份的74%,占总股本的47%。在20世纪90年代初的体制背景和政治氛围下,没有为国有企业筹资服务的定位、没有股权分置这样的制度设计,中国证券市场就不可能产生和发展。然而在完成了历史使命后,随着中国资本市场的发展,股权分置造成的后果愈发显现。如上市公司的股权结构极不合理、不规范,也就是上市公司股权被人为地割裂为非流通股和流通股两部分,同股不同权;上市公司治理结构存在严重缺陷,容易产生一股独大、甚至一股独霸现象,使流通股股东特别是中小股东的合法权益遭受损害,证券市场的定价功能、资源配置功能被扭曲。

清华同方、三一重工、金牛能源、紫江企业四家上市公司成为股权分置改革首批试点的企业。伴随着股改的顺利进行,2006年5月,"新老划断"正式实施。所谓"新老划断",即划定一个时间点,此后首次公开发行的股票不再区分上市流通和暂不流通的股份。

## 二、中国股票发行市场

(一) 股票发行的准备和推荐核准程序

1. 发行前的准备

自2004年2月1日起,我国对股份有限公司首次公开发行股票和上市公司发行新股、可转换公司债券采用证券发行上市保荐制度。

无论是首次公开发行股票,还是上市公司发行新股,应当聘请保荐人(主承销商),保荐人必须对(拟)上市公司进行尽职调查。尽职调查的主要内容有:发行人基本情况调查、发行人业务与技术调查、同业竞争与关联交易调查、高管人员调查、组织结构与内部控制调查、财务与会计调查、业务发展目标调查、募集资金运用调查、风险因素及其他重要事项调查等。

上市公司的董事会应当依法对增发事项作出决议,包括:发行的方案、本次募集资金使用的可行性报告、前次募集资金使用的报告、其他必须说明的事项,并提请股东大会批准;股东大会就本次发行证券的种类和数量、发行方式、发行对象及向原股东配售的安排、定价方式或价格区间、募集资金用途、决议的有效期、对董事会办理本次发行具体事宜的授权、其他必须明确的事项进行逐项表决。股东大会就发行证券事项作出决议,即必须经出席会议的股东所持表决权的2/3以上通过。

2. 发行的申请阶段

公开发行股票需要经过证券管理机构的批准。保荐人应当按照相关规定编制和报送发行申请文件。申请文件包括:招股说明书与发行公告、发行人关于本次发行的申请及授权文件、保荐人关于本次发行的文件、会计师关于本次发行的文件、发行人律师关于本次发行的文件、发行人的设立文件、关于本次发行募集资金运用的文件、与财务会计资料相关的其他文件、其他文件等。

3. 发行的推荐核准阶段

股份有限公司首次公开发行股票和上市公司公开发行新股的推荐核准,包括由保荐人(主承销商)进行的内核、出具发行保荐书以及对承销商备案材料的合规性审核,以及由中国证监会进行的审理文件、初审、发行审核委员会审核、核准发行等。

首次公开发行的核准程序有:① 申报,发行人按照中国证监会的有关规定制作申请文件,由保荐人保荐并向中国证监会申报。特定行业的发行人应当提供管理部门的相关意见。② 受理。中国证监会收到申请文件后,在 5 个工作日内作出是否受理的决定。③ 预披露。发行人申请文件受理后、发行审核委员会审核前,发行人应当将招股说明书(申报稿)在中国证监会网站上预先披露。④ 初审并由发行审核委员会审核。在初审过程中,将征求发行人注册地省级人民政府的意见,并就发行人的募集资金投资项目是否符合国家产业政策和投资管理的规定征求国家发展和改革委员会的意见。⑤ 决定。自核准之日起,发行人应当在 6 个月内发行股票;超过 6 个月未发行的,核准文件失效,必须重新核准。此外,发行申请核准后、股票发行结束前,发行人发生重大事项的,应当暂缓或者暂停发行,并报告中国证监会,同时履行信息披露义务。影响发行条件的,应当重新履行核准程序。股票发行申请未获核准的,自中国证监会作出不予核准决定之日起 6 个月后,可以再次提出发行申请。

上市公司公开发行新股的核准程序与首次公开发行类似,也经过受理申请文件、初审、发行审核委员会审核、核准发行等流程。

(二) 发行股票的操作

1. 股票的估值和询价

股票的发行价格可以等于票面金额,也可以超过票面金额,但不得低于票面金额。股票的定价不仅仅是估值及撰写股票发行定价分析报告,还包括了发行期间的具体沟通、协商、询价、投票等一系列定价活动。

根据中国证监会《证券发行既承销管理办法》(中国证券监督管理委员会令第 37 号)规定,发行人及其保荐人应通过询价的方式确定股票发行价格。

(1) 股票的估值方法。对拟发行股票的合理估值是定价的基础。通常的估值方法有两大类:一类是相对估值法,另一类是绝对估值法。相对估值法亦称可比公司法,是指对股票进行估值时,对可比较的或者代表性的公司进行分析,尤其注意有着相似业务的公司的新近发行以及相似规模的其他新近的首次公开发行,以获得估值基础。主承销商审查可比较的发行公司的初次定价和他们的二级市场表现,然后根据发行公司的特质进行价格调整,为新股发行进行估价。在运用可比公司法时,可采用比率指标进行比较,比率指标包括 $P/E$(市盈率)、$P/B$(市净率)、$EV/EBITDA$(企业价值与利息、所得税、折旧、摊销前收益的比率)等。其中最常用的比率指标是市盈率和市净率。绝对估值法亦称贴现法,主要包括公司贴现现金流量法($DCF$)、现金分红折现法($DDM$)。

相对估值法反映的是市场供求决定的股票价格;绝对估值法体现的是内在价值决定价格,即通过对企业估值,而后计算每股价值,从而估算股票的价值。

股票发行的估值和定价既有理性的计算,更有对市场供求的感性判断。如果仅仅依赖公式计算,认为所计算的结果才是公司的合理价值或合理发行价格,就过于武断。事实上,股份的价格是随着股票市场景气程度不断变化的,定价的艺术体现在定价的过程之中。

主承销商在定价之前,首先要确定恰当的市场时机,因为在不适当的情况下发行,可能会长期性地损害发行者的市场声誉,从而限制了发行者未来的融资选择。我国的发行市场中,首次公开发行的承销风险多年来一直难以显现,因此主承销商往往重在制作材料而轻视了定价过程。但是随着市场的规范化发展,定价过程越来越重要。

定价之前的沟通是定价过程中非常重要的环节。定价之前的沟通,是首次公开发行股票公司的主承销商为了合理地确定股票价值,而与专业投资者进行的直接沟通活动。通过这种沟通,主承销商可以探知专业投资者的投资兴趣和关心的问题,以便为估值、定价作充分的准备。

(2) 公开发行股票的询价和定价。在我国,根据法律规定,首次公开发行股票,应当通过向特定机构投资者询价的方式确定股票的发行价格。发行人以及主承销商应当在刊登首次公开发行股票招股意向书和发行公告后向询价对象进行推介和询价,并通过互联网向公众投资者进行推介。询价分为初步询价和累计投标询价。发行人及其主承销商应当通过初步询价确定发行价格区间,在发行价格区间内通过累计投标询价确定发行价格。

上市公司增发新股的,根据《上市公司证券发行管理办法》,其发行方式、发行价格等与证券发行相关的事项应当由股东大会作出决议。增发的定价方式可以采用向特定投资者询价的方式,配股的定价方式是在一定的价格区间内由主承销商和发行人协商确定。价格区间通常以股权登记日前 20 个或 30 个交易日该股二级市场价格的平均为上限,下限为上限的一定折扣。

2. 公开推介(路演)

首次公开性公司在发行前,必须通过因特网以网上直播(至少包括图像直播和文字直播)的方式,向投资者进行公司推介。首次公开发行公司关于进行网上直播推介活动的公告应与其招股说明书摘要(或招股意向书)同日同报刊登,并在拟上市证券交易所的指定网站同天发布。

3. 公开发行的销售阶段

根据《证券发行与承销管理办法》,首次公开发行股票可以根据实际情况,采取向战略投资者配售、向网下配售的询价对象配售以及向参与网上发行的投资者配售的方式。为确保股票的顺利发行,发行人和主承销商应遵循"公开、公平、公正"的原则、高效原则和经济原则。

上市公司公开发行新股,应当由证券公司承销;非公开发行股票,发行对象均属于原前 10 名老股东的,可以由上市公司自行销售。增发的发行方式有:上网定价发行与网下配售结合、网上网下同时累计投标询价、证监会认可的其他形式;配股的发行方式主要为网上定价发行。

### 4. 超额配售选择权和回拨机制

超额配售选择权这种发行方式只是对上述发行方式的一种补充。它是指：公开发行股票数量在4亿元以上的，发行人及其主承销商可以在发行方案中采用。超额配售选择权是指发行人授予主承销商的一项选择权，获此授权的主承销商按同一发行价格超额发售不超过包销数额15%的股份，即主承销商按不超过包销数额115%的股份向投资者发售。在本次包销部分的股票上市之日起30日内，主承销商有权根据市场情况，从集中竞价交易市场购买发行人股票，或者要求发行人增发股票，分配给对此超额发售部分提出认购申请的投资者。主承销商在未动用自有资金的情况下，通过行使超额配售选择权，可以平衡市场对该只股票的供求，起到稳定市价的作用。

回拨机制是指在同一次发行中采取两种发行方式时，例如，市值配售和上网定价发行、市值配售和法人投资者配售或者上网定价发行和法人投资者配售，为了保证发行成功和公平对待不同类型的投资者，先人为地设定不同发行方式下的发行数量，然后根据认购结果，按照预先公布的规则在两者之间适当调整发行数量。

### （三）股票的发行上市保荐

发行人申请其股票上市，应当由保荐人保荐。

保荐人应当与发行人签订保荐协议，明确双方在发行人申请上市期间、申请恢复上市期间和持续督导期间的权利和义务。保荐人应督导发行人有效执行并完善防止大股东、其他关联方违规占用发行人资源的制度；督导发行人有效执行并完善防治高管人员利用职务之便损害发行人利益的内控制度；督导发行人有效执行并完善保障关联交易公允性和合规性的制度，并对关联交易发表意见；督导发行人履行信息披露的义务，审阅信息披露文件及向中国证监会、证券交易所提交的其他文件；持续关注发行人募集资金的使用、投资项目的实施等承诺事项；持续关注发行人为他人提供担保等事项，并发表意见。

首次公开发行股票持续督导的期间为证券上市当年剩余时间及其后两个完整会计年度，自证券上市之日起计算。上市公司发行新股的，持续督导的期间为证券上市当年剩余时间及其后一个完整会计年度。持续督导的期间自证券上市之日起计算。

经中国证监会核准发行的股票发行结束后，发行人方可向证券交易所申请其股票上市。

按照2006年《公司法》的有关条款，股份公司上市必须符合下列条件：① 股票经国务院证券监督管理机构核准已公开发行；② 公司股本总额不少于人民币三千万元；③ 公开发行的股份达到公司股份总数的百分之二十五以上；公司股本总额超过人民币四亿元的，公开发行股份的比例为百分之十以上；

④ 公司最近三年无重大违法行为,财务会计报告无虚假记载。证券交易所可以规定高于前款规定的上市条件,并报国务院证券监督管理机构批准。

2008年9月,沪深证券交易所分别颁布了《股票上市规则(2008年修订稿)》,并于10月1日起正式生效。新规则总结了2006年以来上市公司信息披露规则执行与监管的经验,特别是以股价异动为监管重点,进一步健全了上市公司信息披露和市场监管联动快速反应机制。

### 三、中国股票流通市场

在中国,股票的流通市场一般是指在证券交易所(上海证券交易所和深圳证券交易所)上市的社会公众股(A股和B股)的交易,即场内交易。场外交易在近年也有一定的发展。

(一) 中国股票场内交易市场

中国的股票交易是集中的场内交易,交易场所包括上海证券交易所和深圳证券交易所。这两个证券交易所都是按照国际通行的会员制方式组成,是非营利性的事业单位。其业务范围包括:① 组织并管理上市证券;② 提供证券集中交易的场所;③ 办理上市证券的清算与交割;④ 提供上市证券市场信息;⑤ 办理中国人民银行许可或委托的其他业务。

目前,中国的股票交易只有现货交易,其交易按普通的交易程序:开户、委托买卖、成交、清算交割和过户五个阶段进行,不再赘述。到2007年年底,在两市上市的公司约1 600家,全年累计成交金额达460 556.2亿元人民币,日均交易额近2 000亿元。

中国对人民币普通股(A股)的交易对象并没有严格的限制和资格审查,包括机构投资者和个人投资者,A股以人民币报价,并以人民币结算。境内上市外资股(B股)的交易对象限定为中国香港、澳门、台湾地区的法人和自然人,外国法人和自然人、主管部门批准的其他境外法人和自然人,在2001年2月以后,允许中国的个人投资者进入B股市场,但机构投资者依然在禁止范围之内。深圳证券交易所B股以港元报价,并以港元结算;上海证券交易所B股以美元报价,并以美元结算。

2002年2月26日,深圳证券交易所率先引进大宗交易制度,其后上海证券交易所也引入该特别交易制度。大宗交易针对的是一笔数额较大的证券买卖。我国现行有关交易制度规定,如果证券单笔买卖申报达到一定数额的,证券交易所可以采用大宗交易方式进行。按照规定,证券交易所可以根据市场情况调整大宗交易的最低限额。目前两交易所对大宗交易的最低限额的规定有少许不同。大宗交易不纳入证券交易所即时行情和指数的计算,成交量在大宗交易结束后计入当日证券总量。

(二) 中国股票场外交易市场

中国的场外交易市场起源要早于两个证券交易所的交易,在股份制改革初期,由于没有集中的交易场所,股票交易都是通过各证券商的柜台交易来完成的。1992年随着深沪两个证券交易所的建立,场外的柜台交易市场销声匿迹。但是,由于中国股票市场的特殊国情,上市公司的股份只有大约三分之一可以上市交易,国有股和法人股不能在证券交易所中交易,为了给法人股提供一个交易的系统,创立了 STAQ 系统和 NET 系统,形成中国场外交易市场的主要形式。

STAQ 系统即全国证券交易自动报价系统,是一个依托计算机网络进行有价证券交易的综合性场外交易市场。STAQ 系统是非营利的会员制组织,这个系统提供以下服务:① 即时报价;② 辅助交易;③ 信息分析;④ 统一结算。在 STAQ 系统中参加法人股的交易,是具有法人资格且能出示有效证明的境内企业、事业单位和社会团体。

NET 系统又称中国证券交易系统有限公司,是由中国人民银行牵头,由几家银行和证券公司发起设立的一家全国性的证券交易中介机构。在 NET 系统上市的有价证券主要是法人股。NET 系统提供以下服务:① 审批证券在本系统上市;② 提供法人股交易的网络系统,促成买卖成交;③ 交易市场的管理。NET 系统不直接面向投资者,而是直接面向系统证券商,投资者委托系统证券商进行股票买卖。

1999年国庆节前夕,两个系统挂牌公司停止交易,柜台交易市场被禁止。直到2001年5月,中国证券业协会发布《证券公司代办股份转让服务业务试点办法》,选择部分证券公司试点开展原 NET、STAQ 系统挂牌公司流通股份的转让业务,股票的柜台交易在中国又开始了新的发展。此后,从证券交易所退市的股票,也进入这一代办系统进行转让,俗称三板。

世纪经济与管理规划教材
金融学系列

# 第九章

# 外汇市场

第一节　外汇与汇率
第二节　外汇市场概述
第三节　外汇市场交易方式
第四节　外汇市场管制
第五节　中国外汇管理体制
第六节　英国、美国、日本的外汇市场
第七节　中国个人外汇实盘交易——"外汇宝"

# 第一节 外汇与汇率

## 一、外汇的定义

外汇(foreign exchange)是"国际汇兑"的简称,有动态和静态两种含义。动态的含义指的是把一国货币兑换为另一国货币,借以清偿国际债权债务关系的一种专门的经营活动。静态的含义是指可用于国际结算的外国货币及以外币表示的资产。国际货币基金组织对此的说明是:"外汇是货币行政当局(中央银行、货币管理机构、外汇平准基金组织及财政部)以银行存款、财政部库券、长短期政府证券等形式所保有的在国际收支逆差时可使用的债权。"通常所称的"外汇"这一名词是就其静态含义而言的,本书中所涉及的外汇概念亦为如此。

这一定义说明了外汇包含以下几层意思:

(1)外汇必须以外币表示。任何以本币表示的信用工具、支付手段、有价证券等对本国人而言都不能称之为外汇。

(2)外汇不仅包括外币,还包括其他信用工具和有价证券。中国《外汇管理条例》中的外汇涵盖了外国货币,包括钞票、铸币等;外币有价证券,包括政府公债、国库券、公司债券、股票、息票等;外币支付凭证,包括票据、银行存款凭证、邮政储蓄等特别提款权;其他外汇资金。

(3)外汇必须是可以自由兑换为其他形式或以其他货币表示的资产,即为用可兑换货币表示的支付手段。

(4)外汇应具有普遍接受性,即在国际经济往来中被各国普遍接受和使用,是能够在国外获得补偿的债权。

## 二、汇率的定义与标价方法

汇率也称汇价,是两种不同货币之间的比价,即以一种货币表示另一种货币的价格。

外汇是可以在国际上自由兑换、自由买卖的资产,也是一种特殊商品,汇率就是这种特殊商品的"特殊价格"。不同的货币可以相互表示对方的价格,由此产生了两种基本的汇率标价方法。

（1）直接标价法。是指以一定单位的外国货币为标准,来计算折合若干单位的本国货币的汇率标价方法。例如,2002年8月12日,中国公布的人民币对美元的基准汇率为100美元兑换人民币827.66元。包括中国在内,目前世界上大多数国家都采用这一标价法来公布汇率。

（2）间接标价法。是指以一定单位的本国货币为标准,来计算折合若干单位的外国货币的汇率标价方法。当前世界上采取这一标价法的国家主要是英国和美国。

在直接标价法下,当一定数量的外币折合本币的数量增加时,则为本币贬值,外币升值。反之,当折合本币的数量减少时,则为本币升值,外币贬值。在间接标价法下,情况正好与直接标价法相反。

## 三、汇率的种类

汇率的种类极其繁多,以下将从不同的角度进行划分,以便于分析。

（一）按制定汇率的不同方法可分为基本汇率和套算汇率

基本汇率(basic rate)是本国货币与关键货币之间的比价。与本国有关的外国货币往往有许多种,难以逐个确定汇率,所以往往选择在本国国际收支中使用最多、外汇储备中所占比重最大,同时又是在国际上普遍被接受、可以自由兑换的关键货币作为本国与其他货币之间汇率的制定基准。目前,美元在国际贸易与金融领域占据了主要地位,是国际支付中使用最多的货币,因此许多国家都将本币对美元的汇率定为基本汇率。

套算汇率(cross rate)是在基本汇率的基础上套算出的本币与其他货币之间的汇率。例如,某日人民币对美元的汇率为8.28,伦敦外汇市场上1英镑等于1.6美元,则人民币对英镑可按此套算为:$8.28 \times 1.6 = 13.248$元,即1英镑等于13.248元人民币。这个汇率即为套算汇率。

（二）按外汇买卖成交后交割时间的长短可分为即期汇率和远期汇率

即期汇率(spot exchange rate)也称现汇率,是外汇现货交易时使用的汇率。这一汇率一般就是现时外汇市场上的汇率水平。

远期汇率(forward exchange rate)也称期汇率,是交易双方达成外汇买卖协议,约定在将来某一时间进行外汇实际交割所使用的汇率。这一汇率是双方以即期汇率为基础约定的,但往往因利率差异、供求关系、汇率预期等因素而与即期汇率有一定的差价,其差价称为升水(高于即期汇率)或贴水(低于即期汇率)。

### （三）从银行买卖外汇的角度可分为买入汇率和卖出汇率

买入汇率（buying rate），也称买入价，是银行向同业或客户买入外汇时所使用的汇率。采用直接标价法时，以外币折合本币较少的汇率为买入价。

卖出汇率（selling rate），也称卖出价，是银行向同业或客户卖出外汇时使用的汇率。采用直接标价法时，以外币折合本币较多的汇率为卖出价。

银行买卖外汇的差价是其获得的收益，一般约为1‰到5‰。

买入价和卖出价的平均价即为中间价（middle rate）。各种新闻媒体在报道外汇行情以及人们在了解和研究汇率变化时一般都采用中间价。

### （四）按国际汇率制度的不同可分为固定汇率和浮动汇率等

固定汇率（fixed exchange rate）是指政府用行政或法律手段选择基本参照物，并确定、公布和维持本国货币与该单位参照物的固定比价。充当参照物的可以是黄金，也可以是某一种货币或某一组货币。固定汇率并非固定不变，在纸币流通的条件下，当经济形势发生较大变化时，就需要政府对汇率水平进行调整。因此，纸币流通条件下的固定汇率制度实际上是一种可调整的固定汇率制。

浮动汇率（floating exchange rate）是指汇率水平完全由外汇市场上的供求决定，政府不加干预的汇率制度。在现实中，各国政府或多或少地都对汇率水平进行干预和指导。有干预和指导的浮动汇率被称为管理浮动汇率。在可调整的固定汇率制与管理浮动汇率制之间，又有许多形形色色的折中的汇率制度。

### （五）按汇率是否经过通货膨胀调整可分为名义汇率和实际汇率

名义汇率（nominal exchange rate）是由官方公布的，或在市场上通行的、没有剔除通货膨胀因素的汇率。

实际汇率（real exchange rate）是在名义汇率的基础上剔除通货膨胀影响的汇率。

## 四、汇率决定的基础

汇率的决定受到多种因素的影响，是一个极其复杂的过程，但决定汇率的基础是两国货币所具有或所代表的价值量之比。在不同的货币制度下，各国货币所具有或所代表的价值不同，汇率决定的基础也不同。

### （一）金币本位制度下汇率决定的基础

在金币本位制度下，各国都规定每一单位金铸币所包含的黄金重量与成色，即法定含金量。两国货币间的比价是由它们各自的含金量对比来决定的，这种以两种金融铸币含金量之比得到的汇价被称为铸币平价。在金币本位制度下，汇率决定的基础就是铸币平价，实际汇率则随两种货币供求关系的变化而围绕铸币平价上下波动,但其波动幅度受制于黄金输送点。这是因为在金币本位制度下,国际结算可采用汇票支付和直接运送黄金两种方式,若汇率的波动使采用汇票结算方法较为不利时,人们便可选择直接运送黄金的方式进行清算,从而制约了汇率波动的幅度。

例如,1925—1931 年,1 英镑的含金量为 7.3224 克,1 美元所含纯金则为 1.504656 克,二者的铸币平价为 7.3224/1.504656 = 4.8665,即 1 英镑等于 4.8665 美元。假定在英国和美国之间运送 1 英镑黄金的平均费用为 0.03 美元,那么 4.8965 美元就是美国对英国的黄金输出点,当英镑的汇率高于 4.8965 美元时,负有英镑债务的美国债务人就不会购买英镑外汇,而是宁愿直接向英国运送黄金进行结算。这样,对英镑的需求减少,从而促使英镑汇率回跌至 4.8965 美元以下。相应地,4.8365 美元则为美国对英国的黄金输入点。

由此可见,在金币本位制度下,汇率的波动,是以黄金输出点为上限,以黄金输入点为下限,围绕铸币平价上下波动,所以汇率波动幅度较小,基本上是稳定的。

**(二) 金块本位和金汇兑本位制度下汇率决定的基础**

在金块本位制度下,黄金已很少充当流通手段和支付手段,金块绝大部分为政府所掌握,其自由输出入受到了限制。同样,在金汇兑本位制度下,黄金储备集中于政府手中,在日常生活中,黄金不再具有流通手段的职能,输出入受到了极大限制。在上述两种货币制度下,汇率由两种纸币所代表的含金量之比决定,即汇率决定的基础为法定平价。实际汇率随供求关系围绕法定平价上下波动,但由于黄金的输出入受到了限制,汇率波动的幅度已不再受制于黄金输送点,与金币本位制度相比,汇率的稳定程度较低。政府通过设立外汇平准基金来维护汇率稳定。

**(三) 纸币制度下汇率决定的基础**

纸币是价值的符号,在与黄金脱钩了的纸币制度下,两国纸币各自所代表的价值量或购买力是汇率决定的基础。

## 五、影响汇率变动的主要因素

汇率作为一国货币对外价格的表示形式受到很多因素的影响,这些因素既包括经济因素又包括政治和社会因素,这里仅选择几个较为重要的因素加以分析。

**(一) 国际收支**

一国的国际收支状况会影响到外汇供求状况从而引起汇率变化,其中,贸易收支差额又是影响汇率变化最重要的因素。当国际收支出现逆差时,对外汇的需求大于外汇的供给,外汇汇率上升。反之,当出现国际收支顺差时,外汇的供给大于需求,外汇汇率下降。20世纪80年代中期,日本对美国持续大量的贸易顺差是导致美元对日元不断贬值的重要原因。

必须指出的是,国际收支状况并非一定会影响到汇率,这主要看国际收支差额的性质。短期、临时、小规模的国际收支差额,会轻易地被国际资金流动、相对利率和通货膨胀率、政府在外汇市场上的干预和其他因素所抵消。而长期巨额的国际收支顺差或逆差的存在,一般会引起本币升值或贬值,从而引起汇率的波动。

(二)国民经济发展状况

国民经济的发展状况对国际收支的影响具有长期性和持久性。如果一国的劳动生产率长期高于别国,经济增长率较高,经济结构较合理,国民经济健康发展,则从长远的角度看,将使本国货币在国际外汇市场上保持较强的地位。

(三)相对通货膨胀率

在纸币制度下,几乎所有的国家都发生不同程度的通货膨胀。当一国发生通货膨胀时,该国货币购买力下降,纸币对内贬值。一般而言,相对通货膨胀率较高的国家,其货币的国内价值下降相对较快,其货币汇率也随之下降。

(四)相对利率

利率作为使用资金的代价,其变动必然会影响到该国资金的流动,进而影响到该国货币的汇率。若一国相对利率较高,使用本国货币资金成本上升,在外汇市场上本国货币的供应相对减少;同时,还会吸引外资内流,从而一起推动本国货币汇率的上升。

利率对长期汇率的影响是十分有限的,其对汇率的影响一般都是短期的,会随着时间的延长而逐渐减弱。

(五)宏观经济政策

一般来说,扩张性财政政策、货币政策会带来财政赤字和通货膨胀,从而使本币贬值。而紧缩性财政、货币政策的影响与之相反。但这种影响是相对短期的,宏观经济政策对汇率的长期影响要视这些政策对经济实力和长期国际收支状况的影响而定。

(六)国际储备

较多的国际储备说明政府干预外汇市场、稳定货币汇率的能力较强,因此,国际储备增加能加强外汇市场对本国货币的信心,从而有助于本国货币汇率的上升。反之,国际储备的减少则可能引起本国货币汇率的下降。

(七)心理预期

心理预期包括经济、政治和社会等许多方面,有时能对汇率产生重大的影响。就经济方面而言,主要包括对汇率本身的预期和对影响汇率变化的各类经济因素变化的预期。心理预期常因各类信息的传播而改变,是短期内影响汇率变动的主要因素之一。

(八) 政治事件

国际上的重大政治事件,如一国政局不稳、持不同政见的国家领导人的更迭、战争爆发等,都会导致汇率暂时或长期的变动。其原因在于,这些因素一旦发生变化,都会不同程度地影响到有关国家的经济政策、经济秩序和经济前景,从而影响到人们的心理预期,最终导致汇率的波动。

## 六、汇率变动对国民经济的影响

汇率是一个重要的经济杠杆,其变动能影响到国民经济的诸多方面。汇率变化是多方向的,以下将主要就本币对外汇率贬值对国民经济的影响做出说明。

*(一) 汇率与国际贸易*

一般而言,本币对外汇率贬值能促进出口、抑制进口。在一国货币对内购买力基本不变,而对外汇率贬值时,其对出口的影响一是可能使等值本币的出口商品在国际市场上折合更少的外币,从而使本国商品在国际市场上的销售价格下降,竞争力增强,出口扩大;二是若出口商品在国际市场上的外币价格保持不变,则等值的外币能兑换成更多的本币,增加了出口商的出口利润,从而刺激出口商扩大出口。而同时,本币对外汇率贬值对进口产生的影响恰恰相反,以外币计价的进口商品在国内销售时折合成本币的价格将提高,从而使进口商成本增加,利润减少,抑制了进口。因此,本币对外汇率贬值有利于本国商品出口,不利于外国商品进口,从而改善一国的贸易条件,减少贸易逆差,增加贸易顺差。

但是,本币贬值的上述影响并不是在任何条件下都能实现的。其一,需考虑到进出口需求弹性。通常认为,如果出口商品需求弹性与进口商品需求弹性之和大于1(马歇尔-勒纳条件),则本币对外汇率的贬值可以改善一国的贸易收支状况。就出口商品而言,还受出口供给弹性的影响,即本币对外汇率贬值后出口商品能否增加,还要受商品供给扩大的可能程度所制约。其二,需考虑"J曲线效应",即汇率变化对国际贸易的影响存在时滞。若一国货币对外汇率贬值,则最初会使国际收支状况恶化,只有经过一段时间后才能使贸易条件得以改善。存在这种贸易收支变化滞后的主要原因是:第一,若贸易进出口遵循已订立的合同,贸易收支按合同约定的汇率计算,则新汇率并不能影响商品的相对价格;第二,若出口以本币结算,进口以外币结算,在长期合同下,本币贬值会使外汇收入减少,进口外汇支出增多,则反而扩大贸易逆差,恶化贸易收支;

第三,即使进出口商品的相对价格已经发生变化,也存在着人们认识、决策、信息传递、扩大生产等方面的时滞。

### (二) 汇率与资本流动

当一国货币出现对外汇率高估,外汇市场上出现对本国货币贬值的预期时,投资者不愿持有以本国货币表示的各种金融资产,会造成大量抛售本币、抢购外汇的现象,资本加速外流。反之,则会形成大量抛售外汇、抢购本币的现象,使资本流入增加。当本币对外贬值,消除了本币价格高估后,由于1单位的外币能折合更多的本币,实现更多的本国购买力,因此会吸引外国资本流入增加,国内资本流出减少。

### (三) 汇率与物价水平

当一国货币对外汇率贬值时,从进口商品看,将引起进口商品国内价格的上涨,从而对国内物价水平产生上涨的压力,这种压力不仅表现在进口制成品价格水平的提高上,还体现在以进口品为原料的产品由于生产成本的增加而引起的价格水平的提高。当进口商品的需求弹性较小时,这种效应尤为显著。从出口商品看,本币对外汇率贬值,有利于扩大出口商品的数量和种类,但在出口商品供给弹性小的情况下,将缩减国内商品的供给,从而抬高国内出口商品的价格,影响物价水平。

## 第二节 外汇市场概述

### 一、外汇市场的定义

外汇市场是专门从事外汇交易的市场。包括金融机构之间的同业外汇买卖市场(或称批发市场)和金融机构与顾客之间的外汇零售市场。外汇市场不一定要设有具体的交易场所,外汇供求双方可以在特定的区域内,借助现代化的电子通信设备及计算机网络从事外汇交易活动。

### 二、外汇市场的形成

外汇市场是顺应国际清偿和国际货币支付的需要而产生的。国际贸易的发展引起了国际商品和劳务价格收付的需要,国际借贷的发展促进了国际资本的流动。在国际经济交往中,资金在国际的调拨划转、国际债权债务的清偿、国际资本的流动,这些都产生了对外汇交易的需要,外汇市场也就应运而生。

外汇供给指的是外汇市场上人们所愿意提供的外汇数量。一国或地区的外汇供给主要形成于：① 商品和劳务的出口收入，其中包括劳务出口投保的保费收入、外国保险公司对本国投保人的赔偿金收入和外国人到本国的旅游收入等；② 投资外汇收入，是指本国在外国的直接及间接投资的利润、利息和租金收入；③ 国外单方面转移收入，包括外国援助外汇收入、侨民汇款收入；④ 国际资本的流入，分为短期和长期资本的流入，其中包括外国商业银行的贷款及直接投资等。

外汇需求指的是外汇市场上人们所愿意兑入的外汇数量。一国或地区的外汇需求主要形成于：① 商品和劳务的进口支出，其中还包括保险费和保险赔偿金支出、旅游支出等；② 投资外汇支出，是指外国人将其在本国所得的利润、利息和租金汇回国内而形成的支出；③ 对外单方面转移支出，包括外国援助外汇支出、侨民汇款支出；④ 资本流出，指本国对外国的借贷支出、直接投资支出等。

## 三、外汇市场的功能

（一）实现购买力的国际转移

国际贸易与国际资金融通至少涉及两种货币，而不同的货币对不同的国家形成购买力，这就要求将本国货币兑换成外币来清理债权债务关系，使购买行为得以实现。而这种兑换就是在外汇市场上进行的。

外汇市场所提供的就是使这种购买力转移的交易得以顺利进行的经济机制，它的存在使各种潜在的外汇出售者和外汇购买者的愿望能联系起来。当市场的汇率变动使外汇供给量正好等于外汇需求量时，所有潜在的出售和购买愿望都得到了满足，外汇市场处于平衡状态之中。这样，外汇市场提供了一种购买力国际转移机制。同时，由于发达的通信工具已将外汇市场在世界范围内联成一个整体，使得货币兑换和资金汇付能够在极短时间内完成，购买力的这种转移变得迅速和方便。

（二）提供资金融通

外汇市场向国际间的交易者提供了资金融通的便利。外汇的存贷款业务集中了各国的社会闲置资金，从而能够调剂余缺，加速资本周转。外汇市场为国际贸易的顺利进行提供了保证，当进口商没有足够的现款提货时，出口商可向进口商开出汇票，允许延期付款，同时以贴现票据的方式将汇票出售，拿回货款。外汇市场便利的资金融通功能也促进了国际借贷和国际投资活动的顺利进行。美国发行的国库券和政府债券中很大部分是由外国官方机构和企业购买并持有的，这种证券投资在脱离外汇市场的情况下是不可想象的。

### (三）提供外汇保值和投机的机制

在以外币计价成交的国际经济交易中，交易双方都面临着外汇风险。由于市场参与者对外汇风险的判断和偏好的不同，有的参与者宁可花费一定的成本来转移风险，而有的参与者则愿意承担风险以实现预期利润。由此产生了外汇保值和外汇投机两种不同的行为。外汇保值是指交易者卖出或买进金额相当于已有的一笔外币资产或负债的外汇，使原有的这笔外币资产或负债避免汇率变动的影响，从而达到保值的目的。外汇投机则是交易者根据其对市场汇率变动趋势的预测和判断，通过某项外汇交易将关闭的外汇头寸转变为敞开的多头寸或空头寸，或者是继续敞开由实际经济交易产生的外汇头寸，以期在日后的汇率变动中获得外汇收益。

在金本位制和固定汇率制下，外汇汇率基本上是平稳的，因而就不会形成外汇保值和投机的需要及可能。而浮动汇率制下，外汇市场的功能有了进一步的发展。外汇市场的存在既为套期保值者提供了规避外汇风险的场所，又为投机者提供了承担风险、获取利润的机会。外汇市场已成为一个巨大的投机市场和保值市场，并且这一功能正变得日益重要。

## 四、外汇市场的参与者

外汇市场的参与者，主要包括外汇银行、外汇银行的客户、中央银行及外汇经纪商。

### （一）外汇银行

外汇银行又叫外汇指定银行，是指各国根据外汇法由中央银行指定可以经营外汇业务的商业银行或其他金融机构。外汇银行大致可分为三类：专营或兼营外汇业务的本国商业银行；在本国的外国商业银行分行及本国与外国的合资银行；经营外汇业务的其他金融机构，如信托投资公司、财务公司等。

外汇银行在外汇市场上处于中心地位，是外汇市场上最重要的参与者。外汇银行是外汇买卖、资金融通、资金调拨的媒介，它既充当外汇供求的核心机构，又通过与中央银行、其他外汇银行之间的外汇交易，来调整其自身在外汇市场中的供求状况。

### （二）外汇银行的客户

在外汇市场中，凡与外汇银行有外汇交易关系的公司与个人，都是外汇银行的客户，包括外汇的供应者、需求者和投机者，在外汇市场上占有重要地位。他们中有为进行国际贸易、国际投资等经济交易而买卖外汇者；也有零星的外汇供求者，如国际旅游者、留学生等。跨国公司的全球经营战略，使得各分支机构间的进出口结算、头寸调拨频繁发生，成为进入外汇市场非常频繁的大客户。

近年来,外汇投机力量日益强大,投机规模也迅速扩大,外汇投机者成为市场的主要力量之一。他们通过预测汇率的高低,采取买空卖空或利用汇率的时间差低买高卖等方式获取利润。

(三) 中央银行

外汇市场上另一个重要的参与者是各国的中央银行。这是因为各国的中央银行都持有相当数量的外汇余额作为国际储备的重要构成部分,并承担着维持本国货币金融稳定的职责。

外汇市场上,中央银行有两大职能:监督市场、干预市场。监督市场主要是通过制定和颁布条例和法令,防止违法行为,来维护市场的正常运行。干预市场主要是通过吸纳或抛售外汇来控制本国的货币供给量和稳定本国货币。

中央银行干预市场,主要是干预即期市场。当外汇短缺时,中央银行就在市场上大量抛售外汇,收回本国货币,以降低外汇汇率;当外汇过多时,中央银行就在市场上吸纳外汇,付出本币,以提高外汇汇率,保持币值稳定。干预远期外汇市场和期货市场也是中央银行经常采用的手段。现汇短缺时,中央银行可以低价卖出期汇,市场上必然出现购买期汇的倾向,因而卖出现汇,这样就缓解了外汇供不应求的情况。反之,当现汇过多,中央银行以高价收购期汇,参与者见有利可图,就会卖出期汇,买入现汇。

中央银行干预外汇市场的范围与频度很大程度上取决于该国政府实行的汇率制度。实行固定汇率制国家的干预外汇市场的程度要比实行浮动汇率制的国家要大得多。

(四) 外汇经纪商

外汇经纪商是指介于外汇银行之间、外汇银行和其他外汇市场参与者之间,进行联系、接洽外汇买卖,从中赚取佣金的经纪公司或个人。外汇经纪商与银行和顾客有着密切的联系,他们掌握外汇市场的各种行情和信息,能够根据买卖双方各自的条件和愿望,使买卖双方能在适当的交易价格上找到适当的交易对象,从而提高外汇交易的效率。

## 五、外汇市场的构成

(一) 按市场不同的组织方式划分,外汇市场由交易所市场与柜台市场构成

外汇交易所市场,也称有形市场,即有固定的交易场所和交易时间限制的市场。外汇交易所多处在国际金融中心,有固定的营业日和开盘、收盘时间,从事外汇交易的外汇经纪商在每个营业日的规定时间内集中在交易所进行交易。

外汇柜台市场,也称无形市场,是一种无固定场所及无固定开盘和收盘时

间的外汇市场。因为没有固定的场所或交易厅，因而也不需买卖双方都到场进行交易，而是通过从事外汇交易的银行与经纪人，通过电话、计算机及其他现代通信载体组成的信息报价及交易系统进行交易。柜台交易市场消除了外汇交易的时间及地理位置限制，不同地区大规模的外汇买卖可以 24 小时持续进行，各种票据的交换也可在当天完成。

外汇柜台市场较外汇交易所市场更具有优越性，它不仅不受场所、营业日及营业时间的限制，而且交易成本比较低，交易及交割速度也比较快，因而更能够为大多数外汇交易者所接受。

（二）按外汇市场参与者的不同来划分，外汇市场由外汇零售市场与外汇批发市场构成

外汇零售市场是由外汇银行与公司及个人客户之间的交易构成的外汇市场。企业国际贸易及投资活动所产生外汇交易构成银行外汇交易的主要部分。而外汇银行与个人间的每笔外汇交易数额一般较小，但由于交易笔数较多，交易频繁，所以交易总量也很大。

外汇批发市场是由外汇银行同业间的买卖外汇活动构成的，银行间的外汇交易多是为了调整自身的外汇头寸，以减少和防止由汇率变动所产生的风险。当外汇头寸出现盈余时需要拆出外汇，外汇头寸出现短缩时需要拆入外汇，这种拆出和拆入都会受市场汇率和利率的影响。从外汇市场交易份额来看，银行间的外汇批发交易占了较大比例。

（三）按政府对市场交易的干预程度不同，外汇市场可分为官方外汇市场与自由外汇市场

官方外汇市场是指受所在国政府控制，按照中央银行或外汇管理机构规定的官方汇率进行交易的外汇市场。与不受政府直接干预的自由外汇市场相比，官方外汇市场管制市场准入、限制交易货币、控制市场汇率和限制外汇用途。在 1973 年布雷顿森林体系崩溃之前，官方外汇市场一直处于主导地位。

自由外汇市场是指不受所在国政府控制，汇率由外汇市场供求自由决定的外汇市场。在自由外汇市场条件下，参加者、交易对象、交易额度、交易价格及交易目的等，都没有限制，而是最大限度地由市场或供求双方决定。目前，伦敦、纽约、苏黎世、法兰克福、东京等是世界上比较发达的自由外汇市场。

（四）按外汇买卖交割期不同，外汇市场可分为外汇现货市场与外汇期货市场

外汇现货市场是指外汇交易协议达成后，必须在数日内交割清算的市场。现货市场的外汇交易，达成的日期与正式交割清算日期并不统一，但也十分接近。由于时间差短，汇率波动性不会很大。在现货市场上进行外汇交易，其汇率风险较小。

外汇期货市场是指外汇交易的双方购买或出售一种标准的外汇买卖契约，约定在未来某一规定的日期进行交割的市场，交割时按协议的汇率，而不是交割时的汇率进行。外汇期货市场提供了在浮动汇率制下规避汇率风险，进行套期保值的场所。

## 第三节　外汇市场交易方式

外汇市场中的交易方式多样，市场参与者可以根据自身的需要灵活选取。

### 一、即期交易

外汇的即期交易也称现汇交易或现汇买卖，是指外汇交易双方以当时外汇市场的价格成交，并在成交后的两个营业日内办理有关货币收付交割的外汇交易。这里的两天时间主要是用于外汇交易者通知将交易款项借记或贷记其国内银行账户或国外银行账户。外汇的即期交易是外汇市场上最常见、最普遍的买卖形式。由于交割时间较短，所面临的外汇风险较小。

（一）即期交易报价

即期交易的汇率是现汇汇率，各外汇银行在外汇市场每日开始时，都必须综合各方面的因素，确定并报出本行的开盘汇率。

即期交易通常采用美元为中心的报价方法，即以某个货币对美元的买进或卖出的形式进行报价。除原英联邦国家的货币（如英镑、爱尔兰镑、澳大利亚元和新西兰元等）采用间接报价法以外，其他交易货币均采用直接报价法，其他货币之间的比价都可以此为基础进行套算。外汇银行一般都采取"双档报价"的方式，在交易中同时报出买入价和卖出价。银行报价的买卖差价一般反映出银行的交易成本，买卖差价越小，表明银行承担的风险越低，货币的流动性越高。

按即期外汇市场的报价惯例，通常用五位数字来表示买卖价。报价的最小单位，也称基本点，是指标价货币的最小价值单位的1%。通常银行的交易员在报价时只取最末两位数，因为一般情况下，只有最末两位数的变动最为频繁，前面几位数只有在外汇市场发生剧烈动荡时才会发生变化。例如，某日纽约外汇市场，美元与日元的汇价为 US$ = J￥138.65（买入价）—138.75（卖出价），则交易员报价为65/75，若汇率发生波动，美元兑日元上升为138.68—138.78，则市场上称该汇率上升了3个基本点或简称为3个点。

## （二）即期交易流程

从外汇银行的交易流程看，即期交易可分为顺汇交易和逆汇交易。

顺汇买卖方式是指汇款人委托银行以某种信用工具，通过其国外分行或代理行将款项付给收款人，受托银行在国内收进本币，在国外付出外汇。因为其汇兑方向与资金流向一致，故称为"顺汇"。在顺汇方式下，外汇银行在收妥本币卖出外汇后，按照客户的要求，采用电汇、信汇和票汇的方式通知债权人或收款人所在国的分支行或代理行，按当时当地汇率将其外币存款账户上一定金额外汇支付给收款人。这样，外汇银行在自己账户上增加了客户支付的本币，而在国外的外币账户存款却减少了相应的外币。

逆汇买卖方式，也称托收方式，是指由收款人出票，通过银行委托其国外分支行或代理行向付款人收取汇票上所列款项的一种方式。因为这方式的资金流向与信用工具的传递方向相反，故称为"逆汇"。在逆汇方式下，客户向银行卖出汇票，等于银行付出本币，买进外币。外汇银行接受收款人的托收委托后，即通知其国外分支行或代理行，按照当日汇率向付款人收取汇票所载的外币金额，并将收入记录在国外银行的外汇账户上。这样，外汇银行国内本币存款账户余额减少，而其外币存款账户上的外币余额却相应增加了。

## （三）即期外汇交易的方式

即期外汇交易可分为电汇、信汇和票汇三种方式。

（1）电汇。即汇款人向当地外汇银行交付本国货币，由该行用电报或电传通知国外分行或代理行立即支付外币。

在电汇方式下，银行在国内收进本国货币，在国外付出外汇的时间相隔不过1—2天，而且银行不能利用顾客的汇款，还需承担较高的国际电报和电传费，因此，电汇汇率是最高的即期外汇汇率。目前，这一汇率已成为外汇市场的基本汇率，其他汇率都以此作为计算标准。

（2）信汇。信汇是指汇款人向当地银行交付本国货币，由银行开具付款委托书，用航邮寄交国外代理行，办理支付外汇业务。

在信汇方式下，银行有机会利用信汇委托书传递的时间，利用顾客资金谋利。

（3）票汇。票汇是指汇出行应汇款人的申请，开出以汇入行为付款人的汇票，交由汇款人自带或寄送给收款人，以凭票取款的一种汇款方式。

随着电子计算机技术、网络技术和现代通信设备的广泛应用，外汇交割的效率大大提高，几种交易方式之间的差别正逐渐消除。

## 二、远期交易

远期交易是指在外汇买卖成交时,双方先签订合同,规定交易的币种、数额、汇率以及交割的时间、地点等,并于将来某个约定的时间按合同规定进行交割的一种外汇买卖方式。

远期外汇交易的期限按月计算,一般为1个月到6个月,也可以长达1年。

### (一) 远期交易的特点

相对于外汇即期市场而言,外汇远期交易有四大特点。其一,买卖双方签订合同时,不需要立即支付外汇或本国货币,而是按合同约定延至将来某个时间交割。其二,买卖外汇的目的,不是为了取得国际支付手段和流通手段,而主要是为了保值和避免外汇汇率变动带来的风险。其三,买卖的数额较大,对交易有标准化的规定,一般都为整数交易,有比较规范的合同。其四,外汇银行与客户签订的合同必须有外汇经纪人担保,客户需缴存一定数额的押金或抵押品,当汇率变化引起的损失较小时,银行可用押金或抵押品抵补损失;当汇率变化引起的损失超过押金或抵押品金额时,银行就应通知客户加存抵押金或抵押品。

### (二) 远期交易的目的

人们进行远期交易的目的是多方面的,大致可归纳为以下三方面:

一是进出口商和外币资金借贷者为避免商业或金融交易遭受汇率变动的风险而进行远期交易。进出口商为避免汇率风险,可事先向银行买入或卖出远期外汇,到支付或收到货款时,按原先约定的汇率来办理交割。

二是外汇银行为平衡其远期外汇头寸而进行期汇买卖。外汇银行为满足客户要求而进行期汇交易时,难免会出现超买或超卖,这就使银行处于汇率变动的风险中。银行要设法把它的外汇头寸予以平衡,即将不同期限不同货币头寸的余缺进行抛售或补进,由此求得期汇头寸的平衡。

三是外汇投机者为谋取投机利润而进行期汇买卖。在浮动汇率制下,汇率的频繁剧烈波动,会给外汇投机者进行外汇投机创造有利的条件。外汇投机是根据对汇率变动的预期,有意保持某种外汇的多头或空头,希望从汇率变动中赚取利润的行为。外汇投机既可在现汇市场上进行又可在期汇市场上进行。与现汇投机比,期汇投机较容易,成交额也较大,但风险也较高。

### (三) 远期汇率的确定

远期汇率的标价方法有两种:一种直接标出远期外汇的实际汇率,瑞士、日本等国采用这种标价方法;另一种是标出远期汇率与即期汇率的差价,如升水表示远期外汇比即期外汇贵,贴水表示远期外汇比即期外汇贱,平价表示二者相等。

由于汇率的标价方法不同,计算远期汇率的方法也不同。

直接标价法下,远期汇率 = 即期汇率 + 升水,或远期汇率 = 即期汇率 – 贴水。

间接标价法下,远期汇率 = 即期汇率 – 升水,或远期汇率 = 即期汇率 + 贴水。

一般而言,远期汇率的升水或贴水水平主要决定于两国之间的相对利率。这是因为,银行要将经营远期外汇业务所引起的利息损失,转嫁给远期外汇的购买者。远期汇率、即期汇率和利息率三者之间的关系是:当其他条件不变时,远期汇率和即期汇率的差异决定于两种货币的利率差异,并大致与利率的差异保持平衡。两种货币之间利率水平较低的货币,其远期汇率为升水,利率水平较高的货币为贴水。

其计算公式为:

升水(或贴水)值 = 即期汇率 × 两地利率差 × 月数 /12

(四)远期交易的类型

远期交易主要有固定交割日的远期交易和选择交割日的远期交易这两种类型。

固定交割日的远期交易,指交易双方事先约定在未来某个确定的日期办理货币收付的远期外汇交易。这是较为常用的一种远期外汇交易方式,但它缺乏灵活性。而在现实中外汇买卖者往往事先并不知道外汇收入和支出的准确时间,他们往往希望与银行约定在未来的一段期限中的某一天办理货币收付,这就需要采用择期交易的方式。

选择交割日的远期交易,即择期交易,指主动请求交易的一方可在成交日的第三天起到约定期限内的任何一个营业日,要求交易的另一方按照双方实现约定的远期汇率办理货币收付的远期外汇交易。

## 三、掉期交易

掉期交易是指同时买进和卖出相同金额的某种外汇,但买与卖的交割期限不同的一种外汇交易方式。进行掉期交易的主要目的也在于避免汇率波动的风险。

(一)掉期交易的形式

根据不同的交割期限结构,掉期交易可分为以下三种形式:

(1)即期对远期的掉期交易。指在买进或卖出一笔现汇的同时,卖出或买进相同金额该种货币的期汇。这种交易是最常见的一种外汇交易形式。

例如,德国某银行某日因投资需要,在现汇市场上以欧元购买 1 亿美元,拟使用 3 个月。为避免投资期满时美元汇率下跌,该银行利用掉期业务,卖出 3 个月美元的期汇,从而降低美元汇率下跌带来的风险。在这笔交易中,该行可能要损失若干欧元的升水作为掉期保值的成本。但这一成本可能从届时的现汇交易中得到补偿。因此,在掉期交易中决定交易规模和性质的重要因素是远期升水或贴水(交易中称为掉期率),若远期升水(贴水)值过大,则交易的成本过高,不会发生掉期交易。

即期对远期的掉期交易具体包括纯粹的掉期和分散的掉期两种形式。纯粹的掉期交易是指交易只涉及两方,即所有外汇买卖都发生于银行与另一家银行或客户之间。分散的掉期交易是指交易涉及 3 个参与者,即银行与一方进行即期交易的同时与另一方进行远期交易。

(2) 即期对即期的掉期交易。指在买进或卖出一笔即期交易的同时,卖出或买进相同货币的另一笔即期交易。两种即期交易的区别在于它们的交割日不一致(交割日往往只差 1 天)。这种交易主要用于银行同业间的短期资金拆借,以避免汇率变动的风险。

(3) 远期对远期的掉期交易。指买进并卖出两笔同样货币不同交割期的远期外汇。该交易方式有两种:一是买进较短交割期的远期外汇,卖出较长期的远期外汇;二是买进较长交割期的远期外汇,卖出较短交割期的远期外汇。这种方式能使银行及时利用较为有利的汇率时机,并能在汇率的变动中获利,因此越来越受到重视。

(二) 掉期交易的作用

有效地利用掉期交易可以避免因汇率变动带来的风险,对国际贸易与国际投资发挥了积极作用,主要体现在:

(1) 掉期交易可改变外汇的币种,避开汇率变动的风险。掉期交易可以使投资者将闲置的货币转换成所需要的货币,在改变手持货币的币别的同时避免了外汇风险。

(2) 掉期交易有利于进出口商进行套期保值。通过买进或卖出远期外汇,可抵消汇率变动带来的风险,实现外汇资产保值的目的。另外,跨国公司经常利用套期保值方法,使公司资产负债表上外币资产和负债的国内价值保持平衡。

(3) 掉期交易有利于银行消除与客户进行单独远期交易所承受的汇率风险,平衡银行即期交易和远期交易的交割日期结构,使银行资产结构合理化。

## 四、货币期货交易

货币期货交易是指按合同规定在将来某一指定月份买进或卖出规定金额

外币的交易方式。在布雷顿森林体系崩溃之后,汇率的波动更为频繁,外汇交易的风险加大,人们开始尝试着将在商品方面已经用了多年的期货交易方式运用于金融方面。1972年首先在美国芝加哥的商品交易所内建立了国际货币市场,专门经营外币期货,后来陆续增加了其他金融工具。目前,世界主要金融中心都设立了金融期货市场,货币期货现在已成为套期保值和投机的重要工具。

货币期货与远期外汇业务都是通过合同协议将买卖外汇的汇率固定下来,并于未来交割的外汇交易方式。但二者是有区别的,以下通过二者的比较,来说明货币期货的特点。

（一）合同的标准

货币期货的合同是标准合同,在交易数额上用合同的数量来表示。最小的买卖单位是一个合同。每个合同的金额对不同的货币有不同的规定。例如,在芝加哥市场上,部分货币的合同金额规定如下：

    1个英镑合同金额：£25 000

    1个加拿大元合同金额：CAN 100 000

    1个墨西哥比索合同金额：MP 1 000 000

而在远期外汇交易中,合同金额大小不固定,交易的数量可由客户与银行商定。

（二）交割方式

货币期货交易交割的方式有两种：一种是等到到期月交割,但在实际操作中,很少合同在到期日进行实际的交割;另一种是随时做一笔反向的相同合同数量和交割月的期货交易,进行结清,绝大部分期货交易都是如此。而在普通远期外汇买卖中,大部分合同会等到到期日再进行交割。

货币期货的交割都通过清算所统一进行,而远期外汇交易是客户与银行之间直接清算交割。

对于交割日期,货币期货合同中规定合同的到期日为交割月份的第三个星期中的星期三（一般为每年的3月、6月、9月、12月）。而远期外汇交易的交割日期可由客户根据需要自由选择。

（三）交易资格

货币期货有固定的交易场所,只有交易所的会员才有资格进场交易,非会员的客户要由经纪商代理。而远期外汇交易没有固定场所,也无交易资格限制。

（四）价格波动对账户损益的影响

期货市场根据每天价格的变动对客户的账户按结算价格计算盈亏。其结算价格为每天收市最后半分钟或1分钟的价格平均数。交易所实行每天清算制度,如有盈利,第二天会付给客户;若是亏损,则亦要求客户第二天支付,盈亏分别记入保证金账户。因此,只要有价格波动,每天就有损益的收付,直到结清或交割为止。而远期外汇交易的损益发生在到期日,在到期日之前,不论外汇市场价格如何变化,损益都是潜在的。

(五)保证金和佣金

对于进行货币期货交易的客户,交易所要求他们支付保证金;对于由经纪商作代理的客户来说,还要付给经纪人一笔佣金,而做远期外汇交易则不需要这两项费用,但银行亦要根据客户的资信状况来确定价格。

## 五、外币期权

外币期权是一种以一定的费用(期权费)获得在一定的时刻或时期内拥有买入或卖出某种货币的权利的合约。期权合同的买方可以在期权的到期日之前按合同约定的汇率买进或卖出约定数量的外汇,但也有不履行这一合同的权利。1982年美国费城交易所承办了第一批英镑期权和德国马克期权。

(一)外币期权交易的两种基本合同与合同双方的权益

外币期权有两种基本合同:看涨期权或称买方期权合同,看跌期权或称卖方期权合同。订立期权合同的双方分别为期权出售者和期权购买者。合同买入者为获得这种权利,必须支付给出售者一定的费用,这笔费用称为期权费,不论是履行合约或放弃合约均不能收回。合同出售者收取期权费,得到收益的同时也就承担了责任,只要买入者行使权利,出售者就有责任履行合同。

(二)外币期权交易的类型

外币期权交易有两种类型。一种为欧式期权,这种期权合同的买方只能在期权到期日才能行使权利。另一种为美式期权,这种期权合同的买方可在期权到期日前的任何一个工作日行使权利。

(三)决定期权费的因素

在期权交易中,期权费的制定主要综合考虑以下几方面因素:

(1)货币汇率的波动性。一般而言,对汇率较为稳定的货币收取的期权费要比汇率波动大的货币低。

(2)期权合约的到期时间。到期时间越长,期权费越高。

(3)协议价与到期日的差价。例如,在美国市场上购买某一外汇买入期权,则协议汇率越是低于同期的远期汇率,卖方所要承担的汇率风险越大,他所要求的期权费也越高。

(4)期权供求关系。期权费的高低同样遵循供求规律的影响,当期权供不应求时,期权费升高;反之,则降低。

上述这五种交易方式,市场参与者既可以单独使用,也可以根据自身的交易动机和需要在不同的市场进行多种组合交易,以实现套期保值或套利。

# 第四节 外汇市场管制

外汇市场管制简称外汇管制,是指一国政府为使其国际收支与汇率能在符合本国利益的水平上保持平衡稳定,授权国家货币金融管理当局或其他国家机关,运用法律、行政、经济等各种手段,对其境内与管辖范围内本国、外国的各类组织和个人的外汇收支、买卖、借贷、转移以及国际结算、外汇汇率和外汇交易等实行的管制。

## 一、外汇管制的产生与演变

外汇管制是国际经济关系发展到一定阶段的产物。第一次世界大战以前,各国普遍实行金本位制,国际交易多以黄金结算,黄金可以自由进出国境,国际贸易与汇兑畅通无阻。国际经济关系和货币关系保持稳定,因而不存在外汇管制问题。

第一次世界大战爆发后,参战国发生巨额的国际收支逆差,本币对外币汇率急剧下跌,大量资金外流。为了保护本国经济,英、法、德、意等所有参战国都有取消了外汇的自由买卖,禁止黄金输出,外汇管制由此开始。

一战结束后,国际经济关系逐步恢复正常,各国逐步恢复和发展经济,扩大国际贸易,汇率保持基本稳定,原来在战争中实行的外汇管制都先后被取消。1929—1933 年,发生了严重的世界经济危机,许多国家为了改善国际收支状况、抵御或削弱其他国家的经济危机对本国经济的影响,不得不对汇率重新实行管制。有的国家设立了外汇平准基金调节汇率,外汇市场尚不成熟的国家则采取了全国集中分配外汇等更严格的外汇管理办法。

第二次世界大战期间,西方各国普遍加强了外汇管理,以适应战时的需要。战后,欧亚的参战国经济被严重破坏,国际储备枯竭,国际收支出现大量逆差。为了恢复生产、发展经济,应付"美元荒",改善国际收支,西方各国不得不继续实行严格的外汇管制,限制资金外流,鼓励资本流入。20 世纪 50 年代末以后,欧亚各主要工业化国家的经济实力逐步增强,国际收支状况有了很大改善,开始逐步放宽外汇管理。目前,西方发达国家和一些新兴工业国家和地区已放宽或取消了外汇管制,而大多数发展中国家为了保护和发展本国经济,维护本国货币和国际收支稳定,仍实行严格或较严格的外汇管制。

## 二、外汇管制机构

在实行外汇管制的国家中,一般都由政府授权中央银行作为外汇管制的主体,行使外汇管制职能,也有一些国家由政府其他机构或设立专门机构负责外汇管制。例如,英国在外汇管制时期指定其财政部为决定外汇政策,英格兰银行代表财政部执行外汇管制的行政管理工作;在日本,负责外汇管制工作的是大藏省。我国则专门设立了国家外汇管理局作为外汇管制的主要机构。

外汇管制机构负责制定监督执行外汇管制政策、法令和规定条例,并有权随时根据具体情况的变化和政策的需要,采取各种措施,对外汇的收、支、存、兑进行控制。

## 三、外汇管制的对象

外汇管制的对象涉及人(含自然人和法人)、物、地区、行业四个方面。

受外汇管制的人包括居民和非居民,一般而言,由于居民的外汇支出影响到居住国的国际收支,故管制较严,而对非居民的管制较松。

对物的管制包括外币和其他国际收支的支付手段,如各种外币票据、有价证券、贵金属等,本国货币出入境或用做国际支付时亦属外汇管制的对象。

对地区的管制,是指对本国不同地区实行不同的管制政策。例如,通常各国对出口加工区、保税区、经济特区等实行比较宽松的管制政策。

对行业的管理是指对不同行业产品的进出口及投资采取不同的外汇管制政策。一般而言,发展中国家对高新技术和人民生活必需品的进口采取相对优惠的政策,而对奢侈品的进口管制较严。我国曾经执行过的外汇留成制度,就是一项典型的行业差别政策。

## 四、外汇管制的措施

(一)贸易项目管制

贸易项目下的外汇收支是国际收支中最主要的项目,对一国的国际收支状况通常有着决定性的影响,因此,贸易项目下的外汇管制是外汇管制中使用最普遍的管制措施。实行贸易项目下的外汇管制是为了达到促进出口,集中出口贸易外汇收入,限制进口,减少外汇支出,以调整国际收支不平衡。具体措施主要有:

(1)进口管制。实行进口管制的国家一般都规定进口所需外汇需向外管制机构申请,经批准后,由外汇指定银行按官价售给。多数国家将进口批汇手续与进口许可证的颁发结合进行,有的国家则将二者分开。除此之外,有些国家还采取了进口存款预交制、对购买进口所需外汇征税、改变开出信用证的押金额,发行特定的外汇债券等管制措施。

(2)出口管制。实行出口管制的国家,出口商必须向外汇管制机构申报出口商品的价格、金额、结算货币、收汇方法和期限等,获取出口许可证,并办理交验和审核信用证手续。收到的出口外汇必须按官价部分或全部结汇给指定的外汇银行。为了促进出口,有些国家还采取了以优惠利率贴现出口汇票,由政府以一定的方式承担或分担汇率波动造成的外汇风险等管制措施。

(3)清算协定。这是由有贸易往来的两国签订双边协定,规定在一定时期内的商品交易及劳务交易所发生的债权和债务可以互相抵消,所余差额于期限终止时,另以其他方式进行清偿。清算协定的缔结,必须规定两国货币的汇率,各国的进出口均以本国货币结算,两国清算机构在约定的时间内对各自的债权债务进行抵消结算,若发生不平衡,则协议减少或增加进出口,直至双边的债权债务能够互相冲抵。因此,这一管制措施能保护有限的外汇资源,尤其是对于财力薄弱的发展中国家,可以促进其双边贸易往来。

(二)非贸易项目管制

在国际收支中,贸易外汇收支和资本输出入外汇收支以外的各项外汇收支均为非贸易外汇收支。各国管理非贸易外汇收支的目的也是为了集中外汇收入,限制外汇支出。对贸易的从属费用如运费、保险费、佣金等,基本按贸易项目下的外汇管制规定处理。对其他非贸易收支常采取许可证制、预付存款制、征收非贸易外汇购买税、规定个人购汇限额、规定购汇间隔时间和控制对外支付时间等管制措施。

(三)资本项目管制

对资本项目的管制主要是为了保持国际收支的平稳,并防止外国资本控制关系国计民生的重要经济部门,维护本国金融系统稳定。实行资本输入管制的主要措施有:规定银行吸收国外存款需交纳存款准备金;对非居民存款不付息或倒收利息;限制商业银行向非居民出售本国的远期货币;限制本国企业借用外国资本;限制外国居民购买本国有价证券等。实行资本输出管制的主要措施有:征收利息平衡税;对对外直接投资加以限制;规定银行贷款的最高限额等。

发展中国家由于外汇短缺,一般都采取各种鼓励外资注入的政策,同时根据本国的经济发展状况和偿债能力采取一定的政策调整引资结构,以减少对国家经济利益的侵害,避免债务危机的发生。

近二十年来,国际短期资本流动规模巨大,流动迅速,大量游资充斥国际金融市场。这一方面极大地活跃了国际金融市场交易;另一方面也可能产生大量的金融泡沫,对国内金融市场与国际收支产生巨大冲击,甚至导致金融和经济危机。因此,无论是发达国家,还是发展中国家都越来越重视对资本项目的管理。

(四)对汇率的管制

对汇率的管制可分为直接管制和间接管制两种。直接管制包括规定各项外汇收支办法和汇率水平等。间接管制的办法有:采取外汇缓冲政策;调整利率,影响国际资本流动;运用黄金储备换取硬通货,以改善国际收支状况;通过双边清算关系,利用双方协商的货币和汇率处理进行国际结算等。通过这些措施的实施,影响汇率水平的变化。

## 五、外汇管制的利弊

任何国家实行外汇管制都是在特定的环境下适应本国经济、政治的需要而实施的。然而,随着国际经济关系日益密切,外汇管制实施的效果不仅要从本国经济的角度,而且要从世界经济的角度来考察。

(一)外汇管制的积极作用

外汇管制的积极作用主要体现在以下几方面:

(1)防止资金外逃。国内资金大量外逃势必造成国家外汇储备锐减,国际收支出现巨额逆差,引发汇率的剧烈波动。采取外汇管制,可以直接控制外汇的供需,从而避免国际收支危机。

(2)维持符合本国利益的汇率水平。出口是一国经济增长的主要动力之一,通过一定的外汇管制措施实现本币对外汇率贬值,有利于增强本国产品的国际竞争力,扩大出口产品的规模和数量。而当一国出现较为严重的通货膨胀时,若此时本币再对外贬值,则一方面可能加剧国内通货膨胀,另一方面可能造成外汇市场急剧波动。此时,通过外汇管制,维持高估的币值,保证汇率在一定时期和一定范围内稳定十分必要。另外,实行外汇管制有利于国际收支平衡,从而增加本币信誉,稳定本国货币的汇率。

(3)便于本国财政、货币政策的推行。实行外汇管制,有利于减少实施货币、财政政策时外来的干扰因素,实现本国经济政策的顺利推行。

(4)促进出口。实行外汇管制,有利于实现对各国贸易的差别待遇,调节进出口产品结构,还可通过签订清算协定发展双边贸易,克服外汇短缺。对国内可通过实行差别汇率或补贴政策,鼓励出口,促进本国经济的发展。

(5)保护本国新兴工业的发展。发展中国家工业基础薄弱,难以抵挡发达国家优质廉价商品的冲击。实行外汇管制,一方面可以限制或禁止可能威胁本国新兴工业部门的外国商品进入国内市场,以保护本国新兴工业部门的商品在国内市场流通;另一方面,可鼓励进口国内生产所需的外国先进设备和原材料,从而达到保护本国新兴工业发展的目的。

(6)有利于国计民生。涉及国计民生的必需品,当国内生产不足时,政府可以实行鼓励进口的政策,如优先结汇、按较低的汇率申请进口等,以降低商品进口成本,保证在国内市场上的廉价供给。

(二)外汇管制的弊端

实施外汇管制同时也会对本国经济甚至世界经济产生不利的影响,主要体现在以下方面。

(1)不利于市场机制充分发挥,难以形成合理的汇率。在外汇管制的情况下,外汇供求由人为决定,汇率也是人为决定的,市场机制的作用难以充分发挥,这虽然可以使汇率在一定时期和一定范围内保持稳定,但是影响汇率稳定的因素很多,单纯依靠外汇管制以求得汇率稳定是不可能的。而且单就汇率水平决定而言,在技术上也是一个很大的难题,很难确定出一个合理的汇率。当汇率确定在一个不合理的水平时,还可能加剧国内价格的扭曲程度,对一国资源的合理配置产生不利的影响。

(2)阻碍国际贸易的发展。实行外汇管制,虽有利于双边贸易的发展,但外汇管制国家之间及管制国家与非管制国家之间货币不能自由兑换,无法实现多边贸易结算制度,阻碍国际贸易的发展。另外,对不同国家实行差别待遇,人为地将汇率制定在不合理的水平等管制措施,都容易引起一些国家和地区间的贸易矛盾和摩擦。

(3)阻碍国际资本的流动。由于世界各国经济发展不平衡,各国资金余缺的状况也各不相同,客观上存在着调节余缺的需要。外汇管制限制了资本流动,与生产和资本国际化的趋势相违背。对于资金短缺的国家,实行外汇管制,不利于外资的流入,不利于引进先进的技术;另一方面,外商在实行外汇管制的国家中投资,其投资所涉及的还本付息、红利收益等往往难以自由汇兑回国,势必影响外商投资的积极性,从而影响本国经济的发展。对于资本盈余的国家,其资本难以在全球范围寻求最大化利润,也限制了本国经济的发展。

(4)增加管理成本。实行外汇管制,进出口手续繁多,效率低下,而且容易引起逃汇、走私及黑市外汇买卖等不法行为,不仅增加进出口商的成本,而且也增加了政府监督管理的费用,造成社会福利的损失。

## 第五节 中国外汇管理体制

改革开放以前,中国实行高度集中的计划经济体制,由于外汇资源短缺,中国一直实行比较严格的外汇管制。1978年以来,中国外汇管理体制改革逐步由高度集中向与市场经济相适应的外汇管理体制转变。1996年12月中国实现了人民币经常项目可兑换、对资本项目外汇进行严格管理,初步建立了适应社会主义市场经济的外汇管理体制。

## 一、计划经济时期的中国外汇管理体制(1953—1978年)

新中国成立初期,即国民经济恢复时期,中国实行外汇集中管理制度,通过扶持出口、沟通侨汇、以收定支等方式积聚外汇,支持国家经济恢复和发展。当时私营进出口商在对外贸易中占很大的比重,国内物价波动较大,相关部门采取机动调整人民币汇率来调节外汇收支。1953年起,中国实行计划经济体制,对外贸易由国营对外贸易公司专管,外汇业务由中国银行统一经营,逐步形成了高度集中、计划控制的外汇管理体制。国家对外贸和外汇实行统一经营,用汇分口管理。外汇收支实行指令性计划管理,一切外汇收入必须售给国家,需用外汇按国家计划分配和批给。国际收支平衡政策"以收定支,以出定进",依靠指令性计划和行政办法保持外汇收支平衡。实行独立自主、自力更生的方针,不借外债,不接受外国来华投资。人民币汇率作为计划核算工具,要求具有高度稳定性,逐步脱离进出口贸易的实际,形成汇率高估。

## 二、改革开放初期的中国外汇管理体制(1979—1993年)

(一)实行外汇留成制度

1979年开始,在外汇由国家集中管理、统一平衡、保证重点的同时,实行贸易和非贸易外汇留成,区别不同情况,适当留给创汇的地方和企业一定比例的外汇,以解决发展生产、扩大业务所需要的物资进口。外汇留成的对象和比例由国家规定。留成外汇的用途须符合国家规定,有留成外汇的单位如本身不需用外汇,可以通过外汇调剂市场卖给需用外汇的单位使用。随着留成外汇的范围和比例逐步扩大,指令性计划分配的外汇逐步减少。

(二)建立和发展外汇调剂市场

由于实行外汇留成制度,产生了调剂外汇的需要。为此,1980年10月起,中国银行开办外汇调剂业务,允许持有留成外汇的单位把多余的外汇额度转让给缺汇的单位。开始时只限于国有企业和集体企业的留成外汇,之后扩大到外商投资企业的外汇、国外捐赠的外汇和国内居民的外汇。调剂外汇的汇率,最初由国家规定在官方汇率的基础上加一定的幅度,1988年3月放开汇率,由买卖双方根据外汇供求状况议定,中国人民银行适度进行市场干预,并通过制定

"外汇调剂用汇指导序列"对调剂外汇的用途(或外汇市场准入)加以引导,市场调节的作用日益增强。

(三) 改革人民币汇率制度

1. 实行贸易内部结算价和对外公布汇率双重汇率制度

汇率高估不利于对外贸易的发展,因此,1981年中国制定了一个贸易外汇内部结算价,按当时全国出口商品平均换汇成本加10%的利润计算,定为1美元合2.8元人民币,适用于进出口贸易的结算,同时继续公布官方汇率,1美元合1.5元人民币,沿用原来的"一篮子货币"计算和调整,用于非贸易外汇的结算。两个汇率对鼓励出口和照顾非贸易利益起到了一定作用,但在使用范围上出现了混乱,给外汇核算和外汇管理带来很多的问题。随着国际市场美元汇率的上升,我国逐步下调官方汇率,到1984年年底,官方汇率已接近贸易外汇内部结算价。1985年1月1日取消内部结算价,重新实行单一汇率,汇率为1美元合2.8元人民币。

2. 根据国内外物价变化调整官方汇率

改革开放以后,中国物价逐步放开,物价上涨,为使人民币汇率同物价的变化相适应,起到调节国际收支的作用,根据国内物价的变化,1985—1990年多次大幅度调整汇率。由1985年1月1日的1美元合2.8元人民币,逐步调整至1990年11月17日的1美元合5.22元人民币。这几年人民币汇率的下调主要是依据全国出口平均换汇成本上升的变化,汇率的下调滞后于国内物价的上涨。

3. 实行官方汇率和外汇调剂市场汇率并存的汇率制度

为配合对外贸易,推行承包制,取消财政补贴,1988年3月起各地先后设立了外汇调剂中心,外汇调剂量逐步增加,形成了官方汇率和调剂市场汇率并存的汇率制度。从1991年4月9日起,对官方汇率的调整由以前大幅度、一次性调整的方式转为逐步缓慢调整的方式,即实行有管理的浮动,至1993年年底调至1美元合5.72元人民币,比1990年11月17日下调了9%。同时,放开外汇调剂市场汇率,让其随市场供求状况浮动,汇率波动较大。

(四) 允许多种金融机构经营外汇业务

1979年前,外汇业务由中国银行统一经营。为适应改革开放以后的新形势,在外汇业务领域中引入竞争机制,改革外汇业务经营机制,允许国家专业银行业务交叉,并批准设立了多家商业银行和一批非银行金融机构经营外汇业务;允许外资金融机构设立营业机构,经营外汇业务,形成了多种金融机构参与外汇业务的格局。

(五) 建立对资本输出入的外汇管理制度

详见本节第四部分。

### (六) 放宽对境内居民的外汇管理

对个人存放在国内的外汇,准许持有和存入银行,但不准私自买卖和私自携带出境。对个人收入的外汇,视不同情况,允许按一定比例或全额留存外汇。从 1985 年起,对境外汇给国内居民的汇款或从境外携入的外汇,准许全部保留,在银行开立存款账户。1991 年 11 月起允许个人所有的外汇参与外汇调剂。个人出国探亲、移居出境、去外国留学、赡养国外亲属需用外汇,可以凭出境证件和有关证明向国家外汇管理局申请,经批准后卖给一定数额的外汇,但批汇标准较低。

### (七) 外汇兑换券的发行和管理

为了便利旅客,防止外币在国内流通和套汇、套购物资,1980 年 4 月 1 日起中国银行发行外汇兑换券,外汇券以人民币为面额。外国人、华侨、港澳台同胞、外国使领馆、代表团人员可以用外汇按银行外汇牌价兑换成外汇券,并须用外汇券在旅馆、饭店、指定的商店、飞机场购买商品和支付劳务、服务费用。未用完的外汇券可以携带出境,也可以在不超过原兑换数额的 50% 以内兑回外汇。收取外汇券的单位须经外汇局批准,把收入的外汇券存入银行,按收支两条线进行管理。收券单位把外汇券兑换给银行的,可以按规定给予外汇留成。

## 三、市场经济初步建立时期的中国外汇管理体制(1994 年至今)

1993 年 11 月中国决定改革外汇管理体制,建立以市场供求为基础的、有管理的浮动汇率制度和统一规范的外汇市场,逐步使人民币成为可兑换货币。1994 年至今,围绕外汇体制改革的目标,中国外汇管理体制主要进行了以下改革:

(一) 1994 年对外汇体制进行重大改革,实行人民币经常项目有条件可兑换

(1) 从 1994 年 1 月 1 日起,实行银行结售汇制度,取消外汇上缴和留成,取消用汇的指令性计划和审批,对境内机构经常项目下的外汇收支实行银行结汇和售汇制度。实行进口配额管理、特定产品进口管理的货物和实行自动登记制度的货物除外。为集中外汇以保证外汇的供给,境内机构经常项目外汇收入,除国家规定准许保留的外汇可以在外汇指定银行开立外汇账户外,都须及时调回境内,按照市场汇率卖给外汇指定银行。

(2) 1994 年 1 月 1 日,人民币官方汇率与市场汇率并轨,实行以市场供求为基础的、单一的、有管理的浮动汇率制。并轨时的人民币汇率为 1 美元合 8.70 元人民币。人民币汇率由市场供求形成,中国人民银行公布每日汇率,外汇买卖允许在一定幅度内浮动。

(3) 建立统一的、规范化的、有效率的外汇市场。从 1994 年 1 月 1 日起,中

资企业退出外汇调剂中心,外汇指定银行成为外汇交易的主体。1994年4月1日银行间外汇市场——中国外汇交易中心在上海成立,连通全国所有分中心,当年4月4日起中国外汇交易中心系统正式运营,采用会员制、实行撮合成交集中清算制度,并体现价格优先、时间优先原则。中国人民银行根据宏观经济政策目标,对外汇市场进行必要的干预,以调节市场供求,保持人民币汇率的稳定。

(4) 对外商投资企业外汇管理政策保持不变。为体现国家政策的连续性,1994年在对境内机构实行银行结售汇制度时,对外商投资企业的外汇收支仍维持原来的办法,准许保留外汇,外商投资企业的外汇买卖仍须委托外汇指定银行通过当地外汇调剂中心办理,统一按照银行间外汇市场的汇率结算。

(5) 禁止在境内外币计价、结算和流通。1994年1月1日,中国重申取消境内外币计价结算,禁止外币境内流通和私自买卖外汇,停止发行外汇兑换券。对于市场流通的外汇兑换券,允许继续使用到1994年12月31日,并于1995年6月30日前可以到中国银行兑换美元或结汇成人民币。

(二) 1996年宣布实现人民币经常项目可兑换

(1) 将外商投资企业外汇买卖纳入银行结售汇体系。1996年7月1日起,外商投资企业外汇买卖纳入银行结售汇体系,同时外商投资企业的外汇账户区分为用于经常项目的外汇结算账户和用于资本项目的外汇专用账户。

(2) 提高居民用汇标准,扩大供汇范围。1996年7月1日,大幅提高居民因私兑换外汇的标准,扩大了供汇范围。

(3) 取消尚存的经常性用汇的限制。1996年中国还取消了出入境展览、招商等非贸易非经营性用汇的限制,并允许驻华机构及来华人员在境内购买的自用物品、设备、用具等出售后所得人民币款项可以兑换外汇汇出。

经过上述改革后,中国取消了所有经常性国际支付和转移的限制,达到了国际货币基金组织协定第八条款的要求。1996年12月1日,中国正式宣布接受第八条款,实现人民币经常项目完全可兑换。

至此,中国实行了人民币经常项目可兑换,对资本项目外汇进行严格管理,初步建立了适应社会主义市场经济的外汇管理体制,并不断进行完善和巩固。1997年中国再次大幅提高居民个人因私用汇供汇标准,允许部分中资企业保留一定限额经常项目外汇收入,开展远期银行结售汇试点,等等。1998年以来,在亚洲金融危机影响蔓延、深化的背景下,针对逃、套、骗汇和外汇非法交易活动比较突出的情况,中国不断完善外汇管理法规,加大外汇执法力度,保证守法经营,打击非法资金流动,维护了人民币汇率稳定和正常的外汇收支秩序。

(三) 2005年宣布进行人民币汇率形成机制改革

自2001年中国加入世界贸易组织后,国际收支大量顺差,外汇储备急剧增加;以美国为首的西方国家贸易大量逆差,贸易摩擦不断,西方国家不断要求人民币升值,以缓解自己国内的贸易逆差。

2005年7月21日,中国人民银行发布公告:经国务院批准,我国开始实行以市场供求为基础、参考一篮子货币进行调节、有管理的浮动汇率制度。此次完善人民币汇率形成机制改革的突破,是人民币汇率不再钉住单一美元,而是形成以市场供求为基础、参考一篮子货币进行调节、有管理的浮动汇率制度。中国人民银行于每个工作日闭市后公布当日银行间外汇市场美元等交易货币对人民币汇率的收盘价,作为下一个工作日该货币对人民币交易的中间价格。每日银行间外汇市场美元对人民币的交易价,仍在人民银行公布的美元交易中间价上下千分之三的幅度内浮动,非美元货币对人民币的交易价在人民银行公布的该货币交易中间价上下一定幅度内浮动。

中国人民银行将根据国内外经济金融形势,以市场供求为基础,参考篮子货币汇率变动,维护人民币汇率的正常浮动,保持人民币汇率在合理、均衡水平上的基本稳定,促进国际收支基本平衡,维护宏观经济和金融市场的稳定。

## 四、中国现行的外汇管理框架

综上所述,目前中国的外汇管理框架是:

(一) 人民币经常项目可兑换

(1) 经常项目外汇收入实行银行结汇制度。境内机构经常项目下的外汇收入,除国家规定准许保留的外汇可以在外汇指定银行开立外汇账户外,都须及时调回境内,按市场汇率卖给外汇指定银行。所有外商投资企业均可以开立外汇结算账户,在核定的最高金额内保留经常项目外汇收入。符合一定条件的部分中资企业也可以保留一定限额的经常性外汇收入,在外汇指定银行开立经常项目的外汇结算账户。另外,中资机构部分非贸易外汇收入也可以保留外汇,开立外汇账户。

(2) 取消经常项目外汇支付限制。境内机构经常项目用汇,可以按照市场汇率,凭相应的有效凭证用人民币向外汇指定银行购汇或从其外汇账户上对外支付。预付货款、佣金等超过一定比例或数额,经外汇局进行真实性审核后,可以在银行办理兑付。个人因私用汇,标准以内的可以凭有效凭证直接到银行办理,超过标准的可以持有效凭证到外汇局进行真实性审核后到银行购汇。

(3) 实行进出口收付汇核销制度。1991年1月1日,中国开始实行出口收汇核销制度;1994年8月1日始,又实行了进口付汇核销制度。1999年5月1日起实行出口收汇考核办法,以出口收汇率为主要考核指标,对出口企业收汇情况分等级进行评定,并对不同等级的企业采取相应的奖惩措施,扶优限劣,支持出口,并督促企业足额、及时收汇。

(4) 通过进出口报关单联网核查系统进行贸易真实性审核。1999年1月1

日,海关、外汇指定银行和外汇局之间的进出口报关单联网核查系统正式启动,大大便利了企业进出口项下结、售、付汇的真实性审核,提高了工作效率。

(二)资本项目外汇严格管理

根据外汇体制改革的总体部署和长远目标,中国资本项目外汇收支管理的基本原则是,在取消经常项目汇兑限制的同时,完善资本项目外汇管理,逐步创造条件,有序地推进人民币在资本项目下可兑换。在上述总原则下,目前中国对于资本项目外汇还进行严格管理并执行三个共同原则:一是除国务院另有规定外,资本项目外汇收入均须调回境内;二是境内机构(包括外商投资企业)的资本项目下外汇收入均应在银行开立外汇专用账户,经外汇管理部门批准后才能卖给外汇指定银行;三是除外汇指定银行部分项目外,资本项目下的购汇和对外支付,均须经过外汇管理部门的核准,持核准件方可在银行办理售付汇。现阶段,中国国际收支资本项目中主要是对外借债、外商来华直接投资和对境外直接投资三种形式。

1. 对外债和对外担保的管理

中国对外债实行计划管理,中资金融机构和中资企业借用 1 年期以上的中长期外债需纳入国家发改委制订的利用外资计划,国家外汇管理局对中资金融机构和中资企业借用中长期国际商业贷款的金融条件进行逐笔审批。1 年期以内(含 1 年)的短期外债由国家外汇管理局管理,国家外汇管理局分别给有关省市金融机构或企业下达余额控制指标。

所有的境内机构(包括外商投资企业)借用外债后,均须及时到外汇管理局定期或者逐笔办理外债登记。除外汇指定银行外,境内机构所有外债的还本付息都需经外汇局管理核准(银行除外)。境内机构对外发债(包括对外发行的外币可转换债券、大额可转换债券、大额可转让存单、商业票据)经国家发改委审核并由国家外汇管理局会签后报国务院审批。经批准后,发债的市场选择、入市时机等有关发债条件报国家外汇管理局审批。地方政府不得对外举债。境内机构发行商业票据由国家外汇管理局审批,并占用其短贷指标。已上市的外资股份公司对外发行可转换债券,不实行资格审批制,在年度发行规模内,按境内机构对外发债的审批程序办理。

对外担保属于或有债务,其管理参照外债管理,仅限于经批准有权经营对外担保业务的金融机构(不含外资金融机构)和具有代位清偿债务能力的非金融企业法人可以提供。

2. 对外商直接投资的管理

为鼓励外商直接投资,中国对外商投资企业资本项目下的外汇收支活动采取以下的管理办法:

(1)外商投资企业外方投资资本金可以开立外汇账户保留外汇,外资非法人合作企业(合作项目)可开立投资专项账户保留外汇,经外汇局批准后可以结汇；

（2）外商投资企业可以直接向境内外银行借款，自借自还，事先不需报批，事后须向外汇局登记，但中长期对外借款余额不得超过外商投资企业总投资与注册资本的差额；

（3）中外合作经营企业外方先行收回投资、外商投资企业依法停业清算、减资、股权转让等所得资金，经批准后可以从其外汇账户中汇出或者购汇汇出；

（4）允许外商投资企业用人民币利润、企业清算、股权转让、先行回收投资、减资等所得货币资金进行再投资，享受外汇出资待遇；

（5）为进行监督和管理，对外商投资企业实行外汇登记和年检制度。

3. 对境外投资的管理

中国对资本输出进行严格管理。目前负责境外投资项目审批的主管部门是国家发改委和商务部及其授权部门。国家外汇管理局是境外投资的外汇管理机关，1989年经国务院批准，国家外汇管理局发布了《境外投资外汇管理办法》。

2006年6月，国家外汇管理局发布《关于调整部分境外投资外汇管理政策的通知》，规定境内投资者到境外投资所需外汇，可使用自有外汇、人民币购汇及国内外汇贷款。自2006年7月1日起，国家外汇管理局不再对各分局（外汇管理部）核定境外投资购汇额度。境内投资者的境外投资项目经有关主管部门核准后，按照现行外汇管理有关规定办理外汇资金购付汇核准手续。

（三）不断改进的人民币汇率形成机制

1994年1月1日汇率并轨后，中国开始实行以市场供求为基础的、单一的、有管理的浮动汇率制。中国人民银行按照前一营业日银行间外汇市场形成的加权平均汇率，公布人民币对美元、欧元、港元、日元四种货币的市场交易中间价。银行间外汇市场人民币对美元买卖价可以在中国人民银行公布的市场交易中间价上下0.3%的幅度内浮动，对港元和日元的买卖可以在中国人民银行公布的市场交易中间价上下1%的幅度内浮动，对欧元的买卖可以在中国人民银行公布的市场交易中间价上下10%的幅度内浮动。外汇指定银行在规定的浮动范围内确定挂牌汇率，对客户买卖外汇。各银行挂牌的美元现汇买卖汇率不得超过中国人民银行公布的市场交易中间价上下0.16%，欧元、港元、日元现汇买卖汇率不得超过中国人民银行公布的市场交易中间价的1%。四种货币以外的其他外币汇率，则按美元市场交易中间价，参照国际市场外汇行市套算中间汇率，买卖汇率之间的差价不得超过中间汇率的0.5%。对超过100万美元的交易银行与客户可以在规定的幅度内议价成交。各银行挂牌的美元、港币现钞买入价不得超过其现汇买卖中间价的1%，欧元、日元现钞买入价不得高于其现汇买卖中间价的2.5%，所有货币的现钞卖出价与现汇卖出价相同。中国人民银行对人民币汇率进行宏观调控和必要的市场干预，以保持汇率的合理和稳定。

根据2005年9月23日中国人民银行发布的《中国人民银行关于进一步改

善银行间外汇市场交易汇价和外汇指定银行挂牌汇价管理的通知》(银发[2005]250号),每日银行间即期外汇市场非美元货币对人民币的交易价在中国人民银行公布的该货币当日交易中间价上下3%的幅度内浮动。外汇指定银行对客户挂牌的美元对人民币现汇卖出价与买入价之差不得超过中国人民银行公布的美元交易中间价(上一日银行间市场美元收盘价,下同)的1%([现汇卖出价－现汇买入价]/美元交易中间价×100%≤1%),现钞卖出价与买入价之差不得超过美元交易中间价的4%([现钞卖出价－现钞买入价]/美元交易中间价×100%≤4%)。在上述规定的价差幅度范围内,外汇指定银行可自行调整当日美元现汇和现钞买卖价。

中国人民银行于2007年5月18日宣布的三大货币政策中,有一条汇率政策:自2007年5月21日起,银行间即期外汇市场人民币兑美元交易价浮动幅度由千分之三扩大至千分之五,即每日银行间即期外汇市场人民币兑美元的交易价可在中国外汇交易中心对外公布的当日人民币兑美元中间价上下千分之五的幅度内浮动。

(四)加强对金融机构外汇业务的监督和管理

建立银行间外汇市场和实现经常项目可兑换后,经常项目的外汇收支基本上直接到外汇指定银行办理;资本项目的外汇收支经外汇管理部门批准或核准后,也在外汇指定银行办理。银行在办理结售汇业务中,必须严格按照规定审核有关凭证,防止资本项目下的外汇收支混入经常项目结售汇,防止不法分子通过结售汇渠道骗购外汇。1994年以来,国内相关部门加强了对金融机构外汇业务经营中执行外汇管理政策的监管、检查和处罚,并建立了相应的管理制度和办法。

(五)逐步建立适应社会主义市场经济的外汇管理法规体系

1980年12月,中国颁布了《中华人民共和国外汇管理暂行条例》(以下简称《暂行条例》),此后又公布了一系列外汇管理法规及办法。1994年改革后,对《暂行条例》进行了修改,1996年2月颁布了《中华人民共和国外汇管理条例》(以下简称《条例》);1996年年底实现人民币经常项目下可兑换后,又对该《条例》进行了修订。

## 五、中国外汇管理体制改革的前景

中国外汇管理体制改革的长远目标是实现人民币完全可兑换。目前人民币在资本项目下是有严格限制的可兑换。从国际经验来看,实现资本项目完全可兑换需要具备一定的前提条件,而中国当前的国情和经济实际决定了人民币资本项目可兑换还将是一个中长期的渐进过程。同时,实现资本项目可兑换是一个系统工程,涉及各种金融活动领域和大量的非金融机构,需要各项改革配套到位,逐步从有严格限制的可兑换过渡到较宽松条件下的可兑换,再到基本取消限制的可兑换。

加入世界贸易组织后,中国不断改进经常项目外汇管理手段,进一步完善资本项目外汇管理措施,围绕维护国际收支平衡和人民币汇率稳定,加强银行外汇收支监管,打击外汇非法交易活动,整顿和规范外汇市场秩序,最终实现包括资本项目可兑换在内的人民币完全可兑换,促进国民经济健康发展。

## 第六节 英国、美国、日本的外汇市场

当前,世界各国的外汇市场互相连接,已经形成横跨全球的大市场,极大地促进了国际经贸往来,而各个国际金融中心在其中发挥了重要的枢纽作用。以下将在介绍全球外汇市场概况的基础上,比较分析英国、美国、日本等主要发达国家的外汇市场。

### 一、全球外汇市场概况

(一) 全球外汇市场交易量

全球外汇市场的交易量在20世纪90年代得到了快速发展,全球传统的外汇交易工具(即期交易、远期交易和掉期交易)的日均交易量在90年代中期就已突破1万亿美元(1995年日均交易量为1.19万亿美元),并在1998年达到了1.49万亿美元。在此之后,由于亚洲金融危机的影响及欧元的引入所导致的欧元区内部外汇交易的减少,全球外汇交易量呈现出下降的势头,但日均交易量仍超过1万亿美元,根据国际清算银行的外汇交易活动调查表明,2001年全球外汇市场日均成交额1.2万亿美元,比1998年减少了19%。而衍生产品的交易额一直呈现上升的趋势,1998—2001年日均成交额共增长了10%,达1.39万亿美元。截至2004年4月,全球外汇市场日均成交额为1.9万亿美元,与2001年4月相比,增长了57%。截至2004年4月衍生产品的交易额为2.4万亿美元,与2001年4月相比增长了74%,其中,汇率产品1.292万亿美元,增长了51%;利率产品1.025万亿美元,增长了110%。

(二) 全球外汇市场交易的币种结构

在全球外汇市场交易中,美元仍然是交易最为活跃的货币,至2004年4月,美元占外汇市场交易总量的88.7%(参见表9-1),同时涉及美元的货币对也是交易最活跃的货币对(参见表9-2),在其他货币交叉交易中,美元往往被作

为媒介货币(vehicle currency)来使用。2002年1月1日,欧洲12个国家在流通领域采用统一欧元单一货币,2002年7月1日参加国本国货币停止流通,欧元取代原欧元区的各种货币成为外汇市场中重要的交易货币之一。2004年欧元已占所有货币交易量的37.2%,比1998年德国麦克交易量(30.1%)多,但比1998年所有欧元区货币的总交易量(53%)少。2004年欧元与美元的交易量占所有货币交易量的28%。日元仍然是排在交易最活跃的货币第三位,2004年日元交易量占所有货币交易量的20.3%,美元与日元交易量仅次于美元与欧元的交易量,占所有货币交易量的17%。

表9-1 全球外汇市场传统交易的货币分布

单位：日均交易量的百分比率

| 币种 | 1989年4月 | 1992年4月 | 1995年4月 | 1998年4月 | 2001年4月 | 2004年4月 |
|---|---|---|---|---|---|---|
| 美元 | 90.0 | 82.0 | 83.3 | 87.3 | 90.3 | 88.7 |
| 欧元 | — | — | — | — | 37.6 | 37.2 |
| 德国马克 | 27.0 | 39.6 | 36.1 | 30.1 | — | — |
| 日元 | 27.0 | 23.4 | 24.1 | 20.0 | 22.7 | 20.3 |
| 英镑 | 15.0 | 13.6 | 9.4 | 11.0 | 13.2 | 16.9 |
| 法国法郎 | 2.0 | 3.8 | 7.9 | 5.1 | — | — |
| 欧洲货币单位和其他欧盟货币 | 4.0 | 11.8 | 15.7 | 17.3 | — | — |
| 瑞士法郎 | 10.0 | 8.4 | 7.3 | 7.1 | 6.1 | 6.1 |
| 加拿大元 | 1.0 | 3.3 | 3.4 | 3.6 | 4.5 | 4.2 |
| 澳大利亚元 | 2.0 | 2.5 | 2.7 | 3.1 | 4.2 | 5.5 |
| 瑞典克朗 | | 1.3 | 0.6 | 0.4 | 2.6 | 2.3 |
| 港币 | | 1.1 | 0.9 | 1.3 | 2.3 | 1.9 |
| 新加坡元 | | 0.3 | 0.3 | 1.2 | 1.1 | 1.0 |
| 其他货币 | 22 | 9.0 | 8.3 | 12.3 | 15.3 | 15.9 |
| 所有货币 | 200 | 200 | 200 | 200 | 200 | 200 |

注：由于所有的交易都涉及两种货币,因此所有单个货币交易比例的总和为200%。
资料来源：国际清算银行网站。

表9-2 2004年全球外汇市场主要货币对交易量

单位：亿美元

| | 美元/欧元 | 美元/日元 | 美元/英镑 | 美元/瑞士法郎 | 美元/加拿大元 | 美元/澳大利亚元 | 美元/其他货币 | 欧元/日元 | 欧元/英镑 | 欧元/瑞士法郎 | 欧元/其他货币 | 其他货币对 | 总货币对 |
|---|---|---|---|---|---|---|---|---|---|---|---|---|---|
| 交易量 | 5 010 | 2 960 | 2 450 | 780 | 710 | 900 | 2 920 | 510 | 430 | 260 | 390 | 420 | 17 730 |
| 比例(%) | 28 | 17 | 14 | 4 | 4 | 5 | 16 | 3 | 2 | 1 | 2 | 2 | 100 |

资料来源：国际清算银行网站。

### (三) 外汇交易的地理分布

外汇交易主要集中在少数几个发达国家。2004年三大国际金融中心——英国、美国、日本的外汇交易占全球外汇交易的58.8%（参见表9-3）。英国伦敦仍然是全球最重要的外汇交易中心。

表9-3 全球外汇市场传统交易的地理分布（主要国家和地区日均交易量）*

单位：亿美元

| 国家或地区 | 1992年4月 交易量 | 百分比率 | 1995年4月 交易量 | 百分比率 | 1998年4月 交易量 | 百分比率 | 2001年4月 交易量 | 百分比率 | 2004年4月 交易量 | 百分比率 |
|---|---|---|---|---|---|---|---|---|---|---|
| 英国 | 2 910 | 27.0 | 4 640 | 29.5 | 6 370 | 32.5 | 5 040 | 31.1 | 7 530 | 31.3 |
| 美国 | 1 670 | 15.5 | 2 440 | 15.5 | 3 510 | 17.9 | 2 540 | 15.7 | 4 610 | 19.2 |
| 日本 | 1 200 | 11.2 | 1 610 | 10.2 | 1 360 | 6.9 | 1 470 | 9.1 | 1 990 | 8.3 |
| 新加坡 | 740 | 6.9 | 1 050 | 6.7 | 1 390 | 7.1 | 1 010 | 6.2 | 1 250 | 5.2 |
| 德国 | 550 | 5.1 | 760 | 4.8 | 940 | 4.8 | 880 | 5.4 | 410 | 107 |
| 瑞士 | 660 | 6.1 | 870 | 5.5 | 820 | 4.2 | 710 | 4.4 | 790 | 3.3 |
| 中国香港地区 | 600 | 5.6 | 900 | 5.7 | 790 | 4.0 | 670 | 4.1 | 1 020 | 4.2 |
| 法国 | 330 | 3.1 | 580 | 3.7 | 720 | 3.7 | 480 | 3.0 | 630 | 2.6 |

注：* 当地双边统计调整后的数据（net-gross）。
资料来源：国际清算银行网站。

## 二、英国的外汇市场

伦敦是最古老的国际金融中心之一，英国所有的外汇交易都集中于此。19世纪，凭借英国强大的经济实力，伦敦从全世界吸引了大量短期资金，对贸易活动提供融资，形成了国际货币市场；同时又发展了长期资本市场，对世界各地工业化提供大部分资金。在第一次世界大战前夕，伦敦已成为国际金融结算的中心。在这一时期，英镑作为长短期贷款的计值单位，等同于黄金，英格兰银行则成为国际货币体系——金本位制度的护卫者。

两次世界大战使英国遭受了严重的创伤，在战争期间，英国不得不实行严格的外汇管制。20世纪50年代，英国政府开放外汇市场，英镑兑换实现，并由此引起了欧洲美元市场的兴起。英国注重批发业务，并于20世纪70年代及时放宽了金融管制，有意识地放宽外国银行在伦敦设立分行的审批手续，使英国的外币交易基本不受限制，导致外币（主要是美元）和外国银行大量涌入伦敦，形成了以伦敦为中心的欧洲货币市场。20世纪80年代，外汇衍生产品逐渐形成并迅速发展。目前，英国无论是外汇传统交易还是衍生产品交易都居世界首位。

伦敦外汇市场没有固定的交易场所，交易主要通过电信网络进行，对每笔交易金额没有规定和限制。外汇市场的参与者主要是经批准的外汇交易商和外汇经纪商,外汇交易商主要包括清算银行、商业银行和外国银行在伦敦的分支行。外汇交易商与外汇经纪商分别属于两个不同组织,前者为伦敦外汇银行委员会成员,后者为外汇经纪商协会成员。外汇银行间的交易一般通过经纪商进行,经纪商也只以外汇银行为服务对象。

伦敦外汇市场处于理想时区,对进行全球性交易十分有利。每天的交易时间是当地时间上午 8 时至下午 5 时,每周五天交易,星期六、星期日及假日停业。每天早上开始交易时,刚好和远东市场的尾市接上,所有开盘的价格都可以参照中国香港和新加坡外汇市场的行情确定。接着就与中东、非洲和欧洲各国进行交易,下午又可与纽约的早市往来,每天 9 小时营业时间中,与世界各国主要外汇市场几乎都能进行交易。

另外,伦敦拥有一大批训练有素、经验丰富的金融专门人才;进入市场较自由,不受严格管制;有着悠久的金融传统;金融工具较齐全,且对其实行合理的税制;法律体系较完善;国内政治稳定等。这些因素都是伦敦作为重要的国际金融中心所具有的优势。

### 三、美国的外汇市场

美国外汇市场的发展是与 20 世纪前半叶美国政治、经济、军事力量的急剧增长密切相关的。随着布雷顿森林体系的建立,以美元为中心的国际货币体系确立,美元成为世界上最主要的储备手段和国际清算手段。20 世纪 70 年代布雷顿森林体系瓦解,在此之后,美元经历了数次暴跌,其在国际货币中的地位有所削弱,但仍为国际经济中的关键货币,2004 年美元的日均交易量达 1.06 万亿美元,占所有货币交易量的 88.7%,比 2001 年同期(90.3%)的占比略有下降。

美国在历史上几乎没有实行过外汇管制,对外汇业务基本上没有什么限制,几乎所有的银行和金融机构都可经营外汇交易,外汇市场的参与者主要为各类商业银行,其他如储蓄金融机构、投资银行、人寿保险公司、外汇经纪商等也参与外汇市场交易,美国联邦储备系统也通过在外汇市场的交易干预美元汇率。美国法律允许银行间直接进行外汇交易,美国的外汇经纪人也可以接受国外银行的外汇报价和出价进行交易。

美国各大城市的银行都经营外汇买卖和国际清算业务,如芝加哥、洛杉矶、波士顿等城市的外汇市场都有一定的规模,它们通常将外汇交易汇总转送至设在纽约的分支机构或代理机构办理。纽约外汇市场是美国规模最大的外汇市场,也是在全球外汇市场中仅次于伦敦的外汇市场。纽约外汇市场没有固定的交易场所,设在纽约的美国银行和外国银行组成的"纽约同业电子清算系统"是目前世界上最大的电子清算机构。美国的进出口贸易额长期居世界第一位,但美国的进出口贸易结算以及对外支付活动多按美元计价结算,因此,纽约外汇市场交易虽活跃,但交易额并不大。然而,世界各地的美元交易最终必须在美国(主要在纽约)商业银行的账户上结算,因此,纽约是全世界美元清算的中心。另一方面,由于美元是目前主要的国际储备货币,许多国家的中央银行都将其外汇储备的主要部分兑成美元存放于美国银行,各国中央银行存放调拨美元储备也是纽约外汇市场的一项重要业务。

纽约外汇市场交易时间是每天上午9时至下午5时,每周六、日及假日休市,其交易种类主要包括即期、远期和掉期交易等传统交易。

美国外汇市场的衍生产品交易也较为活跃,芝加哥国际货币市场是最早开办外汇衍生产品交易的市场。

## 四、日本的外汇市场

日本外汇市场的产生和发展都比欧美地区发达国家滞后,在20世纪60年代之前,日本都实行严格的外汇管制。60年代后,日本经济开始起飞,逐渐放松了外汇管制。1964年,日本加入国际货币基金组织并成为"第八条款成员国",日元成为可兑换货币,东京外汇市场原则上不再实行外汇管制,外汇交易逐步趋于自由化。1973年,日元将固定利率改为浮动利率。此后,由于日本长期存在国际收支顺差,日元呈现出上升的趋势。1980年6月,日本实行修改后的《外汇和外贸管理法》,放宽了银行经营外汇业务的限制,所有经政府批准的"外汇公认银行"都可在国内经营一般外汇业务。1984年,随着《金融自由化及日元国际化的现状及展望》的发表,外汇不能完全自由兑换成日元的"转换日元制度"也被废除,外汇交易日渐活跃。进入20世纪90年代,日本经济泡沫破裂,经济增长陷入长期停滞状态,但日本仍为世界上仅次于美国的第二经济大国,2004年外汇市场日均交易量为1 990亿美元,仅次于英国和美国。

东京外汇市场是日本最大的外汇市场,是仅次于伦敦和纽约的第三大外汇市场,东京外汇市场的交易额占全日本外汇交易额的90%以上,但进行外汇交易的货币品种较少,外汇交易的80%—90%为日元美元交易,其他货币交易所占的比重很小。由于日本出口贸易额巨大,东京外汇市场受进出口贸易集中支付的影响较大,出口换汇时间也较集中,具有明显的季节性特点。

东京外汇市场的主要参与者是外汇银行、经纪商和日本银行。东京外汇市场上大多数外汇交易是通过经纪商进行的。日本银行在外汇市场中起调节作用,根据市场状况通过外汇银行或直接通过外汇经纪商对外汇市场进行干预,干预对象主要限于美元。

东京外汇市场每日的交易时间为当地时间上午9时至12时,下午1时30

分至 3 时 30 分,由于东京地处环太平洋中心,有弥补伦敦和纽约时差的有利条件。

日本除东京这个主要外汇市场外,还有一个次要外汇市场——大阪外汇市场。

## 第七节 中国个人外汇实盘交易——"外汇宝"

### 一、"外汇宝"的概念

"外汇宝",即个人实盘外汇买卖,是指个人客户在银行规定的交易时间内,通过柜台服务人员或其他电子金融服务方式,与银行间进行的不可透支的可自由兑换外汇(或外币)间的交易。开办"外汇宝"业务的银行参照国际外汇市场的行情,提供即时外汇交易牌价,并接受个人客户的委托,按银行的报价将个人客户所持有的外币买卖成另一种外币。比如将一笔美元现钞兑换为日元现钞,或是将一笔欧元现汇存款转换为美元现汇存款。客户可以利用国际外汇市场上外汇汇率的频繁波动,采用低买高卖的方式,在不同的存款货币间转换,为赚取一定的汇差或利差,以达到保值甚至盈利的目的。

有关外汇的交易活动是在外汇交易市场上进行的。外汇市场按其结构可分为两个层次:第一个层次是银行同业市场,这一市场的主要参与者是各种银行、外汇经纪公司以及各国中央银行,交易金额一般比较大;第二个层次是客户与银行之间的交易市场。"外汇宝"即属于外汇市场上的第二个层次,它是客户与其开办银行之间的外汇交易。银行在与客户的交易中,对不同的客户分别买入或卖出不同种类的外汇,实际上是在外汇的最终供给者与最终需求者之间起中介作用,赚取买卖的差价。

中国商业银行开办个人外汇交易业务的报价,是参照国际外汇市场的即时汇率,加上一定幅度的买卖差价后确定的。按国际通行的做法,银行对散户做零售业务,再集中零售业务中的头寸做批发业务,批发业务比零售业务的汇率要优惠。因此国内银行对客户报价中的买价要低于国际外汇市场的汇率,而卖价要高于国际外汇市场的汇率,银行的盈利包含在买卖差价当中。由于国际外汇市场的汇率处于变化波动之中,因此银行的报价也随市场的波动而波动。但目前各银行汇率变动的即时性不太一样,例如,建设银行的报价紧跟国际外汇市场行情的变动而随时变化;而交通银行当国际外汇市场汇率变化达 20 个基本点时,由银行的电脑自动调整对客户的报价。

## 二、"外汇宝"的发展情况

1993年12月,中国银行上海分行在上海首次推出了"外汇宝"业务。"外汇宝"业务成为外币持有者在储蓄存款方式和投资B股之外的又一个新的外币保值增值方式。"外汇宝"业务推出初期,可供客户选择的交易方式有柜台交易和电话委托交易,经过几年时间的业务开发和系列推广工作,中国银行又推出了自助交易的方式。2000年3月,交通银行上海分行率先推出了"外汇宝"网上交易业务,这是国内首家在网上开办该项业务,标志着"外汇宝"交易手段的创新和外汇业务新的发展。到目前为止,国内中国银行、建设银行、中国工商银行、交通银行、农业银行、招商银行、上海浦东发展银行等一些主要的银行都已正式开通了"外汇宝"业务。

## 三、"外汇宝"交易币种和特点

(一)"外汇宝"的交易币种

目前各主要商业银行外汇宝交易币种包括了大多数世界主要的可自由兑换货币:美元、欧元、日元、英镑、港元、德国马克、法国法郎、瑞士法郎、荷兰盾、加拿大元、澳大利亚元、新加坡元和挪威克朗等。客户可以进行交叉盘交易,现钞现汇采用相同的报价。

(二)"外汇宝"的交易特点

(1)交易方法多样。目前进行外汇宝的交易方法主要有四种,分别是通过柜面服务人员、电话、自助交易设备以及网络等方式进行。四种方式各有适用对象:

柜面交易:这种交易方式比较适合初涉外汇宝交易的投资者。如果采用柜台交易,中国银行、交通银行没有开户起点金额的限制,工商银行、建设银行开户起点金额为50美元。

电话交易:办理电话交易的客户,在直拨电话上即可进行操作,按照提示即可完成整个交易过程。通过电话交易成交速度较快,并且可以进行异地操作,这种方式比较适合工作繁忙的投资者。

自助交易:一些银行在办理个人外汇买卖业务的柜台外,设有自助终端,客户可以在自助终端上进行查询和外汇买卖交易。交易时,依照界面提示进行操作。自助交易所提供的信息比较丰富,并且可以提供多种技术分析图表,专业化程度较高,适合对于外汇交易有一定经验的投资者。

网上交易:"外汇宝"网上交易与柜台交易、自助交易相比,具有不受地域限制的特点,客户只要接通网络即可上网进行交易;与电话交易相比,具有更加简便、更加直观的特点;客户可以通过对网页的浏览,在网上查询外汇牌价,获取关于外汇行情的信息,同时可以直接在网上进行挂单委托。

(2) 交易时间长。"外汇宝"每天24小时交易,交易时间覆盖东京、香港、新加坡、法兰克福、纽约等世界主要外汇市场。除国内法定节假日及国际主要金融市场休市外,每周一至周五都可以进行"外汇宝"交易。

(3) 交易风险较大。各银行根据国际汇市行情,按照国际惯例进行报价。外汇牌价经常处于剧烈的波动之中,因此进行个人实盘外汇买卖其风险与机遇是并存的。

(4) 资金结算时间较短。客户在同一个工作日内可以进行多次反向交易,这样"外汇宝"就为客户提供了更多的投资机会。

(5) 不可进行透支交易。银行的个人外汇买卖业务采取实盘即期交易方式,所谓的"实盘"交易,即与"虚盘"相对应。个人虚盘外汇买卖,是指个人在银行缴纳一定的保证金后,进行交易的金额可放大若干倍的外汇交易。客户在进行"外汇宝"交易的时候必须根据实际交割资金一次全部结清,即客户必须持有足额的需要卖出货币,不可透支,才能进行外汇买卖,资金交割和清算都在交易当天完成。

(三)"外汇宝"的交易形式

"外汇宝"交易形式有两种:市价交易和委托交易。市价交易,又称时价交易,即根据银行当前的报价即时成交;委托交易,又称挂盘交易,即投资者可以先将交易指令留给银行,当银行报价达到投资者希望成交的汇价水平时,银行电脑系统就立即根据投资者的委托指令成交。

(四)"外汇宝"的服务范围

凡持有有效身份证件,拥有完全民事行为能力的境内居民个人(也包括在我国居住1年以上的外国人),均可进行个人实盘外汇交易。

## 四、"外汇宝"的一个实例

某客户持10 000英镑想换成德国马克,即卖出10 000英镑买入德国马克。"外汇宝"表示1英镑兑美元的银行现汇、现钞买入价为1.6808,银行现汇、现钞卖出价为1.6816;1美元兑德国马克的银行现汇、现钞买入价为1.6917,银行现汇、现钞卖出价为1.6922。

该客户要完成这一过程需要进行两笔操作:

第一步,先将手中持有的英镑兑换成美元。从银行角度看,即买入客户所持有的英镑,卖给客户相应数量的美元。通过计算,银行应该按买入价1.6808

买入该客户的 10 000 英镑,同时支付 16 808 美元给客户。第二步,客户将兑换得到的美元继续兑换成德国马克。从银行角度看,即买入客户所持有的美元。卖给客户相应数量的德国马克。通过计算,银行应该按美元的买入价 1.6917 买入该客户的 16 808 美元,同时支付 28 434.09 德国马克给客户。

## 五、"外汇宝"的作用和意义

"外汇宝"就是针对我国居民手中持有的闲置外汇资金的一条很好的全新的投资理财渠道:第一,人们可以利用各种外币存款利率的差别,将自己手中低利率的币种换成另一种较高利率的币种,从而获取更高的利息收入,这就是所谓的套利;第二,通过外汇宝,人们可以直接参与到国际外汇市场,亲身感受国际市场跳动的脉搏,并利用各币种间汇率的频繁波动"高抛低吸",套取汇率波动的差价,这就是所谓的套汇;第三是可以保值,客户通过对不同外币的组合,对汇率风险进行规避,以达到保值的目的。

对于银行而言,银行推出此项业务可以增加外汇存款,主动吸收外汇存款负债,拓展银行个人金融理财服务范围,发展表外业务,扩大银行整体的规模和影响力。通过与其他金融产品相结合,银行可以向客户提供更全面、更方便、更快捷、更优质的个人金融理财服务,从而达到吸引新客户、留住老客户的经营发展目的。

# 第十章

# 基金市场

第一节　基金概论
第二节　基金发行市场
第三节　基金的上市及投资运作
第四节　美国、英国、日本的基金市场
第五节　中国的基金市场

金融市场学

## 第一节 基金概论

### 一、基金的定义和形式

#### (一)基金的定义和形式

从资金关系来看,广义的基金是指专门用于某种特定目的并进行独立核算的资金。按照所集合的资金的运作方式,主要可以分为直接投资基金和证券投资基金。

直接投资基金,是指按照共同投资、共享收益、共担风险的基本原则和股份有限公司的某些原则,运用现代信托关系的机制,以基金方式将各个投资者分散的资金集中起来以实现预期投资目的的投资组织制度。直接投资基金主要的投资对象是非上市公司的股权。

证券投资基金是一种利益共享、风险共担的集合证券投资方式,即通过发行基金单位、集中投资者的资金,由基金托管人托管,由基金管理人管理和运用资金,从事股票、债券、外汇、货币等金融工具投资,以获得投资收益和资本增值。如无特殊注明,下文中所称的"基金"均指证券投资基金。

#### (二)基金的起源和形式

基金的起源最早可以追溯到19世纪20年代的欧洲。当时一些达官贵人为妥善管理其资产,通常专门聘请理财有方的律师或会计师管理和运用其资产,他们向所聘请的管理人支付一定的报酬,自己则享有投资收益。1822年,荷兰国王威廉一世在布鲁塞尔创立了专门投资于外国政府债券的信托基金。这是世界上第一个私人基金,而基金作为社会化的理财工具则起源于英国。

18世纪的产业革命极大地推动了英国生产力的发展,使其成为当时最发达的资本主义国家,同时英国依靠对殖民地的掠夺,国民收入和社会财富大幅增加。到19世纪中叶,英国国内投资遍及各个角落,新兴的中产阶级将积累的资金投资于证券市场,遭到了"泡沫公司"的蒙骗,其他的投资机会则较为缺乏。而从国际上来看,此时随着新航路的开辟,欧美贸易繁忙,美洲的开发急需大量的资金,出现了较多的投资机会。但一般投资者缺乏海外投资的知识,同时由于地域和文化的限制,投资者也无法获得充分的信息。为了克服这些不利因素,投资者萌发了集合众人资金、委托专人经营管理的想法,并得到了政府的支持。英国政府特许一些达官贵人共同出资向海外投资,聘请理财能手管理和运用其资产,委托律师签订契约合同以保证投资的安全与资产的增值。这样基金便得以产生。1868年英国成立了"海外及殖民地政府信托",这被公认为世界基金业诞生的标志。

最早的基金通常采取契约的形式,由投资者和管理人签订契约,将一定的资金交给管理人管理,基金以契约资产的形式存在。而且基金的规模是固定的,基金一旦形成,便不再发行新的份额,投资者也不能随便撤回投入的资金,即基金的形式是封闭的。19世纪70年代以后,由于经济危机,一些海外国债、公司债无法履行偿债承诺,致使许多基金无法向投资者支付固定利息。为了分散风险,契约型基金依据英国1879年的股份公司法发展为公司型基金。随着基金的发展,基金又产生了新的形式。1924年3月21日,"马塞诸塞投资信托基金"在美国波士顿正式成立,投资者可以向基金管理人出售他们所持的基金份额,即基金的形式是开放的。这样,基金便形成了四种基本的形式:契约型基金、公司型基金、封闭式基金和开放式基金。而这四种基金形式的组合又构成了更多的基金形式。

基金在不同的国家有不同的形式,在美国主要的基金形式是公司型开放式基金,称为"共同基金";在英国及中国香港地区主要的基金形式是契约型开放式基金,称为"单位信托";在日本主要的基金形式也是契约型开放式基金,称为"证券投资信托";自1998年中国内地基金行业发展以来,最早发行的均为契约型封闭式证券投资基金,2001年9月发行了第一只契约型开放式基金后,开放式基金的发行数量远远超过了封闭式,而早年的封闭式基金随着基金合同的到期,又纷纷封转开。2007年7月,在封基停发近5年后,中国首只创新型封闭式基金获批发行。目前中国主要的基金形式是开放式基金。

## 二、基金的特点

(1)集合投资。基金设立的目的是为了获取投资收益,但不是单个投资者分散投资,而是将单个投资者资金集中起来进行投资,这便形成了集合投资的方式。集合投资方式的特点在于它是有组织的,是机构性的,因此集合投资也可称为组织投资或机构投资。

(2)专家经营。基金一般没有自己的经营机构,它是通过设置信托,将资产委托给基金管理人进行经营管理。基金管理人有高效的组织机构,拥有一批训练有素的基金管理人员,他们具有扎实而广泛的金融证券知识、高超娴熟的投资技巧、丰富的投资经验,还可以获得及时全面的信息,从而为经营和运用基金资产提供保证。基金专家经营的特点为基金的投资人提供了更好的服务。

（3）组合投资。基金在进行投资时，一般会衡量投资收益与风险，希望把投资风险降到最低。为了达到这样的目的，基金往往在法律规定的投资范围内进行科学的组合，分散投资于多种证券，实现资产组合的多样化。通过组合投资，分散了投资风险，也降低了投资风险。

（4）安全性较高。为保证基金资产的安全，基金一般要委托基金托管人保管基金的资产，而不是由基金管理人保管。基金托管人一般要由专门的机构担任，往往是商业银行等机构，这些机构一般实力雄厚、资信良好、设备先进，可以保证基金资产的安全。同时，基金托管人一般也负责监督基金管理人对基金资产的运用，以防发生损害基金投资者利益的行为。

（5）流动性较高。基金的买卖十分方便，投资者可以根据个人的需求随时买卖基金。封闭式基金的买卖一般通过证券交易所或柜台交易进行，其程序与股票买卖相似。而开放式基金的买卖渠道则更多，投资者可以随时向基金管理公司认购或赎回基金，除此之外，投资者还可以通过基金的代销银行或证券商等买卖基金。

（6）交易费用较低。由于基金是一种集合投资，因此基金具有规模经济的优势，投资费用在众多的投资者之间分摊，降低了投资成本；基金之间的相互竞争，使得基金的购买费用和管理费用大为降低，直接降低了投资者投资于基金的成本。此外，很多国家对基金也给予一定的税收优惠。

## 三、基金的功能

基金将投资者的资金集中起来进行投资，这表明了基金的两个基本功能：融资和投资。通过基金融资，可以筹集规模巨大的资金，具有股票、债券等金融工具所不可比拟的优势；通过基金投资，可以通过专家服务获得较好的投资收益。除此之外，基金还具有以下功能：

（1）为投资者拓展投资渠道。基金由专家进行投资，从而为投资者提供了一种较好的投资工具。

（2）将储蓄转化为投资。由于基金可以为投资者提供个性化服务，可以吸引更多的投资者通过基金将资金转化为投资。基金在将储蓄转化为投资上更富于效率。

（3）促进证券市场的发展。基金汇集众多资金进入证券市场，成为证券市场增量资金的来源，为证券市场源源不断地输送新鲜血液；同时基金也成为证券市场上一个新的投资工具，丰富了证券市场上的金融产品；基金作为投资者，成为证券市场上一支十分重要的投资力量，改善了证券市场上的投资者结构；基金的产生还促进了金融创新，基金为了科学投资往往需要大量的金融工具，比如股指期货。从这几个方面来说,基金有助于证券市场的发展,可以使得证券市场更富有深度、广度和宽度。

(4) 促进上市公司治理结构的改善。传统上基金一直遵守"华尔街准则"即所谓"用脚投票",对公司治理普遍采取消极态度。但自20世纪80年代以来,基金对参与公司治理的态度发生了改变,他们开始积极参与公司治理,出现了所谓的机构股东积极主义(institutional shareholder activism)。以养老基金为代表的这种机构股东积极主义产生的原因在于:① 机构投资者的规模不断扩大,他们所占的市场份额也越来越大。如 TIAA-CREF(teachers insurance and annuity association-college retirement equities fund,教师保险和年金协会——大学退休权益基金)所持有权益约占美国整个证券市场权益的1%。如公司管理不善他们即使想"用脚投票",也要遭受股价下降所带来的巨大损失。② 基金采取指数化投资策略,造成极低的换手率,如 CalPERs(California public employees retirement system,加利福尼亚州公共员工退休系统)持有的权益的年换手率仅为10%左右,这迫使基金关心其所投资公司的治理问题。③ 20世纪80年代并购浪潮兴起时,基金可以高价抛出股票,获取额外收益,但一些反收购措施的运用,致使基金失去获取额外收益的机会,他们不得不争取一定的发言权以维护其利益。基金参与公司治理的方式主要有:与所投资的公司管理层直接沟通,征集股东代理投票权,提出股东议案,发布"黑名单"等。通过这些方式,基金在公司治理中发挥了较大的作用。

## 四、基金的分类

基金根据不同的标准,可以分出不同的种类。

(一) 根据投资对象分类

根据投资对象,基金分为股票基金、债券基金、货币市场基金和混合基金、期货基金、期权基金、认股权证基金、房地产基金和贵金属基金、基金中的基金。

房地产基金主要投资于与房地产或与房地产抵押有关的公司股票。贵金属基金主要投资于黄金、白银及其他与贵金属有关的证券和黄金期货,最典型的是投资于一些金矿公司的股票。基金中的基金是一种以其他基金的受益凭证或股票为投资对象的基金,专门以一种基金的受益凭证或股票为投资对象的则称为"单投基金"(feeder fund),它是一种特殊的基金中的基金。

(二) 根据投资目标分类

根据投资目标,分为成长型基金、收入型基金和平衡型基金。投资目标表明了基金对投资风险与收益目标的平衡。成长型基金是指主要投资于成长股票的基金,这种股票的股市价格预期上涨速度快于一般公司的股票或快于股市价格综合指数的股票。收入型基金是以获得当期收入为目的,主要投资于可带来收入的有价证券。平衡型基金投资于两种不同类型的证券,在以取得收入为目的的债券及优先股和以资本增值为目的的普通股之间进行平衡。

### (三) 根据组织形式分类

根据组织形式,分为契约型基金和公司型基金。契约型基金是指依据信托契约,通过发行受益凭证而组建的基金。这类基金一般由管理公司、托管公司和投资者三方当事人订立信托契约而组建。公司型基金是通过发行基金股份将集中起来的资金投资于各种有价证券等特定投资对象。公司型基金在组织形式上与股份有限公司类似,基金公司资产为投资者所有,由股东选举董事会,由董事会委托基金管理公司和基金托管公司管理。

### (四) 根据交易方式分类

根据交易方式,分为封闭式基金和开放式基金。封闭式基金是指基金资本总额及基金单位的发行份数在发行之前就已确定下来,在发行完毕后和规定的存续期内,基金的资本总额及发行份数都保持不变的基金。开放式基金是指基金的资本总额或基金单位的发行总数可以随时变动,即可根据市场供求情况发行新基金单位或赎回基金单位,基金规模不固定的基金。

### (五) 根据投资理念分类

根据投资理念,分为主动投资型基金和被动投资型基金。主动投资型基金的投资理念认为市场不是完全有效的,股票的价格在某段时间内可能被市场高估或低估,主张积极挖掘买入被市场低估的股票或卖出高估的股票来获得超额收益。而被动投资型基金的投资理念则认为市场的定价机制是有效的,投资者很难获得超过市场平均收益的超额收益,所以这类基金往往着重于追踪某只股票指数,来获得市场平均收益,因此又叫"指数型基金"。

### (六) 根据募集方式分类

根据募集方式,分为公募基金和私募基金。公募基金是指通过向社会公众公开募集资金而形成的基金。私募基金是指通过向特定投资者募集资金而形成的基金。

### (七) 根据资金来源和投资区域分类

根据资金来源和投资区域分为国内基金、国际基金、全球基金、国家基金、镜子基金和合作基金。资金来源于国内并投向国内金融市场上的基金为国内基金;资金来源于国内但投向境外的基金为国际基金;资金来源于国内,既投向国内金融市场,又投向国外金融市场的为全球基金;资金来源于国外,但投向国内的为国家基金;资金同时来源于国内外,但投向同一个对象、地区和领域的为镜子基金,此时的国界就像一面镜子一样,所以叫做镜子基金。

合作基金是指国内与国外两方共同合作设立的基金,根据合作领域不同,分为受益合作型、管理合作型和托管合作型三种形式。受益合作型是指内外双方在资金来源上合作;管理合作型是指内外双方在基金管理上合作;托管合作型是指内外双方在基金托管上合作。

## 第二节 基金发行市场

### 一、基金发起人(管理人)的设立

为保证基金业的健康发展,各国都对本国基金的设立和发起作出了一定的资格条件限制。只有具备一定条件的法人机构,才能作为基金的发起人(管理人),申请设立和组建基金。如在英国,要发起设立基金,必须首先成为英国基金行业协会的会员,而能否成为会员,要看发起人是否符合"会员资格与要求"。这种资格的要求是与英国基金业发展历史、法律法规的完善、行业自律性组织健全等相适应的。

根据2003年《中华人民共和国证券投资基金法》第十三条,设立基金管理公司,应当具备下列条件,并经国务院证券监督管理机构批准:① 有符合本法和《中华人民共和国公司法》规定的章程;② 注册资本不低于一亿元人民币,且必须为实缴货币资本;③ 主要股东具有从事证券经营、证券投资咨询、信托资产管理或者其他金融资产管理的较好的经营业绩和良好的社会信誉,最近三年没有违法纪录,注册资本不低于三亿元人民币;④ 取得基金从业资格的人员达到法定人数;⑤ 有符合要求的营业场所、安全防范设施和与基金管理业务有关的其他设施;⑥ 有完善的内部稽核监控制度和风险控制制度;⑦ 法律、行政法规规定的和经国务院批准的国务院证券监督管理机构规定的其他条件。

基金发起人可通过组建基金公司的形式发起公司型基金,也可通过订立信托契约形式发起契约型基金。

### 二、基金设立方式

基金的设立有两种基本方式,即注册制和核准制。

1. 注册制

基金注册制是指基金只要具备法规规定的条件,便可以申请并获得注册。基金注册制遵循公开原则,根据此原则,基金发行人必须公开与基金发行有关的一切信息和资料。基金申请注册过程中,基金主管机关不对基金发行人的申请及基金本身作价值判断,只审查基金发行申请人是否严格履行了相关的信息披露义务,其对基金发行公开材料的审查只是形式审查,不涉及任何发行实质条件的审查。只要基金发行人完整、及时、真实、准确地披露了相关信息,基金主管机关不得以申请人财务状况未达到一定的标准而拒绝其发行。

目前发达国家和地区一般采用注册制,如美国、英国和我国的台湾、香港地区。美国对公募基金实行注册登记制,并对私募基金实行注册豁免。

2. 核准制

基金核准制是指基金不仅要具备法规规定的条件,还要通过基金主管机关的实质审查才能设立。在基金核准制下,基金主管机关有权对基金发行人及其所发行的基金作出审查和决定。我国和日本实行基金核准制。

## 三、基金的设立审批程序

设立发行基金须由基金管理人向中国证监会提出申请,按证监会要求制作并提交有关申报材料,包括《承诺函》、《申请报告》、《基金合同》、《托管协议》、《招募说明书》、管理人与托管人的资格证明文件、管理人与托管人3年的财务报告、基金管理人董事会决议、律师出具的法律意见书、产品方案、募集方案、准备情况报告、证监会要求的其他材料和基金管理人的整体运作报告等。

中国证监会根据《证券法》以及其他有关规定,对申请人上报的材料进行审核,如符合有关标准,则正式下文批准申请人发起设立基金。

## 四、基金的募集

1. 基金的募集方式

基金的募集是指基金的发起人在基金获准设立后,向投资者发售基金单位募集资金的行为。有两种基本的募集方式:公募和私募。

公募基金是指受政府主管部门监管的,向不特定投资者公开发行受益凭证的基金。在中国,就证券投资基金而言,基金管理人往往通过银行代销渠道、证券公司代销渠道、基金公司直销渠道等方式向广大公众投资者发行基金。

私募是指发行人向特定投资者发行基金单位。私募的方式不能在公共媒体上披露有关基金发行的任何信息,不能在任何媒体上做广告以吸引投资者。私募对投资者有着一定的要求,通常是合格的投资者才可以认购。如美国法律规定"有资格的投资者"才能投资于私募基金。所谓"有资格的投资者"是指,个人投资者必须拥有500万美元以上的证券资产,并且最近两年的平均收入高于20万美元,或包括配偶的收入高于30万美元,以法人机构的名义投资,机构资产不能低于100万美元。投资者人数不能超过100人。1996年《国民证券市场改革法》规定,投资者人数不超过 500 人,同时拥有 2 500 万美元以上的机构投资者也可以投资于私募基金。下列情况下通常采取私募的方式:基金设计规模较小,基金投资范围较小,特定投资者认购便可完成发行计划,等等。

2. 中国对基金募集的有关规定

目前,中国批准设立的基金均为公开发行的基金。私募基金的"阳光化"问题目前正在研究讨论中。

根据 2006 年制定的《中华人民共和国证券投资基金法》,基金管理人应当自收到核准文件之日起 6 个月内进行基金募集。基金募集期限届满,封闭式基金募集的基金份额总额达到核准规模的 80% 以上,开放式基金募集的基金份额总额超过核准的最低募集份额总额,并且基金份额持有人人数符合国务院证券监督管理机构规定的,基金管理人应当自募集期限届满之日起 10 日内聘请法定验资机构验资,自收到验资报告之日起 10 日内,向国务院证券监督管理机构提交验资报告,办理基金备案手续,并予以公告。

封闭式基金的基金份额,经基金管理人申请,国务院证券监督管理机构核准,可以在证券交易所上市交易。基金份额上市交易,应当符合下列条件:基金的募集符合本法规定;基金合同期限为 5 年以上;基金募集金额不低于 2 亿元人民币;基金份额持有人不少于 1 000 人;基金份额上市交易规则规定的其他条件。

## 五、基金的管理机制

基金设立后,一般通过设置信托的方式进行投资运作,委托基金管理人管理运用基金资产,委托基金托管人保管基金资产。基金投资人是委托人和受益人,基金管理人和基金托管人是受托人。

(一) 基金投资人

基金投资人,也称为基金持有人或基金受益人,是基金资产的所有者,享有基金的投资收益,并承担相应的投资风险。

在我国,基金投资人应履行下列义务:遵守基金合同或基金公司章程;缴纳基金认购款项及规定的费用;承担基金亏损或者终止的有限责任;不从事任何有损基金及其他基金投资者利益的活动。基金投资人享有下列权利:出席或委派代表出席基金持有人大会;取得基金收益;监督基金经营情况,获得基金业务及财务状况的资料;申购、赎回或者转让基金单位;取得基金清算后的剩余资产;基金合同或基金公司章程规定的其他权利。

(二) 基金管理人

前已述及在我国设立基金管理人的条件,此处不再赘述。

设立基金管理公司应经过筹建和开业两个阶段,均必须得到中国证监会批准。中外合资基金公司还需持中国证监会的批准文件到商务部办理合资公司审批手续,然后持中国证监会的批准文件和商务部贸工局的批准文件(若有)到工商行政管理部门办理登记注册手续,并凭工商行政管理部门核发的营业执照和中国证监会的批准文件领取中国证监会颁发的《基金管理公司法人许可证》。

基金管理人的主要职责包括:① 依法募集基金,办理或者委托经国务院证券监督管理机构认定的其他机构代为办理基金份额的发售、申购、赎回和登记事宜;② 办理基金备案手续;③ 对所管理的不同基金财产分别管理、分别记账,进行证券投资;④ 按照基金合同的约定确定基金收益分配方案,及时向基金份额持有人分配收益;⑤ 进行基金会计核算并编制基金财务会计报告;⑥ 编制中期和年度基金报告;⑦ 计算并公告基金资产净值,确定基金份额申购、赎回价格;⑧ 办理与基金财产管理业务活动有关的信息披露事项;⑨ 召集基金份额持有人大会;⑩ 保存基金财产管理业务活动的记录、账册、报表和其他相关资料;⑪ 以基金管理人名义,代表基金份额持有人利益行使诉讼权利或者实施其他法律行为;⑫ 国务院证券监督管理机构规定的其他职责。

### (三) 基金托管人

**1. 基金托管人的资格**

根据《基金法》的规定,基金托管人由依法设立并取得基金托管资格的商业银行担任。

在我国,申请取得基金托管资格应当具备下列条件,并经国务院证券监督管理机构和国务院银行业监督管理机构核准:① 净资产和资本充足率符合有关规定;② 设有专门的基金托管部门;③ 取得基金从业资格的专职人员达到法定人数;④ 有安全保管基金财产的条件;⑤ 有安全高效的清算、交割系统;⑥ 有符合要求的营业场所、安全防范设施和与基金托管业务有关的其他设施;⑦ 有完善的内部稽核监控制度和风险控制制度;⑧ 法律、行政法规规定的和经国务院批准的国务院证券监督管理机构、国务院银行业监督管理机构规定的其他条件。

**2. 基金托管人的职责**

基金托管人应当履行下列职责:① 安全保管基金财产;② 按照规定开设基金财产的资金账户和证券账户;③ 对所托管的不同基金财产分别设置账户,确保基金财产的完整与独立;④ 保存基金托管业务活动的记录、账册、报表和其他相关资料;⑤ 按照基金合同的约定,根据基金管理人的投资指令,及时办理清算、交割事宜;⑥ 办理与基金托管业务活动有关的信息披露事项;⑦ 对基金财务会计报告、中期和年度基金报告出具意见;⑧ 复核、审查基金管理人计算的基金资产净值和基金份额申购、赎回价格;⑨ 按照规定召集基金份额持有人大会;

⑩ 按照规定监督基金管理人的投资运作;⑪ 国务院证券监督管理机构规定的其他职责。

现阶段的基金托管人有 12 家全国性股份制商业银行,分别为:中国工商银行、交通银行、中国银行、建设银行、农业银行、招商银行、光大银行、上海浦发银行、民生银行、华夏银行、中信银行、兴业银行。2008 年 6 月,北京银行获得基金托管资格,成为第一家获得基金托管资格的城市商业银行。

## 第三节　基金的上市及投资运作

### 一、基金的上市

开放式基金通常采用的是申购、赎回的方式。基金管理人、商业银行及经中国证监会认定的其他机构可以接受基金管理人的委托,办理开放式基金的认购、申购和赎回业务。商业银行开办开放式基金单位的认购、申购和赎回业务,应当经中国证监会和中国人民银行审查批准。

某些特殊种类的开放式基金也可以上市交易。如 ETF(exchange-traded funds,交易所交易基金),它综合了封闭式基金和开放式基金的优点,投资者既可以在二级市场买卖 ETF 份额,又可以向基金管理公司申购或赎回 ETF 份额,不过申购和赎回必须以一篮子股票(或有少量现金)换取基金份额或者以基金份额换回一篮子股票(或有少量现金)。由于同时存在二级市场交易和申购赎回机制,投资者可以在 ETF 二级市场交易价格与基金单位净值之间存在差价时进行套利交易。

2004 年,中国推出了首只本国创新的可上市交易的开放式基金 LOF(listed open-ended fund,上市型开放式基金),它与普通开放式基金的区别在于增加了一个可以在交易所交易的方式。与 ETF 相似,由于同时存在二级市场交易和申购赎回机制,投资者可以在 LOF 二级市场交易价格与基金单位净值之间存在差价时进行套利交易。

封闭式基金在发行完毕后、基金合同到期前,一般在证券交易所上市,投资者可以在交易所交易、买卖基金。封闭式基金的交易价格同时受到基金份额资产净值和基金交易市场供求关系的影响,因此,往往存在折价交易或溢价交易的现象。在中国,封闭式基金通常都是大幅折价交易,即交易价格低于基金份额资产净值,折价率通常在 30% 左右。为了鼓励封闭式基金的发展和交易,一些国家往往免征证券交易印花税,交易佣金也较低。

## 二、基金的投资运作

### (一) 基金的投资目标

基金的投资目标主要有三种:追求资本增值,追求固定收入,既追求资本增值又追求固定收入。

追求资本增值的投资目标较为强调资本的长期增长,而不考虑当前的利息收入。这种投资目标下的投资收益可能最高,但投资风险也最大。一般只有股票才有资本增值的潜力,因此追求资本增值的基金一般以股票为投资对象,通过投资于具有较高成长潜力的股票来谋求资本增值。追求资本增值的基金主要有积极成长基金、成长基金和部门基金等。

追求固定收入的投资目标较为强调当期的投资收入,一般不考虑资本的长期增值。这种投资目标投资可能收益较低,投资风险也较低。固定收入通常有股息、红利和利息等,因此追求固定收入的基金一般以债券、股票等为投资对象,投资于有固定利率的债券,或者投资于优先股,以及股息持续增长、红利水平较高的普通股,以获得经常稳定的投资收益。追求固定收入的基金主要有收入型股票基金、债券基金和货币市场基金。

既追求资本增值又追求固定收入的投资目标,强调资本增值与固定收入的平衡。这种投资目标投资收益可能较高,而投资风险较低。既追求资本增值又追求固定收入的基金以股票、债券等为投资对象,投资于分发红利、又有成长潜力的股票,或同时投资于股票、债券,以获取固定的投资收益,同时谋求长期的资本增值。既追求资本增值又追求固定收入的基金主要有成长-收入型股票基金,以及平衡基金、资产配置基金等混合基金。

### (二) 基金的投资策略

基金的投资管理策略主要有三种,即积极管理策略、消极管理策略和混合管理策略。

#### 1. 积极管理策略

积极管理策略是指基金管理者通过构造投资组合,积极投资以超越某一相应指数的绩效。目标指数的选择要和基金的投资组合战略相一致,如基金构造投资组合的战略是投资于低市盈率小型股票,则目标指数就不能选择整个股市的指数,而应该选择能够反映小型股票价格状况的指数。

基金管理者在构造投资组合时一般采用以下两种策略:自上而下策略和自下而上策略。如果基金经理较为强调行业、热点而不是个股,则采用自上而下的方法。例如,国际基金经理采用自上而下的方法构造投资组合,其流程如下:

① 找出影响全球市场的热点;② 将每个国家的经济和市场热点结合起来;③ 预测货币因素;④ 使用资产分配模型决定各国的最佳分配比例;⑤ 根据经济预测,决定各个行业的比例;⑥ 按照加权选择个股。而自下而上的策略则截然相反,采用自下而上方法的基金经理较为强调个股,其构造投资组合时首先选择有吸引力的个股,然后才考虑行业和国别。

积极管理的基金经理通常努力通过三个策略为基金增加收益。一是"市场时机把握策略",对证券市场的大势进行预测,把握资金进入市场的时机,努力扩大收益;二是"热点选择策略",预测下一个投资热点,通过投资热点的转换来增加收益;三是"个股选择策略",通过精选个股为投资组合增加价值。

2. 消极管理策略

消极管理策略是指基金管理者根据某一指数构造投资组合,以跟踪该指数的收益率。这种策略又称为指数化,采取指数化策略的基金称为指数基金。在美国,"标准普尔 500"一直是美国股票指数基金的主要指标,其他指标还有"Wilshire 5000"、"Russell 1000"、"Russell 2000"和"Russell 3000"等。投资组合的构造应该紧密贴近指数。

基金经理构造指数化投资组合的方法有三种:完全复制、抽样复制和最优化复制。完全复制是指按照权重比例购买指数所包含的所有股票。此种方式的倡导者认为,只有持有指数中所有的股票,才能保证紧密贴近实际的指数。抽样复制是指持有指标中所有大公司的股票,而小公司的股票只抽样持有,并保证基金的特征和指数的特征紧密相称。此种方法的倡导者认为,只要所构造的投资组合抓住了指标的本质特征,不需要持有所有的股票就可以接近指标的业绩。最优化复制是指,给定股票数据,运用最优化模型来建立投资组合,使组合与指数的偏差最少,偏离的残余风险最小。

3. 混合管理策略

混合管理策略将消极技术和积极决策合并,基金经理相信在某些领域有机遇,可以获得额外收益;在另外一些领域,投资组合则消极管理。业绩归因分析模型提供了这种股票投资组合管理的工具。

业绩归因分析简单地将收益分拆,分析其来源;同时对风险进行分析,找出收益和风险之间的关系。如通过业绩归因分析,可以看出基金经理投资偏向风险高的股票还是风险低的股票,如果归因分析显示基金经理总是投资于小盘股,但并没有获得额外收益,那么可以开发小盘股指数基金,因为指数基金的管理费用和交易费用比较低。

混合管理策略具体有以下三种模式:

(1) 积极与消极结合的管理模式。这种模式较多应用在国际投资组合管理上，对别国投资权重进行积极管理，而对本国股票采用消极管理。一些大基金对不同国家采取投资权重变动的方式管理，为基金增加了收益。

（2）积极/核心投资组合管理。核心投资组合按消极模式来管理，锁定市场指数的收益。核心投资组合追随整个市场指数，一般为"标准普尔 500"或"Wilshire 5000"和"Russell 3000"。剩余资产由有专长的基金经理管理，以追求高收益。

（3）积极/补充指数基金。基金公司让一部分基金经理去超越指数，剩余部分的资产则由补充指数基金来管理。补充指数基金用消极的模式组建。补充指数基金的倡导者认为，消极投资组合可以按照修正的指数来构造。积极管理的基金经理构造完投资组合后，找出投资组合没有覆盖到的那部分市场，按那部分市场修订指数，组建消极管理的补充指数基金，以达到完全覆盖市场的目的。

（三）基金的投资限制

基金的投资运作要受到基金契约或基金公司章程的限制，同时也要受到国家有关法律法规的限制。

中国《基金法》以及有关配套的法规对基金的投资运作作出了明确规定。

例如，基金合同和基金招募说明书应当按照下列规定载明基金的类别，基金名称显示投资方向的，应当有 80% 以上的非现金基金资产属于投资方向确定的内容。

基金管理人运用基金财产进行证券投资，不得有下列情形：① 一只基金持有一家上市公司的股票，其市值超过基金资产净值的 10%；② 同一基金管理人管理的全部基金持有一家公司发行的证券，超过该证券的 10%；③ 基金财产参与股票发行申购，单只基金所申报的金额超过该基金的总资产，单只基金所申报的股票数量超过拟发行股票公司本次发行股票的总量；④ 违反基金合同关于投资范围、投资策略和投资比例等约定；⑤ 中国证监会规定禁止的其他情形。完全按照有关指数的构成比例进行证券投资的基金品种可以不受前款①项、第②项规定的比例限制。

基金管理人应当自基金合同生效之日起 6 个月内使基金的投资组合比例符合基金合同的有关约定。因证券市场波动、上市公司合并、基金规模变动等基金管理人之外的因素致使基金投资不符合规定比例或者基金合同约定的投资比例的，基金管理人应当在 10 个交易日内进行调整。

另外，中国证监会制定了一些法规或发布通知，对基金投资资产支持证券、权证等衍生金融产品也给予了明确规定。

## 第四节 美国、英国、日本的基金市场

### 一、美国的基金市场

美国是世界上基金市场最发达的国家。基金中最具代表性的是开放式投资公司，即共同基金。

1924年3月21日，"马塞诸塞投资信托基金"的设立，为美国基金引入了一些新的概念，如连续不断配售新股份，可赎回股票，可以在任何时间以当时的基金资产价值出售，这使得美国基金发生了革命性的变化。

此后，美国基金市场迅速发展，1926年至1928年，全美先后设立基金480只，至1929年年底，美国基金资产总值高达70亿美元，为1926年的7倍多。这些基金设立的主要目的是为了防止通货膨胀、储蓄保值，投资对象以黄金、白银等贵金属现货、期货及该类工业股票、债券为主，大多采取封闭式，实行类似于定期大额储蓄式的保底分红分配。1929—1933年美国发生经济危机，股市暴跌，许多基金纷纷倒闭，基金的发展受到了严重的阻碍。为保护投资者利益，美国政府制定颁布了一些法律，如1933年的《证券法》、1934年的《证券交易法》、1940年的《投资公司法》和《投资顾问法》等，从而为基金发展提供了制度保障。1940年，美国只有68只共同基金，基金资产仅为4亿美元。1940年还出现了第一个国际股票共同基金。整个20世纪40年代到50年代早期，基金的发展相当缓慢，但进入50年代，基金的目标发生了变化，逐步从储蓄保值转向寻求投资收益，更多的基金投入到各种增长型股票中。1960年，美国基金增加到160只，基金资产增加到170亿美元。

20世纪70年代前，美国绝大多数的基金都是股票基金，只有少数平衡基金的投资组合中有债券，1940年，美国共有5只债券共同基金；从1940年到1965年间，也只推出了3只债券基金。进入70年代，更多的债券基金被开发出来，1972年有46只债券和收入基金；同时还产生了一种新的基金，即货币市场基金。1970年，美国国会取消了"Q条例"中有关10万美元以上存款利率最高限额的规定，各储蓄机构、商业银行竞相提高大额存款利率，抢购大额存款市场而无视小额存单。大额存款和小额存款的歧视利率直接导致货币市场基金的产生，其最初目的是集中小户的零散资金，获取大额存款利息。货币市场基金在70年代获得迅猛发展，至80年代初，货币市场基金资产规模超过了股票基金和债券基金的资产。1975年股票和债券收入基金资产为422亿美元，货币市场基金资产为37亿美元，1981年股票和债券基金资产为553亿美元，而货币市场基

金资产却高达 1 861 亿美元。

20 世纪 80 年代以来,由于美国证券市场的繁荣以及养老计划、个人退休计划的推出,美国基金市场进入了快速发展期,共同基金总资产由 1979 年年底 600 亿美元激增到 1989 年年底的 9 807 亿美元,10 年间增长了 16 倍。进入 90 年代,共同基金资产更是以每年 21.4% 的速度增长。至 2003 年 9 月底,美国共同基金资产规模高达 6.9 万亿美元(占全球总量的 54%),基金市场中基金数量达 8 124 只。至 2006 年年底,美国共同基金资产规模高达 10.4 万亿美元(占全球总量的一半左右)。

## 二、英国的基金市场

英国是基金市场的发源地。最具代表性的基金是单位信托,是一种契约型开放式基金。

1868 年,英国产生了第一只基金——"海外及殖民地政府信托",此后一些类似的基金逐步设立,到 1890 年英国的基金已达 101 家,这些基金都以对外证券投资为目的,并以公债为主要投资对象。其原因主要在于:当时股份有限公司的信用很薄弱,股票发行较少;当时伦敦证券交易所上市的证券主要是债券,多为外国公债,投资于外国债券比国内债券有利。这些早期的投资基金都是契约型的,其中以封闭式和固定利率的形式居多。

19 世纪 70 年代以后,由于经济危机,一些海外国债、公司债无法偿还债务,致使许多基金无法向投资者支付固定利息。为了分散风险,契约型基金依据 1879 年的股份公司法而发展为公司型基金。1870 年至 1930 年,有两百多只基金在英国各地相继成立。

1934 年,"外国政府债券信托"在英国组建,该基金规定基金应以净资产值赎回基金单位,这是英国的第一只开放式基金,也是英国现代最具活力的基金——单位信托。虽然单位信托产生于 19 世纪 30 年代,但直到 19 世纪 50 年代初才有所发展。1959 年,单位信托发展到 50 个,资产为 1.2 亿英镑。20 世纪 80 年代以后,英国的基金市场迅速发展,1982 年单位信托超过 400 个,总资产近 40 亿英镑。1992 年政府推出了与养老保险相关的个人股票投资计划,极大地促进了英国基金市场的发展,80 年代英国 90% 的基金出售给富人,90 年代 60% 的基金由中低收入者购买。1992 年至 2003 年年底,英国基金市场中的基金总资产从 600 亿英镑增加到 2 400 亿英镑。到 2003 年 12 月,英国基金市场中,有基金管理公司 129 家,管理基金 1 924 只。此外,作为封闭型基金的投资信托为 352 家,总资产 578.79 亿英镑。截至 2005 年年底,英国投资管理协会(IMA)所管理的基金资产总量达到 2.8 万亿欧元。2007 年,注册在英国的单位信托资产规模达到 4 627 亿英镑。

## 三、日本的基金市场

在发达国家中,日本基金市场发展属于后起之秀。在日本最具代表性的基金是证券投资信托,是一种契约型开放式基金。

日本的信托制度是从美国引进的,1902 年日本兴业银行成立后,首次开办了信托业务。1930 年,为防止纽约股价暴跌影响日本股市,日本人寿保险公司等金融机构共同出资组建了"生命证券公司",这是一个具有法人性质的基金。1937 年"腾本票据经纪商"(大和证券的前身)引进了英国的"单位型信托"的经营方式,设立了腾本的"合作投资者",这是日本证券投资信托的第一个正式法人组织。

"二战"爆发后,日本股市暴跌。为改善股市环境,组织资金支持战争,日本正式建立证券投资信托制度。1941 年 10 月,野村证券公司以民法、信托法以及信托业法为根据正式开办投资信托业务。此后一些办理证券投资信托的机构相继成立。1948 年 7 月,日本证交会公布了《证券投资公司法》,这是仿效美国 1940 年投资公司法而制定的法案。1950 年日本经济复兴,为吸收流向民间的资金、加速资本的形成,1951 年 6 月又制定并公布了"证券投资信托法",从而奠定了日本现行投资信托的法律基础。此法一公布,各大证券公司及大批中小证券公司都先后成立投资信托委托公司,开办证券投资信托业务。此外,朝鲜战争刺激了日本经济,股价上涨,基金券偿还额高出投资额两倍以上,基金市场行情看好,一直延续到 1964 年。此后由于日本政府实行货币紧缩政策,股市大跌,基金受到拖累。政府成立了"日本共同证券公司"、"日本证券保有组合"等基金,运用巨款购买股票,维护了股市的稳定,挽救了基金业。1967 年 10 月,日本政府修订了《证券投资信托法》,决定建立委托公司独立运营制度,并改革单位信托基金制度,使基金市场制度日趋完善。

日本"国民收入倍增计划"的实施,使日本国民个人投资者大量增加,证券投资信托进入大发展时期。1968 年 3 月日本开始准许外国人投资证券市场,1973 年 1 月起外国投资信托只要符合证券商公会制订的《外国投资信托基金选择基准》的规定,就被允许在日本公开销售,这进一步促进了日本证券投资信托市场的发展。截至 1984 年已有 32 家符合《侨外投资共同基金选择基准》规定的海外基金在日本境内销售。1991 年日本基金市场中的基金已达 1 837 家,资产总计 50 万亿日元。但从 20 世纪 90 年代初,日本泡沫经济崩溃,股市大跌 75%,投资基金急剧减少,迫使投资基金制度改革。但由于日本经济长期萧条,投资基金还是处于不断减少之中,从 1995 年的 4 699 亿美元下降到 2003 年年末的 3 300 多亿美元,基金总数也相应由 6 408 只下降到 2 602 只。

相对于欧美国家,日本基金市场的透明度还有一定差距,亏损的基金数量庞大。因此,即使是投资基金,日本人也一直更倾向于选择相对保守的债券基金。在2005年"活力门"事件之前,日本的股票市场一度非常活跃,不少人开始对股票基金跃跃欲试。仅2005年11月一个月,投资者投向股票基金的资金就净增加30亿美元,成为单月最大增加量。然而,"活力门"事件严重打击了日本人投资股票基金的兴趣。事隔几个月,村上基金总裁村上世彰也因为涉嫌内线交易被逮捕。一连串的事件让日本人"谈基金色变"。为制止类似案件再次发生,日本参议院随后通过新的《金融商品交易法》,加强了对基金的监管。与此同时,日本渐渐结束了长达6年的零利率政策,日本人对购买基金的兴趣更加减弱。

## 第五节 中国的基金市场

1985年12月,中国东方投资公司在中国香港和伦敦推出了中国东方基金,这是最早的一只"中国概念"基金,它是在中国境外募集资金,投资到中国内地,属于"海外国家基金"的形式。随后,中国银行和中国国际信托投资公司、香港新鸿基信托基金管理有限公司等机构陆续推出了一些类似的基金。至1992年年底,中国海外国家基金的数量达20只,基金市场中的基金规模达50亿港元。

海外国家基金市场的蓬勃发展促进了国内基金市场的兴起,引发了国内基金设立的热潮。1991年10月,国内第一家基金——"武汉基金"正式设立;11月,"南山风险基金"在深圳正式设立。1992年4—5月,沈阳陆续发行了5种基金受益凭证:富民、通发、兴沈、公众和万利,筹集资金2.2亿元。同年6月,沈阳证券交易中心正式开业,这5种基金凭证分别于7月、9月和10月在沈阳证券交易中心挂牌交易,事实上形成了全国第一个基金交易市场。1992年6月,《深圳市投资信托基金管理暂行规定》颁布,这是中国内地第一个地方性基金法规。1992年10月8日,国内首家基金管理公司——深圳基金管理公司宣告成立,年底该公司推出了"天骥基金",基金规模为5.8亿元,是当时国内规模最大的标准基金。1992年11月,"淄博乡镇企业基金",获得中国人民银行的批准,正式设立;1993年8月20日,该基金在上海证券交易所上市,成为第一家在中国内地证券交易所挂牌上市的基金。1992年基金设立的热潮扩散到全国各地,基金市场得到了较快发展。海南、广东、天津、黑龙江等地都推出了多种基金。1992年全年,全国基金市场中已有四十余只基金。1993年,基金市场热继续升温,数量增加到61只。1994年3月,沈阳证券交易中心与上海证券交易所、南方证券交易中心与深圳证券交易所双向交易联网系统顺利开通,标志着全国性的基金市场初步形成,从而原来在沈阳和南方两个证券交易中心上市的基金进入全国性基金市场。至1996年年底,中国内地设立的基金达75只,基金类凭证47个,募集资金达73亿元,其中在上海、深圳两地证券交易所上市交易或联网上市交易的基金有 25 只,在天津、浙江、重庆、大连、武汉等证券交易中心挂牌交易的有四十多只,其余的未能在证券交易所或证券交易中心公开交易。

1997 年前设立的基金是在没有全国性基金法规的情况下发展起来的,基金的设立和运作都存在着种种问题,如基金投资范围宽泛、基金运作缺乏规范,基金交易混乱、缺乏监管等。为了规范中国基金市场,国务院前证券委于 1997 年 11 月 14 日颁布了《证券投资基金管理暂行办法》,对原有基金进行清理规范,开始批设新基金的试点,从此中国基金走上了规范发展的道路。

如图 10-1 所示,仅 1998 年至 2006 年间证券投资基金的数量便由 5 只增至 301 只,其中开放式基金的增长尤为迅速。基金已成为我国证券市场中最重要的投资者之一。如图 10-2 所示,1998 年基金资产净值占股票流通市值的百分比仅为 2.3%,而 2005 年这一比例已升至 42%。2005 年后,随股权分置改革的深入,流通市值急剧扩大,故该比率有所下降。

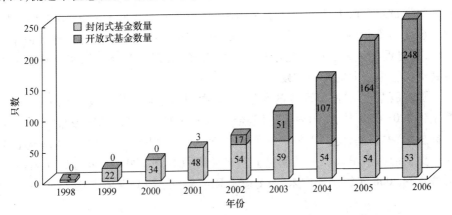

**图 10-1　证券投资基金发行情况(1998—2005 年)**

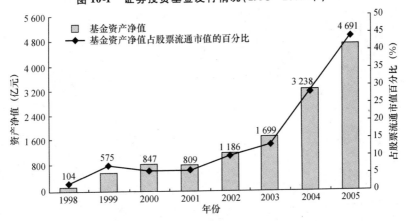

**图 10-2　证券投资基金资产净值及其占股票流通市值的百分比(1998—2005 年)**

资料来源:中国证监会。

2007年是基金业高速发展的一年。从2003年到2007年年底,中国银行储蓄存款的平均增长率为15%,保险业资产规模的平均增长率超过30%,而证券投资基金资产规模的平均增长率超过90%。截至2007年11月底,中国已成立59家基金管理公司,其中28家是中外合资基金公司。

2007年6月20日,中国证监会发布了《合格境内机构投资者境外证券投资管理试行办法》和相关通知,QDII新政基金业国际化起航。9月,国内首只股票型QDII基金——南方全球精选正式发行,至10月底,首批四只股票型QDII基金发行总额达到1 200亿元。

2007年9月,中国基金业管理的基金业资产规模突破3万亿。

2007年11月30日,中国证监会发布《基金管理公司特定客户资产管理业务试点办法》,标志着市场期待已久的基金公司专户理财业务正式开闸。根据试点办法规定,基金公司最多可从所管理的资产净收益中分得20%。这相比公募基金靠每年提取1.5%的管理费来说,对基金公司显然有着极大的吸引力。让基金公司期待的是,专户理财将与QDII一样让国内的基金公司再次迎来发展机遇,将促使基金公司实现业务模式的多样化,帮助基金公司实现从公募基金到资产管理公司的跨越式发展。

随着股票市场在2008年的大幅下挫,中国基金业的管理规模也不断缩水。截止到2008年8月底,国内59家基金公司旗下364只基金陆续公布完半年报。数据显示,中国基金业2008年上半年的净亏损超过万亿元,创下中国基金业10年历史上的一个纪录。中国基金业资产管理规模在2007年达到3万亿多元,而截止到2008年第二季度末,公募基金资产规模下滑到两万多亿。

# 第十一章

# 黄金市场

第一节　黄金市场概述
第二节　黄金流通市场
第三节　黄金市场交易方式
第四节　英国、瑞士、美国、新加坡、
　　　　中国香港等国（地区）的黄金市场
第五节　中国内地黄金市场

# 第一节 黄金市场概述

## 一、黄金市场的定义

黄金是国际经济往来的重要结算工具,也是国际投资活动的重要投资工具。作为国际贸易的最后支付手段,黄金在国际经济交往中执行世界货币的重要职能。同时,由于黄金具有国际流通性好、较为稀缺、耐久、不会折旧及延展性好等特性,加上投资黄金可以免税,因此,黄金也是财产保值、投资组合中的重要投资工具,其生产、储备及买卖历来受到各国的高度重视。

黄金市场是世界各国集中进行黄金买卖和金币兑换的交易中心。黄金市场是国际金融市场的重要组成部分,其交易主体是以市场所在国各大银行为代表的国际黄金商。它们的主要经营活动有代理业务、期货交易、中间商业务、套购业务等。作为卖方出现的主要机构或个人有产金国的采金企业,持有黄金待售的集团或私人,为解决外汇短缺和支付困难的各国中央银行以及预测金价下跌而做"空头"的投机商等。而作为买方出现的主要机构或个人有为增加官方储备的各国中央银行、为保值作投资的购买者、预测金价将上涨做"多头"的投机者、以黄金作为工业用途的工商企业等。此外,一些国际金融机构,如国际清算银行和国际货币基金组织也参与黄金的买卖。

目前,全世界共有四十多个可以自由买卖黄金的国际市场,主要分布在发达国家的经济中心城市,其中伦敦、苏黎世、纽约、芝加哥和中国香港是世界五大黄金市场,其他国家或地区的市场也随着世界黄金市场的分散化和国际化而日见活跃。

## 二、黄金市场的形成与发展

19世纪60年代,在英、德、法、美等国,以黄金作为本位货币的货币制度——金本位制取代了金银复本位制。20世纪初,金本位制在世界各国通行,成为国际性货币制度。在金本位制度下,黄金作为本位货币占据主导地位,执行货币的价值尺度、流通手段、支付手段、储藏手段和世界货币这五种基本职能。黄金分散于世界各国,这为黄金在民间和国际自由流动提供了可能,促进了黄金市场的快速发展。在典型的金本位制度下,黄金作为本位币,为外汇市场的稳定发展奠定了良好的基础,黄金市场在金融领域内的作用至关重要。

20世纪30年代资本主义世界的经济危机,使金本位制的稳定性因素遭到破坏,许多国家放弃了金本位制,转为采用金块本位或金汇兑本位制。随着金本位制的崩溃,各国纷纷实行外汇管制,黄金交易的自由也受到了很大的限制。各国政府的货币当局均规定黄金一般要出售给官方外汇管理机构或指定的银行,至于工业和其他用途的用金也需向外汇管理机构或指定的银行购买。这使得黄金的货币职能作用大为削减,黄金市场在金融市场中的地位也逐步下降。而在这一时期借贷市场、证券市场和外汇市场却得到了快速的发展,逐步取代了黄金市场的主导地位。

二战之后,以美元作为本位货币的布雷顿森林体系成为新的国际货币体系。在布雷顿森林体系下,美元的含金量被确定下来,黄金市场与金融市场的联系实际上是靠黄金与美元的固定比例关系来维持的。

20世纪60年代,美元的世界货币地位产生动摇,国际市场上出现抛售美元购买黄金的风潮,市场上的金价不再受政府干预,市场中的供求关系决定黄金价格的走势,黄金开始和美元脱钩,黄金与美元之间的固定比率关系不再存在。

1976年,国际货币基金组织在《牙买加协定》中,正式宣布废除黄金官价,取消黄金含金量。这标志着黄金与货币之间的固定联系被正式切断,黄金逐步丧失其货币职能,变为普通贵金属商品。

20世纪70年代以来,一些国家或地区相继开放黄金市场或放松对黄金输出入的管制,黄金市场规模进一步扩大,几乎遍布全球,促使黄金交易量急剧增加。同时伦敦以外的一些黄金市场的重要性也逐步上升,各黄金市场金价波动剧烈,投机活动频繁,世界黄金市场出现了许多新特点,主要表现在以下几个方面:

(1) 黄金市场的性质转变为以商品市场为主。随着黄金货币职能的丧失,黄金成了普通贵重金属商品,黄金市场性质产生了重要变化,由原来的以金融市场为主转变为以商品市场为主的市场,遵循一般商品市场的运动规律。当然,由于黄金的保值作用,黄金价格的波动仍会受到汇率、利率、通货膨胀及资本流通等金融因素的影响,同时黄金市场的波动也会影响到其他金融市场,所以黄金市场仍为金融市场中不可或缺的组成部分。

(2) 世界黄金市场朝着区域化和全球一体化的方向迅速发展。以美元为本位货币的布雷顿森林体系崩溃后,黄金的货币职能逐渐消失,各国对黄金的管制也逐渐放松,随之产生了一些新兴区域化黄金交易中心,世界黄金市场在20世纪70年代进入了大发展时期。除欧洲黄金市场以外,中东的贝鲁特、迪拜、利雅得,亚洲的中国香港地区、新加坡、东京及拉美的巴拿马城等地都成了世界性或地区性的黄金交易中心。加拿大温尼伯期货交易所于 1972 年 11 月开业进行黄金买卖;美国于 1975 年宣布允许其居民持有和买卖黄金,因而导致巨大的黄金市场的形成;中国香港在 1974 年也撤销了对黄金输出入的管制;日本近年来也放宽了黄金的进口。现代电子与通信技术的应用也大大活跃了黄金市场交易,现代化的通信设备连续不断地将金价信息传播到世界各地,使全球黄金可以昼夜 24 小时不停止地进行交易。到了 80 年代,黄金市场全球一体化基本形成。

(3) 黄金期货交易市场迅速发展。1975 年美国解除黄金禁令并开办了黄金期货市场,纽约、芝加哥两大期货市场的黄金交易得到了快速的发展。随后,新加坡、澳大利亚也相继开辟了期货市场,伦敦市场也于 1981 年开办了期货业务。

(4) 黄金微型化交易、黄金券交易的兴起。近年来,由于世界性通货膨胀加剧,黄金市场的交易也出现了一些新的动向,最为突出的是黄金微型化交易的发展。各种金条、金币形式多样化,而且重量更轻,使小额资金持有者也可以购买黄金以保值。同时,各种纪念币不仅成为人们重要的贮藏手段,还是国家增加外汇收入的一个来源。另一种交易方式是黄金券交易。黄金券是黄金的凭证,持有人可随时向发行银行要求换成黄金或与其等值的货币。对于购买者来说,如同持有黄金实物一样,既可用于保值,又可用于投资,而且比持有实物更为方便和安全。而对于发行银行来说,由于黄金交易增多,实物交易供不应求,发行黄金券既可扩大黄金交易量,也可增加收益。

## 三、黄金市场的类型

根据黄金市场的性质、作用、交易方式、交易管制程度等可对黄金市场作出以下分类:

(1) 按黄金市场的性质可分为国际性市场和区域性市场。国际性市场是指进行国际性集中交易,并在世界黄金市场中起主导作用的黄金市场,该市场中黄金价格及交易量的变化对其他市场有很大的影响。这一类市场主要有伦敦、苏黎世、纽约、芝加哥和中国香港。

区域性市场主要指交易规模有限且对其他市场影响不大的黄金交易市场,如巴黎、法兰克福、布鲁塞尔、卢森堡、贝鲁特等。

(2) 按交易方式可分为现货市场和期货市场。现货市场是指以现货交易为中心、在同业间利用电信工具联系交易活动的黄金市场,这种市场大多分布在欧洲,也称为欧洲类型的市场,如伦敦、苏黎世黄金市场。虽然伦敦黄金市从1982年4月19日起开办了黄金期货业务,但它仍然是一个典型的现货市场。

期货市场是指以期货交易为中心、设有独立的交易场所的黄金市场,也称为美国类型的市场,如纽约、芝加哥和中国香港等黄金市场。

目前世界黄金市场出现两大黄金集团并存发展的现状:一个是现货交易为主的伦敦——苏黎世集团,另一个是以期货交易为主的纽约(包括芝加哥)——香港集团。这两大集团之间的合作十分密切,共同操纵着黄金市场。其中,伦敦黄金市场的作用尤为突出,该市场的黄金交易和报价是反映世界黄金行市的一个"晴雨表"。

(3)按交易管制的程度不同可分为自由交易市场和限制交易市场。自由交易市场是指可以自由输出输入黄金、居民与非居民都可以自由买卖黄金的黄金市场,如苏黎世。限制交易市场是指黄金的输入输出受到管制的黄金市场。限制交易市场包括两种情况:一种是只准非居民买卖,不准居民自由交易的黄金市场,如1979年10月英国撤销全部外汇管制前的伦敦市场;另一种是只允许居民自由买卖的国内黄金市场,如巴黎市场。这两种交易的管制方式虽有不同,但目的都是出于外汇管制的需要。

## 第二节 黄金流通市场

### 一、黄金市场的供给

黄金市场的主要供给来源有:资本主义世界各国的新产金,前苏联向世界市场售出的黄金,一些国家官方机构、国际货币基金组织和私人抛售的黄金,南非、美国和加拿大出售的金币,还有美国发行的黄金券。

南非是世界第一大产金国,是世界黄金市场的最大供应者。前苏联是世界第二大产金国,1980年以后,由于原来的大量囤金抛售太多,再加上黄金供过于求、价格下跌,前苏联的黄金产量减少到不足100吨。其他产金国还有加拿大、巴西、美国、澳大利亚等,这些国家的产金规模都比较小,一般年产量只有几十吨。

由于新建矿床和旧矿的深度挖掘需要较高的技术和革新措施,加上燃料和物价上涨,工资支出所占成本比重日益增加,使得产金成本越来越高。但是,目前的世界金价相对平稳,加之南非、加拿大等产金国对新矿进行积极开采,黄金产量仍然有上升的趋势。

## 二、黄金市场的需求

各国对黄金的需求主要有三个方面:

(1) 官方储备资产的需求。指各国中央银行将黄金集中作为储备,用以国际支付。目前,黄金仍然发挥部分世界货币的功能。据国际基金组织统计,世界各国中央银行的黄金储备总额约为 2.9 万吨。从 20 世纪 80 年代开始,各国中央银行黄金储备的增减变化很小,这与黄金作为货币储备的作用有所减少、美元坚挺、利率上升等因素有关。

(2) 工业原料的需求。工业用途需求的增减,对世界黄金价格的涨跌有很大的影响。黄金的工业用途很广,是高科技工业、医疗器械业和首饰行业等产业部门主要的原材料。国际市场供应的黄金大部分是被工业用途所吸收的。工业用金特别是首饰业、电子业方面用量的不断增加,促使金价趋涨。

(3) 私人囤积的需求。个人购买黄金有两种性质:一是保值性的购进,这种购进数量不大,对价格影响较小;另一种是投资性购进,是投资者通过预测金价的涨跌趋势以及与之相关的经济、金融、财政等因素而进行的投资活动,其目的在于获利,其需求量较难估计。

## 三、影响金价变动的因素

1. 成本因素

从长期看,生产的劳动成本是决定金价的重要因素。目前黄金富矿越来越少,生产成本也越来越高,这是决定金价上涨趋势的重要因素。

2. 供求因素

黄金供求数量的变化,对黄金价格的涨跌有着直接的影响。一方面,当今世界各国对黄金的需求日见增加,呈逐年上升趋势;而另一方面世界黄金产量增长缓慢,且在短期内很难有较大增长,这种供不应求的局面,给世界黄金市场造成了巨大压力,促使国际黄金市场的金价呈现出上涨的趋势。

3. 其他经济因素

其他经济因素对黄金价格的影响主要表现在以下几个方面:

(1) 世界经济周期的波动趋势。在经济衰退时期,人们对经济发展的悲观预期会促使其抛售纸币、抢购黄金,以求保值,从而使市场上的黄金需求量增大,带动金价的上涨。反之在经济扩张时期,市场上的黄金需求会降低,造成黄金价格的下跌。

(2) 美元汇价的变动。美元汇价的下跌往往引起大量抛售美元、抢购黄金的风潮,从而导致黄金价格大幅上涨。反之,美元汇价的上涨通常会造成金价的下跌。

(3) 通货膨胀。通货膨胀会使人们手中持有的货币贬值,人们可能会对纸币失去信心,认为持有黄金比持有纸币更稳妥、更安全,这样人们对黄金的需求增加,从而引起金价上涨。反之,如果通货膨胀和物价上涨出现减缓的趋势,人们购进黄金的活动相应减弱。

(4) 石油价格的变化。目前国际石油价格以美元标价,当石油价格上涨时,往往引起美元的贬值,而美元的贬值又会导致人们抢购黄金以求保值,进而刺激黄金价格上涨。1973 年和 1979 年的两次石油危机,对金价的上涨都起了强烈的刺激作用。反之,若由于石油供过于求,油价不断下跌,将会对金价的下跌产生明显的影响。

4. 政治因素

政治局势与突发性重大事件,对国际黄金市场上的黄金价格也会产生影响。

## 四、黄金的交割特点

对于大宗交易来说,无论是期货还是现货,很少是直接以黄金实物交割的,而一般是采取账面划拨方式,把存放在某金库的属于某个国家或集团的寄存黄金换一个标签即可。目前,各国的黄金储备大部分存放在英美两国的黄金储藏设备中。这种方法既节省了运输保险费用,又避免了运送的风险,在国际金融机构、国家之间以及大垄断金融机构之间的黄金买卖尤为如此。

对于私人或企业集团买卖新开采出来的黄金,一般多按实物交易方法。黄金交易的形式有多种,成交额最大的是各种成色和重量的金块。专业金商和中央银行交易的对象一般是重量为 400 盎司、成色为 99.5% 的大金锭。主要产金国如南非、前苏联、加拿大等,所开采的黄金一般都是以这种形式投放市场的,另外各金库储存的大量黄金也是采取这一形式的金锭。普通私人储藏者交易的对象一般是成色、重量不等的小金条,最常见的是 1 公斤重的金条。

此外金币和黄金券也是黄金市场上较为重要的交易媒介。金币体积小、便于转移,而且在许多国家储藏金币日后可免交遗产税,因而金币的交易量呈逐年增长之势。对于一些人而言,金币特别是旧金币还有作为古董收藏的意义。对于特种纪念金币来说,它的价格是以其实际含金量,按照当时国际黄金体积乘以 1.5 来计算的。

黄金券的面额有多种,最小的仅 0.5 盎司。黄金券有编号和姓名,不得私自转让,但遗失可以挂失。近年来黄金券的交易量在逐年增加。

## 第三节　黄金市场交易方式

黄金市场的交易方式包括现货交易、期货交易、远期交易、期权交易、掉期交易、调换交易等多种。其中最为主要的交易方式有两种：现货和期货交易。

### 一、黄金现货交易

现货交易是指交易双方在成交后两个营业日内完成交割、清算等一切手续的一种交易方式。

现货交易的标的物一般以金条为主。黄金现货交易的价格较为特殊，在伦敦黄金市场上分为定价交易和报价交易。定价交易的特点是提供客户单一交易价，即无买卖差价，客户可按所提供的单一价格自由买卖，金商只提取少量的佣金。定价交易只在规定的时间有效，短则一分钟，长则一个多小时，一般视市场客户的供求情况而定。在定价交易以外的时间则进行报价交易。伦敦市场每日进行两次定价交易，上午为10:30，下午为3:00。定价交易在英国最大的金商洛希尔父子公司的交易厅进行，该公司担任首席代表，其他金商各选一名代表参加。一般在定价交易前，市场交易要停止片刻。此外各金商对外均不报价，由首席代表根据市场金价动态定出开盘价，并随时根据其他代表从电话里收到的订购业务调整价格。若定价交易开盘后无买卖手进入市场，则定价交易结束。若有新的买卖手订购，首席代表就不能结束定价，订购业务完毕时的金价即为黄金现货买卖的成交价格。在实际交易中，并不一定要按定价水平进行交易，买卖双方还有继续讨价还价的余地，交易数量可能比定价时的交易量还要多。尽管如此，定价交易仍然是世界黄金行市的"晴雨表"，世界各黄金市场均依次调整各自的金价。定价交易结束后，即恢复正常的黄金买卖报价。

报价交易由买卖双方自行达成交易，报价交易存在买卖差价。报价交易的价格水平在很大程度上要受定价交易的影响，但一般来说，报价交易达成的现货交易数量比定价交易的要多。在黄金市场上进行现货交易，除支付黄金价款外，还要支付金商的手续费。如伦敦市场的手续费通常为0.25%，近年来由于竞争的加剧，手续费有下降的趋势。

在现货交易中，黄金以固定价格买卖，买卖时应说明黄金的交收、存入或提取地点，有关款项从哪个账户借记或贷记，以及报价以哪种货币为主。

我们以苏黎世的黄金市场为例来说明现货交易的具体交易流程。

苏黎世黄金市场中最常见的报价是以每盎司值多少美元或每千克值多少

瑞士法郎的形式出现的。黄金和其他贵金属的有形交易可以在银行的柜台上进行或通过运输公司运送的方式进行。若要运往国外,一切费用、保险费及进口关税和有关税金都要由顾客承担。

**例1** 某银行在黄金柜台上,用瑞士法郎向某顾客买入 500 克"四九"(99.99%)纯金。2002 年 4 月 1 日的金价为 1 盎司 = 303 美元,外汇牌价为 1 美元 = 1.6839 瑞士法郎,1 盎司 = 31.1035 克。

因此,500 克"四九"纯金的价格为:

$$(500/31.1035) \times 303 \times 1.6839 = 8\,250.21(瑞士法郎)$$

银行可以通过付现的方式或贷记客户在银行的瑞士法郎账户的方式,将这笔款项交由客户。

**例2** 某客户用美元从银行购进 200 条 1 000 克的"四九"纯金条,交收地在香港。

1 盎司 = 303 美元

1 000 克金条每盎司制造费 = 1.10 美元

每盎司的运费和保险费 = 0.90 美元

每盎司的售价 = 303.90 美元

1 000 克金条的总价 = 1 000/31.1035 × 303.90 = 9 770.60(美元)

200 条 1 000 克金条总价 = 1 954 121 美元

这些金条在两个工作日内装运完毕,1 954 121 美元在两个工作日后借记在客户的银行美元账户上。

## 二、黄金期货交易

期货交易是指由交易双方先签订买卖黄金期货的合同并交付押金,规定所卖黄金的标准量、商定价格及到期日,然后再于约定的日期(一般为 3 个月、6 个月、1 年)里办理交割。期货交易一般并不真正交货,绝大多数合约在到期前就已对冲掉了。

期货交易可以分为保值交易和投机交易两种类型。

所谓保值交易,是以规避通货膨胀或政治动乱等风险为目的,从而购买黄金实现保值;或是为了减少金价变动带来的风险而进行黄金的买卖。

投机交易是指利用金价的波动,通过估计金价在未来时期的涨跌趋势,买空或卖空,从中赚取利润的一种交易活动。在进行期货投机时,当投机者预测金价趋跌时,卖出期货,即所谓做"空头"(bear)或叫"卖空"。期货到期时,如果金价果然下跌,他就可以按跌落的价格买入黄金以履行卖出的义务,从而赚取差额投机利润。但在一般情况下,他并不需要购买黄金现货来履行卖出义务,而只收取价格差额。而当投机者预测金价趋涨时,他买进期货,即所谓做"多头"(bull)或叫"买空"。投机者也可一面做多头,一面做空头,例如,他预测1个月后的金价会上涨,但3个月后的金价会下跌,他就可购进1个月的远期黄金合同而售出3个月的远期黄金合同。

保值交易和投机交易有时很难区分,对大多数金融机构和企业来说,期货交易既是减少风险的一个方式,又是一个可供选择的投机形式。

黄金期货的交易价格一般也以现货价格为依据,再加上一定的升水或贴水而定。黄金的期货交易需缴纳的费用种类比现货交易要多,以香港黄金期货市场为例,要缴纳手续费、仓储费、收仓手续费、缴纳保险费四种费用。不过承购远期黄金不必缴纳试金费、保藏费等,且买方只需按每盎司黄金先付少量的保证金(而现货交易须在交割时全部付清),这对于投资者特别是那些使用黄金的工业部门而言是有吸引力的。

由于黄金期货买卖手段较为简便,保值安全,每笔买卖数额多少不限,对投资金矿股票者来说,没有金矿开采期限的顾虑,致使各地历来从事黄金现货交易或购买黄金首饰和金矿股票的投机商和投资者转而趋向期货市场,因而黄金期货市场得以迅速发展起来。即使在伦敦、苏黎世这两个最大的现货黄金市场,很多人也都在期货之间做套期买卖,以求保值。黄金期货交易的标准量为100金衡盎司,买卖一笔合同的交易量均为100金衡盎司。另外,黄金期货也像一般商品期货一样,采取逐日盯市结算方法。假设起始押金为交易量的5%,并且当天收市价为1盎司=336.80美元,那么购买交割日在6月份一笔期货的押金为1 684.0(5%×336.80×100)美元,若维持押金为初始押金的75%,则其为1 263.0美元。如果当日收市价比前日收市价低0.8美元,则期货买方当天损失80(0.8×100)美元,这80美元要从其押金中扣除。若当日收市价比前日收市价高0.80美元,则买者获利80美元,即其押金增加80美元,买者可以从其押金账户上提取这80美元。这种逐日盯市结算制度使期货交易的利润和损失立即实现,这也是黄金期货合同和远期合同的主要区别。这种交易实质上是保证金交易,因此适合于做黄金投机交易和保值交易。

由于黄金期货交易具有保值和投机两大职能,故在黄金期货交易的操作时,形成了两大策略。

(一)黄金期货交易的对冲策略

所谓对冲(hedge),即套期保值,是指在期货市场建立与现货市场交易数额相等,但方向相反的头寸,可分为买入对冲和卖出对冲两种。所谓买入对冲,是指预期未来将于现货市场购入黄金,为避免因金价上扬而增加成本,先在期货市场购入黄金期货契约;卖出对冲是指预期未来将于现货市场售出黄金,为避免因金价下跌而减少收益,先在期货市场售出黄金契约。对冲能降低金价波动风险的原理,在于它若在现货市场和期货市场建立等额而反向的头寸,则在其中一个市场所发生的损失,可由另一市场获得的利润抵消,因而避险者能预先固定住金价。因现货价格与期货价格同向变动,当期货合约到期时则两者的价格趋向一致。即使当现货与期货的价格各自变动的结果使得现货与期货间的差价变大或变小,但金价朝不利方向变动的风险仍然远小于未作对冲的交易。下面分别以黄金的生产者和交易商为例,介绍卖出对冲和买入对冲策略的运用。

1. 卖出对冲策略

我们以一个具体的例子来说明问题。

某黄金矿业公司于 1 月间拟订下年度的产销计划。估计公司明年 5 月份将提炼及销售 1 000 盎司的黄金,经计算结果每盎司黄金售价须达 300 美元才足以支付生产成本,而当时纽约商品交易所 6 月份交割的黄金期货契约的交易价格为每盎司 318 美元,而且销售部预估 5 月金价将下跌,因此该公司运用卖出对冲的策略来固定利润(见表 11-1)。

表 11-1 卖出对冲策略举例

| 现货市场 | 期货市场 |
| --- | --- |
| 今年 1 月,黄金期货市场市价为每盎司 305 美元,公司预估生产成本为每盎司 300 美元 | 卖出 6 月份交割的黄金期货契约 10 张,价格为每盎司 318 美元 |
| 到了 5 月份,黄金现货价格果然下跌为每盎司 295 美元,该公司在现货市场出售黄金,每盎司损失 5 美元 | 买回 6 月份交割的黄金期货契约 10 张,价格为每盎司 295 美元,与当时卖出的契约抵消,每盎司赚 318 - 295 = 23 美元 |

表 11-1 中黄金现货价格果真如预期下跌为每盎司 295 美元,该公司虽在现货市场招致损失,但因作了对冲交易,纵使现货市价已下跌,但仍能获得每盎司 18(23 - 5 = 18)美元的净利,从而固定住利润。

假若到了 5 月份,金价不跌反涨,则该公司期货部分将发生损失,但该项损失可因现货价格的上涨而抵消。因此,该公司在拟订产销计划时,由于作了对冲交易,不论将来金价是涨是跌,均可预先固定住利润总额,不必担心市价波动,而可专心从事黄金的生产和销售业务。

2. 买入对冲策略

我们仍以实例来说明问题。1 月份某黄金交易商因签订一份 3 月份交货的黄金现货合约,而在 3 月份向一炼金厂购买 3 000 盎司黄金,目前现货市场价格为每盎司 300 美元,但该交易商不能确定未来金价将作怎样的波动。为此,他预先在期货市场以每 302 美元的价格买进 4 月份黄金契约 30 张,以确保利润。

到了3月份,黄金现货市场价格上涨到每盎司312美元,因此,该交易商亏损每盎司12美元。但是,黄金期货市场的价格也上涨到每盎司314美元,他卖掉手中的契约而在期货市场上获利每盎司12美元。这样,盈亏两相抵消,从而确保了该交易商的利润,回避了市场价格波动的风险。

(二)黄金期货交易的投机策略

投机者参与黄金期货市场,不像避险者仅为寻求手中资产的保值,而是希望经由金价波动的不确定而致富,因此他买卖期货,是依靠本身对黄金未来供需展望、市场气氛及金价走势为根据来进行决策的,而不是以本身所拥有的现货为依据决定买入还是卖出期货。

例如,某投机者5月1日预期金价将上扬,便以每盎司450美元的价格购入8月份黄金契约一张,并且存入保证金4 000美元,到了5月15日,8月份黄金契约上涨到每盎司480美元,该投机者便卖掉手中的契约,获得收益从而结束交易。

该投机者利用具有高度财务杠杆作用的黄金期货投资工具进行投资,因能正确预测金价上涨的趋势,于短短的两星期内赚了3 000美元,投资报酬率高达 $3\,000/4\,000 \times 100\% = 75\%$ 。当然,倘若预测失败,金价不涨反跌,则其损失的金额也相当惊人。

为了降低期货投资风险,近年来期货市场已发展出多种交易策略,使参与高度财务杠杆作用的期货投机者能有效降低市场风险,其中应用最广泛的是跨月套利交易策略。

所谓跨月套利交易是指以近期到期和远期到期的契约作反向交易,以从差价上获取利润。黄金市场因受持有成本改变的影响,远期到期契约的价格改变幅度通常大于现货金价改变的幅度,而跨期越远的期货价格变化幅度越大。投机者利用这一特性进行跨月套利,即可在低风险情况下获利,而由于采取逃离交易策略的风险较低,因此,交易所一般规定对此类交易需要的保证金较低。这里分别介绍在利多与利空两种市场情况下,如何运用跨月套利策略进行期货投机交易。

1. 利多市场下的跨月套利

投机者虽预测金价将上扬,但为降低万一金价下跌的风险,需要进行某些避险措施。但不同月份的黄金期货价格上涨的幅度未必一致,因而投机者便能从中套取利润。

例如,某投机者于2月1日,以每盎司500美元的价格,售出近期到期的4月份黄金期货契约一张,同时,以每盎司537.50美元的价格买入远期到期的12月份的黄金期货契约一张,总共交付保证金250美元。几个星期之后,利率轻微上扬,自11.25%上升到12%,而使金价每盎司上涨约100美元,因而改变了

4月份期货契约与12月份期货契约间的差价。于是投机者便决定获利了结,于3月15日,以每盎司600美元的价格买入4月份黄金期货契约一张,同时以每盎司648美元的价格卖出12月份黄金期货契约一张。该投机者仅在一个半月的时间里就赚了1050美元,投资报酬率高达 $1050/250 \times 100\% = 420\%$,若不进行跨月套利,只买12月份黄金期货契约,要缴保证金4000美元,赚取11050美元,但投资报酬只有 $11050/4000 \times 100\% = 276.25\%$;另一方面,若只卖4月份的黄金期货契约,则将遭受损失。

可见,跨月套利的交易既可降低风险,又可提高投资报酬率。但如果利率与金价变动相反方向,则投资利润便会减少。而且如果金价下降,则远期的期货契约价格下跌的速度比近期的期货契约价格下跌速度快,则进行跨月套利交易便会遭受损失。

2. 利空市场下的跨月套利

当投机者预期金价将下跌,为降低万一金价不跌反涨的风险,也可以采用套利策略。况且,倘若利率不变或轻微下跌,金价下跌的结果会导致不同期货契约间的差价变小。

例如,某投机者于4月1日以每盎司600美元的价格,买入近期到期的期货契约一张,同时以每盎司645美元的价格,出售远期到期的2月份期货契约一张。到了5月中旬,6月份与2月份期货契约间的差价因持有成本减少而改变,投机者了结跨月套利,于5月12日以每盎司450美元的价格售出6月份的期货契约一张,每盎司损失150美元;同时以每盎司482.40美元的价格,买入2月份期货契约一张,每盎司获利162.60美元,从而每盎司赚12.60美元。

若投机者对市价走势预测正确,则可利用利空时的跨月套利方式获取利润;但若与预测相反,金价上扬了,则远期期货价格上扬的幅度,较近期的期货价格上扬的幅度大,因而6月份期货与2月份期货之间的价差也会变大,结果招致损失。

## 三、黄金期权交易

期权交易是指买卖双方签订合同后,买方就收到了在规定的期限内按照合同规定的远期价格,买进规定数量的黄金的权利。买方取得这一权利,要支付一定的保证金。到了规定的期限,买方可以根据当时的金价,决定是否要按照合同购买黄金。价格合适就买,如果价格不合适可以不买,但预付的保证金归卖方所有。

黄金期权可分为看涨黄金期权和看跌黄金期权。看涨黄金期权的买者支付一定数量的期权费,获得在有效期内按商定价格买入数量标准化的黄金的权利;卖者收取了期权费必须承担满足买者需求、随时按商定价格卖出数量标准化的黄金的义务。看跌黄金期权的卖者交付一定的期权费,获得了在有效期内按商定价格卖出数量标准化的黄金的权利;卖者收取了期权费必须承担满足买者需求,随时按商定价格买入数量标准化的黄金的义务。

  黄金看涨期权的期权费用与商定价格成反比,因为购买黄金看涨期权者,预期在有效期内,黄金的价格上升;商定价格越高,黄金价格上升的可能性越小,提高的幅度越小,买者获利的机会小从而获利也小,买者就不愿花高价购买。而黄金的看跌期权费与商定价格成正比,因为黄金看跌期权的买者,指望在有效期内,黄金期货价格下跌。商定价格越高,下跌可能性越大,下跌的幅度越大,获利越大,所以黄金看跌期权的购买者愿高价购买。与黄金期货交易相同,黄金期权也有具有对冲风险(保值)和投机获利两大职能,因而也有对冲策略和投机策略之分。

### (一) 黄金期权交易的对冲策略

  现举例说明如何利用期权来固定在现货或期货市场已赚取的利润。

  例如,某黄金投资者在10月份以每盎司400美元的价格购买100盎司黄金,到12月初,金价上涨至430美元,他可赚取3 000美元。此时,他希望金价继续上涨,获得更高的收益,但又担心金价回落。在这种情况下,他可以投资期权合约,即买入明年4月份的420美元的卖权合约。只要于3月份中旬或以前行使选择权,就可以按420美元卖出所持有的黄金,稳赚每盎司20美元的利润(如扣除买入期权时支付的4.5美元权价,也可获净利15.5美元)。就算期间金价下跌,他手上的黄金仍然能以420美元的价格出售。

  如果金价继续上涨,比如说每盎司上涨至440美元,持有的黄金自然也会增值,但是期权的权价会下跌,因为市场行情与权价相差越来越大。如果金价继续上涨,其期权的权价可能为零。不过,从12月份至次年3月份中旬,其所持有的黄金并没有因金价的升跌而遭受损失,投资者支付的权价,就是这种风险的代价。

### (二) 黄金期权交易的投机策略

  这是指借助出售期权的这种方法,可充分利用已有的投资工具(如黄金条块或期金合约),从而产生更多的利润。

  假如某投资者于1月底让渡一张8月份每盎司540美元的低风险卖权合约,权价是10美元,让渡期权时,8月份期货金价是525.5美元,而现货金价是512.7美元。若期权的买家不希望出现亏损的话,那么8月份期货金价要上升至收支平衡点[即540美元(约定价)加上10美元(权价),再加上买家所付出的投资成本],他才会行使期权。作为期权的卖家,该投资者让渡一张期权合约时,可获取1 000美元的权价(以100盎司为基本交易单位)。

## 四、黄金远期交易

远期交易是指买卖双方根据双方商定的价格,约定在稍后的某段时间里买卖一定数量的责任和义务。与期货交易不同,远期交易的买卖双方在约定日要确实履行付款交货的义务。黄金远期价格的计算是以所交易对象的即期价格及相应的货币在欧洲市场的利率和其到期日为基础的。

远期交易是不可撤销的,但它可以在任何时候按原来商定的日期通过再买卖相应数量的黄金而结清。另外,为保证合同的履行,黄金远期交易要缴纳保证金。

通常,卖出远期黄金及其他贵重金属的交易适合于保值,同时也适用于那些对于不需要马上套现获得等值货币资金的人、希望销售其期货的黄金生产者,以及那些认为黄金价格要下跌的投机者。而买进远期黄金的,则主要是那些工业贵金属使用者和那些认为黄金价格要上升的投机者。

**例3** 某客户在2002年4月1日买入100盎司6个月期的远期黄金。其即期金价为1盎司=303美元,远期费率为6%,期限为180天,远期费为303×6%×180/360=9.09(美元)。由于每盎司黄金6个月期的远期价格为即期价格加上远期费,所以100盎司的黄金远期合约的价格为100×(303+9.09)=31 209(美元)。成交后100盎司的黄金将会借记在该客户黄金账户上,起息日是10月1日。在同一起息日,该客户的美元账户将被贷记31 209美元。

一个月后,黄金价格上涨到每盎司312美元,而5个月期的存款利率为5.5%。该投机商卖出100盎司黄金,远期费为312×5.5%×150/360=7.15(美元),则远期价格=即期价格+远期费=312+7.15=319.15(美元),100盎司的卖出价为31 915美元。于是该投机者黄金账户贷记100盎司黄金,起息日是10月1日。在同一起息日,其美元账户则借记31 915美元。到了10月1日,该投机者黄金账户借记100盎司黄金,在同一起息日,其美元账户则贷记31 915美元。这样,在10月1日,该投机者黄金账户余额为零,而其美元账户的余额为31 915−31 209=706(美元)。

## 五、其他交易方式

另外还有掉期交易方式和调换交易方式。掉期交易是指在买进或卖出即期黄金的同时,做一个反向的交易,卖出或买进远期黄金的一种远期交易方式。例如,在市场金价上涨时,黄金所有者卖出即期,买进远期,可以实现获利。而调换交易是指进行不同地点、不同时间、不同成色的黄金调换。

# 第四节　英国、瑞士、美国、新加坡、中国香港等国(地区)的黄金市场

## 一、英国伦敦黄金市场

伦敦黄金市场历史最为悠久。早在19世纪初,伦敦就已经是一个金条精炼、销售以及金币兑换的中心。1919年9月,伦敦开始实行按日报价制度,正式成为一个组织机构比较健全的黄金市场。第二次世界大战前,伦敦是世界上最大的黄金市场,黄金交易的数量巨大,约占全世界经营量的80%,是世界上唯一可以成吨买卖黄金的市场。第二次世界大战期间,伦敦黄金市场曾一度关闭,直到1954年3月又重新开放。以后的美元危机,特别是1968年的美元危机,在伦敦掀起了抢购黄金风潮,伦敦黄金市场的金价无法继续维持,不得不暂停营业,以至于一部分黄金交易转移到苏黎世市场,伦敦金市的地位被削弱。至此,伦敦已不再是世界上最大的黄金市场,但其报出的金价始终具有权威性,仍不失为世界上最主要的黄金市场。

伦敦黄金市场主要由洛希尔父子公司、塞谬尔·蒙塔古公司、沙普·毕思理公司、约翰逊·马赛公司和莫卡赛·固史密托五家大公司组成。其中,洛希尔父子公司业务最大,地位最高,是英格兰银行在伦敦市场的代理。

伦敦黄金市场以现货交易为主,传统上以美元计价。为了吸引客户,扩大交易量,1982年4月19日伦敦又开辟了黄金期货市场,改用英镑计价,黄金交易以100盎司为一个单位来进行。

伦敦黄金市场的一个主要特征是实行每日两次定价的制度。每天上午10:30和下午3:00,五大公司的代表集中在洛希尔父子公司的交易厅,商定制定出一个能促使当时供求关系平衡的适当价格,即挂牌价格。该价格是观察黄金市场趋势的主要依据。

## 二、瑞士苏黎世黄金市场

苏黎世黄金市场是第二次世界大战后发展起来的国际性黄金市场。第二次世界大战过后,由于英国受到战争的影响而关闭了伦敦黄金市场,这为苏黎世市场的开辟提供了良好的机会。瑞士的战时管制一结束,苏黎世很快就开始了黄金的自由交易。

苏黎世黄金市场主要以瑞士的三大银行(瑞士银行、瑞士联合银行和瑞士

信贷银行)为中心,联合经营黄金买卖,开出统一的黄金价格。

苏黎世黄金市场以现货交易为主,除无定价制度外,交易方式与伦敦市场基本相同。所不同的是,苏黎世是黄金实物交易的中心,经营零售业务,大宗交易不常见,而伦敦是黄金交易的清算中心,倾向于黄金批发业务。此外,伦敦的五大金商主要是起中间经纪人的作用,而瑞士的三大银行本身也进行实际交易。为了满足客户交易的需要,瑞士的几家主要银行自己也冶炼黄金,把大块的金砖精炼成特制的小条或金币等,这是苏黎世黄金市场的特点之一。目前,苏黎世市场在金币交易方面居世界诸市场之首。

## 三、美国黄金市场

目前美国有纽约、芝加哥、底特律、旧金山和布法罗五个黄金市场,其中占统治地位的是纽约商品交易所和芝加哥国际货币市场。自1974年美国政府取消私人买卖和持有黄金的禁令后,美国黄金市场迅速发展起来,使纽约成为当今世界上最大的黄金期货市场。美国的黄金市场是以远期交易为中心的。美国金市的建立和发展,使世界黄金市场的格局发生了重大的变化。由于近年来,国际局势动荡不安,通货膨胀加剧,黄金成为主要的投机对象,加之国际货币基金组织和美国财政部先后在美国市场上拍卖黄金,更刺激了美国黄金市场的发展。由于美国黄金期货市场上巨大的交易量,伦敦的黄金每日定价制的权威性受到了一定的影响,而美国期货市场订出的黄金价格有时还比伦敦和苏黎世市场的定价更有适用性。

纽约和芝加哥黄金市场与伦敦、苏黎世市场有一个显著的不同之处,就是虽然美国黄金市场期货交易量惊人,但投机性强,诸如买空、卖空之类的投机活动充斥着整个市场,美国当局一度取消了"黄金期权交易",但近来,随着伦敦黄金期货市场的开辟,纽约金银商担心伦敦市场会夺走他们的生意,试图恢复这一市场。

## 四、新加坡黄金市场

新加坡黄金市场设立于1969年4月,原只对英镑区的非居民开放,除了持有执照的本地金商外,新加坡居民禁止买卖和持有黄金。1973年8月,新加坡金融管理局取消了黄金管理条例,同时为了鼓励黄金进口,废除了原来规定的黄金进口税。1978年11月,新加坡黄金交易所正式成立并开业,由新加坡金融当局进行具体管理和业务指导。新加坡政府所采取的这些积极措施,加上近年来西方货币市场动乱、黄金供不应求等外来因素的刺激,新加坡已发展成一个初具规模的黄金市场。

在新加坡现货黄金市场,交易商可自由选择交易方式,除可在当地买卖伦敦现货外(达成交易在新加坡,交割地点在伦敦),还可以在新加坡金条市场交易。在金条市场交易的黄金,纯度为 0.9999 的一公斤金条,折合 32.148 盎司,交货地点在新加坡,交割时间为契约成立后的一个星期内。

在新加坡买卖金条可采用美元、新加坡元或其他可兑换货币报价。交易商之间采用电话报价,具体交易条件由交易商确定。在价格决定上,新加坡金条市场主要是根据伦敦及苏黎世的价格,在此基础上再加上运输、保险费及利润率而定。

新加坡黄金交易所的成立,使交易种类由原来单纯的经营现货和伦敦交货两种扩大到期货交易。新加坡黄金交易所是新加坡唯一正式的黄金市场,同时也是亚洲太平洋地区首家期货市场。具体交易方式上,它与美国期货市场相似,采用公开喊价及记录板方式交易,交货地点在新加坡。一般客户买卖黄金须通过经纪商或交易商进行。

新加坡黄金交易所的营业时间较长,它从事昼夜业务,夜市从晚上 9 点开始,次日凌晨 3:30 结束,正好是伦敦的下午和纽约的上午,这就使黄金交易者在不同市场的行情下进行买卖活动有了很大的选择余地,因此也刺激了新加坡黄金市场的发展。

## 五、中国香港黄金市场

中国香港黄金市场是世界五大黄金市场之一,已有七十多年的历史。从 20 世纪 60 年代开始,香港黄金市场已发展成为世界主要的黄金交易中心之一。香港的黄金市场可以说是黄金买卖种类最多元化的市场,它主要是由传统的香港金银业贸易场、70 年代才逐渐形成的当地伦敦金市场以及 80 年代才开业的黄金期货市场三部分组成。

香港黄金市场主要是期货市场,以 100 盎司为基本交易单位,承做 1、2、4、6、8、10 个月的期货交易。

香港还有独特的现货市场,这种现货交易的主要特点是:① 经营方式较古老,交易单位至今仍用司马两,黄金成色为 99%,以港元计价。② 现货交易达成后,卖方可以不交货而支付利息。利率随时间的延长而提高,自动调节现货和期货之间的关系。因此,这种现货交易又具有期货交易的性质,并被利用来进行投机活动。此外,香港市场老百姓参加买卖,小额交易相当踊跃。

香港黄金市场是一个有形市场,黄金买卖集中在香港金银贸易场进行,凡进入该贸易场者必须是该机构的正式会员。近年来,由于香港黄金市场的业务量日益增大,其在世界黄金交易中的重要性日益增强,该市场金价的起落对国际金价的波动有着较强的影响力。

## 六、其他主要国际黄金市场

除上述几大黄金市场外,东京黄金市场、巴黎黄金市场、卢森堡黄金市场、法兰克福黄金市场、日内瓦黄金市场、曼谷黄金市场和中国澳门黄金市场也是世界上重要的黄金市场。下面简要介绍东京、巴黎与卢森堡黄金市场。

东京黄金市场创立时间较短,规模不大,且只限于交易所正式会员之间的交易,是区域性较强的黄金市场。1973年和1978年,日本分别取消了黄金进出口限制,真正实现了黄金的交易自由化,自此,东京黄金市场获得了较快发展。1986年10月,东京开放境外业务,成立了一个分离型的离岸金融市场,更加速了其黄金市场的发展。东京现已成为世界上最大的黄金市场之一。

巴黎黄金市场在第二次世界大战以后重新开放,但法国限制黄金自由出入国境,黄金交易只限于国内居民之间,并且只能在巴黎交易所的"黄金厅"进行。由于黄金市场是一个国内市场,而且只能在交易所内进行,外国人不得在法国进行黄金交易,所以巴黎黄金市场发展缓慢。20世纪80年代以来,法国对私人开征的黄金交易税又提高到60%,规定个人黄金交易必须署名,因此进一步限制了黄金市场的发展。

卢森堡黄金市场是欧洲主要的黄金市场之一。1929年,卢森堡免除了黄金交易增值税,成为欧洲唯一给予黄金交易免税的国家。1981年3月,卢森堡21家银行共同建立黄金定价制,并积极参与黄金市场的交易活动。卢森堡银行在黄金市场上的具体业务包括黄金保护存款账户、黄金账户、黄金证券等。

## 七、世界各主要黄金市场之间的联系

世界各地的黄金市场之间存在着紧密的联系,主要表现在以下几方面:

第一,各个市场都有相同的交易主体。例如,瑞士的三大银行是苏黎世市场的中心,同时它们又以分行或当地法人的形式参与伦敦、纽约、芝加哥、中国香港、新加坡市场的交易,成为各市场的有力成员。

第二,各市场的差价为交易主体提供了套利机会。当某市场出现某种特殊情况时,就给投机性的间接交易创造了盈利的时机。

第三,各市场交易时间的差异延长了世界黄金市场的总体交易时间。由于时差的存在,香港的收盘时间是伦敦的早晨,在时差上刚好填补了纽约、芝加哥收市后和伦敦开市前的空档,这就形成了一个连贯欧美亚三洲的全球性黄金市场,在此市场上,一天可以交易的时间超过17个小时。

## 第五节　中国内地黄金市场

### 一、中国内地黄金市场形成与发展

作为世界上最早发现和使用黄金的国家之一，中国既是产金大国，也是黄金的消费大国。目前中国已建立起完整的黄金工业体系，黄金年产量也从新中国成立之初的4吨达到2001年的181.83吨。

但是在中国，黄金长期以来被作为特殊商品实行"统一管理、统购统配"政策。从事金银生产的企业和个人所采炼的金银，必须全部交售中国人民银行，不得自行销售、交换和留用。这种体制在特定时期对于稳定金融物价、支持黄金生产、保证国家经济建设所需的黄金供应等方面起到了积极作用，但随着市场经济的发展，计划管理带来的黄金生产和经营缺乏压力与活力的问题也日益明显，并在一定程度上限制了中国黄金生产、加工、销售等行业的进一步发展。

1999年12月中国白银市场的放开，被业界视为黄金市场开放的"预演"。尽管存在不少问题，但白银交易放开后逐步实现了由计划管理向市场调节的平稳过渡，发挥了沟通产需、提供信息、形成合理价格的作用。作为中国内地唯一的白银现货交易市场，上海华通有色金属现货中心批发市场的白银交易价格已成为国内白银市场的参考价格。

2000年，中国政府将建立黄金交易市场列入国民经济和社会发展"十五"（2001—2005年）纲要。次年4月，中国人民银行宣布取消黄金"统购统配"的计划管理体制，在上海组建黄金交易所。两个月后，中国人民银行正式启动黄金价格周报价制度，即跟踪国际黄金市场价格波动，在充分考虑汇率和对国内市场分析的基础上制定新的国内价格。这意味着中国黄金价格实现了市场化，并与国际市场接轨。

2002年10月，上海黄金交易所开始模拟运行，10月30日正式开业。108家产金、用金及流通企业成为金交所的首批会员。上海黄金交易所的建立，将与货币市场、证券市场、外汇市场等一起构筑我国完整的金融市场体系。

### 二、现阶段中国黄金市场发展的有利条件与存在的主要问题

经过二十多年的改革开放，中国内地黄金市场开放的条件已基本成熟，主要表现在以下几个方面：一是市场经济体制已初步建立并将逐步走向完善，在市场经济条件下，黄金是商品，其自由进出市场是必然趋势。二是中国发达的

商品经济和信用制度已基本建立。中国自从1994年实施金融改革以来,金融体系已向市场经济方向迈出了实质性的步伐。股票市场、债券市场的建立,国有商业银行向商业银行的转轨,外汇市场、同业拆借市场的试运行,使中国的资本市场和信用制度有了长足的进步。这都为放开国内黄金市场创造了有利条件。三是中国近几年已经制定了一套比较完备的金融法律制度体系,在制度上已为黄金走向市场打下了基础。四是黄金非货币化也为中国黄金走向市场创造了条件。五是外汇在经常项目下的自由可兑换,为黄金市场的开放创造了条件。六是中国有较为稳定的政治环境。当前中国政治局势稳定,经济增长较快,已成为吸引世界资金的大国。在这种情况下,开放黄金市场所必需的政治环境已基本具备。

为了规范黄金投资业务,扩大个人投资渠道,促进国内黄金市场的繁荣与发展,防范市场风险,维护市场参与者合法权益,2006年12月,上海黄金交易所公布《个人实物黄金交易试行办法》,黄金交易正式面向个人投资者敞开。

目前我国投资者可以进行黄金投资的方式主要有:

(1)黄金交易所的会员单位,可以直接在黄金市场上进行现货交易和现货延期交收业务。

(2)非黄金交易所会员的机构投资者,可以以委托方式通过黄金交易所的会员单位间接进入黄金交易所进行交易,不能与银行或其他会员机构直接进行黄金交易。目前对以委托方式进入黄金市场的机构投资者的资格基本没有限制,只要是在中国境内合法注册的企业都可以通过这种方式进行黄金买卖,但非会员的金融机构还需要得到人民银行的许可。

(3)个人投资者可以通过在16家会员银行及金店等其他黄金销售机构买卖黄金,还可通过金融类会员银行代理向黄金交易所申办黄金账户卡,参与黄金现货交易,实现黄金投资增值、保值及收藏的目的。

# 第十二章

# 抵押与证券化市场

第一节　初级抵押市场
第二节　抵押证券化市场
第三节　资产证券化市场
第四节　美国、英国、法国和中国香港地区
　　　　住宅抵押证券化市场
第五节　中国资产证券化市场的发展

# 第一节 初级抵押市场

## 一、基本概念

### (一) 初级抵押市场

初级抵押市场是产生和形成抵押贷款关系的市场。在抵押贷款关系中,享有抵押权的债权人称为抵押权人;提供担保财产的债务人或第三人,称为抵押人;抵押人提供的担保财产,称为抵押物或抵押财产。在初级抵押市场中,借款人向抵押贷款机构申请抵押贷款,抵押贷款机构经过审查借款人信用,即向其提供贷款,形成抵押贷款债权债务关系。初级抵押市场是二级抵押市场的基础,它与二级抵押市场一起组成抵押市场。

### (二) 抵押贷款

抵押贷款是指以借款人或第三人的财产作为抵押物发放的贷款。当债务人不履行还款责任时,贷款人有权按照法律规定处理抵押物,以所得价款优先受偿。

抵押的最初贷款人称为抵押发起人,抵押贷款的发起人可以是储蓄机构、商业银行和抵押银行,也可以是人寿保险公司、养老基金等。

抵押贷款占用大量的资金,且占用时间长,因而对金融风险的防范十分重要。为防范抵押贷款所产生的金融风险,可以采取四种措施,分别为,措施一:对借款人施以严格的资信调查;措施二:加强对抵押物的评估管理;措施三:抵押贷款的担保,是指由债务人或债务人委托的第三人向债权人作出的保障其债权实现的承诺;措施四:抵押贷款的保险,是指投保人根据合同约定向保险人支付保险费,保险人对合同约定的事项承担给付保险金责任的行为。

## 二、固定利率抵押贷款

固定利率抵押贷款是被广泛运用的最基本的抵押贷款方式。根据付款方式的不同,固定利率抵押贷款可分为三种:固定还本的抵押贷款(constant amortization mortgage, CAM)、固定支付的抵押贷款(constant payment mortgage, CPM)、累进支付的抵押贷款(graduated payment mortgage, GPM)。

1. 固定还本的抵押贷款

固定还本的抵押贷款是最早出现的长期抵押贷款方式。固定还本抵押贷款的特点是定期、定额摊还本金。由于每期的贷款余额以定额减少,因此每期支付的利息也相应的减少。固定还本抵押贷款的每期还款额可通过如下公式计算得出:

每期还款额 = 贷款总额 ÷ (贷款年限 × 每年还款期数)
　　　　　 + 当期贷款余额 × 年利率 ÷ 每年还款期数

如果每年还款期数为12,则

每期还款额 = 贷款总额 ÷ (贷款年限 × 12)
　　　　　 + 当期贷款余额 × 年利率 ÷ 12

每期还款额由两部分组成:一部分是清偿的本金,它等于将贷款总额按期均摊,这部分是固定的;另一部分是当期应付的利息,这部分按一定的速率逐期递减。

固定还本的抵押贷款方式并不很流行,这是因为:一方面,虽然每期固定偿还本金,但每期偿还的本息总额并不固定,造成诸多不便;另一方面,每期还款额呈递减趋势,而借款人的付款能力大多会随着时间的延续而逐渐增加,两者之间存在着明显的不匹配。

2. 固定支付的抵押贷款

固定支付的抵押贷款是现在世界上最为普遍的抵押贷款方式。它与固定还本的方式相似,利率在贷款期间固定不变,所不同的是每期还款额是固定的。

固定支付抵押贷款的每期还款额可通过如下公式计算得出:

$$\text{每期还款额} = \text{贷款总额} \times \frac{\text{年利率}/\text{每年还款期限}}{1-(1+\text{年利率}/\text{每年还款期限})^{-\text{每年还款期限}\times\text{贷款年限}}}$$

固定支付抵押贷款中,在贷款初始阶段,每期还款额中大部分为利息支出。随着贷款余款的减少,每期还款额中的利息支出部分逐渐减少,还本部分逐渐增多。在这种支付方式下,贷款利率越高,贷款本金的清偿速度就越慢。

固定支付的抵押贷款,由于其每期还款额是固定的,因而易于操作。在期初时固定支付方式的付款要远低于固定还本方式,因而有利于吸引更多的借款人。正因为有这些优点,固定支付的抵押贷款被广泛使用。

3. 累进支付的抵押贷款

累进支付的抵押贷款是为降低通货膨胀对借款人付款能力的冲击而创造出的一种新的抵押贷款方式。累进支付的抵押贷款是指适当降低现期的每期还款额,然后根据预先设置的比率逐步提高,若干年之后再转化为固定支付的抵押贷款。

累进支付抵押贷款的优点在于减轻了借款人的期初负担,并且累进增加的每期支付额能较好地与借款人的收入递增趋势相匹配。适用这种方式的前提条件是借款人的收入必须稳步增加。

但使用累进支付的抵押贷款方式,会出现一种负分期付款(negative amortization)现象。在累进支付的抵押贷款中,在支付初期,每月付款额不足以清偿当月贷款利息,未被清偿的利息就自动增加到贷款本金当中,于是随着付款次数的增加,贷款本金不是减少,而是逐月增加。

值得注意的是,在负分期付款引起贷款余额增加的同时,抵押品的市场价值也可能增加。因此,贷款人仍享有一定的"安全边界"(margin of safety),即抵押品市场价值超出贷款余额的部分。即使发生违约,通过处置抵押品,仍能收回相应的贷款余额。但是,与固定还本方式和固定支付方式相比,累进支付方式的安全边界要小得多。因而,累进支付方式有更大的贷款风险。

4. 三种固定利率抵押贷款方式的比较

(1) 支付方式的比较。固定还本抵押贷款、固定支付抵押贷款和累进支付抵押贷款的支付方式是不一样的。固定还本抵押贷款的每期还款额是逐年减少的,固定支付抵押贷款的每期还款额是在贷款期内固定不变,累进支付抵押贷款的每期还款额在起初一段时期内按一定速度递增而在后一段时期内保持不变。尽管三者的支付方式不同,但其收入流的现值是完全相等的。

(2) 贷款余额的比较。在还贷期间,由于固定支付抵押贷款月清偿本金的比率低于固定还本抵押贷款,因此,固定支付抵押贷款的余额总是大于固定还本的抵押贷款,而且,其递减的速度也相对较慢。

累进支付抵押贷款由于存在负分期付款现象,这使得抵押贷款余额在初始的一定时期内不是减少反而是增加了。

## 三、可调利率抵押贷款

1. 可调利率抵押贷款的提出

固定利率抵押贷款在各国得到广泛的应用,但在很长的还贷期限内,市场环境的变化会带来许多问题,因而提出了可调利率抵押贷款。

(1) 通货膨胀率的不确定。固定利率抵押贷款的利率是以贷款人对未来利率变动的估计为基础的,但未来市场的通货膨胀率带有不确定性。这种难以预测的变动,无论对于借款人还是贷款人都意味着很大风险。

(2) 存贷利差空间的变化。由于长期抵押贷款利率固定不变,而短期的存款利率却时刻在变。如果存款利率上升,贷款利率与存款利率之间的差额将缩小,甚至出现存贷利率倒挂的问题,一旦这种情况出现就会使银行陷入收不抵支的困境。

（3）存贷期限的不匹配。银行的贷款资金多来自居民储蓄，其期限一般较短，而银行发放的抵押贷款一般期限相当长。这种存贷期限的不匹配，会给银行带来信贷资金不足的问题，引发流动性危机。

总之，固定利率抵押贷款方式存在一定的缺陷，它不能顺应市场的变化而及时调整，可调利率抵押贷款就是应这种变化的需要而产生的。这种抵押贷款以特有的浮动利率和灵活支付方式，将风险在借款人和贷款人之间分配，它能更好地顺应市场变化，满足人们不同的风险偏好。

2. 随价调整的抵押贷款

随价调整的抵押贷款（price level adjusted mortgage，PLAM）是金融机构为了减少通货膨胀和其他风险对贷款收益的影响，从而采取按物价水平来调整贷款利率的一种抵押贷款方式。

这种抵押贷款方式的基本思路是用反映通货膨胀率的某种价格指数对贷款余额加以校正。最早被用来校正抵押贷款余额的指数就是物价指数，但用得最多的价格指数是消费者价格指数，即 CPI。

随价调整的抵押贷款的优点有：其一，它能够使初始付款低于固定利率抵押贷款，从而能吸引贷款；其二，贷款利率随着市场的变化而不断地进行调整，减少了贷款人因利率波动等因素所带来的风险，当然也同时减少了借款人因利率向下波动可能蒙受的损失。

但是，随价调整的抵押贷款也存在一些缺陷：其一，在抵押贷款按市场消费价格水平进行调整时，存在着不准确性；其二，当借款人的还贷能力不能随价水平上涨而提高时，或不能以相同的幅度上升时，会增加借款人还贷的困难；其三，价格指数的统计是建立在历史数据基础上的，反映的是过去的情况，这会引起贷款余额调整的滞后。

虽然与固定利率抵押贷款相比，随价调整的抵押贷款更能够使贷款收益与储蓄成本匹配。但由于存在上述问题，这种方式未能得到广泛利用。

3. 可调利率的抵押贷款

可调利率的抵押贷款（adjustable rate mortgage，ARM）是依据市场利率指数不断调整的抵押贷款方式。随价调整的抵押贷款反映的是以往通货膨胀率的变化，因而存在着时间滞后等方面的问题。与此相比，市场利率指数反映的是未来的实际利率、通货膨胀率和各种金融风险等综合因素，因而更适合作为调整抵押贷款利率的依据。

可调利率抵押贷款以利率指数化为特征，并具备许多的特征变量：① 初始利率，② 调整周期，③ 利差，④ 上限，⑤ 下限，⑥ 负分期付款，⑦ 贷款费用率，⑧ 提前付款权。可调整利率抵押贷款的各特征变量可灵活组合，构成了多种可选择的组合方式。以下介绍三种基本的组合方式。

(1) 分期付款额和利率均无上限的方式。最简单方式的可调利率抵押贷款是对分期付款额和利率的变化均不设置上限的情况，在这种情况下，分期付款额随着利率的变化而变化。

这种调整可以将利率的风险转嫁给借款人。但由于不设上限，借款人支付额的变化幅度可能很大。若支付额超出其收入和实际资产的支付能力，会造成拖欠贷款等问题，同样也会使贷款人陷入呆账坏账过多的困境。

(2) 设付款额上限并要求负分期付款的方式。第二种方式的可调利率抵押贷款是对分期付款额的增幅设置上限，并且要求负分期付款。

由于未来利率波动可能引起分期付款额的增幅过大，从而使得借款人难以承受，于是借贷双方可在贷款合同中对分期付款额的增幅设置一定的上限。由此出现的每期还款额与每期应付利息的差额，按复利计算出负分期付款的数额，并将其加到贷款余额中。利用这种方式，贷款人承担了比上一种支付方式更大的风险。

设置支付上限和实行负分期付款制度，是可调利率抵押贷款较常用的方法。支付上限在某种程度上减少了借款人利率的风险，但贷款人却要承担由负分期付款所带来的损失，因而贷款人往往会要求调高初始利率。

(3) 设利率上限的方式。第三种方式的可调利率抵押贷款是对利率的增幅设置上限的可调利率抵押贷款。

由于设置了利率增幅上限，当综合利率（利率指数＋利差）大于利率上限时，每月实际付款额将根据该上限来计算，不存在负分期付款。此时贷款人将损失超过上限部分的利息。为防止这种利率风险，这种方式的初始利率比上两种方式都要高。但在还贷的中后期，抵押贷款利率因为有利率上限的限制，可能趋低。

## 第二节 抵押证券化市场

一、基本概念

1. 二级抵押市场

二级抵押市场是对初级抵押市场上产生的抵押贷款进行买卖的场所。抵押贷款产生以后，抵押贷款机构出于各种需要将贷款关系转让出去，由第三者购买。第三者购买到抵押贷款，将抵押贷款进行组合包装，以该组合为支撑，发行抵押证券，收回投入。抵押贷款组合所收取的本息偿付扣除服务费用后转交给抵押证券持有者。

从广义上来说,二级抵押市场包括:① 向抵押贷款机构提供以抵押贷款为担保的信贷支持。② 抵押贷款机构创造抵押贷款后,将其整体或部分出售给投资者,债权关系发生转移,与之相关的风险也随之转移给投资者。③ 抵押贷款证券化。

2. 抵押贷款证券化市场

抵押贷款证券化是二级抵押市场为初级抵押市场提供抵押资产流动性的主要方式,我们将着重介绍抵押贷款证券化市场。

在抵押贷款证券化市场中,抵押贷款机构出售证券后,或投资者购买抵押贷款后,以所持有的抵押贷款为基础,发行抵押支持证券。抵押支持证券一般采取特殊的信用提高方式,可以针对不同目的的投资者设计证券,证券的流动性高,因而能够为投资者所接受。

## 二、转手抵押贷款证券

1. 转手抵押贷款证券的概念

转手抵押贷款证券(mortgage pass through securities)是抵押贷款证券最基本的形式之一。转手抵押贷款证券,简称转手证券,也称过手证券,代表着对一个抵押贷款组合及其还款流量的直接所有权。由于相应的抵押贷款组合归投资者所有,因而转手证券不是发行人的债务,不出现在发行人的资产负债表上。抵押贷款的管理人按期收取借款人偿还的利息和本金,在合理扣除费用后,将剩余部分"转手"给投资者。

2. 转手抵押贷款证券的运作方式

转手抵押贷款证券的基本运作方式大体上有三个环节:① 证券发行商从抵押贷款银行、商业银行和其他信贷机构购买抵押贷款,将若干种抵押贷款组合形成一个集合;② 证券发行商以这些抵押贷款组合为担保,以这个集合的抵押贷款的本利收入为基础,发行抵押贷款证券;③ 该抵押贷款证券的发行商负责或委托其他机构收取抵押贷款本金和利息,并在扣除服务费和担保费等成本之后,将抵押贷款的本息收入全部"转手"交给抵押证券的投资者。

在具体运作过程中,需要有各方的参与和配合,如抵押银行、商业银行、储蓄贷款机构、证券商经纪人、人寿保险公司、养老基金等。

转手抵押贷款证券运作的关键是如何保证抵押贷款的收入流与证券投资者的收入相匹配,它不仅影响着证券发行机构的信誉和收益,也影响着投资者的信心和收益,从而影响着整个抵押证券化市场的发展。

3. 固定利率的转手抵押贷款证券

转手抵押贷款证券分固定利率抵押贷款证券和可调利率抵押贷款证券。

固定利率抵押贷款证券是基础,我们将重点介绍。

固定利率的转手抵押贷款证券的收入流主要由两部分组成:抵押贷款的本金收入和贷款的利息收入。证券投资者的收入是从每期还款额中扣除担保服务费后的本息收入。由于担保服务费是按贷款余额计算的,并从每期应付利息中扣减,所以,当贷款余额下降时,服务费的支付也随之下降,而支付给证券投资者的部分将随之上涨。

在有提前还贷的情况下,固定利率的转手抵押贷款证券的收入流中还包括了提前还贷的收入。提前还贷额具有不确定性,因而会造成收入流的波动。

4. 提前还贷风险预测

借款人提前偿还原有的贷款,会导致抵押贷款收入流突然增大,使原来贷款的平均期限缩短,不仅会影响证券投资者的收益,而且会影响整个市场的稳定性。

为了防止提前还贷给投资者带来的损失,对贷款的提前还贷风险进行预测具有十分重要的意义。证券发行机构在转手证券的设计中,可根据组合中抵押贷款的种类和特点,采取一定的方法来预测提前还贷风险。

(1) 有条件的提前偿付率。有条件的提前偿付率假定抵押组合中剩余本金的一部分在抵押的剩余期限内每月提前偿付。一个组合的假定的提前偿付率被称为有条件的提前偿付率(conditional prepayment rate,CPR),它是以该抵押组合的特征为基础的,主要是依据历史上的提前偿付率和对未来经济环境的预期。

有条件的提前偿付率是年提前偿付率,如果需要计算月提前偿付率,可用以下公式换算:

$$月提前偿付率 = 1 - (1 - 年提前偿付率)^{1/12}$$

$$月提前偿付额 = 月提前偿付率 \times (月初余额 - 当月本金支付)$$

(2) 提前偿付基准(PSA 基准)。提前偿付基准是用每月计算的一系列年提前偿付率表示。假定一个 PSA 基准有以下的 CPR:第一个月的 CPR 为 0.2%,以后 40 个月每月增长 0.2%,达到每年 8% 时,以后剩余年份均为 8%。

## 三、担保抵押贷款债券

担保抵押贷款债券(collateralized mortgage obligations,CMO)是以抵押贷款组合为基础发行的多种期限、多种利率、多种组合的抵押证券。它吸引了众多机构投资者,存款金融机构热衷于期限短、抗利率功能强的抵押证券,以满足其调整资产组合、抵御市场风险的需要;而老年基金和保险公司则偏爱期限长、收入稳定的证券品种。

1. 顺序支付

顺序支付(sequential pay classes,SPC)的 CMO 由两级或两级以上的证券组成,证券可以是固定利率,也可以是浮动利率。顺序支付的 CMO 的最大特点是其本金的支付方式是按证券字母的排列次序 A,B,C,…,Z 进行的,只有当 A 级证券获得本金支付后,B 级证券才有资格获得本金收入,以此类推。

在顺序支付的 CMO 中,Z 级证券多为无息证券,这不是指 Z 级证券没有利息收入,而是指只有在其他各级证券都获得本金和利息收入之后,Z 级证券才可获得本金和利息收入。

在证券组合中的各种证券,其期限、利率和发行金额都有所不同。其中,Z 级证券的利率高于 A,B,C…级证券的利率,有的甚至高于抵押贷款资产组合的利息率。由于 Z 级证券的发行金额占证券发行总额的比例一般不大,这样发行债券的加权利率仍低于抵押贷款组合的利息率,因而发行商仍可获利。

顺序支付的担保抵押贷款债券为投资者提供了多种选择。如在一组多级证券中,A 级证券的期限最短,可满足商业银行和货币市场基金等短期投资的需求;Z 级证券的期限较长,能满足共同基金等长期投资的需求;而 B,C 等级证券则是中期投资的理想工具。

2. 按计划分期支付

按计划分期支付(planned amortization classes,PAC)的担保抵押贷款债券,是根据市场利率走势和组合中贷款的特点,通过预期最高和最低提前还贷比率来把握证券收入流的总体变化。按计划分期支付的 CMO 由按计划分期支付证券和辅助证券组成。只要实际提前还贷比率在最高和最低提前还贷比率范围内,组合中按计划支付证券就能按预定的安排获得全部本金和利息收入。

辅助证券要承受市场变化的风险,一种风险是萎缩风险,即提前还贷比率高于预定计划,造成本金支付大于计划的还贷额和证券平均期限的缩短;另一种风险是延期风险,即提前还贷比率低于预定计划,造成本金支付小于计划还贷额和证券平均期限的延长。

按计划分期支付的 CMO 可以用不同的组合方式组成。可以由一个按计划分期支付证券和一个辅助证券组成,也可以由多个按计划分期支付证券和一个辅助证券组成,还可以由多个计划分期支付证券和多个辅助证券组成。多种组合方式可以满足投资者对期限、风险程度的不同偏好,从而更好地顺应市场的变化。

值得注意的一点是:辅助证券的保护能力是有限的。只有当收入流在一定波动范围内,辅助证券才能有足够的实力吸纳收入流中多余的部分或弥补收入流中不足的部分。但当超出了既定的浮动范围时,辅助证券就会过早退出,那时整个证券设计的结构和收益将随之发生变化。

### 3. 定向支付的担保抵押贷款债券

定向支付的担保抵押贷款债券(targeted amortization classes,TAC)也是一种有稳定收益的抵押证券。它也由一个或多个辅助证券承担组合风险,这点与按计划分期支付的担保抵押贷款债券相似。

但与按计划分期支付的 CMO 不同的是,定向支付的担保抵押贷款债券是按提前还贷的最高比率设计的,它只能防范提前还贷比率高带来的萎缩风险,而不能防范提前还贷比率低所造成的延期风险。也就是说按计划分期支付的 CMO 具有抗拒萎缩风险和延期风险的双重功能,而定向支付的 CMO 只具有抗拒萎缩风险的单项功能。

### 四、剥离抵押支持证券

剥离抵押支持证券(stripped mortgage backed security,SMBS)指把现金流的利息和本金分开,同时发行两种利率不同的债券,资产组合产生的现金流分别按不同比例支付给两类债券的持有者。剥离的形式主要有:纯本金债券(principle only,PO,指零息的转手证券)和纯利息债券(interest only,IO,指以按揭资产现金流中的利息部分支付本金的转手证券)。

由于这两种证券有不同的特点,可成为投资者进行套期交易的工具。纯利息证券的收入流在还贷初期比较大,并随着贷款余额的下降而递减,投资者在市场利率看涨时多选择纯利息证券;纯本金证券的收入流在还贷初期比较小,但随着贷款余额和利息支付的下降而呈现增长的趋势,当投资者预期市场利率走低时多选择纯本金证券,以减少未来市场利率下降带来的风险。

## 第三节 资产证券化市场

### 一、基本概念

#### 1. 资产证券

资产证券化是近三十年来国际金融领域最重要的金融创新之一。它首先出现在美国,经过多年的发展,资产证券化已成为美国资本市场最重要的融资工具之一,美国资产证券化市场也成为规模超过联邦政府债券市场的固定收益债券市场。

广义的资产证券化是指一种满足资金供需双方需求的金融工具,从而使得资金需求者及时获得所需资金,资金供给者借此获取合理报酬的资金融通过程。狭义的资产证券化是指为提高金融资产的流动性,以金融资产为担保,设计、发行证券,公开销售给一般投资者,从而实现筹措资金目的的过程。

经济学家加德纳对资产证券化的定义是,使储蓄者与借款者通过金融市场得以部分或全部匹配的一个过程或工具。这个定义强调了资产证券化是一种以市场为基础的信用中介,这与机构中介不同。开放的市场信誉通过金融市场取代了由银行或其他金融机构提供的封闭市场信誉。

资产证券化是抵押贷款证券化的延伸。在金融创新的浪潮中,受抵押贷款证券化的启发和影响,资产证券化近年来在金融市场上悄然兴起。资产证券化与抵押贷款证券化有相似之处:它们都是将某种有稳定收入流的资产聚集起来,形成一个资产组合,然后以此为基础发行证券。但资产证券化比抵押贷款证券化包含的内容更加广泛。

2. 资产担保证券

资产担保证券是以有稳定收益的金融资产或非金融资产为担保,以形成的资产组合为基础所发行的证券。适合资产证券化的资产种类很多,既可以是金融资产,如汽车贷款、信用卡应收款和住宅产权贷款;也可以是非金融资产,如收费公路和客机租赁等等。

世界上第一个资产担保证券是在 1985 年 3 月由美国一家金融租赁公司以 1.92 亿美元的计算机租赁票据作为担保品发行的。在这之后,各种资产支持证券相继问世,如汽车贷款担保资产证券、联营公司票据支持证券、贸易应收款支持证券、消费者贷款支持证券等,种类繁多。

目前,发行额最大的三种资产担保证券是:汽车贷款担保资产证券、信用卡担保资产证券、住宅产权担保资产证券。

## 二、资产证券化的作用

(1) 提供新的融资方式和融资渠道。对于发行机构来说,资产证券化提供了一种新的融资方式和融资渠道,适应了金融市场发展的需要。

资产证券化把资产分离出来并把它们用做证券发行的担保品,这样能使发行者以较低的筹资成本获得资金。因为此时投资者更为关注基础资产组合的信用质量,而不仅仅是资产担保证券发行者的信用质量。

(2) 解决资产与负债期限结构的匹配问题。对于银行等存款性机构来说,其资金来源即负债主要是短期存款,而发放的贷款一般期限较长,从而造成资产与负债期限结构之间的不匹配,也就是以短期负债支持长期资产的问题。

当利率提高时,金融机构的筹资成本会上升,而投资的资产利率由于受到合约的限制而不能随意调整,这就使金融机构面临很大的风险。通过资产证化,金融机构可以实现资产负债期限结构的匹配,也就解决了短存长贷的矛盾。

(3)提供新的投资工具。对于投资者而言,资产证券化提供了多品种的、多组合的新型投资工具。由于不同投资者的风险偏好和对投资期限的要求是不同的,因而资产证券化所提供的多种选择能更好地满足投资者的需要,并能顺应市场的发展。

(4)有效地规避风险。在资产证券化过程中,通过资产汇集降低了资产组合中的系统性风险;通过资产转让,将集中的风险转移和分散到资本市场上;通过划分风险档次,将不同信用级别的资产证券匹配给不同风险偏好的投资人。由此形成一个有效规避风险的体系。

进行证券化的资产一般是流动性较低的资产,金融机构若将大量资金投入此类低流动性资产,会面临较大的流动性风险。资产证券化将流动性较低的资产转变为流动性较高的证券,使金融机构可不断获得新的资金来源,降低了金融机构流动性风险和破产风险。

### 三、常用的资产担保证券

1. 汽车贷款担保资产证券

美国的马林·米德兰银行在1985年5月发行了汽车贷款担保资产证券,这是世界上第一笔由汽车贷款担保的资产担保证券。

汽车贷款担保资产证券可以通过汽车制造商的金融分支机构、商业银行或独立的财务公司和较小的专事汽车贷款的金融机构来发行。

汽车贷款担保资产证券的借款人可以按计划偿还本金和支付利息,也可以提前偿还。汽车贷款担保资产证券的提前偿还的原因可能有:出售旧车换新车的需要、汽车因事故而破损和在利率下降时贷款的重新融资等。尽管有多种原因会造成贷款的提前偿还,但事实证明,汽车贷款担保资产证券的现金流并没有很大的不确定性。在实际生活中,汽车贷款不仅提前还贷的风险小,而且坏账的比率比较低。

在一些发达国家,汽车贷款普及率高、贷款规模大、违约率低、收入流稳定。汽车贷款的期限通常为3—8年。借款人可以按期支付贷款本金和利息,并允许提前还款,构成了汽车贷款担保资产证券的收入流。以汽车贷款担保的资产证券的期限多为1—5年期,发行商按期支付给证券投资者的本息收入,构成了汽车贷款担保资产证券的支出流。汽车贷款担保资产证券是一种受投资者欢迎的金融工具。

2. 信用卡担保资产证券

信用卡担保资产证券在1987年1月被首次推出,作为融通资金的一种方式。信用卡担保资产证券向其持有人定期支付利息。与汽车贷款担保资产证券相比,本金不是分期支付,而是在规定的期限,信用卡借款人的本金支付通过受托人而保留和重新投资到其他应收款。规定期限之后,本金不再重新投资只是支付给投资者。

在信用卡普及率高的国家,平均每两至三个人就有一个持卡人。以巨大的信贷余额为基础发行的资产证券,具有很强的信用基础。信用卡的持有者按月支付所欠款项,信用卡证券发行者便可用以保证信用卡担保资产证券的投资者按月得到利息收入,并按约定的期限得到本金收入。通常,愿意获得高收益并承担高风险的投资者,可以选择期限长的信用卡担保资产证券;反之,则选择期限短的信用卡担保资产证券。

3. 住宅产权担保资产证券

住宅产权担保资产证券是由一组住宅产权贷款作为担保的资产证券。住宅产权贷款(HEL)可分为封闭式的和开放式的。封闭式的住宅产权贷款是以与固定利率、完全分期付款的住房抵押贷款相同的方式构建的住宅产权贷款。开放式的住宅产权贷款是一种产权贷款,在此贷款中,根据借款人在其财产中的产权数量,房屋业主能够在一定期限内在规定额度借入资金。房屋业主被给予了一个信用额度,可以开支票或可以在信用额度内使用信用卡。在贷款期限末,房屋业主可以一次性支付以偿还所借数额,或分期偿还未偿余额。

## 四、信用提高

信用提高是资产证券化市场迅速发展的催化剂,是降低证券发行整体风险的媒介。为了保证投资者能够获得其应得收益,信用提高措施被广泛采用。

在实际操作中,根据资产证券化交易的不同特点,可采用不同的信用提高方法或者混合使用。按照信用提高来源,可以将信用提高分为内部信用提高和外部信用提高。

1. 内部信用提高

内部信用提高是指由发行人提供的信用提高。

(1) 超额抵押。发行人用以担保发行证券的资产价值超过所发行证券的面值,一旦出现违约现象,只要损失限制在担保的资产价值与发行证券价值的差额以内,对投资者就不会造成损失。

(2) 担保。由发行人为其发行证券的偿付提供保证,也就是承诺当用以担保发行证券的资产发生支付短缺时,发行人会被要求支付短缺的金额。但是这一方式受到发行人资信评级的限制。

(3) 直接追索权。这是发行人提供的信用提高措施中最简单、最直接的一种。也就是发行人允诺在资产售出后一定条件下承担回购的义务或承担一定的担保责任。直接追索权又可以分为两种形式：一是承担回购义务，即发行人承诺购回所有的或特定数额的违约应收款项；二是承担担保，对资产的全部或部分付款义务做出担保。

(4) 储备金账户。由发起人设立专门的储备金账户，一旦出现违约导致损失而无法按期偿还投资者利息和本金时，就从储备金账户中提出资金偿还投资者本息。储备金的来源很多，超额抵押可以通过储备金账户的形式设立，即在转让资产时特别留出一定金额作为储备；也可以由发起人设立储备基金。

(5) 优先/次级划分。资产证券化经常涉及优先及次级证券的同时发行。在多种级次结构证券的情况下，获得本金支付分配的权利按其优先顺序进行排列。次级证券一般由发起人持有，这样违约损失先由发起人承担，当损失超过发起人持有的额度之后，才由投资者承担，从而利用这种方式来提高信用等级。

2. 外部信用提高

外部信用提高是指由发起人之外的第三方提供的信用担保。

(1) 担保、信用证和保证契约。这是第三方信用提高最普通的方式。参与担保的机构有金融担保公司、保险公司、银行等。此种方式可以采用部分信用提高或完全信用提高的方式。部分信用提高是由银行提供的第一损失信用证担保或由保险公司提供的第一损失金融担保。完全信用提高是第三者提供100%信用证担保或100%金融担保保险，它可以完全消除投资者承担的信用风险，但它的成本非常高。

(2) 现金抵押账户。使用第三方贷款资金设置现金抵押账户，以此担保相关证券的付款。使用现金抵押账户的优点在于：不需要拨款的担保承诺，不受第三方机构评级的影响。但现金抵押账户在初期要求第三方注入资金，其创建费用较高。

(3) 利率掉期。利率掉期是金融市场上经常使用的工具。在资产证券化中，当担保资产的利率与证券利率有所不同时，多用利率掉期。如担保资产是浮动利率，而资产担保证券却是固定利率，这时就可用掉期交易将固定利率转为浮动利率。涉及利率或汇率掉期的大部分资产证券化都要求掉期方具有评级机构最高评级。

## 第四节 美国、英国、法国和中国香港地区住宅抵押证券化市场

### 一、美国住宅抵押证券化市场

1. 美国住宅抵押证券化市场的建立

美国住宅抵押证券化市场的建立始于 20 世纪 30 年代。在经济大危机中，由于资产负债期限不匹配及较长贷款期限所带来的抵押贷款的高风险得以充分暴露。美国政府认识到住宅抵押贷款市场的巨大风险是私营机构无法承受的，开始着手发展住宅抵押证券化市场。

（1）联邦住房贷款银行体系。联邦住房贷款银行体系在 1932 年成立。联邦住房贷款银行体系包括 12 个地区性联邦住宅贷款银行，由联邦住宅贷款银行董事会负责管理。联邦住房贷款银行体系的资金来源部分是由加入该体系的私人贷款机构提供，主要来源则是依靠发行债券筹集资金，然后向本系统内的住宅抵押贷款机构提供信贷支持，所提供的贷款须以发放的抵押贷款为担保。

联邦住宅贷款银行体系通过为成员提供贷款，使资金能在全国范围内流动，为资金短缺地区的贷款机构补充贷款资金，提高了抵押贷款的流动性。

（2）住宅贷款保险计划。住宅贷款保险计划主要由两个机构来实施。第一个机构是根据 1934 年的住宅法成立的联邦住宅管理局，其目的是为住宅抵押贷款提供贷款保险，稳定住宅抵押市场。被联邦住宅管理局保险的贷款要求住宅抵押贷款的贷款价值比率和利率达到一个规定的水平。

第二个机构是 1944 年成立的联邦退伍军人管理局，它主要向退伍军人及其家属提供住宅融资担保。联邦退伍军人管理局的担保是一种绝对担保，一旦发生违约，联邦退伍军人管理局就对被担保贷款承担责任。该担保同样要求住宅抵押贷款符合法定的贷款价值比和利率限制。

（3）住宅抵押证券化市场政府机构的发展。联邦全国抵押贷款协会于 1938 年成立，它的建立是为联邦住宅管理局保险的住宅抵押贷款提供一个交易市场。美国国会规定联邦全国抵押贷款协会的职能有：① 联邦保险或担保的住宅抵押贷款证券化市场的操作；② 对购买的住宅抵押贷款进行管理和清算；③ 实施联邦政府制定的特别援助计划。

政府全国抵押贷款协会成立于 1968 年，隶属城市与住宅发展部。政府全国抵押贷款协会是一个完全归属政府所有的机构，除了承担政府对中低收入居

民的特别援助功能以外,还承担对其拥有的抵押贷款的管理和清算,但其最主要的职能则是为抵押支持证券提供担保。

联邦住宅抵押贷款公司是在1970年根据《紧急住房金融法》建立的,其目的是为住宅抵押贷款证券化市场服务。其职能有:① 促进资本由充裕地区向缺乏地区的流通;② 在信贷紧缩时期发展新的资金来源;③ 发展新的融资工具,促进私人抵押证券化市场的发展。

2. 美国住宅抵押证券化市场的运作模式

(1) 住宅抵押贷款的创立。在美国,住宅抵押贷款机构主要是商业银行和储蓄性机构,包括储蓄贷款协会、互助储蓄银行等等。由于美国拥有发达的信用体系,贷款机构对借款人进行的信用审查又十分严格。

联邦机构的保险和担保提高了抵押贷款资产的安全性。私人抵押保险近来在抵押保险市场上迅速发展。较之联邦住宅管理局和退伍军人管理局担保的抵押贷款,这种纯私人部门之间的抵押贷款称为常规抵押贷款。私人抵押保险公司在提供抵押贷款保险的方式上更为自由、灵活,使贷款机构不必受严格限制,促进了常规抵押贷款的发展。

(2) 抵押贷款出售。贷款人利用联邦全国抵押贷款协会或联邦住宅抵押贷款公司提供的市场将抵押贷款转让给这两个机构。这两个机构购买抵押贷款的方式主要是竞标拍卖,在竞标中出价最高者获得购买承诺,即约定在未来某一个时间以一定的价格购买住宅抵押贷款创始人的贷款。

贷款者在这里获得的是一个卖权期权,它可以选择到期是否卖出抵押贷款。如果到期时市场利息率上升,超过约定价格,贷款者可以使用其承诺,以约定价格卖出贷款,避免损失。反之若市场利息率下降,低于约定价格,贷款人可以不使用期权而以较高的价格卖给其他买主。利用这一体系,贷款人可以有效地规避市场利率风险,灵活选择,提高了资产的流动性。

(3) 住宅抵押贷款证券化。政府国民抵押贷款协会创造了第一笔转手证券,它是以担保的独户住宅抵押组合为支持的。此后储贷协会,商业银行和多种储蓄机构相继以各类住宅抵押组合为担保发行各式证券。

政府机构的介入也促进了私人抵押贷款证券的发展。私人抵押证券主要是由大型金融机构发起,它们或是购买贷款,发行证券;或是自己创立抵押贷款,再发行证券。

3. 美国住宅抵押证券化市场的创新动力

(1) 期限的不匹配。商业银行和储蓄机构的资金来源基本上是储蓄存款,短存长贷的矛盾推动贷款机构寻求提高资产流动性的途径。

(2) 地理的限制。美国限制银行跨州经营的规定实行了很长时间,通过贷款出售和证券化,同时购买其他银行发起的证券化资产,使资产组合的地理多元化组合,降低经营风险。

(3) Q条款封顶利率的限制。美国金融监管Q条款规定,商业银行和储蓄机构的浮动利率不得超过某一上限。在通货膨胀时期,储蓄机构受Q条款封顶利率的限制,存款利率无法同时上涨,造成资金从储蓄机构流出。储蓄机构面临着资金大量外流的危机,单靠贷款整体出售不足以解决资产负债期限不匹配的根本矛盾,在这种情况下,住宅抵押证券应运而生了。

(4) 监管因素。美国对银行业住宅抵押贷款的风险权重规定为50%,而对联邦住宅管理局和联邦住宅抵押贷款公司发行的抵押证券的风险权重规定为20%,因而促使银行业将本身的抵押贷款证券化,转而购买其他银行发起的、经由政府担保或资助的抵押担保证券。

4. 美国次级贷款危机

2007年8月开始,美国次级贷款问题开始初露端倪,并且引发了全球性的金融危机,产生了极坏影响,而且预计影响将持续多年。

(1) 次贷危机简介

次级按揭贷款,是相对于给资信条件较好的按揭贷款而言的。如果按揭贷款人没有(或缺乏足够的)收入/还款能力证明,或者其他负债较重,那么按揭贷款给这类人的房地产按揭贷款,就被称为次级按揭贷款。

次级按揭贷款与美国投资市场以及全球经济和投资环境过去一段时期持续积极、乐观的情绪有关。大家知道,进入21世纪,世界经济金融的全球化趋势加大,全球范围利率长期下降、美元贬值以及资产价格上升,使流动性在全世界范围内扩散,激发追求高回报、忽视风险的金融品种和投资行为的流行。作为购买原始贷款人的按揭贷款并转手卖给投资者的贷款打包证券化投资品种,次级房贷衍生产品客观上有着投资回报的空间。在一个低利率的环境中,它能使投资者获得较高的回报率,这吸引了越来越多的投资者。

美国金融市场的影响力和投资市场的开放性,吸引了来自各国的投资者,大大刺激了需求的增长。面对巨大的投资需求,许多房贷机构降低了贷款条件,以提供更多的次级房贷产品。这在客观上埋下危机的隐患。事实上,不仅是美国,包括欧亚,乃至中国在内的全球主要商业银行和投资银行,均参与了美国次级房贷衍生产品的投资,金额巨大,使得危机发生波及全球金融系统。

部分美国银行和金融机构违规操作,是这场危机的一个重要原因。在美国次级房贷的这一轮繁荣中,部分银行和金融机构为一己之利,利用房贷证券化可将风险转移到投资者身上的机会,有意无意地降低贷款信用门槛,导致银行、金融和投资市场的系统风险增大。在过去几年,美国住房贷款一度出现首付率逐年下降的趋势。历史上标准的房贷首付额度是20%,这在过去几年中也一度降到了零,甚至出现了负首付。房贷中的专业人员评估,在有的金融机构那里,也变成了电脑自动化评估,而这种自动化评估的可靠性尚未经过验证。

有的金融机构,还故意将高风险的按揭贷款,"静悄悄"地打包到证券化产品中去,向投资者推销这些有问题的按揭贷款证券。突出的表现是在发行按揭证券化产品时,不向投资者披露房主难以支付高额可调息按揭付款及零首付的情况。而评级市场的不透明和评级机构的利益冲突,又使得这些严重的高风险资产得以顺利进入投资市场。

自2001年"9·11"事件后,美联储的货币政策开始了从加息转变为减息的周期。这一阶段持续的利率下降,是带动21世纪以来的美国房产持续繁荣、次级房贷市场泡沫被吹大的重要因素。

而从2004年6月起,美联储的低利率政策开始了逆转;连续升息提高了房屋借贷的成本,开始发挥抑制需求和降温市场的作用,促发了房价下跌,以及按揭违约风险大量增加。随着美联储不断提高利率,房地产泡沫破裂、次贷市场贷款拖欠比例直线上升。2008年2月22日,《纽约时报》报道,全美国将有占总数10.3%的约880万个家庭的按揭面临负资产的风险,这一数字比一年前多了一倍以上,负资产按揭的价值总额约2.6万亿美元。美国的房价可能从峰值水平下跌20%—30%,使4万亿—6万亿美元的家庭财富消失。

2007年七八月的时候,很多人认为次贷危机只是流动性问题,只需央行出手注资、减息,所有问题都能得到解决。但事实上,危机比预想的要严重得多。包括花旗银行和美国银行在内的很多商业银行都涉入了次贷或与次贷相关的投资领域,它们操作的资产数额相当于自身资本金的15倍,它们在次贷危机中的损失也在这个"杠杆效应"下被相应放大。杠杆活动在扩大动荡方面起着关键作用。某些银行和其他投资工具,包括对冲基金,由于难以定价的抵押物作担保借债能够容易地用在流动性低的市场交易中,在市场流动性蒸发的时候使情况大大恶化,导致被迫以"甩卖"价格实行非杠杆化的过程,并导致某些基金的倒闭。2007年第三季度标准普尔500指数中,金融股全体收益下滑22%,是十个行业里表现最差的板块。次贷危机后可能造成更多与消费相关的贷款的坏账率增加,如信用卡、汽车贷款等;银行需要再次提高坏账准备金,收缩信贷;企业开始缩减开支,导致失业率增加;民众消费力减弱,美国经济丧失动力。

为了抵消危机造成的影响,美、欧央行多次注资、降息,美联储年内三次降息累计100个基点。美联储的降息政策及政府的经济刺激方案能否起到急效,人们正拭目以待。

次贷引发了美国和全球范围的一次又一次信用危机。它被有的经济学者视为"美国可能面临1929年以来最严重的金融冲击"。这给中国与全世界政界、经济学界人士都敲响了金融风险的长鸣警钟。

## 二、英国住宅抵押证券化市场

### 1. 概述

20世纪80年代以前,英国的住宅抵押贷款证券化业务没有获得多大发展,这主要是因为抵押贷款多半由住宅建设公会提供,住宅建设公会受到法律的严格限制,筹措资金的能力很有限,并有义务保持相当金额的资产,因此没有资产证券化的动机。

80年代以后,英国掀起购置住宅的热潮,商业银行及抵押公司、住房贷款公司、抵押融资公司等均开始从事住宅抵押贷款业务,需要抵押证券化市场来融入资金,住宅抵押证券化市场就此发展起来了。

英国在1985年2月首次发行英镑抵押贷款担保证券,在卢森堡证券交易所上市。在这以后,英国抵押证券化市场迅速发展。但是,由于英国抵押证券化市场发展时间不长,与美国相比,其市场规模仍较小。

### 2. 英国住宅抵押贷款证券

英国的住宅抵押贷款证券一般采取记名登记形式,并在伦敦或卢森堡证交所以公开募集方式发行并上市。抵押贷款担保证券期限的长短随担保抵押贷款期限而异,一般以5—10年为主,但如果原抵押贷款提前还款,则该抵押担保证券也必须提前清偿。英国的抵押担保证券,投资者可以按自己的需要进行选择。抵押担保证券一般以伦敦银行间拆放利率为基准而采取浮动利率。

英国的住宅抵押证券的发行市场中,发行人向原始债权人购入抵押贷款组合,再以此为担保发行抵押贷款担保证券,发行时均由证券公司承销,卖给投资人。发行市场参与者包括发行人、原始债权人、服务公司、受托人。其中服务公司负责抵押贷款担保证券本金利息的回收,以及该抵押贷款担保证券在到期日以前有关回收资金的运用管理,并负责对投资人支付本利等事务。受托人代表投资人监视发行人的资产结构,并确认服务公司是否依抵押证券有关本金利息的回收契约进行操作。

### 3. 信用保证、会计处理及信用评级

(1) 信用保证。英国没有类似美国的政府性质的抵押担保机构,其所采取的信用保证,主要由私人抵押保险机构承担。

(2) 有关住宅抵押贷款担保证券的会计处理。① 出售与融资。英国会计准则委员会在1990年公布了"交易实体资产、负债的处理"草案,对有关出售的认定最少要符合下列条件之一:(a) 抵押贷款转让时合同条件不变;(b) 抵押贷款转让后,原始债权人对原来持有的抵押贷款就没有了利害关系,该抵押担保证券的发行人对原始债权人无请求权;(c) 原始债权人对于转让后的抵押贷

款没有买回选择权;(d)在发行人与债务人之间的条件发生变动时,抵押贷款的转让契约应遵照变动之后的条件。② 损益认定。如果抵押贷款的转让被视为出售,那么原始债权人在会计处理时,应将账面价格与售价之间的差额作为损益处理。

(3)信用评级。英国没有建立信用评级制度,由美国两大信用评级机构标准普尔及穆迪公司进行信用评级。

4. 法律规定

(1)证券交易有关法规。① 发行披露原则。按规定要做下列披露:抵押贷款证券以一般投资人为发行对象,并且在伦敦证券交易所上市时,对有关资产的结构、原始债权人、风险等资料应予以披露。② 持续披露原则。在伦敦证券交易所上市时,按规定要报送有关会计报表,并分送公司债权人;此外,每半年应提出报告,如未在伦敦证券交易所上市,则只要依公司法的持续披露原则即可。

(2)相关税法规定。关于原始债权人的会计处理方法,有出售方式与融资方式两种,税法上的处理方法也因此而不同。出售方式可免除印花税,融资方式则原始债权人支付的利息可以以损失入账,各有利弊。

在以出售方式处理时,发行人在税法上的处理又分为交易公司及投资公司两种。如果除了向原始债权人购入抵押贷款外,还向第三人追加购入抵押贷款,本身也积极进行抵押贷款,那么该公司属税法上的交易公司。如果从原始债权人那里购入抵押贷款组合,仅持有而不主动处理,则为投资公司。投资公司在享受税收优惠方面处于不利地位。

## 三、法国住宅抵押证券化市场

由于法国实行全能银行制,银行经营的自由度比较大,融资问题不是很严重,因而住宅抵押证券化市场的发达程度远不如美国。在法国的住宅抵押证券化市场中,互助性储蓄机构、土地银行和商业银行是主要的住宅抵押贷款机构。

1. 抵押证券化市场的发展

法国在1966年建立了一个分散性的抵押证券化市场,它是由法国土地信贷银行负责管理,发行以抵押贷款为担保的证券。要经过严格的抵押贷款标准的审核,才能成为这个抵押证券化市场的成员。

在法国,抵押融资长期是由法国土地信贷银行所主导。法国土地信贷银行发行债券,并购买抵押贷款机构的抵押贷款。它既是一个竞争性的私人贷款机构,又承担一定的政府职能。

抵押证券化市场的这一体系使初级抵押贷款机构即使在管制严格的金融

环境下也能从机构投资者处得到长期资金。但是,由于债券的流动性差、期限短,抵押证券化市场的融资功能未能充分发挥出来。

2. 再融资抵押银行的发展

法国的再融资抵押银行建立于 1985 年,是一个私人机构,它由法国主要的抵押贷款银行所拥有。再融资抵押银行发行债券,购买其成员的抵押贷款,并向其成员提供以住宅抵押贷款为担保的贷款。再融资抵押银行目前拥有超过 100 亿美元资产,它在功能上类似于美国的联邦住宅贷款银行系统。

再融资抵押银行的主要职能包括:对贷款机构进行审查,确定是否符合成为再融资抵押银行成员的条件;发行债券,在成员机构面临资金压力时向其提供信贷支持;如果出现用做担保的抵押贷款违约的情况时,进行抵押追索程序。

再融资抵押银行在相当长的一段时间内促进了法国住宅抵押贷款市场的发展。再融资抵押银行的优势在于拥有简单有效的运作模式和简明安全的机制。这些机制具体包括:住宅抵押贷款的标准化、超额抵押、成员机构破产拥有财产优先权、贷款和债券之间的匹配等。

## 四、中国香港地区的住宅抵押证券化市场

1. 概述

香港地域狭小,土地资源紧张,居民住宅需求旺盛,房地产市场一直很发达。在私人住宅总数迅速增长的同时,个人对住宅按揭需求大增,按揭贷款余额更是迅猛增长。

由于受到香港金融管理局的限制,金融机构的抵押贷款不得超过其贷款总额的 40%,因此香港银行所能提供的贷款与贷款需求之间存在有近 8 000 亿港元的供求差额。因此需要寻求一条可以出售贷款并获得资金来源的途径,按揭证券公司应运而生,从而促进了住宅抵押证券化市场的发展。

2. 香港按揭证券公司

香港金融管理局在 1997 年 3 月 20 日宣布香港按揭证券公司成立,它由香港政府通过外汇基金全资拥有,注册资本 10 亿港元。

香港按揭证券公司的运作策略分两个阶段进行。第一步依靠政府拨付的 10 亿港元营运资本,并向退休基金及其他机构投资人发行无抵押债券筹资,以此款项来购买香港银行按揭贷款。第二步是将所购入的按揭贷款进行资产重新组合,经包装后转换成按揭证券,并为按揭证券提供担保,保证按揭证券上市后为更广大的投资者选购。

香港按揭证券公司设计了两大制度保证模式系统。一是业务操作模式系统。该结构为:① 银行将资金贷给借款人支付发展商或房屋买家;② 银行再将

按揭资产出售给按揭证券公司;③按揭证券公司将收购的按揭进行资产重组后包装成按揭证券上市发行,收回收购银行按揭资产所花费的资金;④按揭证券公司将服务费、手续费给付银行;⑤投资者将按揭证券交付受托人;⑥受托人扣除费用后,将按揭证券全额交付按揭证券公司;⑦按揭证券公司将盈余资金拨入监管账户,再从监管账户中将剩余资金给付银行;⑧大量流动资金不断由借款人穿过按揭证券公司、受托人、按揭证券投资人、资金监管账户等一系列环节,不断流向银行,为银行发展按揭贷款业务提供资金来源。

二是具有可操作性的风险防范制度模式。该模式主要包括按揭证券发行前的按揭物业质量评估系统和按揭证券发行后的信贷评级提升系统。对按揭物业的评估主要是对经营按揭物业的公司资信和按揭资产的质量做出判断。对按揭证券信贷评级提升工具的运用会大大提高按揭证券的发行质量和速度。可供按揭证券运用的信贷评级提升工具有:楼宇保险、公司担保、第三人担保、信用证、息差专户、储备金、超额抵押等。运用这些工具,可以大大降低按揭资产的风险,增强按揭证券的信贷评级水平,吸引更多的机构投资者和私人投资者。

## 第五节　中国资产证券化市场的发展

我国资产证券化的起步较晚,但在监管当局的大力推进和金融机构的积极参与下,资产证券化经历了从无到有、快速发展和不断突破的过程。这对于深化我国金融体制改革、处置银行不良贷款、化解金融风险都有十分重要的现实意义。

2005年3月,国家开发银行和中国建设银行获准作为试点单位,分别进行信贷资产证券化和住房抵押贷款证券化的试点,这也标志着我国本土证券化的试点正式开始。2005年年底,国开行41.7727亿元的信贷资产支持证券和建行30.19亿元的个人住房抵押贷款支持证券在银行间市场顺利发行。这也是我国首批政策规范下的资产支持证券,标志着我国信贷资产证券化试点工作取得了阶段性成果,此外,2005年还有两期专项管理计划产品面世,我国的证券化市场迈开了从理论走向实践的重要一步。

2006年资产证券化市场规模不断扩大,发行品种不断增多。发行规模从2005年的171.34亿元增长到了2006年的471.51亿元,增幅达到了175.20%。资产证券化的产品种类也由2类增长到了5类。截止到2006年12月底,共包括3只由银行发起的信贷资产证券化产品、9只由券商发起的专项管理计划产品、跨国商业房地产抵押贷款支持证券(CMBS)产品、准ABS信托产品以及2

只不良资产证券化产品。资产证券化产品的种类日益丰富,涵盖行业也日益广泛,涵盖了银行、电信、交通、电力、地产等诸多行业。产品期限从 0.18 年到 5.34 年不等,其收益率也从 2.29% 到 5% 各异。

总体上来说,首先,资产证券化利于改善银行盈利模式,提高资本充足率,发展业务,也能促进资本市场发育、成长;其次,资产证券化有利于利率市场化。资产证券化产品横跨银行间市场与信贷市场,有效地将二者利率联系起来,并形成有效的均衡,这利于中国利率市场化早日实现。但是在中国推进资产证券化的过程中,需要学习各国的先进经验、借鉴教训,并结合中国实际,尤其注意风险控制方面的问题。美国的次贷危机尤其值得中国借鉴。

# 第十三章

# 金融衍生工具市场

第一节　金融期货市场
第二节　金融期权市场
第三节　金融互换市场
第四节　金融远期市场

衍生金融工具是指其价值依赖于基本标的资产价格的金融工具,如远期、期货、期权、互换等。衍生市场在融资、投资、套期保值、套利行为中发挥着巨大的作用。本章主要介绍金融期货市场、金融期权市场、金融互换市场和金融远期市场。

# 第一节　金融期货市场

美国著名经济学家、诺贝尔经济学奖获得者米勒教授指出:"没有期货市场的经济体系称不上是市场经济。"金融期货市场是在特定的金融环境下产生并发展起来的,虽然只有短短三十余年的历史,但其发展速度极快,目前已成为金融市场的主要内容之一。

## 一、金融期货市场及其产生

所谓金融期货,是指以金融工具作为标的物的期货合约。金融期货交易是指交易者在特定的交易所通过公开竞价方式成交,承诺在未来特定日期或期间内,以事先约定的价格买入或卖出特定数量的某种金融商品的交易方式。金融期货交易具有期货交易的一般特征,它与商品期货的差异主要是其合约标的物不是实物商品,而是金融商品,如外汇、债券、股票指数等。

专门进行金融期货交易的场所就是金融期货市场。因此,金融期货市场一般是指有组织的、有严密规章制度的金融期货交易所。

金融期货市场在很大程度上是借鉴了商品期货市场的成功经验。在20世纪70年代初,由于外汇市场固定汇率制的崩溃,金融风险空前增大,在这种特殊的金融环境下金融期货及金融期货市场形成并发展起来了。

1944年7月,44个国家在美国新罕布什尔州的布雷顿森林召开会议,确立了布雷顿森林体系,实行双挂钩的固定汇率制,即美元与黄金直接挂钩,其他国家货币与美元按固定比价挂钩。在这种固定汇率制下,各国货币之间的汇率波动被限制在极为有限的范围内(货币平价的±1%),因此几乎没有什么外汇风险,当然也就不会产生对外汇风险管理的需求。进入20世纪50年代,特别是20世纪60年代以后,随着西欧各国经济的复兴,其持有的美元日益增多,各自的本币也日趋坚挺,美国则因为先后对朝鲜和越南发动战争,出现了连年的巨额贸易逆差,国际收支状况不断恶化,通货膨胀居高不下,屡屡出现黄金大量外流、抛售美元的美元危机。

在美国的黄金储备大量流失、美元地位岌岌可危的情况下,美国于1971年8月15日宣布实行"新经济政策",停止履行以美元兑换黄金的义务。为了挽救濒于崩溃的固定汇率制,同年12月底,十国集团在华盛顿签订了《史密森学会协定》,宣布美元对黄金贬值7.89%,各国货币对美元汇率的波动幅度扩大到货币平价的±2.25%。1973年2月,美国宣布美元再次贬值10%。美元的再次贬值并未能阻止美元危机的继续发展,最终,1973年3月,在西欧和日本的外汇市场被迫关闭达17天之后,主要西方国家达成协议,开始实行浮动汇率制。

在浮动汇率制下,各国货币之间的汇率直接体现了各国经济发展的不平衡状况,反映在国际金融市场上,则表现为各种货币之间汇率的频繁、剧烈波动,外汇风险因此急速增大。各类金融商品的持有者面临着日益严重的外汇风险的威胁,规避风险的要求日趋强烈,市场迫切需要一种便利有效的防范外汇风险的工具。在这一背景下,外汇期货应运而生。

## 二、金融期货的种类与金融期货市场的类型

目前,在世界各大金融期货市场,交易活跃的金融期货合约有数十种之多。根据各种合约标的物的不同性质,可将金融期货分为三大类(见表13-1):外汇期货、利率期货和股票指数期货,其影响较大的合约有美国芝加哥期货交易所(CBOT)的美国长期国库券期货合约、东京国际金融期货交易所(TIFFE)的90天期欧洲日元期货合约和香港期货交易所(HKFE)的恒生指数期货合约等。有关外汇期货和股票指数期货及其市场请详见第九章第三节和第八章第七节,这里仅就利率期货加以介绍。

利率期货是指协议双方同意在约定的将来某个日期按约定条件买卖一定数量的、某种长短期信用工具的、可转让的标准化协议。利率期货交易的对象有长期国库券、政府住宅抵押证券、中期国债、短期国债等。

在市场经济条件下,利率作为调节经济的杠杆经常发生变化,特别是在西方国家的经济生活中,利率的剧烈波动是一个重要的经济现象。例如,1974年美国优惠利率为14%,到1976年下降为6%,1979年再度回升到15.7%;1980年4月和12月曾高达20%和21.5%。利率的波动给企业和金融机构的生产经营带来了极大的风险。利率期货的出现,适应了投资者避免利率波动风险的要求。1975年10月,美国芝加哥商品交易所首先推出了国民抵押协会的抵押存款证(GNMA)的利率期货交易,开创了利率期货交易的先河。随后,美国其他

表13-1 金融期货的种类

| 金融期货种类 | 相关期货合约 | 主要交易场所 |
| --- | --- | --- |
| 外汇期货 | 澳大利亚元、英镑、加拿大元、德国马克、法国法郎、日元、瑞士法郎、欧洲美元和欧洲货币单位等的期货合约 | 芝加哥商业交易所国际货币市场分部、中美商品交易所、费城期货交易所等 |
| 利率期货 | 美国短期国库券期货、美国中期国库券期货、美国长期国库券期货、市政债券、抵押担保有价证券等 | 芝加哥期货交易所、芝加哥商业交易所国际货币市场分部、中美商品交易所 |
| 股票指数期货 | 标准普尔500种股票价格综合指数(S&P 500)、纽约证券交易所股票价格综合指数(NYCE Composite)、主要市场指数(MMI)、价值线综合股票价格平均指数(Value Line Composite Index)、日本的日经指数(NIKI)、香港的恒生指数(香港期货交易所) | 芝加哥期货交易所、芝加哥商业交易所、纽约证券交易所、堪萨斯市期货交易所 |

的期货交易所也纷纷推出各种利率期货合约。几年间,利率期货交易量取得了巨大的突破。1984年,利率期货交易量占美国整个期货交易量的28%,在各类期货交易中首屈一指。与此同时,世界其他国家的交易所也纷纷引入利率期货交易。

### 三、金融期货市场的特点与主要功能

1. 金融期货市场的特点

金融期货交易的基本特征可概括如下:

(1) 交易的标的物是金融商品。这种交易对象大多是无形的、虚拟化了的证券,它不包括实际存在的实物商品。

(2) 金融期货是标准化合约的交易。作为交易对象的金融商品,其收益率和数量都具有同质性和标准性,如货币币别、交易金额、清算日期、交易时间等都作了标准化规定,唯一不确定的是成交价格。

(3) 金融期货交易采取公开竞价方式决定买卖价格。它不仅可以形成高效率的交易市场,而且透明度、可信度高。

(4) 金融期货交易实行会员制度。非会员要参与金融期货的交易必须通过会员代理,由于直接交易限于会员之间,而会员同时又是结算会员,交纳保证金,因而交易的信用风险较小,安全保障程度较高。

(5) 交割期限的规格化。金融期货合约的交割期限大多是3个月、6个月、

9个月或12个月,最长的是两年,交割期限内的交割时间随交易对象而定。

２．金融期货市场的主要功能

金融期货市场具有商品期货市场的一般功能,但其功能更主要地表现在价格发现和规避风险两个方面。

第一,价格发现。是指在交易所内对多种金融期货商品合约进行交易的结果能够产生这种金融商品的期货价格体系,能够提供各种金融商品的有效价格信息。期货市场发现的金融资产价格具有两个特点:① 公正性。由于期货交易是集中在交易所进行的,类似于完全竞争市场,通过公开、公平、公正的竞争形成价格。它基本上反映了真实的供求关系和变化趋势。② 预期性。各相关市场的职业投资者、实物金融商品持有者通过参考金融期货市场的成交价格,可以形成对金融商品价格的合理预期,进而大大改进了价格信息质量,使远期供求关系得到显示和调整。

第二,规避风险。投资者通过购买相关的金融期货合约,在金融期货市场上建立与其现货市场相反的头寸,并根据市场的不同情况采取在期货合约到期前对冲平仓或到期履约交割的方式,实现其规避风险的目的。从整个金融期货市场看,其规避风险功能之所以能够实现,主要有三个原因:其一是众多的实物金融商品持有者面临着不同的风险,可以通过达成对各自有利的交易来控制市场的总体风险。例如,进口商担心外汇汇率上升,而出口商担心外汇汇率下跌,它们通过进行反向的外汇期货交易,即可实现风险的对冲。其二是金融商品的期货价格与现货价格一般呈同方向的变动关系。投资者在金融期货市场建立了与金融现货市场相反的头寸之后,金融商品的价格发生变动时,则必然在一个市场获利,而在另一个市场受损,其盈亏可全部或部分抵消,从而达到规避风险的目的。其三是金融期货市场通过规范化的场内交易,集中了众多愿意承担风险而获利的投机者。他们通过频繁、迅速的买卖对冲,转移了实物金融商品持有者的价格风险,从而使金融期货市场的规避风险功能得以实现。

## 四、金融期货市场的制度体系

金融期货的制度体系可以概括为交易制度、管理制度和监管制度。

(1) 规范化、标准化的交易制度安排。金融期货交易的特点就在于交易规范化,交易商品标准化。主要表现在金融期货交易合约上的规范化和标准化,包括合约品种、交易时间、交易数量及单位、价格变动单位、价位涨跌幅度的限定、每日交易限量、对冲规定、交割期限、违约罚款及保证金数额等。

(2) 严格的管理制度。主要表现为严格的保证金制度。所谓保证金制度是指在进行期货交易时,期货交易者为了确保合约的如期、正常履行而在交易所指定的账户中存入的款项,作为履行合约的财力保证。保证金的数量随合约的性质、特定的交易物价格浮动幅度以及客户的资信情况等而有所不同。

限定的金融期货价格。金融期货价格一般以市场最小的买卖单元为基础,同时规定金融期货价格浮动有一个最小单位,任何交易商在交易所的公开喊价不得少于价格最小浮动额。此外在金融期货市场中还规定了每日价格浮动限额,即金融期货在一天之内不能超过其允许的最大变动限额。

交割期制度。在交易终结日到来之前,合约的持有者可以在期货市场上通过平仓来抵消手中合约所赋予的权利和义务。一旦过了这一天,合约持有人就必须等到交割日用现货进行交割。

(3) 多样化的监管制度。目前,世界期货市场主要有三种管理模式,一是美国式的集中管理模式;二是以英国为代表的以自律管理为中心的管理模式;三是日本式的分散管理模式。

美国的期货市场管理体系以"三级管理体制"模式为主,即政府监管机构、行业协调组织、期货交易所自我监管机制。

和美国一样,英国现代期货市场管理体系也是继承了"三级管理",即政府监管、行业自我监管、交易所自我监管的从上而下、分层次监督管理制度。但是,英国和美国不同的是:美国更加强调政府干预期货市场并且通过加强立法来管理,而英国则以"自我监管"为主,政府对期货市场的干预较少,除了某些必要的国家立法外,英国期货市场的管理完全由期货交易所及行业协会等组织机构及政府立法领导下制定一些交易法规、条例,来保证期货市场交易的正常运行。

日本期货市场管理模式与美、英等国存在着较大的差别。首先,日本没有设立类似于美国和英国的全国统一的期货市场管理机构,日本期货市场管理体系的政府监管是由农林水产省、通商产业省和大藏省分别管理农副产品期货市场、工业品期货市场和金融期货市场。其次,日本期货市场没有设立期货行业协会,而是成立了许多各类民间组织,如全国商品交易所联合会、全国谷物交易员协会联合会、东京谷物商品交易所交易员协会等。这些民间协会多为各期货交易行业组织,协调各交易所之间利益,维护交易员利益。

## 五、金融期货市场在市场经济中的作用

金融期货市场具有独特的经济功能,是现代市场经济不可缺少的组成部分,在市场经济运行中发挥着重要作用。首先,金融期货市场是市场经济运行的必要条件。市场经济运行需要一个竞争性的完备的市场体系,期货市场作为高度组织化的市场,实行集中交易、公开竞价,可以创造真正公平竞争的环境;期货交易吸引了大量参与者,有利于打破区域界限,形成大市场;此外,期货市场作

为现货市场的矫正和补充,对完善市场体系,规范市场秩序都具有重要意义。

其次,期货市场是市场经济发展的内在稳定器。从微观来看,期货交易的发展有利于稳定企业生产经营。期货市场的价格发现功能,有助于生产决策合理化;期货市场的套期保值功能,为企业提供了规避风险的手段。据研究,活跃的期货交易可以减缓现货市场价格波动的幅度,进而部分地降低或消除价格波动的风险。这是因为,期货交易发现了接近实际的远期价格信息,便于企业决策趋于合理;投机者资本的介入,起到了吸纳剩余、熨平缺口、调节供求的作用。此外,期货市场的走势是国民经济的"晴雨表",正确利用期货市场可以有效地改进政府的宏观调节能力。

最后,期货市场有利于提高社会经济效益。期货市场是高度效率化的市场,期货交易的充分流动性可以有效地降低交易成本,而期货价格信息对市场供求的事先调节,可以促进社会资源的有效利用。

### 六、世界主要金融期货市场和金融期货交易所

世界主要金融期货市场主要集中在北美、欧洲和亚太地区。美国是现代金融期货交易的发祥地,交易量占世界金融期货总交易量的大部分。重要的交易所有芝加哥期货交易所、芝加哥商业交易所、中美交易所、纽约商品交易所和纽约棉花交易所。加拿大有三个主要的交易所,即多伦多股票交易所、多伦多期货交易所和蒙特利尔交易所。欧洲地区的交易所有英国的伦敦金融期货期权交易所、法国的国际期货交易所、德国的德国期货交易所、瑞士的期权与金融期货交易所等,亚太地区的主要交易所有日本的大阪证券交易所、东京股票交易所、东京国际金融期货交易所及新加坡国际金融交易所、香港期货交易所、澳大利亚悉尼期货交易所、新西兰期货交易所。

从交易品种上看,主要有联邦担保抵押贷款利率期货、联邦长期公债指数、标准普尔500股票指数期货、纽约交易所综合股票指数、欧洲货币单位、价值线股票指数、香港恒生指数以及主要货币币种的外汇期货。

从金融期货交易的内部分类来看,20世纪70年代后半期,利率期货的交易占绝大多数。1982年以后,随着股票指数期货、期权交易等新品种上市,金融期货交易逐渐向分散化方向发展。

## 第二节 金融期权市场

自1973年芝加哥期权交易所将标准化股票期权引入之后,金融期权市场

得到了迅速发展。20世纪80年代以后,各种股票指数期权、利率期权、外汇期权以及金融期货期权等不断涌现,金融期权进入了一个空前发展的阶段。

## 一、金融期权及其类型

期权又称选择权。在期权合约中,期权的卖方给期权的买方一个权利,可以在规定的一段时间内(或在一个特定的时间)以特定的价格从卖方买入或向买方出售资产。买方以一定数量的货币作为交换条件换取这一权利,买方付出的一定金额的货币被称为是期权价格或期权费。基础资产可能被买卖的价格称为执行价格或敲定价格。

金融期权是指赋予某购买者在规定期限内按双方约定的价格或执行价格购买或出售一定数量某种金融资产的权利的合约。其分类如表13-2所示。

表13-2 金融期权的分类

| 分类标准 | 类 | 型 |
|---|---|---|
| 按期权买者的权利 | 看涨期权(买权),即一个期权买方从卖方手中买入基础资产的权利 | 看跌期权(卖权),即期权的买方有权向卖方出售基础资产 |
| 按期权买者执行期权的时限 | 美式期权,即可在到期日之前或到期日执行的期权 | 欧式期权,即只能在到期日执行的期权 |
| 按期权合约的标的资产 | 现货期权,包括利率期权、货币期权、股价指数期权、股票期权 | 期货期权,包括利率期货期权、外汇期货期权、股价指数期货期权 |

## 二、金融期权市场的产生及发展

18世纪,美国南海公司的股票股价飞涨,股票期权市场也因此有了一定发展。南海"泡沫"破灭后,股票期权曾一度因被视为投机、腐败、欺诈的象征而被禁止交易长达一百多年。19世纪后期,被喻为"现代期权交易之父"的拉舍尔·赛奇(Russell Sage)在柜台交易市场组织了一个买权和卖权的交易系统,并引入了买权、卖权平价概念。然而,由于场外交易市场上期权合约的非标准化、无法转让、采用实物交割方式以及无担保,使得这一市场的发展非常缓慢。

1973年4月26日,芝加哥期权交易所(CBOE)成立,开始了买权交易,标志着期权合约标准化、期权交易规范化。20世纪70年代中期,美洲交易所(AMEX)、费城股票交易所(PHLX)和太平洋股票交易所等相继引入期权交易,使期权获得了空前的发展。1977年,卖权交易开始了。与此同时,芝加哥期权交易所开始了非股票期权交易的探索。1982年,芝加哥货币交易所(CME)开始进行标准普尔500期权交易,它标志着股票指数期权的诞生。同年,由芝加哥期权交易所首次引入美国国库券期权交易,成为利率期权交易的开端。同在1982年,外汇期权也产生了,它首次出现在加拿大蒙特利尔交易所(ME)。该年12月,费城股票交易所也开始了外汇期权交易。1984年,外汇期货期权在芝加哥商品交易所(CME)的国际货币市场(IMM)登台上演。随后,期货期权迅速扩展到欧洲美元存款、90天短期及长期国库券、国内存款证等债务凭证期货,以及黄金期货和股票指数期货上面,几乎所有的期货都有相应的期权交易。

金融期权的交易既可在正规的交易所内进行,也可以在规模庞大的场外交易市场进行。交易所交易的是标准化的期权合约,而场外交易的则是非标准化的期权合约。交易所交易的期权有三个特征:第一,执行价格、基础资产数量、合同到期日等均为标准化。第二,像期货合约一样,当合同执行之后买者和卖者之间的联系便终止。与有期权交易的交易所相关的清算所在期权市场中的功能与其在期货市场中的功能相同。第三,交易所交易的期权交易成本比场外交易的期权交易成本要低。

## 三、金融期权价格及其影响因素

金融期权价格是期权的"内在价值"和内在价值的升水,通常称为时间价值或时间溢价。所谓内在价值即指期权被立即执行时的经济价值;所谓时间溢价是指期权市场价格高于其内在价值的部分。

影响期权价格的因素主要包括基础资产的现价、执行价、期权距到期日的时间、在期权有效期内基础资产预期的价格波动、在期权有效期内短期的无风险利率、在期权有效期内基础资产预期的现金支付。具体影响如表13-3所示。

表13-3 影响期权价格的因素概括

| 因　素 | 对买权的效应 | 对卖权的效应 |
| --- | --- | --- |
| 基础资产价格 | 增 | 减 |
| 执行价 | 减 | 增 |
| 距到期日时间 | 增 | 增 |
| 预期的价格波动 | 增 | 增 |
| 短期利率 | 增 | 减 |
| 预期的现金支付 | 减 | 增 |

## 四、金融期权的发展

在20世纪80年代金融创新浪潮中,涌现出了一支格外引人注目的新军——"新型期权"。所谓"新型"是指结构上的新颖、奇特,这种新型期权有的是期权上加期权,有的则是在到期日、协定价格、买入卖出等方面有特殊规定。但由于这种新型期权结构过于复杂,定价困难,因此市场需求开始减少,到了20世纪90年代,这种新型期权的势头则大为减弱。与此同时,20世纪90年代,金融期权的发展出现了另一种趋势,即越来越多地出现了期权与其他金融工具的复合物,如与公司债券、抵押担保债券等进行"杂交";与各类权益凭证复合;以及与保险产品相结合等,形成了另一大类新的金融期权产品。

1. 金融期权的衍生方式

(1) 期权衍生的基本方式之一:权基替换。"权基"是期权成立的基础,或者说是期权持有人决定是否执行期权、进行选择的一个参考变量。这个变量可以是某种金融资产的价格、某种比率,也可以是某种指数等。例如,股票期权、债券期权和某些期货期权是以金融资产价格为权基的,外汇期权以比率为权基,股票指数期权则是以指数为权基。

一般而言,利率期权、外汇期权、股票指数期权和期货期权等金融期权大多是股票期权的"衍生品"、"派生物",期权作为一种"模板"从一种资产上被套用到另一种资产上,这种方式被称为"权基替换"。它是20世纪80年代期权衍生的主要方式之一。

(2) 期权衍生的基本方式之二:嵌入。嵌入式期权是指在其他金融工具上"嵌入"一个选择权,而不一定是一个完整的期权工具。嵌有期权的创新金融工具有时也被称为"期权杂交",它是品种最多、最为常见且运用最为广泛的一类期权,也代表着期权发展的一个方向。

比如人们非常熟悉的"带可赎回条款债券",就是一种嵌入期权。这种期权是债券持有者"签发"给债券发行者的,属于买权,它可以使债券发行人在认为合适的时候将债券赎回。又比如,20世纪80年代早期,以"可退回条款"形式"捆绑"在公司债券中的嵌入卖权的债券开始发行、推广。投资者在一定的条件下在一段规定的时间内可以将债券退回给发行公司。再比如,在债券中嵌入外汇期权,形成了俗称为"外汇鸡尾酒"的一种债券,其特点是利息的货币种类可由借款人选择,而本金则由贷款人决定,这相当于投资者对利息签发了一个货币期权,而借款人则对本金签发了一个货币期权,故被认为是债券和期权的"杂交物"。此外还有将期权嵌入远期合约、互换甚至另一种期权中,进而创造出一些新的衍生金融工具,如,将期权嵌入远期外汇合约可以生成三类新产品:

①"中断远期",又称"波士顿期权";② 范围远期;③ 参与合约。又如将不同类型的期权嵌入互换合约,则可以产生多种互换期权杂交产品,如 1994 年非常流行的"单击互换"就是其中的一种。

20 世纪 90 年代后,嵌入式期权复合物主要有:①"发行人选择可转换债券",它允许发行人选择以现金或第三方股票为支付方式。②"收益保障投资"的金融工具,它是 1991 年由瑞士银行公司首次引入的。它是一种三年期的投资工具,投资者可以在安全性和收益的三种组合中任选一种,这三种组合分别是:有担保收益为 7%,如果瑞士市场指数较好则还可能有 2.03% 的红利;有担保收益为 0,红利可能为 24.72%;有担保收益为 4%,但潜在的红利加起来总收益可达 16%。实际上,"收益保障投资"可以看成是债券和一个带不同协定价格水平的买权的复合物。③ 与保险品种相结合的期权复合物。在日本,保险公司发行一种与东京地震相联系的债券,这种债券允许其持有人在发生地震时将债券卖回给公司以收回现金。1997 年,美国住宅再保险也发行了一种称为"飓风债券"的保险、期权、债券"三合物",期权执行与否取决于飓风发生的强度及所造成的损失程度。在这类复合物中,特定灾害的发生成了期仅是否执行的"触发器"。

嵌入式期权主要有如下特点:① 期权可能有多个协定价格;② 期权的权基可能是离散变量,具有不连续性;③ 期权的协定价格不一定是权基变量的值。

2. 新型金融期权的类型

(1) 重合期权。它是一种建立在期权上的期权,即以某种期权的期权费为权基的期权。例如,在一个六月份"ABC 股票期权"的复合买权中,协定的股票期权费为 \$10 元/股,股数为 10 000 股,复合期权的期权费为 \$0.1 元/股。当基础期权"ABC 股票期权"的市场价格超过 \$10 元/股时,复合期权的买方将执行复合期权,即买入基础期权,否则将不执行期权。为此,复合期权的持有者要向签发方支付 \$1 000( = 10 000 股 × \$0.1/股)期权费,这是复合期权的期权价格。

(2) 一篮子期权。即权基不是期权费而是"一篮子资产的价格"。这个期权的标的资产是"一篮子资产",它可以由多种货币组合,也可以由多种股票组合。例如,SBC Warnurg 在 1995 年 8 月对日发行了 1.2 亿认股权证,就是一个典型的"一篮子期权"。这个"篮子"装了 4 家意大利公司的股票,它们是 Montedison 公司 5 股、Olivett 公司 2 股、Fiat 公司 1 股和 Pirelli 公司 1 股。

(3) 平均值期权。即协定价格的计量方式发生了变化。在一般的期权中,协定价格是一个固定的值,但在"平均值期权"中,协定价格是在合约有效期内某段时间加上权基资产的平均价格,这个平均价格可以是算术平均价,也可以是加权平均价。到期清算时,支付金额取决于到期日价格与平均价格之差。其创新之处就在于把固定的协定价格变为"变动"的,使之成为权基变量的某种特殊取值。

(4) 百慕大期权。它是介于美式期权与欧式期权之间,其执行日既不是在整个合约期内,也不指在到期日,而在合约期内规定的一段时间里。这样,期权执行日就不再有一个固定的模式,期权因此也变得更加灵活了。百慕大期权的变形——"远期开始期权",即将百慕大期权中的期权执行时间规定为从将来某个时间开始至期权到期日。这种远期开始期权有时用于复合期权,有时用来对雇员实施奖励。

(5) "有条件期权费"期权与分批支付期权。这是在期权费的支付上的创新。一般来说,期权费的支付通常是在期权合约签订后立即支付。但在"有条件期权费"的期权中,期权费不需要在一开始就支付,而是执行了期权后才需要支付。但是,该期权要求当权基资产价格等于或大于协定价格时就一定要执行。其最大优点是,如果期权处于"减值"状态,期权持有者就没有任何费用发生。所谓"分批支付期权",就是指期权费是按规定的时间表逐期支付的,每一期到期时,买方支付期权费以继续拥有期权,若不按期支付期权费,则该期权中断。

(6) "任你选"期权。这是在期权买卖方向上的创新。对于一个普通期权来说,要么是买权,要么是卖权,不存在什么含糊之处。然而,在一种称为"任你选"的期权中,人们所购买的期权种类(是买权还是卖权)可以在买入之后再商定。这就相当于在期权上再加上了一个可以选择买卖方向的期权。

金融创新是丰富多彩的,人们从已知的金融工具中认识并发现那些金融要素,之后再根据自己的需要,将这些要素重新加以组合和再组合,进而获得一种新的金融工具。随着中国市场经济体制的发展与完善,中国金融市场的创新也将会随着市场条件的成熟、市场需求的变化而层出不穷。

# 第三节 金融互换市场

金融互换作为一种店头交易,在短短的十几年中市场规模迅速扩张,已经被人们用于更为复杂和精密的资产/负债管理中。

## 一、金融互换及其种类

金融互换是两个或两个以上当事人按照商定的条件、在约定的时间内、交换一系列现金流的合约。

金融互换最初产生的动力在于,利用比较优势从资本市场的不完善状况中套利,以达到降低融资成本的目的。互换是比较优势理论在金融领域中的最生动的运用。根据比较优势理论,只要满足以下两种条件,就可以进行互换:① 双方对对方的资产或负债均有需求;② 双方在两种资产或负债上存在比较优势。

金融互换虽然历史较短,但品种创新却日新月异。

(1) 利率互换。利率互换是指双方同意在未来的一定期限内根据同种货币的同样的名义本金交换现金流,其中一方的现金流根据浮动利率计算出来,而另一方的现金流根据固定利率计算。双方进行利率互换的主要原因是双方在固定利率和浮动利率市场上具有比较优势。

(2) 货币互换。货币互换是将一种货币的本金和固定利率与另一货币的等价本金和固定利息进行交换。双方进行货币互换的主要原因是双方在各自国家中的金融市场上具有比较优势。

(3) 交叉货币利率互换。它是利率互换与货币互换的结合,是以一种货币的固定利率交换另一种货币的浮动汇率。

(4) 增长型互换、减少型互换、滑道型互换。在这三种互换中,名义本金是可变的。在增长型互换中,名义本金是随着时间的推移从小逐渐增大;在减少型互换中,名义本金是随着时间的推移从大逐渐减小;而滑道型互换的名义本金则是在互换期内时而增大,时而减小。

(5) 基点互换、零息互换、差额互换、远期互换、互换期权、股票互换。基点互换中,双方都是浮动汇率,但双方的参照利率分别是 LIBOR 和基准利率。零息互换则是将用一次性的支付取代多次支付的固定利息流量。差额互换是按同种货币的相同名义本金计算的两种货币的浮动利率的现金流量进行交换。远期互换是互换生效日是在未来某一确定时间开始的互换。互换期权本质上属于期权,它的期权标的物是互换。股票互换是以股票指数产生的红利和资本利得与固定利率或浮动利率交换。

(6) 可延长互换和可赎回互换。它们将标准互换中的固定期限变为可变动的。可延长互换的一方有权在一定限度内延长互换期限;而可赎回互换的一方则有权提前中止互换。

## 二、金融互换市场的产生与发展

金融互换市场的产生与发展是基于以下原因:

金融互换市场发展的最初动因是帮助工商企业降低融资成本。将一笔负债和一个互换相结合,可使企业比在未使用互换的情况下获得更低成本的资金。这主要是因为互换双方在不同的资本市场上拥有比较优势。由于世界各地的投资者对同一发债机构的看法可能不同,同时也由于不同资本市场的税收和监管制度不同,这个机构在各个资本市场上的融资成本不完全一样。于是,企业可以在某个市场以较低的举债成本借入不为其所需的资金,然后通过货币及利率互换,将该笔债务转换成其所需要的货币资金,而原有的债务成本低廉的特性仍然保持。

金融互换市场发展的另一个重要动因是,工商企业和金融机构可以运用互换对其资产组合中的风险头寸进行套期保值。20 世纪 70 年代末,美国联邦储备委员会改变货币政策目标,由原来的钉住利率改为钉住货币供应量。结果,市场利率大幅度波动,并带来汇价波动,企业面对更加不确定的财务环境。特别是发生了持续的长期利率和短期利率倒挂现象,因此刺激了企业利用利率互换来回避风险。

尽管利率互换的风险与收益特征可以由一个远期合约集合模拟,但是利率远期合约的流动性比不上利率互换;同时国际互换市场使互换交易的达成和清算更为便利,运用互换对头寸进行套头交易或管理的成本,比运用远期合约的成本要低得多。

投机是金融互换市场发展的又一重要推动力。近年来,在国际资本市场上,金融泡沫泛滥,短期投机资本充斥全球,国际金融资本的投机行为是世界各国金融危机连绵不断的重要原因。

填补市场空缺推动着金融互换市场的发展。金融互换市场的存在可以让人们合成一些尚不存在,但又为市场所需要的金融产品,填补市场的某些缺失。这种金融产品,一般被称做"结构票据"。比如,利率远期市场的缺乏可以由利率互换来填补,瑞士国库券市场的缺乏可由利率互换和货币互换来填补。使用这种人工合成的工具,企业可以实现各种各样的财务安排,克服资本市场的某些不完整性。

## 第四节　金融远期市场

### 一、金融远期合约与金融远期市场

金融远期合约是指双方约定在未来的某一确定时间,按确定的价格买卖一定数量的某种金融资产的合约。其中在将来买入标的物的一方称为多方,在未来卖出标的物的一方称为空方。而合约中规定的未来买卖标的物的价格称为交割价格。

在信息对称的情况下,如果合约双方对未来有相同的预期,那么合约双方所选择的交割价格应使远期合约的价值为零。但事实上,由于信息是非对称的,合约双方的预期会出现差异,因此远期合约在实际交易中形成的实际价格并不与它的远期价格相等,那么,这就必然出现套利的机会。当交割价格高于远期价格时,套利者就可以通过买入标的资产现货、卖出远期并等待交割来获取无风险利润;当交割价格低于远期价格时,套利者则可以通过卖空标的现货、买入远期来获取无风险利润。

远期合约是一种非标准化合约,灵活性较大,可以在金融机构之间或金融机构与客户之间进行交易,也可以在场外市场进行交易。但也正是因为它的非标准性,使得金融远期市场由于缺乏集中的交易场所、难以形成市场统一价格、远期合约的流动性差等原因,相比于其他衍生市场发展得较慢。

## 二、金融远期合约的种类

金融远期合约主要有远期利率协议、远期外汇合约和远期股票合约等。

1. 远期利率协议

它是买卖双方同意从未来某一商定的时期开始在某一特定时期内按协议利率借贷一笔数额确定、以具体货币表示的名义本金的协议。远期利率协议的买方是名义借款人,其订立远期利率协议的主要目的是为了规避利率上升的风险或投机。远期利率协议的卖方则是名义贷款人,其订立的远期利率协议的主要目的是为了规避利率下降的风险或是为了进行投机。

远期利率协议最重要的功能在于通过固定将来实际交付的利率而避免了利率变动风险。同时由于远期利率协议交易的本金是不用交付的,利率则是按差额进行结算的,因此,资金流动量小,它也为银行提供了一种管理利率风险而无须改变其资产负债结构的有效工具。但由于远期利率协议是在场外进行交易,因此存在着信用风险和流动性风险。

2. 远期外汇合约

它是指双方约定在将来某一时间按约定的远期汇率买卖一定金额的某种外汇的合约。交易双方在签订合同时,就确定好将来进行交割的远期利率,到时不论汇价如何变化,都按此汇率交割。进行交割时,只是交割合同中规定的远期汇率与当时的即期汇率之间的差额。

3. 远期股票合约

它是指在将来某一特定日期按特定价格交付一定数量单个股票或一篮子股票的协议。

# 第十四章

# 金融市场投资运作中的技术分析

第一节 技术分析概述
第二节 技术分析的理论和方法

# 第一节 技术分析概述

## 一、技术分析的含义和特点

技术分析是金融市场投资的一个重要的传统方法。它主要运用统计学、心理学等科学原理与方法,分析价格、成交量和技术指标等历史资料数据来预测金融市场中的各种商品价格的未来变动趋势。

与基本分析相比,技术分析主要有以下几个特点:

(1) 技术分析运用公开的市场信息。公开的市场信息来自于市场本身,包括价格、成交量和技术指标;而基本分析则运用来自于市场之外的基本信息,包括收益、销售收入、增长率等。技术分析者认为只有市场信息是相关的。

(2) 技术分析的重点在于价格变动而不是价格水平。技术分析通过对价、量、技术指标等市场信息的分析,判断价格变动的趋势,决定投资的时机。它不考虑金融市场中商品的价格水平是否有投资价值;而基本分析侧重于分析金融市场中各种商品的内在价值,根据金融市场中的商品的内在价值判断价格水平是否偏高或偏低,从而作出买卖决定。

(3) 技术分析侧重于投资时机的分析,帮助投资者决定何时买卖金融商品;基本分析则侧重于金融商品内在价值的分析,帮助投资者决定买卖何种金融商品。

## 二、技术分析的理论基础

技术分析的理论基础在于其三个假设:

**假设1** 价格沿趋势运动。技术分析认为,价格是供给和需求相互作用的结果,反映了市场参与者乐观和悲观情绪的总体状况。由于投资者获取和理解信息能力的不对称性,市场参与者对价格走向会有不同见解,有的持乐观态度,有的持悲观态度。在某一时点上,由乐观态度和悲观态度所导致的买卖行为就会影响价格。随着时间的推移,市场上信息数量不断增加,透明度不断提高,市场参与者对价格走向的认同度逐渐提高,乐观和悲观态度不断发生变化,金融商品价格就会逐渐从旧的均衡点向新的均衡点移动。换言之,价格对供给和需求的变化需要时间来调整。

**假设2** 市场行为包含一切信息。技术分析认为,价格、成交量等市场行为的要素本身就是市场参与者对各种信息反应的结果,这里的信息不仅仅是已发生的和公开的信息,也包括预期的、未公开的信息。因此,对金融市场中的各种商品投资而言,重要的是对供需关系的变化有敏捷的认识,并采取相应的行动,至于变化产生的原因并不重要。技术分析同时认为,由于影响供需关系的因素很多,包括政治、经济的基本因素以及"市场心理"因素等,任何一个投资者都不可能一直获得完全准确的全部信息并始终能十分正确地分析这些信息。因此,假设2就成为技术分析的基础。

**假设3** 历史会重演。技术分析认为,价格变动趋势能够通过市场行为本身分析出来。这是因为,市场行为是投资者投资行为的综合反映,既然是人的行为,必然反映人性。而人性基本上不会随着时间的变动而有所差异。心理学研究表明,人类的天性相当固执,而且在类似的情况下会产生既定的反应。"人类会重复犯错"或者"历史会重演"就是技术分析的一个基本假设。虽然人类的行为非常复杂,绝对不会重复完全相同的行为组合,市场行为也不会呈现完全相同的表现,但其所显示出来的类似特点足以让技术分析者判断价格变动的趋势。技术分析就是以历史预知未来,运用从价格和交易量的历史资料中概括出的规律以及反映这些规律的各种技术分析工具,分析已发生的价格和交易量,并由此预测价格的未来走势。

## 三、运用技术分析应注意的几点

(1) 技术分析适用于金融市场的任何交易品种。股票、债券、基金、期货、外汇等都可以运用技术分析原理和方法来研判其行情的演变。不过,在对不同种类的金融商品进行技术分析时,应根据每种金融商品的特点对具体的技术分析方法和技术指标参数作适当的调整。

(2) 技术分析可以运用于价格趋势的预测。趋势的种类有很多,最重要的趋势有三种:主要趋势、中期趋势和短期趋势。主要趋势通常在一两年之间,中期趋势持续的时间在三周至六个月以上,短期趋势涵盖一周至三四周。技术分析对于三种趋势都能进行分析辨别。不过,短期趋势通常受到一些新闻事件的影响而随机波动,所以与中期或主要趋势比较,就难以辨别一些。一般来说,趋势涵盖时间越长,越容易辨别。

(3) 运用技术分析的指导思想要明晰。运用技术分析应该专注于市场的主要转折点,不要尝试预测市场的每一个转折点,预测每一个走势的期间与幅度。技术分析不是万能的灵丹妙药,世上没有任何已知的方法可以精确而稳定地做这类预测。

(4) 应掌握技术分析的精髓,勇于承认错误。从技术分析方法诞生开始,对技术分析的责疑就没有中断过。在责疑者中,既有对技术分析赖以建立的理论基础加以批判的学者,也有把技术分析法运用于实践的失败者。不过,两百多年来,技术分析在金融市场上经久不衰的事实告诉人们,技术分析的作用毋庸置疑。技术分析并不能百分之百地告诉人们未来价格变动的趋势,而只是把人们对未来价格趋势研判的决策从不确定型转为风险型。因此,当投资者依据技术指标发出的信号作出了买进或卖出的决策时,并不意味着未来行情就一定会按照投资者的设想演化。换言之,技术分析允许"出错"。当事实的发展否决了当初的判断时,就应勇于承认错误,并作出应有的调整。这就是技术分析的精髓所在,即选择出现概率大的方案,但不排斥概率小的方案出现的可能。

(5) 以一两种技术分析方法为主,并辅之以其他方法。技术分析方法实际上是许多具体方法的统称。这些具体方法如波浪理论、K 线图法、指标法等各有其优缺点和适用范围。每个投资者应该根据自己的个性、投资风格选择一两种具体的技术分析方法作为自己的主攻方向,加以研究和运用。在此基础上,再尽可能参考其他的技术方法和所获得的资讯。

## 第二节 技术分析的理论和方法

### 一、道氏理论

道氏理论是辨别股票市场主要趋势的最古老、最普遍的方法。它产生于 19 世纪末 20 世纪初的美国证券市场,由《华尔街日报》编辑查尔斯·道创立,并经其继承者威廉姆·皮特·汉密尔顿进一步发展。1932 年,罗伯特·雷亚出版《道氏理论》(*The Dow Theory*)一书,标志着该理论形成了比较完整的体系。道氏理论有以下几个基本观点:

(1) 指数会预先反映一切信息。

(2) 市场中同时存在三种趋势——主要趋势、次级折返和短期趋势。主要趋势是最重要的趋势,持续的时间在 1 年到数年之间,次级折返发生在主要趋势中,又称中期折返,持续时间通常为 3 周到数月。在此期间,折返的幅度为前一次次级折返走势结束后之主要趋势幅度的 33%—66%。短期趋势持续的时间为数小时到 3 周,这类走势的重要性仅在于它是主要趋势或次级折返的构成部分,对于长期投资者不具有预测上的价值。短期趋势在某种程度上会受到人为的操纵,但次级折返与主要趋势则不会。

(3) 趋势的反转必须经两种指数相互确认。道氏设计了两种指数——

道·琼斯工业指数和道·琼斯铁路指数(后修改为道·琼斯运输指数),并认为只有工业指数和运输指数都发出转势信号,趋势的改变才能被确定。如果只有一个指数发出信号而另一个指数并没有发出信号,则转势不应被承认。

(4)价/量关系是判断转势与否的一个重要参考指标。正常的价量关系是"价涨量增"与"价跌量缩",如果发生相反的情况——"价涨量缩"与"价跌量增"——趋势可能反转。

(5)收盘价是最重要的价格,它被人为操纵的可能性小。在世界证券发展史上,人们曾经运用道氏理论多次成功地进行了重大趋势变化的预测。不过,道氏理论也存在着一些局限性。例如,其买卖信号经常缺乏时效,信号经常发生在指数通过峰位或谷底达20%—25%的时候。

## 二、艾略特的波浪理论

艾略特的波浪理论是艾略特(R. N. Elliott)教授于1939年提出的。他发现,规律性是宇宙产生以来的自然法则。自然界的所有循环——不论潮汐的起伏、天体的运行、生与死、日与夜都会呈现周而复始的循环,而且在自然界的循环中往往隐含着一种特殊的数值关系,即由意大利数学家费伯纳兹(Fibonacci)于1202年发表的"费伯纳兹数列"。它从两个1开始直至无穷:1,1,2,3,5,8,13,21,34,55,89,144,233,…该数列有如下特性:① 数列中任一项都是前两项之和。② 任一项除以后一项,商都趋近于0.618;任一项除以前一项商都趋近于1.618。③ 1.618乘以0.618等于1.0。

艾略特将他对自然界循环的观察,结合费伯纳兹数列,并分析80年间股票市场的资料,发现股票市场的走势遵循着5个上升浪3个下跌浪而循环进行,即一个循环由8个浪构成(见图14-1)。当一个循环完成后又开始另一个新的8浪循环。另外,每个浪既可以被细分为时间更短,级别更低的若干个子浪,也可以是另外一个级别更高,时间更长的大浪的子浪。例如,图14-2中第一浪由1、2、3、4、5五个小浪组成,而第一至第五浪又可以被看做一个新的大浪的组成部分。由于存在着这种"浪中有浪"的现象,使辨别浪形趋于复杂。因此,确认每一个浪形的级别就成了波浪理论的核心问题。波浪理论规定了确认浪形的一些基本原则,主要有以下几条:

(1)在第1,3,5三浪中,第3浪不是最短的,通常是最长的一个浪。

(2)第4浪的底不低于第1浪的顶。第2浪不低于第1浪的启动部位。

(3)第2浪和第4浪以交替方式出现。如果第2浪以简单快速方式调整,则第4浪一般以复杂的横向盘整方式出现;反之亦然(见图14-3)。

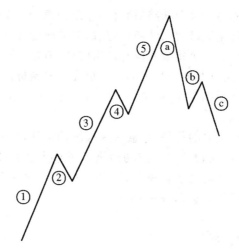

图 14-1  8 浪循环示意图

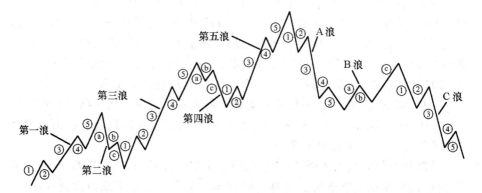

图 14-2  "浪中有浪"示意图

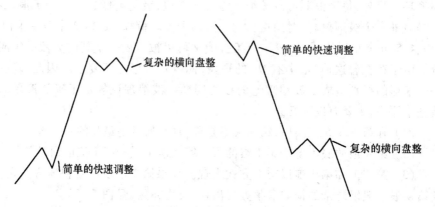

图 14-3  交替规则示意图

(4) 在第 1,3,5 三浪中,如果其中有两个浪在时间和长度上趋于接近,则有一个浪会出现延长现象。所谓延长就是指一个单一浪变成了 5 个小浪或更多小浪的组合,如图 14-2 中的第一浪走成了 5 个小浪的组合,就成了延伸浪。

波浪理论还有其他一些基本的规定,这些规定为正确认定波浪形态提供了必不可少的依据。

波浪理论的最大贡献,在于发现了价格走势的 8 浪循环。这就使得原先相对独立的技术分析方法,可以在波浪理论的主线下展开。换言之,其他技术分析法可以用来帮助确认波浪形态。而一旦波浪形态被确认,投资者就如在大海中驾船远航时,手持卫星定位仪,具有很强的位置感。

波浪理论也有其不足之处。在符合其基本规定的前提下,仍然有可能存在着难以辨别浪形级别的问题,一个浪存在着几种级别的可能,这也是许多人责难波浪理论的重要原因。遇到这种情况,投资者有两个解决办法:① 结合基本分析和其他技术分析方法综合判断。② 等待。在判别不清浪形级别的时候,就选择等待,等待浪形清晰时刻的到来。

## 三、图形分析法

图形分析法就是运用图形记录已发生的市场信息去预测未来价格变动趋势的一种方法。它包括 K 线图分析法、反转图形分析法、持续整理图形分析法、趋势线分析法等。

1. K 线图分析法

K 线图是 18 世纪日本商人本间宗久创立的用于记录米市交易行情的一种方法。因简单易懂,实用有效,后被引入证券市场。日本把技术分析称为罚线,而罚线的读音为 K,引入我国后称为 K 线。所谓 K 线,就是将股市中每交易时间单位(日、周、月、季和年等)内开盘价、收盘价、最高价与最低价,用粗线和细线的方法记录下来,画成蜡烛一样的图形,用其阳或阴来表示开盘价与收盘价之间的关系。开盘价高于收盘价的 K 线为阴线,低于收盘价的 K 线为阳线(见图 14-4)。K 线有日 K 线、周 K 线、月 K 线、季 K 线和年 K 线等等,分别表示买卖双方在一日、一周、一月、一季和一年内的较量结果。随着计算机技术的普遍运用,现在还有 5 分钟、15 分钟、30 分钟和 60 分钟等分时 K 线。如果以时间为横轴,价格为纵轴,把每日(周、月等)K 线画在坐标图上,并配以当日(周、月等)的成交量,就形成了 K 线图。K 线图充分反映了市场行为的四大要素——价、量、时间和空间。单根 K 线反映了一个时间单位内买卖双方的力量对比,而 K 线图则可以反映一段时期内买卖双方的力量对比。价格趋势转折点的出现,是由多空双方最终较量的结果,这是一个从量变到质变的过程,单根 K 线和 K 线图都能反映这一过程。某些特殊的K线和K线组合图,往往能够预示质变的到来(参见图14-5)。结合波浪理论,当浪形为上升第五浪时,十字星、倒T形、怀抱线等K线及其组合的出现,往往预示着顶部的到来。当浪形为下跌第五浪时,十字星、T形、怀抱线等的出现则预示着下降趋势的结束。

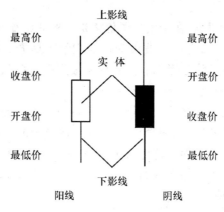

图 14-4 K 线示意图

| K线及K线组合 | ＋ | T | ⊥ | 凸 | ▯▮ | ▮▯ | ▯▮ | ▮▯ |
|---|---|---|---|---|---|---|---|---|
| 名称 | 十字星 | T字形 | 倒T形 | 倒钟形 | 覆盖线 | 反迫线 | 怀抱线 | |
| 出现在上升第五浪处 | 顶部信号 | | 顶部信号 | 顶部信号 | 顶部信号 | 顶部信号 | 顶部信号 | |
| 出现在下降第五浪处 | 底部信号 | 底部信号 | | | | | 底部信号 | |

图 14-5 部分特殊的 K 线和 K 线组合示意图

**2. 反转图形分析法**

反转图形就是预示价格趋势将逆转的图形。当它出现时,投资者应保持高度警惕。反转图形主要有以下几种(见图 14-6):

(1)头肩型。头肩型是最为可靠的原始反转形态,又分为头肩顶和头肩底两种形态(见图 14-6(a)和(b))。在头肩顶中,其左肩成交量往往最大,头部附近交投也很活跃,右肩成交量最小;而在头肩底中,左肩的成交量通常最大,在头部附近,交投也非常活跃,右肩在形成时,成交量明显萎缩。不过,在头肩底发生反转突破时,要有放大的成交量加以确认,而头肩顶突破向下则无此要求。头肩型有效突破的确认为收盘价突破颈线幅度达3%以上。在绝大多数情况下,第一次突破会出现对颈线的反抽,以确认突破的有效性。一旦为有效突破,未来股价上涨或下跌的幅度从颈线突破点开始算起,至少达到形态高度。所谓

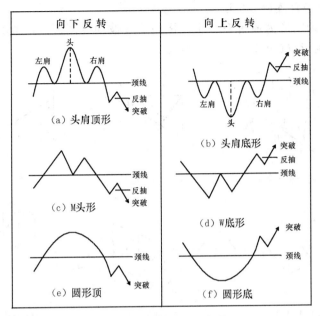

图 14-6 反转图形示意图

形态高度是指从顶点到颈线的垂直距离,即图 14-6(a)和(b)中的虚线距离。除了图 14-6 中的头肩型外,还存在复合头肩型,其特征为:在头部或肩部同时出现两个或两个以上的头或/和左、右肩。一旦复合头肩型出现,价格上升或下跌的幅度要大于简单头肩型。

(2)双重型。双重型包括双重顶(也称 M 头)和双重底(也称 W 底)两种形态(见图 14-6(c)和(d))。双重型的判断原理和头肩型差不多。一般而言,M 头的第二个顶的成交量会远低于第一个顶。W 底的第一个底部伴随着相当大的成交量,第二个底部的成交量则很低,但向上突破时必须要有大的成交量。通常第二个底部的价位会高于第一个底部,但即使第二个底部等于或稍微低于第一个底部,W 底仍然成立。另外,无论是 M 头还是 W 底,在发生反转突破时,一般也会出现对颈线的反抽,以确认突破的有效性。双重型一经确认,上涨或下跌幅度至少达到顶或底到颈线的垂直距离。

(3)圆形。圆形又称为圆弧形、碟形、碗形等,分为圆形顶和圆形底两种形态(见图 14-6(e)和(f))。圆弧形在实际中出现的机会较少,但一旦出现,则是绝好的机会,它的反转深度和高度是不可测的,这与头肩型和双重型有区别。另外,无论是圆形顶还是圆形底,在形成时,成交量都是两头多,中间少。越靠近顶或底,成交量越少,到达顶或底时成交量最少。在突破后的一段,都有相当大的成交量。圆形形成所花时间越长,今后反转的力度就越强。

### 3. 持续整理图形分析法

持续整理图形为股价在一定范围内持续波动的图形。一般有三角形、旗形、楔形和菱形等(见图 14-7)。

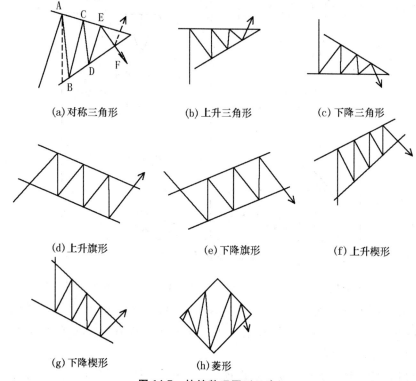

图 14-7　持续整理图形示意图

(1) 三角形。三角形主要分为对称三角形、上升三角形和下降三角形等几种形态(见图 14-7(a)、(b)和(c))。对称三角形由上下两条聚拢并最终相交的直线构成,上面的直线起压力作用,下面的直线起支撑作用,两直线的交点称为顶点。对称三角形应至少有四个转折点,一般为六个(图 14-7(a)中的 A、B、C、D、E、F 都是转折点)。价格的突破在距三角形底边 1/2 或 3/4 处最为可靠,太接近顶点的突破往往以失败告终。突破后从突破点算起,价格变动幅度应至少为三角形底边的距离,即图 14-7(a)中与 A 点相连的虚线的距离。突破方向可上可下,但最大可能为原有趋势方向。上升三角形除了上面的直线是水平的以外,在形状上和对称三角形没有什么区别,突破方向一般向上。下降三角形同上升三角形正好相反,是看跌形态。上升三角形和下降三角形突破后上升或下跌幅度的计算方法和对称三角形相同。

(2) 旗形。旗形为上下两边同时上倾或下倾并平行的图形,分为上升旗形和下降旗形两种形态(见图 14-7(d)和(e))。上升旗形两边向下倾斜,看似空方占优,但最终选择向上突破,而下降旗形与之相反。旗形的上下两边起着压力和支撑作用,只要有一条被突破,旗形即告完成。旗形代表价格暂时停顿而成交量发生下降的趋势。旗形完成后价格将朝原有方向发展。旗形通常位于整段走势的中点,我们据此可以测算突破后的目标幅度。旗形的形成时间不能太长,一般不超过三周,并且不会出现在周线图或月线图中。

(3)楔形。楔形由上下两边同时上倾或下斜的收敛的直线构成,可分为上升楔形和下降楔形两种形态(见图14-7(f)和(g))。上升楔形一般以向下突破告终。在空头市场的反弹走势中,上升楔形相当常见,在其完成时,通常呈现带量下跌的暴跌走势。其若出现在周K线图上,百分之百为空头信号,下降的幅度,至少将新上升的幅度跌去。下降楔形向上突破居多,突破时必须有大的成交量。不过,无论是上升楔形还是下降楔形,在其形成过程中,成交量都是逐渐减少的。楔形不会出现在月线图中。

(4)菱形。菱形的形态像钻石,又叫钻石形(见图14-7(h)),通常在中级下跌前的顶部或大量成交的顶点出现,因此也有人把它归入反转形态。在菱形的形成过程中,成交量呈规律性的变化,在左半部分先是越来越大,然后逐渐减少,到了右半部分则越来越小。菱形的下跌幅度也可测量,由突破点开始计算,至少下跌到该形态中最大的垂直距离。

4. 趋势线分析

趋势线就是由上升趋势中的两个低点或下降趋势中的两个高点连成的直线,分为上升趋势线和下降趋势线(见图14-8)。前者也称支撑线,表示价格跌至此线会上升,呈上升趋势;后者又叫阻力线,表示价格涨至此线会下跌,呈下降趋势。有了趋势线,可通过第一个谷或峰做这条趋势线的平行线,形成轨道线。趋势线和轨道线就组成了上升或下降轨道。趋势线、轨道线、支撑线和阻力线一方面表明了价格趋势,投资者据此可以高卖低买,另一方面也表明了趋势发生变化的研判方法,即股价脱离趋势线和轨道线。一般而言,突破趋势线往往表明反转行情的开始,而突破轨道线并不是反转的开始,而是趋势加速的开始。

## 四、技术指标分析法

技术指标分析法是指运用技术指标发出的信号研判价格趋势的一种方法。全世界各种各样技术指标有千种以上,并且都有运用成功的先例,不过,很多指标具有不稳定性。根据技术分析的简单原则,这里只介绍中国证券市场上一些常用的比较稳定的指标。

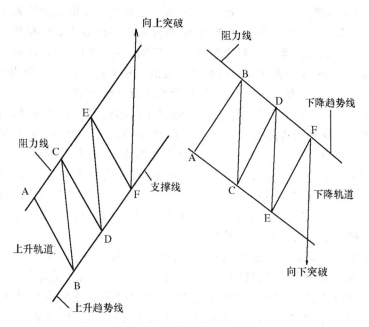

图 14-8 趋势线分析示意图

1. 移动平均线

移动平均线(MA)指标是由美国投资专家葛兰维尔根据道氏理论发明的。移动平均值就是连续若干个交易日的收盘价的算术平均值。在坐标图上把每天(周、月或年)的移动平均值连起来就形成了日(周、月或年)移动平均线。计算平均值时取的交易日数不一(时间参数不同),移动平均线也就不同。5、10、20、30、60、120、250 等日(周、月或年)均线就是时间参数不同的结果。运用移动平均线应注意以下几点:① 均线在价格下跌时助跌,上涨时助涨。② 均线对价格有引力,乖离率的绝对值不会一直居高不下,这是由移动平均线反映市场平均成本这一特性决定的。乖离率是测算股价与移动均线偏离程度的指标,其计算方法为收盘价减去移动平均值再除以移动平均值。③ 黄金交叉买进,死亡交叉卖出。黄金交叉是指股价从低位上穿移动平均线,或短期移动平均线上穿中长期移动平均线。死亡交叉则相反,从高位向下穿。参考图 14-9,E 是死亡交叉,F 为黄金交叉。

移动平均线运用得当会有比较好的效果,但其也有局限性,比如有时它会频繁发出买卖信号,使投资者无所适从。

2. 平滑异同平均线

平滑异同平均线(MACD)是为了弥补移动均线频繁发出买卖信号的不足而设计的一个指标。它运用快速与慢速两条平滑移动平均线的离差情况来分

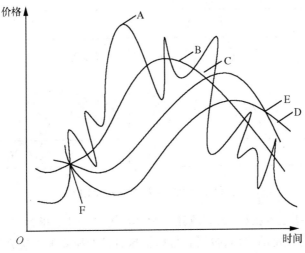

图 14-9 葛兰维尔移动平均线示意图

析买卖时机。MACD 由 DIF(正负差)和 DEA(离差平均值)两部分组成。其中，DIF 是核心，DEA 是辅助。一般快速平滑移动平均线选择参数 12，即 EMA(12)；慢速平滑移动平均线取参数 26，即 EMA(26)。计算方法为：

EMA(12) = 2/(12 + 1)今日收盘价 + 11/(12 + 1)昨日 EMA(12)

EMA(26) = 2/(26 + 1)今日收盘价 + 25/(26 + 1)昨日 EMA(26)

DIF = EMA(12) − EMA(26)，DEA 是 DIF 的移动平均

应用 MACD 指标的方法如下：① DIF 和 DEA 均为正值时，为多头市场。DIF 向上突破 DEA 是买入信号，向下跌破 DEA 只是获利回吐。② DIF 和 DEA 均为负值时，为空头市场。DIF 向下突破 DEA 是卖出信号，向上穿破 DEA 只是反弹。MACD 指标也有缺点。在市场盘整时，运用它失误极多；另外，它不能预测未来行情的幅度。

3. 随机指标

随机指标(KD)由 George Lane 首创，最早用于期货市场。KD 指标的计算方法为：今日 K 值 = 2/3 × 昨日 K 值 + 1/3 × 今日 RSV，今日 D 值 = 2/3 × 昨日 D 值 + 1/3 × 今日 K 值。其中 RSV 为未成熟随机值，计算方法为：n 日 RSV = ($C_t$ − $L_n$)/($H_n$ − $L_n$) × 100。其中，$C_t$ 为当日收盘价，$H_n$ 和 $L_n$ 为最近 N 日最高价和最低价。运用 KD 指标的方法如下：① KD 取值范围在 0—100 之间，KD 在 80 以上为超买区，应考虑卖出，20 以下为超卖区，考虑买进。② K 线低位上穿 D 线为金叉，是买入信号；K 线高位下穿 D 线为死叉，是卖出信号。③ 股价创新高而 KD 值没创新高，为顶背离，是卖出信号(见图 14-10 中左图)。股价创新低而 KD 值没创新低，为底背离，是买进信号(见图 14-10 中右图)。

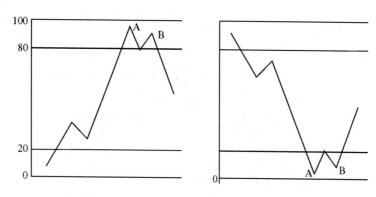

图 14-10　KD 值背离现象示意图

除以上这些技术指标,还有威廉指标、RSI 指标、OBV 指标、VR 指标等许多指标,它们都有一定的作用,投资者可以根据自己的需要加以研究和使用。

世纪经济与管理规划教材
金融学系列

# 第十五章

# 金融市场的现代数学模型分析方法

第一节　无风险证券的估价
第二节　金融风险的基本分析工具
第三节　资产组合理论
第四节　证券组合理论
第五节　资本资产定价模型
第六节　因素模型
第七节　套利定价理论

Financial Markets

前面各章对金融市场的各个组成部分作了详尽的介绍。为了对金融市场的全貌有一个理性的把握,并以此指导我们的投资决策,本章将对金融市场分析的基本模型作系统的介绍。

# 第一节 无风险证券的估价

在探讨风险资产的定价之前,先介绍无风险证券的估价,其中的一些分析方法对于所有的金融资产都是适用的。

## 一、无风险证券、名义利率和实际利率

无风险证券是指到期回报率确定、没有任何违约风险的证券。人们把国债作为无风险证券,因为政府拥有货币发行权,它可以印发货币以兑现自己的支付承诺。当然,未来支付的购买力存在不确定性,因而要区分名义利率和实际利率。

实际利率一般定义为名义利率减去通货膨胀率。比如,政府在票面上承诺支付5%的利息,然而由于国债到期日的物价指数与国债发行日相比已经上升了3%,所以政府实际支付的利率是2%。

在不考虑通货膨胀因素以及其他风险因素的情况下,利率反映了资金的时间价值,它是投资者用现在的货币换取未来货币的比率。

## 二、即期利率和到期收益率、贴现因子

无风险债券的现值等于按照一定的贴现率对该债券承诺支付的现金流进行贴现后得到的价值,这个贴现率就是债券的即期利率。

要理解即期利率,还要借助于到期收益率的概念。任何固定收入债券的到期收益率都是一个全期利率,按照该利率,现在投入的一笔资金在到期日正好得到证券承诺的全部支付。例如,某一年期的债券 $a$ 承诺一年后支付1 000元,市场上出售的现价是900元,这相当于把900元存入银行一年后收到1 000元,根据下面的方程可求出债券 $a$ 的到期收益率 $R_a$:

$$900(1 + R_a) = 1\,000$$

$$R_a = 11.1\%$$

即期利率是某一给定时点上无息证券的到期收益率,因此对于上述一年期债券 $a$ 来说,即期利率与到期收益率相等。即期利率可以看做与一个即期合约相关,合约一旦签订,资金立即从贷方转入借方,在未来某一时点连本带利一次还清,在合约中标明的利率就是即期利率。

根据定义,对两年期的无息债券来说,即期利率与到期收益率仍然相等。但是,对于某只两年期的附息债券,其市场价格为 $P_0$,到期价值为 $M_2$,从现在起一年后支付利息 $C_1$。一年期即期利率 $S_1$ 根据上述债券 $a$ 来确定,两年期即期利率 $S_2$ 由下面的方程确定:

$$P_0 = \frac{C_1}{(1+S_1)} + \frac{M_2}{(1+S_2)^2}$$

当确定了一系列即期利率之后,相应的贴现因子也随之确定下来了。贴现因子等价于将来 $t$ 年之后从财政证券得到的 1 元钱的现值,它等于:

$$d_t = \frac{1}{(1+S_t)^t}$$

有了贴现因子系列(或市场贴现函数)后,无违约风险债券的价值就可以确定了。债券现值(PV)公式为:

$$PV = \sum_{t=1}^{n} d_t C_t$$

## 第二节 金融风险的基本分析工具

### 一、金融风险的定义

在现实世界中,无风险证券是很少的。有很多的证券,它们的一些或全部支付在数量和时间安排上具有不确定性。比如,一家面临财务困难的公司可能会推迟债务的支付时间,而破产的公司则只能对其净值在债权人之间分配,债权人的一部分甚至全部本息将不能兑现。除了公司的信用程度、经营状况之外,证券发行者经济活动的成败、通货膨胀、经济周期、证券市场价格波动等因素都会影响证券投资的收益。因此,投资者必须考虑所有诸如此类的不确定性事件,并估计这些事件对公司及其证券的影响。

人们对金融风险的理解随着时间推移而不断加深。在 20 世纪初,人们认为企业的负债越高风险就越大。到了 20 世纪 60 年代,投资大师格雷厄姆等人用边际安全度(margin of safety)来衡量风险。而现代意义上的单一证券或证组合的风险的含义,是由马柯维茨(H. Markovitz)等人界定的。金融风险是指金融变量的可能值偏离其期望值的可能性和幅度。如图 15-1 所示,对于 $a$ 和 $b$ 两种证券,其未来收益的概率分布图,一个"高瘦",一个"矮胖",$a$ 的风险要小于 $b$。

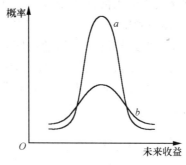

图 15-1　未来收益

## 二、证券投资收益和风险的衡量

对单一证券或证券组合的收益与风险的衡量,包括两类:历史的风险与收益(historical or ex post risk and return)以及预期的风险与收益(expected or ex ante risk and return)。前者的计算,可以参考统计学教材。以下将介绍后者的计算问题。

现代证券组合理论认为,对单一证券而言,证券未来收益的期望值是衡量证券投资收益的最好方法。证券的期望收益等于证券的各种可能收益的加权平均数,权数是各种可能收益的概率。期望收益指标的优越之处有二:第一,它反映了证券各种可能的收益,涵盖了全部信息;二是单一证券的期望收益与证券组合的期望收益存在线性关系。

证券组合的收益等于组合中各种证券的期望收益的加权平均数,以各证券占证券组合的投资比重为权数。证券组合 $P$ 的期望收益 $E(R_p)$ 可通过以下公式计算:

$$E(R_p) = X_1 E(R_1) + X_1 E(R_2) + \cdots + X_n E(R_n)$$
$$= \sum_{i=1}^{n} X_i E(R_i)$$

其中,$X_i$ 为证券 $i$ 占证券组合 $P$ 的投资比重;$E(R_i)$ 为证券 $i$ 的期望收益;$n$ 为证券组合 $P$ 包含的证券种数。

马柯维茨采用证券收益的方差或标准差来衡量单一证券的投资风险。对于证券组合的投资风险,马氏在《证券组合的选择:有效地投资分散化》一文中指出:"一种证券对证券组合方差的影响,不仅取决于该证券自身方差的大小,而且取决于该证券与证券组合中其他证券之间协方差的大小。"

假设证券组合 $P$ 中包含 $a$ 和 $b$ 两种证券,其中 $a$ 证券的方差和标准差分别为 $V_a$ 和 $S_a$;$b$ 证券的方差和标准差分别为 $V_b$ 和 $S_b$;$a$、$b$ 两种证券收益之间的协方差为 $\text{Cov}(a,b)$。显然存在如下关系:

$$V_a = S_a^2; \quad V_b = S_b^2; \quad \text{Cov}(a,b) = R_{ab} \cdot S_a \cdot S_b$$

这里,$R_{ab}$ 是 $a$、$b$ 两种证券收益之间的相关系数,$-1 \leq R_{ab} \leq 1$。

图 15-2 描述了 $R_{ab}=1$,$R_{ab}=-1$ 以及 $R_{ab}=0$ 的情况。

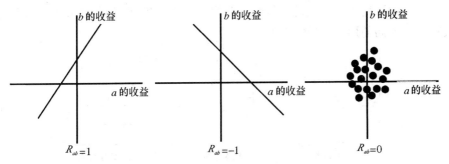

图 15-2 相关系数不同的影响

如果两种证券 $a$、$b$ 占证券组合 $P$ 的投资比重分别为 $X_a$、$X_b$,显然,$X_a + X_b = 1$,那么该证券组合的风险就可以用下面的公式计算:

$$V_p = X_a^2 V_a + 2X_a X_b \text{Cov}(a,b) + X_b^2 V_b$$

或者,

$$S_p^2 = X_a^2 S_a^2 + 2X_a X_b \cdot R_{ab} \cdot S_a \cdot S_b + X_b^2 S_b^2$$

一般的,当证券组合 $P$ 包含了 $n$ 种证券时,其风险可表示为:

$$V_p = \sum_{i=1}^{n} \sum_{j=1}^{n} X_i \cdot X_j \cdot \text{Cov}(R_i, R_j)$$

其中,$V_p$ 是证券组合 $P$ 的方差;$X_i$、$X_j$ 为证券 $i$ 和 $j$ 占证券组合 $P$ 的投资比重;$\text{Cov}(R_i, R_j)$ 为证券 $i$ 和 $j$ 收益之间的协方差,当 $i=j$ 时,$\text{Cov}(R_i, R_j)$ 就成为证券 $i$ 或 $j$ 的方差。上面这个双求和公式中,共有 $n^2$ 项,其中只有 $n$ 项是方差项,当证券组合中证券的种类足够大时,对证券组合的风险起决定作用的是各证券收益之间的协方差,也即各证券收益变动的相关性。比如,在一个含有 30 种证券的组合中,单一证券的风险对证券组合风险的影响,仅占到 1/30,而各证券收益之间的协方差因素对证券组合风险的影响要占到 29/30。

## 三、风险偏好和均值—方差效用函数

在现实中,我们看到有的人为了减少未来收入和财富的不确定性而到保险公司投保,另一些人为了增加生活中的不确定性到赌场去赌博。在世界各地,保险公司和赌场一样的生意兴隆。到底人们是喜欢风险还是厌恶风险呢?

现在做一个"公平赌"试验。抛一枚硬币,人头朝上赢10 000元,字朝上输10 000元。按概率计算,输赢的机会各一半,期望收益为零。如果你不想参与这个赌博,你是"风险厌恶者";如果你愿意参加这个赌博,你是"风险喜好者";如果你认为赌不赌无所谓,你是"风险中立者"。

依人们对风险的不同态度,可得出不同的均值-方差(或标准差)效用函数,其一般形式为 $U = U(E,V)$,其中 $E$ 为未来收入或财富的均值(或期望值),而 $V$ 为方差。如果用投资收益的均值和方差构造一个二维平面,三类人的无差异曲线将呈现不同的形状,见图15-3。

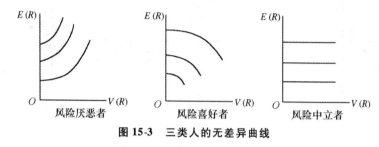

图15-3　三类人的无差异曲线

## 第三节　资产组合理论

### 一、背景简介及基本假设

1958年,詹姆斯·托宾(J. Tobin)发表了《针对风险的流动性偏好行为》一文,较早地对证券投资中的资产组合理论进行了系统的阐述。托宾这篇文章,从经济思想史上看是对凯恩斯流动性偏好理论的扩展。凯恩斯关于货币需求的投机动机隐含着一个假设:在经济行为主体的主观预期中,有一个"正常的利率水平",而在两种资产——货币和债券中只能选择一种,不能同时持有。这是明显有悖于事实的。托宾指出,对大多数投资者而言,他们不仅看重资产的收益,还要考虑持有某项资产的成本。他综合前人的资产选择理论和货币需求理论,创立了资产组合理论。虽然这个理论的初衷是为货币需求的投机动机辩护,但是客观上它却成为现代证券投资的资产组合理论的先声。

托宾把资产分为货币资产和非货币资产两类。凡能够在市场上流通,拥有固定的货币价值,又不存在违约风险的资产,托宾都称之为货币资产,比如第一节提到的无风险债券;反之,叫做非货币资产。在货币资产中,凡能够给资产持有者带来收益的,叫做非现金货币资产;反之,不能带来收益的,称为现金货币资产,如现金。

为了简化分析,托宾作了下述假定:

(1) 在持有的资产总额中,货币资产与非货币资产的比例业已确定,资产组合理论要讨论的问题是在货币资产内部现金货币资产和非现金货币资产的划分比例问题。

(2) 先分析现金与一种非现金货币资产(统一公债,由英国政府1751年发行,每年支付一笔固定的利息但是没有还本期限的债券)的组合,然后推广到现金与多种非现金货币资产组合的情形。

(3) 假定投资者拥有的货币资产中,现金的比重为 $X_1$,统一公债的比重为 $X_2$,并且 $X_1 + X_2 = 1$。

(4) 假定现金的收益为0,风险也为0;统一公债每年的固定收益为 $r$(面值为一个货币单位,如1英镑)。此外,统一公债还会给投资者带来资本利得或资本损失(capital gain or loss),定义为 $g$。

(5) $X_1$ 和 $X_2$ 的比例,并非简单地取决于 $r + g$ 的大小,而是取决于投资者对统一公债未来收益的预期。

## 二、对未来收益的预期确定的情形

这也正是凯恩斯流动性偏好理论中的假定。假定投资者预期从统一公债上获得的收益为 $r_e$,根据预期收益 $r_e$ 与固定收益 $r$ 是否有关,又可分为如下两种情形:

(一) 当 $r_e$ 与 $r$ 无关时的资产组合

投资于统一公债,一年的总收益是:$(r + g)$。

当 $r + g > 0$ 时,$X_1 = 0$ 且 $X_2 = 1$;当 $r + g < 0$ 时,$X_1 = 1$ 且 $X_2 = 0$。

而 $g = r/r_e - 1$,代入 $r + g$,得:$r + g = r + r/r_e - 1 = [r(1 + r_e) - r_e]/r_e$。

当 $r + g > 0$ 时,即 $r > r_e/(r_e + 1)$;当 $r + g < 0$ 时,即 $r < r_e/(r_e + 1)$。

定义 $r_e/(r_e + 1)$ 为临界收益率 $r_c$。当统一公债的总收益大于0,或统一公债的固定收益 $r$ 大于临界收益率 $r_c$ 时,应该全部持有统一公债,现金持有比例为0;反之,则全部持有现金,这也就是所谓"流动性陷阱"的状态。

(二) 当 $r_e$ 与 $r$ 存在某种函数关系时的资产组合

假定 $r_e$ 是 $r$ 的函数,$r_e = f(r)$,则临界收益率 $r_c = r_e/(r_e + 1) = f(r)/[f(r) + 1]$。如图15-4所示,在"固定收益率—临界收益率"的二维平面上,曲线描述了临界收益率随固定收益率变化的情形,过原点的45°线代表临界收益率等于固定收益率的情形。在两条线的交点处,正好满足 $r_e = r$;在交点右侧,$r_e < r$,应全

部持有统一公债;在交点的左侧,$r_c > r$,应全部持有现金。

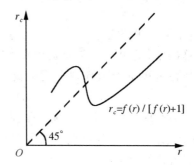

图 15-4　固定收益率变化时的临界收益率

## 三、对未来收益的预期不确定的情形

（一）资产组合的预期收益与风险

资产组合的总收益 $R = X_1 \cdot 0 + X_2 \cdot (r + g) = X_2 \cdot (r + g)$

统一公债的资本利得或损失是一个随机变量,且期望值为 0,则资产组合的预期收益

$$E(R) = E[X_2 \cdot (r + g)] = X_2 \cdot r$$

资产组合的风险用标准差表示,则 $S(R) = X_2 \cdot S_g$。

（二）机会轨迹（opportunity locus）

机会轨迹是一条反映资产组合的预期收益和风险之间关系的曲线。由上面的计算容易得到：

$$X_2 = E(R)/r = S(R)/S_g$$

略加变形,即得:$E(R) = (r/S_g) \cdot S(R)$。

上式即为资产组合的机会轨迹的解析式。当 $r$、$S_g$ 固定不变时,资产组合的预期收益与风险呈线性关系。

（三）资产组合风险与持有公债比例之间的函数关系

根据 $S(R) = X_2 \cdot S_g$,可得:$X_2 = (1/S_g) \cdot S(R)$。上式表明,当统一公债总收益的标准差固定不变时,资产组合中持有的统一公债的比例与组合的风险成正比关系。

（四）投资者的风险偏好

正如在第二节中所述,投资者的风险偏好不同,这种差异可以通过"期望收益-方差"二维平面中的无差异曲线加以描述,在此不再赘述。

（五）最佳资产组合点

在"期望收益—标准差"二维平面中,把投资者个人的无差异曲线和证券组合机会轨迹结合起来,即可得到个人的最优选择点。最优选择点只能出现在机会轨迹上,具体来说,它可能是无差异曲线与机会轨迹的切点,也可能是机会轨迹的上端点或者下端点。就风险分散的投资者而言,以无差异曲线与机会轨迹相切的情形最为常见,如图 15-5 所示。

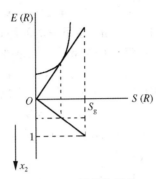

图 15-5　最优选择点

### 四、对资产组合理论的简评

从托宾论文的题目就可看出,他的资产组合理论首先是一个货币需求理论,是对凯恩斯流动性偏好理论的进一步发展。托宾研究的重点是所谓货币资产内部的现金和非现金资产之间的比例关系。而金融资产定价理论的核心问题是风险资产的定价,托宾的资产组合理论没有直接涉及这个核心问题。

虽然如此,托宾的资产组合理论对金融资产定价理论作出了重要贡献。概括起来,主要是两个方面:一是它指出投资者的决策中不仅考虑资产的收益率,还要考虑其风险,这正是全部资产定价理论的基本指导思想;二是金融市场是一个互动的整体,无风险资产与风险资产是不可以完全分割开来的,在后面的资本资产定价模型中可以看到,其中的一个重要假设是所谓"无风险借贷",在引入无风险资产后,有效证券组合边界发生了质的变化,就此而言,托宾的工作具有奠基性的意义。

## 第四节　证券组合理论

### 一、简介及基本假设

1952 年,马柯维茨(Harry M. Markowitz)发表了一篇里程碑式的论文——《组合的选择》,该文被公认为是"现代组合理论"的开山之作。马柯维茨认为,投资者的目标并非是预期收益最大化。如果仅以收益最大化为投资目标,那么投资者选择的证券,应该只有他或她认为能够带来最大收益的唯一资产。事实上,这样的决策往往是不明智的,大多数的投资者建立了证券组合。因为典型的投资者不仅要求"高的回报率"而且还要求"回报率是可以确定的"。这就意味着同时寻求最大的预期回报和最小的不确定性(风险)。然而,"天下没有免费的午餐",这两个目标是相互矛盾的,接下来的问题是如何平衡这一对矛盾。

马柯维茨的证券组合理论建立在如下的假设条件之上:

(1)不满足与风险厌恶。这一假设的含义是,对于两个预期收益率相等的证券组合,投资者会追求风险较小的一个;对于两个风险水平相当的证券组合,投资者更偏好于收益率较大的一个。如图15-6所示,在证券组合 $a$ 和 $b$ 中,投资者更偏好 $a$;在证券组合 $a$ 和 $c$ 中,投资者更偏好 $a$。

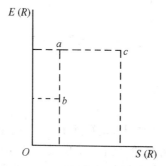

图 15-6　不满足与风险厌恶假设举例

(2)证券收益率是服从正态分布的随机变量,并且投资者的效用函数是二次函数。

(3)根据假定(2),可以用预期收益率-方差(或标准差)效用函数来描述投资者的效用水平,并且可以用方差(或标准差)衡量证券的风险。

(4)投资者按照假定(1)行动,会遇到风险和收益之间的两难选择。投资者选择的最大预期收益的证券组合,极有可能也是风险最高的,而通过分散化投资降低了风险的同时,预期收益也有可能被降低了。

## 二、逐一评价法

根据马柯维茨的假定,投资者仅仅根据组合的预期回报率和标准差来作出选择。一种最简单的方法是,计算每一个证券组合的预期收益率和标准差,每一个组合对应于"预期收益率-标准差"二维平面上的一个点,每个点必然位于投资者的某一条无差异曲线上,比较不同的无差异曲线所代表的效用水平,投资者将决定对证券组合的取舍。

这种方法的缺点是计算过于复杂,证券的品种数以千计,而证券组合的数目更是大得惊人。个人投资者的时间、精力和知识都是有限的,因而不会采用这一"笨拙的"方法。

## 三、有效集定理

1. 定义

有效集定理是对逐一评价法的简化。其实,投资者没有必要对所有的证券组合进行评价。在有效集定理中,投资者只要考虑那些可行集合的一个子集就足够了。因为投资者要选择的最优组合,要同时满足以下两个条件:

(1) 对于每一风险,提供最大的预期收益率。
(2) 对于每一预期回报率,提供最小的风险。

同时满足这两个条件的组合集,就叫做有效集或有效边界。

2. 可行集与有效集

可行集又叫机会集,它代表由一组 $n$ 种证券形成的所有组合。一般地,这个集合的形状好像伞盖,如图 15-7 所示。可行集包含的证券种类不同,它的形状也会有所改变,可能更左或更右、更高或更低、更胖或更瘦,但是大致的样子是类似的。

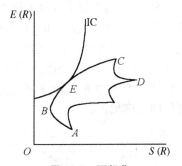

**图 15-7 可行集**

现在从可行集中找出有效集。在图 15-7 中,可行集是有闭合曲线 $ABCD$ 包围的区域(包括曲线本身)。观察曲线 $ABC$,由于它处在可行集的最左边,所以在相同预期收益率下,曲线 $ABC$ 上的点(组合)能提供最小的风险。再看曲线 $BCD$,可行集的其余部分都位于曲线 $BCD$ 的下面,在相同的风险水平下,曲线 $BCD$ 上的点(组合)能够提供最大的期望收益率。综上所述,同时满足有效集的两个条件的,是曲线 $ABC$ 和 $BCD$ 的交集,即曲线 $BC$。所以,曲线 $BC$ 就是要寻找的有效集或者有效边界。

3. 最佳组合选择

在同一个"期望收益率—标准差"二维平面内画出投资者的无差异曲线。由于风险厌恶者的无差异曲线向右下方凸出(第一节中已介绍),而有效组合边界向左上方凸出(下面将有论证),所以能够在切点处确定唯一的最优证券组合,比如图 15-7 中的 $E$ 点。注意到最优组合不可能是有效集之外的点,所以有效证券组合实际上是一种优选法,它大大降低了投资分析的工作量。

## 四、有效集的形状

### 1. 组合的边界

以两种证券的组合为例,假设证券组合 $P$ 中包含 $a$ 和 $b$ 两种证券,$a$、$b$ 占证券组合 $P$ 的投资比重分别为 $X_a$、$X_b$,显然,$X_a + X_b = 1$。并且,$a$ 证券的期望收益率和标准差分别为 $E(R_a)$ 和 $S_a$;$b$ 证券的期望收益率和标准差分别为 $E(R_b)$ 和 $S_b$;$a$、$b$ 两种证券收益之间的协方差为 $\mathrm{Cov}(R_a, R_b)$。根据第二节介绍的公式,证券组合的期望收益率

$$E(R_p) = X_a E(R_a) + X_b E(R_b)$$

证券组合的方差

$$V_p = X_a^2 S_a^2 + 2 X_a X_b \cdot R_{ab} \cdot S_a \cdot S_b + X_b^2 S_b^2$$

若 $R_{ab} = 1$,则 $S_p = X_a S_a + X_b S_b$,很明显证券组合的期望收益率和标准差呈线性关系。

若 $R_{ab} = -1$,则 $S_p = X_a S_a - X_b S_b$,当证券 $a$ 和 $b$ 的投资比例之比与 $b$ 和 $a$ 的标准差之比相等时,即 $X_a : X_b = S_b : S_a$ 时,$S_p = 0$。资产组合的期望收益率和标准差的轨迹由两条相交于点 $[0, E(R_p)]$ 的线段组成。

如图 15-8 所示,由相关系数为 1 和 -1 的两种证券按各种比例形成的组合所构造的三角形,就是证券组合 $P$ 的边界,其他相关系数介于 -1 和 1 之间的组合,都位于这个三角形所包围的区域内。

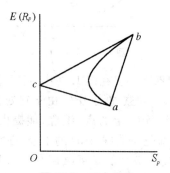

图 15-8 组合边界

### 2. 组合的位置

对于两种证券的相关系数介于 -1 和 1 之间情况下的组合,其轨迹实际上是一条曲线,同样见图 15-8。

### 3. 有效集不可能"凹陷"

上面提到,有效组合边界向左上方凸出,这是为什么呢?其实,这个问题与有效集的定义有关。假设有效集上存在一个"凹陷",如图 15-9 所示。我们可以把"凹陷"的两个端点用线段连接起来。在这条线段上的点代表"凹陷"端点上的两种证券任意组合,因而是可行集的一部分。然而这条线段位于凹陷的曲线左端,说明在相同的期望收益率下,线段上的组合能提供更小的风险,所以"凹陷"上的组合不可能是有效的。

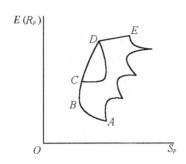

图 15-9 有效集不可能"凹陷"

## 五、市场模型

### 1. 系统性风险与非系统性风险

单个证券的风险可以分为系统性风险(systematic risk)和非系统性风险(non-systematic risk)两部分。对于由共同因素引起股票指数波动而带来的个股价格变化引发的个股收益率的不确定性,叫做系统性风险。对于纯粹由个股自身因素引起的个股价格波动带来的个股收益率不确定性,则称之为非系统性风险。系统性风险又叫不可分散风险(non diversified risk),非系统性风险又叫可分散风险(diversified risk),其原因随后将予以解释。

### 2. 市场模型

1963 年夏普(W. Sharp)提出了市场模型(market model)用以衡量系统风险。该模型假设某种个别证券在给定时期内的收益率与同一时期内的市场指数存在某种线性关系,即

$$R_i = \alpha_{iI} + \beta_{iI} R_I + \varepsilon_i$$

其中,$R_i$ 和 $R_I$ 分别是第 $i$ 种证券和市场指数的收益率,$\alpha_{iI}$,$\beta_{iI}$ 和 $\varepsilon_i$ 分别是截距、斜率和随机误差项。

需要指出的是:① 通过截距项的调整,可以使得随机误差项的期望值为 0。② 斜率项常被称为贝塔值(Beta),并且 $\beta_{iI} = \text{Cov}(R_i, R_I)/V_I$,其中,$\text{Cov}(R_i, R_I)$ 是第 $i$ 种证券收益率和市场指数收益率之间的协方差,$V_I$ 是市场指数收益率的

方差。

如果一种证券的贝塔值大于1,我们称之为进攻型的证券,它将比市场指数更易变;如果一种证券的贝塔值小于1,我们称之为防御型的证券,它的易变性比市场指数要小。

### 六、分散化原理

1. 单一证券的风险

根据上述市场模型单一证券 $i$ 的风险表示为:

$$V_i = \beta_{iI}^2 V_I + V\varepsilon_i$$

$V_I$ 是市场指数收益率的方差,$\beta_{iI}^2 V_I$ 表示证券 $i$ 的市场风险,$V\varepsilon_i$ 表示证券 $i$ 的个别风险。

2. 证券组合的风险

证券组合的收益率

$$\begin{aligned} R_p &= \sum_{i=1}^{n} X_i R_i = \sum_{i=1}^{n} X_i(\alpha_{iI} + \beta_{iI} R_I + \varepsilon_i) \\ &= \sum_{i=1}^{n} X_i \alpha_{iI} + \left(\sum_{i=1}^{n} X_i \beta_{iI}\right) R_I + \sum_{i=1}^{n} X_i \varepsilon_i \\ &= \alpha_{pI} + \beta_{pI} R_I + \varepsilon_p \end{aligned}$$

其中,$\alpha_{pI} = \sum_{i=1}^{n} X_i \alpha_{iI}$;$\beta_{pI} = \sum_{i=1}^{n} X_i \beta_{iI}$;$\varepsilon_p = \sum_{i=1}^{n} X_i \varepsilon_i$。

证券组合的截距、贝塔值和随机误差项分别是各证券的截距、贝塔值和随机误差项的加权平均数,权数是各证券在组合中的投资比重。

组合的总风险由组合预期报酬率的方差来测定:

$$V_p = \beta_{pI}^2 V_I + V(\varepsilon_p)$$

假设各证券随机误差项之间是不相关的,则:

$$V(\varepsilon_p) = \sum_{i=1}^{n} X_i^2 V(\varepsilon_i)$$

和单一证券一样,证券组合的总风险也由两部分组成,一是市场风险 $\beta_{pI}^2 V_I$,一是非市场风险 $V(\varepsilon_p)$。

3. 组合的市场风险和平均风险

一个组合越是分散化,也即组合中包含的证券种类越多,每一个证券在组合中所占的比例就越小。这将不会引起组合贝塔值显著地增大或减小,除非故意在组合中加入贝塔值相对偏低或偏高的资产。因此没有理由认为随着组合分散性的增加,其贝塔值会一直朝着增大或缩小的方向变化。最后得到的结论是:分散化导致市场风险的平均化。不管如何分散化,组合的回报率总是对市场的普遍性因素很敏感。市场风险是不可分散的。

对于个别风险而言,情况则大为不同。同一天内甲公司的股价因利好消息飙升,乙公司的股价却可能是跳水性的暴跌。因为非市场因素彼此之间没有什么联系,几乎是相互独立地对各个证券发生影响,所以当一个证券组合分散化程度加大时,根据大数定律,这些个别风险由于相互抵消,其净值接近于0。下面就进行理论论证。

假设:① 各证券的随机误差项不相关,且其方差均小于某个常数值 $V^*$; ② 每种证券在组合中占的比例相等,均为 $1/N$,则 $V(\varepsilon_p) = \sum_{i=1}^{n}(1/N)^2 \cdot V(\varepsilon_i) < (1/N)^2 \cdot NV^* = V^*/N$。当 $N \to \infty$ 时,$V^*/N \to 0$,而 $V(\varepsilon_p) > 0$,根据夹逼定理,$\text{Lim} V(\varepsilon_p) = 0$。

实证经验表明,随着证券组合的分散化,组合的个别风险趋近于0,当证券组合中包含了30种证券的时候,组合的非市场风险基本上被分散了。图15-10形象地描述了这一规律。

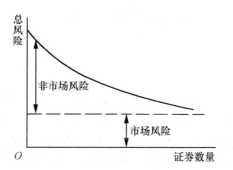

图 15-10  总风险与证券数量的关系

## 七、简评

马柯维茨的证券组合理论建立了一系列的基本概念,运用统计学的期望值和方差等概念为金融资产的风险收益分析提供了科学的依据。马氏的工作是开创性的,可以说从马氏开始,金融资产的定价才变为一门科学。

马柯维茨提出的有效组合(efficient portfolio)概念及分析方法大大简化了投资分析的难度。他认为证券组合中各证券之间的相关系数是决定证券组合风险的关键因素。这些都是马氏理论的特色。

马氏的证券组合理论面临的主要问题是,它提供的方法对普通投资者来说应用难度太大,只有一些大型的机构投资者才可能采用。举一个简单的例子就可以明白。如果投资者将1 000种证券进行组合,为了作出所谓的最佳决策,他必须获得1 000个期望收益数据、1 000个方差或标准差数据、(1 000 000 - 1 000)/2 = 499 500个协方差数据。而且只要变动组合中的一种证券,就需要调整一大批数据,其工作量之大可想而知。

尽管马柯维茨的证券组合理论存在着这样那样的缺点,但它在理论发展史上是至关重要的。后面要介绍的资本资产定价模型,一方面综合了托宾和马柯维茨的理论成果,另一方面进一步简化了证券组合理论在现实操作中的困难。

## 第五节 资本资产定价模型

资本资产定价模型(capital asset pricing model,CAPM)最早由夏普(W. Sharpe)提出,后来又经过米勒(M. H. Miller)、罗斯(S. A. Rose)等人的发展。这是一种阐述风险资产的均衡市场价格如何决定的理论,它使证券理论由以往的定性分析转向定量分析,从规范经济学转向实证经济学,对证券投资的理论研究和实际操作都产生了巨大的影响。

### 一、无风险借贷

在介绍这个模型之前,先要引入无风险借贷,这是CAPM模型的重要假设条件之一。在马柯维茨的证券组合理论中,投资者不可以运用融资手段进行借贷活动,而且在投资者的证券组合中每一种证券的未来收益率都是不确定的,换言之证券组合中全部是风险资产。这里要放宽限制条件,不仅允许投资者把自有资金投资于无风险资产,而且允许投资者以无风险利率借入资金购买风险资产。

无风险资产的含义在第一节中已经介绍过,是指到期回报率确定、没有任何违约风险的资产。由于公司证券存在违约的可能性,因此公司发行的债券或股票不是无风险资产。事实上,到期日与投资者的持有期一致的国债才是无风险资产。

无风险资产具有以下特点:无风险资产回报率的方差为0;无风险资产的回报率与风险资产的回报率之间的协方差也为0。

对无风险资产的投资,又叫做无风险贷出,因为投资购买国债相当于投资者以无风险利率贷给政府一笔资金。相应的,投资者以无风险利率借入一笔资金,称作无风险借入。两种情况合称为无风险借贷。

## 二、无风险借贷条件下效率组合的变化

（一）无风险贷出

1. 投资于一种无风险资产和一种风险资产的情形

托宾的资产组合理论讲的情形与此类似，这时的效率组合类似于资产组合理论中的机会轨迹，如图 15-11 所示。

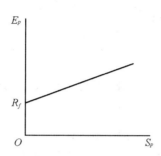

图 15-11　投资于一种无风险资产和一种风险资产时

2. 投资于一种无风险资产和一个风险资产组合的情形

在图 15-12 中，曲线 BCTD 是两种风险资产的效率组合，现在允许投资者投资于无风险资产。在代表无风险资产的点 A 和效率边界上的某一点，比如 C 点之间作一条线段，由于线段 AC 位于曲线 BC 左边，所以 BC 不再是效率边界。从 A 点作曲线 BCD 的切线 AT，根据切线的性质，AT 是所有无风险资产与风险组合的组合中最左边的边界。因此，在引入无风险资产之后，ATD 就变成新的效率边界了。

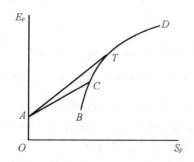

图 15-12　投资于一种无风险资产和一个风险资产组合时

3. 无风险贷出对投资者最优选择的影响

在投资者面临的效率组合发生了变化之后，依照投资者风险厌恶程度的不同，其最优选择可能变化，也可能不变。如图 15-13 所示，某甲对风险的厌恶程

度较大,结果选择了无风险资产和风险组合的某一组合;而某乙对风险的厌恶程度较小,仍然只选择风险组合。

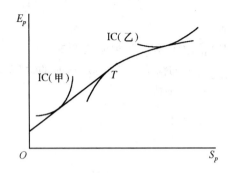

图 15-13  无风险贷出对投资者的影响

(二) 无风险借入

1. 无风险借入对效率边界的影响

在允许投资者进行无风险借款的情况下,有效边界也会发生重大变化。在图 15-14 中,曲线 $BC$ 是原来的有效组合。引入无风险资产 $A$ 后,从 $A$ 点作曲线 $BC$ 切线 $ATD$,$T$ 为切点。由于 $TD$ 位于 $TC$ 的上面,根据效率组合的定义,$BTD$ 取代 $BTC$ 成为新的效率边界。

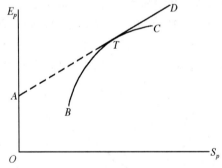

图 15-14  无风险借入对效率边界的影响

2. 无风险借入对投资者最优选择的影响

如图 15-15 所示,当效率边界变化之后,视投资者个人的风险厌恶程度,其最优选择可能变化也可能不变。某甲因风险厌恶程度较高,他不会借钱去购买风险资产而仍然保持原来的选择;某乙则借款后选择了对他来说效用水平更高的组合。

## 3. 无风险借贷条件下的效率组合及投资者的最优选择

综上所述,在同时允许无风险贷款和借款的情况下,投资者的效率边界变成一条直线,这条直线通过代表无风险资产的点 A 并且是马柯维茨效率边界曲线的切线,如图 15-16 所示。这条线也就是下面要提到的资本市场线。

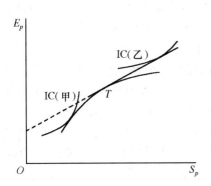

图 15-15　无风险借入对投资者的影响

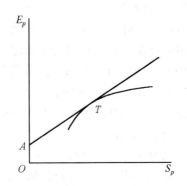

图 15-16　无风险借贷时的效率组合与投资者最优选择

## 三、资本资产定价模型

### 1. 基本假设

概括起来,CAPM 模型的假设条件有以下几条:

(1) 投资者仅通过预期回报率和标准差来评价投资组合。

(2) 投资者对财富不满足,并且厌恶风险。

(3) 投资者具有相同的预期,他们对资产的期望回报率、标准差和证券之间的协方差有相同的理解。

(4) 每一种资产都是无限可分的,比如说,投资者可以购买一个股份的一部分。

(5) 对于所有的投资者,无风险利率相同,而且他们可以按照现行的利率借入或贷出任意多的资金。

(6) 税收和交易成本忽略不计。

(7) 信息搜寻成本为 0。

在这个高度抽象化的市场上,市场参与主体具有同质性,他们有着相同的知识结构,以同样的方式分析和处理信息。证券市场也是一个完美的市场,所有潜在的阻碍和摩擦都不存在。

### 2. 资本市场线

(1) 分离定理。正如上面的假设所展示的,投资者对客观情况的认识是一致的,这意味着他们面临着同一条效率边界线。然而,每一个投资者主观的风险偏好却是不同的,也就是说,他们的无差异曲线是千差万别的。因而每个投资者根据主观偏好最终选择的投资组合不同。不过,这些组合都是一条呈直线的效率边界上的点,它们是同一个风险组合 $T$ 与无风险资产 $A$ 按照不同比例组合的结果。我们把这一特征概括为分离定理,精确表述如下:

投资者的最佳风险资产组合,可以在并不知道他对风险和回报率的偏好时就加以确定。并且对于不同的投资者来说,这一组合是唯一确定的。换言之,这一最佳风险资产组合与投资者的无差异曲线无关。

(2)市场组合。市场组合也就是上面提到的效率边界线上的 $T$ 点。市场组合在 CAPM 中具有中心作用,因为有效集是由对市场组合的投资和无风险资产的借入或贷出两部分构成的。习惯上用 $M$ 而不是 $T$ 来表示市场组合,从理论上讲,$M$ 由普通股、债券、优先股和房地产等各种风险资产构成,因而没有人知道市场组合到底是什么样子的。但是,实践中人们将市场组合仅限于普通股。

CAPM 的另一个重要特征就与市场组合有关。即均衡时,每一种证券在切点组合中有一个非零的比例。假设有一种资产没有被包括在市场组合中,这意味着投资者认为不值得对这种证券进行投资,自然该证券的价格会下跌,其收益率随之上升,直到投资者认为满意为止。这样,该证券最终在市场组合中占了一个非零的比例。

类似地,如果投资者对某种证券存在超额需求,投资者之间的竞争会推动该证券价格的上升;与此同时,证券的收益率下降,直到其收益率降到超额需求消失为止。

最后,每一种证券实现了供求平衡。当所有的价格调整停止时,整个市场便处于一种均衡状态。这种均衡状态有三个基本特征:首先,每一个投资者对每一种风险证券都持有一定的数量;其次,每一种证券的价格都恰好使它本身处于供求平衡状态;再次,无风险利率恰好使得借贷资金的总量平衡。

至此,我们将得到市场组合的精确定义:市场组合由所有的证券组成,其中每一种证券的比例等于其相对市值。所谓相对市值是指一种证券的总市值与全部证券市值之和的比值。

(3)有效集。综上所述,在 CAPM 的世界里,有效集中至少包含两个组合:无风险资产和市场组合。我们又知道,有效集是一条直线,要确定这条直线的位置很简单,只需要代表无风险证券的点 $A$ 和代表市场组合的点 $M$ 就够了。这条线其实就是"资本市场线"(capital market line,CML)。

"资本市场线"解析表达式为:

$$E(R_p) = R_f + [(E(R_M) - R_f)/S_M] \cdot S_p$$

其中,$E(R_p)$ 和 $S_p$ 表示一个有效组合中的预期收益率和标准差。$R_f$ 是无风险利率,$E(R)$ 和 $S_M$ 分别是市场组合的预期收益率和标准差。无风险利率反映了资产的时间价值,而"资本市场线"的斜率$(E(R_M) - R_f)/S_M$则反映了单位风险的市场价值。

3. 证券市场线

资本市场线上的点都代表有效组合,单一证券和其他的非有效组合必然处于资本市场线的下方。但是对投资者来说更有意义的是具体某个风险资产的预期收益率和标准差之间的关系。证券市场线解决了这个问题。以下是对证券市场线的推导。

单一证券的预期报酬率也由两部分组成:时间价值和风险溢价。时间价值仍然是无风险资产的报酬率,而风险溢价应该等于风险的市场价值与单一证券包含的风险数量的乘积。如果单一证券包含的风险用$(\beta_{iM} \cdot S_M)$来衡量(其中,$\beta_{iM}$是某种风险证券与市场组合之间的贝塔系数,$S_M$是市场组合的标准差),并且如上所述,风险的市场价值为$(E(R_M) - R_f)/S_M$,那么单一证券的期望报酬率可表示为:

$$E(R_i) = R_f + [(E(R_M) - R_f)/S_M] \cdot (\beta_{iM} \cdot S_M)$$

化简后,得:

$$E(R_i) = R_f + (E(R_M) - R_f) \cdot \beta_{iM}$$

这就是证券市场线,很明显,它也是一条直线。对于证券市场线,要从以下几个方面去把握:

(1) 与资本市场线不同,证券市场线上包含了所有的证券;不仅如此,它还包含了所有的证券组合。这是因为证券组合的贝塔值$\beta_{pM} = \sum_{i=1}^{n} X_i \beta_{iM}$是组合中各单一证券贝塔值的线性表达式,每个贝塔值前面的系数是单一证券在组合中的投资比例。既然证券市场线是线性的,那么所有的证券组合也包含在这条线上,而资本市场线上的点也不例外。当贝塔值为1时,这个点正是市场组合。

(2) 证券市场线也表示某一证券或证券组合处于均衡时的期望报酬率。处于这条线上或线下的证券或组合的价格都是偏离均衡价格的。如图15-17所示,处于线上的某组合,在相同的风险水平下提供了更高的期望报酬率,这必然引起投资者竞相投资于该资产,从而引起资产价格上升和期望回报率下降,直至降到证券市场线上的水平为止。习惯上,我们把资产的收益率偏离证券市场线的垂直距离叫做$\alpha$值,人们寻找具有正的$\alpha$值的资产以获利。

(3) $\beta_{iM} = \text{Cov}(R_i, R_M)/V_M$,其中$\text{Cov}(R_i, R_M)$是某种证券$i$与市场组合$M$的协方差,$V_M$是市场组合的方差,证券市场线还有另一个"版本"——协方差版本:

$$E(R_i) = R_f + [(E(R_M) - R_f)/S_M] \cdot \text{Cov}(R_i, R_M)$$

这也是一条直线,但是其斜率与贝塔值版本不同。

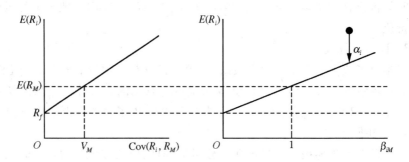

图 15-17 证券市场线

市场组合的方差可表示为：

$$V_M = \sum_{i=1}^{n} \sum_{j=1}^{n} X_{iM} X_{jM} \text{Cov}(R_i, R_j)$$

$$= [X_{1M}\text{Cov}(R_1, R_M) + X_{2M}\text{Cov}(R_2, R_M) + \cdots + X_{nM}\text{Cov}(R_n, R_M)]$$

其中，$\text{Cov}(R_i, R_M)$ 表示第 $i$ 种证券和市场组合的协方差。于是，市场组合的方差等于所有证券与市场组合的协方差的加权平均，权数等于各种证券在市场组合中的比例。

从上式可以看出，每一证券对市场组合方差的贡献取决于它同市场组合协方差的关系。那些 $\text{Cov}(R_i, R_M)$ 值较大的证券必须按比例提供更高的预期收益率以吸引投资者，否则市场组合将不是最佳风险组合，而证券的价格也将偏离均衡。下面讨论几种特殊情况：

① $\text{Cov}(R_i, R_M) = 0$ 的风险证券的预期回报率必须等于无风险证券的回报率，因为这种证券虽然有正的标准差，但是它对市场组合的风险没有任何贡献。

② $\text{Cov}(R_i, R_M) < 0$ 的风险证券具有比无风险证券更低的预期回报率，因为它对市场组合的风险作出了负的贡献。

③ $\text{Cov}(R_i, R_M) = V_M$ 的证券则具有与市场组合相等的预期回报率，因为这种风险证券对市场组合的风险作出了平均的贡献。

## 四、市场模型：进一步讨论

在第四节中介绍过市场模型：

$$R_i = \alpha_{iI} + \beta_{iI} R_I + \varepsilon_i$$

市场模型的结构与证券市场线有些"相像"，而且都含有一个贝塔值。其实，这两个模型还是有重大区别的：首先，市场模型是一个因素模型（在第六节中将详细讨论），而证券市场线是一个市场均衡模型；其次，CAPM 中的 $\beta_{iM}$ 是某种证券与市场组合之间的贝塔值,市场组合包含了所有的风险资产,而不仅仅是普通股。当然,实际上由于市场组合的不可知性,人们常常用 $\beta_{iI}$ 来代替 $\beta_{iM}$。

## 五、CAPM 简评

夏普在 20 世纪 60 年代提出 CAPM 后,经过了近三十年的激烈争论和实践的检验,终为大多数的金融专家和证券投资者所接受。CAPM 因其丰富的理论内涵和简便易行的可操作性,在现代金融理论中一直占据核心的位置。

CAPM 的重大特色之一是集前人研究之大成。托宾的资产组合理论研究货币与无风险资产之间的组合关系,马柯维茨着重探讨风险证券组合的选择,夏普把这两大理论成果结合起来,开创了一个新境界,使人们对整个金融市场的全貌有了一个清晰的把握。

CAPM 另一个突出的特色是它的可检验性和可操作性。一方面它推动了金融理论由规范走向实证,另一方面,它改变了人们头脑中"理论是灰色的"这样一个成见。据《华尔街日报》报道,在 20 世纪 70 年代,市场上有很多基金都在寻找能产生最大 $\alpha$ 值的经理;到了 1980 年 9 月,$\beta$ 变得非常流行,以至它成为美国养老基金会 650 亿美元资金的投资策略基础。在金融理论中,CAPM 对现实世界的影响力是空前的。

跟任何理论一样,CAPM 也存在缺憾,主要问题在于模型的假设条件过于抽象化。此后理论的发展方向是使假设与现实更加接近,比如借贷利率差异模型、多因素模型都是沿此思路建立起来的。

## 第六节 因 素 模 型

现代投资理论为投资者提供了一套寻找最优组合的方法,也就是在"期望收益率—标准差"二维平面上找到弯曲的马柯维茨有效集,在既定的无风险利率水平下,找到有效集的切点组合。根据切点组合和无风险利率,投资者可以确定一条线性的有效集,然后投资者根据自己的风险偏好在线性有效集上确定自己的最优选择,这个最优选择中包含切点组合(市场组合)和一定比例的无风险借入或贷出。

我们知道,确定马柯维茨有效集是一项十分复杂的工作,投资者要估计证券组合中每一种证券的期望收益率和标准差,以及各证券之间的协方差,协方差的数目随着证券种数的增加而呈指数增长。现在引入回报率生成过程,以简化确定马氏有效集的任务。

## 一、因素模型

因素模型是一种线性统计模型,它描述了每一证券的预期回报率和影响它们的一个或多个共同因素之间的线性关系。作为一个回报率生成过程,因素模型试图找出那些系统的影响市场上所有证券价格的主要几个经济变量。这种模型建立在如下两个假设前提上:第一,之所以各种证券的回报率具有相关性,是因为它们对经济中的一些重要变量产生共同的反应;第二,模型中不能解释的那部分回报率(证券的独有回报率)则仅与单一证券自身的特性有关,而与模型中的共同因素无关,也与其他证券的特性无关。

因素模型的作用在于,根据统计学上的方法,我们可以以因素模型为基础,计算出每种证券的预期回报率、方差和协方差,而这些数据是确定马柯维茨有效集所必不可少的。

依据模型中解释变量的个数,因素模型可分为单因素模型和多因素模型两种。在第四节中介绍的市场模型就是一个单因素模型。

## 二、单因素模型

假设某投资者认为决定证券回报率的因素只有一个,那么就可以建立单因素模型:

$$R_i = a_i + b_i F + e_i$$

其中,$F$ 是某时期因素的预期值;系数 $b_i$ 是证券 $i$ 对该因素的敏感度;$e_i$ 是仅与证券 $i$ 有关的随机变量,其期望值为 $0$。

(一)特征值的计算

1. 证券 $i$ 的期望回报率

$$E(R_i) = a_i + b_i E(F) \quad (其中,F 表示因素的预期值)$$

2. 方差

$$V_i = b_i^2 V(F) + V(e_i)$$

3. 协方差

任意两种证券 $i$ 和 $j$ 之间的协方差 $\mathrm{Cov}(R_i, R_j) = b_i b_j V(F)$

可见,利用因素模型,没有必要直接估计证券之间的协方差,只需通过证券的敏感度系数和因素的方差就可以得到协方差。

(二)分散化

在第四节的市场模型中,证券的风险由市场风险和非市场风险构成。一般地,我们把因素模型中的风险分为因素风险和非因素风险两部分。在市场模型中,我们论证了分散化将导致市场风险的平均化和非市场风险的降低。类似地,分散化也会导致因素风险的平均化和非因素风险的降低。具体论证不再赘述。

### 三、多因素模型

当模型中的解释变量有两个或两个以上时,我们称之为多因素模型。对证券的期望回报率有共同影响的经济变量不可能只有一个,因此多因素模型对证券回报率的生成过程会有更为准确的描述。我们知道,证券的期望回报率与投资者对证券价格变动的预期有十分重要的关系。在第一节中我们讲到,证券的价格与未来预期的收入流量和贴现因子有关,凡是能影响这两个变量的因素,都会影响证券的价格并进而影响其预期收益率。通常认为,国内生产总值、通货膨胀率、利率水平就是这样一些因素。

下面将以双因素模型为例,对多因素模型加以介绍。

双因素模型的一般表达式为:

$$R_i = a_i + b_{i1}F_1 + b_{i2}F_2 + e_i$$

预期回报率

$$E(R_i) = a_i + b_{i1}E(F_1) + b_{i2}E(F_2)$$

方差

$$V_i = b_{i1}^2 V(F_1) + b_{i2}^2 V(F_2) + 2b_{i1}b_{i2}\text{Cov}(F_1,F_2) + V(e_i)$$

协方差

$$\text{Cov}(i,j) = b_{i1}b_{j1}V(F_1) + b_{i2}b_{j2}V(F_2) + (b_{i1}b_{j2} + b_{i2}b_{j1})\text{Cov}(F_1,F_2)$$

可见随着因素的增加,对预期回报率的描述更精确了,但是风险证券特征值的计算也更加复杂了。

最后,分散化原理对多因素模型仍然适用。

### 四、估计因素模型的方法简介

估计因素模型的方法概括起来有三种:时间序列法、横截面法、因素分析法。

时间序列法最直观,也最常见,它把投资者认为具有共同影响的因素直接放到模型中去充当解释变量。建立起模型之后,再按照时间先后顺序一期一期地搜集数据。进行线性回归之后就可以得到期望回报率对各个因素的敏感度系数和纵截距。接下来就可以计算期望收益率、方差、协方差等特征值了。时间序列法可能存在的问题是,在建模时设定的解释变量是不恰当的。

在横截面法中，敏感度系数是已知的，而因素的值则是待定的。这种方法是搜集某一特定时期证券回报率的观察值，并根据已知的敏感度系数去估计因素的值。在多个时期重复这一过程，就会得到因素的标准差和因素之间相关系数的值。横截距法虽然不及时间序列法直观，但也是一个有力的工具。

因素分析法则既不知道因素的值也不知道证券对这些因素的敏感度系数，唯一能依赖的是各个历史时期样本的回报率，然后运用统计技术识别统计上的显著性因素，并用这些因素去生成样本证券回报率的协方差。但不足之处是，因素分析法无法确认这些因素到底代表什么经济变量。

### 五、因素模型与CAPM

我们始终要牢记，因素模型是一种统计模型，而不是一个关于资产定价的市场均衡模型。以市场模型这个单因素模型为例，是什么原因妨碍了市场模型成为像CAPM那样的均衡模型呢？比较两种模型的预期回报率：

$$E(R_i) = \alpha_{iI} + \beta_{iI}E(R_I)$$

$$E(R_i) = R_f + [E(R_M) - R_f] \cdot \beta_{iM}$$

这里把普通股的组合等价为市场组合，则市场模型证券的预期回报率又可以表示为：

$$E(R_i) = \alpha_{iM} + \beta_{iM}E(R_M)$$

即便这样，对于不同的股票而言，市场模型中的截距项是各不相同的。而对CAPM来讲，不同证券预期回报率的表达式中的截距项是相等的，都是无风险利率。在CAPM中，具有相同贝塔值的证券，其预期回报率是相等的；在市场模型中，具有相同贝塔值的证券，其预期回报率由于截距项的不同而不同。这就是统计模型与市场均衡模型的关键性区别。

不过，两个模型之间还有一定的联系。把CAPM换一个表达方式：

$$E(R_i) = (R_f - R_f\beta_{iM}) + \beta_{iM}E(R_M)$$

这时，比较两个模型可以发现，$\alpha_{iM} = R_f - R_f\beta_{iM}$。

## 第七节 套利定价理论

1967年史蒂芬·罗斯建立了套利定价理论（arbitrage pricing theory，APT）。与CAPM从投资者的风险偏好出发分析投资者的决策行为不同，套利定价理论从投资者追逐套利组合的收益入手，也建立了一个市场均衡模型。

我们知道，CAPM刻画了市场处于均衡状态时，资产的预期回报率和相对市场风险贝塔值之间的关系,不同资产因贝塔值不同而有不同的预期收益率。然而 CAPM 需要很多的假设,其推导过程也十分复杂。APT 比 CAPM 要简单得多,它的假设条件主要有三个:① 资本市场处于竞争均衡状态;② 投资者喜爱更多的财富;③ 资产的回报可用因素模型表示。

## 一、套利和套利证券组合

所谓套利是利用同一种实物或金融资产在时间或空间上存在价格差异来赚取无风险利润的行为。作为一种广泛使用的投资策略,最具代表性的套利行为是以较高的价格卖出证券,同时以较低的价格买进相同或功能上等价的证券。对于证券之间的"相似性"可以有不同的定义,这里下的一个定义与因素模型有关,即对共同因素有着相同的敏感度系数。

根据"一价定律",同一种可贸易商品不可能在一个或几个市场上存在不同的价格,否则将出现投机者贱买贵卖的套利行为,最终使各个市场上同一商品的价格趋于一致。因此,在完全竞争的资本市场上一旦出现"相似的"资产价格不一,就必然会伴随着套利行为。

根据定义,一个证券套利组合要符合以下三个条件:① 套利组合不需要投资者任何净投资;② 套利组合对任何共同因素和证券的独有因素不敏感,这就要求组合中的资产必须充分分散化;③ 套利组合必须是一个盈利的组合。

以下将举例说明。假设证券回报率可以用一个单因素模型来解释。模型的表达式为:
$$R_i = E(R_i) + b_i F + e_i$$
其中,$R_i$ 是证券 $i$ 的回报率;$E(R_i)$ 是证券 $i$ 的预期回报率;$F$ 是证券 $i$ 的公共因素,且 $E(F)=0$;$b_i$ 是证券 $i$ 对公共因素的敏感度系数;$e_i$ 是随机误差,与 $F$ 不相关,且 $E(e_i)=0$。

现有一个由三种股票组成的套利组合:

| $i$ | $E(R_i)(\%)$ | $b_i$ |
|---|---|---|
| 股票 1 | 25 | 4 |
| 股票 2 | 20 | 2 |
| 股票 3 | 10 | 3 |

如果 $X_i$ 表示套利组合中证券 $i$ 的权重的变化,那么要求:
$$X_1 + X_2 + X_3 = 0 \tag{1}$$
$$b_1 X_1 + b_2 X_2 + b_3 X_3 = 0 \tag{2}$$
$$E(R_1) X_1 + E(R_2) X_2 + E(R_3) X_3 > 0 \tag{3}$$

将具体数值代入(2),得到:
$$4X_1 + 2X_2 + 3X_3 = 0 \tag{4}$$
为不失一般性,取 $X_1 = 0.01$,并与(1)联立,解得: $X_2 = 0.01$, $X_3 = -0.02$,代入(3),得 $0.01 \times 25\% + 0.01 \times 20\% - 0.02 \times 10\% = 0.25\%$。

如果投资者拥有的三种股票当前的市值都是 100 万元,这个套利组合就是卖出股票 3
$$0.02 \times 300 = 6(万元)$$
同时买入股票 1
$$0.01 \times 300 = 3(万元)$$
买入股票 2
$$0.01 \times 300 = 3(万元)$$
投资者赚取的利润是
$$300 \times 0.25\% = 0.75(万元)$$

## 二、套利定价方程

在上例中,不断买入股票 1 和股票 2,会引起它们价格上升从而预期回报率下降;不断卖出股票 3 则会引起它的价格下跌从而预期回报率上升。这种套利行为会一直持续到无风险利润消失为止。这时,必有下式成立:
$$E(R_1)X_1 + E(R_2)X_2 + E(R_3)X_3 = 0 \tag{5}$$
把(5)与前面的(1)和(2)两式联立,得到一个方程组。

因为 $X_1 = X_2 = X_3 = 0$ 与实际情况不符,方程组一定要存在非零解,根据线性代数的知识,三个方程中至少有一个是多余的,而方程(1)和(2)的系数又是线性无关的,那么方程(5)的系数必然能够被(1)和(2)的系数线性表示。于是:
$$E(R_i) = \lambda_0 + \lambda_1 b_i$$
这个线性方程就是套利定价方程,也可以叫做套利定价线或 APT 资产定价线。

现在分析一下套利定价方程中系数 $\lambda_0$ 和 $\lambda_1$ 的含义。如果 $b_i = 0$,那么 $E(R_i) = \lambda_0$,也就是说,$\lambda_0$ 表示共同因素的影响不存在时的期望收益率,其实就是无风险报酬率 $R_f$。

若 $b_i = 1$,由于敏感系数为 1 的资产必然是一个证券组合,可以对套利定价方程稍加变动:
$$E(R_p) = R_f + \lambda_1 b_p$$
容易得到,$\lambda_1 = E(R_p) - R_f$,这说明 $\lambda_1$ 表示敏感系数为 1 的证券组合的风险报酬率,也叫因素风险溢酬(factor risk premium)。令 $\delta_1 = E(R_p)$,则 $\lambda_1 = \delta_1 - $

$R_f$，最后，套利定价方程可以写为：

$$E(R_i) = R_f + (\delta_1 - R_f) b_i$$

图 15-18 中的直线即套利定价线，处于线上方的点 $M$ 代表的资产价值被低估，线下方的点 $N$ 价值被高估，套利者出售资产 $A$ 买进资产 $M$，出售资产 $N$ 买进资产 $B$，最终使 $M$ 和 $N$ 回归到套利定价线上。

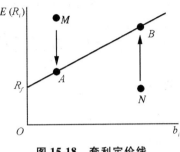

**图 15-18　套利定价线**

## 三、APT 的多因素模型

我们以双因素模型为例，推导出多因素模型下的套利定价方程。假设每个证券的回报符合双因素模型：

$$R_i = E(R_i) + b_{i1} F_1 + b_{i2} F_2 + e_i$$

其中，$R_i$ 是证券 $i$ 的回报率；$E(R_i)$ 是证券 $i$ 的预期回报率；$F_j$ 是证券 $i$ 的公共因素，且 $E(F_j) = 0$；$b_{ij}$ 是证券 $i$ 对公共因素的敏感度系数，其中 $j = 1, 2$；$e_i$ 是随机误差，与 $F$ 不相关，且 $E(e_i) = 0$。

如果套利组合中有三种证券，$X_i$ 表示套利组合中证券 $i$ 的权重的变化，那么要求：

(1) $X_1 + X_2 + X_3 = 0$

(2) $b_{11} X_1 + b_{21} X_2 + b_{31} X_3 = 0$

(3) $b_{21} X_1 + b_{22} X_2 + b_{32} X_3 = 0$

当套利机会最终消失时，

(4) $E(R_1) X_1 + E(R_2) X_2 + E(R_3) X_3 = 0$

把上面四个方程联立，很明显，至少有一个方程是不必要的，我们知道各个共同因素的敏感系数是不可能线性相关的，否则将会把线性相关的因素加以合并。事实上前三个方程的系数构成一个线性无关组，因此必然存在如下关系：

$$E(R_i) = \lambda_0 + \lambda_1 b_{i1} + \lambda_2 b_{i2}$$

这就是双因素模型下的套利定价方程，它表示一个二维平面，平面上方的资产价值被低估，平面下方的资产价值被高估，通过套利者买进卖出的行为，资产的价值得到调整,最终当供求平衡时,所有的资产都回归到平面上。

一般地,在 $n$ 因素模型中套利定价方程的形式为:
$$E(R_i) = \lambda_0 + \lambda_1 b_{i1} + \lambda_2 b_{i2} + \cdots + \lambda_n b_{in}$$

它代表一个 $n$ 维超平面。其中 $\lambda_0 = R_f$,$\lambda_j$ 表示第 $j$ 个共同因素的风险溢酬,也可以用 $(\delta_j - R_f)$ 表示。$\delta_j$ 是所有其他的共同因素的敏感系数为 0,第 $j$ 个因素的敏感系数为 1 的证券组合的预期报酬率,其中,$j = 1,2,3,\cdots,n$。于是,$n$ 因素模型的套利定价方程也可以表示为:
$$E(R_i) = R_f + (\delta_1 - R_f)b_{i1} + (\delta_2 - R_f)b_{i2} + \cdots + (\delta_n - R_f)b_{in}$$

## 四、APT 与 CAPM 的综合

单因素模型下的 APT 资产定价方程为:
$$E(R_i) = R_f + (\delta_1 - R_f)b_i$$
而 CAPM 方程为:
$$E(R_i) = R_f + [E(R_M) - R_f]\beta_{iM}$$

现在分情况讨论:

(1) 在 APT 单因素模型中,如果把市场组合的回报率作为共同因素,那么 $\delta_1 = E(R_M)$,$b_i = \beta_{iM}$。这时 APT 与 CAPM 是一致的。

(2) 如果共同因素不是市场组合的回报率,那么证券 $i$ 与市场组合协方差为:
$$\text{Cov}(R_i, R_M) = \text{Cov}[E(R_i) + b_i F + e_i, R_M] = b_i \text{Cov}(F, R_M) + \text{Cov}(e_i, R_M)$$

因为 $\text{Cov}(e_i, R_M)$ 很小,这里可以忽略不计。根据第五节介绍的贝塔值的计算公式:
$$B_{iM} = \text{Cov}(R_i, R_M)/V_M = [\text{Cov}(F, R_M)/V_M]b_i$$

其中,$[\text{Cov}(F, R_M)/V_M]$ 是与证券 $i$ 无关的一个常数。把贝塔值的上述表达式代入 CAPM 方程,可以得到:
$$E(R_i) = R_f + [(E(R_M) - R_f)\text{Cov}(F, R_M)/V_M]b_i$$

与 APT 方程比较后可以得到:
$$\lambda_1 = [E(R_M) - R_f]\text{Cov}(F, R_M)/V_M$$

如果 APT 和 CAPM 的假设条件同时满足,当因素与市场组合正相关时,因素风险溢酬也为正,而且敏感系数越大,证券的预期回报率越高。相反,当因素与市场组合负相关时,因素风险溢酬为负,且敏感系数越大,证券的预期回报率越低。

类似地,在 $n$ 因素模型中每一个因素的风险溢酬
$$\lambda_j = [E(R_M) - R_f]\text{Cov}(F_j, R_M)/V_M$$

其中,$j = 1,2,3,\cdots,n$。

# 第十六章

# 金融市场监管

第一节　金融市场监管的理论依据与现实意义
第二节　金融市场监管概论
第三节　国外金融市场监管
第四节　中国金融市场监管

金融是现代市场经济的核心,作为金融活动载体的金融市场,能否保持高效、安全、健康和公开、公平、公正,对于整个经济的健康发展至关重要。然而,在金融市场的某些领域往往易于出现市场失灵的现象,现代金融体系也存在内在风险性和脆弱性。理论和实践都证明,缺乏监督和管理的金融市场不仅效率十分低下,而且可能酿成金融和经济危机,对国民经济产生严重的破坏,不论是美国20世纪30年代的股市大崩盘,还是20世纪90年代以来的拉美金融危机、东南亚金融风暴,都对相关国家甚至世界经济产生了极大的消极影响。因此,对金融市场的监管是各国政府调节和管理国民经济的重要内容之一。金融市场监管包括金融市场管理和金融市场监督两方面内容,金融市场管理一般指国家根据有关金融市场的政策法规,规范金融市场交易行为,以达到引导金融市场健康有序运行、稳定发展的目的;金融市场监督则是指为了实现上述目的,而对金融市场进行全面监测、分析,发现问题并及时纠正,使市场运行恪守国家法规。

# 第一节 金融市场监管的理论依据与现实意义

金融体系内在的脆弱性、金融行业的特殊性、金融主体行为的有限理性和金融资产价格的内在波动性,这些都使金融市场产生内在不稳定性,并可能导致资源配置不合理、收入分配不公平和经济大幅波动等负面影响,因此,要求金融监管主体必须采取有效的监管措施,以提高金融市场的效率、增强金融系统的稳定性、保护市场参与者的合法利益,为经济发展创造良好的金融环境。

## 一、金融体系的内在脆弱性

金融危机和金融风险是有区别的,金融危机指的是金融体系出现严重的困难,乃至崩溃,表现为所有或绝大部分金融指标已急剧恶化,各种金融资产价格暴跌,金融机构背负巨额债务及其资产负债结构恶化并大量破产,从而对宏观经济运行产生极为不利的影响;而宏观金融风险指的是引发金融危机的可能性,在市场经济条件下,金融风险是普遍存在的。有些金融危机的部分原因是金融市场交易者的不正当及违规违法行为,但更多的是由现代金融体系内在的脆弱性或不稳定性所引起的。对于这一问题的理论解释主要有：

（一）马克思关于金融体系内在不稳定性理论

马克思认为周期性的经济危机是资本主义制度的痼疾，与经济危机相伴的是金融危机。资本主义再生产周期一般分为萧条、复苏、繁荣和危机四个阶段，马克思就是通过这四个阶段来研究借贷资本和现实资本关系的。

在经济繁荣阶段，银行信用和商业信用随手可得，很多企业利用过度举债的方式来扩大生产活动，从而使生产得到极大的发展，由于利润的增长刺激人们的投资欲望，同时，企业业绩的上升，也使有价证券行市看涨，于是部分游离出来的借贷资本会流向证券市场，进而加大证券市场的泡沫成分，随着时间的推移，信用的膨胀会超过生产的增长，最后是经济危机前夜的到来，金融危机也就相伴而行。在经济进入危机阶段，生产萎缩，信用收缩，过去正常的支付途径中断，大批企业因债务问题而倒闭，部分旧债被强制清偿，新债减少或不发生，这就使信用规模被压缩，以和生产的规模达成某种程度的协调，这种缩减信贷规模使之与生产发展取得某种适应的动荡过程就是金融危机。

（二）明斯基、金德尔伯格与克鲁格曼的关于货币金融危机的思想

明斯基认为金融市场的动荡是由变换（displacement）引起的。所谓变换是指引起宏观经济体系动荡的所有因素，如：科技发明、战争的爆发和结束等。变换可以给一些领域带来投资机会，市场投资主体都会争先恐后地加以利用，纷纷涌向这一领域，因此，泡沫成分的扩大与经济表面的繁荣就随之而来。经济中的泡沫成分又因银行信贷的膨胀性注入，使其投机色彩更加浓重。当人们都想一夜致富时，昔日的投资理性也就不复存在了，此时，每个人都想挤上一列通往致富之路的快车，有钱的将资本全部押上，没钱的举债也要投入，形势一旦发展到这一地步，一场危机也就在酝酿中，这就是过度投机现象。后来，金德尔伯格沿此思路发展提出投机疯狂（manias）—恐慌（panics）—崩溃（crash）模型，并以此解释经济危机的周期性。

金德尔伯格认为，金融市场偶尔的非理性行为导致了金融危机的爆发。在经济繁荣期，人们过分乐观的情绪战胜了昔日的悲观情绪，投资机会的不断涌现增强了人们的信心，滚滚而来的财源使得投资备受人们青睐。同时金融机构也开始增加长期贷款比重，扩大信贷规模，随着时间的推移，银行等金融机构的资产流动性必然降低，在从众心理的作用下，以上过程可以自我加强，并最终形成市场的全面疯狂，当投机泡沫破灭之前，大家都想先人一步胜利出逃，但事实上并非每个人都能做到这一点，反而可能造成金融市场的崩溃。

在对亚洲金融危机的研究上，克鲁格曼主要用过度举债理论来解释。由于"经常项目＝储蓄－投资－赤字"，在经济处于高涨时期，投资增长率常高于储蓄增长率，经常项目的赤字必然增加，而要继续维护经济的高速增长，利用外资

来弥补经常项目是首选。亚洲爆发金融危机的 5 个国家的经常项目赤字主要是由大量的短期私人债务构成的，与外汇的储备比率大于 1，存在极大的偿债风险。再加之投资者对经济前景的过分乐观，往往导致过度投资并使外资大量流入，更增大了经常项目赤字和外债，当遇到外部环境变迁，人们预期逆转时，外资往往抽逃，货币及债务危机就有可能爆发。

## 二、金融行业的特殊性

### （一）垄断与价格扭曲

金融业属于资本密集、知识密集型行业，容易形成垄断。这种垄断很有可能导致证券产品和证券服务的消费者付出额外的代价。

### （二）信息不对称与金融风险

与一般的商品不同，金融产品具有价值上的预期性，其价格会随主观预期的变化而变化。金融产品的这种主观预期性，使其交换价值主要取决于交易双方对相关信息的掌握程度以及在此基础上所作出的判断。金融产品的这一特性使金融市场的交易双方之间极有可能出现严重的信息不对称，从而影响金融市场的公平与效率。在金融市场上，拥有信息的一方往往可能利用这一优势采取不正当的手段谋取私利，从而给参与交易的另一方造成损失，如上市公司发布虚假信息，借款人隐瞒真实的资信情况等。

金融市场上的信息不对称也加快了单个金融机构风险的累积。由于金融体系内的各个金融机构之间是以信用链互相依存的，如果一家金融机构发生困难或破产，就会影响到同破产机构有业务联系的其他金融机构。信息的不对称使投资者不能像其他产业那样根据公开信息来判断某个金融机构的清偿能力，投资者便会将某一金融机构的困难视为其他所有有着类似业务的金融机构发生困难的信号，从而加快了金融机构风险的扩散。

由于金融产品的发行者是该产品的主要信息源，因此，金融产品发行者的信息披露制度成为各国金融市场监管的核心，世界上任何一个国家的金融法规都要求金融产品的发行者承担持续性信息披露义务。

### （三）金融市场服务系统的公共品性质

金融业的服务系统是一个公共产品，如股市行情信息具有共享性，获取信息而产生的个别成本与社会成本、个别效益与社会效益不对等，产生了所谓的外部经济效应。这可能导致个人无积极性提供证券服务和行情信息，从而影响金融市场的运行效率。在存在外部经济效应的情况下，比较好的解决办法是通过政府监管来消除外部性所带来的成本、效用分摊不公以及由此造成的公共品短缺。

## 三、金融市场主体行为的有限理性

### (一)从众行为

大部分金融市场主体的行为与羊群中羊的表现极为类似,一般说来,羊群中的羊很少对前进中的方向加以思索,跟着头羊或羊群前进就是它唯一的"决策"。因为许多投资者及金融机构无力对金融市场的形势作出准确的判断或对所有潜在借款人的资信进行估评,也不能保证自己的金融创新就一定有利可图,所以他们只能从众或依赖他人。从众行为是使金融体系遭受系统风险的一个重要因素。

### (二)忽视信息行为

金融市场主体另一个突出的弱点是对信息的忽视与误用。在投资高潮期,人们对经济前景非常乐观,投资者倾向于从事风险投资,对自己涉足领域的信息越来越不重视,任何理智的行动都反而成了谨小慎微的表现。而当经济欣欣向荣的景象受到某些因素的扰动,并有大量金融资产变成不良资产后,市场的脆弱性就会变得越来越明显,任何信号都可能被当成"噪音",受到质疑。尤其是在金融危机阶段,市场秩序混乱,人们无法辨别所获信息的真伪,对于大多数人来说,最好的办法就是减少投资或不投资,等待局势明朗化以及某种可以加以仿效的行为方式出现,即等待新的"头羊"出现;在危机过后,投资者虽然可能掌握了大量关于经济长期发展趋势的信息,但他们依然难以把握经济远期变动的信息,不能作出正确的决策;当经济逐渐活跃,危机情景渐渐从人们视觉中消退后,投资者又开始从事不谨慎的投资,那些在短期内获得较高回报的投资项目又受到人们的青睐,谨慎的投资行为被人们所抛弃,直到又一次危机来临。

### (三)认识的非一致性

认识的非一致性是指行为主体在心理上对同一事件持有不一致的认识时所产生的一种矛盾状态。人的理性是有限的,但他又总在证明自己是理性的,作为一个理性化的主体,他不能同时接受两种不一致的认识,为了减少这种认知的不一致,他可能认为某一情况是误传,或认为目前的情况是暂时的。如果情况继续向与自己认知的反方向发展,认知主体又会动摇自己最初的认知,而盲目转到对立情势上。而且,一般而言,市场行为主体一旦作出了某种决策,建立了某种信念,即使遇到挫折或事实证明他们错了,他们仍会勇往直前。在这种意义上,认知的非一致性可能会加剧市场主体行为的非理性程度。

### (四)囚徒困境

金融市场主体的个体理性和金融市场的集体理性之间,以及金融市场主体间的利益并不是一致的。金融市场上的"囚徒困境"是指在某些情形下,对每一个金融市场主体都有好处的方案未必能保证得以实施。

金融市场能够保持稳健运行的一个前提条件是投资者对其有着相对稳定的预期,这样才能使金融市场的交易正常进行。如果出现突发事件,改变了投资者对市场的良好预期,那么,对每一个投资者而言其理性的选择是尽快售出手中的证券,然而这样的最终结局往往是导致市场行情的急剧下滑,使更多的投资者同时受损。

### 四、金融资产价格的内在波动性

#### (一)汇率的内在波动性

外汇市场的不稳定性可以分为两种:一种是在固定汇率的情况下,货币对外价值发生意外的变化,使得固定的汇率水平难以维持;另一种是在浮动汇率制度下,市场汇率的波动幅度超过了能够用真实经济因素来解释的范围。

如果一国实行的是固定汇率制度,当市场成员对该货币当前汇率的维持失去信心时,他们将抛售该货币,导致固定汇率水平难以维持,这样货币危机便发生了。造成金融市场丧失信心的原因,通常是当局把本国货币汇率定在了与同期宏观经济形势不相符合的水平上,当不持续汇率引起的一些不利后果(如贸易收支发生巨额赤字)出现后,市场预期就会转向,引起汇率崩溃;随着金融市场的国际化和金融衍生工具的过度发展,目前某些其他因素,特别是投机力量的操纵也可能导致货币危机的爆发。类似地,如果一国实行的是浮动汇率制度,上述原因也可能引起汇率水平过度波动。

#### (二)股票价格的内在波动性

股票市场的较强的价格波动性是其重要特征之一。由于股票市场与真实经济的联系更为密切,历史上多次的金融危机甚至经济大萧条均与股市的崩溃密切相关。

(1)股市的过度投机。股市存在"花车效应",即人们有追随成功者和背离失败者的倾向。当受某种乐观因素的影响,幼稚的投资人开始涌向价格的"花车",使股价上升至完全无法用基础经济因素来解释的水平,并最终使市场预期发生逆转,股市崩盘。

(2)心理预期的影响。股票价格代表的是对一个未来收益的贴现值,任何影响收益预期或市场贴现率的事件都会引起股市的波动。如果投资者对股市预期乐观,则股价将持续上升,直到极度不合理后导致市场崩溃;如果投资者的预期是悲观的,则恐慌性抛售足以摧毁健康的股市。

### 五、金融市场监管的现实意义

金融市场监管的现实意义主要体现在以下几个方面：

（1）保护投资者权益。投资者是金融市场的支撑者，他们涉足金融市场是以获取某项收益和权益为前提的，而金融市场同时具有高风险的特点，为了保护投资者的合法权益，必须坚持"公开、公平、公正"的原则，加强对金融市场的监管，只有这样，才便于投资者充分了解金融产品发行人的资信、价值和风险状况，从而使投资者能够较正确地选择投资对象。

（2）维护金融市场正常秩序。金融市场存在蓄意欺诈、信息披露不完全与不及时、操纵股价、内幕交易等弊端，为此，必须对金融市场活动进行监管，对非法金融市场交易活动进行严厉查处，以保护正当交易，维护金融市场的正常秩序。

（3）健全金融市场体系，促进金融市场功能发挥。通过金融市场的监管，完善与健全市场体系，促进其功能的发挥，有利于稳定金融市场，增强社会投资信心，促进资本合理流动，从而增进社会福利。

（4）及时提供信息，提高金融市场效率。及时、准确、可靠、全面的信息是金融市场参与者作出发行与交易决策的重要依据，因此，一个发达的高效率的金融市场必须是一个信息通畅的市场，它既要有现代化的信息通信设备系统，又必须有一个组织严密科学的信息网络机构，必须有一整套收集、分析、交换信息的制度、技术和相应的管理人员。这些只有通过国家的统一组织和管理才能实现。

## 第二节 金融市场监管概论

### 一、金融市场监管体制

各国由于其金融市场发育程度不同、管理理念不同、法律及文化传统不同，在长期的金融市场监管实践中形成了各种不同的体制模式。

（一）集中型监管体制

集中型金融市场监管体制是指政府制订专门的金融市场管理法规并针对不同的金融工具设立全国性金融市场监管机构管理金融市场，而交易所和交易商协会等组织只作为起辅助作用的管理体制出现，也称集中立法型监管体制。美国是集中型监管体制的集中代表。美国证券交易委员会（SCE）是根据《1934

年证券交易法》成立的。它由总统任命,参议院批准的 5 名委员组成,对全国的证券发行、证券交易所、证券商、投资公司等实施全面监督管理。

实行集中型监管,具有监管体系更加集中、监管机构更加专业、监管方法更加有效等优势;能公平、公正、高效、严格地发挥监管作用,协调全国的金融市场;能统一执法尺度,提高金融市场监管的权威性;监管者的地位相对独立,能更好地保护投资者的利益。实行集中型监管的不足之处是,由于监管者独立于金融市场,可能使监管脱离实际,缺乏效率,当市场发生意外时,可能反应较慢,处理不及时;另一方面,容易产生对证券市场的过多干预。

### (二) 自律型监管体制

自律型金融市场监管体制是指政府除进行某些必要的国家立法外,很少干预市场,对金融市场的监管主要由交易所及交易商协会等组织进行自律监管的监管体制。

从出现英国证券市场直到 1997 年 FSA(英国金融服务局)成立并运行的长时间里,英国一直是自律型监管体制的典型代表。伦敦交易所制定的规章具有重要地位,其自治权力机构为交易所协会,从会员中选出 36 人组成。交易所协会有权决定新会员的加入,警告乃至开除违规会员;并负责管理伦敦及其他六家地方证券交易所的场内交易,实际起到全国证券管理机构的作用。除此之外,英国的政府机构也对金融市场行使部分的监管职责,英国贸易部下设"公司登记处"兼管证券发行,并赋予英格兰银行对一定金额以上的证券发行审批权,贸易部还对非会员证券商及其投资信托业务行使管理权。为了加强管理,1986 年,英国根据《金融服务法》成立了"证券投资委员会",拥有干预权、立法权以及对投资公司设立的审批权和业务的管理权。

自律型监管体制能充分发挥市场创新和竞争意识,有利于活跃市场;更贴近金融市场实际运行,监管灵活,效率较高;自律性组织对违规行为能作出迅速而有效的反应。自律型监管的缺陷在于:偏重维护市场的有效运作和保护会员利益,投资者利益往往不能提供充分保障;缺少强有力的立法作后盾,监管手段较软弱;没有统一的监管机构,难以协调,容易造成市场混乱。

### (三) 中间型监管体制

中间型监管体制是既强调立法监管,又强调自律管理的监管体制。中间型监管体制是集中型监管体制与自律监管体制相互配合与协调的结果,又称为分级管理型监管体制,包括二级监管和三级监管两种模式。二级监管是中央政府和自律机构相结合的监管;三级监管是中央、地方两级政府和自律机构相结合的监管。实行中间监管体制的国家有德国、泰国等,很多以前实行集中型或自律型监管体制的国家也正逐渐向中间型监管体制过渡。

## 二、金融市场监管主体

从理论上讲,监管属于政府管制的范畴,是一种政府行为,应由政府实施。但从实践来看,实施监管的主体是多元化的,概括而言,监管由两类主体完成,第一类主体是有关政府机构,它们的权力由政府授予,负责制定金融市场监管方面的各种规章制度以及这些规章制度的实施,例如:各国的中央银行一般都负责制定和实施金融方面的各种法规,并负责对各种违规行为进行处罚。在具体实践中,既有由中央银行、财政部或某个独立的政府机构单独实施,更多地是由几个部门分别对不同的或同一金融机构实行监管。第二类主体是各种非官方性质的民间机构或私人机构,它们的权力来自其成员对机构决策的普遍认可,出现违规现象并不会造成法律后果,但可能会受到机构的纪律处罚。例如:自律性监管主体证券商协会对券商的自律监管,证券交易所对上市公司的监管等等。一国的金融监管主体是历史和国情的产物,并不是固定不变的。

中国金融市场监督主体也有两类:① 政府机构,主要有中国人民银行、中国证券监督管理委员会等。② 自律性监管机构,主要有中国证券业协会和上海、深圳两家证券交易所。

## 三、金融市场监管目标与原则

(一) 金融市场监管目标

金融市场监管的目标是为了实现公平与效率统一,这里的"公平"主要体现在规则的制定和实施上,"效率"则主要体现在金融产品的价格能敏锐反映信息变化,成为资源配置的信号。

(二) 金融市场监管原则

为实现金融市场监管的目标,应当坚持以下几项原则:依法管理原则、"三公"(公开、公平、公正)原则、自愿原则、政府监督与自律相结合原则及系统风险控制原则。

1. 依法管理原则

即金融市场监管必须有充分的法律依据和法律保障,金融市场监管部门必须依靠强有力的法制建设,合理划分有关各方面的权利与义务,保护市场参与者的合法权益。

2. "三公"原则

(1) 公开原则。又称信息公开原则,其核心是要求市场信息公开化,市场具有充分的透明性。信息公开原则要求信息披露应及时、完整、真实、准确。根据公开原则,筹资者必须公开与证券及其价格有关的各种信息,包括首次发行时的"信息的初期披露"和证券发行后的"信息的持续披露",供投资者参考。根据公开原则,监管者也应当公开有关监管程序、监管身份以及对金融市场的违规处罚,并努力营建一个投资信息系统,为投资者创造一个信息畅通的投资环境。

(2) 公平原则。公平原则要求参与市场的各方都具有平等的法律地位,金融市场的参与者拥有均等的交易机会,具有接触获取信息的平等机会,遵循相同的交易规则,各自合法权益都能得到公平的保障。监管机构有责任营造公平的市场氛围,禁止直接经手人员及有关人士利用职务之便从幕后交易中谋利。

(3) 公正原则。公正原则要求监管部门在公开、公平原则的基础上,对一切被监管对象给予公正待遇,根据公正原则,金融立法机构应当制定体现公平精神的法律、法规和政策;金融市场监管部门应当根据法律授予的权限履行监管职责,要在法律的基础上,对一切金融市场参与者给予公正的待遇;对金融市场违法行为的处罚、对纠纷或争议事件的处理,都应当公正进行。

公开是实现公平、公正的前提,公平是实现公开、公正的基础,公正是实现公开、会平的保障。

3. 自愿原则

即金融市场上一切金融活动必须遵循市场规则以及交易各方的需求进行,不允许以行政干预人为强行交易,保护交易各方根据自己的意愿和偏好自由成交。

4. 政府监督与自律相结合的原则

即在加强政府证券主管机构对证券市场监管的同时,也要加强从业者的自我约束、自我教育和自我管理。

5. 系统风险控制原则

金融体系和金融机构的内在脆弱性、金融主体行为有限理性和金融资产价格的波动,造成了金融系统具有内在的不稳定性,并可能在一定的条件下引致金融和经济危机,这就要求金融监管者必须采取适当的措施和方法,防范和减少金融体系风险的产生和积累,保证整个金融体系的稳定。

## 四、金融市场监管的对象与主要内容

从金融市场监管的实践来看,金融市场监管的具体内容主要是对金融市场要素构成的监管。

1. 对金融市场主体的监管

即对金融市场交易者的监管。当前各国的金融市场普遍实行强制信息公开制度,要求证券发行人增加内部管理和财务状况的透明度,全面、真实、及时地披露可能影响投资者判断的有关资料,不得有任何隐瞒或重大遗漏,以便投资者对其投资风险和收益作出判断,同时也便于强化证券监管机构和社会公众对发行人的监督管理,有效地制止欺诈等违法、违规及不正当竞争行为。对于投资者的监管包括对投资者资格审查及其交易行为的监管,如对组织或个人以获取利益或者减少损失为目的,利用其资金、信息等优势,或者滥用职权,制造金融市场假象,诱导或者致使投资者不了解事实真相的情况下作出投资决定,扰乱金融市场秩序等操纵市场行为的监管;对知情者以获取利益或减少经济损失为目的,利用地位、职务等便利,获取发行人未公开的、可以影响金融产品价格的重要信息,进行有价证券交易,或泄露该信息等内幕交易行为的监管等。

2. 对金融市场客体的监管

这是指对货币头寸、票据、股票、债券、外汇黄金等交易工具的发行与流通进行监管。如实施证券发行的审核制度,证券交易所和证券主管部门有关证券上市的规则,证券上市暂停和终止的规定;对金融工具价格波动进行监测,并采取有关制度如涨跌停板制度等避免金融市场过于频繁的大幅波动等。

3. 对金融市场媒体的监管

这是指对金融机构以及从事金融市场业务的律师事务所、会计师事务所以及资产评估机构、投资咨询机构、证券信用评级机构等的监管。主要是划分不同媒体之间的交易方式和交易范围,规范经营行为,使之在特定的领域充分发挥作用。金融市场媒体一方面具有满足市场多种需求,分散和减弱风险的功能;另一方面,由于其所具有的信息优势和在交易中的特殊地位,有可能在金融市场上实行垄断经营或为追逐私利扰乱金融秩序,因此有必要对其进行监管。

在监管实践中,主要采取的措施包括:① 对金融机构设立的监管。由于金融行业的特殊性,各国对金融机构的设立均有一定的要求,在设立的制度方面主要有特许制和注册制两种。② 对经营行为的监管。要求金融机构应对客户负有完全的诚信义务,不得为谋求利益,以任何形式欺诈或欺瞒客户和投资者,使其利益受损。③ 对从业人员的监管。主要有从业资格考试与注册制度。另外在对金融机构的监管中,自律性监管机构,如各类机构的协会组织、证券交易所等也起着积极的作用。

## 五、金融市场监管手段

金融市场监管手段是监管主体得以行使其职责,实现其金融市场监管目标的工具。金融市场监管的效果和成本、金融产品和金融市场的特殊性、各国金融市场的发展水平和具体的监管环境、监管主体的层次等级以及监管目标实现的难易程度都会影响监管手段的选择。

金融市场的监管手段主要包括法律、经济、行政、自律管理四种。

1. 法律手段

法律手段是指运用经济立法和司法来管理金融市场,即通过法律规范来约束金融市场行为,以法律形式维护金融市场良好的运行秩序。法律手段约束力强,是金融市场监管的基础手段。各国的法律对金融市场的各个方面均有详尽的规定,如各国的银行法、票据法、证券交易法等,能使市场各方以法律为准绳,规范自身行为。

涉及金融市场监管的法律、法规范围很广,大致可分为两类:一类是金融市场监管的直接法规,例如,在证券市场方面,除证券法、证券交易法等基本的法律外,还包括上市审查、会计准则、证券投资信托、证券保管和代理买卖、证券清算与交割、证券贴现、证券交易所管理、证券税收、证券管理机构、证券自律组织、外国人投资证券等方面的专门法规;另一类是涉及金融市场管理,与金融市场密切相关的其他法律,如公司法、破产法、财政法、反托拉斯法等。

2. 经济手段

经济手段是指政府以管理和调控金融市场为主要目的,采用利率政策、公开市场业务、税收政策等经济手段间接调控金融市场运行和参与主体的行为。这种手段相对比较灵活,但调节过程可能较慢,存在时滞。在金融市场监管中,常见的有以下两种经济调控手段:

(1)金融货币手段。如在金融市场低迷之际放松银根、降低贴现率和银行存款准备金率,可增加市场货币供应量从而刺激市场回升;反之则可抑制市场暴涨。运用"平准基金"开展金融市场上的公开市场业务可直接调节证券的供求与价格。

(2)税收手段。税率和税收结构的调整将直接造成交易成本的增减,从而可以产生抑制或刺激市场的效应。

3. 行政手段

行政手段指依靠国家行政机关系统,通过命令、指令、规定、条例等对证券市场进行直接的干预和管理。与经济手段相比,运用行政手段对金融市场的监管具有强制性和直接性的特点。

行政手段存在于任何国家的金融市场的监管历史之中,一般地,在市场发育的早期使用行政方法管理较多,而在成熟阶段用得较少。这是由于金融市场发展的早期往往法律手段不健全而经济手段效率低下,造成监管不足的局面,故需行政手段作为补充。

4. 自律管理

自律管理即自我约束、自我管理,通过自愿方式以行业协会的形式组成管理机构,制定共同遵守的行为规则和管理规章,以约束会员的经营行为。

金融市场交易的高度专业化、从业人员之间的利益相关性以及金融市场运作本身的庞杂性决定了对自律监管的客观需要。但政府监管与自律监管之间存在主从关系,自律监管是政府监管的有效补充,自律管理机构本身也是政府监管框架中的一个监管对象。

## 第三节 国外金融市场监管

### 一、国外金融市场监管的逐步形成(20世纪30年代到70年代)

金融市场监管的必要性并非一开始就为人们所认识,而是伴随金融市场发展中问题的充分暴露而日益受到各国政府的重视。1929—1933年的世界经济大危机与股市大崩溃,彻底扭转了金融市场监管的方向。市场机制的缺陷被实践证明,"看不见的手"的神话被打破,完全放任自由已不能保证市场的稳定运行,从那以后,世界各国开始了严格广泛的金融监管,美国首先形成了分业、政府集中统一监管的体制。这一时期监管的重点是分业和立法,有以下四个重要特征:① 通过立法来实施金融业的分业经营和监管;② 立法与监管的宗旨是保护投资者利益;③ 对投资者的保护建立在信息披露的基础之上;④ 信息披露的核心是公开和及时。

(一)美国金融市场集中统一监管的确立

1929年股市的大崩溃,根源于一战后美国经济增长带来的证券大量发行和整个20世纪20年代的经济过热和银行信用滥用。在这期间,美国出现了大量的"野猫银行",在激烈的竞争压力下,各类金融机构,要么直接参与证券市场的过度投机,要么为投资者提供资金支持,金融市场的泡沫充分暴露,风险控制几乎被完全忽略,而且没有集中统一的联邦法律和公共政策来规范证券业和银行业。股市崩溃后,这些金融机构随即大量倒闭。

大危机之后,美国政府制定了一系列严格的金融法律,并开始对金融市场实施集中统一监管,针对这次股市崩溃,制定了《1933年银行法》(即:《格拉斯·斯蒂格尔法》),对证券业和银行业开始实行分业监管,同时又制定了《1933年证券法》和《1934年证券交易法》,随后还有1938年《曼罗尼法》、《1939年信托契约法》、《1940年投资公司法》。此外,美国各州都制定了《蓝天法》或《证券法》。这些法律使原来法律法规一片空白的证券业突然之间成为监管最为严格的领域,证券业被置于联邦政府和州政府的严格控制下。

### (二)大危机后其他国家和地区的证券市场的监管

20 世纪 30 年代大危机后,各国金融监管法制化逐渐普及,各国政府纷纷颁布规范金融行为的法律。传统上注重自律和习惯的英国也开始制定许多与金融市场相关的法规。具体包括:① 关于保护投资者利益的法规;如 1958 年颁布实施的《防止诈骗投资法》和 1963 年颁布实施的《保护存款人法》;② 关于控制公司合并的法规,如 1973 年颁布实施的《公正交易法》;③ 关于信息披露的规定,如 1975 年颁布实施的《工业法》和《就业保护法》等。在此基础上,英国金融市场形成了以政府管理及国家法规和英格兰银行与证券交易所、证券业协会、证券投资委员会等自律组织及其规章制度为中心的自律型监管框架。

在促进金融市场发展和管理方面,日本在二战后开始更多地借鉴美国的做法。日本 1948 年颁布的《证券交易法》就是以美国《1933 年证券法》和《1934 年证券交易法》为蓝本的,它是二战后日本证券制度改革的一项中心内容。这项改革尤其强调将证券的经营业务集中于证券公司,严禁银行和信托投资公司承购除政府债券和政府担保债券以外的任何证券。1951 年日本制定了《证券投资信托法》,为推动股票大众化发挥了重要作用。1955—1961 年日本发生证券"泡沫"危机。危机以后的 1964 年,日本成立了大藏省证券局,加强了对证券市场的监管。从 20 世纪 60 年代末期开始,日本的国际证券交易日趋活跃,东京证券交易所于 1970 年加入国际证券联盟,1971 年,日本政府颁布了旨在管理外国证券公司的《外汇和外贸控制法》。

20 世纪 60 年代中后期,中国香港地区经济开始起飞,金融市场发展较快,先后成立的香港证券交易所、远东证券交易所、金银证券交易所和九龙证券交易所,于 1986 年合并为香港联合交易所。香港在金融市场上推行英国式的自律型监管体制,20 世纪 70 年代初,股票市场越来越活跃,经历了 1973—1974 年的香港股市震荡后,香港政府被迫采取措施监管股市,保护投资者利益,港府建立了证券委员会,颁布了有关法令,如 1974 年的《证券条例》和《保障投资者条例》、1975 年的《公司收购及合并守则》等。

## 二、20 世纪 70 年代到 80 年代后期的国外金融市场监管

### (一)20 世纪 70 年代至 80 年代中期的金融市场监管——金融创新推动放松管制

1973 年布雷顿森林体系崩溃,西方国家纷纷实行浮动汇率制,同时,国际资本流动频繁,国际金融市场的汇率、利率、通货膨胀率变化无常,极不稳定,在此环境下各国对金融市场实施的直接和广泛的监管被认为是过度的,损坏了金融机构和整个体系效率;另一方面,20 世纪 70 年代中后期,西方主要发达国家的

金融体制经历了一个由制度创新、技术创新所带来的结构性变化,其结果是金融市场更加国际化、证券化和自由化;利率浮动票据、货币远期交易和货币期货等创新金融工具应运而生,金融体系中传统的直接控制措施,如:利率和信贷控制、资本账户控制等所发挥的作用越来越小,各国被迫对原有金融管理制度进行改革,核心是采取更为灵活的市场手段对金融体系进行间接管理,放松对证券市场的直接控制,如放松市场准入限制、放松对中介费用和各种价格及数量的控制等。

20 世纪 80 年代以后,受反对任何形式的国家干预的自由化思潮影响,各国都在一定程度上放松了对金融市场的监管,主要表现在对银行、证券业分业制度的调整上。如 1987 年,美国联邦储备委员会根据《银行持股公司法》修正案,授权部分银行有限度地从事证券业务。英国在 1986 年进行被称为"大爆炸"的证券监管体制改革,放宽了对证券交易所会员资格的审查条件,降低了对会员资本的要求,取消了最低佣金的限制,实行了手续费的自由化。在自由化的同时,各国同时加强了对证券市场上欺诈行为的监管,加强对投资者利益保护的立法。

(二) 20 世纪 80 年代后期的金融市场监管——国际性股市风暴导致政府加强管制

1987 年 10 月 19 日,西方股市经历了一战以来罕见的危机,纽约股市崩溃。这一天就是著名的"黑色星期一"。虽然没有出现 1929 年股灾后的经济大萧条,但各国均被迫采取紧急措施,缓解股市过热以及虚拟经济和实体经济相脱节的现象。其中最切实的措施是加强信息披露制度,对股市稳定起了重要作用。另一方面,1987 年的股市风暴也体现出监管机构对股市、期货市场和股票期权市场没有协调统一的监管机制,它促成了 20 世纪 90 年代中期开始的全球金融监管机构的合并。

## 三、20 世纪 90 年代以来的国外金融市场监管的发展

(一) 金融市场监管理念的新变化

20 世纪 90 年代中后期,世界各国证券监管理念强调的是鼓励证券业务创新和强化证券信息的充分性披露,而不是单纯增加证券法律条款进行管制。

(二) 出现了全球性的金融制度大改革

1997 年 10 月,英国将证券投资委员会更名为金融服务局(FSA),监管对象更宽,包括从事投资业务的公司、信用机构保险市场、交易所及清算机构等等,这样,英国传统的自律性监管体制消失,取而代之的是集中的金融监管机构。

1996 年 11 月,日本政府也决定在 1997—2001 年五年间对本国的金融体系

进行综合改革,修改一系列金融监管法规,并对金融机构进行重大改革,以提高日本金融业的竞争力。

1996年9月,美国通过了《全国性证券市场促进法》,目的在于修订联邦证券法,放松监管,提高证券市场效率和竞争力;促进共同基金的有效管理,保护投资者利益。1999年11月,美国《金融服务现代化法案》成为正式法律,其重大意义在于结束自20世纪30年代《格拉斯—斯蒂格尔法》以来的分业经营与监管的局面,从法律上确认了银行、证券和保险混业经营的原则。

2002年初美国能源巨人安然公司巨额假账案,引发了美国金融、证券、投资业的中心纽约华尔街的信用危机。2002年6月25日,世界电信公司38亿美元创纪录的假账丑闻,使信用危机发展成为一场沉重打击美国经济的风暴。两周内,纽约股市连遭重创,下跌不止,道·琼斯指数下降14%以上。事件的发生暴露了美国会计制度、上市公司监管中存在着许多漏洞,巨额假账违法的经营行为完全可以利用这些漏洞损害公众利益。美国社会被一连串的假账所震惊,雷厉风行地开始了"企业责任新道德规范"的重建。一系列的立法在短时间内得到国会高票通过。2002年7月30日上午,美国总统布什签署了国会参众两院已通过的旨在打击商业欺诈、推动企业改革的公司改革法案,从而使其正式成为法律。这项以两位议员的名字命名的《2002萨宾纳斯—奥克斯莱法案》,对未来企业运作、证券市场、审计体制设置了种种严格的规定。主要内容有五项:① 创立一个5人组成的"上市公司审计监督委员会",对承担大公司审计业务的会计事务所进行监管,对违法的会计事务所及审计人员拥有调查、执法和惩罚权;② 创立一项有关证券欺诈的重罪,最高徒刑可判25年;③ 对企业高层主管欺诈罪行的惩罚由原来的5年徒刑提高到了20年;④ 对犯有欺诈罪的个人和公司的罚金最高可达500万美元和2500万美元;⑤ 禁止会计事务所向提供审计服务的公司提供咨询服务。

(三) 国际证券监管组织加强合作

在经济全球化背景下,国际证监会组织与各国证监会的合作,成为国际证券市场法律规范方式创新的重要形式。

# 第四节 中国金融市场监管

## 一、中国金融市场监管体制

中国现行金融市场监管体制属于集中型监管体制,具有集中型监管体制的基本特点:第一,基本上建立了金融市场监管的法律法规框架体系。第二,金融市场的各个分市场均设有相应的全国性监管机构,负责监督、管理全国金融市场。第三,金融市场的监管权力主要集中于政府机构,证交所等自律性监管机构只起辅助性作用。

中国现阶段实行集中型金融监管体制是符合中国国情的。第一,中国在长期计划经济管理实践中,积累了丰富的集中型组织、指导和管理的经验,对于在经济体制转轨过程中建立起来的金融市场,选择以政府监管为主导的集中型监管体制模式,可以发挥已具有的集中型管理经验的优势,提高市场监管的效率。第二,中国金融市场还处于发展初期,法律、法规建设和各项监管尚不完善。证券交易活动中经常出现过度投机、信息披露失真、操纵市场、内幕交易、欺诈等违法违规行为,如果没有集中统一的权威性监管机构对金融市场实施有效的监管,就难以保证金融市场健康运行。第三,中国金融业发展的时间较短,缺乏行业自律管理的经验。

中国金融市场集中型监管体制是伴随着中国金融市场的发展而逐步形成的。以中国证券市场为例,中国证券市场监管体制经历了一个从地方监管到中央监管,由分散监管到集中监管的过程,这一过程大致可分为两个阶段:

第一阶段从20世纪80年代中期到90年代初期,证券市场处于区域性试点阶段。1990年,国务院决定分别成立上海、深圳证券交易所,两地的一些股份公司开始进行股票公开发行和上市交易的试点。1992年,又开始选择少数上海、深圳以外的股份公司到上海、深圳两家证券交易所上市,这一时期证券市场的监管主要是由地方政府负责。

第二阶段从1992年开始,国务院总结了区域性证券市场试点的经验教训,决定成立国务院证券委员会,负责对全国证券市场进行统一监管,同时开始在全国范围内进行股票发行和上市试点。从此,证券市场开始成为全国性市场,证券市场的监管也由地方监管为主改为中央集中监管,中国对证券市场的监管经历了由财政部独立管理,由中国人民银行为主管机关,以国务院证券委为主管机构等几个阶段,在这一过程中不断调整国务院各有关部门的监管职责,完善监管体制。1998年,国务院决定撤销国务院证券委员会,工作改由中国证券监督委员会承担,并决定中国证券监督委员会对地方证券管理部门实行垂直领导,从而形成了集中统一的监管体系。新的统一监管体制具有以下一些特点:

(1)证券监管机构的地位得到进一步强化,增强了其权威性,为我国证券市场的有效监管提供了更有力的组织保证。

(2)地方证券监管机构改由中国证监会直接垂直领导,提高了证券监管工作的效率。

(3)实行三级监管体制,1999年7月,中国证监会按大区设立了9个证券监管办公室,分别是天津、沈阳、上海、济南、武汉、广州、深圳、成都、西安证券监管办公室和北京重庆两个直属办事处,并在各大区内有关省市设置了证券监管特派员办事处,作为证券监管办公室的下属机构。经过发展,目前中国证监会在省、自治区、直辖市和计划单列市设立了 36 个证券监管局,以及上海、深圳证券监管专员办事处。

(4) 加强了交易所一线监管的作用。在新的统一监管体制下,证监会加强了对交易所的领导,实行交易所总经理由证监会直接任命的领导体制。

## 二、中国金融市场监管主体

金融监管体系的脆弱性是许多国家发生金融危机的重要原因。中国对此加强了金融监管体系建设,在已成立证券监督机构的情况下,又先后成立了保险和银行监督机构,落实分业经营和分业监管,加强了对各类金融机构的监管。央行、证监会等金融市场监管部门已形成了较为完整的金融市场监督架构。中国金融市场的监管机构包括政府监管机构和自律性监管机构两类。

(一) 政府监管机构

1. 中国人民银行

中国人民银行是 1948 年 12 月 1 日在华北银行、北海银行、西北农民银行的基础上合并组成的。1983 年 9 月,国务院决定让中国人民银行专门行使国家中央银行职能。1995 年 3 月 18 日,第八届全国人民代表大会第三次会议通过了《中华人民共和国中国人民银行法》,至此,中国人民银行作为中央银行以法律形式被确定下来。随着社会主义市场经济体制的不断完善,中国人民银行作为中央银行在宏观调控体系中的作用将更加突出。

2. 中国银行业监督管理委员会(银监会)

2003 年 4 月 28 日,根据第十届全国人民代表大会审议通过的国务院机构改革方案的规定,中国银行业监督管理委员会(银监会)成立,将中国人民银行对银行、金融资产管理公司、信托投资公司及其他存款类金融机构的监管职能分离出来,并和中央金融工委的相关职能进行整合。其目的是通过审慎有效的监管,保护广大存款人和消费者的利益,增进市场信心;通过宣传教育工作和相关信息披露,增进公众对现代金融的了解;努力减少金融犯罪。

3. 中国证券业监督管理委员会(证监会)

1992 年 10 月,中国证监会成立。经国务院授权,中国证监会依法对全国证券期货市场进行集中统一监管。根据《证券法》第 14 条的规定,中国证监会还设有股票发行审核委员会,委员由中国证监会专业人员和所聘请的会外有关专家担任。

### 4. 中国保险监督管理委员会(保监会)

中国保监会成立于1998年11月18日,是国务院直属事业单位。根据国务院授权履行行政管理职能,依照法律、法规统一监督管理全国保险市场,维护保险业的合法、稳健运行。2003年,国务院决定,将中国保监会由国务院直属副部级事业单位改为国务院直属正部级事业单位。中国保险监督管理委员会内设15个职能机构,并在全国各省、直辖市、自治区、计划单列市设有35个派出机构。

### 5. 财政部、国家发展和改革委员会

这两个部门分别对金融市场有一定的管理权限。财政部与金融监管相关的主要职责有:① 拟定和执行财政、税收的发展战略、方针政策、中长期规划、改革方案及其他有关政策。② 拟定财政、财务、会计管理的法律法规草案,制定和执行财政、财务、会计管理的规章制度,组织涉外财政、债务的国际谈判并草签有关协议、协定。③ 拟定和执行政府国内债务管理的方针政策、规章制度和管理办法,编制国债发行计划;拟定政府外债管理的方针政策、规章制度和管理办法;承担外国政府贷款、世界银行贷款、亚洲开发银行贷款和日本输出入银行贷款的对外谈判与磋商业务;代表中国政府参加国际财政组织;等。

国家发展和改革委员会与金融监管相关的主要职责有:① 负责汇总和分析财政、金融等方面的情况,参与制定财政政策和货币政策,拟定并组织实施产业政策和价格政策;② 综合分析财政、金融、产业、价格政策的执行效果,监督检查产业政策、价格政策的执行;③ 制定和调整少数由国家管理的重要商品价格和重要收费标准;④ 负责全口径外债的总量控制、结构优化和监测工作,保持国际收支平衡等。

### 6. 国家外汇管理局

目前,经常项目的外汇收支基本上直接到外汇指定银行办理;资本项目的外汇收支经外汇管理部门批准或核准后,也在外汇指定银行办理。银行在办理结售汇业务中,必须严格按照规定审核有关凭证,防止资本项目下的外汇收支混入经常项目结售汇,防止不法分子通过结售汇渠道骗购外汇。近年来,通过加大外汇查处力度、整顿外汇市场秩序、积极推进外汇市场信用体系建设,初步建立起了以事后监管和间接管理为主的信用管理模式。

## (二) 自律性监管机构

### 1. 证券业协会

中国证券业协会成立于1991年8月28日,最高权力机构是由全体会员组成的会员大会,理事会为其执行机构。中国证券业协会实行会长负责制。截至2007年7月1日,协会会员总数共计295家,其中证券公司106家,基金公司52家,投资咨询公司90家,资产管理公司3家,特别会员44家(其中,交易所2

家,登记结算公司1家,基金托管机构8家,地方证券业协会33家)。

证券业协会的主要职责有:制定自律规则、执业标准和业务规范,对会员及其从业人员进行自律管理;负责证券业从业人员资格考试、认定和执业注册管理;负责组织证券公司高级管理人员资质测试和保荐代表人胜任能力考试,并对其进行持续教育和培训;负责做好证券信息技术的交流和培训工作,组织、协调会员做好信息安全保障工作,对证券公司重要信息系统进行信息安全风险评估,组织对交易系统事故的调查和鉴定;负责制定代办股份转让系统运行规则,监督证券公司代办股份转让业务活动和信息披露等事项;行政法规、中国证监会规范性文件规定的其他职责。

2. 证券交易所

中国目前有上海、深圳两家会员制证券交易所,由中国证监会直接监督管理。证券交易所的主要职能包括:提供证券交易的场所和设施;制定证券交易所的业务规则;接受上市申请;安排证券上市;组织、监督证券交易;对会员、上市公司进行监管;管理和公布市场信息以及中国证监会许可的其他职能。

## 三、中国金融市场监管手段

中国金融市场发育尚不成熟,目前在金融市场上运用行政监管手段较多。例如,在证券发行方面,曾采用的审批制度,行政控制上市种类和上市规模;对交易所、证券经营机构、证券咨询机构、证券清算和托管机构等实行严格的市场准入和许可证制度,交易过程中的紧急闭市等。

近年来,金融立法工作日益加强,目前已经形成了以《中国人民银行法》、《证券法》、《商业银行法》、《票据法》为主体的金融法律体系,法律手段已成为中国金融市场监管的重要手段。另一方面,有关部门还出台了许多条例和规章,以弥补法律手段的不足。

随着中国市场经济体制的逐步确立,在金融市场的监管中,经济手段的运用也更加频繁。中国人民银行再贴现政策对票据市场的影响极为明显,存款准备金政策、利率政策对金融市场价格有重要影响,央行的公开市场业务也对国债市场有着重要影响。

另外,自律管理在规范金融机构经营行为中也起着积极作用。总之,中国金融市场已形成了法律、经济、行政和自律管理等多种监管手段并存的局面。

## 四、中国金融市场监管的主要内容

中国金融市场监管的主要内容,同样包括对金融市场主体、客体、媒体的监管。对于诸如证券发行上市、交易、证券机构、证券发行人信息披露、市场各方的行为规范等，均有详尽的规定。近年来中国证券市场中虚假信息披露、欺诈、操纵市场等行为较为盛行，严重影响了证券市场的诚信机制，因此，证监会将加强监管，保护投资者利益作为其工作的重心。

中国对金融机构经营采取严格的分业监管。实行分业监管的原因有以下几点：

（1）中央银行维持币值稳定的需要。中央银行的首要经济目标就是保持币值稳定。央行是在货币市场上利用三大政策工具（利率、贴现、公开市场业务）适时调节货币供应量的。受三大工具调节的对象主要是商业银行，保持对商业银行的可控制性对中央银行调控社会货币流动总量至关重要。然而，证券市场属于资本市场的范畴，其市场活动由参与主体基于不同的利益动机自主决定，中央银行无法对其进行直接的干预，只能间接地施加影响。证券作为一种虚拟资本，在既定存量水平下对货币具有一种放大的吸纳力。如果放任商业银行利用自己所拥有的流动性资金进行证券交易，那么，本来能为中央银行直接调控的货币量就可能出现漏损，使中央银行无法对现实经济所需的货币量作出较为准确的估计和测量。当出现通货膨胀或紧缩时，央行的调控就可能受到很大的干扰和冲击。由此可见，若实行混业经营，允许银行资金进入股市，中央银行面临通货膨胀或紧缩的调控能力将大大削弱。

（2）商业银行资产负债管理的需要。根据现代商业银行资产负债管理的要求，银行在追求效益的同时，还必须充分考虑资产的安全性和流动性，实行银行资产在效益、安全和流动性上的最佳组合。由于银行负债的主要来源是企业的流动资金存款结算用的活期存款和居民的储蓄存款，具有期限短、流动性强的特点，所以为了保持银行资产的流动性和银行资产与负债相匹配，银行应以短期的流动资金贷款为主。如果用银行的流动性负债去购买证券市场上的有价证券，尽管证券可以在二级市场上变现，具有一定的流动性，但由于证券价格的波动十分剧烈，存在很大的价格风险，极可能造成资产损失。因此，从银行资产的安全角度考虑，银行是不宜从事证券交易的；而从整个金融体系安全角度来说，如果银行资产损失进一步引起银行信用风险，则会对金融系统的稳定性产生冲击，给社会造成很大的危害。

（3）维护证券投资者利益的需要。购买证券本质上是一种投资行为（含有投机成分），购买者运用自有资金通过证券市场间接地参与生产经营活动。若允许银行资金进入证券市场，就会产生两个问题：其一，银行运用他人资金买卖证券，资金成本人为地较低，而且在税前支付利息，而其他投资者（机构或个人）则只能用自有资金或较高成本的借贷资金，且无法获得税收优惠。显然，一般证券投资者与银行处于不平等的竞争地位。其二，银行负债具有流动性的特点,进入证券市场的银行资产不可避免地带有短期的特性,这将导致证券价格波动性加大,使证券投资的风险大大提高。因此,从保护一般投资者利益及保持资本市场稳定的角度出发,银行业与证券业应该相互隔离。

(4)避免因混业经营可能产生的对银行客户利益的损害。如果银行同时经营银行和证券业务,由于两种业务的经营风险在承担主体上有所差异,那么面对不同状况下的融资要求,银行可能选择对自己最有利的融资方式,从而损害他人的利益。例如,对于经营状况好、盈利能力强的企业,银行会选择用贷款的方式满足其资金要求;而对于经营状况一般的企业,银行则会劝说其采用发行证券方式,让证券投资者来承担企业经营不良的风险。又如,在银行给某一企业贷款有可能成为坏账的时候,为了不使坏账成为现实,银行帮助企业发行证券,鼓励不知情的投资者购买该证券,从而将风险转嫁给他人。

中国金融市场的发展尚处于初级阶段,金融分业监管是不可逾越的一个阶段。现阶段我国的银行监管制度和金融机构的内部约束机制都很薄弱,不具备综合银行制度要求的内外管理条件,金融业分业监管是其相宜的发展阶段。就银行的监管而言,西方发达国家经过近两个世纪的监督管理实践,建立起了三道防线,即预防性监督管理、存款保险制度和最后贷款救助行动。而我国规范化的金融监管制度还远未建立起来,我国的金融运行还未真正走上依法经营、健康有序发展的轨道。我国现有的四大国有商业银行是从专业银行转化而来,其内部约束机制的构建困难重重。若不实行分业经营、分业监管,可能使各种金融机构热衷于全方位发展业务,搞"全能银行":一是银行办信托和证券以及保险业务;二是保险公司发放信用贷款和经营证券买卖业务;三是信托投资公司超范围吸收存款,超比例发放贷款,办理银行业务;四是证券公司通过收取客户交易保证金以及代办储蓄,变相吸收存款,自行动用,渗入银行业务。这种混业经营的做法一方面削弱了各类金融机构应有的特性,没有发挥各自的作用;另一方面,加大了金融机构的经营风险,潜伏着妨害整个金融制度健康发展的严重威胁。因此,金融分业监管是我国现代金融监管的一个重要阶段。

# 第十七章

# 世界金融市场发展的回顾与展望

第一节　二战后世界金融市场的空前发展
第二节　当今世界金融市场格局与未来展望
第三节　世界金融市场发展对中国的启示

金融市场的形成迄今已有近四百年的历史。在这近四百年间，世界各国金融市场不断发展和完善，尤其是二战结束的近半个多世纪以来，随着国际政治经济格局的变化和科学技术的不断进步，金融市场的各要素有了空前的发展和变化，金融全球化的趋势日益凸显，金融市场已成为现代经济运行的重要枢纽。

# 第一节  二战后世界金融市场的空前发展

一般认为，金融市场自形成之后一直到19世纪三四十年代才真正得以初步发展，因为在这一时期，经济较发达的英、法、美等国的资本市场交易才具有经常性。在第一次世界大战之前，世界各国金融市场的发达程度虽高低不同，但就整体而言，都处于一个比较缓慢的发展阶段。两次世界大战中，金融市场的发展更踟蹰不前，世界金融市场极不稳定，金融危机和经济危机频繁爆发。例如，1914年因一战爆发导致股票交易所关闭、1920年伦敦和纽约股票市场的崩溃、1929年纽约股票市场的大崩盘等，都阻碍了金融市场的发展。

第二次世界大战结束以后，各国都将恢复和发展本国或本地区经济作为首要目标，世界格局发生了进一步的变化，金融市场出现了更为急剧的变革。作为金融市场主体的个人与家庭、企业、各类金融机构甚至国家公共机构都能迅速进入国际金融市场进行投资或融资活动，特别是机构投资者已成为金融市场上占主导地位的投资主体。新的金融产品层出不穷，不仅适应了不同投资者的偏好，而且极大地活跃了市场，吸引了更多投资者参与市场交易，大大地拓展了市场规模。在各国金融体制自由化和国际化的浪潮中，不同金融机构的业务边界逐渐模糊。伦敦、纽约、巴黎、法兰克福世界性金融中心蓬勃发展，东京、香港、新加坡等新的国际金融市场先后形成，金融全球化、一体化进程不断加速，金融在现代经济中的核心地位日益凸显。金融市场形成了一系列新的特点。

## 一、新兴市场①纷纷建立和发展金融市场

二战以后,许多发展中国家和地区政府根据本国和本地区经济发展战略的需要,纷纷建立和发展国内金融市场,部分国家和地区甚至建立起新的国际金融中心。

(一)转轨国家及发展中国家国内金融市场的建立和快速发展

由于经济体制方面的差异,实行传统计划经济的国家排斥市场调节,因此,在二战结束后约四十年的时间里,金融市场在这些国家几乎是不存在的。20世纪80年代末、90年代初,这些国家先后开始了以市场经济为取向的经济体制改革。在这一背景下,俄罗斯、捷克共和国、匈牙利、波兰等国在90年代初先后建立或重新建立了股票市场,并积极地发展政府债券市场和企业债券市场。这些转轨国家私有化方式的选择对证券市场的发展产生了显著的影响,例如,俄罗斯和捷克共和国在转轨早期就通过凭证计划进行了大规模的私有化,在国内建立了成千上万家股份公司,而后才逐步建立起证券交易的二级市场;而其他国家,如波兰和罗马尼亚,则选择了逐步私有化的改革进程,因此其国有企业股票的公售与二级市场交易是紧密结合在一起的。

根据国际清算银行统计,至21世纪初,已有一百余个发展中国家建立了证券市场。发展中国家在2007、2008年上半年新发股票融资分别达2 121亿美元、517亿美元(见表17-1)。另一方面,发展中国家在基础设施投资方面的巨大资金需求,也强有力地促进了其债券市场的发展。据世界银行估算,在1995—2004年的10年间,仅东亚地区的基础设施建设的资金需求就可能达1.5万亿美元,而债券市场是该资金的主要来源。

(二)发展中国家国际金融中心的建立

20世纪六七十年代,在后起的国家或地区,如日本东京、中国香港、新加坡、巴林、巴哈马等地兴起了以从事离岸金融业务为主要特征的金融市场。由于这些市场所在地政局稳定,经济发展较快,地理位置、金融机构设施、邮政、通信和服务业等方面具有不可取代的优势,政府通过利用优惠的财政、金融政策与宽松的外汇管理制度等特殊政策加以积极引导,使这些市场在一二十年间就较快地发展成为国际金融市场,从而极大地促进这些国家和地区经济的发展。例如,在海湾地区的小国巴林,在20世纪70年代初取得独立后,从本国国情出发,走金融立国之路。1975年,巴林制定和公布了离岸银行条例,标志着巴林离

---

① 新兴市场包括发展中国家、转轨国家、发达经济体如中国香港、以色列、韩国、新加坡、中国台湾等。

表 17-1　发展中国家和地区(部分)证券市场的发展　　　　　单位:亿美元

| 国家和地区分类 | 债券市场(流通在外债券) | | | 股票市场(新发股票) | | |
| --- | --- | --- | --- | --- | --- | --- |
| | 2006年 | 2007年 | 2008.1—6 | 2006年 | 2007年 | 2008.1—6 |
| 发展中国家(或地区)总计 | 10 005 | 11 886 | 12 572 | 1 248 | 2 121 | 517 |
| 非洲和中东地区 | 1 117 | 1 506 | 1 621 | 54 | 185 | 62 |
| 亚太地区 | 2 920 | 3 415 | 3 595 | 823 | 1 083 | 302 |
| 　中国内地 | 293 | 388 | 429 | 508 | 607 | 115 |
| 　印度 | 206 | 366 | 383 | 100 | 226 | 10 |
| 　印尼 | 182 | 200 | 244 | 8 | 27 | 5 |
| 　马来西亚 | 321 | 327 | 336 | 8 | 28 | 4 |
| 　韩国 | 1 008 | 1 160 | 1 245 | 67 | 42 | 1.7 |
| 　中国台湾 | 227 | 191 | 169 | 38 | 64 | 4 |
| 欧洲 | 2 475 | 3 132 | 3 461 | 234 | 371 | 77 |
| 　波兰 | 402 | 439 | 494 | 12 | 5 | 3 |
| 　罗马尼亚 | 44 | 42 | 47 | 2 | 2 | — |
| 　俄罗斯 | 930 | 1 307 | 1 450 | 196 | 314 | 25 |
| 拉美地区 | 3 493 | 3 833 | 3 896 | 137 | 481 | 76 |
| 　阿根廷 | 615 | 648 | 634 | 9 | 13 | 1 |
| 　巴西 | 1 113 | 1 193 | 1 261 | 106 | 398 | 53 |
| 　智利 | 109 | 105 | 98 | 1 | 4 | — |
| 　墨西哥 | 914 | 960 | 951 | 15 | 22 | 22 |

资料来源:国际清算银行数据。

岸金融市场的初步设立。之后,巴林又出台了一系列诸如外汇自由流动、免缴存款准备金、实行自由利率等鼓励政策,使国外银行纷纷进驻巴林,从而使巴林很快成为中东地区的国际金融中心。

(三)流向发展中国家的国际资本逐步增长

第二次世界大战后到70年代,是西方工业国家经济发展的黄金时期,但步入70年代后,各主要发达国家都先后出现了低经济增长率与高通货膨胀率并存的"滞胀"现象。而亚洲和拉美的许多发展中国家开始逐步实行以自由化和国际化为取向的经济改革,为国内经济增长增加了活力,也为外资的流入开通了渠道。外资的流入大大推动了发展中国家的经济建设,缓解了这些国家发展经济及国家大型基础建设项目的资金需求。

20世纪70年代末、80年代初,进入发展中国家的外国私人资本主要是贷款,而且发放对象仅限于公共部门。80年代末,流入发展中国家的私人资本迅猛增长,资本净额从1989年的450亿美元,发展到1996年的3 360亿美元。

1997、1998两年虽因东南亚金融危机有所下降,但总额仍维持在 2 500—3 000 亿美元的水平。

近几年,发展中国家的建设融资往往采取证券化方式,从而使其国内金融市场与国际金融市场越来越成为一个完整的整体。国际资本大批涌入证券市场,形式包括债券、股票及其他货币市场工具,但在数量、结构及资本的流向地域等方面并不平衡。比如,亚洲现已成为公认的外资投资热点区域,而非洲直到最近几年才开始吸引到一些外资;中欧及东欧地区各国由于进行市场化改革起步较晚,直到1992年以后才开始大量吸引外资。过去的15年间,亚洲地区吸引外资的形式一直以直接投资为主,拉美地区吸引外资的数额也较大,形式却以证券投资为主。

由于发展中国家在发展经济过程中政治、经济政策尚不完善,这些方面的缺陷很可能演变成经济、金融危机的导火索,而随着金融市场的一体化发展,金融市场的波动与不稳定使这些国家较以往任何时候都更易受国际金融市场固有风险的影响和冲击。

## 二、金融创新层出不穷

20世纪70年代以来,西方主要发达国家的汇率制度由原来的固定汇率制度改为浮动汇率制度,市场利率、汇率波动加大,各类金融机构之间的竞争日趋激烈,为了降低风险,适应市场发展的需要,也为了规避政府管制,增大利润空间,西方发达国家的金融机构掀起了金融创新的浪潮。当代金融市场创新主要表现在以下两个方面:

(一)金融工具的创新

金融机构一方面通过对原有金融工具功能的开发和重配不断推出新型的金融工具和交易技术,另一方面在新的金融结构和条件下创造出全新特征的新工具,其种类繁多,不胜枚举。例如,20世纪70年代在货币市场上创造了大额可转让定期存单、再回购协议、货币市场基金等,在资本市场上创造了浮动利率证券;80年代中后期,创造了票据发行便利(NIF)、互换、期权和远期利率协议等创新工具。国际清算银行根据金融创新的具体功能将其分为价格风险转移创新、信用风险转移创新、增加流动性创新、增加信用工具创新、增加股权工具创新等五类。大量新型金融工具的出现,为投资者增加了可供选择的金融商品种类,使金融市场始终保持着对投资者足够的吸引力,活跃了交易,繁荣了市场。在这样的市场中,各类投资者更容易实现他们自己满意的资产组合,并通过交易技术的改善,增强了剔除个别风险的能力。在诸多的创新产品中,金融衍生工具市场及资产证券化市场的兴起对金融市场的发展产生了深远的影响。

1. 金融衍生工具市场的高速发展

金融衍生工具市场自20世纪八九十年代以来迅速发展。包括期货、期权、货币掉期合约以及利率掉期合约交易在内,至2007年末,该市场流通在外的衍生工具合约(名义价值)为596万亿美元,目前已知的金融衍生工具品种就超过千种。金融衍生工具已成为连接债券市场、股票市场和外汇市场的重要工具,其在国际金融市场中的地位日显重要。

相对于基础金融工具而言,衍生产品可以用较低的成本来达到规避风险或投机谋利的目的。一方面,人们期望通过运用衍生金融交易规避金融风险;但另一方面,由于衍生交易保证金具有高度的资金杠杆作用,使其具有高风险性和高投机性,因而金融衍生交易就像一柄双刃剑,既可用于风险管理,其本身又存在巨大的风险。一些避险性的衍生工具本身也成了高风险和高收益并存的载体,如外汇掉期、利率掉期等,这些新型的金融工具和交易以其高利诱导和冒险刺激,吸引了大批的投资者和大量的资金,促使金融资本的国际流动呈现出大规模和快速化的特点。

衍生产品的发展也使银行越来越被资产负债表外业务所吸引。各种创新金融工具,如票据发行便利、互换、期权、远期利率协议以及许多附加的工具,其特点在于适合进行资产负债表外业务。例如,以票据发行便利的形式进行的国际担保便利是目前最成功的资产负债表外业务项目之一。银行用来进行国际利率风险规避的欧洲美元期货,能使银行在进行同业拆放业务的同时不引起资产负债表的变化,这一业务仅在1984—1985年的两年中就增长了四倍,目前已成为在国际期货交易中最重要的交易工具之一。

信用(违约)互换(CDS)是近年来新创造的一种金融衍生工具,指的是双方签订的一种信用衍生工具合约,合约买方(固定利率支付方)向定期向合约卖方(浮动利率支付方)支付一笔款项,从而在第三方发生违约或信用危机时,合约买方从合约卖方那里获得补偿。基于以上特点,CDS可以为所持有的债券头寸进行套期保值;然而,因为没有规定购买CDS的同时必须持有相应的债券,CDS也可以被当做投机工具。CDS在美国次级抵押贷款的结构化和证券化过程中被广泛地应用,或为次级抵押贷款证券中高风险等级债券进行套期保值,或进行投机。由于投机机构往往运用过高的杠杆,当2007年美国次贷危机爆发时,这些金融工具反而放大了风险。

表17-2显示了近年国际金融衍生工具市场的一个概况。

表 17-2　2005—2007 年国际金融衍生工具市场概况　　单位:十亿美元

| | 名义流通在外数量 | | | 市场总值 | | |
|---|---|---|---|---|---|---|
| | 2005 年 | 2006 年 | 2007 年 | 2005 年 | 2006 年 | 2007 年 |
| 全部合约 | 297 666 | 414 845 | 596 004 | 9 748 | 9 691 | 14 522 |
| 外汇合约 | 31 360 | 40 271 | 56 238 | 997 | 1 266 | 1 807 |
| 　远期和外汇互换 | 15 873 | 19 882 | 29 144 | 406 | 469 | 675 |
| 　货币互换 | 8 504 | 10 792 | 14 347 | 453 | 601 | 817 |
| 　期权 | 6 984 | 9 597 | 12 748 | 138 | 196 | 315 |
| 利率合约 | 211 970 | 291 582 | 393 138 | 5 397 | 4 826 | 7 177 |
| 　远期利率协议 | 14 269 | 18 668 | 26 599 | 22 | 32 | 41 |
| 　利率互换 | 169 106 | 229 693 | 309 588 | 4 778 | 4 163 | 6 183 |
| 　期权 | 28 596 | 43 221 | 56 951 | 597 | 631 | 953 |
| 股票关联合约 | 5 793 | 7 488 | 8 509 | 582 | 853 | 1 142 |
| 　远期和互换 | 1 177 | 1 767 | 2 233 | 112 | 166 | 239 |
| 　期权 | 4 617 | 5 720 | 6 276 | 470 | 686 | 903 |
| 商品合约 | 5 434 | 7 115 | 9 000 | 871 | 667 | 753 |
| 　黄金期货 | 334 | 640 | 595 | 51 | 56 | 70 |
| 　其他商品期货 | 5 100 | 6 475 | 8 405 | 820 | 611 | 683 |
| 信用(违约)互换 | 13 908 | 28 650 | 57 894 | 243 | 470 | 2 002 |
| 其他 | 29 199 | 39 740 | 71 225 | 1 659 | 1 609 | 1 642 |

资料来源:国际清算银行数据。

2. 资产证券化的兴起

资产证券化是近三十年来国际金融领域最重要的金融创新之一。它首先出现在美国,一些金融机构将流动性较差的资产,如金融机构的长期固定利率放款或企业的应收账款等,通过商业银行或投资银行进行集中或重新组合,并以这些资产作抵押发行证券,从而实现相关债权的流动。当前,资产证券化还扩展到小额债权、商业不动产融资等领域。经过多年的发展,资产证券化已成为美国资本市场最重要的融资工具之一,美国资产证券化市场也成为规模超过联邦政府债券市场的固定收益债券市场。

资产证券化的趋势表明国际银行界日益青睐于证券方式的融资。从银行来看,伴随着国际证券市场的蓬勃发展,其资产的变现性迅速增强,银行不再是单单以代理人的身份进入证券市场,而是以代理人和投资者的双重角色更多地参与证券市场,从而促进了银行信用和资本市场的相互交融。

(二) 现代技术在金融市场的广泛应用

从 20 世纪 60 年代开始,以电子技术为核心的新技术革命极大地促进了生产力的进步,其在金融领域的应用,改变了传统金融市场的运行方式,提高了金融市场的运行效率。

早在20世纪60年代的美国和日本,一些大银行和证券公司就开始借助电子计算机,用于行业内部的财务管理和市场行情分析。70年代以后,以电子计算机装备金融业的速度加快,金融服务的便捷程度逐步提高,而金融机构的劳动成本也得到了节约。随后发展起来的网络技术,更加快了金融信息的传播速度,使金融市场的价格能够对所有可得的信息作出迅速灵敏的反应,从而提高价格的弹性和价格机制的作用力。金融市场设备电子化、交易清算电子化以及市场组织创新等活动,则降低了交易成本与平均成本,使投资收益相对上升,吸引了更多投资者和筹资者进入市场,提高了交易的活跃程度,迅速放大了交易量。此外,电子技术与通信技术的结合,加快了金融信息在国际间的传播,大大便利了国际支付和国际金融交易,使许多金融工具得以创新和运用,也使全球24小时金融市场的运营得以实现。

金融创新对于广大储蓄者和投资者来说,提高了持有金融资产的实际收益,增加了金融资产的安全性和流动性,能够享受到完善的金融服务和诸多的金融便利;对于生产者而言,由于金融市场上融资渠道拓宽、融资技术提高、融资方式灵活、融资成本下降,可以在时间、数量、期限、成本等方面同时满足筹资者的要求。金融市场运作效率的提高,扩大了直接融资的渠道,推动了信用证券化的进程,使储蓄转化为投资在数量上和时间上都进了一大步,为金融市场充分发挥其功能和作用奠定了坚实的基础。但金融市场创新所带来的负作用也不容忽视。这种负作用不仅表现在增加了金融市场的系统性风险上,而且更集中地表现在滋生了金融泡沫、引发了过度投机、刺激金融寻租等方面,剥离了金融市场与实质经济的血肉联系,使金融市场的发展日益虚拟化、脆弱化。

### 三、金融全球化迅速发展

20世纪70年代末以来,西方发达国家纷纷实行了金融自由化的改革。其主要内容是放松利率和外汇管制;允许金融机构混业经营;允许银行在离岸市场开展外币业务等。随后,一些发展中国家和转轨经济国家也进行了同样的改革。这些改革有力地促进了国际资本流动。与此同时,现代电子通信技术的快速发展,使国际金融交易信息传递更及时、交易成本更低,为金融全球化提供了技术条件。这些因素都积极地推动了金融全球化的发展。进入20世纪90年代,金融全球化更是获得了快速发展。至1998年底,国际货币基金组织共有182个成员国,资本账户比较开放的约有70个国家,其中,有二十多种有代表性的可兑换货币;1992年跨境银行债权总额为1 855亿美元,1997年底增到9 038

亿美元;国际融资总额 1992 年为 2 149 亿美元,1997 年增加到 8.8 万亿美元。①1999 年,全球游资已达 7.2 万亿美元;十大外汇交易市场日均外汇交易已接近 1.5 万亿美元。

(一) 国际金融市场的蓬勃发展

1. 欧洲货币市场的兴起

20 世纪 50 年代末 60 年代初形成的欧洲货币市场使国际金融的发展进入了一个新的发展阶段。尤其 70 年代以来,它的作用超越了传统的国际金融市场,已成为国际金融市场的主体。该市场最早出现于 50 年代末的伦敦,被称为欧洲美元市场。60 年代后,这一市场在地域分布和业务范围上都有了很大的发展,市场上交易的货币不再仅限于美元,还有马克、日元等;交易品种日渐繁多,包括各类贷款和证券交易;市场地域也扩展到亚洲的新加坡、中国香港等地,成为泛指在货币发行国之外,或虽在货币发行国境内,但业务和管理上与国内其他业务相区分的,非居民之间进行的资金融通的市场。

据国际货币基金组织的资料,当今世界上主要的欧洲货币交易中心有 35 个,分布在欧洲、亚洲、美洲等地区,其中最重要的是伦敦市场,其他较大的中心还有纽约、东京、中国香港、法兰克福等。按其境内业务与境外业务的关系,这些欧洲货币市场可以分为三类。第一类为一体型,即境内居民的在岸业务与非居民的离岸交易之间没有严格的分界,在岸资金与离岸资金可以随时互相转换,伦敦和香港就属于这一类型。第二类是分离型,即在岸业务与离岸业务用设立特别账户等措施分开,以隔绝国际金融市场资金流动对本国货币存量和宏观经济的影响,纽约、东京、新加坡属于此类。第三类为走账型或簿记型,主要起着为其他金融市场资金交易逃避税收和管制的作用,其主要业务是资金交易的记账和划账。中东的巴林,加勒比海地区的巴哈马、荷属安的列斯群岛、英属维尔京群岛,北大西洋中的百慕大和开曼群岛、英吉利海地区的根西岛以及地中海地区的塞浦路斯等离岸金融中心即属此类。

欧洲货币市场的兴起,使国际金融中心呈现出多元化的发展态势,有力地推动了金融全球化的进程,促进了国际金融业务的不断创新及表外业务不断扩张。目前,进入国际金融市场融资的国家已有 60 个左右,公共企业、私人企业甚至国家公共机构都能迅速进入国际金融市场。

2. 证券市场全球化

证券市场全球化首先体现在各地区之间的金融市场相互贯通。金融市场电子化、网络化,将全球主要国际金融中心融为一体,打破了不同地区市场时差的限制,使交易能够连续进行,24 小时不间断交易已成为现实。

---

① 据国际清算银行:《第 68 期年报》(1998)。

其次,证券市场全球化还体现在市场参与者的国际化。一方面,一些国家特别是主要发达国家的证券市场纷纷向外国公司开放融资,如伦敦、法兰克福、纽约都是外国公司上市的可选之地,20世纪90年代,各国在国外市场上发行的股票规模都有跳跃性增长。跨国股票的发行额由1995年的543亿美元升至1999年的1 175亿美元;国际债券发行额从1993年的1 887亿美元,增长到1999年的7 100亿美元。另一方面,许多国家也向国内外的投资者开放投资渠道。到1997年,居民和非居民之间在债券和股票上的交易,在主要发达国家中均已超过或接近其本国GDP的规模。

最后,证券市场全球化还体现在全球金融市场相关性的进一步提高。由于全球金融市场高度融合,使各个国际金融中心的主要资产价格和利率的差距缩小,各个市场的相关度提高,西方国家的长期利率相互联系加强,在主要西方国家的国内市场和欧洲货币市场之间的借款条件趋于接近。在20世纪70年代,整个欧洲发达国家的政府债券和美国政府债券的收益率几乎还不太相关,到了80年代时,欧美政府债券收益率的相关系数已经达到0.8以上。

(二)跨国公司成为推动金融全球化的重要力量

传统国际金融市场得益于国际贸易的发展,与国际贸易相得益彰,但与企业国际化经营却经历了一个较长的分离时期。20世纪60年代后,由于战后第一次国际货币危机爆发,许多国家加强了金融监管,控制了资本流动,迫使跨国公司不得不谋求海外资金,纷纷涌入国际金融市场。此后,随着经济复苏和欧洲经济的迅速崛起,不仅美国企业向欧洲国家直接投资,而且欧洲国家也向美国投资,跨国公司在国际金融市场上借款的绝对额和相对额都大幅度增长。此外,无论是跨国公司全球范围内资金调拨或母公司与子公司之间调度资金,不同币种的兑换,投资信息的获得,还是各种票证的见证与流通,各种保险的办理与赔付等等,都离不开国际金融市场为其提供规则统一、不受国别管制限制、高效运转的中介服务,跨国公司的业务需求促进了国际金融市场自身的不断完善和创新,而跨国公司的全球扩张也在推动国际资本流动方面发挥了重大作用。据联合国贸发组织统计,在全球100个大经济体中,有49个为跨国公司。1997年末,跨国公司的产值占世界各国国内生产总值之和的20%,贸易额占全球贸易额的60%,投资额占各国对外投资的23%,掌握了世界上70%的高技术,技术转让额占全球的80%。①

(三)国际性组织成为金融全球化中的重要协调机构

二战以后,为了尽快扭转国际经济领域的混乱局面,建立起稳定的多边国际经济秩序,世界各国特别是经济大国,需要对重大经济和金融政策进行协调。

---

① 参见联合国贸发组织:《1998年度世界投资报告》。

国际货币基金组织、国际清算银行、世界贸易组织等国际性组织已成为金融全球化中的重要协调机构。

1. 国际货币基金组织——国际货币体系的重要协调机构

国际货币基金组织（IMF）正式成立于1946年3月，是联合国所属专门负责国际货币事务的国际金融机构，主要就成员国的汇率政策与经常项目有关的支付等确立行为准则实施监督，并在成员国发生国际收支困难时提供必要的资金融通，以促进汇率的稳定和有秩序的汇率安排。至1998年，该组织成员已达184个国家和地区，资本总额约2 500亿美元。

国际社会对国际货币基金组织的政策措施素来褒贬不一，尤其是发达国家与发展中国家对其贷款条件性的意见分歧有愈演愈烈之势，例如在1998年亚洲金融危机的解决中，国际货币基金组织与受贷国之间在贷款条件性上的冲突已是十分紧张。但毋庸置疑的是，随着国际经济依存性的日益提高，国际货币基金组织在为各国提供一个在国际金融领域加强合作与协调机制方面的作用仍是不可替代的。

2. 国际清算银行——监管银行国际经营的协调机构

国际清算银行最初是为处理一战时期德国战争赔款问题而创建的，但很快便发展成为一个各国中央银行相互合作的正式机构。20世纪70年代，国际银行业出现了一系列银行破产事件，酿成了二战后第一次重大的国际性银行危机，引起了国际金融界的严重不安。在此背景下，1975年2月，由国际清算银行主持，成立了监督银行国际活动的协调机构——巴塞尔委员会。目前，该机构已被视为国际银行业监管的首要组织，由该机构发起拟定的《巴塞尔协议》及《有效银行监管的核心原则》已被越来越多的国家所接受，实际上已成为银行监管的国际性准则。

3. 世界贸易组织——金融市场开放的积极推动者

被喻为战后调节世界经济关系"三架马车"之一的关贸总协定（另两个国际性组织分别为国际货币基金组织和世界银行），一直是经济全球化和自由化的积极推动者。自1995年起，"经济联合国"——世界贸易组织（WTO）正式取代了关贸总协定，其管辖范围除了货物贸易外，还包括服务贸易、知识产权及投资措施。

1995年7月26日，除美国以外的乌拉圭回合谈判各方，就全球金融服务贸易达成临时协议，这一协议为成员国的金融机构打开90%的国际金融市场。1998年底，世界贸易组织70个成员达成了"全球金融服务协议"，要求各成员国进一步开放金融市场，促进金融服务贸易的国际化和全球化，这一协议涉及到的全球证券资产达18万亿，贷款资产38万亿，保险费2.5万亿。[①] 协议中的

---

① 均不包括金融衍生资产，参见姜波克主编：《国际金融学》，高等教育出版社1999年版。

"市场准入"条款要求缔约各方开放本国的金融服务业和金融市场,给予外方成员国在其境内设立金融机构、提供金融服务并扩大经营范围的权利;"透明度"原则要求各缔约国公布有关金融服务的法规、习惯作法和业已参加的有关国际协定。这些条款与国民待遇、最惠国待遇和特殊保护条款等已成为各成员国制定金融政策的行为准则。

其他组织,如亚太经合组织(APEC)、7国集团、77国(G77)等也常就成员国的经济及金融政策进行协调。

金融全球化加速了国际资本流动,促进了资源在国际范围内的合理配置,给世界各国带来了种种发展机遇。世贸组织的一项报告指出,金融市场的开放对经济发展的巨大推动作用已经在许多世界贸易组织的成员中体现出来。其中,中国香港、新加坡、瑞士及美国就是明显例证。由于金融市场的开放,使得这几个成员的国民生产总值在25年来得到了长足的增长。但是,金融全球化的迅速发展也在一定程度上助长了金融交易的畸形发展(在巨额的国际资本流动中,只有10%与贸易和投资有关,投机性和保值性货币交易占有较大比例),再加之对巨额国际资本仍难以实施有效监控,可能引发全球"金融泡沫",加剧了国际金融市场的动荡。

### 四、金融改革浪潮汹涌

二战以后,为了避免出现20世纪30年代的经济危机,西方各国先后对金融监管体系进行了完善,加强了对金融业的监管。70年代,西方国家普遍发生滞胀,市场利率居高不下,为了缓解经营困难,促进本国金融业的快速发展,各国都逐步放宽了金融管制,实行了以自由化、国际化为取向的改革。

1. 价格管制的放松

在银行利率方面,1971年英格兰银行公布了《竞争和信贷控制法》,全面取消了银行的协定利率制,转而实行利率自由化。20世纪80年代初,美国陆续取消Q条款和某些贷款利率限制,基本实现利率自由化。在证券市场上,1975年美国改革固定佣金制度,采取新的协定佣金制。英国在1986年取消了经纪人与证券商的区别,并取消了证券交易固定最低佣金制等,该时期的一系列金融改革被称为"大爆炸",对金融市场产生了极为深远的影响。

2. 资本流动管制的放松

资本流动管制的放松主要体现在各国相互开放本国的金融市场上。1973年美国首先取消了资本流入的限制。1981年12月,美国允许欧洲货币在境内通过国际银行设施(IBF)进行交易。在英国,1979年10月取消了外汇管制,在1986年的金融改革中,允许外国银行、证券公司、保险公司申请成为伦敦证券交易所的会员,也允许外国公司 100%地收购交易所会员公司。1980 年 6 月,日本修订了《外汇与外贸管理法》,取消了外汇管制。1984 年 6 月,随着《金融自由化及日元国际化的现状及展望》的发表,外汇不能完全自由兑换成日元的限制也被废除。德国在 1985 年,取消了对以欧洲马克为单位的欧洲债券发行规模和发行时间的限制,使外资银行获得了牵头经营这类发行的权力。1986 年以后,外资银行可在德国自由运用金融工具。各国对资本流动管制的放松大大地活跃了金融市场的交易,加快了国际资本流动,促进了金融全球化的进程。

3. 经营业务混业化

在各国金融市场中,除了部分实行全能银行制度的国家如德国、荷兰、瑞士等国家外,多数在二战后都实行严格的分业经营制度。但 20 世纪 70 年代末以来,这一管制措施逐步得到放松。

1998 年,日本开始实行修改后的《日本外汇及外国贸易法》及《日本银行法》和《早期修正措施》,并通过了"金融体系改革法"。一系列法律的颁布和实施,放宽了对金融行业的限制,允许银行、证券、保险等金融机构在业务领域中的相互进入。1999 年 11 月 4 日,美国政府通过了以金融混业经营为核心的《金融服务现代化法案》,结束了 1933 年制定的《格拉斯-斯蒂格尔法》为基础的美国银行业、证券业和保险业分业经营的历史,标志着美国金融业进入混业经营的新时代。新法案允许成立金融服务集团公司,组建全国范围的"金融超市"。此前,英国也进行了类似的改革。由于主要发达国家纷纷放弃银行分业经营和监管的传统政策,金融机构正向全能化银行、超级金融百货公司转变。

4. 发展中国家与转轨经济国家的金融改革

二战后,全球经济竞争日益激烈,为了加快本国经济的发展,更好地融入国际经济中,发展中国家在努力完善自身金融体系的同时,也在 20 世纪七八十年代开始了自由化、国际化的金融改革。90 年代,俄罗斯、波兰等转轨经济国家也加入到这一行列中。从改革的方式来看,部分国家如阿根廷、智利、马来西亚、土耳其和俄罗斯等采取了"激进的自由化",而印尼、韩国、新加坡、斯里兰卡和匈牙利等则采取了"渐进的自由化"。金融改革在一定程度上提高了这些国家金融业的经营效率,活跃了本地区经济的发展。但与发达的西方国家不同的是,这些改革是在市场体系尚不完善、经济基础较为薄弱的情况下进行的,因此,往往难以为金融改革提供相对稳定的宏观经济环境,再加之缺乏必要的监管手段和能力,若处理不当,很可能危及金融体系的稳定,甚至酿成金融动荡和经济危机。事实上,在近二十年中,上述实行金融自由化改革的发展中国家和转轨经济国家都不同程度的出现过这一问题。

## 第二节　当今世界金融市场格局与未来展望

### 一、当前世界金融市场的格局及影响

（一）发达国家主导世界金融市场

在当今的世界经济格局中，美、欧、日等发达国家和地区始终占据着优势地位，并形成美欧日三极并存的多极化世界经济格局。发达国家的这种优势和影响力，同样体现在世界金融市场上。这不仅在于发达国家的巨额金融交易量占据了世界金融市场的绝大多数份额，还在于它们主导了国际金融市场规则的制定。

1. 多极之首的美国

二战后的近三十年的时间里，美元占据着唯一世界货币的地位，布雷顿森林体系崩溃后，美元第一世界货币的地位及其在国际金融组织中的特权仍是独一无二的。国际金融组织的政策、措施若偏离了美国利益，则往往难以被制定和实施。在证券市场上，美国市场市值至今占全球市场的40%，而新兴国家市场只占全球市场的2.8%。芝加哥的CME已是世界最大的衍生工具中心。在离岸证券市场上，大量的发行人是美国公司，离岸证券发行市场许多牵头经理人和重要承销商是美国的金融机构，一半以上的离岸证券是以美元发行的。美国经济或金融波动也往往引发全球金融市场的波动。2001年9月11日发生的恐怖主义袭击事件，不仅打击了美国最重要的政治中心和经济中心——华盛顿和纽约，而且造成国际金融市场的剧烈动荡，除美国、中国台湾地区、马来西亚等股市停市以外，其他各国股市大多在一天之内暴跌5%到10%；各主要货币汇率剧烈波动，美元大幅贬值；石油价格和黄金价格则快速上涨，国际金融市场陷入了前所未有的大动荡。2007年始于美国的次贷危机更是导致了新一轮的全球金融风暴，至今还未结束，影响必将是深远的。

为保持低通胀并增强对国际资本的吸引力，美国政府近年来一直奉行强势美元政策，导致美元名义有效汇率指数和实际有效汇率指数直线上升。强势汇率需要强势经济的支撑。美国经济增长的波动，不断积累的贸易逆差，势必削弱强势美元的经济基础。

总之，美国是世界金融市场中首要的一极，这一地位还将延续相当长的时期，但多极化发展的趋势同样不可阻挡。

2. 泡沫破裂后的日本

在二战后的四十多年里，日本经济飞速增长，国民生产总值由20世纪50

年代初相当于美国的6%,上升为90年代初的66%,成为仅次于美国的世界第二经济大国。然而,正是在日本经济达到高峰时,其经济泡沫也达到了顶点。1989年末,日本的资产价格是国内生产总值的近15倍。1990年日本泡沫经济崩溃,到1992年,其股价跌落了60%以上,房地产价格跌落70%以上,股指曾跌到8 000多点,仅有最高点时的1/4。整个90年代,日本的经济增长率仅达1.1%,这给日本带来银行坏账、投资跌落、消费低迷、财政赤字等众多后遗症,造成日本经济长期滑坡。最令人担忧的是日本金融业出现的巨额呆账问题,据日本政府统计,日本各银行的呆账、坏账总计达32万亿日元(约2 630亿美元),而不少专家认为实际数字比这还大许多,要达到120万亿(相当于其GDP的24%)—150万亿日元。这是国际金融市场一个潜在的不稳定因素,国际金融界也对此极为关注,担心日本呆账危及国际金融市场。这种情况一直持续到2003年8月中旬,日本经济才得以止跌企稳。

但就经济实力而言,日本仍十分强大,仍是美国以外无以取代的最大经济强国。从GDP来看,2000年美国为99 631亿美元,日本为47 496亿美元,日本高居世界第二,是居世界第三的德国的2.5倍。在对外收支方面,由于日本商品的强劲竞争力,日本的对外收支顺差长期居世界第一,2000年的贸易顺差为1 166亿美元;在外汇储备上,2000年末,日本的外汇储备超过3 616亿美元,居世界第一。至2000年底,日本的海外总资产约为32 046亿美元,占全球海外净资产的一半以上,其对外纯资产,2000年达到11 579亿美元,较之1990年增加了2.53倍,仍为世界最大债权国,多年来日本一直是美国国债的最大买家,美国国债超过10%(约为3 200亿美元)为其所拥有。

3. 一体化的欧盟

当前,西欧的经济发展态势在美欧日三者中处于中间的位置。以一个国家集团的实力计,欧盟的GDP值不仅大大高于日本,甚至高于美国。当然,欧盟的地缘经济关系决定了其对外经济影响力更多带有区域性质,而不同于美国全方位的地缘经济关系和全球性的影响力。

在西欧国家中,多为市场经济体制较为完善和发达的国家。英国伦敦仍保持着世界最大的国际银行业的中心地位,欧洲货币总额有1/3(超过2 100亿美元)集中在伦敦的银行账户上,国际货币市场拆放利率一般以伦敦银行同业拆借利率(LIBOR)为基础,再加0.5%至1%的附加利率。法兰克福、巴黎等都是颇具影响力的国际金融中心。

欧洲货币一体化是欧盟具有全球性影响力的重要所在。1999年1月1日起,欧洲中央银行和各参加国中央银行实行统一货币政策,彼此货币实行固定汇率,并用统一货币发行公债;2002年1月1日,统一货币进入流通领域,2002年7月1日参加国本国货币停止流通,统一货币成为唯一合法货币。在欧元出现后的 3 年间,其汇率变动主要是下跌,但这 3 年的具体波动态势有很大的区别:1999 年欧元贬值,是市场对欧元出台之前乐观情绪导致的汇率非理性上升的纠正;2000 年欧元汇率加速下滑,则主要是国际经济力量强弱对比变化以及国际资本流动格局调整的结果;2001 年欧元涨跌互现、波幅收窄,决定汇率走势的美欧实体经济差距已经明显缩小。影响欧元汇率表现的另一个重要因素是欧元作为区域货币的试验性及作为流通手段的不完整性,这些问题将随着欧元现钞全面进入流通领域而逐渐得以解决,欧元价值回归的基础已经具备。作为一个 15 国组成的国家集团,一体化进程是决定欧盟在世界经济中影响力的关键,而货币一体化既会使欧盟一体化达到一个新的高度,为欧盟经济的发展提供创造更好的条件,也会在动荡不已、危机迭起的世界金融领域,提高欧洲货币地位,从而形成"两强(美元、欧元)一弱(日元)"的三极世界货币格局。

总之,欧盟拥有强大的经济实力,在经济增长平稳的态势中加强了自身的一体化,尽管其面临欧盟政治一体化进程滞后、经济结构性问题积重难返、失业率较高等不利因素的困扰,但在一个统一的欧洲中央银行和统一的欧元货币的条件下,欧盟在世界金融市场的影响力将进一步增加。

(二)新兴金融市场颇具活力但金融安全令人担忧

在国内经济增长和"市场化、国际化"经济改革的带动下,新兴市场国家的金融市场也迅速发展。截至 2001 年 1 月底,拉美主要证券市场的总市值已经达到 5 160 亿美元,占本地区国民生产总值的 32.2% 左右,作为拉美主要经济大国,巴西和墨西哥证券市场的市值分别达到了 2 400 亿美元和 1 590 亿美元。不少亚洲国家证券市场总市值占 GDP 的比例已超过 50%。

由于新兴市场预期回报高,在金融市场开放的推动下,吸引了大量外资的流入,也给新兴市场国家带来了前所未有的风险。资本项目的过早开放,往往使发展中国家的经济结构和经济发展过分依赖外资和国际市场,导致国内经济更易受到国际资本流动的冲击,特别是发展中国家的金融市场容量相对较小,监管体制尚不健全,难以应付庞大的短期国际资本的快速流动,如果处理不当或者本国经济、金融体系脆弱,都可能引发金融危机。90 年代中期以来,新兴市场的金融危机频繁发生,动摇了投资者对新兴市场的信心,也引起了国际金融市场的动荡。1994 年 12 月 19 日,墨西哥政府为减少外贸赤字,阻止资金外流,宣布新比索贬值 15%。这项措施一出台,便引起墨西哥金融市场的大混乱,比索急剧贬值,资金严重外流,引发了墨西哥金融危机。

新兴市场国家金融市场的动荡对国际金融市场的影响在东南亚金融危机中显露无疑。始于 1997 年 7 月的东南亚金融危机,造成了印尼、泰国、韩国、马来西亚、菲律宾等有关国家资产价格严重贬值,大量企业破产、银行瘫痪,生产严重下滑,人民生活水平下降,甚至引起个别国家的政治危机。此次危机还波及到了俄罗斯、巴西等国,也曾给中国香港金融市场带来冲击。这次金融危机也直接对发达国家造成了影响,危机的发生使衰退中的日本经济雪上加霜,美国联邦储备委员会协调了全球14家银行及证券公司,共同出资36.5亿元,才使著名的对冲基金"长期资本管理基金"(LTCM)从投资失利中暂获解脱,以防止出现美国以至世界经济体系的混乱。

2001年,阿根廷受经济持续几年衰退、到期债务增加和政局不稳等多种因素的影响,金融市场剧烈动荡,股市多次出现暴跌,外资纷纷抽逃,出现了严重的金融危机,并引起政府的频繁更迭,也严重殃及了巴西等拉美国家的金融市场,巴西等国的货币承受了巨大的贬值压力,股票市场出现大幅度下跌。

一个国家的政治、经济等基本因素是决定该国国家信用以及能否保持资本流入的关键,新兴市场国家金融安全问题导致国际资本对进入新兴市场仍充满疑虑,直接影响了国际资本的流向。

(三)国际金融资本流动迅速,私人资本成为主角

20世纪90年代以来,美欧经济全面复苏,国际金融市场流动性加大,尤其是美国经济长时间持续增长和低通胀并存使大量资本急于追寻高回报。金融自由化浪潮,信息技术的飞速发展和新兴市场的迅速崛起为资本在全球范围内寻求最佳回报创造了有利环境,金融资本跨国流动达到空前的规模和速度。

据估算,目前国际金融交易额是国际贸易交易额的50倍,金融资本的流动速度远高于物流,越来越多的金融交易脱离生产、贸易等实际经济活动。从国际金融资本流向的地域来看,发展中国家的资本流入额增长较快,但波动较大,且在整个国际金融市场中的比例较低,从全球机构投资者的投资比重来看,90年代累计进入新兴市场的净资本量仅占发达国家市场机构投资者价值的2%,因此,金融资本主要在发达国家间横向流动。从资金流动的形式来看,证券方式的国际资金超过了银行贷款方式的资金,且衍生工具交易产生的国际金融资本流动数量已处于绝对优势地位。

目前,国际资本市场中的私人资本占据主导地位,这不仅表现在资本的流量受私人部门控制,而且资本的接受者也是如此。私人资本的流动已占全球资本流动的四分之三左右。国际私人资本的扩张和发展主要得益于近几年世界经济平稳增长和公司盈利水平的提高。资本积聚和积累的提高使资本出现了过剩,金融全球化为过剩资本提供了新的投资机会和盈利机会,特别是许多发展中国家实行的经济改革和大规模私有化已经开发了对资本的需求,为资本流入创造了条件。在流入发展中国家的国际资本构成中,官方发展援助由1990年的52%,下降到10%左右,而外国私人资本则由1990年48%,上升到90%左右。

#### （四）大型金融集团并购催生巨型"金融百货公司"

金融业是规模经济和范围经济较为显著的行业。在市场竞争越来越激烈的今天，金融机构要提高竞争力，提高自身抗风险的能力，降低经营成本，实现业务网络和优势的互补共享，有效突破区域壁垒的限制，保持和扩大市场份额，就必须走规模化发展之路。同时，通过兼并也可迅速进入新的市场，冲破各国法律上、行政管理上和习惯上的许多制约。

近年来，金融机构跨国兼并案例逐渐增多，涉及金额越来越大。1997—2000年，美国证券公司的合并案件达400件，涉及金额达三千多亿美元；单件购并的金额也日益增大，1995年所发生合并的平均金额仅为1亿美元，到2000年时就已达2.4亿美元。目前的国际兼并直接造成了巨型金融机构的出现：2000年美国大通银行收购JP摩根，组成总资产超过6 000亿美元的超大型金融集团；所罗门公司购并邦尼公司，随后被旅行者信托购并，2000年4月6日花旗银行与旅行者集团联姻，定名花旗集团，这次并购涉及高达820亿美元的合并金额、1 660亿美元的市值和7 000亿美元的资产，使花旗集团成为当今世界上最大的金融服务公司（按市值计）和全球最大的企业（按资产计），集团业务范围包含了商业银行、投资银行、保险业等几乎所有的金融领域，成了全球业务范围涵盖最广的国际金融服务集团，2001年集团下属的花旗银行以125亿美元并购墨西哥国民银行，并购后组建的花旗-墨西哥国民银行占墨西哥银行业总资产的26.1%，是拉美地区最大的金融集团。美国六大金融公司和欧洲一些大金融公司收购了伦敦的全部投资银行，现在所有伦敦的国际投资银行都有外资参股或控股。兼并的浪潮在新兴市场国家也同样存在，2001年韩国"大家金融持股公司"和"新韩金融持股公司"相继诞生，这两家公司分别由5家和6家金融机构合并而成。11月份，韩国两家最有实力的民营银行——"国民银行"和"住宅银行"也合二为一。

金融机构的集团化直接导致了寡头垄断企业的出现。2000年纽约证券交易所前10名会员证券公司（按资本排名）的资本金占其所有会员总资本额的57%，而佣金收入比例则超过50%；前25名会员证券公司的资本金额占75%，佣金收入占77%。资料表明，美国的证券业无论从资产规模，还是从营业收入，净利润或单项业务的利润的角度看，集中度都很高。

### 二、世界金融市场发展趋势及面临的挑战

#### （一）金融创新将持续高速发展

从世界范围看，科学技术高速发展，发达国家的技术创新日新月异，发展中国家利用和普及的速度也在加快。同时，随着金融市场开放程度的日益提高，

金融机构面临的竞争日趋激烈,这些因素都将促进金融创新持续高速发展。

当前,电子金融的飞速发展正反映了新技术运用的加速过程。在美国,目前有1/5以上的上网家庭通过网络进行投资,网上证券交易量已超过美国全部股票交易的30%。到2000年,已有超过200家网上证券经纪公司,在线账户1900万户,账户资产1.1万亿美元。高效电子计算机以及电子通信技术的应用,使金融市场在参与者信息获取方式、相互通信方式、执行交易方式和结算方式等都发生很大变化,为广大投资者拓展了市场空间,使投资者与市场、信息之间距离缩短,加快了执行交易的过程,也将在很大程度上改变金融机构原有的运营模式。

金融创新在提高金融机构的经营效率和盈利能力的同时,也给金融机构的运营和管理带来挑战。首先是技术创新本身的风险。随着技术创新速度的加快,金融机构必须加快产品和设备的更新,以适应竞争的要求,然而新产品成功与失败都可能存在,由于投资回报的不确定性和竞争者对产品的迅速模仿,有些革新可能难以吸引足够的业务,从而无法弥补高额的研发投入、购买设备的支出和未来的维护成本,而带来负的净现值。如POS支付卡,尽管银行投入很多,但至今仍未形成足够大的市场。其次,新的金融工具和技术的运用也要求金融机构相应提高管理水平。为了更好地整合新技术与原有的运营系统,减少操作失误带来的损失,要求管理者及时更新传统的管理方式,提高管理水平。另一方面,新的金融工具的应用还要求金融机构相应提高风险管理的能力。1994年,美国皮特-加姆伯百货业大集团因利率调换合约亏损而向银行家信托公司索赔1.3亿美元;1995年,英国老牌银行巴林银行,由于其驻新加坡期货公司负责人尼克·里森在经营日经指数期权交易中失误,损失高达10亿多美元,从而使这家历史悠久的银行倒闭。这些事件告诉人们,完善金融机构管理,特别是对重大交易和风险性极大的衍生物交易进行监控是完全必要的。

金融创新也给各国金融市场监管带来挑战。当代金融市场的创新具有鲜明的"双刃剑"作用。一方面,金融创新大大提高了金融市场的运作效率;另一方面则降低了金融市场的稳定性,滋生出高风险、泡沫、过度投机等弊端。当前,衍生金融工具已日益成为主要投资手段之一,它往往具有强大的资金吸附能力,使大量宝贵的资金滞留在二级市场或衍生工具市场而不能进入实质经济领域,从而引进金融泡沫的膨胀。这种虚拟资本的膨胀,尽管最终会因泡沫破灭而消肿,但这一过程不仅造成金融市场的动荡,还会危害经济的正常运作,拉大经济波动的幅度并极易引发危机。更为严重的是,金融衍生产品交易量大,且往往连接着债券、股票和外汇等多个市场,相互联系的交易若在任何一方出现问题都会发生连锁反应。然而,就90年代发生的数起金融危机中监管部门所起的作用来看,不少国家的金融监管,特别是国际性监管与协调仍严重滞后。

金融创新的快速发展日益要求金融监管机构重新审视自己的监管政策,并对金融机构和金融市场因金融创新所产生的变化作出适应性的调整。

(二)金融全球化进一步深化

金融全球化是世界经济、金融和科技发展的必然趋势。发达国家作为金融全球化的主导者为了在更大的市场范围上实现自身的经济利益,发展中国家为了融入世界经济体系,谋求经济振兴,都将共同推动金融全球化的发展。跨国金融机构将继续通过并购或对外投资实现业务扩张,各国证券交易市场的协作与联盟将进一步加强。近年来,纳斯达克以其惊人的速度进军东京、新加坡、香港和伦敦市场,欧洲的伦敦证券交易所和德国证券交易所合并成为欧洲最大的股票市场,而巴黎、阿姆斯特丹和布鲁塞尔证券交易所则合并组成了"欧洲第二"统一股市,亚太地区的日本和澳大利亚证券交易所结盟,东京证交所与纽约、韩国、泰国、菲律宾和新加坡的证交所也签署了联盟意向。这些都将推动金融全球化的进一步深化。

金融全球化促进了资本流动和贸易发展,给世界各国带来了种种发展机遇。但是,金融全球化使融入其中的国家和地区面临三种压力:一是对本国财政货币政策的压力;二是对金融监管的压力;三是对本国金融业的压力。如何缓解这些压力,对于世界各国尤其是市场机制尚不完善的发展中国家都是很大的挑战。

金融全球化也给国际金融领域的协调机制带来了挑战。就目前的国际金融体系而言,对巨额的短期资本流动、投资基金的投机炒作等都缺乏有效的监测措施,对发生危机国家的救助也存在问题。例如在东南亚发生金融危机时,国际社会对有关国家的救助约1 600亿美元,国际货币基金组织资金薄弱,其支持不足760亿美元,而且救助过程中的谈判、协调时间过长,不能适应迅速变化的金融市场,救助的资金也主要用于补偿发达国家到期外债。这说明,改进目前的国际金融体系和国际金融合作机制以适应全球化发展的新形势已日益迫切。

(三)发展和完善国内金融市场,提高金融市场公信力,将长期成为各国和地区监管机构的重要目标

国民经济的发展需要发达的金融市场,这一点已成为越来越多国家的共识,许多国家都将开拓和发展金融市场作为本国重要的战略目标。在金融市场快速发展的同时,其不确定性也在增强。90年代以来在发达国家如英国、意大利和部分发展中国家发生的金融动荡和危机,强化了国际投资者的风险意识,更多的国际资本把安全性作为资本流动的首要选择,表现出避险性的周期性的"逃往质量"(flights of quality)趋势。近几年国际资本对于新兴市场的戒心始终没有得到有效的缓解,大大降低了新兴市场国家进入国际金融市场筹集资金的

能力。"9·11事件"发生后,国际金融市场功能突然中断,其中,在欧洲和亚洲金融市场,所有与美国公司有关的交易陷于停顿。"9·11事件"对国际金融领域的影响可能不仅仅局限于短期内出现的汇率变化和利率调整,其更重要的意义在于,它改变了国际金融市场的外部运行环境,动摇了人们对于资本安全性的认识,打破了国际金融市场的平衡。对于许多投资者而言,金融市场的安全性已越来越值得重视,金融市场的公信力将成为影响国际资本流动方向的重要因素。

在这种趋势的影响下,不断发展和完善本国的金融市场成为各国在开放经济条件下的明智选择。投资者对资本安全性的重视,也要求各国和地区能适时根据金融市场的发展,调整监管措施,维护金融系统的稳定。近年来西方金融管理当局纷纷致力于存款金融保险制度的完善,将更多地金融创新业务纳入监管范围,成立风险管理部门等,以提高公众对本国金融体系的信赖程度。

## 第三节 世界金融市场发展对中国的启示

中国金融市场是伴随着改革开放的脚步而迅速恢复和发展起来的。经过二十余年的发展和完善,中国金融市场的规模不断扩大,监管体制日益完善,市场交易日趋活跃,有力地促进了国民经济的发展。

目前,中国的同业拆借市场、票据市场交易活跃,管理体制不断完善,全国统一的同业拆借市场已经建成。债券市场空前发展,从1981—2007年中国已累计发行了83 290亿元的国债,国债和企业债券都有活跃的公开交易。股票市场发展迅猛,2005年以来,我国证券市场近年来发生了翻天覆地的变化。2005年底,A股股票市值还仅为3.1万亿元,2006年急升到了8.9万亿元,2007年末A、B股市价总值为327 141亿元,比上年末增长265.9%,成为全球第一大新兴市场和全球第四大股票市场。随着股票市场的发展,股票市场的直接融资功能进一步提升。大盘新股持续发行,交通银行、建设银行、中国远洋、中石油等在国内A股市场上市。2007年,A股新股发行117家,A股新发筹资4 552亿元,合计募集资金达7 438亿元。中国的各商业银行在国内已普遍地开展了外汇业务,并通过开展"外汇宝"业务为个人客户进行外汇交易。

当然,作为一个新兴的金融市场,中国的金融市场无论是市场规模、市场参与者的素质,还是从监管水平、法规建设等都存在许多不成熟之处。同时,还存在着金融结构不合理、市场主体行为不规范、弄虚作假盛行、阶段性波动比较大,风险隐患较大等弊病。

如何更好地应对中国金融市场在新世纪所面临的机遇和挑战,世界金融市场发展历程为我们提供了许多可供吸收和借鉴的经验。

## 一、金融市场是现代市场经济的重要枢纽

世界经济发展证明,在市场经济条件下,金融市场是整个市场体系的重要组成部分,是国民经济运行的重要枢纽。金融市场所具有的资源配置等功能,是其他要素市场发展的重要依托。因此,金融市场与经济发展二者之间往往呈现出相互促进和相互制约的关系。经济发展能为金融市场的发展提供物质基础,金融市场的发展则为经济发展创造必要条件。发展中国家常通过努力发展金融市场来给本国经济注入活力。

改革开放以来,中国经济正朝着市场化迈进,健康和发达的金融市场是建立社会主义市场经济体制不可或缺的组成部分。不断发展和完善金融市场体系,将是中国实现经济腾飞的重要战略选择。从发展的过程来看,中国金融市场脱胎于传统的计划经济,其建立和完善则主要参照了发达国家金融市场运营模式。然而,需要注意的是,发达国家金融市场的运营模式是在成熟的市场经济条件下逐步形成的,而中国是一个转轨经济国家,市场体系尚待完善。因此,在中国金融市场改革的方向应坚持市场化的取向,但在具体措施的把握上,要注意与现有的国情相结合,走渐进发展的道路。简单化地用有上百年发展历史的成熟市场的标尺来衡量目前我国金融市场,是不切实际的;照抄照搬成熟市场甚至纯粹新兴市场的一些做法,也是容易出现偏差的。

## 二、金融创新是金融市场发展的重要推动力

金融创新的持续高速进行是二战后金融市场快速发展的重要推动因素,也是当前世界金融市场发展显著的趋势之一。当代的金融创新涵盖了金融业务、市场空间、金融制度等诸多方面。

在现代技术的运用方面,中国金融市场主要的技术手段已经达到了世界先进水平。中国的证券已全部实现了无纸化发行与交易,沪深证券交易所建立了具有世界先进水平的通信、交易和结算系统,开通卫星传播系统,并与路透社终端并网,信息既覆盖了全国各地,又与国际上通行的信息数据传送相一致;所有证券经营机构已开始执行统一的技术标准,为证券市场的平稳运行和众多投资者的参与提供了可靠保障;网上金融也已然兴起。

中国金融市场在金融工具创新方面也有着巨大发展。近年来,中国金融市场上交易的品种不断增加,股票、国债、企业债、开放式基金、封闭式基金、可转换公司债券,还有近年来推出的黄金和纸黄金、分离交易的可转债、随股改而产

生的认股权证和认沽权证、资产证券化产品、创新型的封闭式基金、QDII 基金、银行及券商推出的理财产品等,极大地丰富了投资者的可投资范围。但是,与成熟市场相比,中国目前的证券市场的衍生品工具仍然有很大的发展空间。另外,中国目前还没有做空机制,具有做空功能的股指期货即将完成研究测试,目前仍在等待合适时机推出。缺乏做空机制使广大投资者因缺少必要的避险手段而加大了投资风险,投资者只有通过股价上涨才能获得资本利得,这样的盈利机制,也往往容易造成价格的扭曲。

要使创新真正成为中国金融市场稳健高效发展的动力源,首先应该吸取国外金融市场创新的经验教训,在金融市场创新中坚持与实质经济发展紧密结合、为经济发展服务的根本方向。脱离了实质经济运行,市场创新就失去了实质性意义。其次,要兼顾金融市场的稳健和效率,将创新活动纳入法制和规范的框架之内,控制金融市场风险,促进金融市场的良性发展。

## 三、积极稳妥地推进金融市场开放是符合发展中国家利益的选择

金融全球化是不可抗拒的时代潮流。根据中国证券市场的现实情况,中国证券市场的国际化进程既要促进国内资本市场的发展和完善,又要保证国内金融市场的稳定。中国金融市场对外开放的速度取决于诸多因素,包括中国经济的发展、金融体制改革的进程、国内金融机构的竞争力、金融法规的完善、政府的监管水平以及世界经济和国际金融市场的变化等,必须坚持循序渐进的原则,分阶段实施。

中国成为 WTO 正式成员国,必须遵守 WTO 的规则,履行在双边和多边谈判协议中所作的承诺。加入 WTO 后,我国已有的证券中介机构一统天下的垄断局面将被打破,国外实力雄厚、经营管理水平高的中介机构将进入证券市场,证券业的竞争将加剧。在过渡期证券业和证券市场的开放并不是无限制的、全面的,不直接涉及资本项目和资本跨境流动,因为资本项目开放不在 WTO 协议之列。另根据《服务贸易总协定》规定,金融市场开放的目标是逐步自由化的过程,允许发展中国家开放较少的市场,并对国外金融服务提供者进入本国市场制定限制条件,这一期限可长达 5—10 年。《服务贸易总协定》同时还强调服务贸易自由化过程中应尊重东道国国内的法律和规定。在关于金融保险服务的附件中规定,允许各成员方根据谨慎原则采取相应措施,保护投资者和储蓄者的利益,保证金融体制的完整与安全。各国金融服务业开放的现状也表明,维持一定的限制条件,逐步地开放金融市场是当前通行的做法,即使像美国、日本这样的发达国家,其金融服务业也远没有彻底实现自由化。

中国如何在规定的保护期内,信守证券市场对外开放的承诺,把握中国金

融市场对外开放的速度与节奏,有序地推进金融市场与国际市场的接轨,是关系到我国证券市场乃至整个国民经济健康发展的重要问题。中国金融市场的开放一定要在中国经济与金融市场健康发展的前提下,与监管手段的完善相配合,与金融市场的发展相同步,与国民经济的改革相配套,采取分阶段、渐进式开放策略,充分利用好加入WTO后的过渡期,目前我国证券市场正在逐步解决自身的问题,如股权分置改革、大小非流通股减持、B股发展方向及人民在资本项目下逐步可兑换等,同时,正加紧建立良好的宏观经济和政策、法制环境,提高金融监管水平和抵御金融风险的能力,以最大限度地减小金融市场开放带来的负面影响,为我国金融市场的全面开放做准备。在开放金融市场的步骤中,可以首先采取允许设立中外合作基金、允许外资有管理地进入二级市场等开放措施。实际上,应等到股市全流通后,股价全面除权之后,才可开放国内股票融资市场。

### 四、加强政策协调,防范和化解金融风险

数次金融危机表明,金融风险的来源是多方面的,它既可能源于国际游资的冲击,也可能源于本身经济运行的问题或金融体制的缺陷,还可能是不恰当地使用金融工具所致,或是诸多因素共同作用的结果,因此,有效防范金融风险需多种政策相互协调。

(一)积极改善利用外资的结构

首先,应注意保持外资在国民经济中所占的合理比例。发展中国家在发展本国经济的时候,为了弥补本国资金不足,都会利用一定外资,但过分依赖外资将埋下金融危机的隐患。1994年底,墨西哥金融危机起始时,墨外债总额高达854.35亿美元,占当年国内生产总值的50.1%,同时到期需偿付的外债高达280亿美元,从而引起支付困难。其次,外资的构成应有一个合适的结构,应以直接的生产性投资为主,而短期的流动资金为辅。最后,加强对资本项目的外汇管理,尤其应注意对巨额短期资金流动的监管,防止国际游资对金融市场的冲击。

(二)主动化解经济金融体系中的风险隐患

各国经济和金融体系中积累的矛盾往往是引发金融危机的内因。随着中国经济的增长,经过多年的改革和发展,中国金融体系中的许多由于历史、体制而积累的问题,如银行的呆坏账问题、证券市场中的股权分置问题、上市公司缺乏盈利能力等,都得到了解决或改善。但是,我国金融体系中仍然存在不少需要改进的地方,如缺少做空机制、市场投机气氛较浓、政府行政干预较强、债券市场分割等,这些需要在证券市场不断的发展中通过建立各种有效的机制逐步

解决完善。

（三）加强国际货币金融政策的协调和配合

由于各国经济政策的溢出效应(spill-over effect)，一国所采取的政策往往会影响其他国家的经济运行。因此，各国只能在合作与协调中才能求得稳定和发展，世界正在朝着国际合作与政策协调的方向发展，这一趋势现在已经成为不可逆转的潮流。

（四）运用现代风险管理措施提高风险防御水平

近年来，一些发达国家在金融风险管理方面取得了新的进展，如建立经济和金融风险预警指标、成立危机管理专门机构等，都是可借鉴的风险防范手段。

（五）加强法制和监管建设，提高风险控制能力

从制度方面看，中国的金融体制尽管已进行了历史性的变革，并初步建立了适应市场经济体制的金融市场雏形，但这种雏形与完善的市场机制所需要的金融市场差距甚大，呈现出明显的"过渡性"特征。其中，中央银行调控体系尚未健全。央行尽管已开始采用一般性货币政策工具，间接调控宏观金融市场，但由于货币市场、利率市场、外汇市场等配套运作机制不健全，央行完全依赖信贷、利率、汇率等金融杠杆进行间接宏观调控的条件尚不具备。

# 参考文献

1. 谢百三主编,《中国市场上的国债股票基金和美元》,中国物价出版社,1995年7月第1版。
2. 谢百三主编,《十年一个亿》,北京大学出版社,2001年2月第2版。
3. 谢百三主编,《证券市场的国际比较》,清华大学出版社,2003年9月第1版。
4. 刁仁德主编,《现代金融辞典》,上海财经大学出版社,1999年11月第1版。
5. 朱元主编、沈锦昶副主编,《金融市场概论》,西南财经大学出版社,2000年1月第2版。
6. 尹伯成主编,《西方经济学》,上海人民出版社,1995年第1版。
7. 袁远福、缪名杨,《中国金融简史》,中国金融出版社,2001年4月第1版。
8. 尚明,《新中国金融50年》,中国财经出版社,2001年1月第1版。
9. 陈争平,《金融史话》,社会科学文献出版社,2000年。
10. 洪葭管主编,《中国金融史》第2版,西南财经大学出版社,2001年。
11. 张亦春,《金融市场学》,高等教育出版社,1999年8月第1版。
12. 陈彪如、马之周,《国际金融市场》,复旦大学出版社,1998年。
13. 唐国兴、王伟、徐莉、贺执中,《国际财务管理》,机械工业出版社,1996年。
14. 湘财证券投资银行总部,《海外证券市场》,经济日报出版社,2002年。
15. 刘传哲、宋伟毅,《金融市场业务与创新》,中国矿业大学出版社,1998年。
16. 朱元,《金融市场概论》,西南财经大学出版社,1994年。
17. 李世光,《国外证券市场》,中国财政经济出版社,1989年。
18. 王兆星、吴国祥,《金融市场学》,中国金融出版社,1995年10月第1版。
19. 上海证券交易所投资者教育中心,《可转换公司债券实务》,百家出版社,2002年。
20. 高培勇等,《中国债券市场透视》,中国财政经济出版社,1999年。
21. 刘立喜,《可转换公司债券》,上海财经大学出版社,1999年。
22. 朱玉旭,《可转换债券的政策与策略研究》,经济科学出版社,1997年。
23. 周爱民,《证券投资方法研究》,天津人民出版社,1998年。
24. 《中国证券市场前沿问题研究》,中国证券业协会,2000年。
25. 周正庆主编,《证券知识读本》,中国金融出版社,1998年7月第1版。
26. 陈共等主编,《海外证券市场》,中国人民大学出版社,1996年8月第1版。
27. 肖宇,《中国国债市场:发展、比较与前瞻》,社会科学文献出版社,1999年1月第1版。
28. 高坚,《中国国债》,经济科学出版社,1997年第2版。

29. 贺智华主编,《海外证券市场》,经济日报出版社,2002年1月第1版。

30. 董适平主编,《战后日本财政和财政政策研究》,上海财经大学出版社,2002年4月第1版。

31. 阎坤,《日本金融研究》,经济管理出版社,1996年8月第1版。

32. 伍柏麟主编,《中日证券市场及其比较研究》,上海财经大学出版社,2000年11月第1版。

33. 刘振亚主编,《美国债券市场》,经济科学出版社,2001年12月第1版。

34. 〔美〕弗兰克·J.法博齐、弗朗哥·莫迪利亚尼著,唐旭等译,《资本市场:机构与工具》(第二版),经济科学出版社,1998年3月第1版。

35. 陈忠庆,《期货投资手册》,教育科学出版社,第56—64页。

36. 杜婕编著,《期货市场》,经济科学出版社,第122—127页。

37. 徐桂华、郑振龙,《各国证券市场概览》,复旦大学出版社,1992年。

38. 龚光和,《国际证券融资》,中国金融出版社,1994年。

39. 闻岳春,《中韩证券市场发展比较研究》,学苑出版社,1999年。

40. 李长江,《中国证券市场的历史与发展》,中国物资出版社,1998年。

41. 黄达,《货币银行学》,四川人民出版社,1992年第1版。

42. 黄宝奎,《比较金融制度》,厦门大学出版社,1989年第1版。

43. 〔英〕保罗·霍尔伍德,《国际货币与金融》,中译本,北京师范大学出版社,1996年。

44. 王松奇,《金融学》,中国金融出版社,2000年。

45. 王益,《资本市场》,经济科学出版社,2000年。

46. 赵海宽、王国公,《现代金融学》,中共中央党校出版社,1999年。

47. 中国人民银行教材编审委员会,《金融市场学》,陕西人民出版社,1999年。

48. 黄正新、宋建军,《金融学》,中山大学出版社,1999年。

49. 戴国强,《商业银行经营管理学》,上海财经大学出版社,1999年。

50. 易纲、吴有昌,《货币银行学》,上海人民出版社,1999年。

51. 武康平,《货币银行学教程》,清华大学出版社,1999年。

52. 任淮秀,《投资银行概论》,中国人民大学出版社,1999年。

53. 范学俊,《投资银行学》,立信会计出版社,2000年。

54. 李月平,《共同基金投资》,南开大学出版社,1999年。

55. 欧阳卫民,《中外基金市场与管理法规》,法律出版社,1998年。

56. 刘传葵,《投资基金经济效应论》,经济科学出版社,2000年。

57. 周洁,《中国黄金市场研究》,上海三联书店,2002年。

58. 陈永生,《金融市场概论》,四川人民出版社,2001年。

59. 〔美〕J.奥林,《国际金融市场》,中国人民大学出版社,2001年。

60. 〔美〕安东尼·M.桑托莫罗,《金融市场、工具与机构》,东北财经大学出版社,2000年。

61. 张乐天,《现代金融市场概论》,华东师范大学出版社,1997年。

62. 〔美〕理查德·M.莱维奇,《国际金融市场价格与政策》,中国人民大学出版社,

2002 年。

63. 蔡锦云,《资本市场与金融服务——全球化背景下的思考》,上海远东出版社, 2001 年。

64. 陈湛匀、马照富编,《金融市场实务》,立信会计出版社,1994 年。

65. 程启智主编,《黄金·外汇买卖技巧》,企业管理出版社,1994 年。

66. 万鸿义主编,《国际金融理论与实务》,天津大学出版社,1994 年。

67. 张志谦、方士华主编,《金融学概论》,立信会计出版社,2000 年。

68. 何国华主编,《国际金融市场》,武汉大学出版社,2001 年。

69. 何小锋等,《资产证券化:中国的模式》,北京大学出版社,2002 年。

70. 陈钊,《住房抵押贷款理论与实践》,复旦大学出版社,2000 年。

71. 涂永红、刘柏荣,《银行信贷资产证券化》,中国金融出版社,2000 年。

72. 汪利娜,《美国住宅金融体制研究》,中国金融出版社,1999 年。

73. 张超英、翟祥辉编,《资产证券化——原理·实务·实例》,经济科学出版社, 1998 年。

74. 龙胜平,《房地产金融与投资》,高等教育出版社,1998 年。

75. 吴福明,《房地产证券化探索》,上海人民出版社,1998 年。

76. 联合证券研究发展部,《资产证券化在亚洲国家的发展及启示》,《'98 青岛中国资本市场国际研讨会论文集》,1998 年。

77. 〔美〕弗兰克·J. 法伯兹、弗朗哥·莫迪里阿尼、迈克尔·G. 费里,《金融市场与机构通论》,东北财经大学出版社,2000 年。

78. 〔美〕J. 奥林·戈莱比,《国际金融市场》,中国人民大学出版社,1998 年。

79. 程虎,《关于我国资产证券化若干问题的探讨》,《国际贸易问题》2002 年第 8 期。

80. 梁永平,《几个主要发达国家住房抵押贷款证券化的作法》,《中国房地产金融》1999 年第 7 期。

81. 汪林,《香港按揭证券有限公司及其对香港金融体系的影响》,《中国金融》1998 年第 6 期。

82. 李善民、赵丽红,《金融创新和资本市场的发展》,《学术研究》1998 年第 2 期。

83. 张颖,《国际按揭市场的发展和启示》,《国际金融》1997 年第 5 期。

84. 〔美〕威廉·F. 夏普,《投资学》(第五版·上),中国人民大学出版社,1998 年。

85. 杨海明、王燕,《投资学》,上海人民出版社,1998 年。

86. 胡代光,《西方经济学说的演变及其影响》,北京大学出版社,1998 年。

87. 张晓伟等,《证券投资——理论、策略与技巧》,华中理工大学出版社,1999 年。

88. 裴权中,《证券投资学》,经济科学出版社,2001 年。

89. 黄运成等,《证券市场监管:理论、实践与创新》,中国金融出版社,2001 年。

90. 金德环,《当代中国证券市场》,上海财经大学出版社,1999 年。

91. 经济合作与发展组织,《转轨经济中资本市场的发展》,中译本,经济科学出版社, 1999 年。

92. 〔英〕保罗·霍尔伍德,《国际货币与金融》,中译本,北京师范大学出版社,1996 年。

93. 〔美〕彼得·S.罗斯,《货币与资本市场》,中译本,机械工业出版社,1999年。

94. 陈忠庆,《期货投资手册》,教育科学出版社,1993年。

95. 杜婕编著,《期货市场》,经济科学出版社,1994年

96. 朱宝宪著,《金融市场》,辽宁教育出版社,2001年。

97. 解学成、孙卜雷,《中国需要发展强大的泛金融产业》,证券市场周刊,2007年8月。

98. 王东明,《中国资本市场的发展是一个不断创新的过程》,证券市场周刊,2007年8月。

99. 《上海证券报》、《中国证券报》。

100. 吕忠梅、彭晓晖,《金融风险控制与防范的法律对策论》,2008.1。

101. Peter S. Rose: *Money and Capital Markets*: *Financial Institutions and Instruments in a Global Marketplace*, sixth edition.

102. Frank J. Fabozzi, Franco Modigliani, Michael G. Ferri: *Foundations of Financial Markets and Institutions*.

103. Anthony M. Santomero, David F. Babbel: *Financial Markets, Instruments and Institutions*.

104. *L. B. Thomas*: Money, Banking and Finacial Markets.

105. George G. Kaufman: *The U. S. Financial Systems*: *Money, Markets and Institutions*.

106. *Jeff Madura*: Financial Markets and Institutions.

107. Frank J. Fabozzi, Franco Modigliani: *Mortgage and Mortgage-Backed Securitization Markets*, Harvard Business School Press, 1992.

108. Jean Cummings, Denise Dipasquale, *A Primer on the Secondary Mortgage Market*, www.cityresearch.com, 1998.

109. Leland E. Crabble, Joyce A. Payne, Michael Schoenback, Anatomy of the medium-term note market. *Federal Reserve Bulletin*, August 1, 1993.

# 教师反馈及教辅申请表

　　北京大学出版社本着"教材优先、学术为本"的出版宗旨，竭诚为广大高等院校师生服务。为更有针对性地提供服务，请您认真填写以下表格并经系主任签字盖章后寄回，我们将按照您填写的联系方式免费向您提供相应教辅资料，以及在本书内容更新后及时与您联系邮寄样书等事宜。

| 书名 | | 书号 | 978-7-301- | 作者 | |
|---|---|---|---|---|---|
| 您的姓名 | | | | 职称职务 | |
| 校/院/系 | | | | | |
| 您所讲授的课程名称 | | | | | |
| 每学期学生人数 | ＿＿＿人＿＿＿年级 | | | 学时 | |
| 您准备何时用此书授课 | | | | | |
| 您的联系地址 | | | | | |
| 邮政编码 | | | 联系电话（必填） | | |
| E-mail（必填） | | | QQ | | |
| 您对本书的建议： | | | 系主任签字<br><br>盖章 | | |

## 我们的联系方式：

北京大学出版社经济与管理图书事业部

北京市海淀区成府路 205 号，100871

联系人：徐冰

电话： 010-62767312 / 62757146

传真： 010-62556201

电子邮件： em_pup@126.com    em@pup.cn

Q Q： 5520 63295

新浪微博：@北京大学出版社经管图书

网址： http://www.pup.cn